LEI DE DROGAS
ASPECTOS PENAIS E PROCESSUAIS

O GEN | Grupo Editorial Nacional – maior plataforma editorial brasileira no segmento científico, técnico e profissional – publica conteúdos nas áreas de concursos, ciências jurídicas, humanas, exatas, da saúde e sociais aplicadas, além de prover serviços direcionados à educação continuada.

As editoras que integram o GEN, das mais respeitadas no mercado editorial, construíram catálogos inigualáveis, com obras decisivas para a formação acadêmica e o aperfeiçoamento de várias gerações de profissionais e estudantes, tendo se tornado sinônimo de qualidade e seriedade.

A missão do GEN e dos núcleos de conteúdo que o compõem é prover a melhor informação científica e distribuí-la de maneira flexível e conveniente, a preços justos, gerando benefícios e servindo a autores, docentes, livreiros, funcionários, colaboradores e acionistas.

Nosso comportamento ético incondicional e nossa responsabilidade social e ambiental são reforçados pela natureza educacional de nossa atividade e dão sustentabilidade ao crescimento contínuo e à rentabilidade do grupo.

CLEBER MASSON
VINÍCIUS MARÇAL

LEI DE DROGAS

ASPECTOS PENAIS E PROCESSUAIS

4ª edição — revista, atualizada e ampliada

■ Os autores deste livro e a editora empenharam seus melhores esforços para assegurar que as informações e os procedimentos apresentados no texto estejam em acordo com os padrões aceitos à época da publicação, e todos os dados foram atualizados pelos autores até a data de fechamento do livro. Entretanto, tendo em conta a evolução das ciências, as atualizações legislativas, as mudanças regulamentares governamentais e o constante fluxo de novas informações sobre os temas que constam do livro, recomendamos enfaticamente que os leitores consultem sempre outras fontes fidedignas, de modo a se certificarem de que as informações contidas no texto estão corretas e de que não houve alterações nas recomendações ou na legislação regulamentadora.

■ Fechamento desta edição: *15.04.2025*

■ Os autores e a editora se empenharam para citar adequadamente e dar o devido crédito a todos os detentores de direitos autorais de qualquer material utilizado neste livro, dispondo-se a possíveis acertos posteriores caso, inadvertida e involuntariamente, a identificação de algum deles tenha sido omitida.

■ **Atendimento ao cliente:** (11) 5080-0751 | faleconosco@grupogen.com.br

■ Direitos exclusivos para a língua portuguesa
Copyright © 2025 by
Editora Forense Ltda.
Uma editora integrante do GEN | Grupo Editorial Nacional
Travessa do Ouvidor, 11 – Térreo e 6º andar
Rio de Janeiro – RJ – 20040-040
www.grupogen.com.br

■ Reservados todos os direitos. É proibida a duplicação ou reprodução deste volume, no todo ou em parte, em quaisquer formas ou por quaisquer meios (eletrônico, mecânico, gravação, fotocópia, distribuição pela Internet ou outros), sem permissão, por escrito, da Editora Forense Ltda.

■ Capa: Danilo Oliveira

■ CIP-BRASIL. CATALOGAÇÃO NA PUBLICAÇÃO
SINDICATO NACIONAL DOS EDITORES DE LIVROS, RJ

M372L
4. ed.

    Masson, Cleber
    Lei de drogas : aspectos penais e processuais / Cleber Masson, Vinícius Marçal. - 4. ed., rev., atual e ampl. - Rio de Janeiro : Método, 2025.

    Inclui bibliografia
    ISBN 978-85-3099-733-5

    1. Brasil. [Lei n.11.343, de 23 de agosto de 2006]. 2. Narcóticos - Legislação - Brasil. 3. Drogas - Abuso - Prevenção. I. Marçal, Vinícius. II. Título.

25-97342.0
        CDU: 343.575(81)(094.5)

Gabriela Faray Ferreira Lopes - Bibliotecária - CRB-7/6643

DEDICATÓRIAS

Aos meus pais, que nunca mediram esforços pelos meus estudos;

À Carol, minha esposa amada, pela ajuda, pela confiança e pela amizade em todos os momentos;

À Maria Luísa e à Rafaela, presentes de Deus: por vocês, minhas filhas lindas, sou capaz de tudo;

Ao meu amigo Vinícius Marçal, pelo companheirismo neste novo livro.

CLEBER MASSON
Instagram: @clebermasson

Para aquela que é o meu milagre: Bibi, minha irmã gêmea que veio ao mundo alguns anos depois de mim. Ela sabe muito bem o porquê.

VINÍCIUS MARÇAL
E-mail: vvmarcal@gmail.com
Twitter e Instagram: @vvmarcal

PREFÁCIO

Honrado pelo convite para prenunciar *Lei de Drogas*: aspectos penais e processuais, agora na sua 3ª edição, elaborei esta prefação inteiramente ciente da responsabilidade que o tema aqui versado requer e da seriedade dos seus autores.

1. DOS AUTORES E DA SUA OBRA

Cleber Masson e Vinícius Marçal já não precisam ser apresentados. Como é consabido, estão eles no seleto rol dos escritores mais referenciados pela comunidade jurídica. Tanto o Supremo Tribunal Federal (STF) quanto o Superior Tribunal de Justiça (STJ) buscam apoio teórico nos seus escritos, o que também se verifica em pareceres da Procuradoria-Geral da República.

Apenas para se ter uma ideia mais precisa do valor doutrinário daquilo que escrevem, certa feita, em um caso de elevada complexidade que envolvia a controversa homologação de uma colaboração premiada no STF, o Ministro Edson Fachin suscitou uma questão de ordem para que o Colegiado dirimisse uma dúvida fundada que estava a intrigar a Corte naquela ocasião. A questão estava circunscrita a saber a exata extensão dos poderes do relator, à luz do Regimento Interno, para a homologação do acordo de colaboração premiada, o momento de aferição do cumprimento dos termos entabulados e a sua eficácia. No elenco de obras doutrinárias consultadas por Fachin para elucidar a questão, as reflexões de Masson & Marçal expressas em *Crime Organizado* – a estreia desta exitosa coautoria – foram evocadas. Não por uma coincidência, *no mesmo julgamento*, o Ministro Celso de Mello também trouxe à lembrança a obra subscrita pelos dois autores. Dois Ministros de notável saber jurídico, portanto, remeteram-se à mesma fonte epistêmica para buscar subsídio em um julgamento da Suprema Corte. Refiro-me à Questão de Ordem na Petição 7.074, julgada pelo Plenário em 29.06.2017.

Por que tribunais compostos de magistrados tão experientes consultam as obras de Masson & Marçal para o deslinde dos problemas que se lhes apresentam? Há algumas razões para isso e passo a elencá-las.

Primeiro, a experiência *técnica* amealhada por Cleber e Vinícius representa uma *expertise* bastante específica e, de certo modo, escassa. Não foi por acaso que ambos já foram convidados, como Promotores de Justiça, para a assessoria na Procuradoria-Geral de Justiça de São Paulo e de Goiás, respectivamente. No passado, a função de assessorar o Procurador-Geral de Justiça já foi desempenhada pelo então Promotor paulista Alexandre de Moraes – hoje Ministro na mais alta Corte.[1]

---

[1] Outro Promotor de Justiça de São Paulo notabilizado pela qualidade das suas assessorias jurídicas foi Celso de Mello, que, alguns anos mais tarde, tomou assento como ministro do STF. Um bom presságio.

A verdade é que, tradicionalmente, os quadros do Ministério Público brasileiro têm tido um papel de protagonismo na formação do pensamento jurídico brasileiro.[2] *Lei de Drogas*: aspectos penais e processuais demonstra que *a nova safra tem levado a mensagem adiante*. Ontem, Damásio de Jesus & Julio Fabbrini Mirabete; hoje, Cleber Masson & Vinícius Marçal.

Mas há uma segunda grande razão para o êxito no mercado editorial e a capilaridade na jurisprudência dos Tribunais Superiores. Trata-se da *impecável atualização* daquilo que escrevem. Os autores não se eximem de enfrentar temas modernos e complexos, sobre os quais a própria Academia ainda não tem uma opinião consolidada.

Por exemplo, a 3ª edição desta obra fornece posicionamentos seguros para os tribunais em questões como a *possibilidade de exame radioscópico para confirmar ou infirmar a suspeita da prática de tráfico de drogas*. Ilustrativamente, um procedimento compulsório de raio x para verificar a ingestão de cápsulas de cocaína de quem pretendia embarcar em um aeroporto internacional. Para chegar à conclusão, Masson & Marçal desenvolvem um rico e profícuo diálogo com a doutrina espanhola sobre intervenções corporais, o tratamento jurídico do tema na Alemanha, a posição firmada pela Corte de Estrasburgo, para, à vista desses subsídios, analisar a Gramática dos Direitos Fundamentais quanto ao direito ao silêncio no Brasil e a jurisprudência do STJ. A síntese da opinião dos autores, portanto, é fruto de uma *pesquisa holística*. Não são opiniões açodadas, precoces, levianas, que se banalizam em palpites intuitivos, como tanto se ouve e tanto se lê. Absolutamente.

Uma terceira razão justificadora do acolhimento de Masson & Marçal como doutrina consagrada é o fato de que são eles autores *detalhistas*. Muitos escritores analisam problemas jurídicos com os olhos voltados para o *macro*, não para o *micro*. Pode-se dizer que o GPS de Cleber e Vinícius tem uma calibragem mais precisa para devassar a intimidade estrutural da persecução penal.

Por exemplo, no que concerne às implicações práticas intertemporais, o que ocorrerá se o *cloreto de etila* for excluído da listagem prevista na Portaria SVS/MS 344/1998? E se vier a ser reincluído? O processamento do réu pela prática do crime previsto no art. 28 da Lei de Drogas *implica necessariamente a revogação da suspensão condicional do processo* (Lei 9.099/1995, art. 89, § 3º)? Trata-se de uma possibilidade ou de uma obrigatoriedade? Esta é a precisão milimétrica de *Lei de Drogas*...

Ainda nesta 3ª edição, os autores cotejam dois julgados cruciais à compreensão da inviolabilidade domiciliar (CF, art. 5º, XI) e das buscas domiciliares destituídas de mandado judicial lastreadas em um *pretenso* – e esta é a debilidade a ser verticalizada por Masson & Marçal – estado flagrancial que, no tráfico de drogas, pode ser permanente: o já conhecido RE 603.616/RO, rel. Min. Gilmar Mendes, Plenário, j. 10.05.2016, e o mais recente HC 598.051/SP, rel. Min. Rogerio Schietti Cruz, 6ª Turma, j. 02.03.2021.

---

[2] Não seria exagero dizer que membros ou egressos dessa Instituição estiveram onipresentes como professores destacados em todos os ramos da árvore jurídica. Cleber Masson descende de uma linhagem muito específica de juristas do Ministério Público do Estado de São Paulo (MPSP), de onde surgiram autores como Fernando da Costa Tourinho Filho. Vinícius Marçal, por sua vez, cultiva uma predileção teórica pela Escola Fluminense de Processo Penal, mais precisamente a doutrina de Afrânio Silva Jardim (Ministério Público do Estado do Rio de Janeiro [MPRJ]) – influência que se percebe ao longo deste *Lei de Drogas*: aspectos penais e processuais.

Revelando um *nível de acurácia* que destoa das demais obras, esta 3ª edição avança para fornecer parâmetros seguros em questões absolutamente casuísticas, a exemplo das usuais situações práticas que envolvem notícias anônimas, a fama desabonadora do ambiente onde se deu a operação policial, a utilização de cão farejador, a chamada reputação de traficante, o suposto nervosismo do suspeito, a controversa intuição policial, o forte odor de maconha, a fuga do suspeito para a sua residência, a ocorrência de disparo dentro do imóvel, a perseguição policial, o comércio ilícito na porta da residência, as casas desabitadas, entre tantas possibilidades que somente a riqueza da realidade pode nos apresentar.

Há, entretanto, uma única imprecisão nesta obra.

Embora o seu título aluda a "[...] aspectos penais e processuais", as incursões são interdisciplinares e alcançam também o Direito Constitucional. Até mesmo colisões mais complexas de direitos fundamentais são abordadas nesta obra, a exemplo da utilização de maconha no contexto religioso do rastafarianismo ou de experiências do constitucionalismo norte-americano sobre chás extraídos de cipós e a liberdade religiosa.

Bem se vê, esta é uma obra *artesanal*, cuidadosamente redigida e atualizada por cirurgiões do Direito, razão pela qual recomendo vivamente a sua leitura a todos aqueles que atuam ao longo da cadeia da persecução penal – ou que se empenham em evitá-la, como é o caso dos ilustres advogados e advogadas, tão essenciais em um Estado Democrático de Direito.

1.1. Sobre a experiência de ter enfrentado Vinícius Marçal como examinador na prova oral para Promotor de Justiça

Muitos não sabem disso, mas, em duas ocasiões distintas, Vinícius Marçal foi meu examinador. Primeiro, no concurso para Promotor de Justiça do Ministério Público de Rondônia. Alguns anos depois, voltei a enfrentá-lo na prova oral do Ministério Público de Goiás (MPGO).

A experiência, devo confessar, foi amedrontadora.

Marçal era seguramente o examinador mais temido pelos candidatos. Lembro quando o vi pela primeira vez, nos átrios da Sala do Conselho Superior do Ministério Público de Rondônia, no ano de 2014, ao lado do jurista Denilson Feitoza Pacheco – este doutrinador de Direito Processual Penal e membro do Ministério Público do Estado de Minas Gerais (MPMG), a quem eu só conhecia pelo célebre Manual. Ambos eram responsáveis pelo Grupo I (Direito Penal e Processual Penal).

Antes de encontrá-lo, já se tinha notícia do seu rigor, da sua firmeza e do elevado nível dos questionamentos, todos muito ricos em detalhes e intercalados com casos práticos complexos. Com uma *frieza incomum*, Marçal estabelecia uma espécie de *diálogo socrático* em que parecia identificar as mais recônditas vulnerabilidades no conhecimento da disciplina, para então explorar esses aspectos formulando perguntas intrigantes que expunham as debilidades identificadas à luz do sol. As respostas, por sua vez, eram escrutinadas por um espírito exigente, quase perfeccionista, e com uma peculiaridade que me chamou a atenção: ele parecia se fascinar por aquilo que ouvia, mas um fascínio que se voltava contra o próprio candidato examinado porque inflamava uma obstinação em arguir. Um examinador sempre educado, é de se reconhecer, mas rígido e exigente. Naquele momento difícil da prova oral, em que Deus esteve ao meu lado, pensei comigo: não sei muito sobre ele, mas, a julgar pela precisão com a qual me indaga e pela maneira como se expressa, preciso ter muito cuidado porque estou certamente diante de um *Professor*.

A vida é mesmo imprevisível.

Sobrevivi com êxito à experiência, que se repetiu para o ingresso no Ministério Público do Estado de Goiás (MPGO), e hoje estou a prefaciar uma obra escrita exatamente por aqueles que abriram, para mim, as portas do Ministério Público brasileiro:[3] Vinícius Marçal, porquanto me examinou em duas ocasiões; Cleber Masson, porque escreveu os livros e ministrou as aulas que me permitiram enfrentar Vinícius Marçal. E é esta sinergia que, agora, acha-se amalgamada em *Lei de Drogas*: aspectos penais e processuais.

2. DA POLÍTICA ANTIDROGAS COMO DESACORDO MORAL RAZOÁVEL (*REASONABLE DISAGREEMENT*)

Uma prefação não é parte integrante do texto por ela precedido, isto é, a figura do prefaciante nem de longe se confunde com aquela dos coautores. Falo, portanto, em nome próprio, sem que necessariamente meus pontos de vista acadêmicos aqui expressados recebam o endosso de Cleber Masson, Vinícius Marçal ou mesmo do Ministério Público brasileiro.

Pessoas esclarecidas e bem-informadas sinceramente divergem sobre a melhor política a ser adotada no que concerne às drogas. Também não há consenso sobre a própria essência da drogadição. Enquanto uma parcela da sociedade entende ser essa conduta um ato deliberado de *envenenamento do organismo de um ser vivo*, uma outra porção retrata esse gesto controverso como uma *inofensiva aventura transcendental*. São opiniões antípodas, mas respeitosamente acomodadas no corpo social. A questão das drogas, portanto, é atual, preocupante e polariza a sociedade. Na literatura constitucionalista, esse fenômeno é chamado de *desacordo moral razoável*.

Quanto à abordagem do problema, o assunto é permeado por *incertezas empíricas*: não se sabe ao certo as consequências advindas de uma alteração no modelo adotado. Especula-se. Quando o Uruguai deu um passo à frente, o número de mortes pela disputa territorial do narcotráfico curiosamente se elevou. O Governo uruguaio justificou que o aumento inicial na taxa de homicídios já estava previsto no planejamento da medida e decorreria de um "estrangulamento" no mercado informal de drogas, que agora disputaria sua própria sobrevivência. A questão suscita importantes questionamentos éticos.

Em *Lei de Drogas*: aspectos penais e processuais, Masson & Marçal esclarecem que o *uso pretérito* de entorpecentes não é criminalizado no Brasil, mas o porte para consumo pessoal o é. Segundo averbam, "[d]e fato, em se tratando de delito contra a saúde pública, este bem jurídico não corre perigo se a substância já deixou de existir". Uma distinção precisa e importante ao debate público. No Brasil, há alguns anos, uma pesquisa demonstrou que a maioria dos brasileiros segue favorável à proibição do porte de maconha para consumo pessoal.[4] Em suma, cidadãos brasileiros parecem concordar com o *status quo* estabelecido pela Lei 11.343/2006 e a correlata Portaria SVS/MS 344/1998.

---

[3] A propósito, essa inusitada inversão cronológica diz mais sobre a humildade dos autores prefaciados que propriamente sobre eventuais qualidades do prefaciante.

[4] Pesquisa de Opinião realizada pelo Datafolha: Temas Polêmicos – PO 813942, 2017.

PREFÁCIO | XI

Talvez, no futuro, a humanidade se ressinta pelo tratamento jurídico conferido a essa questão social, qual seja, a criminalização e o aprisionamento de *seres humanos* que carregavam consigo um *vegetal*. Para ser mais preciso, uma *herbácea* já levou muitas *pessoas* ao cárcere. A imensa maioria delas, todas e todos sabemos, economicamente desvalida.

No estado da Califórnia (USA), de onde redijo esta prefação, o uso *recreativo* de maconha é permitido pela legislação. Assim também no ordenamento jurídico da República Tcheca, antiga Tchecoslováquia. A licitude não os transformou em *narcoestados*, mas também não foi capaz de eliminar a prisão periódica de traficantes de drogas nesses países.

Se o Congresso Nacional e o Poder Executivo entenderem de revisitar a Política Antidrogas no Brasil, o que parece de todo recomendável, esta será uma obra de consulta obrigatória pelas comissões e parlamentares. Mas a tendência é de que a iniciativa seja alocada para a arena judicial, aspecto analisado no tópico seguinte.

2.1. Do debate sobre a pretensa natureza autorreferente da drogadição e a imprecisa noção de dano social

Tal como demonstrado pelos autores nesta obra, o cerne da questão que envolve a criminalização do porte de drogas para consumo pessoal se traduz na ideia de *alteridade*. A querela estaria circunscrita a saber se – e em que medida – tóxicos transcendem um indivíduo para se tornarem substâncias socialmente nocivas. Isso fica particularmente claro quando, ao examinar o art. 28 da Lei de Drogas, Masson & Marçal apresentam as duas principais correntes sobre a (in)constitucionalidade da tipificação. Do cotejo entre os dois posicionamentos colacionados extrai-se que, havendo dano social, a figura típica estaria em conformidade com a Constituição. Inexistindo, a ingerência do Poder Público representaria uma indevida subtração da liberdade individual.

Esta não é uma maneira inédita de raciocínio sobre direitos civis. Aliás, bem analisada a humanidade, vê-se que há pouco de verdadeiramente novo sob o sol. A Filosofia Política de Stuart Mill já nos ensinava que *"the only purpose for which power can rightfully be exercised over any member of a civilized community against his will is to prevent harm to others"*,[5] isto é, o único propósito em nome do qual o poder será legitimamente exercido contra a vontade individual de um cidadão é aquele de evitar o dano aos seus semelhantes. No mesmo sentido, a Declaração de Direitos do Homem e do Cidadão (1789), quando estabelecia, no século XVIII, que *"la loi n'a le droit de défendre que les actions nuisibles à la societé"* (art. 5º, primeira parte), ou seja, somente as ações nocivas à sociedade podem ser proibidas por lei. Este é o marco civilizatório da ideia de liberdade, tal como consagrado pela Constituição de 1988.

Em muitos países, percebe-se uma tendência manifesta para considerar que o uso de drogas é apenas uma conduta *autorreferente*, portanto, que encontraria apoio na autonomia individual constitucionalmente reconhecida a pessoas adultas e capazes. A depender da abordagem adotada para a interpretação constitucional, decifrar esse aspecto pode ser a lógica subjacente ao julgamento do RE 635.659, que, como bem informado por Masson & Marçal, está hoje pendente de julgamento no STF e permitirá dirimir a dúvida sobre a constitucionalidade da criminalização do porte de drogas para consumo pessoal.

---

5   MILL, John Stuart. *1859*. Batoche Books, 2001. p. 13.

XII | LEI DE DROGAS: Aspectos Penais e Processuais – *Cleber Masson* • *Vinícius Marçal*

Contudo, a pergunta de um milhão de dólares é exatamente *quando* uma dada conduta pode ser havida como socialmente perniciosa. É disso que se ocupam as inúmeras cabeças no Parlamento, suas comissões técnicas, audiências públicas, assim como o Poder Executivo, seus peritos, agências reguladoras etc. Subestimar esse questionamento pode ser um erro palmar.

Masson & Marçal apontam países que descriminalizaram o consumo pessoal de drogas pela via anômala dos tribunais – não do Legislativo. De fato, baseando-se na ideia de liberdade individual, em 2009, a Suprema Corte da Argentina descriminalizou o uso de maconha em pequenas quantidades.[6] Sobre o julgamento, o Presidente da Suprema Corte, Juiz Ricardo Lorenzetti, pontuou: "Comportamentos privados são lícitos, desde que não constituam um perigo claro. [...] O Estado não pode estabelecer a moralidade" (tradução livre). A Corte Constitucional da Colômbia autorizou o uso pessoal de drogas, mas manteve a penalidade para aqueles que comercializam e distribuem tóxicos.[7] De maneira similar, a Suprema Corte do México decidiu que o banimento *absoluto* do uso recreativo de maconha é medida que contraria os ditames da Constituição do México.

Uma incursão na fundamentação desses julgados demonstra que todos eles sofreram alguma influência direta ou remota das lições de Stuart Mill, mas revela também que *decifrar a existência de dano social não é uma tarefa simples*. Mesmo em decisões como aquela proferida pela Corte Constitucional da Colômbia (CC 221/94), que autorizou o uso pessoal de drogas, o Tribunal explicitamente reconheceu que "determinar as circunstâncias de lugar, idade, tempo de duração da atividade e outros aspectos, *em que o uso de drogas é inadequado ou danoso à sociedade*" é algo compreendido na liberdade de conformação constitucional do legislador. Em outras palavras, de acordo com a Corte Constitucional da Colômbia – a mesma que decidiu *favoravelmente* ao uso de drogas –, o legislador *tem, sim*, a discricionariedade para, no interior da moldura constitucionalmente estabelecida, apontar hipóteses em que *o uso* de drogas será intrinsecamente "danoso à sociedade".

Cientificamente, consoante estudos desenvolvidos no Instituto de Psiquiatria, Psicologia e Neurociência do King's College, evidências epidemiológicas demonstram que o uso de maconha está associado com a elevação do risco de resultados psicóticos, confirmando ainda o nexo etiológico entre o nível de consumo e o risco de psicoses futuras.[8] Se a hipótese for verdadeira, seria necessário aquilatar se incidentes psicóticos vulneram apenas o indivíduo ou também o meio que o acolhe.

Tribunais, então, deveriam realizar uma dupla tarefa. Primeiro, verificar o acerto de trabalhos científicos dessa natureza. Segundo, avaliar a ocorrência de dano social. Sucede que juízes, assim como membros do Ministério Público, carecem de *capacidade institucional* adequada para corroborar hipóteses científicas. Magistrados não estão em uma posição propícia quando se trata de refutar pesquisadores acadêmicos. Uma Corte Constitucional não decide o que é cientificamente verdadeiro, mas sim o que é

---

[6] CSJN Fallos 332:1963 *"Arriola, Sebastián y otros s/causa n. 9080"* (2009).

[7] Sentencia No. C-221/94, *Despenalización del consumo de la dosis personal of May 5 1994*.

[8] MURRAY, Robin M. *et al*. Traditional Marijuana, High-Potency Cannabis, and Synthetic Cannabinoids: Increasing Risk for Psychosis. *World Psychiatry*, v. 15, p. 195-204, 2016.

constitucional.[9] Nesse sentido, a Ministra Ellen Gracie já teve a humildade de reconhecer suas próprias limitações: "[n]ão somos uma Academia de Ciência."[10]

Dadas as *incertezas empíricas*, dificilmente haverá consenso sobre a existência de dano social. Esse ponto merece atenção especial, porque a abordagem filosófica de Stuart Mill tem sido criticada pelo seu caráter excessivamente simplista ou "ilusório". Críticos apresentam o argumento de que é impossível, na atual sociedade do risco, identificar padrões comportamentais que não prejudicam qualquer pessoa além do indivíduo que os comete,[11] exatamente porque "nenhum homem está em uma ilha". Também esse aspecto não passou despercebido pelos autores, quando expuseram a corrente que sustenta a constitucionalidade da criminalização do porte de drogas para consumo pessoal.

3. UMA ABORDAGEM ORIGINALISTA

Se pairam dúvidas sobre a ocorrência de dano social na drogadição, evidências históricas demonstram com segurança que o tráfico de drogas recebeu um tratamento de inequívoco repúdio constitucional.

Uma análise *originalista* revela que os constituintes repudiavam a droga e a narcotraficância. Nas palavras do **constituinte Narciso Mendes**, "[...] um dos crimes mais hediondos e cruéis – e a origem de todos os outros – é o tráfico de drogas. Se não apenarmos, da forma mais violenta, o tráfico de drogas, não debelaremos os demais crimes."[12] Como foi dito nesta prefácio, há sérias objeções acadêmicas a esse ponto de vista, mas, goste-se ou não, esta era a visão do constituinte.

Nos dizeres do **constituinte Feres Nader**, "[o]s traficantes, que caracterizam hoje o maior cancro da nossa sociedade, crescem em números vertiginosos, ampliando indomitamente seus tentáculos eversivos sobre nossa juventude, em parte despreparada para resistir à sedução dos tóxicos. Sob os efeitos das drogas, os jovens cometem delitos, agridem seus semelhantes e magoam profundamente seus pais."[13]

O **constituinte José Tavares**, por sua vez, fez uso da palavra para registrar considerações sobre a pretensa eficiência dissuasória de um Direito Penal que se ocupe da criminalização das drogas: "Não podemos ficar silenciosos diante de um dos grandes clamores da sociedade, o indiscriminado tráfico de entorpecentes que grassa quase impunemente

---

[9] O problema da prognose legislativa no controle de constitucionalidade tem desafiado muitos juristas. Legisladores se baseiam em premissas. A depender das circunstâncias, quando Tribunais Constitucionais chamam para si a prerrogativa de avaliar o acerto da premissa das premissas, nasce o risco de que Parlamentos sejam convertidos em agências reguladoras ou que as Cortes atuem como uma terceira Casa Legislativa. A esse respeito: NASCIMENTO, Roberta Simões. A legislação baseada em evidências empíricas e o controle judicial dos fatos determinantes da decisão legislativa. *Revista Eletrônica da Procuradoria-Geral do Estado do Rio de Janeiro – PGE-RJ*, Rio de Janeiro, v. 4, n. 3, set./dez., p. 29, 2021.

[10] STF, ADI 3.510.

[11] HART, H. L. A. *Law, Liberty and Morality*. Stanford University Press, 1963. p. 5 e 16. Herbert Hart não endossa essas críticas específicas. O Professor sustenta que há boas razões para punir desvios da moralidade social, mesmo quando não há dano social. James Fitzjames Stephen e Lord Devlin foram notáveis oponentes de Stuart Mill.

[12] Atas de Comissões – Comissão da Soberania e dos Direitos e Garantias do Homem e da Mulher, Subcomissão dos Direitos Políticos e Garantias Individuais, p. 251.

[13] *Diário da Assembleia Nacional Constituinte*, Ano I, n. 38, 2 abr. 1987, p. 24.

no território nacional. Sabemos da gravidade do comércio e do uso da substância tóxica. E não existe, segundo o meu modesto entendimento, maneira mais eficiente de punição, de tentar inibir a escalada do tráfico de entorpecentes do que colocarmos isto na própria Constituição."[14] É possível questionar o acerto dessa premissa à luz da Criminologia, mas não se pode ignorá-la como um dado histórico relevante na interpretação constitucional.

O **constituinte Egídio Ferreira Lima**, a seu turno, asseverou que o poder punitivo do Estado na responsabilização penal de traficantes deveria ser atemporal: "[d]evemos agir com rigor nos crimes infamantes como a tortura e o tráfico de drogas, não permitindo que os fatos que tipificam essas figuras penais sejam suscetíveis de prescrição."[15]

Por fim, referindo-se aos traficantes de tóxicos, o **constituinte Adolfo Oliveira** consignou que "[...] desgraçam não apenas o nosso País, mas toda a humanidade". Seria possível fornecer mais exemplos, mas também fastidioso.

As evidências objetivas demonstram que a Constituição de 1988 foi concebida por redatores que escolheram *combater* o tráfico de drogas, jamais a sua descriminalização. Bem ou mal, certo ou errado, avançando ou retrocedendo, o constitucionalismo brasileiro posicionou-se claramente sobre o tema. Essa é a verdade histórica. Parte da sociedade aprecia essa escolha constitucional. Uma outra fração, também respeitável, considera um caminho irracional e contraproducente. Mas a Constituição é o que é, não o que gostaríamos que ela fosse, e a todos submete.

Efetuando-se uma leitura *originalista*,[16] infere-se que o constituinte brasileiro, por ocasião da promulgação da Carta Outubrina, considerou o tráfico de drogas aquilo que de pior havia na humanidade. Mais do que isso, o texto constitucional concebido por esses constituintes considerou o traficante *persona non grata*.

A Constituição fundamentalizou o direito à propriedade privada (art. 5º, XXII), mas não hesitou em determinar o *confisco* dos bens de um narcotraficante, despojando--lhe do seu lar, quando o imóvel é destinado à cultura ilegal de plantas psicotrópicas (art. 243). Nota-se que o constituinte sacrificou a própria casa do infrator, considerada pelo texto constitucional "asilo inviolável", em prol do que julgava ser um benefício maior: o combate ao narcotráfico. Entre o direito constitucional à moradia e o direito social difuso à saúde pública, os *framers* preferiram este àquele.

A Emenda Constitucional 81/2014 conferiu ao tráfico de entorpecentes um tratamento similar àquele dispensado ao *trabalho escravo*, conjugando ambos em um mesmo dispositivo. A razão de ser é intuitiva: "[...] ambas as condutas são escravizantes e subjugadoras da autonomia da vontade. Enquanto o trabalho escravo é destruidor da liberdade ambulatorial, a traficância atua como grilhões da liberdade moral."[17]

Alguns não se sentem confortáveis para admitir, mas a Constituição de 1988, no inciso XLIII, considerou o tráfico de drogas tão abjeto quanto a tortura de um ser humano. Talvez porque, na histórica visão do constituinte, torturados e dependentes químicos se sujeitavam a um sofrimento devastador. A Carta Magna também equiparou o tráfico de

---

[14] *Diário da Assembleia Nacional Constituinte*, Suplemento "C", p. 172.

[15] *Diário da Assembleia Nacional Constituinte*, Suplemento "C", p. 169.

[16] SCALIA, Antonin. *A Matter of Interpretation. Federal Courts and the Law*. Princeton University Press, 1997.

[17] FONTELES, Samuel Sales. *Direito e backlash*. Salvador: JusPodivm, 2019. p. 196.

drogas aos crimes hediondos, ou seja, aos delitos mais repulsivos de que se tem conheci-mento no estudo das ciências jurídicas. Por fim, a Lei Maior acomodou o tráfico de drogas no mesmo dispositivo que abriga o crime de terrorismo, conduta que apavora todas as nações do planeta Terra. Para todos esses crimes, a Constituição de 1988 não admitiu a concessão de fiança, graça ou anistia. "Nem mesmo um Presidente da República, Chefe de Estado, poderia agraciar um traficante de drogas. O documento constitucional retirou ainda do povo e de seus mandatários, sufragados nas urnas, o poder de anistiar traficantes."[18]

Uma Assembleia Nacional Constituinte não é um oráculo com as respostas corretas para todos os problemas vindouros que atormentarão as gerações futuras, mas tal não autoriza a *desobediência constitucional*. Disso resulta que a Súmula 512 do Superior Tribunal de Justiça, posteriormente cancelada, sempre esteve em conformidade com *a verdadeira Constituição brasileira (original meaning)*. O verbete dizia que a causa de diminuição da figura típica vulgarmente conhecida como "tráfico privilegiado" (Lei 11.343/2006, art. 33, § 4º) não afastava a sua hediondez.

Entretanto, como bem informam Masson & Marçal, "o Plenário do Supremo Tribunal Federal alterou a sua jurisprudência (*overruling*) e passou a compreender que o tráfico de drogas privilegiado não se submete à sistemática da Lei dos Crimes Hediondos [...] Diante desse cenário, o Superior Tribunal de Justiça também modificou o seu posiciona-mento sobre o tema e, inclusive, cancelou a Súmula 512. Não fosse isso o bastante, a Lei de Execução Penal, alterada pela Lei 13.964/2019 (Pacote Anticrime), textualmente, passou a preconizar que 'não se considera hediondo ou equiparado, para os fins deste artigo, o crime de tráfico de drogas previsto no § 4º do art. 33 da Lei nº 11.343, de 23 de agosto de 2006' (art. 112, § 5º)." Hoje, a jurisprudência reconhece a traficantes o regime aberto de cumprimento da pena. Talvez estejamos todos satisfeitos com esse desfecho, por razões de *política criminal*, mas não precisamos fingir que é um resultado comprometido com a Constituição de 1988.

4. A VERDADEIRA FACE DO TRÁFICO DE DROGAS

Não é correto tratar juridicamente traficantes de drogas como "inimigos da so-ciedade", porque repugna ao Direito Constitucional a ideia de inimigos. Traficantes são criminosos. Criminosos são seres humanos. E seres humanos são titulares de direitos fundamentais. A *conduta* de traficar drogas, porém, não merece ser romantizada. É indigna.

Traficantes não se revelam pela pontualidade e adimplência de seus clientes. Em um contexto de cumprimento mútuo das "prestações pactuadas", traficantes podem ser pessoas afáveis, simpáticas, bem-humoradas e até generosas com os indivíduos de uma comunidade. É na impontualidade e inadimplência, porém, que verdadeiramente se lhes conhece. É na concorrência com outros traficantes, também interessados no mesmo "mer-cado consumidor", que se verifica como esses sujeitos lidam com disputas de interesses.

No mundo real, traficantes assassinam usuários que não honraram suas dívidas, o que revela uma vocação para se comportarem como *agiotas*. A experiência demonstra que a traficância pode ser uma modalidade qualificada de agiotagem e cafetinagem ou até mesmo de feudalismo e proxenetismo. Em comum, traficantes, rufiões e agiotas exploram a miséria humana. Apenas para ilustrar, este prefaciante já atuou em um processo criminal

---

[18] FONTELES, Samuel Sales. *Direito e backlash*. Salvador: JusPodivm, 2019. p. 196.

em que uma mãe, tomada pela dependência química, deixou seus filhos em uma boca de fumo para que fossem resgatados após a obtenção de dinheiro nas ruas. Ou seja, no caso narrado, o vício e a lógica do tráfico de drogas transformaram filhos menores em uma desumanizadora *garantia pignoratícia*.

Há traficantes que recorrem a essa atividade pela situação de miséria e vulnerabilidade em que estão inseridos. Sim, a experiência o demonstra. E a mesma experiência também já me permitiu ver que muitos são *despidos de empatia* para com o seu semelhante. É usual encontrar traficantes com uma deformação de caráter suficiente para *viciar crianças*. Outros poupam a infância, por um código de ética pessoal mais evoluído, mas infelizmente viciam adolescentes que ainda usam farda escolar. O machismo e a misoginia encontram um campo fértil na traficância, em que meninas viciadas fazem do seu corpo um capital anatômico e o oferecem a traficantes. O que observei foi que eles – os traficantes – costumam aceitar essa troca. Por fim, traficantes costumam ser indiferentes à *overdose* dos seus clientes, logo substituídos em uma *escala fordista* por novos usuários. Há um mundo paralelo onde traficantes e usuários são *fungíveis*.

Sucede que o ser humano não tem preço. Uma pessoa é sempre mais valiosa do que qualquer dinheiro. A esse respeito, Immanuel Kant tinha muito a ensinar aos traficantes de drogas quando averbou: "Quando uma coisa tem um preço, pode pôr-se em vez dela qualquer outra como equivalente; mas quando uma coisa está acima de todo o preço, e portanto, não permite equivalente, então tem ela dignidade."[19] Precificar o ser humano, monetarizando-o, é a lógica subjacente ao tráfico de drogas, em que o *lucro* justifica o sofrimento *do outro*. Ainda mais incisivas são as palavras do polonês Karol Józef Wojtyła, que o mundo veio a conhecer como Papa João Paulo II, para quem a "criminosa difusão da droga" é como uma "sementeira de morte."[20]

Preferindo-se a realidade à ficção, esta é a verdadeira face das drogas e do narcotráfico. O mais é ilusão.

Sunnyvale (CA), 15 de março de 2022.

SAMUEL SALES FONTELES

Doutor em Direito pela Universidade Federal do Paraná (UFPR) e
Visiting Scholar na Universidade de Stanford (USA).
Ex-Assessor Especial do Procurador-Geral da República.
Promotor de Justiça no Ministério Público do Estado de Goiás (MPGO).

---

[19] SARLET, Ingo Wolfgang. *Dignidade da pessoa humana e direitos fundamentais na Constituição Federal de 1988*. Porto Alegre: Livraria do Advogado, 2012. posição 547 (Kindle Edition).

[20] *Evangelium Vitae* – Carta Encíclica de João Paulo II – Sobre o Valor e a Inviolabilidade da Vida Humana, 1995.

APRESENTAÇÃO

Inicialmente, gostaria de agradecer pela feliz oportunidade de ter sido carinhosamente escolhido para apresentar mais uma grande obra de dois queridos colegas e amigos de Ministério Público.

Cleber Masson, como todos nós sabemos, é um dos mais excepcionais quadros do glorioso Ministério Público paulista. É, também, autor consagrado no Direito Penal brasileiro, com diversas obras publicadas e muito bem acolhidas pela comunidade jurídica. Exímio professor e palestrante, Cleber consegue transmitir seus ensinamentos com clareza e didática únicas, fascinando o público que tem a grata satisfação de ouvi-lo. Tem, ainda, a rara capacidade de produzir muito, sem que se perca a excelente qualidade dos trabalhos realizados.

Embora seja ainda um jovem, já se tornou um grande valor da nossa Instituição em todo o país e, felizmente, vez ou outra, tenho a enorme satisfação de encontrá-lo em nossas idas e vindas a Brasília/DF, especialmente nos momentos em que juntos somos chamados a lutar por um Ministério Público mais forte, independente e responsivo às mais legítimas demandas sociais.

Quanto ao meu querido e amado amigo Vinícius Marçal, posso dizer, em palavras simples, mas carregadas de imenso carinho, que ele é um menino de ouro; um menino de Deus!

Justamente quando ele ingressou nos quadros do Ministério Público de Goiás, em agosto de 2006, é que nós nos conhecemos e estabelecemos ali uma amizade verdadeira e inabalável, que a passagem do tempo tem apenas solidificado. Vinícius, ou melhor, "Vinicim" – como me refiro a ele no dia a dia –, é um dos grandes amigos que eu guardo *"debaixo de sete chaves, dentro do coração, no lado esquerdo do peito"*, como se diz na bela canção de Milton Nascimento.

Egresso da carreira dos Delegados de Polícia Civil no Distrito Federal, Vinícius Marçal, em poucos anos no Ministério Público de Goiás, revelou-se um talento nato, altamente dedicado aos estudos do Direito, sempre com o admirável propósito de se tornar o melhor promotor de Justiça que ele pode ser, a fim de bem servir a sociedade goiana e brasileira, no desempenho de suas funções.

Não por acaso, Vinícius Marçal foi rapidamente escolhido para compor a equipe do GAECO em nosso Ministério Público goiano, quando do meu primeiro mandato como Procurador-Geral de Justiça de Goiás. Logo em seguida, passou a ocupar o cargo de coordenador do Centro de Apoio Operacional Criminal e agora, em meu segundo mandato, é um dos nossos mais brilhantes e competentes assessores jurídicos, integrando a Subprocuradoria-Geral de Justiça para Assuntos Jurídicos.

Ao longo desse tempo, foi examinador de vários concursos públicos para ingresso no Ministério Público e em outras carreiras, bem como se tornou um dos melhores professores do país em legislação penal especial. É uma das maiores revelações do Direito brasileiro!

Da bela amizade que ele construiu com Cleber Masson já nasceram alguns bons frutos, dentre os quais aponto a obra *Crime Organizado*, já em sua 4ª edição, por essa mesma editora, que se tornou um marco no tema, sendo diversas vezes consultada e citada, inclusive, por ministros do STF; e agora, a obra ora prefaciada, cujo sucesso não ficará aquém da primeira.

Com efeito, o leitor poderá atestar que se trata de uma obra de vanguarda, extremamente atualizada; reunindo e abordando os mais variados posicionamentos da doutrina e da jurisprudência, com exposição dos pontos mais controvertidos da lei, sem que os autores deixem de firmar a própria posição, de modo que o leitor poderá escolher aquela interpretação que lhe parecer mais convincente.

Os autores realmente analisam cada parte da lei com muita profundidade e propriedade, elencando as diferentes correntes de pensamento que se formaram ao longo dos mais de doze anos de sua vigência, contribuindo, de forma decisiva, para que a Lei de Drogas seja mais bem compreendida e, por conseguinte, mais bem aplicada pelos diversos operadores do Direito.

Por esse prisma, destaco a abordagem dos seguintes temas: a política de redução de danos; a descriminalização do uso de drogas; o rastafarianismo em confronto com o direito fundamental à liberdade religiosa; o direito penal preventivo (liquefação de bens jurídicos); os crimes em espécie; como deve ser conduzida a dosimetria das penas; como se estrutura o procedimento penal; qual o sentido e alcance da desapropriação-confisco, prevista no art. 243 da Constituição Federal; a delação (colaboração) premiada; a infiltração de agentes; a ação controlada; a alienação antecipada de bens etc.

Os autores, a meu ver, são a prova viva de que a fé em Deus e na Virgem Maria; no próprio potencial; e o amor pelo trabalho são capazes de nos levar à superação dos mais difíceis obstáculos que venham a surgir em nossas vidas.

Cleber Masson e Vinícius Marçal, assim, vencendo as dificuldades dessa nova jornada de lutas, entregam a você, caro leitor, com todo o brilho do seu empenho, mais uma belíssima obra que, seguramente, irá iluminar o seu caminho na busca pela necessária compreensão e adequada aplicação dessa importante Lei de Drogas.

Muita paz e uma ótima leitura!

Goiânia, outubro de 2018.
Benedito Torres Neto
Procurador-Geral de Justiça do Ministério Público de Goiás e
Presidente do Conselho Nacional dos Procuradores-Gerais
do Ministério Público dos Estados e da União (CNPG).

NOTA DOS AUTORES

A escassez de livros atualizados sobre a importante Lei 11.343/2006, a Lei de Drogas, nos impulsionou a realizar um amplo estudo a seu respeito, a fim de trazer ao mercado editorial uma obra profunda e didática sobre esse diploma normativo tão controverso e presente no cotidiano forense.

Depois de mais de um ano de intensas pesquisas, concluímos esse trabalho. Procuramos seguir a metodologia adotada em nosso *Crime Organizado*, o qual foi muito bem acolhido pela comunidade jurídica. Diversas correntes doutrinárias sobre pontos polêmicos da lei foram abordadas. Sempre que possível, revelamos a nossa visão e a das Cortes Superiores. O livro, portanto, está rigorosamente em sintonia com o que há de mais moderno na doutrina e na jurisprudência.

Com efeito, realizamos pormenorizada análise de todos os crimes em espécie e, ainda, acerca: *(a)* daquilo que se entente por *droga*; *(b)* do confronto entre o direito à liberdade religiosa e o uso de drogas; *(c)* da (in)constitucionalidade dos crimes de consumo pessoal e da sua (in)compatibilidade com o princípio da insignificância; *(d)* da (in)compatibilidade do princípio da bagatela com o narcotráfico; *(e)* da coculpabilidade como atenuante inominada; *(f)* da (excepcional) possibilidade de condenação sem laudo de exame químico toxicológico; *(g)* da juntada tardia do laudo definitivo e suas consequências; *(h)* dos reflexos jurídicos da chamadas "marchas da maconha"; *(i)* da relação entre o tráfico de drogas privilegiado e a "mula ocasional" e a "mula experiente"; *(j)* da (não) punição das associações mistas, do autofinanciamento e do "tráfico romântico, afetuoso ou por amor"; *(k)* da tipificação da colaboração episódica como informante de "traficante isolado"; *(l)* da aplicação das penas; *(m)* das proibições e vedações a benefícios; *(n)* do procedimento investigatório e suas particularidades; *(o)* das técnicas especiais de investigação: delação premiada, infiltração de agentes e ação controlada; *(p)* do processo penal kafkiano (criptoimputação); *(q)* do rito processual especial; *(r)* das medidas assecuratórias (sequestro, arresto e especialização da hipoteca legal) e do *periculum in mora* presumido; *(s)* da reparação dos danos transindividuais; *(t)* da utilização funcional dos instrumentos, do produto e do proveito do narcotráfico; *(u)* da alienação antecipada de bens; *(v)* do perdimento de bens e do confisco alargado; *(w)* da cooperação internacional etc.

Buscamos, o quanto possível, harmonizar o conteúdo teórico ao aspecto prático. Dessa maneira, acreditamos que este livro será capaz de alcançar prestígio tanto com os bacharelandos em Direito e os concursandos que almejam aprovação em concursos públicos, como também com os membros do Ministério Público, magistrados, defensores e policiais, pois aqui poderão encontrar fonte segura para a solução dos corriqueiros problemas pertinentes à aplicação da Lei de Drogas.

Segundo um conhecido adágio, o bom livro é aquele que se abre com interesse, se estuda com prazer e se fecha com proveito. Que assim seja!

Os autores

SUMÁRIO

INTRODUÇÃO 1

1. Panorama inicial 1

2. Conceito de drogas 2

   2.1. Alteração do complemento e Direito Penal intertemporal............. 4

3. Drogas: proibição e exceções.. 4

1 CRIMES EM ESPÉCIE... 11

1. Crimes de consumo pessoal – Art. 28, *caput* e § 1º 11

   1.1. Dispositivo legal 11

   1.2. Introdução.. 11

      1.2.1. A descriminalização do porte de *cannabis* para uso pessoal (Tema 506) 13

      1.2.2. A problemática da ausência de critérios legais objetivos, a seletividade penal e o estabelecimento de um novo paradigma 15

   1.3. Objetividade jurídica 17

   1.4. Objeto material.. 18

   1.5. Núcleos do tipo.. 18

      1.5.1. Consumo pessoal, tráfico e ônus da prova 19

   1.6. Sujeito ativo.. 21

   1.7. Sujeito passivo... 22

   1.8. Elemento subjetivo... 22

   1.9. Consumação 22

      1.9.1. Art. 28 e princípio da insignificância 23

   1.10. Tentativa 25

   1.11. Art. 28, § 1º, e art. 243, *caput*, da Constituição da República......... 26

   1.12. Ação penal.. 26

   1.13. Penas 27

      1.13.1. Advertência sobre os efeitos das drogas............................ 29

1.13.2.	Prestação de serviços à comunidade	30
1.13.3.	Medida educativa de comparecimento a programa ou curso	30
1.13.4.	Reincidência específica?	31
1.13.5.	Características: não substitutividade e não conversibilidade em prisão	32
1.13.6.	Medidas de apoio (ou medidas coercitivas)	32
1.13.7.	Prescrição	34

1.14. Lei 9.099/1995 e acordo de não persecução penal 34

1.15. Classificação doutrinária 34

2. Tráfico de drogas propriamente dito – Art. 33, *caput* 35

2.1. Dispositivo legal 35

2.2. Introdução 35

2.3. Objetividade jurídica 38

2.4. Objeto material 39

2.5. Núcleos do tipo 39

2.6. Sujeito ativo 44

2.7. Sujeito passivo 45

2.8. Elemento subjetivo 45

2.9. Consumação e temas correlatos (buscas pessoais, buscas domiciliares sem mandado, justa causa e consentimento do morador) 45

2.9.1.	Hipóteses legitimadoras da devassa domiciliar	50
2.9.2.	Justa causa prévia para buscas: casuística	54
	2.9.2.1 Notícia anônima	55
	2.9.2.2. Má fama do ambiente	57
	2.9.2.3. Fama de traficante	58
	2.9.2.4. Utilização dos sentidos: especialmente, olfato (odor de drogas) e visão	60
	2.9.2.5. Cães farejadores	61
	2.9.2.6. Fuga do suspeito ao visualizar a viatura	63
	2.9.2.7. Descumprimento de ordem de parada, perseguição e buscas	68
	2.9.2.8. Ações neutras, condições existenciais e *fishing expedition*	69
	2.9.2.9. Busca pessoal e subsequente busca domiciliar. Medida possível?	71
	2.9.2.10. Buscas em residência sem sinais de habitação ...	73
	2.9.2.11. Tirocínio policial, atitude suspeita e nervosismo do autuado	74
	2.9.2.12. Distinção entre busca pessoal e inspeção de segurança	76

SUMÁRIO | **XXIII**

2.10.	Tentativa	79
2.11.	Ação penal	80
2.12.	Penas. Sucessão de leis no tempo e combinação de leis	80
2.13.	Lei 9.099/1995 e acordo de não persecução penal	81
2.14.	Questões controversas	84
	2.14.1. Tráfico de drogas e princípio da insignificância	84
	2.14.2. Tráfico de drogas e competência da Justiça Federal	86
	2.14.3. Tráfico de drogas e julgamento pelo Tribunal do Júri	88
	2.14.4. Tráfico de drogas, prisão preventiva e Regras de Bangkok	88
	2.14.5. Regime inicial de cumprimento da pena privativa de liberdade	95
	2.14.6. A pessoa indígena como sujeito ativo	96
	2.14.7. Tráfico de drogas e dificuldades econômicas	96
	2.14.8. Tráfico de drogas e coculpabilidade	96
	2.14.9. Narcotráfico, prova da materialidade (laudo definitivo), (des)necessidade de apreensão da droga e cadeia de custódia	97
	2.14.10. Tráfico internacional de drogas e laudo elaborado no estrangeiro	102
	2.14.11. Laudo definitivo e juntada tardia	103
	2.14.12. Flagrantes provocado, forjado, esperado e retardado: distinções	104
	2.14.13. O art. 290 do Código Penal Militar foi revogado pela Lei de Drogas? Esse dispositivo é constitucional?	105
	2.14.14. Imputação de narcotráfico e "confissão" de posse para o consumo pessoal	106
	2.14.15. É possível a condenação por narcotráfico com base em depoimentos policiais?	107
	2.14.16. Intervenções corporais (exame de raio x), drogas dentro do corpo do suspeito e *nemo tenetur se detegere*	108
	2.14.17. Acesso pela polícia a conteúdo de aparelho de telefonia celular (computadores, tablets etc.), (des)necessidade de autorização judicial e (in)validade da prova	111
2.15.	Classificação doutrinária	123
3.	Tráfico de drogas por equiparação – Art. 33, § 1º	123
3.1.	Introdução	123
3.2.	Natureza hedionda (delitos duplamente equiparados)	123
3.3.	Pontos comuns às figuras equiparadas	124
3.4.	Tráfico de matéria-prima, insumo ou produto químico destinado à preparação de drogas	124

3.4.1.	Dispositivo legal	124
3.4.2.	Objeto material	124
3.4.3.	Núcleos do tipo	128
3.4.4.	Sujeito ativo	128
3.4.5.	Sujeito passivo	128
3.4.6.	Elemento subjetivo	128
3.4.7.	Consumação	129
3.4.8.	Tentativa	129
3.4.9.	Classificação doutrinária	129
3.5.	Plantas para o tráfico	129
3.5.1.	Dispositivo legal	129
3.5.2.	Objeto material	130
3.5.3.	Núcleos do tipo	130
3.5.4.	Sujeito ativo	131
3.5.5.	Sujeito passivo	131
3.5.6.	Elemento subjetivo	131
3.5.7.	Consumação	131
3.5.8.	Tentativa	132
3.5.9.	Classificação doutrinária	132
3.6.	Uso de local para o tráfico de drogas	132
3.6.1.	Dispositivo legal	132
3.6.2.	Objeto material	133
3.6.3.	Núcleos do tipo	133
3.6.4.	Sujeito ativo	134
3.6.5.	Sujeito passivo	134
3.6.6.	Elemento subjetivo	135
3.6.7.	Consumação	135
3.6.8.	Tentativa	135
3.6.9.	Classificação doutrinária	135
3.7.	Tráfico para agente policial disfarçado	136
3.7.1.	Dispositivo legal	136
3.7.2.	Objeto material	136
3.7.3.	Núcleos do tipo e contornos elementares sobre o agente policial disfarçado	136
3.7.4.	Sujeito ativo	140
3.7.5.	Sujeito passivo	140
3.7.6.	Elemento subjetivo	140
3.7.7.	Consumação	140
3.7.8.	Tentativa	141
3.7.9.	Classificação doutrinária	141

4. Induzimento, instigação ou auxílio ao uso indevido de droga – Art. 33, § 2º	141
4.1. Dispositivo legal	141
4.2. Introdução	141
4.3. Objetividade jurídica	142
4.4. Objeto material	142
4.5. Núcleos do tipo	142
4.5.1. "Marcha da maconha" e reflexos jurídicos	143
4.6. Sujeito ativo	144
4.7. Sujeito passivo	144
4.8. Elemento subjetivo	144
4.9. Consumação	144
4.10. Tentativa	145
4.11. Ação penal	145
4.12. Lei 9.099/1995 e acordo de não persecução penal	145
4.13. Classificação doutrinária	145
5. Cessão eventual de droga para consumo conjunto – Art. 33, § 3º	146
5.1. Dispositivo legal	146
5.2. Introdução	146
5.3. Objetividade jurídica	146
5.4. Objeto material	147
5.5. Núcleo do tipo	147
5.6. Sujeito ativo	149
5.7. Sujeito passivo	150
5.8. Elemento subjetivo	150
5.9. Consumação	150
5.10. Tentativa	150
5.11. Ação penal	150
5.12. Penas	150
5.13. Lei 9.099/1995 e acordo de não persecução penal	151
5.14. Classificação doutrinária	151
6. Tráfico de drogas privilegiado – Art. 33, § 4º	151
6.1. Introdução	151
6.2. Requisitos	152
6.2.1. Prova dos requisitos	163
6.2.2. Natureza e quantidade da droga apreendida: fixação da pena-base, modulação e hipóteses de exclusão da minorante (art. 33, § 4º)	164
6.3. Tráfico privilegiado, hediondez, benefícios processuais e regime inicial de cumprimento de pena	172

7.	Objetos e maquinismos destinados à produção de drogas – Art. 34	173
	7.1. Dispositivo legal	173
	7.2. Introdução	174
	7.3. Objetividade jurídica	177
	7.4. Objeto material	177
	7.5. Núcleos do tipo	178
	7.6. Sujeito ativo	180
	7.7. Sujeito passivo	180
	7.8. Elemento subjetivo	180
	7.9. Consumação	180
	7.10. Tentativa	180
	7.11. Ação penal	181
	7.12. Efeito da condenação	181
	7.13. Lei 9.099/1995 e acordo de não persecução penal	181
	7.14. Classificação doutrinária	181
	7.15. Não incidência da causa de diminuição de pena prevista no art. 33, § 4º, da Lei 11.343/2006	181
8.	Associação para o tráfico – Art. 35	182
	8.1. Dispositivo legal	182
	8.2. Introdução	183
	8.3. Objetividade jurídica	185
	8.4. Objeto material	185
	8.5. Núcleo do tipo	185
	8.6. Sujeito ativo	187
	8.7. Sujeito passivo	188
	8.8. Elemento subjetivo	188
	8.9. Consumação	189
	8.10. Tentativa	190
	8.11. Ação penal	191
	8.12. Lei 9.099/1995 e acordo de não persecução penal	191
	8.13. Classificação doutrinária	191
	8.14. Questões diversas	192
	8.14.1. Confronto com a associação para o financiamento	192
	8.14.2. Associação mista?	192
	8.14.3. Autoria coletiva: denúncia geral *versus* processo penal kafkiano ("criptoimputação")	192
	8.14.4. Associação para o narcotráfico *versus* Organização criminosa	194

9. Crime de financiamento do tráfico ou custeio do tráfico – Art. 36 196
   9.1. Dispositivo legal 196
   9.2. Introdução 196
   9.3. Objetividade jurídica 197
   9.4. Objeto material 197
   9.5. Núcleos do tipo 197
   9.6. Sujeito ativo 200
   9.7. Sujeito passivo 200
   9.8. Elemento subjetivo 200
   9.9. Consumação 200
   9.10. Tentativa 202
   9.11. Ação penal 202
   9.12. Lei 9.099/1995 e acordo de não persecução penal 202
   9.13. Classificação doutrinária 203
10. Informante colaborador – art. 37 203
   10.1. Dispositivo legal 203
   10.2. Introdução 203
   10.3. Objetividade jurídica 204
   10.4. Objeto material 204
   10.5. Núcleo do tipo 204
   10.6. Sujeito ativo 207
   10.7. Sujeito passivo 207
   10.8. Elemento subjetivo 207
   10.9. Consumação 207
   10.10. Tentativa 208
   10.11. Ação penal 208
   10.12. Lei 9.099/1995 e acordo de não persecução penal 208
   10.13. Classificação doutrinária 208
11. Prescrição ou ministração culposa de droga – Art. 38 209
   11.1. Dispositivo legal 209
   11.2. Objetividade jurídica 209
   11.3. Objeto material 209
   11.4. Núcleo do tipo 209
      11.4.1. Crime culposo e tipo fechado 210
      11.4.2. A superveniência de lesão culposa ou morte culposa 210
   11.5. Sujeito ativo 211
   11.6. Sujeito passivo 211
   11.7. Elemento subjetivo 211
   11.8. Consumação 211

11.9.	Tentativa	211
11.10.	Ação penal	211
11.11.	Lei 9.099/1995 e acordo de não persecução penal	212
11.12.	Classificação doutrinária	212
11.13.	Comunicação aos órgãos de controle	212
12.	Condução de embarcação ou aeronave sob influência de droga – Art. 39....	212
12.1.	Dispositivo legal	212
12.2.	Objetividade jurídica	213
12.3.	Objeto material	213
12.4.	Núcleo do tipo	213
12.5.	Sujeito ativo	215
12.6.	Sujeito passivo	215
12.7.	Elemento subjetivo	215
12.8.	Consumação	215
12.9.	Tentativa	216
12.10.	Ação penal	216
12.11.	Das penas	216
12.12.	Lei 9.099/1995 e acordo de não persecução penal	217
12.13.	Classificação doutrinária	217
12.14.	Figura qualificada: art. 39, parágrafo único	218
12.15.	Competência	218
13.	Causas de aumento da pena – Art. 40	218
13.1.	Art. 40, inc. I – a natureza, a procedência da substância ou do produto apreendido e as circunstâncias do fato evidenciarem a transnacionalidade do delito	219
13.2.	Art. 40, inc. II – o agente praticar o crime prevalecendo-se de função pública ou no desempenho de missão de educação, poder familiar, guarda ou vigilância	222
13.3.	Art. 40, inc. III – a infração tiver sido cometida nas dependências ou imediações de estabelecimentos prisionais, de ensino ou hospitalares, de sedes de entidades estudantis, sociais, culturais, recreativas, esportivas, ou beneficentes, de locais de trabalho coletivo, de recintos onde se realizem espetáculos ou diversões de qualquer natureza, de serviços de tratamento de dependentes de drogas ou de reinserção social, de unidades militares ou policiais ou em transportes públicos	223
13.4.	Art. 40, inc. IV – o crime tiver sido praticado com violência, grave ameaça, emprego de arma de fogo, ou qualquer processo de intimidação difusa ou coletiva	227
13.5.	Art. 40, inc. V – caracterizado o tráfico entre Estados da Federação ou entre estes e o Distrito Federal	228

SUMÁRIO | XXIX

13.6. Art. 40, inc. VI – sua prática envolver ou visar a atingir criança ou adolescente ou a quem tenha, por qualquer motivo, diminuída ou suprimida a capacidade de entendimento e determinação 229

13.7. Art. 40, inc. VII – o agente financiar ou custear a prática do crime... 231

2 APLICAÇÃO DAS PENAS, DELAÇÃO PREMIADA E IMPUTABILIDADE PENAL 233

1. Dosimetria das penas e circunstâncias preponderantes 233
2. Fixação da pena de multa 236
3. Proibições e vedações a benefícios 237
4. Delação (colaboração) premiada 243
5. Da inimputabilidade 265
6. A semi-imputabilidade (sistema vicariante ou duplo binário?) 269

3 PERSECUÇÃO PENAL E EFEITOS DA CONDENAÇÃO 271

1. Anotações sobre as regras especiais de investigação e o rito procedimental 271

   1.1. Do procedimento penal 271

   1.2. Da audiência de custódia (prisão em flagrante ou cautelar) 276

   1.3. Do laudo de constatação (laudo preliminar) 282

   1.4. Destruição de plantações ilícitas e das drogas apreendidas com e sem flagrante 283

   1.5. Desapropriação-confisco 286

   1.6. Prazos para a conclusão do inquérito policial 288

   1.7. Diligências posteriores ao término do prazo para a conclusão do Inquérito Policial 290

   1.8. Das técnicas especiais de investigação: infiltração policial e ação controlada 291

       1.8.1. Notas introdutórias sobre a infiltração policial (conceito, evolução legislativa e críticas) 291

           1.8.1.1. Distinções conceituais 294

           1.8.1.2. Legitimados 296

           1.8.1.3. Momento 298

           1.8.1.4. Quem pode ser agente infiltrado? 299

           1.8.1.5. Autorização judicial sigilosa e alcance da decisão 301

           1.8.1.6. Fragmentariedade e subsidiariedade 304

           1.8.1.7. Prazo 306

           1.8.1.8. Relatório circunstanciado 307

           1.8.1.9. Relatório (parcial) da atividade de infiltração 308

LEI DE DROGAS: Aspectos Penais e Processuais – *Cleber Masson* • *Vinícius Marçal*

	1.8.1.10.	Espécies de infiltração	309
	1.8.1.11.	Demonstração da necessidade e apresentação do plano operacional da infiltração	310
	1.8.1.12.	Valor probatório do testemunho oportunamente prestado pelo infiltrado	311
	1.8.1.13.	Distribuição sigilosa e informações detalhadas diretamente ao juiz	312
	1.8.1.14.	Denúncia instruída com os autos da operação de infiltração	314
	1.8.1.15.	Sustação da operação	314
	1.8.1.16.	Proporcionalidade como regra de atuação	315
	1.8.1.17.	Natureza jurídica da exclusão da responsabilidade penal: inexigibilidade de conduta diversa	317
	1.8.1.18.	Direitos do agente infiltrado	321
1.8.2.		Introito sobre a ação controlada	326
	1.8.2.1.	Fixação de limites à ação controlada e controle ministerial	329
	1.8.2.2.	Sigilo da medida	330
	1.8.2.3.	Término da diligência e elaboração do auto circunstanciado	331
	1.8.2.4.	Consequências da frustração da medida	331
	1.8.2.5.	Ação controlada conjugada com outros meios de investigação	332
1.9.		Do rito especial	333
1.10.		Recebimento da denúncia e suspensão do exercício das funções...	335
1.11.		Audiência de instrução e julgamento	340
1.12.		Prisão para apelar	349
2.		Da apreensão, arrecadação e destinação de bens do acusado	350
2.1.		Noções sobre sequestro, arresto e especialização da hipoteca legal ...	350
2.2.		Medidas assecuratórias relacionadas ao produto ou proveito do crime	358
2.3.		Retardamento da medida assecuratória (ação controlada)	363
2.4.		Utilização funcional do instrumento, do produto e do proveito do narcotráfico	364
2.5.		Da alienação antecipada de bens	367
2.6.		Perdimento (confisco)	375
2.7.		Confisco alargado	382
3.		Da cooperação internacional	388

BIBLIOGRAFIA 391

INTRODUÇÃO

1. PANORAMA INICIAL

A Constituição Federal, em seu art. 5º, inc. XLIII, estabelece que "a lei considerará crimes inafiançáveis e insuscetíveis de graça ou anistia a prática da tortura, o tráfico ilícito de entorpecentes e drogas afins, o terrorismo e os definidos como crimes hediondos, por eles respondendo os mandantes, os executores e os que, podendo evitá-los, se omitirem".

Com esse preceptivo, a Lei Suprema impôs ao legislador ordinário tratamento jurídico mais severo no tocante aos **crimes hediondos propriamente ditos**, catalogados no art. 1º da Lei 8.072/1990, e também aos **equiparados ou assemelhados a hediondos**, quais sejam, **tráfico de drogas**, tortura e terrorismo.

Nesse contexto, e visando concretizar o **mandado constitucional de criminalização explícito**, foi promulgada a Lei 11.343/2006 – Lei de Drogas, a qual, além de revogar expressamente suas antecessoras – Leis 6.368/1976 e 10.409/2002 –, instituiu o Sistema Nacional de Políticas Públicas sobre Drogas – Sisnad (arts. 3º a 17), prescreveu medidas para prevenção do uso indevido, atenção e reinserção social de usuários e dependentes de drogas (arts. 18 a 26-A), estabeleceu normas para a repressão à produção não autorizada e ao tráfico ilícito (arts. 31 e 32), definiu diversos crimes (arts. 28 e 33 a 39), dispôs sobre o "procedimento penal" (arts. 48 a 59), disciplinou meios especiais de investigação (arts. 41 e 53), tratou da apreensão, arrecadação e destinação de bens do investigado ou réu (arts. 60 a 64) e previu a cooperação internacional (art. 65).

Em cotejo com as leis precedentes, a Lei 11.343/2006 apresentou muitas novidades, tais como: (a) não imposição de pena privativa de liberdade a quem possui drogas para consumo pessoal (art. 28); (b) criação de crime especial para a pequena cessão de pequena quantia de droga para consumo conjunto ("cedente eventual"); (c) criação do tráfico privilegiado (art. 33, § 4º); (d) elevação da pena do tráfico de drogas (art. 33); (e) tipificação do financiamento ou custeio ao tráfico (art. 36); (f) instituição de novo rito processual etc.

De forma inovadora, sobretudo com as reformas promovidas pela Lei 13.840/2019, a Lei 11.343/2006 representou rompimento de paradigma no tocante à compreensão da problemática relacionada às drogas. Por conjugar os vieses preventivo (quanto ao uso indevido) e repressivo (no que importa ao tráfico), a política criminal inspiradora desta lei é **bifronte**. Com efeito, ao mesmo tempo que instituiu sanções brandas para o sujeito que porta droga para consumo pessoal, afastando o encarceramento e propiciando políticas preventivas e de reinserção social (*v.g.*: arts. 8º-D, 8º-E e 19-A a 22-A), bem como de tratamento (com a possibilidade de internações voluntárias ou involuntárias em unidades

LEI DE DROGAS: Aspectos Penais e Processuais – *Cleber Masson* • *Vinícius Marçal*

de saúde ou hospitais gerais, *ex vi* do art. 23-A, §§ 2º a 10) e terapêuticas (art. 26-A), a Lei 11.343/2006 promoveu a repressão e o combate ao narcotráfico.

Outra novidade que merece especial destaque diz respeito à previsão (arts. 19, inc. VI c.c. 20 e 22, *caput* e inc. IV), entre as atividades de atenção e reinserção social de usuários ou dependentes de drogas, da implementação de ações que visem à redução dos riscos e dos danos à saúde em virtude do consumo de drogas. Doravante, a controversa **política da redução de danos** (distribuição de seringas aos usuários de heroína, por exemplo)[1] passa a ser "vetor de atuação estatal, não mais cabendo ao renitente conservadorismo enjeitá-la a pretexto de evitar o auxílio ou a colaboração para o uso de drogas."[2]

Sem embargo da adoção expressa da política de redução de riscos no uso de drogas, que se aproxima do que se convencionou chamar de **justiça terapêutica**, paira sobre o tema muita incerteza em relação à sua amplitude e aos seus limites. De fato, invariavelmente, será difícil encontrar a linha divisória entre aquilo que pode ser encarado como uma ação de redução de danos fomentada pelo Estado (necessariamente) – circunstância que exclui a ilicitude da conduta – e aquilo que pode configurar os delitos de incitação ao crime (CP, art. 286) ou auxílio ao uso indevido de drogas (Lei 11.343/2006, art. 33, § 2º).

2. CONCEITO DE DROGAS

Ao contrário dos diplomas revogados, que se valiam da expressão "substância entorpecente ou que determine dependência física ou psíquica", a Lei 11.343/2006 consagrou uma terminologia mais simples, difundida entre os cidadãos e preferida pela Organização Mundial de Saúde: "drogas". E, para fins legais, são consideradas **drogas** "as substâncias ou os produtos capazes de causar dependência, assim especificados em lei ou relacionados em listas atualizadas periodicamente pelo Poder Executivo da União" (art. 1º, parágrafo único). Em síntese, droga é a substância ou produto assim relacionado em lei ou ato administrativo.

É fácil notar que os delitos contidos na Lei de Drogas são veiculados por **normas penais em branco**, também chamadas de **"cegas"** ou **"abertas"**: os tipos legais contam com preceitos secundários completos, mas os preceitos primários – definidores das condutas criminosas – dependem de complementação, por lei ou por ato administrativo. As normas penais em branco, na clássica expressão de Franz von Liszt, são como "corpos errantes em busca de alma". Existem fisicamente no universo jurídico, mas não podem ser aplicadas em razão da sua incompletude.

No Brasil, a atual relação das drogas é prevista por um ato administrativo, consistente na Portaria SVS/MS 344/1998, editada pela Agência Nacional de Vigilância Sanitária, autarquia sob regime especial ligada ao Poder Executivo. Portanto, os crimes da Lei de Drogas estão tipificados por **normas penais em branco em sentido estrito** (ou **heterogêneas**).

---

[1] Conforme matéria veiculada na *Revista Época*: Colômbia prepara distribuição de seringas para viciados em heroína – seguindo países como Holanda e Inglaterra, governo colombiano pretende diminuir danos secundários, como a contaminação pelo vírus HIV. Disponível em: http://epoca.globo.com/tempo/noticia/2014/07/colombia-prepara-distribuicao-de-bseringas-para-viciadosb-em-heroina. html. Acesso em: 31.05.2016.

[2] MENDONÇA, Andrey Borges de; CARVALHO, Paulo Roberto Galvão de. *Lei de drogas*: Lei 11.343, de 23 de agosto de 2006 – comentada artigo por artigo. 3. ed. São Paulo: Método, 2012. p. 41.

INTRODUÇÃO | **3**

Dessarte, para fins de tipificação das condutas previstas na Lei 11.343/2006, **drogas são as substâncias assim classificadas pela Portaria SVS/MS 344/1998**. Aliás, como se extrai do art. 66 da Lei 11.343/2006, até que seja atualizada a terminologia adotada nessa lista, "denominam-se drogas substâncias entorpecentes, psicotrópicas, precursoras e outras sob controle especial,[3] da Portaria SVS/MS nº 344, de 12 de maio de 1998".

Com a mera previsão da substância no complemento da norma penal em branco afasta-se a necessidade, e até mesmo a possibilidade de, a partir da realização de exame pericial, aduzir-se se a substância expressamente prevista na listagem administrativa possui ou não capacidade de causar dependência, pois esse dado é aferido pela simples inclusão de qualquer substância na destacada lista. Essa interpretação emana da redação literal do art. 1º, parágrafo único, da Lei 11.343/2006: "para fins desta Lei, consideram-se como drogas as substâncias ou os produtos capazes de causar dependência, assim especificados em lei ou relacionados em listas atualizadas periodicamente pelo Poder Executivo da União." Como já decidido pelo Superior Tribunal de Justiça:

> "A simples verificação de que as substâncias prescritas pelo paciente encontram-se elencadas na Portaria nº 344/98 da Secretaria de Vigilância Sanitária do Ministério da Saúde (SVS/MS) na lista C1, que trata das substâncias sujeitas a controle especial, é suficiente para a sua caracterização como droga, sendo prescindível a realização de exame pericial para a constatação de que tais substâncias, efetivamente, causam dependência. O exame pericial será necessário para que outros dados (*v.g.*: natureza e quantidade da substância apreendida, potencialidade tóxica, etc.), que não a possibilidade de causar dependência, sejam aferidos, porquanto esse último ponto já é respondido a partir da previsão da substância nas listas mencionadas. [...] Note-se que a própria Lei de Drogas, quando trata tanto do laudo de constatação (art. 50, § 1º), como do laudo definitivo (art. 58, § 1º), apenas se refere a natureza e quantidade da substância apreendida, é dizer, a própria materialidade do delito, não fazendo qualquer referência a necessidade, por óbvio inexistente, de demonstração da capacidade da substância de causar dependência, porquanto essa indagação é satisfatoriamente respondida com a constatação de que a substância apreendida encontra-se prevista no complemento da norma penal em branco."[4]

Por outro lado, ainda que determinada substância seja apta a causar dependência física ou psíquica, se ela não encontrar previsão na Portaria SVS/MS 344/1998, não estará devidamente satisfeito o elemento normativo (*drogas, sem autorização ou em desacordo com determinação legal ou regulamentar*) dos tipos previstos na Lei 11.343/2006. Na esteira da jurisprudência do Superior Tribunal de Justiça:

> "Inicialmente, emerge a necessidade de se analisar o preceito contido no parágrafo único do art. 1º da Lei de Drogas, segundo o qual 'consideram-se como drogas as substâncias ou os produtos capazes de causar dependência, assim especificados em lei ou

---

3   "De acordo com art. 66 da Lei n. 11.343/06, *ampliou-se* o rol de substâncias abarcadas pela criminalidade de tóxicos, *incluindo-se aquelas sob controle especial*" (STJ: HC 86.215/RJ, rel. Min. Maria Thereza de Assis Moura, 6ª Turma, j. 08.09.2008).

4   HC 139.667/RJ, rel. Min. Felix Fischer, 5ª Turma, j. 17.12.2009, noticiado no *Informativo* 420.

relacionados em listas atualizadas periodicamente pelo Poder Executivo da União'. Em acréscimo, estabelece o art. 66 da Lei de Drogas que, 'Para fins do disposto no parágrafo único do art. 1º desta Lei, até que seja atualizada a terminologia da lista mencionada no preceito, denominam-se drogas substâncias entorpecentes, psicotrópicas, precursoras e outras sob controle especial, da Portaria SVS/MS nº 344, de 12 de maio de 1998'. Verifica-se, assim, que, sistematicamente, por uma opção legislativa, o art. 66 ampliou o universo de incidência dos comandos proibitivos penais. Portanto, a definição do que sejam 'drogas', capazes de caracterizar os delitos previstos na Lei n. 11.343/2006, advém da Portaria n. 344/1998 da Secretaria de Vigilância Sanitária do Ministério da Saúde. Nesse contexto, por ser constituída de um conceito técnico-jurídico, só será considerada droga o que a lei (em sentido amplo) assim o reconhecer. Desse modo, mesmo que determinada substância cause dependência física ou psíquica, se ela não estiver prevista no rol das substâncias legalmente proibidas, ela não será tratada como droga para fins de incidência da Lei n. 11.343/2006."[5]

2.1. Alteração do complemento e Direito Penal intertemporal

Imagine a situação em que determinado agente praticou tráfico de drogas, em face do comércio ilícito de substância elencada na Portaria SVS/MS 344/1998. Posteriormente, contudo, tal substância vem a ser excluída da relação de drogas proibidas. Essa modificação do complemento retroage para beneficiar o agente? A resposta é positiva.

Em sintonia com o art. 3º do Código Penal, e considerando que o complemento (Portaria SVS/MS 344/1998) foi elaborado em **situação de normalidade**, a sua modificação favorável ao acusado revela a alteração do tratamento penal dispensado ao caso. Em outras palavras, a situação que se buscava incriminar passa a ser irrelevante. Nesse caso, a retroatividade é obrigatória, na forma imposta pelo art. 5º, inc. XL, da Constituição da República, acarretando a exclusão do crime (*abolitio criminis*).

Aliás, o Supremo Tribunal Federal adotou esse entendimento em mais de uma oportunidade, quando o **"lança-perfume"** (cloreto de etila) foi excluído da listagem administrativa complementar e, na sequência, reincluído.[6]

3. DROGAS: PROIBIÇÃO E EXCEÇÕES

A Lei 11.343/2006 estabelece um regime jurídico rigoroso em relação às drogas no território nacional. Conforme dispõe o art. 2º, *caput*, ficam proibidas não apenas as drogas em si, mas também o plantio, a cultura, a colheita e a exploração de vegetais e substratos dos quais possam ser extraídas ou produzidas drogas. Entretanto, essa proibição comporta ressalvas nas hipóteses de autorização legal ou regulamentar, bem como nos casos previstos pela Convenção de Viena das Nações Unidas sobre Substâncias Psicotrópicas de 1971, especialmente quanto a plantas de uso estritamente ritualístico-religioso.

O parágrafo único do art. 2º da Lei de Drogas confere à União a prerrogativa de autorizar o plantio, a cultura e a colheita dos vegetais mencionados no *caput*, exclusivamente para

---

[5] REsp 1.444.537/RS, rel. Min. Rogerio Schietti Cruz, 6ª Turma, j. 12.04.2016, noticiado no *Informativo* 582.

[6] Cf. HC 94.397/BA, rel. Min. Cezar Peluso, 2ª Turma, j. 23.04.2010; e HC 68.904/SP, rel. Min. Carlos Velloso, 2ª Turma, j. 03.04.1992.

fins medicinais ou científicos. Tal autorização deve observar local e prazo predeterminados, além de submeter-se à fiscalização, respeitadas as ressalvas previamente estabelecidas.[7]

Como consequência do regime proibitivo, torna-se "indispensável a licença prévia da autoridade competente" para qualquer atividade envolvendo drogas ou matéria-prima destinada à sua preparação, seja produção, extração, fabricação, transformação, preparo, posse, depósito, importação, exportação, reexportação, remessa, transporte, exposição, oferta, venda, compra, troca, cessão ou aquisição, observadas as demais exigências legais, conforme estabelece o art. 31 da Lei 11.343/2006. Essa *licença prévia*, concedida pela Secretaria de Vigilância Sanitária do Ministério da Saúde, nos termos do art. 2º da Portaria SVS/MS 344/1998, tem o condão de *afastar o elemento normativo dos tipos penais da Lei de Drogas*, qual seja: a expressão "sem autorização ou em desacordo com determinação legal ou regulamentar." Assim, com a prévia licença, não há falar em fato típico.

Em decorrência da proibição geral, *as plantações ilícitas devem ser imediatamente destruídas* pelo delegado de polícia, conforme determina o art. 32 da Lei 11.343/2006, observado o procedimento previsto no art. 50-A, que inclui a coleta de quantidade suficiente para exame pericial e lavratura de auto detalhando as condições encontradas. Vale ressaltar, a propósito, que o cultivo ilícito pode configurar crime de tráfico de drogas por equiparação, nos termos do art. 33, § 1º, II, da Lei.

A existência de uma regra geral proibitiva não impede que determinadas substâncias, ainda que classificadas como drogas, tenham seu uso autorizado em circunstâncias específicas. Um exemplo emblemático é a talidomida: embora figure na lista C3 da Portaria 344/1998 como substância proibida, devido aos riscos de malformação fetal quando utilizada por gestantes, seu uso é permitido em determinados tratamentos oncológicos, mediante rigoroso controle de importação. De modo similar, instituições acadêmicas podem ser autorizadas a possuir e manusear substâncias controladas para fins de pesquisa científica. Imagine-se, por exemplo,

"uma respeitada Universidade cujo departamento de medicina desenvolve um sério estudo sobre o uso da *cocaína*. Não se vai supor que os pesquisadores devam dirigir-se às ruas para, de um traficante, adquirir a droga. Nesse caso, se permitirá a posse e guarda da droga, a ser fornecida pelo Estado, sem que, porém, qualquer crime reste configurado."[8]

Nesse contexto de exceções à regra proibitiva, o Superior Tribunal de Justiça tem estabelecido importantes precedentes, especialmente em relação à *cannabis*. Em decisão histórica proferida em novembro de 2024, a 1ª Seção do STJ, no REsp 2.024.250/PR, *autorizou a importação de sementes e o cultivo de cânhamo industrial (hemp) em território brasileiro*. Esta variedade específica da *cannabis*, destinada *exclusivamente a fins medicinais*

---

[7] Estatui o art. 14, inc. I, *c*, do Decreto 5.912/2006, que regulamenta a Lei de Drogas: "Art.14. Para o cumprimento do disposto neste Decreto, são competências específicas dos órgãos e entidades que compõem o Sisnad: I – do Ministério da Saúde: [...] c) autorizar o plantio, a cultura e a colheita dos vegetais dos quais possam ser extraídas ou produzidas drogas, exclusivamente para fins medicinais ou científicos, em local e prazo predeterminados, mediante fiscalização, ressalvadas as hipóteses de autorização legal ou regulamentar."

[8] CUNHA, Rogério Sanches; PINTO, Ronaldo Batista; SOUZA, Renee do Ó (org.). Drogas – Lei n. 11.343/2006. *Leis penais especiais comentadas*. 3. ed. Salvador: JusPodivm, 2020. p. 1.724.

e terapêuticos, caracteriza-se por conter no máximo 0,3% de Tetrahidrocanabinol (THC), concentração insuficiente para produzir efeitos psicotrópicos, inviabilizando seu uso recreativo. O diferencial do cânhamo reside em sua elevada concentração de canabidiol (CBD), componente não aditivo com comprovada eficácia terapêutica no tratamento de condições graves como epilepsia, esquizofrenia, dores crônicas, Parkinson e Alzheimer.

A decisão da 1ª Seção do STJ[9] teve escopo específico e restrito, uma vez que não contemplou a importação de sementes nem o cultivo por pessoas físicas, tampouco autorizou aplicações industriais além das farmacêuticas e medicinais. A implementação prática dessa autorização ficou a cargo da Anvisa e da União, que deverão estabelecer o marco regulatório necessário dentro de seis meses após a publicação do acórdão, ocorrida em 19.11.2024, incluindo medidas para evitar desvios e garantir a idoneidade das pessoas jurídicas habilitadas.

Antes mesmo da decisão supramencionada, a jurisprudência do STJ já havia avançado significativamente na matéria. Em outubro de 2023, no julgamento do AgRg no HC 783.717/PR, a 3ª Seção estabeleceu importante precedente sobre o cultivo doméstico da *cannabis sativa* para fins medicinais. O caso analisado envolvia documentação médica específica, incluindo laudo e receituários que prescreviam o uso do óleo extraído da *cannabis sativa*.

Essa decisão representou a uniformização da jurisprudência entre as Turmas Criminais do STJ. A 5ª Turma passou a acompanhar o entendimento já firmado pela 6ª Turma que, em junho de 2022, estabeleceu que **o plantio e a aquisição das sementes da *cannabis sativa* para fins medicinais não configuram conduta criminosa**, independentemente de regulamentação específica da Anvisa. Como resultado, o agravo regimental foi provido para conceder *habeas corpus*, garantindo aos pacientes salvo-conduto que autoriza especificamente a aquisição de 10 sementes de *cannabis sp.*, o cultivo de 7 plantas e a extração do óleo, reconhecendo sua imprescindibilidade para a saúde e qualidade de vida dos beneficiários.[10]

---

[9] STJ: REsp 2.024.250/PR, rel. Min. Regina Helena Costa, 1ª Seção, j. 13.11.2024.

[10] "AGRAVO REGIMENTAL NO *HABEAS CORPUS*. CULTIVO DOMÉSTICO DA PLANTA *CANNABIS SATIVA* PARA FINS MEDICINAIS. ***HABEAS CORPUS* PREVENTIVO**. UNIFORMIZAÇÃO DO ENTENDIMENTO DAS TURMAS CRIMINAIS. RISCO DE CONSTRANGIMENTO ILEGAL. DIREITO A SAÚDE PÚBLICA E A MELHOR QUALIDADE DE VIDA. REGULAMENTAÇÃO. OMISSÃO DA ANVISA E DO MINISTÉRIO DA SAÚDE. ATIPICIDADE PENAL DA CONDUTA. 1. O conjunto probatório dos autos aponta que **o uso medicinal do óleo extraído da planta *cannabis sativa* encontra-se suficientemente demonstrado pela documentação médica, pois foram anexados Laudo Médico e receituários médicos, os quais indicam o uso do óleo medicinal** (CBD *Usa Hemp* 6000mg *full spectrum* e Óleo CBD/THC 10%). 2. O entendimento da Quinta Turma passou a corroborar o da Sexta Turma que, na sessão de julgamento do dia 14/6/2022, de relatoria do Ministro Rogério Schietti Cruz, por unanimidade, negou provimento ao Recurso Especial n. 1.972.092-SP do Ministério Público, e manteve a decisão do Tribunal de origem, que havia concedido *habeas corpus* preventivo. Então, **ambas as turmas passaram a entender que o plantio e a aquisição das sementes da *cannabis sativa*, para fins medicinais, não se trata de conduta criminosa, independente da regulamentação da ANVISA**. 3. Após o precedente paradigma da Sexta Turma, formou-se a jurisprudência, segundo a qual, 'uma vez que o uso pleiteado do óleo da *cannabis sativa*, mediante fabrico artesanal, se dará para fins exclusivamente terapêuticos, com base em receituário e laudo subscrito por profissional médico especializado, chancelado pela ANVISA na oportunidade em que autorizou os pacientes a importarem o medicamento feito à base de *canabidiol* – a revelar que reconheceu a necessidade que têm no seu uso –, não há dúvidas de que deve ser obstada a iminente repressão criminal sobre a conduta praticada pelos pacientes/re-

INTRODUÇÃO | **7**

O alinhamento jurisprudencial consolidou-se a partir do precedente da 6ª Turma no REsp 1.972.092/SP, que reconheceu a legitimidade do uso terapêutico do óleo de *cannabis sativa* mediante fabrico artesanal, desde que respaldado por receituário e laudo médico especializado, e com prévia autorização da Anvisa para importação de medicamento à base de canabidiol. O Tribunal enfatizou que tais condutas, por constituírem exercício de direito fundamental constitucionalmente garantido, não podem ser objeto de sanção penal.

Na mesma trilha, ao apreciar o AgRg no HC 916.389/SP[11], o Superior Tribunal de Justiça reconheceu a **atipicidade material do cultivo doméstico de *cannabis sativa* quando destinado exclusivamente ao uso medicinal.** A Corte Superior estabeleceu como *pressuposto para a concessão do salvo-conduto* a demonstração cabal da necessidade do tratamento médico, por meio de documentação elaborada por profissionais da medicina legalmente habilitados. No caso concreto, o paciente apresentou documentação robusta, incluindo receituário de controle especial e histórico médico detalhado, além

---

corridos' (REsp n. 1.972.092/SP [...]). 4. Os fatos, ora apresentados pelos agravantes, **não podem ser objeto da sanção penal, porque se tratam do exercício de um direito fundamental garantido na Constituição da República, e não há como, em matéria de saúde pública e melhor qualidade de vida,** ignorar que 'a função judicial acaba exercendo a competência institucional e a capacidade intelectual para fixar tais conceitos abstratos, atribuindo significado aos mesmos, concretizando-os, e até dando um alcance maior ao texto constitucional, bem como julgando os atos das outras funções do Poder Público que interpretam estes mesmos princípios' [...]. 5. Agravo regimental provido, para **conceder o *habeas corpus*, a fim de garantir aos pacientes o salvo-conduto, para obstar que qualquer órgão de persecução penal turbe ou embarace a aquisição de 10 (dez) sementes de *cannabis sp.*, bem como o cultivo de 7 (sete) plantas de *cannabis sp.* e extração do óleo, por ser imprescindível para a sua qualidade de vida e saúde.** Oficie-se à Agência Nacional de Vigilância Sanitária (ANVISA) e ao Ministério da Saúde" (STJ: AgRg no HC 783.717/PR, rel. Min. Jesuíno Rissato (des. convocado do TJDFT), 3ª Seção, j. 13.9.2023).

[11] "AGRAVO REGIMENTAL MINISTERIAL EM *HABEAS CORPUS*. PEDIDO DE SALVO CONDUTO. CULTIVO DE CANNABIS SATIVA L. PARA FINS MEDICINAIS. CABIMENTO. NECESSIDADE COMPROVADA. DIREITO FUNDAMENTAL À SAÚDE. IMPORTAÇÃO DE SEMENTES. CONDUTA ATÍPICA. AGRAVO DESPROVIDO. 1. 'Ambas as Turmas que integram a Terceira Seção desta Corte Superior pacificaram entendimento quanto à ausência de tipicidade material na conduta de cultivar *cannabis sativa* tão somente para fins medicinais, desde que nitidamente *comprovada a imprescindibilidade do tratamento médico mediante relatórios e prescrições firmados por profissionais competentes.* Assim, *observadas essas premissas,* mister se faz a concessão de salvo-conduto a fim de que pessoas que buscam efetivar o direito à saúde não sejam indevidamente responsabilizadas criminalmente' [...]. 2. Hipótese na qual foi devidamente **demonstrada a necessidade do uso medicinal da substância** pelo agravado. Conforme **receituário de controle especial, ele faz uso contínuo de óleo de *cannabis*.** O relatório médico, por sua vez, relata que o agravado sofre de dores na coluna lombar há vários anos, com parestesia e irradiação das dores para os membros inferiores, tendo sido diagnosticada hérnia de disco. Consta ainda que os medicamentos utilizados para dor, após melhora parcial, provocaram em efeitos colaterais, os quais não foram observados com uso do óleo de *cannabis*. Desse modo, conclui pelo resultado satisfatório com o tratamento. Outrossim, consta autorização expedida pela ANVISA para permitir ao agravado a 'importação excepcional de produto derivado de *Cannabis'*. O laudo de engenheiro agrônomo atesta a quantidade de plantas necessárias para a produção requerida. Comprovada, portanto, sua necessidade de uso da substância para fins terapêuticos, na forma como requerida. 3. *Quanto ao pleito de autorização para 'importar 200 sementes de cannabis ao ano', tem-se que tanto o Supremo Tribunal Federal quanto o Superior Tribunal de Justiça sedimentaram o entendimento de que a conduta não tipifica os crimes da Lei de Drogas, porque tais sementes não contêm o princípio ativo inerente à cannabis sativa. Ficou assentado, outrossim, que a conduta não se ajustaria igualmente ao tipo penal de contrabando, em razão do princípio da insignificância.* 4. Agravo desprovido" (STJ: AgRg no HC 916.389/SP, rel. Min. Reynaldo Soares da Fonseca, 5ª Turma, j. 16.9.2024).

8 | LEI DE DROGAS: Aspectos Penais e Processuais – *Cleber Masson • Vinícius Marçal*

de autorização da Anvisa para importação excepcional de produto derivado de *cannabis*. Essa decisão reafirmou a primazia do direito fundamental à saúde e consolidou critérios objetivos para autorização do cultivo medicinal, condicionado à devida comprovação da necessidade terapêutica por meio da documentação médica pertinente.[12]

No campo religioso, a Lei de Drogas (art. 2º), ao fazer remissão à Convenção de Viena sobre Substâncias Psicotrópicas (incorporada pelo Decreto 79.388/1977), reconhece a possibilidade de uso ritualístico-religioso de certas plantas. O diploma internacional prevê (art. 32, item 4) que Estados em cujo território cresçam plantas silvestres contendo substâncias psicotrópicas, tradicionalmente utilizadas por pequenos grupos em rituais mágicos ou religiosos, podem formular reservas quanto à aplicação de determinadas disposições da Convenção.

Isso não quer dizer, todavia, que foi legalizada a utilização de toda e qualquer planta da qual façam uso grupos religiosos. Essa matéria demanda regulamentação própria, casuisticamente. No Brasil, o exemplo mais notório de utilização autorizada nesse contexto é o "**chá *ayahuasca***", bebida de efeitos alucinógenos preparada com cipós amazônicos e empregada nos **rituais do *santo daime***.[13]

---

[12] No mesmo sentido: "1. Ambas as Turmas que integram a Terceira Seção desta Corte Superior pacificaram entendimento quanto à **ausência de tipicidade material na conduta de cultivar *cannabis sativa* tão somente para fins medicinais, desde que nitidamente comprovada a imprescindibilidade do tratamento médico mediante relatórios e prescrições firmados por profissionais competentes**. Assim, **observadas essas premissas, mister se faz a concessão de salvo-conduto** a fim de que pessoas que buscam efetivar o direito à saúde não sejam indevidamente responsabilizadas criminalmente. No caso, da análise dos autos, vê-se que o magistrado de primeiro grau, após aprofundada análise dos elementos probatórios juntados aos autos, concluiu que **a produção artesanal do óleo da *cannabis sativa* se destinaria para tratamento indispensável à saúde e expressamente recomendado por médico, o que, inclusive restou corroborado pela autorização da ANVISA para importação do medicamento, devendo, portanto, ser coibida eventual repressão criminal** ao agravado. 2. Provimento dado ao recurso em *habeas corpus* para que fosse restabelecida a decisão de primeiro grau que havia concedido o salvo-conduto ao ora agravado. 3. Agravo regimental do Ministério Público Federal desprovido" (STJ: AgRg no RHC 163.180/RN, rel. Min. Joel Ilan Paciornik, 5ª Turma, j. 4.3.2024).

[13] "**Há mais de vinte anos é autorizado o uso da *Ayahuasca* para fins religiosos**. A regulamentação deste tema foi iniciada pelo antigo Conselho Federal de Entorpecentes, por intermédio da Resolução n. 6, de 4 de fevereiro de 1986, com a exclusão da bebida e das espécies vegetais que a compõem das listas de substâncias entorpecentes e psicotrópicas do Poder Executivo. Como, entretanto, a discussão sobre a legalidade da utilização da Ayahuasca nunca cessou, o Conselho Nacional de Políticas sobre Drogas – CONAD instituiu, em 2004, um Grupo Multidisciplinar de Trabalho para avaliar novamente a utilização da bebida, cujas conclusões foram aprovadas e publicadas pela Resolução CONAD n. 1, de 25 de janeiro de 2010. Já sob a vigência da nova Lei de Drogas, o Grupo de Trabalho reafirmou que 'o uso ritualístico religioso da Ayahuasca, há muito reconhecido como prática legítima, constitui-se em manifestação cultural indissociável da identidade das populações tradicionais da Amazônia e de parte da população urbana do País, cabendo ao Estado não só garantir o pleno exercício desse direito à manifestação cultural, mas também protegê-la por quaisquer meios de acautelamento e prevenção, nos termos do art. 2º, *caput*, da Lei 11.343/06, e do art. 215, *caput* e § 1º, c/c art. 216, *caput* e §§ 1º e 4º, da Constituição Federal'. No entanto, o mesmo Grupo de Trabalho considerou irregular a exploração da Ayahuasca para outros fins que não os ritualístico-religiosos, como a exploração turística, o uso terapêutico, o comércio e a propaganda" (MENDONÇA, Andrey Borges de; CARVALHO, Paulo Roberto Galvão de. *Lei de drogas*: Lei 11.343, de 23 de agosto de 2006 – comentada artigo por artigo. 3. ed. São Paulo: Método, 2012. p. 29-28).

Também existem relatos[14] do emprego da *cannabis sativa* (maconha) no ritual religioso denominado **rastafarianismo,** oriundo do continente africano e com raros adeptos no Brasil, mas que se expandiu pelo mundo após a adesão do músico Bob Marley. Os fiéis ao movimento empregam a *marijuana* (*cannabis*) não para diversão ou prazer, e sim para limpeza e purificação em rituais que teriam assento bíblico no Livro de Gênesis, 1:29: "Deus disse: Eis que vos dou, sobre toda a terra, todas as plantas que dão semente e todas as árvores que produzem seu fruto com sua semente, para vos servirem de alimento."

Ao contrário do que ocorre com o uso do *"chá do santo daime"*, não existe autorização estatal para o emprego da maconha nos cultos ritualísticos do rastafarianismo. Em princípio, portanto, a utilização da droga nesse contexto é vedada pelo ordenamento jurídico. Contudo, parte da doutrina, com fundamento no *direito à liberdade religiosa* (CR/1988, art. 5º, VI), defende a possibilidade de absolvição dos praticantes que utilizam a *marijuana* nos rituais sacros dos rastafáris, a despeito da ausência de autorização legal ou regulamentar. Autores como Fábio Roque, Nestor Távora e Rosmar Rodrigues Alencar argumentam que o "fato da consciência" poderia atuar como *causa supralegal de exclusão de culpabilidade* nessas situações, considerando o vínculo umbilical entre a conduta e a realidade existencial do agente.[15]

Nessa perspectiva, importa destacar que a Suprema Corte dos Estados Unidos, ao julgar o caso Gonzáles *v.* O Centro Espírita Beneficente União do Vegetal, firmou entendimento de que o direito à liberdade religiosa pode contemplar também o direito de importar e utilizar substância proscrita em contexto ritualístico. Segundo a Corte, compete ao Estado o ônus de demonstrar a existência de prejuízos concretos e riscos desproporcionais à saúde pública que justifiquem o sacrifício do direito ao livre exercício da crença religiosa, em nome da segurança coletiva.[16]

---

[14]   Disponíveis em: https://pt.wikipedia.org/wiki/Movimento_rastafári. Acesso em: 14.06.2016.

[15]   "Estamos tratando de um caso concreto, de uma religião existente há muitos anos, com adeptos em inúmeros países e com práticas sérias e sinceras. A análise do mérito da adoração e dos rituais é algo que não cabe ao Estado. Estamos deixando isso claro para que se não possa utilizar o argumento de que qualquer um poderia, então, fundar uma religião, da noite para o dia, para que se permitisse a utilização de drogas de qualquer espécie. A partir dessa perspectiva, cremos que os adeptos da religião, ao participarem dos seus rituais sagrados poderiam invocar, como **causa supralegal de exclusão de culpabilidade o 'fato da consciência'.** No fato da consciência, o agente pratica um fato típico e ilícito, mas que está umbilicalmente vinculado à sua realidade existencial; é, rigorosamente, o que ocorre em questões religiosas. A criminalização de tais rituais constitui retrocesso de considerável magnitude, pois nos remonta aos períodos das perseguições religiosas, em que um grupo dominante pretendia impor a sua fé, como se detivesse o monopólio da verdade e, pior que isto, pudesse obrigar outras pessoas a abjurarem suas convicções" (ROQUE, Fábio; TÁVORA, Nestor; ALENCAR, Rosmar Rodrigues. *Legislação criminal para concursos.* Salvador: JusPodivm, 2016. p. 491).

[16]   ARRUDA, Samuel Miranda. *Drogas:* aspectos penais e processuais penais: Lei 11.343/2006. São Paulo: Método, 2007. p. 60. Para o estudo aprofundado do tema: GODOY, Arnaldo Sampaio de Moraes. Direito comparado. A Suprema Corte norte-americana e o julgamento do uso de huasca pelo Centro Espírita Beneficente União do Vegetal (UDV). *Revista Jus Navigandi,* Teresina, ano 12, n. 1.537, 16 set. 2007. Disponível em: https://jus.com.br/artigos/10393. Acesso em: 15.06.2016.

1

CRIMES EM ESPÉCIE

1. CRIMES DE CONSUMO PESSOAL – ART. 28, *CAPUT* E § 1º

1.1. Dispositivo legal

"Art. 28. Quem adquirir, guardar, tiver em depósito, transportar ou trouxer consigo, para consumo pessoal, drogas sem autorização ou em desacordo com determinação legal ou regulamentar será submetido às seguintes penas:

I – advertência sobre os efeitos das drogas;

II – prestação de serviços à comunidade;

III – medida educativa de comparecimento a programa ou curso educativo.

§ 1º Às mesmas medidas submete-se quem, para seu consumo pessoal, semeia, cultiva ou colhe plantas destinadas à preparação de pequena quantidade de substância ou produto capaz de causar dependência física ou psíquica."

1.2. Introdução

Uma das grandes inovações da Lei 11.343/2006 consiste na proibição de imposição da pena privativa de liberdade ao agente que adquire, guarda, tem em depósito, traz consigo ou transporta droga **para consumo pessoal**. O legislador partiu da premissa de que a prisão de tal pessoa não produz benefícios reais à sociedade, notadamente porque obsta o tratamento de eventual dependência química e insere o "consumidor" em um sistema carcerário falido, muitas vezes dominado por facções criminosas que comandam o tráfico de drogas, correndo-se o risco de cooptação dos usuários.

É preciso ficar claro, contudo, que apesar desse tratamento mais benevolente, as condutas descritas no *caput* e no § 1º do art. 28 configuram **crimes**.

A opção legislativa pela manutenção dessa natureza jurídica foi declarada ao se batizar com a expressão *"dos crimes e das penas"* o Capítulo III do Título III da Lei 11.343/2006, dentro do qual se encontra o art. 28. A falta de previsão de pena privativa de liberdade para os crimes de consumo pessoal (**descarcerização**) não constitui óbice à identificação de sua natureza como criminosa, haja vista que a própria Constituição

LEI DE DROGAS: Aspectos Penais e Processuais – *Cleber Masson* • *Vinícius Marçal*

da República (art. 5º, XLVI) delega ao legislador a possibilidade de estabelecer aos delitos *outras penas* que não a privativa de liberdade e a multa.[1]

Em síntese, **não houve descriminalização** dos comportamentos arrolados pelo art. 28, *caput* e § 1º, da Lei 11.343/2006. Este foi o entendimento consagrado pelo **Supremo Tribunal Federal**:

> "Posse de droga para consumo pessoal: art. 28 da Lei 11.343/2006. Natureza jurídica de crime. O art. 1º da Lei de Introdução ao Código Penal – que se limita a estabelecer um critério que permite distinguir quando se está diante de um crime ou de uma contravenção – não obsta a que lei ordinária superveniente adote outros critérios gerais de distinção, ou estabeleça para determinado crime – como o fez o art. 28 da Lei 11.343/2006 – pena diversa da privação ou restrição da liberdade, a qual constitui somente uma das opções constitucionais passíveis de adoção pela lei incriminadora (CF/88, art. 5º, XLVI e XLVII).
>
> Não se pode, na interpretação da Lei 11.343/2006, partir de um pressuposto desapreço do legislador pelo 'rigor técnico', que o teria levado inadvertidamente a incluir as infrações relativas ao usuário de drogas em um capítulo denominado 'Dos Crimes e das Penas', só a ele referentes (Lei 11.343/2006, Título III, Capítulo III, arts. 27 a 30). [...] Soma-se a tudo a previsão, como regra geral, ao processo de infrações atribuídas ao usuário de drogas, do rito estabelecido para os crimes de menor potencial ofensivo, possibilitando até mesmo a proposta de aplicação imediata da pena de que trata o art. 76 da Lei 9.099/1995 (art. 48, §§ 1º e 5º), bem como a disciplina da prescrição segundo as regras do art. 107 e seguintes do C. Penal (Lei 11.343/2006, art. 30). Ocorrência, pois, de 'despenalização', entendida como exclusão, para o tipo, das penas privativas de liberdade. Questão de ordem resolvida no sentido de que a Lei 11.343/06 não implicou *abolitio criminis*."[2]

Com posição diversa e minoritária, o saudoso prof. Luiz Flávio Gomes sustentava que o porte de droga para uso pessoal, embora proibido no Brasil, deixou de ser infração penal, por não se enquadrar em qualquer das descrições contidas no art. 1º da Lei de Introdução ao Código Penal. Com efeito, o art. 28 da Lei 11.343/2006 não contempla pena de reclusão ou de detenção, razão pela qual teria deixado de ser crime, e também não contém pena de prisão simples ou de multa, daí por que não despontaria como contravenção penal. Seria, portanto, uma **infração *sui generis***.[3]

A supracitada decisão do STF, entretanto, não teve o condão de evitar outra celeuma, qual seja, a da **(in)constitucionalidade** da criminalização do porte de drogas para uso pessoal. Surgiram duas posições sobre o assunto:

1ª posição: O art. 28 da Lei de Drogas é inconstitucional, por violação ao direito à intimidade, à autodeterminação e à dignidade da pessoa humana. Ademais, a criminalização

---

[1] Art. 5º, XLVI, da Constituição Federal: "a lei regulará a individualização da *pena* e adotará, *entre outras*, as seguintes: a) privação ou restrição da liberdade; b) perda de bens; c) multa; d) prestação social alternativa; e) suspensão ou interdição de direitos."

[2] RE 430.105/RJ QO, rel. Min. Sepúlveda Pertence, 1ª Turma, j. 27.04.2007.

[3] GOMES, Luiz Flávio; BIANCHINI, Alice; CUNHA, Rogério Sanches; OLIVEIRA, William Terra de. *Nova Lei de Drogas comentada*. São Paulo: RT, 2006. p. 126.

do porte de droga para consumo pessoal contraria o princípio da alteridade, pois a conduta causa prejuízo somente a quem pratica.[4] Nessa perspectiva, Luís Greco aduz que "a posse de droga para consumo próprio é um comportamento que não ultrapassa a esfera de autonomia e que portanto não pode ser proibido."[5] No mesmo embalo, a concepção de Zaffaroni, para quem "viola o princípio da lesividade ou ofensividade a proibição de porte de tóxicos para consumo próprio em quantidade e forma que não lesione nenhum bem jurídico alheio".[6] Ademais, Rômulo Carvalho considera que "a criminalização da conduta não tem um significado, em particular no Brasil e na América Latina, uma resposta minimamente satisfatória para levar os indivíduos a deixar de praticar o consumo das substâncias vedadas ou proteger a saúde pública", por isso, conclui o autor, "a proibição do consumo fomenta o mercado ilegal e permite ainda a possibilidade de misturas mais tóxicas e nocivas".[7]

2ª posição: A criminalização do porte de drogas para consumo pessoal é constitucional. A razão jurídica da punição daquele que adquire, guarda, tem em depósito, transporta ou traz consigo para uso próprio "é o perigo social que sua conduta representa. Mesmo o viciado, quando traz consigo a droga, antes de consumi-la, coloca a saúde pública em perigo, porque é fator decisivo na difusão dos tóxicos. O toxicômano normalmente acaba traficando, a fim de obter dinheiro para aquisição da droga, além de psicologicamente estar predisposto a levar outros ao vício, para que compartilhem ou de seu paraíso artificial ou de seu inferno."[8] Da conduta do usuário emana, pois, "um evidente perigo de lesão ao bem jurídico tutelado, de natureza difusa, ou seja, titularizado por toda a sociedade, que é a saúde pública. Afirmar-se o contrário é esquecer que o ser humano não é uma ilha, como já se disse, e, assim, relaciona-se com os demais indivíduos em sociedade."[9]

A questão ganhou especial atenção com a admissão pelo Supremo Tribunal Federal do **Recurso Extraordinário 635.659/SP**, no qual se discutiu a descriminalização do porte de maconha para uso pessoal, algo semelhante ao que ocorreu em outros países latinos.

1.2.1. A descriminalização do porte de cannabis para uso pessoal (Tema 506)

O Supremo Tribunal Federal, no julgamento do RE 635.659/SP (**Tema 506**), em 26.06.2024, por maioria de 6 votos a 5, estabeleceu importante precedente vinculante acerca da **descriminalização do porte de _cannabis_ para consumo pessoal**, anteriormente tipificado no art. 28 da Lei n. 11.343/2006.

---

4   Nesse sentido: KARAM, Maria Lúcia. A Lei 11.343/2006 e os repetidos danos do protecionismo. *Boletim IBCCRIM*, ano 14, n. 167, p. 7, out. 2006.

5   GRECO, Luís. Posse de droga, privacidade, autonomia: reflexões a partir da decisão do Tribunal Constitucional Argentino sobre a inconstitucionalidade do tipo penal de posse de droga com a finalidade de próprio consumo. *In*: BADARÓ, Gustavo Henrique (org.). *Direito penal e processo penal*: leis penais especiais II. Coleção doutrinas essenciais. São Paulo: RT, 2015. v. 5. p. 188.

6   ZAFFARONI, Eugenio Raúl. *Estructura basica del derecho penal*. Buenos Aires: Ediar, 2009. p. 44.

7   CARVALHO, Rômulo Luis Veloso de. *Lei de drogas: propostas redutoras de prejuízos humanitários*. Belo Horizonte: D'Plácido, 2019. p. 69.

8   GRECO FILHO, Vicente. *Tóxicos*: prevenção – repressão. 11. ed. São Paulo: Saraiva, 1996. p. 113.

9   MENDONÇA, Andrey Borges de; CARVALHO, Paulo Roberto Galvão de. *Lei de drogas*: Lei 11.343, de 23 de agosto de 2006 – comentada artigo por artigo. 3. ed. São Paulo: Método, 2012. p. 61.

A Corte fundamentou sua decisão nos direitos fundamentais à privacidade e à liberdade individual (art. 5º, X, CF), reconhecendo que a criminalização do uso pessoal, além de não reduzir o consumo, tem o efeito adverso de fomentar atividades criminosas ligadas ao tráfico.

O julgado estabeleceu **critério quantitativo presuntivo** para diferenciação entre usuário e traficante: até 40 gramas de *cannabis sativa* ou seis plantas-fêmeas presume-se destinação ao uso pessoal. Tal *presunção*, contudo, é *relativa* (*iuris tantum*), podendo ser afastada mediante elementos probatórios que indiquem finalidade comercial.

A posse para uso pessoal foi desclassificada de *ilícito penal* para *infração administrativa*, mantendo-se sua **ilicitude extrapenal**.[10] Consequentemente, persistem as medidas administrativas previstas nos incisos I e III do art. 28 da Lei de Drogas (advertência e medida educativa), sem quaisquer efeitos penais. Por isso, a pessoa que for encontrada, p. ex., fumando ou trazendo consigo um cigarro de maconha, não terá registro na ficha criminal. Em seu desfavor será lavrada uma *ocorrência administrativa*.

Desse modo, a autoridade policial, ao constatar a posse de *cannabis*, deverá apreender a substância e notificar o autor para comparecimento em juízo, na forma do *regulamento* a ser aprovado pelo Conselho Nacional de Justiça. Enquanto não houver a regulamentação específica pelo CNJ, os Juizados Especiais Criminais manterão a competência para processar e julgar as condutas previstas no art. 28, sendo expressamente vedada a atribuição de quaisquer efeitos penais à sentença. O procedimento, em sua nova configuração, assumirá *natureza não penal*.

Havendo a apreensão de quantidade inferior ao limite estabelecido, eventual prisão em flagrante por tráfico exigirá *fundamentação excepcional e pormenorizada* para afastar a presunção relativa instituída pelo critério quantitativo. Em casos tais, é proibida a utilização de critérios subjetivos arbitrários pela autoridade, cuja inobservância poderá acarretar sua responsabilização nas esferas civil, disciplinar e penal.

O julgado enumera circunstâncias (não exaustivas) que podem *afastar a presunção de uso pessoal*, mesmo em quantidades inferiores ao limite estabelecido: a) forma de acondicionamento da droga; b) circunstâncias da apreensão; c) variedade de substâncias; d) apreensão simultânea de instrumentos típicos do comércio (balança, registros de operações); e) aparelho celular com contatos de usuários ou traficantes.

Nas prisões envolvendo quantidades inferiores ao limite estabelecido, incumbirá ao juiz, durante a audiência de custódia, examinar as justificativas apresentadas para o afastamento da presunção de porte para consumo pessoal. Por outro lado, ainda que a quantidade apreendida supere o limite legal, o magistrado poderá determinar a atipicidade da conduta quando houver elementos probatórios suficientes que demonstrem inequivocamente a condição de usuário do agente.

Destaque-se, por curial, que a descriminalização do porte para uso pessoal, estabelecida pelo Supremo Tribunal Federal no RE 635.659/SP, aplica-se exclusivamente à *cannabis sativa*. Embora os debates iniciais tenham contemplado a possibilidade de

---

[10] A natureza extrapenal da infração veda não apenas a prisão em flagrante (já proibida pelo art. 48, §§ 1º e 2º), mas também a condução coercitiva à delegacia ou ao juízo. Persiste, contudo, a possibilidade de prisão pela posse quando a autoridade policial entender configurado o tráfico (art. 33).

extensão a outras substâncias, a maioria formada optou por **restringir a atipicidade penal apenas à maconha**.

A decisão, contudo, não estabeleceu diferenciação entre as espécies de *cannabis*, gerando questionamentos sobre sua aplicabilidade aos derivados sintéticos, como *K9*, *Spice* e *Skunk*, substâncias reconhecidamente dotadas de elevado potencial lesivo à saúde. Essa preocupação, inclusive, foi um dos fatores considerados pela Corte ao limitar a descriminalização a apenas um tipo específico de droga.

Portanto, até que haja esclarecimento mais detalhado sobre a *ratio decidendi* adotada pelo Supremo, permanece incerta a aplicação da descriminalização aos derivados sintéticos da *cannabis*, sendo mais adequada, em relação a estes, por ora, o tratamento penal anterior.

1.2.2. *A problemática da ausência de critérios legais objetivos, a seletividade penal e o estabelecimento de um novo paradigma*

A Lei 11.343/2006, em seu art. 28, § 2º, adotou um **sistema aberto (sistema da quantificação judicial)** para diferenciação entre usuário e traficante. Essa abertura normativa, não se pode negar, embora visasse permitir uma análise casuística, resultou em significativa insegurança jurídica e aplicação desigual da lei.

De acordo com a observação do Supremo,

> "Com a edição do art. 28 da Lei 11.343/2006, pretendeu o legislador apartar a conduta do tráfico de drogas, que repercute negativamente em toda a sociedade, do porte para uso pessoal, cuja ofensividade se limita à esfera pessoal do usuário. Porém, na prática, o que se observou foi o contrário. Em vez de suavizar a punição cominada para o delito de porte de drogas para uso pessoal, os conceitos jurídicos indeterminados previstos na lei ('consumo pessoal' e 'pequena quantidade') recrudesceram o tratamento dispensado aos usuários."[11]

A ausência de parâmetros objetivos culminou em notória *seletividade do sistema penal*, com evidente viés discriminatório. O STF, no julgamento do RE 635.659, reconheceu que a discricionariedade conferida às autoridades resultava em tratamento penal diferenciado conforme o perfil socioeconômico e racial dos suspeitos: a) indivíduos brancos e de classe média tendiam a ser enquadrados como usuários; b) jovens negros, pardos e de baixa renda eram frequentemente classificados como traficantes.

Com o propósito de corrigir essa distorção sistêmica, o Supremo Tribunal Federal estabeleceu que a fixação de *parâmetros objetivos*, longe de configurar usurpação da competência do Congresso Nacional, alinha-se à própria opção do legislador e visa prevenir as disfuncionalidades que deformam o programa normativo da Lei 11.343/2006. Nesse contexto, a Corte (RE 635.659) instituiu **um novo paradigma específico para a *cannabis*: o critério quantitativo objetivo de 40 gramas ou 6 plantas-fêmeas.**

Embora o parâmetro estabelecido busque garantir maior segurança jurídica, ele apresenta uma *vulnerabilidade estrutural*: o potencial estímulo involuntário à fragmentação do comércio ilícito em volumes inferiores ao limite definido – fomentando

---

[11] STF: RE 635.659/SP, rel. Min. Gilmar Mendes, Tribunal Pleno, j. 26.06.2024.

o *microtráfico* –, como estratégia para evitar o enquadramento no crime de tráfico de drogas, considerado hediondo por equiparação. Assim, uma medida originalmente concebida para promover segurança pode acabar criando brechas a serem exploradas pelo crime organizado.

De mais a mais, o Supremo Tribunal Federal estabeleceu expressamente que a presunção de uso pessoal tem caráter relativo, sendo passível de refutação quando evidenciado o propósito de comercialização. Essa concepção institui importantes mecanismos de proteção contra arbitrariedades:

1. Exigência de fundamentação desde a fase policial:
   - A autoridade policial deve apresentar justificativa minudente para afastar a presunção de uso pessoal.
   - Vedação expressa a critérios subjetivos arbitrários.
   - Possibilidade de responsabilização disciplinar, civil e penal por fundamentação inadequada.

2. Supervisão judicial:
   - Avaliação judicial obrigatória em audiência de custódia.
   - Possibilidade de desclassificação mesmo em quantidades superiores mediante prova da condição de usuário.
   - Nulidade da prisão por fundamentação inadequada.

3. Controle externo da atividade policial pelo Ministério Público:
   - O Ministério Público deve avaliar a adequação típica das condutas envolvendo *cannabis*, inclusive nos registros administrativos de uso.
   - O órgão ministerial pode requisitar investigação caso discorde da capitulação policial, o que é crucial para evitar que o tráfico em pequenas quantidades se dissimule sob a aparência de uso pessoal, especialmente após o estabelecimento do critério objetivo de presunção relativa pelo STF.
   - O órgão ministerial pode requisitar perícia do material apreendido, caso não determinada de ofício pela autoridade policial, com dupla finalidade: viabilizar o processamento da infração administrativa, reafirmando o caráter proibitivo da conduta na esfera não penal; e permitir o devido controle ministerial, mediante verificação de circunstâncias que possam afastar a presunção relativa estabelecida pelo STF.[12]

Note-se, ademais, que o *critério quantitativo* estabelecido pelo STF (40 gramas de *cannabis* ou 6 pés da planta) possui *caráter transitório*, vigendo até que o Congresso Nacional discipline a matéria por lei. A despeito disso, por decorrer de julgamento em repercussão geral (Tema 506), possui eficácia vinculante e deve ser observado por todas

---

[12] A dispensa da exigência de perícia poderia ocorrer em situações de *audiência de negociação*, quando não houver dúvidas sobre a natureza do objeto apreendido e existir concordância expressa do autuado e seu defensor.

as instâncias do Poder Judiciário e autoridades administrativas, **alcançando inclusive situações já transitadas em julgado** (e mesmo os processos de execução penal[13]):

> "1. Em referência ao julgamento do Recurso Extraordinário n. 635.659/SP pelo Supremo Tribunal Federal, realizado em 26/6/2024, verifica-se a *necessidade de modificação na situação do agravante,* haja vista a compatibilidade do caso concreto com as teses fixadas em sede de repercussão geral. 2. Em consonância com a decisão agravada, *desclassificada a conduta do agravante para aquela tipificada no art. 28 da Lei n. 11.343/2006, uma vez que foram apreendidos 23 g (vinte e três gramas) de maconha, impõe-se o acolhimento do pleito.* 3. Nos termos da impugnação do Ministério Público do Paraná, **deve ser reconhecida extinta a punibilidade do acusado, nos termos do art. 107, III do Código Penal, segundo o qual 'extingue-se a punibilidade: III – pela retroatividade de lei que não mais considere o fato como criminoso.'** [...] deve ser reconhecida extinta a punibilidade do réu, com a consequente remessa ao Juizado Especial Criminal competente para a apuração do ilícito administrativo, nos termos da decisão paradigma (RE 635.659/SP) - (fl. 650). 4. *Agravo regimental provido para reconhecer a atipicidade da conduta perpetrada pelo agravante, determinando a remessa dos autos ao Juizado Especial Criminal competente para a apuração do ilícito administrativo,* conforme tese fixada no julgamento do Recurso Extraordinário n. 635.659/SP."[14]

É fundamental ressaltar, por fim, que o critério quantitativo de 40g de maconha ou 6 plantas-fêmeas **não deve ser interpretado como um limite absoluto**. A jurisprudência tem demonstrado flexibilidade na desclassificação da conduta do art. 33 para o art. 28, mesmo em casos que ultrapassam ligeiramente esses parâmetros.

Ilustrativo dessa flexibilização é o recente julgamento do AgRg no HC 890.162/SP, ocorrido em 29.10.2024. Neste caso, a Ministra Daniela Teixeira, do STJ, determinou o trancamento da ação penal por "ausência de justa causa para o processamento por delito equiparado a hediondo", em situação na qual foram apreendidos aproximadamente 50g de maconha. Em sua decisão, a Ministra enfatizou a "pequena" quantidade da droga e a ausência de "elementos concretos de traficância", aplicando o princípio do *in dubio pro reo.*

Essa interpretação encontra respaldo no próprio acórdão do STF sobre a matéria, que expressamente fixou a tese segundo a qual: "a apreensão de quantidades superiores aos limites ora fixados não impede o juiz de concluir que a conduta é atípica, apontando nos autos prova suficiente da condição de usuário."[15] Reforça-se, desse modo, a necessidade de análise contextualizada de cada caso, superando a mera aplicação matemática dos limites estabelecidos.

1.3. Objetividade jurídica

O bem jurídico tutelado é a saúde pública, pois a conduta atinge não somente a esfera pessoal de quem consome a droga, mas toda a coletividade.[16]

---

[13] Com a descriminalização do porte de maconha para consumo pessoal, essa conduta *deixa de configurar falta grave na execução penal,* podendo ser tratada apenas como falta leve ou média, conforme legislação local.

[14] STJ: AgRg no REsp 2.121.548/PR, rel. Min. Sebastião Reis Júnior, 6ª Turma, j. 13.08.2024.

[15] STF: RE 635.659/SP, rel. Min. Gilmar Mendes, Tribunal Pleno, j. 26.06.2024.

[16] STJ: RHC 35.920/DF, rel. Min. Rogerio Schietti Cruz, 6ª Turma, j. 20.05.2014. E também: "a incriminação do porte de tóxico para uso próprio só se pode explicar – segundo a doutrina subjacente à

1.4. Objeto material

Na figura típica prevista no *caput*, é a droga destinada ao consumo pessoal por parte de quem a adquire, guarda, tem em depósito, transporta ou traz consigo. No § 1º, por sua vez, são as plantas destinadas à preparação de pequena quantidade da droga.

1.5. Núcleos do tipo

Os crimes de porte de droga para consumo pessoal encerram **tipos mistos alternativos** (**crimes de ação múltipla** ou **de conteúdo variado**). Destarte, se o agente realizar mais de um núcleo, em relação ao mesmo objeto material, a exemplo de quando adquire a droga e transporta-a até sua casa, local onde a mantém guardada, responderá por um único delito.

Com efeito, o *caput* do art. 28 contém as condutas de *adquirir* (obter a propriedade, a título oneroso ou gratuito), *guardar* (ocultar a droga pertencente a terceiro), *ter em depósito* (manter em estoque a droga pertencente ao próprio agente), *transportar* (levar de um lugar para outro valendo-se de algum meio de locomoção) ou *trazer consigo* (transportar junto ao próprio corpo), **para consumo pessoal** (elemento subjetivo específico), droga, sem autorização ou em desacordo com determinação legal ou regulamentar.

Por sua vez, o § 1º do art. 28 incrimina as condutas daquele que, **para consumo pessoal** (elemento subjetivo específico), *semeia* (deita sementes à terra para que germinem), *cultiva* (fertiliza, trata, cuida da terra para o desenvolvimento da plantação) ou *colhe* (apanha, recolhe) plantas destinadas à preparação de **pequena quantidade** (conceito indeterminado a ser aferido no caso concreto) de substância ou produto capaz de causar dependência física ou psíquica. É o que ocorre, por exemplo, na hipótese em que o sujeito cultiva em sua residência um pé de maconha em um vaso de barro com o fim de uso futuro. Se as plantas não forem destinadas à preparação de *pequena quantidade* de droga, estará caracterizado o delito definido no art. 33, § 1º, II, da Lei 11.343/2006.[17]

Se o sujeito **importar** pequena quantidade de droga para consumo pessoal, deverá ser aplicado o art. 28, *caput*, nada obstante a ausência de tal núcleo, e não o art. 33, *caput*, em face da analogia *in bonam partem*. Aplica-se igual raciocínio à conduta de **preparar** pequena quantidade de droga para consumo pessoal.

Em qualquer caso, os crimes de posse de droga para consumo pessoal somente estarão caracterizados se a conduta for realizada *sem autorização ou em desacordo com determinação legal ou regulamentar* (elemento normativo do tipo). Assim, por exemplo, se houver autorização estatal, na forma dos arts. 2º e 31 da Lei 11.343/2006, configura **fato atípico** o transporte de droga, bem como o cultivo de planta destinada à preparação de pequena quantidade de substância ou produto capaz de causar dependência física ou psíquica.

---

lei – como delito contra a saúde pública" (STF: HC 79.189/SP, rel. Min. Sepúlveda Pertence, 1ª Turma, j. 09.03.2001).

[17] "§ 1º Nas mesmas penas incorre quem: (...) II – semeia, cultiva ou faz a colheita, sem autorização ou em desacordo com determinação legal ou regulamentar, de plantas que se constituam em matéria--prima para a preparação de drogas."

Ademais, as ações nucleares descritas no art. 28, *caput* e § 1º migrarão desses tipos penais para outros mais graves (por exemplo: art. 33, *caput*; art. 33, § 1º, II, e art. 33, § 3º) se a conduta for praticada visando o **consumo de outrem**.

É importante sublinhar que o **uso pretérito de droga**, por si só, não configura crime. De fato, em se tratando de delito contra a saúde pública, este bem jurídico não corre perigo se a substância já deixou de existir.[18]

1.5.1. Consumo pessoal, tráfico e ônus da prova

A quem compete provar que a droga encontrada em poder do agente não era destinada ao seu consumo pessoal, e sim ao tráfico, de forma a afastar a incidência dos tipos penais previstos no art. 28, *caput*, e seu § 1º, da Lei 11.343/2006? Esse ônus da prova incumbe, indiscutivelmente, à **acusação.**

Contudo, para provar a traficância por parte do agente, o Ministério Público não precisa comprovar a mercancia,[19] haja vista que o delito do art. 33, *caput*, não reclama a presença de nenhuma finalidade específica. Basta a demonstração da prática de alguma das condutas estabelecidas no tipo legal, sem que exista o propósito de consumo pessoal. Portanto, a desclassificação do delito de tráfico de drogas para a figura típica do art. 28 "somente pode ser operada se restar demonstrado nos autos o propósito do exclusivo uso próprio da substância, elemento subjetivo especial do tipo."[20] Na linha da jurisprudência do Supremo Tribunal Federal:

> "Cabe ao Ministério Público comprovar a imputação, contrariando o princípio da não culpabilidade a inversão a ponto de concluir-se pelo tráfico de entorpecentes em razão de o acusado não haver feito prova da versão segundo a qual a substância se destinava ao uso próprio e de grupo de amigos que se cotizaram para a aquisição."[21]

E, para determinar se a droga era destinada ao consumo pessoal, no momento da imputação convém que o membro do Ministério Público se valha do **sistema da quantificação judicial**[22] – art. 28, § 2º, e art. 42 – de modo a aferir os critérios quanto à natureza

---

18 STF: HC 79.189/SP, rel. Min. Sepúlveda Pertence, 1ª Turma, j. 09.03.2001.

19 "Para a configuração do delito de tráfico de drogas, **não é necessária prova da mercancia**, tampouco que o agente seja surpreendido no ato da venda do entorpecente – até porque o próprio tipo penal aduz 'ainda que gratuitamente' –, bastando, portanto, que as circunstâncias em que se desenvolveu a ação criminosa denotem a traficância [...]" (STJ: AgRg no AREsp 1.580.132/SP, rel. Min. Rogerio Schietti Cruz, 6.ª Turma, j. 19.05.2020).

20 STJ: REsp 812.950/RS, rel. Min. Arnaldo Esteves Lima, 5ª Turma, j. 25.08.2008. Essa análise não é cabível em sede de *habeas corpus*: "A pretensão de desclassificação da conduta do paciente para a descrita no art. 28 da Lei n. 11.340/2006 não pode ser apreciada por esta Corte Superior de Justiça, na via estreita do *habeas corpus*, por demandar o exame aprofundado do conjunto fático-probatório dos autos" (STJ: HC 316.411/RS, rel. Min. Ribeiro Dantas, 5ª Turma, j. 15.04.2016).

21 HC 107.448/MG, rel. Min. Ricardo Lewandowski, rel. p/ Acórdão Min. Marco Aurélio, 1ª Turma, j. 04.10.2013.

22 O **sistema de quantificação legal** estabelece patamares predeterminados na legislação para distinguir o usuário do traficante. Contudo, tal modelo apresenta vulnerabilidade significativa: pode *estimular o microtráfico*, uma vez que os comerciantes ilícitos podem deliberadamente operar com quantidades inferiores ao limite estabelecido para uso pessoal, buscando assim evitar o enquadramento no crime

LEI DE DROGAS: Aspectos Penais e Processuais – *Cleber Masson* • *Vinícius Marçal*

e à quantidade da substância apreendida, ao local e às condições em que se desenvolveu a ação, às circunstâncias sociais e pessoais, bem como à conduta e aos antecedentes do agente.[23] Aliás, ao relatar o caderno investigatório, o delegado de Polícia deve observar critérios semelhantes (Lei 11.343/2006, art. 52, I).[24] Como destacado pelo Superior Tribunal de Justiça:

> "A diversidade (maconha, cocaína e *crack*), a natureza altamente danosa de duas das drogas e a elevada quantidade de substâncias estupefacientes encontrada em poder dos envolvidos, são fatores que, somados à apreensão de diversos apetrechos comumente utilizado no preparo dos estupefacientes – saquinhos plásticos, eppendorfs vazios e balança de precisão – [condições], revelam envolvimento profundo e rotineiro com a narcotraficância."[25]

Em síntese, as circunstâncias do caso concreto, observadas conforme as regras da experiência – *id quod plerumque accidit* – são de suma importância para diferenciar os crimes de tráfico e de posse de droga para consumo pessoal.[26]

Sem prejuízo, devem ser levadas em consideração as **circunstâncias sociais e pessoais do agente,** sendo razoável pressupor como indicativo de narcotraficância, em linha de princípio, o encontro de uma considerável quantidade de droga em poder de pessoa já condenada por tráfico de drogas. Mas esse critério, como os demais, não pode ser analisado isoladamente, sob risco de serem cometidos equívocos.

A propósito, Renato Brasileiro de Lima recorda que, "há alguns anos, um conhecido ator de televisão foi flagrado comprando uma quantidade razoável de drogas. À primeira vista, poder-se-ia pensar em tráfico de drogas, face a quantidade de substância entorpecente apreendida. No entanto, restou comprovado que o agente teria comprado uma quantidade elevada porquanto tinha receio de ser flagrado pela polícia (ou pela mídia) caso tivesse

---

de tráfico de drogas, considerado hediondo por equiparação. Essa estratégia de fragmentação das quantidades comercializadas, embora não afaste a caracterização do tráfico quando presentes outros elementos probatórios, pode dificultar a persecução penal.

[23] Esses parâmetros servem não apenas para diferenciar o tráfico dos crimes de consumo pessoal, mas, também, para auxiliar o juiz na tarefa de fixar a pena.

[24] "Art. 52. Findos os prazos a que se refere o art. 51 desta Lei, a autoridade de polícia judiciária, remetendo os autos do inquérito ao juízo: I – relatará sumariamente as circunstâncias do fato, justificando as razões que a levaram à classificação do delito, indicando a quantidade e natureza da substância ou do produto apreendido, o local e as condições em que se desenvolveu a ação criminosa, as circunstâncias da prisão, a conduta, a qualificação e os antecedentes do agente."

[25] HC 347.836/SP, rel. Min. Jorge Mussi, 5ª Turma, j. 11.05.2016. E ainda: HC 316.411/RS, rel. Min. Ribeiro Dantas, 5ª Turma, j. 15.04.2016.

[26] "Estando a materialidade demonstrada com a apreensão da droga e não se negando a autoria do fato, a quantidade do entorpecente, mais de quatro quilos, a que se somam os dados acidentais e os contornos acessórios do fato, podem justificar o juízo condenatório quando firmada a evidência de não corresponder a ação do agente, por qualquer argumento, ao uso de entorpecente. Assim, penso que o princípio *in dubio pro reo* aplicado pelo Tribunal *a quo* violou aquilo que se conhece por razoável, na medida em que, na espécie, não se cogita do imponderável sobre a existência do fato e da autoria, mas, ao contrário, se denota, de forma efetiva, que a conduta restou voltada para a traficância" (STJ: REsp 817.058/RJ, rel. Min. Maria Thereza de Assis Moura, 6ª Turma, j. 25.06.2009).

que comparecer diariamente a pontos de vendas de drogas para aquisição da substância destinada ao seu consumo pessoal."[27]

Além disso, a circunstância pessoal consistente na **condição de usuário de drogas**, por si só, não desnatura eventual tráfico de drogas praticado pelo sujeito. Como se sabe, o simples fato de o agente afirmar ser usuário de drogas não descaracteriza a traficância, pois é possível a coexistência desta qualidade com a de traficante, a exemplo do que se verifica quando alguém vende maconha inclusive para, com o dinheiro recebido, continuar usando a droga.

Os **critérios** mencionados devem **ser aferidos conjuntamente**. Apenas um deles, isoladamente, nem sempre conduzirá o intérprete a adotar a melhor solução. Perceba-se, por curial, que uma quantidade relativamente pequena de droga não indica, necessariamente, que o sujeito ativo a tem para consumo pessoal. Como se sabe, é cada dia mais incomum a existência de grandes depósitos de drogas. Os traficantes, justamente para dificultar a ação repressiva do Estado, têm preferido muitas vezes trabalhar com pequenas quantidades distribuídas entre várias "mulas".[28]

Portanto, a diversidade de substâncias apreendidas (exemplo: LSD, maconha e metanfetamina), a forma de acondicionamento (exemplo: várias pequenas trouxinhas de cocaína), o local (exemplo: ponto conhecido como "biqueira" de drogas), as condições em que se desenvolveu a ação (exemplo: após campana montada pela autoridade policial, que já havia recebido notícias da comercialização ilícita) e o fato de o sujeito ter sido flagrado com relevante quantia monetária indicam, de forma contextualizada, a narcotraficância.

A situação pode se agravar caso o agente, nas circunstâncias descritas acima, possua antecedentes que indiquem a prática de tráfico de drogas. É óbvio que a mera existência de registros policiais anteriores, ações penais em curso ou mesmo condenações por tráfico não levam à inarredável conclusão de que o sujeito, uma vez flagrado com entorpecentes, visava à traficância. Essa presunção, feita apenas com esteio na "vida passada", é uma das marcas evidentes do malfadado **direito penal do autor**, que mira a punição pelo modo de vida, a rotulação do agente como indesejado para o convívio social, independentemente daquilo que ele fez ou deixou de fazer.

Os antecedentes, entretanto, aliados a outros dados objetivos ganham colorido diverso. Como mais um elemento (em reforço ao conjunto de indícios), e não como o único, podem os antecedentes ser levados em consideração na aferição da conduta, a fim de se estabelecer se o caso desponta como tráfico ou porte de droga para consumo pessoal. Nessa hipótese, os critérios legais – inclusive os antecedentes – serão analisados em sintonia com o **direito penal do fato**.

1.6. Sujeito ativo

Trata-se de **crime comum** ou **geral**: pode ser cometido por qualquer pessoa. Não se exige nenhuma qualidade especial do agente.

---

[27] LIMA, Renato Brasileiro de. *Legislação criminal especial comentada*. 4. ed. Salvador: JusPodivm, 2016. p. 711. volume único.

[28] "A jurisprudência do Superior Tribunal de Justiça é firme no sentido de que a condição de mula do tráfico, por si só, não afasta a incidência do art. 33, § 4º, da Lei 11.343/06, exigindo-se outros elementos que denotem o efetivo envolvimento do agente com o crime de tráfico de entorpecentes, podendo, contudo, autorizar a aplicação da minorante em 1/6" (STJ: AgRg no AREsp 1.506.077/SP, rel. Min. Nefi Cordeiro, 6ª Turma, j. 10.12.2019). Igualmente: STF: HC 131.795/SP, rel. Min. Teori Zavascki, 2ª Turma, j. 17.05.2016.

1.7. Sujeito passivo

É a coletividade.[29] São, portanto, **crimes vagos**.

1.8. Elemento subjetivo

É o dolo, acrescido de um especial fim de agir (**elemento subjetivo específico**), representado pelas expressões "para consumo pessoal" (art. 28, *caput*) e "para seu consumo pessoal" (art. 28, § 1º). Ausente esta finalidade específica, a realização de qualquer das condutas previstas no art. 28, *caput* e seu § 1º fará com que o agente responda por delitos de maior gravidade. É o que ocorre, por exemplo, na ação de trazer consigo uma determinada quantidade de drogas que não se destina ao consumo pessoal, e sim ao consumo de terceiros. A presença desse elemento subjetivo especial faz que os crimes de consumo pessoal sejam classificados como **tipos de congruência assimétrica**, na expressão de Eugenio Raúl Zaffaroni.[30]

Eventual dúvida fundada sobre a destinação da droga há de beneficiar o agente.

Não se admite a modalidade culposa.

1.9. Consumação

Os crimes ligados ao consumo pessoal de droga são de natureza **formal** (de **consumação antecipada** ou **de resultado cortado**). Para a sua caracterização "não se faz necessária a ocorrência de efetiva lesão ao bem jurídico protegido, bastando a realização da conduta proibida para que se presuma o perigo ao bem tutelado. Isso porque, ao adquirir droga para seu consumo, o usuário realimenta o comércio nefasto, pondo em risco a saúde pública e sendo fator decisivo na difusão dos tóxicos."[31]

No âmbito probatório, calha registrar que "o art. 50, § 1º, da Lei de Drogas dispõe que para o estabelecimento da materialidade do delito é necessário o **laudo de constatação** da natureza e quantidade da droga."[32] Imprescindível, pois, a realização de exame pericial, apto a demonstrar a justa causa para a ação penal. Como alerta a doutrina, "o tipo não pune o agente surpreendido usando droga (inalando cocaína, por exemplo), se não houver a possibilidade de encontrar psicotrópico em seu poder, pois, tratando-se de tipo penal que faz referência a substância proibida, por sua vez elencada em ato administrativo do Ministério da Saúde, é imprescindível a apreensão de determinada quantidade para que se efetue o exame toxicológico. Se não apreendida a substância, ou se por outro motivo não se providenciar o exame pericial, é impossível comprovar a materialidade, pois de simples depoimentos, ou mesmo de confissões, não se pode inferir qual a natureza da substância."[33]

---

[29] STJ: RHC 35.920/DF, rel. Min. Rogerio Schietti Cruz, 6ª Turma, j. 29.05.2014.

[30] *"Hay otros tipos dolosos en que la congruencia es asimetrica, porque exigen algo más que la simple realización del tipo objetivo (algo más que el dolo). Son tipos en que está hipertrofiado el aspecto subjetivo con relación al objetivo, y el 'algo más' que el dolo, son los llamados 'elementos subjetivos del tipo distintos del dolo'"* (ZAFFARONI, Eugenio Raúl. *Manual de derecho penal*. Buenos Aires: Ediar, 1999. p. 403-404).

[31] STJ: RHC 35.920/DF, rel. Min. Rogerio Schietti Cruz, 6ª Turma, j. 29.05.2014.

[32] STJ: AgRg no AgRg no Agravo em REsp 418.615/RS, 5ª Turma, rel. Marco Aurélio Bellizze, j. 18.06.2014.

[33] CUNHA, Rogério Sanches; PINTO, Ronaldo Batista; SOUZA, Renee do Ó. Drogas – Lei n. 11.343/2006. *Leis penais especiais comentadas*. 3. ed. Salvador: JusPodivm, 2020. p. 1727.

1.9.1. Art. 28 e princípio da insignificância

A diminuta quantidade de substância entorpecente constitui elemento intrínseco aos delitos previstos no art. 28 da Lei 11.343/2006. Esta característica é tão fundamental que sua ausência pode deslocar a tipificação para o crime de tráfico de drogas. O próprio legislador, reconhecendo a centralidade deste elemento, estabeleceu expressamente no § 1º do art. 28 a "pequena quantidade de substância ou produto capaz de causar dependência física ou psíquica" como elemento normativo do tipo penal.

Contudo, persiste significativa divergência jurisprudencial quanto à aplicabilidade do princípio da insignificância – causa supralegal de exclusão da tipicidade material – aos delitos de posse de droga para consumo pessoal. Nesse cenário, destacam-se duas correntes interpretativas:

1ª posição: *Não se aplica o princípio da insignificância aos crimes elencados no art. 28 da Lei 11.343/2006*, sob pena de tornar inócua a política criminal de inegável caráter educativo que impulsionou a edição da norma penal incriminadora dos crimes de consumo pessoal.[34] Além disso, a pequena quantidade da droga é inerente ao próprio tipo penal, que se esgota no fato de o agente trazer entorpecente consigo, para uso próprio.[35] Por isso mesmo "é irrelevante que a quantidade de drogas não produza, concretamente, danos ao bem jurídico tutelado, no caso, a saúde pública ou a do próprio indivíduo",[36] "visto que sua conduta atinge não somente a sua esfera pessoal, mas toda a coletividade, diante da potencialidade ofensiva do delito de porte de entorpecentes".[37] Isso porque, "ao adquirir droga para seu consumo, o usuário realimenta o comércio nefasto, pondo em risco a saúde pública e sendo fator decisivo na difusão dos tóxicos."[38]

Ademais,

> "[...] após certo tempo e grau de consumo, o usuário de drogas precisa de maiores quantidades para atingir o mesmo efeito obtido quando do início do consumo, gerando, assim, uma compulsão quase incontrolável pela próxima dose. Nesse passo, não há como negar que o usuário de drogas, ao buscar alimentar o seu vício, acaba

---

[34] "[...] a intenção do legislador foi a de impor ao usuário *medidas de caráter educativo*, objetivando, assim, alertá-lo sobre o risco de sua conduta para a sua saúde, além de evitar a reiteração do delito. Nesse contexto, em razão da *política criminal* adotada pela Lei 11.343/2006, há de se reconhecer a tipicidade material do porte de substância entorpecente para consumo próprio, ainda que ínfima a quantidade de droga apreendida" (STJ: RHC 35.920/DF, rel. Min. Rogerio Schietti Cruz, 6ª Turma j. 20.05.2014, noticiado no *Informativo* 541).

[35] "Além disso, a reduzida quantidade de drogas integra a própria essência do crime de porte de substância entorpecente para consumo próprio, visto que, do contrário, poder-se-ia estar diante da hipótese do delito de tráfico de drogas, previsto no art. 33 da Lei 11.343/2006. Vale dizer, o tipo previsto no art. 28 da Lei 11.343/2006 esgota-se, simplesmente, no fato de o agente trazer consigo, para uso próprio, qualquer substância entorpecente que possa causar dependência, sendo, por isso mesmo, irrelevante que a quantidade de drogas não produza, concretamente, danos ao bem jurídico tutelado" (STJ: RHC 35.920/DF, rel. Min. Rogerio Schietti Cruz, 6ª Turma j. 20.05.2014, noticiado no *Informativo* 541). No mesmo sentido: HC 538.347/ES, rel. Min. Leopoldo de Arruda Raposo (desembargador convocado do TJ/PE), 5ª Turma, j. 12. 11.2019.

[36] STJ: AgRg no HC 387.874/MS, rel. Min. Rogerio Schietti, 6ª Turma, j. 03.08.2017.

[37] STJ: RHC 35.920/DF, rel. Min. Rogerio Schietti Cruz, 6ª Turma, j. 20.05.2014.

[38] STJ: RHC 35.920/DF, rel. Min. Rogerio Schietti Cruz, 6ª Turma, j. 20.05.2014.

estimulando diretamente o comércio ilegal de drogas e, com ele, todos os outros crimes relacionados ao narcotráfico: homicídio, roubo, corrupção, tráfico de armas etc. O consumo de drogas ilícitas é proibido não apenas pelo mal que a substância faz ao usuário, mas, também, pelo perigo que o consumidor dessas gera à sociedade. Essa ilação é corroborada pelo expressivo número de relatos de crimes envolvendo violência ou grave ameaça contra pessoa, associados aos efeitos do consumo de drogas ou à obtenção de recursos ilícitos para a aquisição de mais substância entorpecente."[39]

Esse entendimento já foi acolhido no âmbito do Supremo Tribunal Federal:

"É firme a jurisprudência desta Corte no sentido de que não se aplica o princípio da insignificância aos delitos relacionados a entorpecentes. A Lei 11.343/2006, no que se refere ao usuário, optou por abrandar as penas e impor medidas de caráter educativo, tendo em vista os objetivos visados, quais sejam: a prevenção do uso indevido de drogas, a atenção e reinserção social de usuários e dependentes de drogas. Nesse contexto, mesmo que se trate de porte de quantidade ínfima de droga, convém que se reconheça a tipicidade material do delito para o fim de reeducar o usuário e evitar o incremento do uso indevido de substância entorpecente."[40]

2ª posição: *Aplica-se o princípio da insignificância aos delitos de posse de droga para consumo pessoal*, condicionado à presença cumulativa de quatro vetores fundamentais: mínima ofensividade da conduta do agente, ausência de periculosidade social da ação, reduzido grau de reprovabilidade do comportamento e inexpressividade da lesão jurídica. Essa vertente interpretativa encontrou guarida no Supremo Tribunal Federal[41] em julgado no qual a Corte concedeu *habeas corpus* para determinar o trancamento da ação penal e declarar a nulidade de todos os atos processuais, desde o recebimento da denúncia até a sentença condenatória, em virtude do reconhecimento da atipicidade material da conduta.

No caso concreto, apreciado pela 1ª Turma, discutia-se a situação de paciente condenado à pena de três meses e quinze dias de prestação de serviços à comunidade, com fundamento no art. 28, *caput*, da Lei 11.343/2006, por portar apenas 0,6g de substância entorpecente. Em seu pronunciamento, o Tribunal enfatizou que o ordenamento jurídico brasileiro impõe que as medidas restritivas de direitos e privativas de liberdade somente se legitimam quando absolutamente indispensáveis à tutela das pessoas, da sociedade e de outros bens jurídicos fundamentais, especialmente nas hipóteses em que os valores penalmente protegidos estejam expostos a lesão efetiva ou potencial dotada de significativa lesividade.

Nessa linha de intelecção, a intervenção do direito penal deve ser reservada às condutas que produzam resultados materialmente lesivos a bens jurídicos relevantes, não se justificando sua incidência sobre comportamentos que, embora formalmente típicos,

---

[39] STJ: RHC 35.920/DF, rel. Min. Rogerio Schietti Cruz, 6ª Turma j. 20.05.2014, noticiado no *Informativo* 541. No mesmo sentido: HC 538.347/ES, rel. Min. Leopoldo de Arruda Raposo (desembargador convocado do TJPE), 5ª Turma, j. 12. 11.2019.

[40] HC 102.940/ES, rel. Min. Ricardo Lewandowski, 1ª Turma, j. 06.04.2011. E também: ARE/DF 728.688 AgR, rel. Min. Luiz Fux, 1ª Turma, j. 07.10.2013.

[41] HC 110.475/SC, rel. Min. Dias Toffoli, 1ª Turma, j. 14.02.2012, noticiado no *Informativo* 655.

não representem ofensa substancial ao titular do bem jurídico tutelado ou à própria integridade da ordem social.

No **âmbito castrense**, persiste similar divergência quanto à aplicabilidade do princípio da insignificância aos crimes de posse de droga para consumo pessoal:

1ª posição: "A posse, por militar, de substância entorpecente, independentemente da quantidade e do tipo, em lugar sujeito à administração castrense (art. 290, *caput*, do Código Penal Militar), não autoriza a aplicação do princípio da insignificância."[42]

2ª posição: "Não constitui crime militar trazer consigo quantidade ínfima de substância entorpecente (4,7 gramas [...]), em atenção ao princípio da insignificância. Ordem concedida para absolver o paciente."[43]

1.10. Tentativa

Embora de difícil verificação na prática, o crime tipificado no art. 28, *caput*, da Lei 11.343/2006 admite tentativa. Exemplificativamente, é possível que alguém seja flagrado no instante em que tenta adquirir drogas para seu consumo pessoal, mas não consegue fazê-lo por circunstâncias alheias à sua vontade.

De igual modo, as condutas previstas no § 1º do art. 28, consistentes em **semear** (exemplo: depois de preparar o solo, João é surpreendido com as sementes – sem princípio ativo – que lançaria no terreno) e **cultivar** (exemplo: após preparar o fertilizante, José é impedido pela polícia de lançá-lo ao solo e tratar da terra com vistas ao desenvolvimento de seu pé de maconha) plantas destinadas à preparação de pequena quantidade de droga podem ter o *iter criminis* fracionado, comportando a tentativa. Também é possível a tentativa de **colheita** da plantação ilícita.[44]

Uma vez admitida a tentativa, surge a divergência: seria possível efetuar a diminuição da pena de 1/3 (um terço) a 2/3 (dois terços), como determina o art. 14, parágrafo único, do Código Penal? Há duas posições sobre o assunto:

1ª posição: Não é possível, em face da natureza alternativa das penas cominadas.[45]

2ª posição: É possível, pois o Código Penal se aplica à legislação especial quando nesta não houver disposição específica (CP, art. 12), e a Lei de Drogas não declarou expressamente a inaplicabilidade da regra prevista no art. 14, parágrafo único, do Código

---

[42] STF: HC 119.458/AM, rel. Min. Cármen Lúcia, 2ª Turma, j. 25.03.2014. E mais: "O bem jurídico penal-militar tutelado no art. 290 do CPM não se restringe à saúde do próprio militar, flagrado com determinada quantidade de substância entorpecente, mas sim a tutela da regularidade das instituições militares" (HC 94.685/CE, rel. Min. Ellen Gracie, Plenário, j. 11.11.2010).

[43] STF: HC 91.074/SP, rel. Min. Joaquim Barbosa, 2ª Turma, j. 19.08.2008.

[44] "[...] não há dificuldade em se admitir a possibilidade de tentativa nos verbos *semear* e *colher*. Quanto ao núcleo *cultivar*, nada impede que um agricultor adquira uma propriedade e descubra que existem alguns pés de maconha que ele resolve então cultivar para uso próprio e após regar com água as plantas no primeiro dia de contato, quando se aproxima novamente para tratá-las, é surpreendido pela polícia: a tentativa está caracterizada" (RANGEL, Paulo; BACILA, Carlos Roberto. *Lei de drogas*: comentários penais e processuais. 3. ed. São Paulo: Atlas, 2015. p. 63-64).

[45] DELMANTO, Roberto; DELMANTO JUNIOR, Roberto; DELMANTO, Fabio M. de Almeida. *Leis penais especiais comentadas*. 2. ed. São Paulo: Saraiva, 2014. p. 943.

Penal. Destarte, na hipótese de tentativa de crime de posse de droga para consumo pessoal, o prazo de duração da medida deve ser reduzido de 1/3 a 2/3. Em outras palavras, no caso da prestação de serviços à comunidade e da imposição de medida educativa, é possível realizar a dosagem da pena dentro dos prazos estabelecidos em lei (cinco meses, se primário; dez meses, se reincidente), o que não ocorre na advertência, a qual deverá ser aplicada sem nenhuma diminuição.

1.11. Art. 28, § 1º, e art. 243, *caput*, da Constituição da República[46]

O art. 243, *caput*, da Constituição da República – "As propriedades rurais e urbanas de qualquer região do País onde forem localizadas culturas ilegais de plantas psicotrópicas ou a exploração de trabalho escravo na forma da lei serão expropriadas e destinadas à reforma agrária e a programas de habitação popular, sem qualquer indenização ao proprietário e sem prejuízo de outras sanções previstas em lei, observado, no que couber, o disposto no art. 5º –, em regra, é aplicável ao crime tipificado no art. 28, § 1º, da Lei 11.343/2006.

A norma constitucional não restringiu seu campo de incidência às propriedades urbanas e rurais destinadas à produção de drogas ligadas ao tráfico. Assim, para que ocorra o confisco, é suficiente a localização de "culturas ilegais de plantas psicotrópicas", e no art. 28, § 1º, da Lei de Drogas não há autorização legal para o cultivo de plantas destinadas à preparação de pequena quantidade de substância ou produto capaz de causar dependência física ou psíquica, tanto que essa conduta constitui crime no Brasil.

Sem embargo, queremos crer que, no caso concreto, a **acepção material do princípio do devido processo legal** (CR/1988, arts. 3º, I, e 5º, LV) pode (excepcionalmente) obstar o confisco. De fato, a cláusula do *substantive due process of law* atua como decisivo obstáculo à edição de atos legislativos e administrativos de conteúdo arbitrário. A essência do referido vetor constitucional "reside na necessidade de proteger os direitos [de propriedade, inclusive] e as liberdades das pessoas contra qualquer modalidade de legislação que se revele opressiva ou destituída do necessário coeficiente de razoabilidade. Isso significa, dentro da perspectiva da extensão da teoria do desvio de poder ao plano das atividades legislativas do Estado, que este não dispõe da competência para legislar ilimitadamente, de forma imoderada e irresponsável, gerando, com o seu comportamento institucional, situações normativas de absoluta distorção e, até mesmo, de subversão dos fins que regem o desempenho da função estatal".[47]

Na hipótese em exame, em que, para seu consumo pessoal, o agente semeia, cultiva ou colhe plantas destinadas à *preparação de pequena quantidade* (um pé de maconha, por exemplo) de droga, parece-nos que a desapropriação-confisco é desproporcional e desnecessária, porque pode ser substituída por outra providência administrativa menos gravosa, qual seja: a destruição da plantação (art. 32, *caput*).

1.12. Ação penal

É pública incondicionada, em todas as modalidades do delito.

---

[46] Outras importantes considerações sobre o assunto foram feitas no **Cap. III, itens 1.5** ("desapropriação--confisco") e **2.6** ("perdimento [confisco]").

[47] STF: ADI-MC 1.063, rel. Min. Celso de Mello, Pleno, j. 18.05.1994.

1.13. Penas

O preceito secundário dos crimes de posse de droga para consumo pessoal (Lei 11.343/2006, art. 28, *caput* e § 1º) prevê **três modalidades de penas**, que serão aplicadas conforme as circunstâncias do art. 42 da Lei de Drogas,[48] a saber: (a) advertência sobre os efeitos das drogas; (b) prestação de serviços à comunidade; e (c) medida educativa de comparecimento a programa ou curso educativo.

Fica claro que não se admite, por ausência de previsão legal, a aplicação de pena privativa de liberdade ao condenado por crime de posse de droga para consumo pessoal. Se não há espaço para a prisão penal, ou seja, decorrente de sentença condenatória com trânsito em julgado, é evidente a inviabilidade da prisão provisória, a qualquer título (preventiva, temporária ou em flagrante, com a lavratura do auto respectivo), em homenagem ao **princípio da homogeneidade**.[49] Nem mesmo as medidas cautelares diversas da prisão catalogadas no art. 319 do Código de Processo Penal poderão ser impostas, por força da vedação expressa do art. 283, § 1º.[50]

Além disso, como não há possibilidade de prisão, é incabível o manejo do *habeas corpus*, cuja finalidade constitucional é a tutela jurisdicional da liberdade de locomoção do ser humano.[51]

As citadas sanções penais – advertência sobre os efeitos das drogas, prestação de serviços à comunidade e medida educativa de comparecimento a programa ou curso educativo – "poderão ser **aplicadas isolada ou cumulativamente**, bem como **substituídas** a qualquer tempo, ouvidos o Ministério Público e o defensor" (Lei 11.343/2006, art. 27), o que deve ser efetuado com observância dos vetores constitucionais do devido processo legal e da ampla defesa e, apesar da omissão legislativa, somente em caso de a pena originalmente aplicada não atender às suas finalidades. Assim, constatada a ineficácia total da sanção original, pode-se promover a substituição dela por outra, não, porém, a adição de mais uma pena.

Embora o art. 27 da Lei de Drogas preveja a possibilidade de substituição **a qualquer tempo**, não se pode admitir substituição de pena devidamente cumprida, ou então quando o Estado tenha perdido o direito de punir, pela prescrição ou por qualquer outra causa extintiva da punibilidade.

---

[48] "Art. 42. O juiz, na fixação das penas, considerará, com preponderância sobre o previsto no art. 59 do Código Penal, a natureza e a quantidade da substância ou do produto, a personalidade e a conduta social do agente."

[49] "Não será admitido o ataque a um direito do indivíduo se o meio utilizado não se mostrar idôneo em consecução do resultado pretendido [...]. Nada justificaria prender alguém preventivamente para garantir a futura aplicação da lei penal se, em virtude do crime praticado, a provável pena a ser imposta não será privativa de liberdade ou, se privativa, será suspensa. O meio, a prisão, consistente em restrição à liberdade individual, não se revelaria adequado ao fim a ser objetivado com o processo, pois dele não resultará privação de liberdade" (FERNANDES, Antonio Scarance. *Processo penal constitucional*. 4. ed. São Paulo: RT, 2005. p. 57).

[50] Não se aplica, na hipótese, o enunciado 121 do Fonaje ("As medidas cautelares previstas no art. 319 do CPP e suas consequências, à exceção da fiança, são aplicáveis às infrações penais de menor potencial ofensivo para as quais a lei cominar em tese pena privativa da liberdade").

[51] É possível invocar, por analogia, a Súmula 693 do STF: "Não cabe *habeas corpus* contra decisão condenatória a pena de multa, ou relativo a processo em curso por infração penal a que a pena pecuniária seja a única cominada."

Como os crimes de posse de droga para consumo pessoal são infrações penais de menor potencial ofensivo,[52] tais penas poderão ser aplicadas em sede de transação penal ou na própria sentença condenatória.

Se o magistrado aplicar a pena por meio de transação penal, essa decisão "não importará em reincidência, sendo registrada apenas para impedir novamente o mesmo benefício no prazo de cinco anos" (Lei 9.099/1995, art. 76, § 4º). Há, contudo, entendimento segundo o qual "a restrição de nova transação do art. 76, § 4º, da Lei nº 9.099/1995, não se aplica ao crime do art. 28 da Lei nº 11.343/2006" (Enunciado 115 do Fonaje – Fórum Nacional de Juizados Especiais). Desse modo, "a reincidência decorrente de sentença condenatória e a existência de transação penal anterior, ainda que por crime de outra natureza ou contravenção, não impedem a aplicação das medidas despenalizadoras do artigo 28 da Lei 11.343/2006 em sede de transação penal" (Enunciado 124 do Fonaje).

De seu turno, há divergência acerca da caracterização da reincidência quando a sentença condenatória com trânsito em julgado aplica alguma das sanções previstas no art. 28 da Lei 11.343/2006. Formaram-se duas posições sobre o tema:

1ª posição: Para a caracterização da recidiva, o art. 63 do Código Penal exige somente a prática de novo crime pelo agente, depois de transitar em julgado a sentença que, no Brasil ou no exterior, o tenha condenado por crime anterior. Portanto, a condenação definitiva pelo crime tipificado no art. 28 da Lei de Drogas serve para fins de reincidência. O Superior Tribunal de Justiça, em julgados antigos, abraçava esse entendimento.[53]

2ª posição: "A condenação por infração ao artigo 28 da Lei 11.343/06 não enseja registro para efeitos de antecedentes criminais e reincidência" (Enunciado 126 do Fonaje). Com esteio no princípio da proporcionalidade,[54] assim vêm decidindo atualmente as duas Turmas Criminais[55] do Superior Tribunal de Justiça:

> "[...] este Superior Tribunal de Justiça consolidou entendimento no sentido de que se revela desproporcional o reconhecimento da reincidência em virtude de anterior condenação pelo delito previsto no art. 28, da Lei n. 11.343/2006."[56]

---

[52] Preferimos chamá-las de **infrações penais de ínfimo ou irrisório potencial ofensivo**, em face da ausência de previsão de pena privativa de liberdade.

[53] HC 360.123/SP, rel. Min. Ribeiro Dantas, 5ª Turma, j. 15.09.2016.

[54] "É que, como é cediço, a condenação anterior por contravenção penal não gera reincidência pois o artigo 63 do Código Penal é expresso ao se referir à prática de novo crime. Assim, se a contravenção penal, punível com pena de prisão simples, não configura reincidência, resta inequivocamente desproporcional a consideração, para fins de reincidência, da posse de droga para consumo próprio, que conquanto seja crime, é punida apenas com 'advertência sobre os efeitos das drogas', 'prestação de serviços à comunidade' e 'medida educativa de comparecimento a programa ou curso educativo', mormente se se considerar que em casos tais não há qualquer possibilidade de conversão em pena privativa de liberdade pelo descumprimento, como no caso das penas substitutivas" (REsp 1.672.654/SP, rel. Min. Maria Thereza de Assis Moura, 6ª Turma, j. 21.08.2018, noticiado no *Informativo* 632).

[55] "As Turmas da Terceira Seção do Superior Tribunal de Justiça, em recentes julgados, têm decidido ser desproporcional o reconhecimento da agravante da reincidência decorrente de condenação anterior pelo delito do art. 28 da Lei n. 11.343/2006, uma vez que a infringência do referido dispositivo legal não acarreta a aplicação de pena privativa de liberdade e a sua constitucionalidade está sendo debatida no STF" (HC 535.785/DF, rel. Min. Ribeiro Dantas, 5ª Turma, j. 05.12.2019).

[56] AgRg no AREsp 1.679.045/AC, rel. Min. Reynaldo Soares da Fonseca, 5ª Turma, j. 26.05.2020.

"[...] revela-se desproporcional o reconhecimento da reincidência em virtude de anterior condenação pelo delito previsto no art. 28 da Lei n. 11.343/2006, argumento que também se aplica para os maus antecedentes."[57]

Da *ratio* dessa 2ª posição decorrem **duas outras importantes consequências,**[58] quais sejam:

a) A prévia condenação pela prática do crime descrito no art. 28 da Lei 11.343/2006, justamente por não configurar a reincidência, não pode obstar, por si só, a concessão de benefícios como a *incidência da causa de redução de pena* prevista no § 4º do art. 33 da LD ou a *substituição da pena privativa de liberdade por restritivas de direitos.*

b) O mero processamento do réu pela prática do crime previsto no art. 28 da Lei de Drogas *não torna obrigatória a revogação da suspensão condicional do processo* (Lei 9.099/1995, art. 89, § 3º). Do mesmo modo que o processamento por contravenção penal (que tem efeitos primários mais deletérios) ocasiona apenas a revogação facultativa da benesse (Lei 9.099/1995, art. 89, § 4º), é mais razoável que o manejo de ação penal pelo art. 28 da LD seja analisado como *causa facultativa de revogação do* sursis *processual.*

1.13.1. Advertência sobre os efeitos das drogas

Os adolescentes que cometem atos infracionais não recebem penas, e sim medidas socioeducativas. A primeira dessas medidas previstas no rol do art. 112 da Lei 8.069/1990 – Estatuto da Criança e do Adolescente é justamente a advertência. Por sua vez, o art. 115 do mesmo estatuto diz que "a advertência consistirá em admoestação verbal, que será reduzida a termo e assinada."

À míngua de maiores detalhamentos na Lei de Drogas, buscamos no Estatuto da Criança e do Adolescente a essência para a definição da advertência enquanto pena. Nesse campo, podemos afirmar que, uma vez condenado (por sentença penal) ou mesmo à vista de transação penal, a pena de advertência consistirá em admoestação verbal, reduzida a termo e assinada – inclusive pela defesa –, sobre os efeitos maléficos das drogas em relação à saúde particular e também à saúde pública.

Se a medida não advier de transação penal, ou seja, caso seja imposta no bojo de sentença condenatória, caberá ao magistrado a designação de audiência admonitória para sua efetivação. Em qualquer caso, "ao ser aplicada a pena de advertência, prevista no art. 28, I, da Lei nº 11.343/06, sempre que possível deverá o juiz se fazer acompanhar de profissional habilitado na questão sobre drogas" (Enunciado 83 do Fonaje). O não comparecimento à audiência admonitória para a aplicação da advertência pode levar o magistrado a substituir esta pena por outra (Lei 11.343/2006, art. 27).

Há posicionamento doutrinário, com o qual concordamos, sustentando a imprestabilidade da pena de advertência, porquanto ela seria despida das suas finalidades precípuas, a saber: repressão e prevenção. Além disso, considera-se que "a

---

[57]   AgRg no HC 552.355/SP, rel. Min. Nefi Cordeiro, 6ª Turma, j. 10.03.2020.
[58]   Cf. STJ: REsp 1.795.962/SP, rel. Min. Ribeiro Dantas, 5ª Turma, j. 10.03.2020.

30 | LEI DE DROGAS: Aspectos Penais e Processuais – *Cleber Masson* • *Vinícius Marçal*

advertência, além de desprestigiar a função jurisdicional, poderá funcionar como verdadeiro incentivo à prática delitiva, pois o agente, consciente de que não sofrerá qualquer reprimenda de caráter aflitivo, perderá qualquer freio que possa impedi-lo de cometer o delito."[59]

Além disso, é preciso acrescentar, o papel de advertir a sociedade sobre os efeitos maléficos das drogas deve ser exercitado pelo Ministério da Saúde, e também por órgãos e entidades a este ligados, e não pelo Poder Judiciário ou pelo Ministério Público.

1.13.2. Prestação de serviços à comunidade

Na esteira do § 5º do art. 28 da Lei 11.343/2006, a prestação de serviços à comunidade será cumprida em programas comunitários, entidades educacionais ou assistenciais, hospitais, estabelecimentos congêneres, públicos ou privados sem fins lucrativos, que se ocupem, preferencialmente, da prevenção do consumo ou da recuperação de usuários e dependentes de drogas.

Essa sanção será aplicada pelo **prazo máximo** de 5 (cinco) meses (art. 28, § 3º), salvo se o condenado for **reincidente (específico)**,[60] hipótese em que o prazo máximo se eleva para 10 (dez) meses (art. 28, § 4º). Como a lei somente se refere à pena máxima, admite-se, em tese, a aplicação da pena mínima de um dia.[61]

É preciso notar que a lei fixou o prazo máximo de cumprimento da pena, mas não estabeleceu a quantidade de horas diárias que deverão ser cumpridas pelo condenado nesse período. Entretanto, por força do art. 12 do Código Penal, entende-se que "o condenado a cumprirá à razão de uma hora-tarefa por dia de condenação, num total de sete horas por semana, ajustando-se a maneira de executá-la de acordo com a conveniência do trabalho regular do condenado (CP, art. 46, § 3º). Não poderá haver antecipação, afinal, esta somente é permitida quando a pena atinge patamar superior a um ano (CP, art. 46, § 4º), o que não é o caso da Lei 11.343/2006."[62]

1.13.3. Medida educativa de comparecimento a programa ou curso

A Lei 11.343/2006 nada mencionou sobre a forma de cumprimento dessa modalidade de pena restritiva de direitos. Apesar disso, entendemos que a medida educativa de comparecimento a programa ou curso deverá ter como foco a prevenção do consumo ou

---

[59] MENDONÇA, Andrey Borges de; CARVALHO, Paulo Roberto Galvão de. *Lei de drogas*: Lei 11.343, de 23 de agosto de 2006 – comentada artigo por artigo. 3. ed. São Paulo: Método, 2012. p. 68. E acrescentam: "Corroborando que a advertência não é pena, basta verificar que o magistrado e o promotor poderão aplicá-la independentemente de processo ou sentença. Assim, nada impede que o juiz ou o membro do Ministério Público advirtam o acusado, no próprio ato de interrogatório, das consequências maléficas que as drogas produzem sobre o ser humano. Da mesma feita, também o delegado, ao constatar que o agente portava drogas para consumo próprio, poderá, de logo, adverti-lo. Ora, se é passível de aplicação independentemente de processo e sem qualquer observância do *due process of law*, evidente que não se trata de uma pena" (p. 68).

[60] STJ: REsp 1.771.304/ES, rel. Min. Nefi Cordeiro, 6ª Turma, j. 10.12.2019.

[61] Nesse sentido: RANGEL, Paulo; BACILA, Carlos Roberto. *Lei de drogas*: comentários penais e processuais. 3. ed. São Paulo: Atlas, 2015. p. 61.

[62] NUCCI, Guilherme de Souza. *Leis penais e processuais penais comentadas*. 8. ed. Rio de Janeiro: Forense, 2014. v. 1, iBooks, Capítulo "Drogas", nota 21.

a recuperação de usuários e dependentes de drogas, tal como expresso na parte final do § 5º do art. 28, o qual dispõe sobre a prestação de serviços à comunidade.

Isso não significa, todavia, que o programa precise ter como tema exclusivo os malefícios causados pelo uso de drogas, sendo possível que estes "estejam relacionados a cursos de especialização profissional, cuja frequência pode contribuir para uma possível reinserção social do usuário de drogas, já que o exercício de uma atividade laborativa é importante instrumento de combate à vulnerabilidade decorrente do uso indiscriminado de drogas."[63]

Da mesma forma como ocorre com a prestação de serviços comunitários, essa sanção será aplicada pelo **prazo máximo** de 5 (cinco) meses (art. 28, § 3º), salvo se o condenado for **reincidente (específico)**,[64] hipótese em que o prazo máximo se eleva para 10 (dez) meses (art. 28, § 4º). Por sua vez, "a periodicidade do comparecimento deve guardar correspondência com a estrutura estabelecida pelo curso (duas vezes por semana, durante duas horas, por exemplo)."[65]

1.13.4. Reincidência específica?

Como se extrai do art. 28, § 4º, da Lei 11.343/2006, a reincidência é circunstância que eleva o prazo máximo das penas de prestação de serviços à comunidade e de comparecimento a programa ou curso educativo do patamar máximo de 5 (cinco) meses para 10 (dez) meses. E aqui surge uma indagação. Essa reincidência precisa ser específica? Há duas posições sobre o assunto:

1ª posição (majoritária): Embora a Lei 11.343/2006 não diga de forma expressa, somente a **reincidência específica** autoriza a exasperação (de *cinco* para *dez* meses) regulada no § 4º do art. 28 da Lei n. 11.343/2006.[66] Portanto, uma condenação anterior por crime contra o patrimônio, por exemplo, não rende ensejo ao art. 28, § 4º. Em outras palavras, é imprescindível a reincidência em algum crime de posse de droga para consumo pessoal (art. 28, *caput* ou art. 28, § 1º). Com efeito, **revendo seu entendimento acerca da questão**, a Sexta Turma do STJ passou a compreender que:

> "1. A melhor exegese, segundo a interpretação topográfica, essencial à hermenêutica, é de que os parágrafos não são unidades autônomas, estando direcionados pelo *caput* do artigo a que se referem. 2. Embora não conste da letra da lei, é forçoso concluir que a reincidência de que trata o § 4º do art. 28 da Lei 11.343/2006 é a específica. Revisão do entendimento. 3. Aquele que reincide no contato típico com drogas para consumo pessoal fica sujeito a resposta penal mais severa: prazo máximo de 10 meses. 4. Condenação anterior por crime de roubo não impede a aplicação das penas do art. 28, II e III, da Lei 11.343/06, com a limitação de 5 meses de que dispõe o § 3º do referido dispositivo legal."[67]

---

[63]   LIMA, Renato Brasileiro de. *Legislação criminal especial comentada*: volume único. 4. ed. Salvador: JusPodivm, 2016. p. 719.

[64]   STJ: REsp 1.771.304/ES, rel. Min. Nefi Cordeiro, 6ª Turma, j. 10.12.2019.

[65]   NUCCI, Guilherme de Souza. *Leis penais e processuais penais comentadas*. 8. ed. Rio de Janeiro: Forense, 2014. v. 1, iBooks, Capítulo "Drogas", nota 22.

[66]   MARCÃO, Renato. *Tóxicos*: Lei n. 11.343, de 23 de agosto de 2006: anotada e interpretada. 10. ed. São Paulo: Saraiva, 2015. p. 4. No mesmo sentido: RANGEL, Paulo; BACILA, Carlos Roberto. *Lei de drogas*: comentários penais e processuais. 3. ed. São Paulo: Atlas, 2015. p. 60.

[67]   REsp 1.771.304/ES, rel. Min. Nefi Cordeiro, j. 10.12.2019.

2ª posição: Basta a reincidência genérica. Esse entendimento parte de uma premissa bastante simples: quando o legislador exige a reincidência específica ele o faz expressamente, a exemplo do que se verifica no art. 83, V, do Código Penal, e no art. 44, parágrafo único, da Lei de Drogas.

1.13.5. Características: não substitutividade e não conversibilidade em prisão

Contrariamente ao que ocorre no Código Penal, as penas restritivas de direitos previstas na Lei de Drogas possuem duas características peculiares: (a) a **não substitutividade;** e (b) a **não conversibilidade em pena privativa de liberdade.**

Com efeito, diversamente do previsto no art. 44 do Código Penal, na Lei 11.343/2006 as penas restritivas não substituem as privativas de liberdade (não substitutividade). As penas restritivas de direitos são cominadas diretamente nos preceitos secundários dos tipos penais.

Sem prejuízo, e ao contrário do previsto no § 4º do art. 44 do Código Penal, que disciplina a conversão da pena restritiva de direitos em privativa de liberdade na hipótese de haver o descumprimento injustificado da restrição imposta, na sistemática da Lei de Drogas isso não ocorre (não conversibilidade em pena privativa de liberdade). De fato, o descumprimento de uma pena restritiva aplicada por crime de posse de droga para consumo pessoal redundará na adoção das medidas de apoio (ou medidas coercitivas) do § 6º do art. 28, mas jamais na conversão em prisão, por falta de previsão legal.

1.13.6. Medidas de apoio (ou medidas coercitivas)

Diz o § 6º do art. 28: "Para garantia do cumprimento das medidas educativas a que se refere o *caput*, nos incs. I, II e III, a que injustificadamente se recuse o agente, poderá o juiz submetê-lo, sucessivamente a: I – admoestação verbal; II – multa".

De plano, parece-nos despropositada a inclusão do inc. I nesse dispositivo. Ora, esse inciso contempla a pena de advertência que, como tal, não exige nenhuma contraprestação pelo advertido. Trata-se de sanção que se esgota no próprio ato, de maneira instantânea. Assim, não há falar em *recusa injustificada ao cumprimento*, simplesmente porquanto cumprimento não há. Na hipótese de o processado não comparecer à audiência admonitória, poderá o magistrado valer-se da substituição (art. 27) ou, ainda, determinar "a condução coercitiva do condenado para que lhe seja imposta a pena de advertência."[68]

Dito isso, calha perceber que a admoestação verbal e a multa não constituem penas. Não integram o preceito secundário de nenhum tipo penal. Destarte, é amplamente majoritária a concepção segundo a qual essas providências têm natureza jurídica de **medidas de apoio (de coerção ou de garantia)**, que se prestam a garantir o cumprimento das penas. Em razão dessa natureza instrumental, essas medidas "aproximam-se das sanções processuais ou executórias, usualmente cominadas no direito processual

---

[68] ROQUE, Fábio; TÁVORA, Nestor; ALENCAR, Rosmar Rodrigues. *Legislação criminal para concursos.* Salvador: JusPodivm, 2016. p. 500.

como propósito de garantir o cumprimento de decisões judiciais",[69] do que é exemplo o art. 536, § 1º, do Código de Processo Civil.[70]

Portanto, em razão da característica da *não conversibilidade em prisão*, o injustificado cumprimento da pena imposta somente dará ensejo à adoção das medidas de apoio, as quais deverão ser adotadas **sucessivamente**, ou seja, primeiro a admoestação, depois (e somente depois) a multa de natureza extrapenal.[71] Desse modo, é ilegal a utilização, no mesmo ato, das duas medidas de coerção.

Portanto, em um primeiro momento o magistrado designará audiência admonitória para, na presença do defensor e do membro do MP, admoestar o renitente, a fim de concitá-lo a cumprir a sanção que lhe foi imposta, sob ameaça de multa civil. Se ainda assim o agente deixar de cumprir a sanção, poderá então o juiz aplicar-lhe a multa, quantas vezes forem necessárias, respeitando o valor máximo de 100 dias-multa fixado no art. 29 da Lei 11.343/2006.[72] Para a fixação do número de dias-multa, o magistrado deve levar em consideração o grau de renitência do agente, de modo que, quanto maior for o afastamento do sujeito do seu compromisso com a Justiça (quanto maior o descaso), tanto maior haverá de ser o número de dias-multa. Os valores decorrentes da imposição da multa coercitiva serão creditados à conta do Fundo Nacional Antidrogas, e o seu pagamento não implica a exoneração do cumprimento da pena.

As medidas de garantia podem ser adotadas em virtude de descumprimento da pena aplicada por sentença ou por transação penal. Contudo, diferentemente do que ocorre ordinariamente (Súmula Vinculante 35),[73] o descumprimento da transação penal não redundará na retomada da situação anterior com a possibilidade de oferecimento de denúncia, mas possibilitará a incidência das providências de coerção. Para tanto, é ideal que essa circunstância seja prevista no termo de acordo.

---

[69] ARRUDA, Samuel Miranda. *Drogas*: aspectos penais e processuais penais: Lei 11.343/2006. São Paulo: Método, 2007. p. 34.

[70] CPC, art. 536, § 1º: "Para atender ao disposto no *caput*, o juiz poderá determinar, entre outras medidas, a imposição de multa, a busca e apreensão, a remoção de pessoas e coisas, o desfazimento de obras e o impedimento de atividade nociva, podendo, caso necessário, requisitar o auxílio de força policial."

[71] "[...] corroborando o caráter extrapenal da multa prevista no art. 29, é importante anotar que o legislador criou dois regimes distintos para as multas: um previsto no art. 29, tratando da multa extrapenal, e outro no art. 49 da Lei, tratando da multa aplicável aos arts. 33 a 39, esta de verdadeiro caráter penal" (MENDONÇA, Andrey Borges de; CARVALHO, Paulo Roberto Galvão de. *Lei de drogas*: Lei 11.343, de 23 de agosto de 2006 – comentada artigo por artigo. 3. ed. São Paulo: Método, 2012. p. 80). Em face da natureza extrapenal, em caso de falecimento do condenado, a multa civil poderá ser transmitida aos seus herdeiros (art. 1.792 do Código Civil), sem que isso importe em violação ao princípio da personalidade (ou intranscendência) da pena.

[72] Lei 11.343/2006, art. 29: "Na imposição da medida educativa a que se refere o inciso II do § 6º do art. 28, o juiz, atendendo à reprovabilidade da conduta, fixará o número de dias-multa, em quantidade nunca inferior a 40 (quarenta) nem superior a 100 (cem), atribuindo depois a cada um, segundo a capacidade econômica do agente, o valor de um trinta avos até 3 (três) vezes o valor do maior salário mínimo."

[73] Súmula Vinculante 35: "A homologação da transação penal prevista no artigo 76 da Lei 9.099/1995 não faz coisa julgada material e, descumpridas suas cláusulas, retoma-se a situação anterior, possibilitando-se ao Ministério Público a continuidade da persecução penal mediante oferecimento de denúncia ou requisição de inquérito policial."

Insta sublinhar que o descumprimento injustificado das penas não abre espaço à responsabilização do renitente pelo crime de desobediência, porquanto doutrina e jurisprudência firmaram-se no sentido de que, quando alguma lei comina determinada sanção extrapenal para o descumprimento de ordem legal de funcionário público, somente incidirá o crime tipificado no art. 330 do Código Penal se a mencionada lei ressalvar expressamente a aplicação cumulativa do delito de desobediência, o que não ocorreu na sistemática da Lei de Drogas, até porque, nesse caso, estar-se-ia a impor o cárcere, por via oblíqua, ao autor do crime de consumo pessoal.

1.13.7. Prescrição

Estatui o art. 30 da Lei 11.343/2006 que a imposição (prescrição da pretensão punitiva) e a execução (prescrição da pretensão executória) das penas dos crimes de posse de droga para consumo pessoal **prescrevem em 2 (dois) anos**. Acerca do tema, a Lei de Drogas determina a incidência do disposto nos arts. 107 e seguintes do Código Penal, o que engloba a temática da interrupção do prazo prescricional (art. 117), a redução do prazo pela metade (art. 115) etc.

1.14. Lei 9.099/1995 e acordo de não persecução penal

Os crimes de posse de droga para consumo pessoal constituem-se em **infrações penais de menor potencial ofensivo** (ou de **ínfimo ou irrisório potencial ofensivo**), de competência do Juizado Especial Criminal (Lei 9.099/1995, art. 61),[74] e compatíveis com a transação penal. E, na esteira do Enunciado 116 do Fonaje – Fórum Nacional de Juizados Especiais, "na transação penal deverão ser observados os princípios da justiça restaurativa, da proporcionalidade, da dignidade, visando a efetividade e adequação".

Por ser cabível a transação penal, os crimes de posse de droga para consumo pessoal são **incompatíveis** com a celebração do **acordo de não persecução penal** (CPP, art. 28-A, § 2.º, I).

1.15. Classificação doutrinária

Os crimes de posse de droga para consumo pessoal são **simples** (ofendem um único bem jurídico); **comuns** (podem ser cometidos por qualquer pessoa); **formais, de consumação antecipada** ou **de resultado cortado** (consumam-se com a prática da conduta criminosa, independentemente da superveniência do resultado naturalístico); **de perigo comum** (colocam em risco um número indeterminado de pessoas) e **abstrato** (presumido pela lei); **vagos** (têm como sujeito passivo um ente destituído de personalidade jurídica); **de forma livre** (admitem qualquer meio de execução); **comissivos** (os núcleos indicam ações); **instantâneos** ou **de estado** (nas modalidades *adquirir* [art. 28, *caput*], *semear* e *colher* [art. 28, § 1º]) ou **permanente** (nas formas *guardar, ter em depósito, transportar*

---

[74] "O crime de uso de entorpecente para consumo próprio, previsto no art. 28 da Lei 11.343/06, é de menor potencial ofensivo, o que determina a competência do Juizado Especial estadual, já que ele não está previsto em tratado internacional e o art. 70 da Lei n. 11.343/2006 não o inclui dentre os que devem ser julgados pela Justiça Federal" (STJ: CC 144.910/MS, rel. Min. Reynaldo Soares da Fonseca, 3ª Seção, j. 25.04.2016).

ou *trazer consigo* [art. 28, *caput*] e cultivar [art. 28, § 1º]); **unissubjetivos, unilaterais** ou **de concurso eventual** (podem ser cometidos por uma única pessoa, mas admitem o concurso); em regra **plurissubsistentes** (as condutas são compostas de dois ou mais atos); e de **menor potencial ofensivo** (ou de **mínimo potencial ofensivo**).

2. TRÁFICO DE DROGAS PROPRIAMENTE DITO – ART. 33, *CAPUT*

2.1. Dispositivo legal

"Art. 33. Importar, exportar, remeter, preparar, produzir, fabricar, adquirir, vender, expor à venda, oferecer, ter em depósito, transportar, trazer consigo, guardar, prescrever, ministrar, entregar a consumo ou fornecer drogas, ainda que gratuitamente, sem autorização ou em desacordo com determinação legal ou regulamentar:

Pena – reclusão de 5 (cinco) a 15 (quinze) anos e pagamento de 500 (quinhentos)[75] a 1.500 (mil e quinhentos) dias-multa."

2.2. Introdução

A expressão "tráfico ilícito de entorpecentes e drogas afins",[76] prevista na Constituição da República (art. 5º, XLIII) e na Lei dos Crimes Hediondos (art. 2º, *caput*), não foi utilizada na Lei de Drogas para a definição jurídica de nenhum crime. Na Lei 8.072/1990 o legislador equiparou o tráfico ilícito de entorpecentes e drogas afins aos delitos hediondos propriamente ditos, mas não especificou quais tipos penais estariam abrangidos pela locução.

Nada obstante a Lei 11.343/2006 não tenha definido quais são os "crimes de tráfico de drogas", prevalece em sede doutrinária que no conceito de traficância estão englobados os delitos citados no **art. 44 da Lei de Drogas**, o qual cria uma série de vedações para os crimes inscritos nos **arts. 33, *caput* e § 1º, e 34 a 37**. Ora, se a estas infrações foram estabelecidas diversas restrições – algumas típicas da hediondez (CF/1988, art. 5º, XLIII) –, somos levados a compreender que as figuras penais mencionadas no art. 44 são tidas como "tráfico de drogas".[77]

Destarte, **são crimes hediondos por equiparação (ou por assimilação)**: o art. 33, *caput* (tráfico propriamente dito) e § 1º (tráfico por equiparação ou assimilação), o art. 34 (maquinário para fabricação),[78] o art. 36 (financiamento do tráfico) e o art. 37

---

[75] O Supremo Tribunal Federal sedimentou a **constitucionalidade de pena mínima de multa para crime de tráfico de drogas**, porquanto o Poder Judiciário não pode substituir o Legislativo na quantificação da sanção penal. Assim, no bojo do RE 1.347.158 RG (Tribunal Pleno, j. 21.10.2021), firmou-se a **tese** segundo a qual: "A multa mínima prevista no art. 33 da Lei 11.343/2006 é opção legislativa legítima para a quantificação da pena, não cabendo ao Poder Judiciário alterá-la com fundamento nos princípios da proporcionalidade, da isonomia e da individualização da pena."

[76] O direito brasileiro, na verdade, incidiu (e continua incidindo) em redundância terminológica. Todo tráfico é necessariamente ilícito, ou seja, não existe tráfico "lícito". Bastaria, portanto, falar-se em "tráfico de entorpecentes e drogas afins".

[77] LIMA, Renato Brasileiro de. *Legislação criminal especial comentada* – volume único. 4. ed. Salvador: JusPodivm, 2016. p. 59.

[78] Minoritariamente, não enxergando no art. 34 a hediondez por equiparação: "Analisando o texto constitucional (art. 5º, XLIII), percebe-se que a equiparação alcança somente a tortura, o terrorismo

(informante colaborador).[79] Por sua vez, há **divergência** sobre se o art. 35 (associação para o tráfico) pode ou não ser rotulado como "tráfico" e, por conseguinte, como assimilado a hediondo. Existem duas posições sobre o assunto:

1ª posição (majoritária): "A jurisprudência pacífica do Superior Tribunal de Justiça reconhece que o crime de associação para o tráfico de entorpecentes (art. 35 da Lei n. 11.343/2006) não figura no rol de delitos hediondos ou a eles equiparados, tendo em vista que não se encontra expressamente previsto no rol taxativo do art. 2º da Lei n. 8.072/1990."[80] Isso não obstante, "não é possível a concessão de indulto ou comutação da pena ao condenado pelo delito de associação para o tráfico de drogas, pois há vedação legal contida no art. 44, *caput*, da Lei n. 11.343/2006."[81]

2ª posição: O art. 35 encontra-se inserido no amplo conceito de tráfico de drogas, e, por isso, é crime equiparado a hediondo. Assim, "deve-se entender por crime de tráfico de drogas não apenas os do art. 33, *caput* e § 1º, mas também os crimes previstos nos arts. 34 a 37 (que tipificam os crimes de [...] associação para o tráfico [...]."[82]

---

e o tráfico ilícito de *drogas* (abranger maquinários é integrar em prejuízo do réu, ferindo o princípio da legalidade)" (CUNHA, Rogério Sanches; PINTO, Ronaldo Batista; SOUZA, Renee do Ó. Drogas – Lei n. 11.343/2006. *Leis penais especiais comentadas*. 3. ed. Salvador: JusPodivm, 2020. p. 1759).

[79] Há, contudo, quem discorde da classificação dos crimes previstos nos arts. 36 e 37 como hediondos por equiparação. Nesse sentido: "Em relação ao delito do art. 36, esse delito constitui o crime de financiamento ou custeio do tráfico. A conduta do agente não consiste na traficância, mas, apenas, na contribuição financeira de forma ilícita no tráfico de drogas. Não se trata da conduta do traficante, e sim na conduta daquele que auxilia o traficante financiando ou custeando a atividade de tráfico. As duas condutas não podem ser confundidas, uma vez que o legislador tratou-as de forma diversa. [...] se é verdade que o tipo penal trata da conduta de financiamento para o tráfico, e que o legislador, no próprio art. 36, fez menção aos arts. 33, *caput* e § 1º, e 34, não é menos verdade que o financiamento ocorre para aqueles tipos penais. Mais uma vez, ao referir-se ao tráfico de drogas, o legislador mencionou aqueles tipos penais, deixando fora de dúvidas que eles – e somente eles – configuram tráfico de drogas. [...] quisesse o legislador considerar outros delitos também como tráfico de drogas, os teria inserido na redação típica, e, no entanto, não o fez. O tipo penal do art. 37 trata do delito de colaboração com o tráfico. Colaborar como informante significa ajudar, cooperar, contribuir com grupo, organização ou qualquer associação destinada à prática do tráfico de drogas. A conduta incriminada não diz respeito ao tráfico de drogas em si mesmo. Ao contrário, diz respeito a uma conduta que está fora do contexto da traficância, que consiste tão somente em contribuir para o tráfico, sem confundir-se com o tráfico propriamente dito. Não faria nenhum sentido o legislador incriminar a conduta de contribuir para o tráfico na qualidade de informante confundindo-a com o tráfico em si mesmo. [...] a redação típica do art. 37 deixa claro que se deve entender por tráfico de drogas apenas os delitos previstos nos arts. 33, *caput* e § 1º, e 34 da lei. Isso porque ao incriminar, no art. 37, a conduta de colaborar com o tráfico, o legislador dispôs 'colaborar, como informante, com grupo, organização ou associação destinados à prática de qualquer dos crimes previstos nos arts. 33, *caput* e § 1º, e 34 desta Lei.' Note-se que ao mencionar na parte final aqueles tipos penais, o legislador designou-os como tráfico de drogas" (HABIB, Gabriel. *Leis penais especiais* – volume único. 9. ed. Salvador: JusPodivm, 2017).

[80] STJ: HC 429.672/SP, rel. Min. Antonio Saldanha Palheiro, 6ª Turma, j. 27.02.2018. E ainda: "De acordo com a jurisprudência desta Corte Superior, ante a ausência de previsão no rol do art. 2º da Lei 8.072/90, o crime de associação para o tráfico previsto no art. 35 da Lei 11.343/06 não é crime hediondo ou equiparado" (STJ: AgRg no HC 485.529/RS, rel. Min. Nefi Cordeiro, 6ª Turma, j. 12.03.2019).

[81] STJ: AgRg no HC 464.605/RJ, rel. Min. Ribeiro Dantas, 5ª Turma, j. 02.04.2019.

[82] MENDONÇA, Andrey Borges de. *Prisão e outras medidas cautelares pessoais*. São Paulo: Método, 2011. p. 315.

Desde a vigência da revogada Lei 6.368/1976, majoritariamente, sempre se entendeu como **hediondas por equivalência** as condutas por nós chamadas de "tráfico de drogas propriamente dito", "tráfico de drogas por equiparação ou assimilação" e "maquinário para fabricação", outrora previstas nos arts. 12 e 13 e, atualmente, nos arts. 33, *caput* e § 1º, e 34, ambos da Lei 11.343/2006.

De igual modo, o crime de **financiamento do narcotráfico (art. 36)** é também englobado pelo conceito de tráfico de drogas e, consequentemente, equiparado a hediondo. Com efeito, na vigência da revogada Lei 6.368/1976, o financiador do tráfico de entorpecentes ou de maquinismos era responsabilizado pelo mesmo delito cometido pelo traficante, pois agiam em concurso de pessoas.

A Lei 11.343/2006, entretanto, com o escopo de punir de forma mais severa o sujeito que financia o narcotráfico, separou em tipos autônomos as ações do traficante e do seu financiador, trazendo para o nosso ordenamento jurídico mais uma exceção pluralista à teoria unitária ou monista, acolhida como regra geral em nosso sistema jurídico pelo art. 29, *caput*, do Código Penal. Como destaca Renato Brasileiro de Lima:

> "Apesar de o financiamento estar inserido em dispositivo diverso, somos levados a crer que tal também se equipara ao 'tráfico de drogas', sob pena de patente violação ao princípio da proporcionalidade. Dito de outra maneira, a lei não pode levar a interpretações absurdas: se o delito previsto no art. 33 é crime hediondo, é inegável que tal atributo também se estende ao delito mais grave, financiamento ao tráfico, sobretudo se levarmos em consideração que, neste, o móvel do agente é a obtenção de bens, direitos e valores com a prática do tráfico de drogas por terceiro."[83]

A **colaboração como informante do narcotráfico** (art. 37), igualmente, deve ser classificada como **crime hediondo por equiparação**. Ora, o sujeito que atua como informante de grupo, organização ou associação destinados à prática de qualquer dos crimes previstos nos arts. 33, *caput* e § 1º, e 34, ambos da Lei 11.343/2006, colabora de forma espúria e decisiva para a prática de delitos hediondos por assimilação. Em verdade, o legislador apenas preferiu tipificar em dispositivo autônomo a conduta desse verdadeiro "partícipe" das associações para o narcotráfico, criando mais uma exceção pluralista à teoria monista.[84]

De outro lado, interpretando-se *a contrario sensu* o art. 44 da Lei 11.343/2006, **não são considerados "tráfico de drogas" e, portanto, não são equiparados a hediondos**

---

[83] LIMA, Renato Brasileiro de. *Legislação criminal especial comentada*. 4. ed. Salvador: JusPodivm, 2016. p. 58. volume único.

[84] "A conduta do 'fogueteiro do tráfico', antes tipificada no art. 12, § 2º, da Lei 6.368/76, encontra correspondente no art. 37 da Lei que a revogou, a Lei 11.343/06, não cabendo falar em *abolitio criminis*. O informante, na sistemática anterior, era penalmente responsável como coautor ou partícipe do crime para o qual colaborava, em sintonia com a teoria monística do art. 29 do Código Penal. A nova Lei de Entorpecentes abandonou a teoria monística, ao tipificar no art. 37, como autônoma, a conduta do colaborador, aludindo ao informante (o 'fogueteiro', sem dúvida, é informante). A revogação da lei penal não implica, necessariamente, descriminalização de condutas. Necessária se faz a observância ao princípio da continuidade normativo-típica, a impor a manutenção de condenações dos que infringiram tipos penais da lei revogada quando há, como *in casu*, correspondência na lei revogadora" (STF: HC 106.155/RJ, rel. Min. Marco Aurélio, red. para acórdão Min. Luiz Fux, 1ª Turma, j. 04.10.2011).

LEI DE DROGAS: Aspectos Penais e Processuais – *Cleber Masson* • *Vinícius Marçal*

os crimes previstos nos arts. 28 (posse ou cultivo de drogas para consumo pessoal), 33, § 2º (auxílio ao uso), 33, § 3º (uso compartilhado), 38 (prescrição ou ministração culposa) e 39 (condução de embarcação ou aeronave após o uso de drogas).

Com efeito, o crime tipificado no art. 28 nem sequer é dotado de pena privativa de liberdade, enquanto os demais delitos apontados são punidos com detenção. Desta forma, seria irracional rotular tais crimes como hediondos por equiparação, pois o próprio legislador os considerou como de menor gravidade.

No mais, cumpre destacar que durante muito tempo preponderou nos Tribunais Superiores a ideia de que a aplicação da causa de diminuição de pena prevista no art. 33, § 4º, da Lei 11.343/2006 não afastava a hediondez do crime de tráfico de drogas (**Súmula 512 do STJ – *atualmente cancelada***).

Essa posição, contudo, foi abandonada pelo Plenário do **Supremo Tribunal Federal**, ao firmar entendimento no sentido de que o tráfico de entorpecentes privilegiado (art. 33, § 4º, da Lei 11.313/2006) não se harmoniza com a hediondez do tráfico de entorpecentes definido no *caput* e § 1º do art. 33 da Lei de Tóxicos. Para a Corte Suprema, o tratamento penal dirigido ao delito cometido sob o manto do privilégio apresenta contornos mais benignos, menos gravosos, notadamente porque são relevados o envolvimento ocasional do agente com o delito, a não reincidência, a ausência de maus antecedentes e a inexistência de vínculo com organização criminosa.[85]

O **Pacote Anticrime** (Lei 13.964/2019), vale dizer, albergou o posicionamento pretoriano ao alterar a Lei de Execução Penal para estabelecer que "não se considera hediondo ou equiparado, para os fins deste artigo, o crime de tráfico de drogas previsto no § 4º do art. 33 da Lei nº 11.343, de 23 de agosto de 2006" (art. 112, § 5º, da Lei 7.210/1984).

Finalmente, uma vez firmado o conceito de tráfico de drogas, é imprescindível deixar claro desde logo que, "**para a configuração do delito de tráfico de drogas, não é necessária prova da mercancia**, tampouco que o agente seja surpreendido no ato da venda do entorpecente – até porque o próprio tipo penal aduz 'ainda que gratuitamente' –, bastando, portanto, que as circunstâncias em que se desenvolveu a ação criminosa denotem a traficância".[86]

2.3. Objetividade jurídica

O bem jurídico tutelado pelo art. 33, *caput*, da Lei 11.343/2006 é a **saúde pública.**[87]

---

[85] HC 118.533/MS, rel. Min. Cármen Lúcia, Plenário, j. 19.09.2016.

[86] STJ: AgRg no AREsp 1580132/SP, rel. Min. Rogerio Schietti, 6ª Turma, j. 19.05.2020. Igualmente: "Para a configuração do delito de tráfico de drogas, não é necessária prova da mercancia, tampouco que o agente seja surpreendido no ato da venda do entorpecente – até porque o próprio tipo penal aduz 'ainda que gratuitamente' –, bastando, portanto, que as circunstâncias em que se desenvolveu a ação criminosa denotem a traficância" (AgRg nos EDcl no AREsp 1.917.794/MS, rel. Min. Rogerio Schietti Cruz, 6ª Turma, j. 07.12.2021).

[87] Com esse entendimento, entre vários outros autores: GRECO FILHO, Vicente; RASSI, João Daniel. *Lei de Drogas anotada*: Lei n. 11.343/2006. 3. ed. São Paulo: Saraiva, 2009. p. 86; RANGEL, Paulo; BACILA, Carlos Roberto. *Lei de drogas*: comentários penais e processuais. 3. ed. São Paulo: Atlas, 2015. p. 75; JESUS, Damásio E. *Lei Antidrogas anotada*. 9. ed. São Paulo: Saraiva, 2009. p. 79-82.

Cap. 1 • CRIMES EM ESPÉCIE | **39**

De forma minoritária, há quem sustente que o preceptivo legal tutela vários bens jurídicos (incolumidade pública, vida, saúde, família, integridade física e segurança nacional)[88] e, ainda, quem defenda a ideia de que o dispositivo não tutela bem jurídico algum, sob a perspectiva de que se a preocupação com a saúde pública fosse a questão política fundamental, "o mais adequado não seria a criminalização da produção e consumo de droga, mas a sua legalização pura e simples, à semelhança do que se passa com as drogas lícitas, mesmo porque a distinção entre umas e outras é arbitrária. Seria o caso, portanto, de tratar a droga não como problema de polícia, mas como um problema de saúde pública." Por essa visão, "a alegação de que tutelaria a saúde pública constitui simples pretexto para legitimar uma opção político-criminal irracional, violenta e absolutamente desastrosa."[89]

2.4. Objeto material

É a droga.

2.5. Núcleos do tipo

Sem tipificar a conduta de *traficar*,[90] o art. 33, *caput*, da Lei 11.343/2006 contempla 18 (dezoito) núcleos. Cuida-se de **tipo misto alternativo** (**crime de ação múltipla** ou **de conteúdo variado**), de modo que, se o sujeito praticar mais de um núcleo, no tocante ao mesmo objeto material, estará caracterizado um único delito, mas a pluralidade de condutas deverá ser levada em conta na dosimetria da pena-base, nos termos do art. 59, *caput*, do Código Penal.

Em razão disso, é possível uma condenação com base em dois ou mais núcleos, sem que isso viole o princípio da proibição do *bis in idem*.[91] Contudo, se as ações recaírem sobre objetos materiais diversos, a exemplo do que se verifica quando o sujeito *importa* heroína e *vende* cocaína, estará caracterizado o concurso de crimes.

As condutas nucleares do tráfico de drogas propriamente dito são as seguintes:

1) **Importar**: significa trazer de fora para dentro, fazer vir de outro país. Para a configuração dessa modalidade não se exige que o agente tenha trazido a droga pessoalmente. A consumação ocorre no instante em que a droga ingressa no território nacional, prescindindo-se da sua chegada ao destinatário final, circunstância tida como mero exaurimento.[92] Com efeito, reconhece a jurisprudência

---

[88]   NOGUEIRA, Paulo Lúcio. *Leis especiais*: aspectos penais. 5. ed. São Paulo: Leud, 1996. p. 29.

[89]   QUEIROZ, Paulo. *A propósito do bem jurídico protegido no tráfico de droga e afins*. Disponível em: http://www.pauloqueiroz.net/a-proposito-do-bem-juridico-protegido-no-trafico-de-droga-e-afins/. Acesso em: 07.07.2016.

[90]   Não faz falta a tipificação da conduta de *arremessar*, que poderia tipificar a conduta de arremesso de substância para dentro de estabelecimento prisional, bem como do arremesso da droga de aeronave em voo em baixa velocidade e altitude, mas sem pousar, a fim de evitar a ação policial no momento do pouso. Tais condutas podem, no entanto, ser enquadradas nos verbos *transportar, trazer consigo* ou *entregar de qualquer forma a consumo* (BALTAZAR JUNIOR, José Paulo. *Crimes federais*. 9. ed. São Paulo: Saraiva, 2014. iBooks, Cap. 30, subitem 6.2.1).

[91]   STJ: HC 199.121/RS, rel. Min. Laurita Vaz, 5ª Turma, j. 04.09.2013.

[92]   STJ: CC 132.897/PR, rel. Min. Rogerio Schietti Cruz, 3ª Seção, j. 28.05.2014, noticiado no *Informativo* 543.

do STJ que "a consumação do delito se dá no momento em que o entorpecente chega ao território nacional, porquanto concluído o núcleo 'importar' constante do tipo do art. 33 da Lei de Drogas. Nesse sentido é a redação do art. 70, § 2º, do Código Penal, a qual disciplina que, nos casos em que 'o último ato de execução for praticado fora do Território Nacional, será competente o juiz do lugar em que o crime, embora parcialmente, tenha produzido ou devia produzir seu resultado."[93]

2) **Exportar**: é o ato de encaminhar a droga – por via aérea, marítima ou terrestre – para fora do país. Pode ser que, para efetuar a exportação, o agente já tenha incorrido em outros núcleos típicos, tais como trazer consigo e transportar. A consumação, nesse caso, ocorre com a saída da droga do território brasileiro.

3) **Remeter**: consiste em deslocar a droga de um local para outro, dentro do território nacional. Esse deslocamento pode se dar, por exemplo, via intermediários ou pelos correios. Quanto ao momento consumativo, o Superior Tribunal de Justiça já decidiu pela desnecessidade da chegada da droga ao seu destinatário, o que configuraria mero exaurimento do delito.[94] Prevalece, pois, a ideia de que ocorre a consumação quando o agente se desfaz da droga, enviando-a, independentemente da efetiva chegada ao destino final.

4) **Preparar**: é a combinação – composição ou decomposição – de substâncias não entorpecentes a fim de dar forma à substância tóxica (droga). Contudo, se uma droga é preparada a partir de outras, que já são isoladamente classificadas como drogas, a conduta não caracteriza preparação, pois já existia o tráfico, e a combinação acabará representando o mero exaurimento.[95]

5) **Produzir**: é o ato de criar, dar origem a uma droga. Distingue-se do verbo preparar – combinação rudimentar – na medida em que a ação de produzir envolve maior criatividade, tal como ocorre com as chamadas drogas sintéticas – LSD e *ecstasy* –, as quais geralmente são produzidas em laboratório.

6) **Fabricar**: possui sentido semelhante às ações de preparar e produzir, contudo, a ação de fabricar importa no emprego de meios mecânicos e industriais na criação da droga. Trata-se da ***produção em escala***. Note-se que a distinção entre preparar, produzir e fabricar é bastante tênue e, "como ensinam Vicente Greco Filho e João Daniel Rassi, [...] o legislador as mencionou visando apenas alcançar todas as situações possíveis. Porém, o que importará realmente é a descrição da conduta corretamente na denúncia, pois, como se sabe, o réu se defende dos fatos."[96]

7) **Adquirir**: é a aquisição da droga, a título oneroso (ex.: compra e venda, permuta) ou gratuito (ex.: doação). É desnecessária a efetiva tradição da droga para configuração do delito, bastando a efetiva aquisição (pacto verbal) do entorpe-

---

[93] CC 140.394/RJ, rel. Min. Reynaldo Soares da Fonseca, 3ª Seção, j. 10.06.2015.

[94] CC 41.775/RS, rel. Min. Laurita Vaz, 3ª Seção, j. 14.06.2004.

[95] CAPEZ, Fernando. *Legislação penal especial simplificado*. 8. ed. São Paulo: Saraiva, 2012, iBooks, subitem 9.2.2.6.

[96] MENDONÇA, Andrey Borges de; CARVALHO, Paulo Roberto Galvão de. *Lei de drogas*: Lei 11.343, de 23 de agosto de 2006 – comentada artigo por artigo. 3. ed. São Paulo: Método, 2012. p. 100.

cente.[97] Em outras palavras, a compra e venda da droga (*v.g.*, por telefone), "em sua modalidade de adquirir, completa-se no instante em que ocorre a avença entre o comprador e o vendedor",[98] o que não dispensa, todavia, a apreensão do entorpecente (exigida como regra). Por bem exemplificar a situação, veja-se o seguinte caso noticiado no *Informativo* 569 do STJ: "**A conduta consistente em negociar por telefone a aquisição de droga e também disponibilizar o veículo que seria utilizado para o transporte do entorpecente configura o crime de tráfico de drogas em sua forma consumada – e não tentada –, ainda que a polícia, com base em indícios obtidos por interceptações telefônicas, tenha efetivado a apreensão do material entorpecente antes que o investigado efetivamente o recebesse.** Inicialmente, registre-se que o tipo penal em análise é de ação múltipla ou conteúdo variado, pois apresenta várias formas de violação da mesma proibição, bastando, para a consumação do crime, a prática de uma das ações ali previstas. Nesse sentido, a Segunda Turma do STF (HC 71.853-RJ, *DJ* 19.05.1995) decidiu que a modalidade de tráfico 'adquirir' completa-se no instante em que ocorre a avença entre comprador e vendedor. De igual forma, conforme entendimento do STJ, incide no tipo penal, na modalidade 'adquirir', o agente que, embora sem receber a droga, concorda com o fornecedor quanto à coisa, **não havendo necessidade, para a configuração do delito, de que se efetue a tradição da droga adquirida, pois que a compra e venda se realiza pelo consenso sobre a coisa e o preço** (REsp 1.215-RJ, Sexta Turma, *DJ* 12.03.1990). Conclui-se, pois, que a negociação com aquisição da droga e colaboração para seu transporte constitui conduta típica, encontrando-se presente a materialidade do crime de tráfico de drogas."[99] Isso não obstante, é válido destacar que o Superior Tribunal de Justiça estabeleceu importante marco interpretativo sobre a tipicidade no **tráfico de drogas em ambiente prisional**, delimitando com precisão a fronteira entre atos preparatórios e atos executórios. O entendimento consolidou-se a partir de caso emblemático envolvendo tentativa de introdução de substância entorpecente em estabelecimento prisional. Na situação analisada, uma visitante tentou ingressar em estabelecimento prisional portando substância entorpecente, atendendo a solicitação de seu companheiro que cumpria pena no local. A droga foi interceptada durante o procedimento regular de revista que antecede o ingresso no presídio, impedindo sua efetiva entrada no estabelecimento. A Corte, ao examinar o caso, estabeleceu relevante distinção quanto à tipicidade das condutas. *Reconheceu-se que a interceptação prévia da droga pelos agentes penitenciários inviabiliza a caracterização do núcleo típico adquirir,* previsto no art. 33 da Lei de Drogas, em relação ao destinatário recolhido ao estabelecimento prisional. Enfatizou-se que *a conduta do custodiado limitou-se à solicitação para que sua companheira realizasse a entrega da substância, não havendo evidências de ameaça ou comprovação de que ele próprio tivesse adquirido os entorpecentes. A Corte Superior estabeleceu que tal comportamento configura, no máximo, ato preparatório,* sendo, portanto, penalmente irrelevante

---

97 STJ: REsp 820.420/SP, rel. Min. Laurita Vaz, 5ª Turma, j. 03.08.2006.
98 STF: HC 71.853/RJ, rel. Min. Maurício Corrêa, 2ª Turma, j. 07.05.1995.
99 HC 212.528/SC, rel. Min. Nefi Cordeiro, 6ª Turma, j. 01.09.2015.

por não alcançar o patamar de execução delitiva em nenhuma das modalidades previstas no tipo penal. Essa orientação jurisprudencial consolida importante diretriz interpretativa: não se configura início do *iter criminis* a mera solicitação de drogas por pessoa em situação de privação de liberdade, **quando não comprovada sua participação efetiva na aquisição da substância**. O entendimento reforça a distinção entre atos preparatórios – impuníveis, como regra – e atos executórios do crime previsto no art. 33 da Lei 11.343/2006, contribuindo para maior segurança jurídica na aplicação da legislação penal.[100]

8) **Vender**: é a alienação (onerosa) mediante contraprestação, que não necessariamente precisa ser dinheiro. Engloba a compra e a troca (ex.: um pacote de cocaína por um telefone celular). Assim como se dá na modalidade adquirir, a consumação da venda ocorre com a pactuação entre o vendedor e adquirente.

9) **Expor à venda**: verifica-se com a exibição da droga para fins de alienação onerosa a terceiros, o que pode ocorrer em local aberto ao público (festa) ou privado (casa, local de trabalho). Trata-se de crime permanente, cuja consumação perdura no tempo, enquanto a droga estiver exposta à venda, autorizando a prisão em flagrante a qualquer tempo, enquanto durar a permanência.

10) **Oferecer**: ocorre com a sugestão para que terceira pessoa aceite a droga, de forma gratuita, ou para que a adquira onerosamente. Ao contrário do que ocorre na exposição à venda, em que o agente aguarda a chegada de eventual comprador, na ação de oferecer o sujeito vai ao encontro do usuário em potencial e lhe faz a proposta.

11) **Ter em depósito**: significa manter em estoque a droga pertencente ao próprio agente – daí o caráter de crime permanente[101] – em determinado local (armazém, galpão etc.), de maneira que seja possível, se necessário, seu deslocamento para outro lugar. Essa mobilidade e a provisoriedade do depósito são características desse núcleo do tipo.

12) **Transportar**: é a ação de levar a droga de um lugar para outro, por intermédio de algum meio de locomoção, sem a possibilidade de uso imediato (exemplo:

---

[100] "1. Segundo o decidido pelas instâncias ordinárias, *a única ação praticada pelo Acusado foi ter solicitado à sua namorada que lhe levasse entorpecentes no presídio em que se encontrava recolhido. Não há* notícia, ainda, de que o Réu a tivesse ameaçado, tampouco *comprovação de que esse tenha adquirido os entorpecentes*. Por outro lado, a entrega da droga não se concretizou. 2. Tão somente a ação do Acusado de solicitar que fossem levadas drogas, cuja propriedade não se conseguiu comprovar, poderia configurar, no máximo, ato preparatório e, portanto, impunível, mas não ato executório do delito, seja na conduta de 'adquirir', a qual se entendeu subsumir a ação, seja nas demais modalidades previstas no tipo. Evidencia-se, portanto, a atipicidade da conduta" (STJ: AgRg no AREsp 2.189.239/MG, rel. Min. Laurita Vaz, 6ª Turma, j. 14.2.2023). *No mesmo sentido*: AgRg no REsp 1.999.604/MG, rel. Min. Ribeiro Dantas, 5ª Turma, j. 20.03.2023; AgRg no AREsp 2.393.946/SP, rel. Min. Antonio Saldanha Palheiro, 6ª Turma, j. 20.02.2024; REsp 1.763.756/MG, rel. Min. Laurita Vaz, 6ª Turma, j. 26.02.2019.

[101] "[...] Paciente que, no momento dos fatos, se encontrava em local considerado ponto de tráfico, tendo ido buscar a droga após a solicitação de compra. A ser verídica a versão dos policiais, o paciente, após o pedido, teria ido buscar a droga em local onde a estava depositando, conduta que incidiria [...] na modalidade 'ter em depósito', como capitulado na denúncia, inexistindo o flagrante preparado porque, a exemplo do entendimento esposado no HC nº 72.824/SP (Min. Moreira Alves), o crime, de caráter permanente, já se teria consumado" (HC 81.970/SP, rel. Min. Gilmar Mendes, 1ª Turma, j. 30.08.2002).

o agente esconde pacotes de maconha na lataria de seu veículo e os transporta para outra localidade).[102]

13) **Trazer consigo**: é a ação de levar a droga de um lugar para outro, porém com a relação de proximidade física entre a droga e o agente (exemplos: droga dentro de uma mochila, nos bolsos do casaco ou dentro do próprio corpo, como ocorre na hipótese da ingestão de cápsulas sintéticas pelas "mulas do tráfico").

14) **Guardar**: trata-se da mera ocultação da droga. Como observa Vicente Greco Filho, "apesar da semelhança entre ações de *ter em depósito* e *guardar*, na medida em que ambas indicam uma retenção física da coisa, é possível interpretá-las diferentemente porque *ter em depósito* expressa um sentido de provisoriedade e mobilidade do depósito, ao passo que *guardar* não sugere essas circunstâncias, compreendendo a ocultação pura e simples, permanente ou precária. Portanto, o ato de guardar é mais genérico, 'mas têm ambos sentido bastante aproximado de modo a ser difícil, às vezes, sua diferenciação."[103] Preferimos, entretanto, outro critério para a diferenciação dos referidos núcleos. Com efeito, para Nelson Hungria,[104] *ter em depósito* significaria a retenção da droga que lhe pertence, enquanto o ato de *guardar* indicaria a retenção da droga pertencente a terceiro. De toda sorte, insta notar que "o crime de tráfico de drogas, na modalidade de guardar ou ter em depósito, constitui crime permanente, configurando-se o flagrante enquanto o entorpecente estiver em poder do infrator, incidindo, portanto, no caso, a excepcionalidade do art. 5º, inciso XI, da Constituição Federal."[105]

15) **Prescrever**: significa indicar o uso, receitar. Trata-se de crime próprio, pois exige uma qualidade especial por parte do sujeito ativo. Ora, a prescrição de drogas não pode ser feita por qualquer pessoa, mas apenas por médicos e dentistas.[106] Vale sublinhar que somente haverá crime se a prescrição da droga ao paciente ocorrer de maneira desautorizada ou em desacordo com determinação legal ou regulamentar (elementos normativos do tipo). A título ilustrativo, será atípica a conduta do médico que prescreve morfina ao paciente com câncer objetivando aliviar-lhe a dor.

16) **Ministrar**: é a introdução ou inoculação da droga no organismo de outrem. Diversamente da ação de prescrever, o ato de ministrar pode ser levado a efeito por qualquer pessoa. Exemplo: O médico prescreve uma droga a terceira pessoa, que pode ser ministrada por enfermeira, cuidador ou parente.

---

[102] FREITAS JUNIOR, Roberto Mendes de. *Drogas*: comentários à Lei nº 11.343, de 23.08.2006. São Paulo: Juarez de Oliveira, 2006. p. 53.

[103] GRECO FILHO, Vicente. *Tóxicos*: prevenção – repressão. 10. ed. São Paulo: Saraiva, 1995. p. 89.

[104] *Apud* GONÇALVES, Victor Eduardo Rios; BALTAZAR JUNIOR, José Paulo. *Legislação penal especial*. São Paulo: Saraiva, 2015. p. 86.

[105] STJ: HC 324.844/SP, rel. Min. Ribeiro Dantas, 5ª Turma, j. 28.06.2016.

[106] Conforme já entendeu o STJ, "a imputação de prática vedada e reiterada de prescrição de associação medicamentosa, que atua no sistema nervoso central, causando dependência química, colocando o paciente sob risco de desenvolver problemas hepáticos e renais, de pressão arterial, taquicardia, ansiedade e agitação, indica, a princípio, o contido no art. 12 da Lei 6.368/76 [atual art. 33 da LD]" (RHC 26.915/SC, rel. Min. Maria Thereza de Assis Moura, 6ª Turma, j. 13.06.2011).

44 | LEI DE DROGAS: Aspectos Penais e Processuais – *Cleber Masson* • *Vinícius Marçal*

17) **Entregar a consumo**: é um ***núcleo de encerramento do tipo***, porquanto visa abarcar as condutas eventualmente não enquadráveis nos demais verbos típicos. A entrega para o consumo pressupõe a tradição da droga a terceira pessoa de forma esporádica, isolada.

18) **Fornecer**: da mesma forma que o ato de entregar para consumo, pressupõe a tradição da droga a terceiro. Entretanto, o núcleo fornecer indica uma tradição continuada, ou seja, subsistente durante determinado lapso temporal. O tipo penal, nessa modalidade, difere-se do crime contido no art. 33, § 3º, em razão de elementos especializantes presentes apenas no último, quais sejam: oferecimento eventual; sem objetivo de lucro; a pessoa de seu relacionamento; para consumo conjunto.

Como deixa claro o *caput* do art. 33 da Lei de Drogas, a traficância pode ocorrer **ainda que gratuitamente,** mas desde que a conduta seja praticada **sem autorização ou em desacordo com determinação legal ou regulamentar** (elementos normativos do tipo). Como se sabe, o tráfico de drogas é crime de ação múltipla, e não exige a prática de atos de mercancia para a sua configuração, bastando a realização de alguma das condutas previstas no tipo penal.[107] Com efeito, a conduta de vender materializa apenas uma das dezoito figuras típicas.

2.6. Sujeito ativo

Com **exceção** do núcleo ***prescrever*** – que configura crime próprio ou especial, pois somente pode ser praticado pelo médico ou pelo dentista[108] –, os demais verbos contidos no art. 33, *caput*, da Lei 11.343/2006 podem ser cometidos por qualquer pessoa (crime comum ou geral).

Se a prescrição de alguma substância classificada como droga ocorrer por parte de quem, por exemplo, exerce ilegalmente a medicina, haverá concurso formal entre o art. 33, *caput*, da Lei de Drogas e o art. 282 do Código Penal. Nesse sentido:

> "Não existe a vinculação necessária, que se pretende estabelecer, da prática do crime previsto no art. 282 do Código Penal com o crime de tráfico de drogas. De fato, não se exige para a configuração do crime de exercício ilegal da medicina que o agente prescreva substância tida pela legislação como droga para os fins da Lei nº 11.343/2006. O vulgar exercício da medicina por parte daquele que não possui autorização legal

---

[107] "A legislação penal brasileira não faz qualquer distinção, para efeito de configuração típica do delito de tráfico de entorpecentes, entre o comportamento daquele que fornece gratuitamente e a conduta do que, em caráter profissional, comercializa a substância tóxica. A cessão gratuita de substância *canabica* ('maconha') equivale, juridicamente, ao fornecimento oneroso de substância tóxica, pelo que ambos os comportamentos realizam, no plano da tipicidade penal, a figura delituosa do tráfico de entorpecentes" (STF: HC 69.806/GO, rel. Min. Celso de Mello, 1ª Turma, j. 04.06.1993). E ainda: STJ: AgRg no AREsp 1580132/SP, rel. Min. Rogerio Schietti, 6ª Turma, j. 19.05.2020.

[108] Há quem entenda que, além do núcleo *prescrever*, o ministrar também configuraria crime próprio. Nesse sentido: ROQUE, Fábio; TÁVORA, Nestor; ALENCAR, Rosmar Rodrigues. *Legislação criminal para concursos.* Salvador: JusPodivm, 2016. p. 530. Conosco, entendendo que a ação de ministrar não encerra crime próprio: LIMA, Renato Brasileiro de. *Legislação criminal especial comentada*: volume único. 4. ed. Salvador: JusPodivm, 2016. p. 739.

para tanto é suficiente para a delimitação do tipo em destaque. Se o agente ao exercer irregularmente a medicina ainda prescreve droga, resta configurado, em tese, conforme já reconhecido por esta Corte em outra oportunidade (HC 9.126/GO, 6ª Turma, Rel. Min. Hamilton Carvalhido, *DJ* de 13/08/2001), o concurso formal entre o art. 282 do Código Penal e o art. 33, *caput*, da Lei nº 11.343/2006."[109]

2.7. Sujeito passivo

É a coletividade (crime vago), pois o bem jurídico tutelado é a saúde pública. Com visão isolada, Paulo Queiroz considera que "o tráfico é, a rigor, um crime sem vítima, porque cabe ao indivíduo (capaz), senhor que é de sua própria saúde, decidir sobre o que consumir ou não consumir."[110]

2.8. Elemento subjetivo

É o dolo, independentemente de qualquer finalidade específica. Pode ser direto ou eventual, "como no caso de 'cigarreiros' que assumem o risco de transportar mercadoria que, possivelmente, é droga."[111]

Não se admite a modalidade culposa, salvo nos núcleos **prescrever** e **ministrar**. Nesses casos, entretanto, não há falar em tráfico de drogas. Entra em cena o art. 38 da Lei 11.343/2006, o qual, além de punir o agente com detenção e multa, impõe ao juiz o dever de comunicar a condenação ao Conselho Federal da categoria profissional a que pertença o agente (art. 38, parágrafo único).

2.9. Consumação e temas correlatos (buscas pessoais, buscas domiciliares sem mandado, justa causa e consentimento do morador)

O tráfico de drogas pode ser classificado como *crime instantâneo* (importar, exportar, remeter, preparar, produzir, fabricar, adquirir, vender, oferecer, prescrever, ministrar e entregar a consumo), nas hipóteses em que sua consumação ocorre em um momento determinado, sem continuidade no tempo; ou como *delito permanente* (expor à venda, ter em depósito, transportar, trazer consigo e guardar), quando a consumação vier a se prolongar no tempo pela vontade do agente.

Importantes consequências advêm da identificação de alguns núcleos típicos do narcotráfico como *crime permanente*, a saber: (a) a prescrição da pretensão punitiva tem como termo inicial a data em que cessar a permanência (CP, art. 111, inc. III); (b) torna-se possível a prisão em flagrante a qualquer tempo, enquanto subsistir o estado de permanência (CPP, art. 303); (c) tem-se por dispensável o mandado de busca e apreensão para o ingresso na residência do agente que, por exemplo, guarda droga em seu interior. Isso se dá porque, conquanto tenha a Constituição da República (art. 5º, XI) estabelecido a máxima

---

[109] STJ: HC 139.667/RJ, rel. Min. Felix Fischer, 5ª Turma, j. 17.12.2009.

[110] QUEIROZ, Paulo. *A propósito do bem jurídico protegido no tráfico de droga e afins.* Disponível em: http://www.pauloqueiroz.net/a-proposito-do-bem-juridico-protegido-no-trafico-de-droga-e-afins/. Acesso em: 07.07.2016.

[111] BALTAZAR JUNIOR, José Paulo. *Crimes federais.* 9. ed. São Paulo: Saraiva, 2014. iBooks, Cap. 30, subitem 6.3.1.

fundamental de que a morada de alguém é seu *asilo inviolável*, o mesmo documento previu as respectivas *exceções*, quais sejam: (i) flagrante delito; (ii) consentimento do morador; (iii) caso de desastre; (iv) prestação de socorro; e (v) ordem judicial (durante o dia).

Nesse particular, afora as hipóteses de desastre, prestação de socorro, consentimento do morador ou permissão judicial, para que o ingresso forçado de policiais na residência de outrem seja legítimo, faz-se imprescindível a presença de um **lastro probatório mínimo** da existência de crime ocorrendo em suas entranhas.

Em outras palavras, a invasão domiciliar sem **causa provável** é ilegítima, ainda que produtiva. Mas a justa causa "não exige a certeza da ocorrência de delito, mas, sim, fundadas razões a respeito."[112] E mais: a existência de fundadas razões não pode ser confundida com "diligência investigatória prévia", exigência por vezes reclamada no âmbito do STJ, mas que vem sendo decotada amiúde pelo STF.[113]

O argumento de que a polícia teve "sorte" e encontrou a droga – que sem justa causa julgou estar guardada na residência do indivíduo – é inválido. Mais ainda, como destaca Afrânio Silva Jardim, "é perigoso, porque assim a polícia irá se sentir 'estimulada' a sempre 'encontrar' a droga, para legitimar sua conduta. Vamos estimular flagrantes forjados???".[114] Dessarte, tanto pode ser válido o ingresso domiciliar que não resulta em apreensão de material ilícito, como pode ser inválida a invasão residencial que redunda na apreensão de drogas. Não é a "sorte" ou o "azar" da diligência que torna lícita ou ilícita a busca residencial; o que faz lícita ou ilícita a medida é, respectivamente, a presença ou a ausência de **justa causa prévia**, pouco importando se houve ou não apreensão de materiais proibidos.[115]

---

[112] STF: AgRg no RE 1.447.032/CE, rel. p/ acórdão Min. Alexandre de Moraes, 1ª Turma, j. 12.09.2023.

[113] "Na presente hipótese, o Tribunal da Cidadania extrapolou sua competência jurisdicional, pois sua decisão, não só desrespeitou os requisitos constitucionais previstos no inciso XI, do artigo 5º da Constituição Federal, restringindo as exceções à inviolabilidade domiciliar, como também, **inovando em matéria constitucional, criou uma nova exigência – diligência investigatória prévia –** para a plena efetividade dessa garantia individual, desrespeitando o decidido por essa Suprema Corte no Tema 280 de Repercussão Geral. Em que pese a boa vontade em defesa dos direitos e garantias fundamentais, **o Superior Tribunal de Justiça inovou** no exercício de sua função jurisdicional, **acrescentando ao inciso XI, do artigo 5º da Constituição Federal um requisito não previsto pelo legislador constituinte originário.** [...] Ao impor uma específica e determinada obrigação à Administração Pública, não prevista no inciso XI do artigo 5º da Constituição Federal, o Superior Tribunal de Justiça não observou os preceitos básicos definidos no artigo 2º do Texto Maior [...]. Incabível, portanto, ao Poder Judiciário determinar ao Poder Executivo a imposição de providências administrativas como medida obrigatória para os casos de busca domiciliar, sob o argumento de serem necessárias para evitar eventuais abusos, além de suspeitas e dúvidas sobre a legalidade da diligência, *em que pese inexistir tais requisitos no inciso XI, do artigo 5º da Constituição Federal, nem tampouco no Tema 280 de Repercussão Geral julgado por essa Suprema Corte"* (STF: RE 1.447.374/MS, rel. Min. Alexandre de Moraes, j. 30.08.2023. E ainda: AgRg no RE 1.447.289/RS, rel. Min. Alexandre de Moraes, 1ª Turma, j. 02.10.2023; e AgRg no RE 1.447.032/CE, rel. p/ acórdão Min. Alexandre de Moraes, 1ª Turma, j. 12.09.2023).

[114] JARDIM, Afrânio Silva; AMORIM, Pierre Souto Maior de. *Direito processual penal*: estudos e pareceres. 12. ed. Rio de Janeiro: Lumen Juris, 2013. p. 546.

[115] "Não se há de admitir, portanto, que a mera constatação de situação de flagrância, posterior ao ingresso, justifique a medida. Ora, se o próprio juiz (um terceiro, neutro e desinteressado) só pode determinar a busca e apreensão durante o dia e, mesmo assim, mediante decisão devidamente fundamentada, após prévia análise dos requisitos autorizadores da medida, não seria razoável conferir a um servidor da segurança pública total discricionariedade para, a partir de avaliação subjetiva e

A legitimidade da atuação policial, portanto, deve ser aferida no momento anterior, quando da entrada na residência. Assim, repise-se, tanto pode ser "legítima a penetração da polícia em uma residência, diante da certeza de que ali se pratica um crime, mas, ao final, o flagrante restar frustrado",[116] quanto pode ser ilegítima, ao contrário, a atuação que, sem evidência da existência do crime por ocasião da entrada na casa, tenha êxito em encontrar entorpecentes. Ou seja, "não será a constatação de situação de flagrância, posterior ao ingresso, que justificará a medida. Os agentes estatais devem demonstrar que havia elementos mínimos a caracterizar fundadas razões (justa causa) para a medida".[117]

Nessa quadra, no *paradigmático julgamento* do RE 603.616/RO, o STF entendeu necessária a preservação da inviolabilidade domiciliar (CR/88, art. 5º, XI) contra ingerências despóticas no domicílio alheio (Pacto de São José da Costa Rica, art. 11, 2, e Pacto Internacional sobre Direitos Civis e Políticos, art. 17, 1), o que só pode ruir diante de **justificativa prévia** conforme o direito, sob pena de invalidade. Noutros termos, a entrada forçada em domicílio só se legitima quando escorada em **fundadas razões**, anteriores ao ingresso, mas **devidamente justificadas *a posteriori***, "que indiquem que dentro da casa ocorre situação de flagrante delito, sob pena de responsabilidade disciplinar, civil e penal do agente ou da autoridade e de nulidade dos atos praticados."[118]

O ponto reclama uma explicação adicional: as *fundadas razões* para a violação domiciliar *devem existir previamente*, antes da invasão, o que será *justificado depois, a posteriori*, quando da formalização do ato policial, para que possam ser efetivamente realizados os controles ministerial (CR/88, 129, VII) e judicial acerca da ação desenvolvida pelo aparato de segurança. No particular, calha observar que:

> "O controle judicial da investigação criminal serve para compatibilizar os direitos de liberdade com os interesses da segurança pública. **Esse controle pode ser *a priori*** – antes da adoção da medida que afeta direitos fundamentais – **ou *a posteriori*** – após a adoção da medida. No controle prévio, a adoção da medida deve ser precedida da expedição de uma ordem judicial. [...] No controle *a posteriori*, a legislação permite aos agentes da administração desde logo atuar, realizando a medida invasiva. Apenas depois de sua concretização, o terceiro imparcial verifica se os agentes da administração agiram de acordo com o direito, analisando se estavam presentes os pressupostos da medida e se sua execução foi conforme o direito. [...] **É o que ocorre no caso da prisão em flagrante** – art. 5º, LXI, da CF. Trata-se de exceção à exigência de prévia ordem escrita da autoridade judiciária para a prisão, fundada na urgência em fazer cessar a prática de crime e na evidência de sua autoria. No entanto, é indispensável o

---

intuitiva, entrar de maneira forçada na residência de alguém para verificar se nela há ou não alguma substância entorpecente" (STJ: HC 598.051/SP, excertos do voto do Min. Rogerio Schietti Cruz, 6ª Turma, j. 02.03.2021).

[116] JARDIM, Afrânio Silva; AMORIM, Pierre Souto Maior de. *Direito processual penal*: estudos e pareceres. 12. ed. Rio de Janeiro: Lumen Juris, 2013. p. 546.

[117] STF: RE 603.616/RO, rel. Min. Gilmar Mendes, Plenário, j. 05.11.2015.

[118] STF: RE 603.616/RO, rel. Min. Gilmar Mendes, Plenário, j. 05.11.2015. Esse julgamento redundou na fixação da seguinte **tese**: "A entrada forçada em domicílio sem mandado judicial só é lícita, mesmo em período noturno, quando amparada em *fundadas razões*, devidamente justificadas *a posteriori*, que indiquem que dentro da casa ocorre situação de flagrante delito, sob pena de responsabilidade disciplinar, civil e penal do agente ou da autoridade, e de nulidade dos atos praticados" (**Tema 280**).

controle da medida *a posteriori*, mediante imediata comunicação ao juiz, que analisa a legalidade da prisão em flagrante – art. 5º, LXII, da CF. [...] **Nas hipóteses em que a Constituição dispensa o controle judicial prévio, resta o controle** *a posteriori* **[...], exigindo dos policiais a demonstração de que a medida foi adotada mediante justa causa**. Ou seja, que havia elementos para caracterizar a suspeita de que uma situação que autoriza o ingresso forçado em domicílio estava presente. O modelo probatório é o mesmo da busca e apreensão domiciliar – *fundadas razões*, art. 240, § 1º, do CPP."[119]

Ademais, as fundadas razões devem amparar-se em **elementos objetivos,** e não em apreciações meramente subjetivas. Portanto, evitando-se a indigesta *seletividade do direito penal,*[120] a atividade policial deve dirigir sua atividade para a repressão de atos indicativos da prática delitiva, e não para pessoas escolhidas, exclusivamente, por seu estereótipo.

O STJ comunga desse entendimento e considera que a inviolabilidade domiciliar é uma das expressões do direito à intimidade do indivíduo, o qual, na companhia de seu grupo familiar, espera ter o seu espaço de intimidade preservado contra devassas indiscriminadas e arbitrárias, perpetradas sem os cuidados e os limites que a excepcionalidade da ressalva a tal franquia constitucional exigem.[121]

Isso não quer dizer, impende ressaltar, que a **existência de dúvida** sobre a ocorrência do delito impeça peremptoriamente a entrada pelos policiais na casa do suspeito. Em verdade,

> **"não é necessária a certeza em relação à ocorrência da prática delitiva** para se admitir a entrada em domicílio, bastando que, em compasso com as provas produzidas, seja demonstrada a justa causa na adoção da medida, ante a existência de elementos concretos que apontem para o caso de flagrante delito."[122]

Destarte, de acordo com o constitucionalista Samuel Sales Fonteles, tem-se que, após o *leading case* (STF, RE 603.616/RO),

> **"na dúvida, os policiais poderão ingressar no domicílio, validamente,** mesmo diante de um risco remoto de estarem equivocados quanto à aparente situação criminosa, desde que haja fundadas suspeitas, declinadas justificadamente por escrito em um auto circunstanciado, após a realização da diligência."[123]

Sob outro aspecto, insta salientar que o STJ, no julgamento do HC 598.051/SP, foi além e decidiu que apenas quando o contexto fático anterior à invasão permitir a conclusão

---

[119] STF: RE 603.616/RO, rel. Min. Gilmar Mendes, Plenário, j. 05.11.2015.

[120] "Quem deverá ser punido? A resposta a essa indagação deveria ser simples, ou seja, todos aqueles que descumprem a lei penal, afrontando a autoridade do Estado/Administração. Contudo, sabemos que isso não acontece. *O Direito Penal tem cheiro, cor, raça, classe social; enfim, há um grupo de escolhidos, sobre os quais haverá a manifestação da força do Estado*" (GRECO, Rogério. Direito penal do equilíbrio. 6. ed. Niterói: Impetus, 2011, p. 155).

[121] REsp 1.574.681/RS, rel. Min. Rogerio Schietti Cruz, 6ª Turma, j. 20.04.2017.

[122] STJ: HC 697.262/SP, rel. Min. Olindo Menezes (Des. convocado do TRF 1ª Região), 6ª Turma, j. 07.12.2021.

[123] FONTELES, Samuel Sales. *Direitos fundamentais*. 4. ed. Salvador: JusPodivm, 2021, p. 206.

acerca da ocorrência de crime no interior da residência, cuja **urgência**[124] em sua cessação demande ação imediata, é que se mostra possível sacrificar o direito à inviolabilidade do domicílio.

Assim, de acordo com o decidido pelo STJ, em casos de narcotráfico, nem sempre uma hipótese de crime permanente (*v.g.*, ter em depósito) legitimará a busca domiciliar desautorizada. Somente o flagrante que traduza **verdadeira urgência** permite o ingresso em domicílio alheio, sobretudo em face da perspectiva de que, no intervalo de tempo para a obtenção da ordem, ocorra a destruição ou a ocultação do próprio corpo de delito. Por isso, como regra, deve-se alcançar uma autorização judicial para que seja levada a efeito uma busca domiciliar.[125]

Sem embargo do bom propósito desse raciocínio, é curial observar que o requisito da "verdadeira urgência" parece ser uma **inovação do STJ**, uma vez que a Constituição da República (art. 5º, XI) e o Código de Processo Penal (arts. 302, I, c.c. 303) não o reclamaram para autorizar a prisão flagrancial daquele que está a cometer uma infração penal no recinto de sua casa.

A fundada razão da prática delitiva no interior da residência, portanto, é o quanto basta para a violação domiciliar, ainda que sem autorização (do morador ou judicial). Não se afigura salutar exigir-se uma *urgência especial* para a autuação em flagrante daquele que está a cometer algum delito no âmago de sua casa.[126] Ora, se a infração penal está sendo cometida, há situação de flagrante e a autoridade tem o **dever de agir** (CPP, arts, 301; 302, I; e 303). Em casos assim, "**presume-se urgência no ingresso na casa**"[127] e, consoante a orientação do Supremo, "**essa urgência é presumida independentemente de o crime envolver violência ou grave ameaça à pessoa**".[128] Aliás, em sua etimologia, a palavra flagrante já indica aquilo que é "ardente" e "abrasador" e que, portanto, urge.

No mais, é pertinente lançar luzes sobre "o perigo de confundir a 'interpretação constitucional' e mesmo o 'ativismo judicial' com a **inventividade** ou **excentricidade judicial**",[129] tal como

> "[...] já fora alertado por John Locke, em sua grandiosa obra *Dois tratados sobre o governo civil*, quando afirmou que:

---

[124] "Somente o flagrante delito que traduza *verdadeira urgência* legitima o ingresso em domicílio alheio, como se infere da própria Lei de Drogas (L. 11.343/2006, art. 53, II) e da Lei 12.850/2013 (art. 8º), que autorizam o retardamento da atuação policial na investigação dos crimes de tráfico de entorpecentes, a denotar que *nem sempre o caráter permanente do crime impõe sua interrupção imediata a fim de proteger bem jurídico e evitar danos*" (STJ: HC 598.051/SP, rel. Min. Rogerio Schietti Cruz, 6ª Turma, j. 02.03.2021).

[125] STJ: HC 616.584/RS, rel. Min. Ribeiro Dantas, 5ª Turma, j. 30.03.2021.

[126] Em sentido contrário: "É oportuno registrar que, no direito estadunidense [...], bem como no direito argentino e no direito português, é exatamente a urgência o fundamento para a dispensa do mandado prévio para buscas e prisões" (WANDERLEY, Gisela Aguiar. *Liberdade e suspeição no Estado de Direito: o poder policial de abordar e revistar e o controle judicial de validade da busca pessoal*. Dissertação apresentada ao Programa de Pós-Graduação em Direito da Faculdade de Direito da Universidade de Brasília. Brasília: 2017).

[127] STF: RE 603.616/RO, rel. Min. Gilmar Mendes, Plenário, j. 05.11.2015.

[128] STF: RE 603.616/RO, rel. Min. Gilmar Mendes, Plenário, j. 05.11.2015.

[129] STF: RE 1.447.374/MS, rel. Min. Alexandre de Moraes, j. 30.08.2023.

'quem coloca sua própria vontade no lugar das leis, que são a vontade da sociedade expressa pelo legislativo, acaba por alterar o legislativo, e todo aquele que introduzir novas leis sem ter sido autorizado pela escolha fundamental da sociedade e dessa maneira, ou subverte as antigas, renega e derruba o poder pelo qual foram elaboradas e, desse modo, estabelece um novo Legislativo' (São Paulo: Martins Fontes, 1988, p. 574-575)'.

[...] A interpretação judicial, inclusive construtiva, deve estar lastreada na Constituição, pois não há e não pode existir, como lembra Roscoe Pound, poder sem limites, uma vez que,

'a democracia não permite que seus agentes disponham de poder absoluto e sejam, como os imperadores romanos orientais, isentos das leis. [...] (*Liberdade e garantias constitucionais*. São Paulo: Ibrasa, 1976, p. 83)'.

[...] como destacado pelo antigo juiz decano da Câmara dos Lordes Lord Bingham, de Cornhill, em novembro de 2006,

'**inovação excessiva e aventuras judiciais devem ser evitadas**. Sem negar o valor ou a legitimidade do desenvolvimento judicial do direito, levado a extremos, **tal criatividade judicial pode ela mesma destruir o estado de direito**.' (Gary Slapper, David Kelly. *O sistema jurídico inglês*. Rio de Janeiro: Forense, 2011, p. 24)."[130]

Dessarte, antes do ingresso domiciliar forçado, deve a polícia se certificar da existência de um **lastro probatório mínimo (fundadas razões)** de delito ocorrendo em seu âmbito. É isso que legitimará a diligência. Mas note-se: conquanto não seja de rigor uma "diligência investigatória prévia", é inegável que robustece a legitimidade da atuação policial a coleta de informações (*v.g.*, oitivas, relatórios de diligências, fotografias, filmes, campanas que revelem o fluxo anormal de pessoas etc.) que deem sustentação às notícias de que em determinado domicílio está ocorrendo um crime relacionado à narcotraficância.

2.9.1. Hipóteses legitimadoras da devassa domiciliar

As autorizações judiciais para buscas domiciliares minimizam situações que possam comprometer a licitude da prova e gerar a "nulidade – amiúde irreversível – de todo o processo, até mesmo transitado em julgado, com evidente prejuízo não apenas ao Poder Judiciário, mas, especialmente, à sociedade".[131]

Sempre que for possível, é salutar que a devassa domiciliar seja precedida de autorização judicial – meio ordinário e seguro para o afastamento do direito à inviolabilidade da morada –, permitindo-se ao Judiciário a aferição acerca das fundadas razões de que a casa alvo da medida vem sendo utilizada como salvaguarda de práticas ilícitas. Por isso, "as suspeitas, fundadas em relatos declarados ou ocultos, devem ser submetidas a prévia autorização judicial",[132] mas vale dizer que, "mesmo nos casos em que há autorização

---

[130]   STF: RE 1.447.374/MS, rel. Min. Alexandre de Moraes, j. 30.08.2023.

[131]   STJ: HC 598.051/SP, rel. Min. Rogerio Schietti Cruz, 6ª Turma, j. 02.03.2021.

[132]   BOTTINI, Pierpaolo Cruz; DELLOSSO, Ana Fernanda. *O consentimento e a situação de flagrante delito nas buscas domiciliares*. Disponível em: <https://www.ibccrim.org.br/noticias/exibir/6105/>. Acesso em 04.01.2024.

judicial, é ilegal a **busca domiciliar excessiva**, como o STF já assinalou (HC 95.009/SP, rel. Min. Eros Grau, *DJe* 19.12.2008)".[133]

Nas situações em que não houver mandado judicial, o ingresso forçado no domicílio alheio somente se justificará diante (a) de um caso de desastre; (b) da intervenção para a prestação de socorro; (c) da verificação de uma justa causa (fundadas razões, causa provável) prévia à invasão; ou, ainda, (d) do consentimento ofertado pelo morador (titular do direito à inviolabilidade residencial), o qual deve ser: (d.1) prestado por pessoa capaz, maior de idade e no exercício de seus direitos; (d.2) consciente "das circunstâncias e consequências da realização da busca", além de "real e livre, despido de vícios como o erro, violência ou intimidação";[134] (d.3) expresso, não servindo o silêncio como consentimento tácito; e (d.4) documentado.

Precisamente no que importa ao consentimento, não há mais de se tolerar cegamente a usual afirmação de que o morador permitiu livremente o ingresso dos policiais em sua casa para a realização de buscas, máxime quando a diligência não é acompanhada de nenhuma preocupação em documentar e tornar imune a dúvidas a voluntariedade da permissão.[135]

Diante desse entendimento, o Supremo Tribunal Federal reconheceu a manifesta ilegalidade de busca domiciliar que resultou na apreensão de drogas, fundamentando-se na ausência tanto de razões concretas para a medida quanto de consentimento válido do morador. Em juízo, o morador afirmou que os policiais haviam arrombado o portão e invadido sua residência sem autorização. Apesar de os agentes sustentarem a obtenção do consentimento para ingresso no domicílio, o Tribunal acolheu a versão do morador, declarando a nulidade do ato. Conforme assentado no julgamento: "Testemunhos de que os policiais teriam arrombado o portão para adentrar o imóvel devem prevalecer sobre a versão destes últimos de que teriam recebido autorização da moradora. Nulidade do ato."[136]

O consentimento, portanto, deve ser documentado, a fim de que se evitem abusos pelas forças policiais.[137] E **compete ao Estado o ônus de provar** que o consentimento do

---

[133] BOTTINI, Pierpaolo Cruz; DELLOSSO, Ana Fernanda. *O consentimento e a situação de flagrante delito nas buscas domiciliares.* Disponível em: <https://www.ibccrim.org.br/noticias/exibir/6105/>. Acesso em 04.01.2024. Na doutrina, afirma-se que: "Se há notícia anônima de comércio de drogas ilícitas numa determinada casa, a polícia deve, antes de representar pela expedição de mandado de busca e apreensão, proceder a diligências veladas no intuito de reunir e documentar outras evidências que confirmem, indiciariamente, a notícia. Se confirmadas, com base nesses novos elementos de informação o juiz deferirá o pedido; se não confirmadas, não será possível violar o domicílio, sendo a expedição do mandado desautorizada pela ausência de justa causa. **O mandado expedido exclusivamente com apoio em denúncia anônima será abusivo**" (MORAES, Rodrigo Iennaco de. Da validade do procedimento de persecução criminal deflagrado por denúncia anônima no estado democrático de direito. *Revista Brasileira de Ciências Criminais*, n. 62, set./out. 2006. p. 250-251).

[134] BOTTINI, Pierpaolo Cruz; DELLOSSO, Ana Fernanda. *O consentimento e a situação de flagrante delito nas buscas domiciliares.* Disponível em: <https://www.ibccrim.org.br/noticias/exibir/6105/>. Acesso em 04.01.2024.

[135] Nesse sentido: STJ: REsp 1.574.681/RS, rel. Min. Rogerio Schietti Cruz, 6ª Turma, j. 20.04.2017.

[136] HC 196.935 AgR/SP, rel. Min. Nunes Marques, rel. p/ acórdão: Min. Gilmar Mendes, 2ª Turma, j. 25.4.2023.

[137] "Infelizmente, no Brasil e em outros lugares, em que o miúdo desconhece os próprios direitos, o abuso policial surge manifesto. A polícia invade casas e o morador, temeroso, tímido, não lhe coarcta o passo" (PITOMBO, Cleunice A. Valentim Bastos. *Da busca e apreensão no processo penal.* 2. ed. São Paulo: RT, 2005, p. 133).

morador foi dado de maneira livre e voluntariamente, sem nenhuma forma de coação, direta ou indireta. A ausência de espontaneidade na concessão da permissão pelo morador, para que sua casa seja alvo de buscas por policiais, faz da diligência algo ilícito, sem valor probatório.[138] Por isso, "de nada valerá uma declaração de consentimento assinada se as circunstâncias indicarem que ela foi obtida de forma coercitiva ou houver dúvidas sobre a voluntariedade do consentimento."[139]

Dito isso, fica claro que **o consentimento não se presume**. Havendo dúvida, "melhor entender que inexistiu o consentimento."[140] Destarte, "quando um promotor se apoia no consentimento para justificar a legalidade de uma busca, ele tem o ônus de provar que o consentimento foi, de fato, dado livre e voluntariamente."[141]

Como anota Afrânio Silva Jardim,[142] "acreditar que 'marginais' permitam livremente a entrada dos policiais nas residências onde se escondem é ser ingênuo ou mesmo cínico". Somente "se estivéssemos vivendo em um conto de fadas" poderíamos dar credibilidade a essa inverossímil versão, apresentada amiúde nos foros criminais. Eis o porquê de o consentimento não ser presumido. Não por outro motivo, em seu voto proferido no afamado HC 598.051/SP, o Min. Schietti consignou que:

> "Chega a ser, para dizer o mínimo, *ingenuidade* acreditar que uma pessoa abordada por dois ou três policiais militares, armados, nem sempre cordatos na abordagem, livremente concorde, sobretudo de noite ou de madrugada, em franquear àqueles a sua residência, ciente, pelo senso comum, do que implica tal situação para a intimidade de um lar. [...] Nesse quadro, *soa inverossímil a versão policial*, ao narrar que o paciente teria mostrado onde residia – mesmo nada sendo encontrado em seu poder – e que teria franqueado a entrada em seu domicílio. Ora, *um mínimo de vivência e bom senso sugerem a falta de credibilidade de tal versão*. Será mesmo que uma pessoa sobre quem recai a suspeita de traficar drogas irá franquear a entrada na residência, onde está a droga escondida? A troco de que faria isso? Se de um lado se deve, como regra, presumir a veracidade

---

[138] "Do contexto fático delineado pelas instâncias ordinárias, infere-se que não houve nenhuma espontaneidade no dito consentimento da mãe do acusado para que os policiais ingressassem na residência. De fato, não foi comprovada a voluntariedade da mãe do acusado tal como narrado no acórdão, ônus probatório esse de incumbência do Estado" (STJ: AgRg no HC 686.153/SP, rel. Min. Antonio Saldanha Palheiro, 6ª Turma, j. 09.11.2021). Igualmente: "4. Pertence ao Estado o ônus de provar o consentimento do morador quanto à busca domiciliar realizada. Na espécie, não foram juntados aos autos nenhum dos elementos que atestem a dinâmica relatada, como relatos testemunhais, documentos escritos ou em vídeo. 5. *Mutatis mutandis*, vale registrar que 'a suposta permissão para ingresso domiciliar, proferida em clima de estresse policial, não pode ser considerada espontânea, a menos que tivesse sido por escrito e testemunhada, ou documentada em vídeo. [...]'. 6. Ordem concedida para reconhecer a ilicitude das provas colhidas por meio da busca domiciliar e absolver a paciente" (STJ: HC 839.535/MG, rel. Min. Jesuíno Rissato (Des. convocado do TJDFT), 6ª Turma, j. 19.09.2023).

[139] Fragmento do voto proferido pelo Min. Rogerio Schietti Cruz no HC 598.051/SP (6ª Turma do STJ, j. 02.03.2021).

[140] PITOMBO, Cleunice A. Valentim Bastos. *Da busca e apreensão no processo penal*. 2. ed. São Paulo: RT, 2005, p. 118.

[141] Excertos do voto proferido pelo Min. Rogerio Schietti Cruz no HC 598.051/SP (6ª Turma do STJ, j. 02.03.2021).

[142] JARDIM, Afrânio Silva; AMORIM, Pierre Souto Maior de. *Direito processual penal*: estudos e pareceres. 14. ed. Rio de Janeiro: Lumen Juris, 2016. p. 712.

das declarações de qualquer servidor público, não se há de ignorar, por outro lado, que *o senso comum e as regras de experiência merecem ser consideradas* quando tudo indica não ser crível a versão oficial apresentada, máxime quando interfere em direitos fundamentais do indivíduo e quando se nota um indisfarçável desejo de se criar uma narrativa amparadora de uma versão que confira plena legalidade à ação estatal."

Essas diretrizes sobre o consentimento do morador para as buscas foram trilhadas por ambas as Turmas Criminais do Superior Tribunal de Justiça, para as quais "o ônus da comprovação do livre consentimento do morador é do Estado".[143] Veja-se:

"Na falta de comprovação de que o consentimento do morador foi voluntário e livre de qualquer coação e intimidação, impõe-se o reconhecimento da ilegalidade na busca domiciliar e consequentemente de toda a prova dela decorrente (*fruits of the poisonous tree*)."[144]

"O consentimento do morador, para validar o ingresso de agentes estatais em sua casa e a busca e apreensão de objetos relacionados ao crime, precisa ser voluntário e livre de qualquer tipo de constrangimento ou coação; [...] A prova da legalidade e da voluntariedade do consentimento para o ingresso na residência do suspeito incumbe, em caso de dúvida, ao Estado, e deve ser feita com declaração assinada pela pessoa que autorizou o ingresso domiciliar, indicando-se, sempre que possível, testemunhas do ato."[145]

Conquanto a legislação não seja clara sobre a exigência de documentação do consentimento, vale dizer que até mesmo para que uma pessoa presa seja algemada, numa situação flagrancial, exige-se a indicação, por escrito, da justificativa para o uso da referida medida constritiva (súmula vinculante 11). Com mais razão, para que seja devassada a intimidade dos moradores de uma residência, a permissão eventualmente ofertada deve também ser reduzida a termo, por aplicação analógica do quanto disposto no art. 245, § 7º, do CPP, consoante o qual, finda a busca domiciliar, os executores da medida lavrarão um *auto circunstanciado* sobre a diligência.

De se notar, por oportuno, que a documentação do consentimento pode se dar pela lavratura de auto próprio devidamente assinado pelo morador e por testemunhas; por vídeo; e, em último caso, até mesmo pela livre declaração do autuado, em seu interrogatório no auto de prisão em flagrante, corroborando a versão apresentada pelos policiais. Afigura-se, pois, desarrazoada a exigência, por vezes preconizada pelo STJ, de que a

---

[143] STJ: AgRg no HC 856.667/RJ, rel. Min. Ribeiro Dantas, 5ª Turma, j. 27.11.2023.

[144] STJ: HC 616.584/RS, rel. Min. Ribeiro Dantas, 5ª Turma, j. 30.03.2021.

[145] STJ: HC 762.932/SP, rel. Min. Rogerio Schietti Cruz, 6ª Turma, j. 22.11.2022. Igualmente: "Embora conste dos autos que os policias, após informações indicando a prática de tráfico de drogas em uma mercearia, se dirigiram ao local e avistaram o paciente, que teria demonstrado nervosismo durante a abordagem e, mesmo sem nada ter encontrado em seu poder, teria admitido possuir drogas em sua residência, o que permitiu a busca domiciliar, essa versão foi contestada pela defesa e não houve a comprovação da voluntariedade do ato de consentimento com a entrada no imóvel pelos agentes estatais, verificando-se a ocorrência de manifesta ilegalidade" (STJ: HC 679.630/SP, rel. Min. Olindo Menezes (Des. convocado do TRF 1ª Região), 6ª Turma, j. 26.10.2021).

prova do consentimento seja realizada, necessariamente, por meio audiovisual,[146] numa *indevida tarifação probatória* – própria do sistema inquisitivo – que, em regra, não tem vez em nosso ordenamento jurídico.[147]

A documentação do consentimento do morador, livre de qualquer espécie de coação,[148] é, também, a **tônica no direito comparado**.[149]

2.9.2. Justa causa prévia para buscas: casuística

Definir o que enseja a existência de justa causa para a realização de buscas pelas forças policiais não é tarefa fácil. Volta e meia a jurisprudência oscila e o fato que vinha constituindo fundado motivo aos olhos dos tribunais passa a não mais configurá-lo, depois torna a ser visto como tal, e novamente deixa de sê-lo, numa espécie de "**teste de Rorschach**", em que a mesma situação é enxergada de diversas maneiras a depender das lentes do observador.[150]

---

[146] "[...] o consentimento do morador para o ingresso dos policiais no imóvel *será válido apenas* se documentado por escrito *e registrado em gravação audiovisual*, a fim de comprovar que a autorização foi dada de forma livre e sem vício de consentimento" (STJ: AgRg no HC 805.105/MG, rel. Min. Antonio Saldanha Palheiro, 6ª Turma, j. 11.12.2023).

[147] "**Sistema da prova tarifada**. Também conhecido como sistema das regras legais, da certeza moral do legislador ou da prova legal, **o presente sistema, próprio do sistema inquisitivo**, trabalha com a ideia de que determinados meios de prova têm valor probatório fixado em abstrato pelo legislador, cabendo ao magistrado tão somente apreciar o conjunto probatório e lhe atribuir o valor conforme estabelecido pela lei. [...] **É certo que o Código de Processo Penal não adotou o sistema em questão**" (LIMA, Renato Brasileiro de. *Manual de processo penal – volume único*. 11. ed. São Paulo: JusPodivm, 2022, p. 594).

[148] "O art. 152 do Código Civil, ao disciplinar a coação como um dos vícios do consentimento nos negócios jurídicos, dispõe que: 'No apreciar a coação, ter-se-ão em conta o sexo, a idade, a condição, a saúde, o temperamento do paciente e todas as demais circunstâncias que possam influir na gravidade dela'. Se, no Direito Civil, que envolve, em regra, direitos patrimoniais disponíveis, em uma relação equilibrada entre particulares, todas as circunstâncias que possam influir na liberdade de manifestação da vontade devem ser consideradas, com muito mais razão isso deve ocorrer no Direito Penal (*lato sensu*), que trata de direitos indisponíveis de um indivíduo diante do poderio do Estado, em relação manifestamente desigual" (STJ: HC 762.932/SP, rel. Min. Rogerio Schietti Cruz, 6ª Turma, j. 22.11.2022).

[149] "6.1. **Nos Estados Unidos**, por exemplo, [...] não pode haver dúvidas sobre a voluntariedade da autorização do morador (*in dubio libertas*). O consentimento deve ser inequívoco, específico e conscientemente dado, não contaminado por qualquer truculência ou coerção [...]. Além disso, ao Estado cabe o ônus de provar que o consentimento foi, de fato, livre e voluntariamente dado, isento de qualquer forma, direta ou indireta, de coação, o que é aferível pelo teste da totalidade das circunstâncias (*totality of circumstances*). 6.2. No **direito espanhol**, por sua vez, o Tribunal Supremo destaca, entre outros, os seguintes requisitos para o consentimento do morador: a) deve ser prestado por pessoa capaz, maior de idade e no exercício de seus direitos; b) deve ser consciente e livre; c) deve ser documentado; d) deve ser expresso, não servindo o silêncio como consentimento tácito. 6.3. Outrossim, a documentação comprobatória do assentimento do morador é exigida, **na França**, de modo expresso e mediante declaração escrita à mão do morador, conforme norma positivada no art. 76 do Código de Processo Penal; **nos EUA**, também é usual a necessidade de assinatura de um formulário pela pessoa que consentiu com o ingresso em seu domicílio [...], declaração que, todavia, será desconsiderada se as circunstâncias indicarem ter sido obtida de forma coercitiva ou houver dúvidas sobre a voluntariedade do consentimento [...]" (STJ: HC 598.051/SP, rel. Min. Rogerio Schietti Cruz, 6ª Turma, j. 02.03.2021).

[150] Vide STF: AgRg no RE 1.447.032/CE, rel. p/ acórdão Min. Alexandre de Moraes, 1ª Turma, j. 12.09.2023.

Eis, portanto, a necessidade de se estabelecer o que é e o que não é a justa causa prévia para as buscas pessoal e domiciliar, até porque a invasão ilegal da residência pode configurar abuso de autoridade (Lei 13.869/2019, art. 22), conquanto não haja crime quando existir permissão do morador ou autorização judicial, ou, ainda, se o ingresso domiciliar se der para a prestação de socorro, em caso de desastre, ou quando houver fundadas razões de infração penal em seu recinto (Lei 13.869/2019, art. 22, § 2º).

2.9.2.1 Notícia anônima

Da jurisprudência emana o entendimento de que a notícia anônima, "*desacompanhada* de outros elementos indicativos da ocorrência de crime, não legitima o ingresso de policiais no domicílio indicado, inexistindo, nessas situações, justa causa para a medida".[151]

Por si mesma, a notícia apócrifa não serve como prova, nem configura fundada razão para a violação domiciliar. Havendo uma denúncia anônima de que determinado domicílio vem sendo utilizado para a narcotraficância, em vez de invadir a casa de súbito, a polícia tem dois caminhos a trilhar, a saber:

Pelo primeiro, pode-se instaurar uma investigação a fim de se confirmar a *notitia* e, assim, viabilizar a obtenção de um mandado de busca domiciliar, uma vez verificada a fundada razão da prática de crime no local.[152]

Pelo segundo, pode-se buscar elementos probatórios mínimos (*v.g.*, movimentação atípica de pessoas com mochilas; entra e sai incomum de motoqueiros no local; fuga de indivíduos ao verificarem a presença policial; arremesso de objetos sobre telhados ou em lotes baldios por parte de suspeitos etc.) que façam surgir um fundado motivo para sustentar a busca residencial sem mandado. Para tanto, não se exige a certeza da ocorrência de delito, mas, sim, fundadas razões a respeito.[153] Assim é que o STJ validou a diligência policial abaixo descrita, que teve início a partir de notícia anônima:

> "1. Conforme consta da denúncia, policiais militares da equipe 'choque' realizavam policiamento ostensivo quando foram abordados por um transeunte que *informou* que em determinada localidade se encontrava uma *pessoa foragida da Justiça*, que vinha praticando o tráfico de drogas livremente, andava armado, e costumava utilizar uma motocicleta Honda/Biz, de cor vermelha. [...] Assim, os agentes públicos solicitaram auxílio ao serviço reservado da Polícia Militar, que passou a *monitorar* o local. Em dado momento, foi observada uma *movimentação suspeita*, pelo que fora acionada a equipe inicialmente responsável pela ocorrência. No endereço os agentes policiais avistaram o paciente saindo do imóvel a bordo de uma motocicleta com as mesmas características repassadas pelo informante. Efetuada a abordagem, o paciente foi surpreendido com 12 porções de cocaína, além da quantia de R$ 1.355,00 (mil, trezentos e cinquenta e cinco reais) em espécie e em notas diversas. Na ocasião, em consulta ao sistema policial, via sala de operações, os agentes públicos verificaram que ele possuía contra si o mandado de prisão em aberto. 2. Verifica-se não ter havido violação do art. 157 do Código de Processo Penal, porquanto **a busca realizada e a entrada dos**

---

[151] STJ: REsp 1.871.856/SE, rel. Min. Nefi Cordeiro, 6ª Turma, j. 23.06.2020.

[152] Também é possível a devassa domiciliar sem mandado no bojo de uma investigação.

[153] STF: AgRg no RE 1.447.032/CE, rel. p/ acórdão Min. Alexandre de Moraes, 1ª Turma, j. 12.09.2023.

policiais no domicílio do agravante deu-se em virtude do monitoramento levado a efeito após o recebimento de informações acerca das atividades ilícitas praticadas, circunstância que justifica a dispensa de mandado judicial, já que havia substrato indiciário suficiente para se concluir pela prática delituosa."[154]

Da mesma forma, é legítima a busca veicular/pessoal quando há uma "**notícia anônima especificada**", detalhada, e a polícia, fazendo uma verificação preliminar da informação, encontra o automóvel descrito nas informações outrora repassadas, bem como o seu condutor. Veja-se:

"1. [...] A busca pessoal/veicular é legítima se amparada em fundadas razões, se devidamente justificada pelas circunstâncias do caso concreto. 2. No caso, a busca pessoal/veicular está fundada em *'denúncia anônima especificada'* que corresponde a *verificação detalhada das características descritas* do paciente e de seu veículo (motocicleta). Desse modo **a denúncia anônima foi minimamente confirmada**, sendo que a busca pessoal/veicular (revista) traduziu em exercício regular da atividade investigativa promovida pela autoridade policial, o que justificou a abordagem após a confirmação das características pessoais relatadas na denúncia apócrifa."[155]

Destarte, diante de uma notícia anônima de que determinada pessoa está a vender drogas em seu domicílio, é legítima a busca residencial (sem mandado e sem permissão do morador) se precedida, por exemplo, da **verificação concreta** pela polícia da atividade de mercancia proibida de entorpecentes por parte do suspeito, nos arredores de sua casa.

Exemplificando: depois da *notitia* sobre a narcotraficância praticada por Pablo em seu lar, a polícia dirige-se até as proximidades da residência e filma o encontro de Pablo com Emílio, ocasião em que há a aparente entrega de objetos de um para o outro. Em seguida, ainda na calçada pública, os policiais realizam buscas pessoais em Pablo e em Emílio, encontrando dinheiro com aquele e droga com este. Na presente situação, a busca domiciliar subsequente ao flagrante da mercancia ilícita estaria sedimentada em fundadas razões e seria lícita, porquanto a notícia apócrifa fora verificada e comprovada. Não obstante o Min. Rogerio Schietti enxergue a questão exatamente assim,[156] a 6ª Turma do STJ – inclusive

---

[154]   STJ: AgRg no HC 798.394/PR, rel. Min. Antonio Saldanha Palheiro, 6ª Turma, j. 19.06.2023. Nesse sentido: "3. No caso, não há flagrante ilegalidade, porquanto, após um transeunte indicar que estaria ocorrendo tráfico de drogas em determinado local, ao chegar na rua na qual reside o paciente, este foi avistado e abordado em via pública após a pessoa que estava com ele empreender fuga, tendo sido localizada porção de maconha em seu poder, o que configurou a justa causa para a entrada no imóvel onde foram apreendidos entorpecentes e armamento; estando hígidas, portanto, as provas produzidas" (STJ: AgRg no HC 808.375/SP, rel. Min. Antonio Saldanha Palheiro, 6ª Turma, j. 16.10.2023).

[155]   STJ: AgRg no HC 814.902/SP, rel. Min. Reynaldo Soares da Fonseca, 5ª Turma, j. 23.05.2023. Igualmente: "No presente caso, as instâncias ordinárias concluíram que a *fundada suspeita* restou evidenciada em razão de *denúncia anônima que levou os policiais ao local dos fatos, onde avistaram um carro com as características contidas na denúncia.* O paciente ao perceber que estava sendo observado pela polícia *empreendeu em fuga* por estrada de terra à margem da rodovia, momento em que policiais decidiram realizar a abordagem e apreenderam significativa quantidade de entorpecentes" (STJ: AgRg no HC 860.543/GO, rel. Min. Joel Ilan Paciornik, 5ª Turma, j. 30.11.2023).

[156]   "A título meramente exemplificativo, mencione-se o caso em que determinado indivíduo, surpreendido comprovadamente comercializando certa quantidade de drogas, empreende fuga para o interior

Cap. 1 • CRIMES EM ESPÉCIE | 57

com voto do Min. Rogerio Schietti (!) – já decidiu caso semelhante de maneira contrária (e, *data venia*, equivocada): "a mera denúncia anônima, aliada à *venda de drogas na porta da residência*, não autorizam presumir armazenamento de substância ilícita no domicílio e assim legitimar o ingresso de policiais, inexistindo justa causa para a medida."[157]

2.9.2.2. Má fama do ambiente

Como fundamento único, não se presta a embasar a devassa domiciliar a **má fama do ambiente**. Por esse motivo, mesmo em se tratando de "local conhecido como ponto de tráfico", reconheceu-se a ilicitude da diligência policial a partir da abordagem de dois agentes "no quintal de uma residência" e o encontro com um deles de "uma certa quantidade de entorpecentes". A ilegalidade foi decretada porquanto não foram demonstrados fundamentos razoáveis da existência de crime dentro do domicílio, que foi *invadido apenas por sua má reputação*.[158]

Por outro lado, convém observar que o fato de determinado local ser conhecido como ponto de narcotráfico pode ensejar a realização de diligência policial sem mandado judicial, a depender do contexto. Com efeito, ao analisar o AgRg no RE 1.447.289/RS,[159] o Min. Alexandre de Moraes pontuou que, no caso em questão,

> "a existência de **justa causa** para o **ingresso no domicílio** ocorreu após os policiais, em **patrulha em local conhecido como ponto de tráfico de drogas**, abordarem o suspeito após este empreender *fuga ao avistar a chegada dos agentes*. Na ocasião, *os policiais tinham a informação de que no local estava umas das lideranças do tráfico na região*. Na busca pessoal encontraram drogas ilícitas e munições."

É preciso, pois, realizar-se uma *análise global das circunstâncias* antes de decretar que a má fama do ambiente não enseja a busca domiciliar sem mandado. Em certos contextos, a má reputação robustecerá sobremaneira a justa causa para a violação sem ordem prévia, como destacado na sentença condenatória cujos excertos podem ser encontrados no AgRg no RE 1.447.289/RS:

---

de sua residência e, imediatamente, é perseguido por policiais, que buscam sua prisão em flagrante delito. Ou a situação em que agentes estatais, realizando campana defronte a uma casa, registram o movimento de ingresso e saída de pessoas, após curto período de permanência, sugerindo o comércio de drogas, em confirmação à notícia anterior recebida. Nessas situações, *há evidências muito consistentes de que um crime está sendo cometido no interior da morada, que poderia, em tese, justificar a invasão de domicílio*" (Fragmento do voto proferido no HC 598.051/SP, em 02.03.2021).

[157] STJ: AgRg no REsp 1.886.985/RS, rel. Min. Nefi Cordeiro, 6ª Turma, j. 07.12.2020. As circunstâncias do caso foram assim reveladas no voto do relator: "[...] os policiais avistaram o acusado vendendo drogas a Paulo em frente à residência, o que os motivou à abordagem e ingresso no lugar. Em revista pessoal, localizaram duas pedras de crack com Paulo e com o réu mais três pedras de crack e dez reais em dinheiro. Na casa, encontraram um revólver calibre 22 e as demais substâncias entorpecentes descritas na inicial acusatória, pelo que prenderam o réu em flagrante."

[158] STJ: HC 586.474/SC, rel. Min. Nefi Cordeiro, 6ª Turma, j. 18.08.2020. A revelar que a busca domiciliar foi motivada apenas pela fama do local, veja-se o seguinte trecho do voto do relator: "Os policiais afirmaram que no caso dos autos *foram ao local* dos fatos, pois, *por ser um local onde ocorreria o tráfico de entorpecentes*, era normal que os policiais fossem averiguar [...]".

[159] STF: 1ª Turma, j. 02.10.2023.

"a abordagem do réu deveu-se a sua **atitude suspeita, consubstanciada no fato de portar uma mochila em conhecido ponto de mercancia de drogas**. Dito isso, apenas após interpelarem o acusado, identificaram-no como sendo uma das lideranças do tráfico na região, embora já detivessem tal informação em momento anterior."

Portanto, a fama do local como notório ponto de venda de drogas pode fazer surgir, em conjunto com outros elementos (*v.g.*, fuga ao se deparar com a polícia; descarte de material suspeito etc.), razão suficiente para que diligências policiais sejam levadas a efeito. Nesse sentido:

"1. Guardas municipais em **patrulhamento em local conhecido como ponto de venda de drogas**. 2. Paciente que ao ver a viatura empreendeu **fuga** e foi, em seguida, preso com **porções de drogas caídos do bolso enquanto corria**. 3. Precedente de que, conforme jurisprudência consolidada desta Corte Superior, não há falar em ilegalidade na prisão em flagrante realizada por guardas civis municipais."[160]

"Na hipótese dos autos, consta do acórdão a dinâmica que autorizou a revista veicular e pessoal: agente **flagrado em local conhecido como ponto de venda de drogas** procurou se **evadir** assim que avistou a viatura policial, ingressando em veículo e seguindo adiante, **desobedecendo sinais de parada**. Constata-se, assim, que as circunstâncias prévias à abordagem justificavam a fundada suspeita de que um dos agravantes estaria na posse de elementos de corpo de delito. Dessa forma, não há ilegalidade flagrante a coartar, no ponto."[161]

2.9.2.3. Fama de traficante

Sem consentimento válido do morador ou mandado judicial, a **fama de traficante** do suspeito, por si só, não legitima a devassa a seu domicílio. Fosse assim, sem nenhum outro elemento, poderia a polícia invadir todas as casas dos sujeitos que são conhecidos como traficantes, a qualquer tempo, o que seria um despautério e marca nojosa do *direito penal do autor*. Ou seja, a fama de traficante, isoladamente considerada, não retira do sujeito a garantia constitucional da inviolabilidade domiciliar.[162]

---

[160] STJ: HC 769.573/SP, rel. Min. João Batista Moreira (Des. convocado do TRF1), 5ª Turma, j. 21.11.2023.

[161] STJ: AgRg no HC 819.499/SC, rel. Min. Reynaldo Soares da Fonseca, 5ª Turma, j. 26.09.2023.

[162] "O simples fato de o acusado ter um antecedente por tráfico não autorizava a realização de busca domiciliar, porquanto *desacompanhado de outros indícios concretos e robustos* de que, naquele momento específico, ele guardava drogas em sua residência. Ora, admitir a validade desse fundamento para, *isoladamente*, autorizar essa diligência invasiva, implicaria, em última análise, permitir que todo indivíduo que um dia teve algum registro criminal na vida tenha seu lar diuturnamente vasculhado pelas forças policiais, a ensejar, além da inadmissível prevalência do 'Direito Penal do autor' sobre o 'Direito Penal do fato', uma espécie de perpetuação da pena restritiva de liberdade, por vezes até antes que ela seja imposta. Isso porque, mesmo depois de cumprida a sanção penal (ou até antes da condenação), todo sentenciado (ou acusado ou investigado) poderia ter sua residência vistoriada, a qualquer momento, para 'averiguação' da existência de drogas, como se a anotação criminal lhe despisse para todo o sempre da presunção de inocência e da garantia da inviolabilidade domiciliar, além de lhe impingir uma marca indelével de suspeição" (STJ: HC 762.932/SP, rel. Min. Rogerio Schietti Cruz, 6ª Turma, j. 22.11.2022).

Destarte,

> "somente a informação de que o paciente tivera envolvimento anterior com tráfico de drogas não autoriza a autoridade policial a conduzi-lo até seu local de trabalho e sua residência, locais protegidos pela garantia constitucional do art. 5º, IX, da CF, para ali efetuar busca, sem prévia autorização judicial e sem seu consentimento, diante da inexistência de fundamento suficiente para levar à conclusão de que, naqueles locais, estava sendo cometido algum tipo de delito, permanente ou não".[163]

A existência de antecedentes por tráfico de drogas, isoladamente considerada, não legitima a realização de busca pessoal. Se assim fosse, toda pessoa anteriormente condenada por narcotráfico estaria sujeita a revistas policiais arbitrárias e sucessivas, independentemente de fundada suspeita – cenário manifestamente ilegal e incompatível com o Estado Democrático de Direito.

Ilustrando essa orientação, o Superior Tribunal de Justiça reconheceu a nulidade de diligência realizada durante patrulhamento de rotina, na qual policiais abordaram um indivíduo que tentava fazer seu veículo funcionar empurrando-o. Após conseguir ligar o automóvel, ele foi revistado pelos agentes *sob a única justificativa de possuir antecedente por tráfico*. Durante a busca veicular que se seguiu, foram encontrados "pinos" de cocaína. A Corte Superior considerou ilegal a abordagem e determinou a nulidade das provas obtidas:

> "[...] 3. De início, cabe destacar que a circunstância de o réu estar empurrando um veículo com problemas mecânicos para fazê-lo funcionar 'no tranco', no caso concreto dos autos, não era indício, nem mesmo remoto, de que houvesse entorpecentes no interior do automóvel, porque tal fato em absolutamente nada se relaciona com a prática do crime de tráfico de drogas. É pertinente frisar, nesse sentido, que nem sequer se cogitava de suspeita de tentativa de furto do veículo a ensejar alguma averiguação dessa conduta do réu. 4. Descartado esse elemento inidôneo e irrelevante, *o simples fato de o acusado ter um antecedente por tráfico (na verdade, uma ação penal ainda em andamento na ocasião, por crime supostamente praticado dois anos antes), por si só, não autorizava a busca pessoal, tampouco a veicular, porquanto desacompanhado de outros indícios concretos de que, naquele momento específico, o réu trazia drogas em suas vestes ou no automóvel.* 5. Admitir a validade desse fundamento para, isoladamente, autorizar uma busca pessoal, implicaria, em última análise, permitir que todo indivíduo que um dia teve algum registro criminal na vida seja diuturnamente revistado pelas forças policiais, a ensejar, além da *inadmissível prevalência do 'Direito Penal do autor' sobre o 'Direito Penal do fato'*, uma espécie de perpetuação da pena restritiva de liberdade, por vezes até antes que ela seja imposta, como na hipótese dos autos, em que o processo existente contra o réu ainda estava em andamento. Isso porque, mesmo depois de cumprida a sanção penal (ou até antes da condenação), todo sentenciado (ou acusado ou investigado) poderia ser eternamente detido e vasculhado, a qualquer momento, para 'averiguação' da sua conformidade com o ordenamento jurídico, como se a condenação criminal (no caso, frise-se, a mera existência de ação em andamento) lhe despisse

---

[163] STJ: RHC 126.092/SP, rel. Min. Reynaldo Soares da Fonseca, 5ª Turma, j. 23.06.2020. Igualmente: STJ: HC 527.161/RS, rel. Min. Rogerio Schietti Cruz, 6ª Turma, j. 26.11.2019.

para todo o sempre da presunção de inocência e lhe impingisse uma marca indelével de suspeição. 6. Assim, diante da manifesta inexistência de prévia e fundada suspeita de posse de corpo de delito para a realização das buscas pessoal e veicular, conforme exigido pelo art. 244 do Código de Processo Penal, deve-se reconhecer a ilicitude da apreensão das drogas e, por consequência, de todas as provas derivadas, o que conduz ao trancamento do processo."[164]

Evidentemente, a fama de traficante (tal qual a má fama do ambiente) adicionada a outros elementos pode dar azo ao cumprimento de uma diligência policial válida, como reconheceu o Min. Alexandre de Moraes no AgRg no RE 1.447.289/RS em que os elementos probatórios mínimos para a invasão domiciliar emanaram, além da informação de que no local estava "uma das lideranças do tráfico na região", de notícia prévia; da fuga do suspeito ao avistar a viatura; e da má reputação do local apontado como ponto de narcotráfico.

De igual forma, ao modificar acórdão do STJ, a 1ª Turma do STF, no *AgRg no RE 1.447.289/RS*, julgou existir elementos probatórios mínimos para o ingresso dos policiais no imóvel diante das seguintes circunstâncias: "denúncia anônima, *suspeito conhecido como chefe do tráfico* e fuga empreendida após a chegada dos policiais."[165]

2.9.2.4. Utilização dos sentidos: especialmente, olfato (odor de drogas) e visão

O **odor de droga** constitui **elemento objetivo** "apto a indicar a ocorrência atual de crime de tráfico, atendendo assim à norma constitucional do art. 5º, XI, segundo a interpretação desta Corte [STF] no acórdão do RE-RG 603.616".[166] Em termos mais diretos, o forte odor de drogas pode dar corpo às fundadas razões da prática da narcotraficância em âmbito domiciliar e, assim, justificar a sua invasão para buscas.[167]

Outrossim, o STJ considerou legítima a busca domiciliar encetada após detalhada denúncia anônima seguida de informações da vizinhança e **visualização** pelos policiais, ainda do lado de fora da casa alvo da diligência, de drogas em quantidade suficiente para caracterizar a narcotraficância, além de armas e munições.[168]

Nota-se, pois, haver uma construção jurisprudencial a reconhecer que a **utilização dos sentidos** pelas forças policiais é algo que robustece as fundadas razões aptas a

---

[164] STJ: HC 774.140/SP, rel. Min. Rogerio Schietti Cruz, 6ª Turma, j. 25.10.2022.

[165] Excertos do voto do Min. Alexandre de Moraes.

[166] STF: RHC 231.154 AgR, rel. Min. Gilmar Mendes, 2ª Turma, j. 24.10.2023.

[167] "[...] Crime permanente. Forte odor de maconha. Nervosismo do paciente. Razão para realizar a busca no imóvel. Situação de flagrância. Manutenção em depósito de 667 porções de crack (286,14 g), 1.605 invólucros de maconha (6.731,81 g), 1.244 invólucros de cocaína (1.533,23 g) e 35 frascos de lança-perfume. 1. Consta nos autos que os policiais perceberam o nervosismo do paciente e que ao chegarem à residência, já sentiram um forte odor de maconha, razão pela qual fizeram a busca dentro da residência. 2. Agravo regimental improvido" (STJ: AgRg no HC 423.838/SP, rel. Min. Sebastião Reis Júnior, 6ª Turma, j. 08.02.2018).

[168] "Havendo depoimento de policial, asseverando que **teria sido visualizada**, pela janela, parte do material ilícito ali existente, é de se concluir que a entrada dos policiais na quitinete em questão se deu em razão da suspeita concreta de flagrância do crime de armazenamento de drogas, que é permanente" (STJ: HC 588.445/SC, rel. Min. Reynaldo Soares da Fonseca, 5ª Turma, j. 25.08.2020).

Cap. 1 • CRIMES EM ESPÉCIE | **61**

sedimentar a busca domiciliar sem permissão. Nessa trilha, ao apreciar o HC 169.788/SP, o Min. Edson Fachin exemplificou situações que podem enquadrar-se

> "**como causa ensejadora do flagrante delito e, consequentemente, apta a ensejar a incursão domiciliar**: o odor característico de droga e/ou outro material ilícito percebido ainda do lado de fora da residência (**verificação material pelo olfato**); o ruído de tiros, conversas, gritos, discussões que revelem a ocorrência de crime (**verificação material pela audição**); a visualização de cena, material, instrumento que indiquem ou constituam objeto ou proveito de crime (**verificação material pela visão**)."

Diante desse bosquejo, é de se concluir que "a constatação de **forte odor** de substância entorpecente associada à **visualização,** pelos policiais, dos réus consumindo maconha dentro do imóvel, justificam o ingresso neste local para abordagem e busca pessoal."[169] Nesse sentido:

> "Conforme consta da decisão impugnada, os policiais responsáveis pelo flagrante receberam denúncia sobre uma residência que estava com o portão aberto e um carro na garagem que continha **carga visível e suspeita.** Desde logo, foi observado pelos policiais militares que os entorpecentes estavam no interior e no compartimento de carga do veículo. Posteriormente, foram encontrados diversos entorpecentes, materiais para preparação e embalo das drogas dentro da residência. Destacou-se ainda, **era possível sentir o forte odor dos 2800kg de maconha** que estavam no imóvel."[170]

Pelo exposto, não parece ter sido acertada a decisão do STJ, no AgRg no REsp 1.865.363/SP, cujo substrato fático revela que, antes do ingresso na residência, os policiais avistaram (porque a porta estava aberta e não havia portão) duas pessoas em volta de uma mesa, manipulando cocaína. Esse fato conjugado com prévia notícia levada ao conhecimento da polícia levou a instância ordinária a (corretamente) condenar os autores. Mas o STJ considerou que o ingresso na casa onde a droga foi apreendida não se baseou em fundadas razões, pois "a diligência apoiou-se em mera denúncia anônima e no fato de que os policiais, de fora, avistaram os acusados no interior da residência manipulando material", contexto que "não corrobora a conclusão inarredável de que na residência praticava-se o crime de tráfico de drogas."[171]

2.9.2.5. Cães farejadores

Por exigir uma causa provável anterior à violação domiciliar, num caso específico, o STJ entendeu ilícita a diligência encetada por policiais que "estariam passando pela rua

---

[169] STJ: AgRg no AREsp 2.471.304/MT, rel. Min. Ribeiro Dantas, 5ª Turma, j. 05.12.2023.

[170] STJ: AgRg no HC 843.195/SP, rel. Min. Joel Ilan Paciornik, 5ª Turma, j. 04.12.2023. Igualmente: "Em diligências prévias, os policiais se dirigiram ao endereço indicado, onde, ainda de fora da residência, **sentiram forte odor de maconha** e **viram da janela** o agravante, que tinha mandado de prisão em aberto. Nem se olvide que foi o próprio agravante quem confessou que usava tornozeleira eletrônica, rompida para se furtar da aplicação da lei, e que os envolvidos já **eram conhecidos pelo tráfico de drogas na região**, inclusive, no que chamaram de 'modalidade consórcio'" (STJ: AgRg no HC 820.294/ MG, rel. Min. Messod Azulay Neto, 5ª Turma, j. 25.09.2023).

[171] AgRg no REsp 1.865.363/SP, rel. Min. Antonio Saldanha Palheiro, 6ª Turma, j. 22.06.2021.

quando uma cadela conduzida pela guarnição policial constatou a presença de drogas e sinalizou em frente à residência"[172] do suspeito.

A ilicitude foi reconhecida porque a hipótese não revelou uma situação que já estivesse sendo verificada pela polícia, mas, sim, uma "apreensão de drogas feita de forma inesperada e sem o devido mandado judicial",[173] após a sinalização da cadela, circunstância que, na espécie, não constituiu fundadas razões de que um delito estivesse em curso dentro da casa. A "descoberta casual"[174] da situação de flagrância, posterior à revista, não justificou a diligência. Mas essa conclusão contradiz o entendimento de que o **forte odor de drogas**, aferível pelo olfato dos policiais, pode dar azo às fundadas razões da prática da narcotraficância dentro da residência e, desse modo, legitimar a busca domiciliar.[175]

E a contradição fica ainda mais notória quando se observa a existência de diversos estudos científicos que "demonstram que **um cão bem treinado tem capacidade 44 vezes maior do que o ser humano de identificar odores diferentes**, como o 'cheiro' de explosivo, drogas ou até mesmo de pessoas em escombros".[176] Por isso, "há de se admitir que **a indicação da presença de drogas por cães farejadores amolda-se ao conceito de fundadas razões** de flagrante delito para fins de ingresso forçado em domicílio alheio, independentemente de prévia autorização judicial".[177]

Diante da estrutura biológica dos cães, que lhes permite, "sem dificuldade, farejar entorpecente, por exemplo, a uma distância de 1,6 quilômetros de uma residência",[178] a indicação por eles de que há droga estocada em determinado local evidencia a fundada razão de que ali está ocorrendo uma prática criminosa. Desse modo,

> "o emprego do cão farejador nas atividades policiais, além de um importante auxílio profissional, traz segurança no encontro de pessoas e materiais ilícitos [...], de forma que a indicação daquele, pelo faro, da descoberta do objeto procurado, *constitui-se em fundada razão*, autorizando o ingresso forçado no domicílio alheio, constituindo o entorpecente encontrado em prova lícita para a responsabilização criminal do infrator."[179]

---

[172] STJ: AgInt no HC 566.818/RJ, rel. Min. Sebastião Reis Jr., 6ª Turma, j. 16.06.2020.

[173] STJ: AgInt no HC 566.818/RJ, rel. Min. Sebastião Reis Jr., 6ª Turma, j. 16.06.2020.

[174] STJ: AgInt no HC 566.818/RJ, rel. Min. Sebastião Reis Jr., 6ª Turma, j. 16.06.2020.

[175] STF: RHC 231.154 AgR, rel. Min. Gilmar Mendes, 2ª Turma, j. 24.10.2023 e STJ: AgRg no HC 423.838/SP, rel. Min. Sebastião Reis Júnior, 6ª Turma, j. 08.02.2018.

[176] LIMA, Renato Brasileiro de. *Manual de processo penal – volume único*. 11. ed. São Paulo: JusPodivm, 2022, p. 697.

[177] LIMA, Renato Brasileiro de. *Manual de processo penal – volume único*. 11. ed. São Paulo: JusPodivm, 2022, p. 697.

[178] ROTH, Ronaldo João; FARNESI, Ana Paula; BARCELLOS, Eduardo Rodrigues Barcellos. *O olfato do cachorro permite ao policial militar ingressar no domicílio sem autorização judicial ou sem consentimento do morador?* Disponível em <https://aopp.org.br/pdf/O_olfato_do_cachorro_permite_ao_policial_militar_ingressar_no_domicilio_sem_autorizacao_%20judicial_ou_sem_consentimento_do_morador.pdf>. Acesso em 04.02.2024.

[179] ROTH, Ronaldo João; FARNESI, Ana Paula; BARCELLOS, Eduardo Rodrigues Barcellos. *O olfato do cachorro permite ao policial militar ingressar no domicílio sem autorização judicial ou sem consentimento do morador?* Disponível em <https://aopp.org.br/pdf/O_olfato_do_cachorro_permite_ao_policial_militar_ingressar_no_domicilio_sem_autorizacao_%20judicial_ou_sem_consentimento_do_morador.pdf>. Acesso em 04.02.2024.

Portanto, a utilização de **cães farejadores** pela polícia é uma providência lícita e bastante adequada para a repressão do narcotráfico. Esse expediente pode ser utilizado para robustecer as fundadas razões de que determinado local vem sendo utilizado, p. ex., para o depósito de drogas. Nesse sentido, são exemplares estes julgados:

> "No que se refere às circunstâncias do crime, entendo que o aumento em razão do fato de a polícia ter que **utilizar cães farejadores para correta localização da droga** e, ainda, ter a droga sido acondicionada próximo ao chiqueiro da propriedade rural de Edílson, visando disfarçar seu odor, constitui fundamentação adequada para a exasperação da pena-base."[180]

> "2. No caso, o Tribunal de origem reconheceu a **busca domiciliar como válida**, porque **precedida de justa causa**, constando dos autos que os policiais receberam 'denúncia--anônima' da ocorrência de intenso tráfico na região, tendo se deslocado ao local para averiguação com o **auxílio de um cão farejador**, o qual indicou a presença de droga numa residência aparentemente abandonada com a porta entreaberta. Diante do indicativo que havia droga no imóvel, os policiais resolveram ingressar e lograram em apreender 6 porções maconha, 886 invólucros de maconha, 48 microtubos de cocaína, 3 microtubos de crack, 276 pedras de crack, 604 invólucros de cocaína, além de balanças de precisão e a importância de R$ 905,00. 3. Observa-se, portanto, que **tais circunstâncias não deixam dúvida quanto a presença de fundadas razões de que naquela localidade estaria ocorrendo o delito de tráfico, o que autoriza o ingresso forçado dos policiais na residência do réu.**"[181]

2.9.2.6. Fuga do suspeito ao visualizar a viatura

A fuga de um suspeito ao avistar a chegada de uma viatura policial enseja a existência de justa causa para a sua abordagem?

Respondendo ao questionamento, o STJ já entendeu que a justa causa não pode derivar de simples desconfiança policial, apoiada, p. ex., na fuga do indivíduo diante de uma ronda ostensiva.[182] Mas essa conclusão não é adequada para todo e qualquer caso em que há fuga por parte do suspeito ao deparar-se com agentes, nem tampouco indica a tendência atual da jurisprudência.

Com efeito, no AgRg no RHC 231.154/SP, o Min. Gilmar Mendes salientou que a **fuga de suspeitos**, ao avistarem policiais, constitui "**critério exclusivamente objetivo**". Ou seja, o tirocínio policial que se desperta a partir da fuga não se alicerça em um dado subjetivo, mas, sim, em uma circunstância concreta. Por isso, no caso em análise,

---

[180] STJ: AgRg no AREsp 2.273.533/GO, rel. Min. Antonio Saldanha Palheiro, 6ª Turma, j. 30.11.2023.

[181] STJ: AgRg no HC 787.458/SP, rel. Min. Ribeiro Dantas, 5ª Turma, j. 27.03.2023. Idem: "Busca veicular feita após o escâner e o cão farejador da Receita Federal indicarem que havia algo no painel do veículo; após o prévio monitoramento do veículo; após se constar que o paciente estava conduzindo um veículo com placa clonada, com registro de furto/roubo e alteração do números do chassi e motor, não caracteriza *fishing expedition* ou pescaria probatória, porquanto fundada em fundada suspeita" (STJ: AgRg no HC 824.208/RS, rel. Min. Messod Azulay Neto, 5ª Turma, j. 09.10.2023).

[182] STJ: HC 598.051/SP, rel. Min. Rogerio Schietti Cruz, 6ª Turma, j. 02.03.2021.

reconheceu-se existir fundadas razões para a invasão domiciliar forçada porquanto os policiais sentiram o odor de droga (elemento objetivo) e avistaram quatro suspeitos em determinada residência, com uma caixa de papelão em uma bancada de madeira, oportunidade em que dois deles conseguiram fugir pulando os muros de imóveis vizinhos.[183]

No mesmo embalo, ao julgar o RE 1.447.374/MS[184] (j. 30.08.2023), o Min. Alexandre de Moraes considerou presente a justa causa para o ingresso no domicílio do suspeito, o que se deu após os policiais receberem uma denúncia anônima de que ele estaria traficando drogas. Ao dirigirem-se para o endereço apontado, abordaram o autor que, ao notar a viatura policial, evadiu-se do local empreendendo fuga para o interior do imóvel. Na ocasião, depois do ingresso no imóvel, foi encontrada grande quantidade de drogas (mais de 89 Kg de maconha).[185]

Da mesma forma, a 1ª Turma do STF (AgRg no RE 1.447.032/CE, j. 12.09.2023) julgou existir fundada razão para o ingresso no domicílio do suspeito na situação em que os policiais receberam diversas denúncias anônimas relatando o tráfico de drogas em determinada casa e, lá chegando, depararam-se com três indivíduos em frente à residência, os quais, ao visualizarem a viatura, evadiram-se do local, deixando cair no chão uma trouxinha de cocaína.

Em outro interessante caso, o Min. Roberto Barroso (RE 1.305.690/RS, j. 25.03.2021) considerou haver elementos mínimos a caracterizar fundadas razões (justa causa) para a busca domiciliar, em contexto fático marcado pela patrulha policial de rotina em área conhecida como ponto de tráfico e pela fuga do suspeito para sua residência ao notar a presença da polícia, tendo a perseguição policial e as ordens de parada sido ignoradas pelo sujeito. No caso, foram apreendidas com o autor 204 pedras de crack.

O Min. Roberto Barroso (RE 1.246.146/RS, j. 17.12.2019) também validou a ação policial deflagrada após denúncia anônima, indicando que um foragido do sistema prisional estaria em determinado local. Na hipótese, ao chegarem no endereço, os policiais visualizaram um indivíduo que empreendeu fuga para o interior de uma residência. A

---

[183] "Agravo regimental em recurso ordinário em habeas corpus. 2. Tráfico de drogas. Inviolabilidade de domicílio. 3. **Elementos objetivos que comprovam, inequivocamente, a ocorrência de flagrante delito: odor da droga e fuga do suspeito.** Expressivos 2 kg de cocaína. 4. A alegação de que não seria possível tal percepção olfativa exige reabertura da instrução. Impossibilidade. Precedentes. 5. Agravo regimental desprovido" (STF: RHC 231.154 AgR/SP, rel. Min. Gilmar Mendes, 2ª Turma, j. 24.10.2023).

[184] Do voto proferido no RE 1.447.374/MS, emana o seguinte trecho do acórdão do TJMS: "No caso, observa-se que os policiais estavam em patrulhamento quando receberam uma *denúncia anônima*, que um indivíduo estaria portando tabletes de maconha, e ao chegarem no local, o ora embargante sendo avistado, demonstrou nervosismo e **empreendeu fuga**, comportamento que, diante de representar fortes indícios da prática de ilícito extremamente grave (tráfico de drogas), levou os agentes a ingressarem no recinto em que o mesmo ingressou, onde admitiu que guardava em depósito grande quantidade de drogas. Tais circunstâncias não deixam dúvida quanto à presença de **fundadas razões** de que naquele local estaria ocorrendo o delito de tráfico de entorpecentes o que autoriza o ingresso forçado dos policiais na residência do denunciado."

[185] No mesmo sentido: "No caso concreto, conforme narrado, a existência de justa causa para o ingresso no domicílio ocorreu após os policiais recebem denúncia de que o recorrido estaria traficando drogas e, ao dirigem-se ao local apontado, abordaram o suspeito que, **após avistar os agentes, tentou evadir-se do local pulando pela janela**. Na ocasião, após o ingresso no imóvel, foi encontrada grande quantidade de drogas (mais de 1kg de maconha do tipo *skunk*)" (STF: RE 1.456.106/AM, rel. Min. Alexandre de Moraes, j. 18.10.2023).

polícia, então, ingressou na casa e encontrou entorpecentes, duas armas de fogo e um automóvel roubado. Como bem pontuou o MPF, em manifestação acolhida pelo Ministro, em casos assim, "a demora para a obtenção de um mandado judicial pode levar à frustração da atuação policial."

Enfim, a tendência jurisprudencial é esta: reconhecer a validade das diligências policiais (buscas pessoal e domiciliar) que partem de uma informação ou de uma patrulha e terminam por localizar alguém que foge em direção a uma casa, estando o sujeito em zona conhecida como ponto de tráfico, ou possuindo o agente fama de traficante, ou, ainda, quando há a dispensa de algo suspeito ao notar-se a presença dos agentes. Diversos são os julgados nesse sentido:

> "*In casu*, após *informações* de que uma pessoa com nome de Gabriel estaria comercializando drogas em determinado endereço, os policiais militares se *dirigiram ao local*, momento em que *avistaram* o ora agravante em frente ao portão de uma casa. **Ao notar a viatura, ele correu para dentro do quintal**, ocasião em que foi abordado. Em *revista pessoal*, foi encontrado um pacote com 20 buchas de maconha. [...] Ao *adentrar no imóvel*, foram localizados um tablete de maconha sobre a mesa, uma faca com resquícios da droga e várias embalagens vazias, inclusive invólucros com maconha já fracionada, pronta para o comércio, além de porções de crack e cocaína, quantia em dinheiro trocada, balança de precisão e máquina de cartão. [...] Na hipótese, **não há ilegalidade na ação dos policiais**, pois as **fundadas razões para a entrada no domicílio** foram justificadas no curso do processo, ou seja, *após denúncia anônima somada à fuga e apreensão de drogas em revista pessoal*."[186]

> "As *fundadas suspeitas* dos policiais que ensejaram a abordagem do agravante na hipótese não se limitaram ao seu dito *nervosismo*, mas se pautaram no fato de que eles, quando estavam em patrulhamento de rotina, **viram o acusado dispensando sacola com drogas em via pública** em sua frente."[187]

> "No caso, a *busca pessoal* foi motivada pela atitude do agravante que, estando **em local conhecido como ponto de tráfico de drogas**, ao avistar a viatura policial, **empreendeu fuga** e **dispensou uma sacola** plástica próximo a um tambor de lixo. Realizada a verificação, constatou-se que, de fato, o invólucro continha 1 pedra grande de crack, com peso total de 70g. Verifica-se, portanto, **justa causa** para a ação policial."[188]

> "3. No caso, além da existência de *informações* a respeito da prática de tráfico de drogas no local, ao receber *denúncia anônima* de que os réus embalavam drogas para comercializar, os policiais dirigiram-se ao local. **Ao perceber a presença dos agentes, ainda em via pública, o paciente tentou empreender fuga**, mas foi detido em poder de oito porções de maconha. Nesse momento, *o paciente gritou para o corréu 'esconder o BO'*, de modo a gerar nos agentes de segurança a concreta *desconfiança* de que, naquele

---

[186]   STJ: AgRg no REsp 2.061.557/PR, rel. Min. Joel Ilan Paciornik, 5ª Turma, j. 30.11.2023.

[187]   STJ: AgRg no HC 802.406/SP, rel. Min. Messod Azulay Neto, 5ª Turma, j. 18.09.2023.

[188]   STJ: AgRg no RHC 186.297/ES, rel. Min. Reynaldo Soares da Fonseca, 5ª Turma, j. 11.12.2023.

lugar, estaria havendo a prática de delito. Na sequência, **o corréu foi detido ao tentar empreender fuga carregando uma sacola** em que foi localizado o restante do entorpecente apreendido. 4. Uma vez que havia **fundadas razões**, foi **regular o ingresso da polícia no domicílio do acusado**, sem autorização judicial."[189]

"4. No caso, o *ingresso no domicílio* decorreu do fato de os policiais militares terem **visualizado o agravante tentando fugir, dispensando uma sacola** contendo porções de maconha, crack e cocaína, **lançando-a sobre o telhado de uma casa vizinha**. Em seguida, ao realizarem **buscas na residência**, localizaram duas balanças de precisão e várias 'bitucas' de cigarros de maconha, no quarto; uma pistola Taurus PT58S, calibre .380, na laje do imóvel, além de uma grande porção de crack, no quintal da casa, bem como outras porções de crack e de maconha, no forro do imóvel, com o auxílio de um *cão farejador*. 5. Diante de tais elementos, não há se falar em nulidade da entrada na residência, visto que amparada em circunstâncias concretas que sinalizavam a ocorrência de flagrante-delito em seu interior [...]."[190]

"2. No caso em tela, após *informações* sobre 'um crime de tráfico ilícito de entorpecentes e que havia um veículo Ford Fiesta, de cor prata, utilizado para tal fim', a abordagem foi realizada em razão da *atitude suspeita* do paciente, que, **ao notar a presença da viatura, fugiu da guarnição policial** no veículo que conduzia, e, ao perceber-se cercado, **saltou do carro e tentou empreender fuga**; o que configurou a **justa causa para as buscas veicular e pessoal**, que resultaram na apreensão de aproximadamente 2,62kg (dois quilos e sessenta e dois gramas) de cocaína. Portanto, as provas produzidas encontram-se hígidas."[191]

"5. Ocorre, entretanto, que o Superior Tribunal de Justiça, no caso concreto ora sob análise, após aplicar o Tema 280 de Repercussão Geral dessa Suprema Corte, foi mais longe, alegando que não obstante os agentes de segurança pública tenham recebido *denúncia anônima* acerca do tráfico de drogas no local e o suspeito, conhecido como *chefe do tráfico* na região, tenha empreendido *fuga* para dentro do imóvel ao perceber a presença dos policiais, tais fatos não constituem fundamentos hábeis a permitir o

---

[189] STJ: AgRg no HC 852.140/SP, rel. Min. Rogerio Schietti Cruz, 6ª Turma, j. 12.12.2023.

[190] STJ: AgRg no AREsp 2.305.724/MG, rel. Min. Reynaldo Soares da Fonseca, 5ª Turma, j. 19.09.2023.
Se a tentativa de fuga com a dispensa de uma sacola constitui fundamento para a busca domiciliar, com mais razão, fundamentada estará a busca se, momentos antes da abordagem, o sujeito **quebrar o seu telefone celular**. Por essa razão, com a devida vênia, discordamos frontalmente do entendimento firmado pelo Superior Tribunal de Justiça no AgRg no HC 763.493/SP. No caso analisado, o suspeito deliberadamente destruiu seu aparelho celular com as próprias mãos quando percebeu a aproximação policial. Embora a busca pessoal subsequente não tenha resultado na apreensão de drogas, a devassa domiciliar realizada revelou quantidade expressiva de entorpecentes: 100g de cocaína, 997g de maconha, 16g de skunk e 58g de crack. Todavia, para o STJ, a diligência foi considerada ilegal: "Mesmo que se considerasse a quebra do aparelho telefônico como justificativa para tal diligência, nada de ilícito foi encontrado com o agravado e, ainda assim, os policiais deslocaram-se até a residência dele e realizaram devassa sem mandado judicial" (AgRg no HC 763.493/SP, rel. Min. Antonio Saldanha Palheiro, 6ª Turma, j. 02.10.2023).

[191] STJ: AgRg no HC 844.476/SP, rel. Min. Antonio Saldanha Palheiro, 6ª Turma, j. 04.12.2023.

ingresso na casa do acusado. Assim, entendeu que o *ingresso dos policiais no imóvel* somente poderia ocorrer após 'prévias diligências', desconsiderando as circunstâncias do caso concreto, quais sejam: **denúncia anônima, suspeito conhecido como chefe do tráfico e fuga empreendida após a chegada dos policiais. 6.** Nesse ponto, não agiu com o costumeiro acerto o Tribunal de origem, pois acrescentou requisitos inexistentes no inciso XI, do artigo 5º da Constituição Federal, desrespeitando, dessa maneira, os parâmetros definidos no Tema 280 de Repercussão Geral por essa Suprema Corte."[192]

A fuga do suspeito, portanto, é um componente objetivo que pode ser levado em consideração pelas forças policiais. A evasão pode ser sopesada na decisão de abordar um suspeito em via pública ou de ingressar em determinada casa, sem mandado judicial e sem consentimento, quando outros elementos conferirem sustentação à causa provável.

Entretanto, *mesmo isoladamente*, a **fuga do suspeito ao se deparar com uma viatura policial** – elemento exclusivamente objetivo e que evidencia a fundada suspeita de que o sujeito está a ocultar algum objeto ilício – pode chamar a atenção dos agentes e legitimar uma **busca pessoal em via pública** (CPP, arts. 240, § 2º, e 244).[193] Nesse sentido:

> "Na hipótese, nos moldes da conclusão da Corte local, atesta-se a legalidade da *busca pessoal*, tendo em vista que as circunstâncias prévias à abordagem justificavam a *fundada suspeita* de que o paciente estaria na posse de elementos de corpo de delito, situação que se confirmou no decorrer da diligência policial. Com efeito, policiais militares, em *patrulhamento de rotina*, depararam-se com um indivíduo (ora paciente) saindo de uma casa, o qual, **logo que notou a presença da viatura, empreendeu fuga.** Após breve perseguição, conseguiram detê-lo. Em busca pessoal, foram apreendidos 126 eppendorfs contendo cocaína. Assim, diante da indicação de dados concretos e objetivos acerca da existência de **justa causa** para autorizar a **busca pessoal**, não há que se falar em ilegalidade."[194]

Por fim, **o ato de correr ao se defrontar com a polícia,** *isoladamente considerado,* configura também **fundada razão para a busca domiciliar forçada,** na vala do que concluiu a 1ª Turma do STF (AgRg no RE 1.466.339/SC, rel. Min. Alexandre de Moraes, 1ª Turma, j. 19.12.2023). Nessas hipóteses, em que não se pratica uma ação neutra, senão uma fuga rumo ao domicílio ao se deparar com os agentes de segurança, há justa causa para a busca residencial. Veja-se:

> "No caso concreto, conforme narrado, a existência de **justa causa** para o **ingresso no domicílio** ocorreu após o recorrido tentar **fugir e ingressar em sua residência ao avistar os policiais durante patrulhamento de rotina**. Na ocasião, foram apreendidas '9 (nove) pedras de crack e 1 (uma) pedra maior da mesma substância, pesando aproximadamente 13,5 gramas', bem como 'a quantia de R$ 8.700,00 pro-

---

[192] STF: RE 1.447.289 AgR, rel. Min. Alexandre de Moraes, 1ª Turma, j. 02.10.2023.

[193] "Se um agente do Estado não puder realizar abordagem em via pública a partir de **comportamentos suspeitos do alvo**, tais como **fuga, gesticulações e demais reações típicas, já conhecidas pela ciência aplicada à atividade policial**, haverá sério comprometimento do exercício da segurança pública" (STF: RHC 229.514/PE, rel. Min. Gilmar Mendes, j. 28.08.2023).

[194] STJ: AgRg no HC 873.039/SP, rel. Min. Reynaldo Soares da Fonseca, 5ª Turma, j. 12.12.2023.

venientes do comércio espúrio, além de 2 lâminas tipo gilete, utilizadas no preparo da substância' [...]. Logo, essas circunstâncias são suficientes para encerrar qualquer discussão acerca de uma suposta inocorrência de situação flagrancial, pois ficou claro que **a entrada no domicílio se amparou em fundadas razões devidamente justificadas no curso do processo**, a dispensar a expedição de prévio mandado judicial, tendo sido satisfeitas, portanto, todas as exigências do Tema 280 para fins de validade da prova."[195]

De se registrar, por curial, que essa questão foi afetada ao **Plenário do Supremo**, que, por apertada maioria, decidiu serem válidas as invasões domiciliares nesses contextos. Com efeito, no julgamento do **HC 169.788** (j. 02.03.2024), prevaleceu a divergência, conduzida pelo Min. Alexandre de Moraes, segundo o qual:

> "No caso concreto, conforme narrado, **o ingresso dos agentes de segurança pública no domicílio foi devidamente justificado**, tendo em vista que o paciente, **ao visualizar a viatura policial, saiu correndo em atitude suspeita para o interior de sua residência.** Desse modo, não há, neste juízo, qualquer ilegalidade na ação dos policiais militares, pois as fundadas razões para a entrada dos policiais no domicílio foram justificadas neste início de persecução criminal, em correspondência com o entendimento da Corte no RE 603.616/RO [...]."

2.9.2.7. Descumprimento de ordem de parada, perseguição e buscas

É comum a situação seguinte: num patrulhamento de rotina ou numa blitz, policiais dão ordem de parada para determinada pessoa, que a descumpre e foge. A Polícia persegue o suspeito e realiza buscas. A legalidade dessa diligência por vezes é questionada.

Nesse passo, o STJ já considerou ilícita a invasão policial ao condomínio do suspeito que, momentos antes, desobedecendo a uma ordem de parada de seu veículo, fora perseguido por uma viatura que estava a realizar uma patrulha rotineira.[196] Mas a conclusão alcançada nessa hipótese não deve ser tomada em todo e qualquer caso de descumprimento às ordens proferidas pelo policiamento em via pública, valendo aqui tudo o que foi exposto no tópico acima (*2.9.2.6. Fuga do suspeito ao visualizar a viatura*).

No mais, afigura-se legítima a busca pessoal diante do descumprimento da ordem de parada, "pois a desobediência" ao comando policial "configura justa causa para a medida, sobretudo por incidir no art. 330 do CP". Em casos tais, não há falar em atuação policial a partir de "parâmetros meramente subjetivos".[197]

---

[195] STF: AgRg no RE 1.466.339/SC, rel. Min. Alexandre de Moraes, 1ª Turma, j. 19.12.2023. Igualmente: AgRg no RE 1.462.592/SP, rel. Min. Alexandre de Moraes, 1ª Turma, j. 04.12.2023.

[196] STJ: AgRg no HC 561.360/SP, rel. Min. Sebastião Reis Jr., 6ª Turma, j. 09.06.2020.

[197] STJ: AgRg no HC 794.606/MG, rel. Min. Jesuíno Rissato (Des. convocado do TJDFT), 6ª Turma, j. 13.11.2023. *No mesmo sentido*: "A decisão agravada está em perfeita harmonia com a orientação consolidada nesta Corte Superior, devendo ser mantida por seus próprios fundamentos. [...] Do que consta da sentença, **havia justa causa para a busca pessoal, que ocorreu após os policiais**

De mais a mais, o Código de Trânsito Brasileiro estabelece diversas regras administrativas que incluem o poder de fiscalização no exercício da atividade policial (arts. 20 a 24). E, tal como reconhecido pelo Min. Cristiano Zanin no HC 231.111/SP (j. 29.08.2023), em julgado que manteve decisão anterior do STJ, "**a abordagem de rotina não é irregular e o elemento probatório dela decorrente não constitui prova ilícita.**"

Em sendo assim, é intuitivo que aquele que ignora as ordens policiais de parada, exaradas no legítimo exercício dos poderes conferidos pelo ordenamento jurídico, arranca com seu veículo e foge (dado objetivo passível de verificação imediata e concreta), põe-se numa situação tal de suspeição que legitima a abordagem oficial. Nesses casos, encontrando-se, em busca pessoal, drogas para a mercancia com o agente, surgem as fundadas razões para a realização subsequente de busca domiciliar. Nesse sentido:

> "Existindo elementos indicativos da prática de crime no local a autorizarem a entrada, mostra-se desnecessário o prévio mandado de busca e apreensão, como no presente caso, em que, *antes do ingresso dos guardas municipais na residência, foram encontradas com o acusado 80 porções de cocaína*. É que, *em patrulhamento* de rotina, os guardas se depararam com motocicleta apontada em denúncias anônimas pela utilização na distribuição de entorpecentes. Por tal razão, **deram ordem de parada, tendo o condutor empreendido fuga, que, após perseguição, caiu e derrubou um pacote plástico, contendo as porções de cocaína**. [...] Portanto, considerando a natureza permanente do delito em questão e a presença da **justa causa** para ensejar o ingresso dos guardas municipais no domicílio do réu, não há qualquer ilegalidade a ser sanada."[198]

2.9.2.8. Ações neutras, condições existenciais e *fishing expedition*

Se é verdade que há justa causa para o ingresso no domicílio do suspeito quando a polícia recebe denúncia anônima de narcotraficância em determinado local e, ao realizar patrulhamento nas redondezas, depara-se com sujeitos na porta do local, que dispensam mochilas e fogem,[199] o mesmo não se pode dizer quando a polícia aborda alguém na porta de sua casa, sem prévia averiguação de *notitia criminis*, sem movimentação suspeita (*v.g.*, remessa de sacola sobre o telhado de uma residência), sem estar portando petrechos típicos do tráfico nas proximidades de uma "boca" etc.

Quer-se dizer com isso que **ações neutras** (como estar de pé na porta da própria casa), por si sós, não justificam a violação domiciliar. Assim, a mera visualização de alguém defronte ao portão de sua residência, sem nenhuma informação anterior a indicar

---

darem ordem de parada para o paciente que desobedeceu e empreendeu fuga – o condutor Matheus empreendeu alta velocidade ao bólido, iniciando fuga, com consequente perseguição, que transcorreu diversos quarteirões, na contramão, fechando-se cruzamento, sem respeito a semáforos [...]" (STJ: AgRg no HC 784.837/SP, rel. Min. Sebastião Reis Júnior, 6ª Turma, j. 14.08.2023).

[198] STJ: AgRg nos EDcl no AREsp 2.084.715/SP, rel. Min. Reynaldo Soares da Fonseca, 5ª Turma, j. 17.05.2022.

[199] "As Turmas que compõem a Terceira Seção do Superior Tribunal de Justiça têm o entendimento firmado no sentido de que, quando o acusado é avistado pelos policiais e vem a dispensar drogas que estavam na sua posse, presente está a justa causa que viabiliza a busca pessoal e a consequente busca e apreensão domiciliar sem mandado judicial" (STJ: AgRg no HC 750.295/RS, rel. Min. Jesuíno Rissato (Des. convocado do TJDFT), 6ª Turma, j. 11.12.2023).

a prática delitiva naquele local ou sem haver a menor movimentação suspeita por parte do indivíduo, não é algo que alcance o *standard* probatório necessário para configurar as fundadas razões legitimadoras da busca domiciliar sem mandado. Em casos como este, nada induz a "conclusão de que o cidadão trazia drogas consigo ou as armazenava em sua residência, e tampouco de que naquele momento e local estava sendo cometido algum tipo de delito, permanente ou não."[200]

Evitar buscas em contextos assim, em que os alvos praticam ações neutras, como sentar-se diante de sua casa ou andar de bicicleta, sem nenhum outro dado concreto, é importante para coibir a "pescaria probatória" (*fishing expedititon*), consistente no meio de "investigação especulativa indiscriminada, sem objetivo certo ou declarado que, de forma ampla e genérica, 'lança' suas redes com esperança de 'pescar' qualquer prova para subsidiar uma futura acusação ou para tentar justificar uma investigação/ação já iniciada".[201]

Foi precisamente essa compreensão que levou o STJ a reconhecer a ilegalidade da busca que partiu de uma ação neutra (autor transitando em uma bicicleta) isolada e terminou com a polícia "lançando a rede para pescar" alguma evidência contra o sujeito. Veja-se:

> "Esta Corte já se manifestou reiteradas vezes que 'há uma necessária referibilidade da medida, vinculada à sua finalidade legal probatória, a fim de que não se converta em salvo-conduto para **abordagens e revistas exploratórias (*fishing expeditions*)**, baseadas em *suspeição genérica* existente sobre indivíduos, atitudes ou situações, sem relação específica com a posse de arma proibida ou objeto que constitua corpo de delito de uma infração penal' [...] No caso, os policiais, em patrulhamento de rotina, avistaram o paciente se movimentando na rodovia em sua bicicleta, quando decidiram abordá-lo [...]. Assim, **não houve a indicação de qualquer atitude concreta** que apontasse estar o paciente na posse de material objeto de ilícito ou na prática de algum crime. Logo, conforme reiterada jurisprudência desta Corte, **é ilegal a busca pessoal realizada sem fundadas razões.**"[202]

Com mais razão, não há justa causa para a realização de buscas em hipóteses nas quais a medida se fundamenta em meras **condições existenciais**. Ora, rendendo homenagem ao direito penal do fato, o sistema punitivo deve voltar sua carga para aquilo que o agente *fez*, não para o que ele *é*. Portanto, assim como estados existenciais (cor da pele, aparência física, orientação sexual, religião etc.) não ensejam a incriminação de condutas, por força do princípio da lesividade, também não podem fundamentar providências cautelares. Bem por isso, o plenário do STF, por unanimidade, fixou a **tese** segundo a qual:

> "A busca pessoal independente de mandado judicial deve estar fundada em **elementos indiciários objetivos** de que a pessoa esteja na posse de arma proibida ou de objetos

---

[200]   STJ: HC 609.072/SP, rel. Min. Reynaldo Soares da Fonseca, 5ª Turma, j. 06.10.2020.

[201]   ROSA, Alexandre Morais da. *Limites para evitar o fishing expedition: análise da decisão do Min. Celso de Mello no Inq. 4.831/DF*. Disponível em: <https://canalcienciascriminais.com.br/limites-para-evitar-o--fishing-expedition-analise-da-decisao/>. Acesso em 25.01.2024.

[202]   STJ: AgRg no HC 851.965/SP, rel. Min. Ribeiro Dantas, 5ª Turma, j. 23.10.2023.

Cap. 1 • CRIMES EM ESPÉCIE | **71**

ou papéis que constituam corpo de delito, não sendo lícita a realização da medida com base na raça, sexo, orientação sexual, cor da pele ou aparência física."[203]

Tem-se, pois, que o art. 244 do CPP não autoriza buscas pessoais praticadas com motivação exploratória, mas apenas "com finalidade probatória e motivação correlata".[204]

2.9.2.9. Busca pessoal e subsequente busca domiciliar. Medida possível?

Quando a polícia entende haver fundada suspeita de que a pessoa esteja na posse de arma proibida ou de objetos que constituam corpo de delito (como drogas, p. ex.), pode ela mesma, sem permissão judicial, levar a efeito a busca pessoal. Em casos tais, fica a pergunta: pode a autoridade, na sequência, realizar uma busca domiciliar? O questionamento reclama algumas digressões.

Numa primeira hipótese, nada sendo encontrado com o sujeito da busca pessoal, e não remanescendo nenhuma outra circunstância a denotar a prática de crime dentro de seu lar, estará vedado o vasculhamento domiciliar, que, caso aconteça, será ilegal.[205]

Numa segunda hipótese, sendo localizada com o suspeito uma quantia pequena de droga, e constatada a sua destinação para consumo pessoal, também não será admitida a devassa domiciliar, caso não haja outra evidência da prática de crime no interior da casa do indivíduo.[206] Não se pode inferir da mera autuação de alguém como portador de droga para consumo que ele tenha em depósito, em sua residência, drogas para o comércio ilícito. Imagine-se a situação de um folião que é autuado, no carnaval, por estar com um tubo de lança perfume.[207] Tão somente isso não autoriza uma busca domiciliar. Do mesmo modo, o fato de o agente esconder uma trouxinha de maconha em sua boca, sem nenhum outro elemento a indicar fundadas suspeitas de narcotraficância, não legitima a busca domiciliar.[208]

Numa terceira hipótese, pode ser encontrada, em via pública, a prova material de um crime (porte ilegal de arma de fogo, p. ex.) sem que isso indique estar ocorrendo algum

---

[203] STF: HC 208.240/SP, rel. Min. Edson Fachin, Plenário, j. 11.04.2024.

[204] STJ: RHC 158.580/BA, rel. Min. Rogerio Schietti Cruz, 6ª Turma, j. 19.04.2022.

[205] "No caso em tela, verificou-se que a busca domiciliar careceu de fundadas razões, devido à indicação de indivíduo abordado pessoalmente, *que não possuía drogas*, seguida do ingresso domiciliar após a suposta autorização do próprio réu, resultando na apreensão de aproximadamente 43g de maconha e 100g de crack (e-STJ fl. 114)" (STJ: AgRg no REsp 1.977.870/MG, rel. Min. Antonio Saldanha Palheiro, 6ª Turma, j. 24.10.2023). Também foi tido por ilegal o "*caso em que o acusado foi parado em via pública, sem que nada de ilícito fosse com ele encontrado*, sendo, porém, conduzido até sua residência pela polícia, local em que uma arma de fogo foi apreendida" (STJ: AgRg no HC 856.667/RJ, rel. Min. Ribeiro Dantas, 5ª Turma, j. 27.11.2023). Vide ainda: STJ: HC 616.584/RS, rel. Min. Ribeiro Dantas, 5ª Turma, j. 30.03.2021).

[206] Nesse sentido: STJ, REsp 2.068.468/MG, rel. Min. Jesuíno Rissato (Des. convocado do TJDFT), 6ª Turma, j. 05.12.2023.

[207] "[...] Também não se tratava de averiguação de denúncia robusta e atual acerca da ocorrência de tráfico naquele local. Conforme precedentes deste Superior Tribunal, o fato de haverem sido apreendidas algumas porções de maconha com o acusado em via pública não configura fundadas razões sobre a existência de drogas na residência dele" (STJ: AgRg no HC 724.231/DF, rel. Min. Rogerio Schietti Cruz, 6ª Turma, j. 29.03.2022).

[208] STJ: AgRg no HC 843.525/SP, rel. Min. Reynaldo Soares da Fonseca, 5ª Turma, j. 18.12.2023.

delito na casa do autuado. Também aqui, se não houver outro elemento externo a indicar o cometimento de infração penal no âmbito da residência do autor, não será permitida a busca domiciliar. Caso a polícia o faça e encontre drogas, p. ex., a providência será ilícita, porquanto a varredura será meramente especulativa e com o escopo de pescar alguma prova (*fishing expedition*).[209]

Por fim, numa quarta hipótese, sendo encontradas com o usuário algumas porções de droga que acabara de comprar do autor;[210] ou sendo localizada com o sujeito uma quantidade de droga suficiente para indicar a sua destinação ao comércio ilegal; ou, ainda, sendo o autor flagrado entregando, pelo portão de sua casa, um pacote suspeito para um motoqueiro, que foge em disparada, enquanto o autor refugia-se em sua moradia ao notar a presença da polícia;[211] ou, principalmente, sendo flagrado o "tráfico por excelência" pela

---

[209] "3. No caso, policiais receberam uma **denúncia anônima** segundo a qual o acusado estava com **uma arma de fogo em via pública**, razão por que o abordaram e **encontraram a referida arma. Depois disso, decidiram ir até a residência** [...] e entraram no imóvel com a suposta autorização do paciente, oportunidade em que soltaram cães farejadores de drogas, sob a justificativa de que o réu tinha um antecedente por tráfico. [...] **A denúncia anônima, aliás, nem sequer tratava da presença de entorpecentes no imóvel, mas sim do porte de arma de fogo em via pública distante do domicílio, a qual já havia sido encontrada e apreendida.** [...] 16. A diligência policial, no caso dos autos, a rigor, configurou verdadeira **pescaria probatória (*fishing expedition*)** no domicílio do acusado. Com efeito, uma vez que a arma de fogo mencionada na denúncia anônima já havia sido apreendida com o paciente em via pública (distante da residência, frise-se) **e não existia nenhum indício concreto, nem sequer informação apócrifa, quanto à presença de drogas no interior do imóvel**, não havia razão legítima para que os agentes de segurança se dirigissem até o local e realizassem **varredura meramente especulativa** à procura de entorpecentes com cães farejadores. Cabia-lhes, apenas, diante do encontro da arma de fogo em via pública, conduzir o réu à delegacia para a lavratura do auto de prisão em flagrante. 17. A descoberta *a posteriori* de uma situação de flagrante decorreu de *ingresso ilícito na moradia do acusado* [...], o que torna imprestável, no caso concreto, a **prova ilicitamente obtida** e, por conseguinte, todos os atos dela decorrentes. [...] 19. Ordem concedida para, considerando que não houve fundadas razões, tampouco comprovação de consentimento válido para a realização de buscas por drogas no domicílio do paciente, reconhecer a ilicitude das provas por esse meio obtidas, bem como de todas as que delas decorreram, e, por conseguinte, absolvê-lo em relação à prática do delito de tráfico de drogas" (STJ: AgRg no HC 758.683/GO, rel. Min. Laurita Vaz, 6ª Turma, j. 07.02.2023).

[210] "O contexto delineado revela não apenas a efetiva existência de **justa causa para a abordagem do paciente, posto que indicado por usuário como vendedor da droga que estava consumindo**, mas verdadeiro estado de flagrância, uma vez que com ele foram encontradas 65,338 gramas de maconha. Diante das circunstâncias fáticas retratadas, a atuação da guarda municipal não revela qualquer irregularidade, haja vista a efetiva situação de flagrante delito em que se encontrava o paciente, o que autoriza até mesmo a atuação de qualquer do povo, nos termos do art. 301 do CPP" (STJ: AgRg no HC 872.775/GO, rel. Min. Reynaldo Soares da Fonseca, 5ª Turma, j. 06.02.2024).

[211] "2. No caso, o Tribunal de origem reconheceu a **legalidade dos procedimentos** afirmando que a abordagem policial ocorreu em razão de ter sido o réu Guilherme **avistado entregando algo a um motociclista** e, *ao perceber a aproximação policial*, ter *tentado ingressar num imóvel próximo*, observado que nesse mesmo instante o *motociclista se evadia do local*, o que configurou um cenário que revelava **fundada suspeita** estivesse ele a ocultar material ilícito (e-STJ fl. 516). No contexto, o acórdão recorrido ao reconhecer legítima a busca pessoal precedida de fundadas suspeitas de ocorrência de ilícito (justa causa) alinha-se à jurisprudência desta Corte Superior. [...] 4. **Existindo elementos indicativos da prática de crime no local** a autorizarem a violação domiciliar, mostra-se **desnecessário o prévio mandado de busca e apreensão**, como no presente caso, em que a entrada no imóvel ocorreu após a apreensão de drogas com o recorrente ainda em via pública" (STJ: AgRg no AREsp 2.457.549/SP, rel. Min. Reynaldo Soares da Fonseca, 5ª Turma, j. 12.12.2023).

Cap. 1 • CRIMES EM ESPÉCIE | **73**

ação de compra e venda de droga;[212] ou, por fim, sendo o suspeito "avistado pelos policiais" e vindo ele a "dispensar drogas que estavam na sua posse",[213] em todos esses casos, haverá justa causa para as buscas pessoais e fundadas razões para a subsequente exploração do domicílio sem prévia ordem judicial.

2.9.2.10. Buscas em residência sem sinais de habitação

O conceito de casa, para o escopo da proteção constitucional a que se refere o art. 5º, XI, CR/88, reveste-se de caráter amplo, compreendendo (a) qualquer compartimento habitado; (b) aposento ocupado de habitação coletiva e (c) compartimento privado não aberto ao público, onde alguém exerce profissão ou atividade.[214] Portanto, independentemente de seu formato e localização, de se tratar de bem móvel ou imóvel, a blindagem residencial pressupõe que o indivíduo a utilize para fins de habitação, ainda que de forma transitória.

Destarte,

> "sem desconsiderar a proteção constitucional de que goza a propriedade privada, ainda que desabitada, *não se verifica nulidade na busca e apreensão* efetuada por policiais, sem prévio mandado judicial, **em apartamento que não revela sinais de habitação, nem mesmo de forma transitória ou eventual**, se a aparente ausência de residentes no local se alia à **fundada suspeita** de que tal imóvel é utilizado para a prática de crime

---

[212] "3. No caso, os policiais receberam informações da ocorrência de tráfico de drogas, praticado mediante o uso de determinado veículo, passaram a averiguar os fatos e realizaram campana para monitorar as atividades. **Seguiram o investigado e observaram diversas entregas no bairro**, o que foi registrado por meio de fotografias e filmagens. Também foram feitas imagens aéreas para identificar o local exato, dentro do condomínio, para onde o acusado retornava a fim de supostamente buscar o entorpecente. Ao abordarem o investigado em via pública, os policiais localizaram 12 kg de maconha. Na sequência, em busca domiciliar, foi localizado o restante da droga apreendida. 4. Os elementos indicados apontam que a entrada dos policiais no domicílio, aparentemente, foi *precedida de fundadas razões objetivas e concretas quanto à existência de situação de flagrante delito no local*, de modo que, ao menos por ora, dentro dos limites de cognição possíveis nesta etapa, não constato ilegalidade patente que justifique o excepcional trancamento do processo" (STJ: AgRg no HC 837.866/RS, rel. Min. Rogerio Schietti Cruz, 6ª Turma, j. 04.12.2023). *Em sentido contrário*: "A constatação de indícios da prática de tráfico de drogas em via pública pelas forças policiais não autoriza, por si só, o ingresso forçado no domicílio do autuado como desdobramento automático do flagrante realizado fora da residência. [...] A apreensão de drogas com o acusado, ainda que pudesse indicar que ele estivesse efetivamente realizando o tráfico no local, não autoriza, por si só, a conclusão de que mais drogas estariam armazenadas, naquele momento, em sua residência, a ponto de justificar a relativização da proteção constitucional do domicílio" (STJ: AgRg no HC 758.683/GO, rel. Min. Laurita Vaz, 6ª Turma, j. 07.02.2023).

[213] STJ: AgRg no HC 750.295/RS, rel. Min. Jesuíno Rissato (Des. convocado do TJDFT), 6ª Turma, j. 11.12.2023. E ainda: "1. As instâncias ordinárias entenderam *não haver nulidade* quanto à abordagem policial, uma vez que o recorrente e o corréu estavam em localidade conhecida como *ponto de tráfico*, em uma motocicleta e, *ao avistarem os policiais* que faziam *patrulha* no local, *demonstraram nervosismo, desligando a luz da moto* e *dispensando uma sacola plástica no chão*. Posteriormente, em abordagem pessoal, foi verificado que com o corréu haviam 4 porções de cocaína e na sacola dispensada pelo recorrente mais 15 porções de cocaína. 2. A justa causa para a busca pessoal não se deu tão somente com base na fuga, tendo os policiais agido após a dispensa de drogas em via pública" (STJ: AgRg no AREsp 2.322.033/SP, rel. Min. Joel Ilan Paciornik, 5ª Turma, j. 12.12.2023).

[214] STF: RHC 90.376/RJ, rel. Min. Celso de Mello, 2ª Turma, j. 03.04.2007.

permanente (armazenamento de drogas e armas), o que afastaria a proteção constitucional concedida à residência/domicílio."[215]

É lícita, portanto, a busca realizada em *imóvel desabitado* quando este é utilizado exclusivamente para o armazenamento de drogas e armas, situação que afasta a proteção constitucional conferida ao domicílio. Em precedente significativo, o STJ analisou caso em que a diligência policial ocorreu em local que não constituía efetivamente uma residência ou domicílio do réu, mas, sim, um *bunker*, ou seja, "uma estrutura fortificada e subterrânea, construída para fins exclusivos de armazenamento e refino de drogas ilícitas, bem como para guarda de armas de grosso calibre."[216]

Nesse contexto, por não haver caracterização do imóvel como domicílio, também não haveria "que se analisar a presença de fundadas razões prévias ao ingresso policial, uma vez que o referido sítio não consubstancia objeto de proteção constitucional, mormente por se encontrar desabitado e se destinar ao armazenamento de vultuosa quantidade de drogas e armamentos."[217]

2.9.2.11. Tirocínio policial, atitude suspeita e nervosismo do autuado

Ao longo do tempo, foi criando corpo na jurisprudência a orientação segundo a qual há ilegalidade na diligência que tem por fundamento *apenas a alegação genérica* de **nervosismo** ou de **atitude suspeita** por parte do indivíduo, sem esboçar comportamentos que deem concretude a essas percepções.[218]

O que se quer, dessa maneira, é evitar a realização de diligências sem um mínimo embasamento concreto,[219] com esteio apenas na intuição policial. Assim, o *feeling* dos **agentes** (o sexto sentido) não configura, *de per si*, justa causa a permitir buscas pessoais

---

[215] STJ: HC 588.445/SC, rel. Min. Reynaldo Soares da Fonseca, 5ª Turma, j. 25.08.2020.

[216] STJ: HC 860.929/SP, rel. Min. Antonio Saldanha Palheiro, 6ª Turma, j. 27.08.2024.

[217] STJ: HC 860.929/SP, rel. Min. Antonio Saldanha Palheiro, 6ª Turma, j. 27.08.2024. Igualmente: "A casa abandonada, utilizada com o único propósito de tráfico de drogas, não é hipótese contemplada pela proteção constitucional da inviolabilidade de domicílio, prevista no art. 5º, XI, da Constituição da República" (STJ: AgRg no RHC 158.301/RS, rel. Min. Ribeiro Dantas, 5ª Turma, j. 29.03.2022).

[218] "Na espécie, a busca pessoal realizada na ré foi justificada com base apenas na *alegação vaga* de que ela haveria demonstrado *nervosismo* ao avistar a polícia, o que, por si só, não configura fundada suspeita de posse de corpo de delito apta a validar a revista, conforme entendimento consolidado nesta Corte Superior" (STJ: AgRg no HC 855.158/SP, rel. Min. Rogerio Schietti Cruz, 6ª Turma, j. 11.12.2023). E ainda: "Na espécie, a *busca pessoal* realizada no acusado foi justificada *com base apenas na alegação genérica de que o réu estava em atitude suspeita*. Não houve menção a nenhuma atitude concreta do paciente que indicasse a posse de substâncias entorpecentes naquela situação específica e ensejasse a revista no seu corpo" (STJ: AgRg no HC 833.982/PE, rel. Min. Rogerio Schietti Cruz, 6ª Turma, j. 05.12.2023).

[219] "A Corte Interamericana de Direitos Humanos, no caso Fernández Prieto & Tumbeiro v. Argentina (2020), reconheceu a existência de violação da Convenção Americana de Direitos Humanos pela Argentina em virtude de *revista pessoal baseada apenas em parâmetros subjetivos* e, por ocasião do julgamento, afirmou que: [...] ante a *ausência de elementos objetivos*, a classificação de determinada conduta ou aparência como suspeita, ou de certa reação ou expressão corporal como nervosa, obedece às convicções pessoais dos agentes intervenientes e as práticas dos próprios corpos de segurança, o que comporta um grau de arbitrariedade que é incompatível com o art. 7.3 da CADH" (STJ: AgRg no HC 855.158/SP, rel. Min. Rogerio Schietti Cruz, 6ª Turma, j. 11.12.2023).

e, tampouco, o ingresso forçado na casa de terceiro. Não por outro motivo, vem-se reconhecendo ilícitas as buscas "pessoal, domiciliar e veicular executadas [...] sem a existência de elementos reais e necessários para a efetivação da medida invasiva."[220]

Mas isso não quer dizer que a polícia não possa considerar movimentos suspeitos para realizar buscas. Esses elementos podem ser considerados pelos policiais para a realização de abordagens procedimentais contanto que sejam *explicitados*, com *dados objetivos*, em que consistem o **nervosismo** e a **atitude suspeita** do autor, detectados pelo **tirocínio policial**.[221] Portanto, o mal não está na percepção de uma atitude suspeita ou na detecção do nervosismo demonstrado pelo autor, mas, sim, em sua falta de concretude, no seu não detalhamento. É fundamental, pois, o registro dos elementos concretos que ensejaram a diligência para que o Ministério Público faça o devido controle externo da atividade policial e o Judiciário aprecie a legalidade da diligência.

Nessa perspectiva é que foram consideradas legítimas todas as diligências policiais indicadas nos julgados abaixo, em que o nervosismo e a atitude suspeita do agente foram evidenciados por dados concretos:

> "As instâncias ordinárias entenderam **não haver nulidade** quanto à abordagem policial, uma vez que o recorrente e o corréu estavam em *localidade conhecida como ponto de tráfico, em uma motocicleta e, ao avistarem os policiais que faziam patrulha no local,* **demonstraram nervosismo**, *desligando a luz da moto e dispensando uma sacola plástica no chão.* Posteriormente, em abordagem pessoal, foi verificado que com o corréu haviam 4 porções de cocaína e na sacola dispensada pelo recorrente mais 15 porções de cocaína."[222]

> "Na hipótese, nos moldes da conclusão da Corte local, verifica-se que as circunstâncias prévias à abordagem justificavam a **fundada suspeita** de que o paciente estaria na posse de elementos de corpo de delito, haja vista o fato de que os policiais militares *visualizaram um veículo invadindo o sinal vermelho* e, durante a abordagem, o próprio paciente, que estava no interior do carro, demonstrou **nervosismo exacerbado** ao verificar a abordagem pela viatura policial, pois estava com entorpecentes no seu bolso e, na oportunidade, *resolveu dispensar as drogas* no assoalho no automóvel, atrás do banco do passageiro, onde estava sentado."[223]

> "Na hipótese, nos moldes da conclusão da Corte local, atesta-se a **legalidade da abordagem** feita contra o ora paciente pelos policiais militares, que se deu diante da **atitude suspeita** do acusado que, ao *visualizar a aproximação dos policiais*, em *local conhecido pelo comércio ilícito de entorpecentes*, apressou-se em *ocultar algo dentro de*

---

[220]   STJ: AgRg no HC 679.430/SP, rel. Min. Reynaldo Soares da Fonseca, 5ª Turma, j. 21.09.2021.

[221]   "Não se está a dizer que desconfianças, intuições, suspeitas, muitas vezes decorrentes da experiência e recorrência de atividades vivenciadas no dia a dia policial devam ser simplesmente ignoradas. Tais circunstâncias podem justificar o início de atos de investigação, que *em conjunto com outros elementos*, devidamente justificados, poderão ensejar diligências dirigidas especificamente contra o investigado [...]" (STF: AgRg no HC 175.038/SP, Min. Edson Fachin, j. 11.04.2023).

[222]   STJ: AgRg no AREsp 2.322.033/SP, rel. Min. Joel Ilan Paciornik, 5ª Turma, j. 12.12.2023.

[223]   STJ: AgRg no HC 868.542/SP, rel. Min. Reynaldo Soares da Fonseca, 5ª Turma, j. 30.11.2023.

LEI DE DROGAS: Aspectos Penais e Processuais – *Cleber Masson* • *Vinícius Marçal*

bolso da bermuda que trajava. **Esse fato, sugestivo de que algo ilegal pudesse estar em curso, chamou a atenção dos policiais, os quais, assim, decidiram abordar o paciente**. Com a abordagem, o paciente foi revistado e os policiais encontraram no bolso da bermuda dele seis pedras da substância estupefaciente conhecida como crack, em situação desconforme à lei. Nessa situação, é possível extrair, a partir da documentação carreada aos autos, elementos fáticos que justificam a decisão de realizar a abordagem e a busca corporal."[224]

Portanto, sendo a segurança pública um dever do Estado a ser exercido para a preservação da ordem pública e da incolumidade das pessoas e do patrimônio (CR/88, art. 144), é da competência das polícias militares a atuação ostensiva (CR/88, art. 144, § 5º) com o fim de "realizar a prevenção dos ilícitos penais, com adoção das ações necessárias ao pronto restabelecimento da ordem pública" e "exercer todas as prerrogativas inerentes ao poder de polícia" (Lei 14.751/2023, art. 5º, IV e XXIII).

Havendo, assim, *movimentação atípica por parte do agente* a despertar a atenção da polícia, *desde que sejam explicitadas as condutas praticadas pelo sujeito*, não há ilegalidade alguma na abordagem policial que descreve a atitude suspeita e o nervosismo do autor, pois, como bem ressaltado pelo Min. Gilmar Mendes,

> "se um agente do Estado não puder realizar abordagem em via pública a partir de **comportamentos suspeitos do alvo**, tais como **fuga, gesticulações e demais reações típicas, já conhecidas pela ciência aplicada à atividade policial**, haverá sério comprometimento do exercício da segurança pública. [...] Com efeito, **a Constituição** que assegura o direito à intimidade, à ampla defesa, contraditório e inviolabilidade do domicílio é a mesma que **determina punição a criminosos e o dever do Estado de zelar pela segurança pública**. É dizer: o policiamento preventivo e ostensivo, próprio das Polícias Militares, a fim de salvaguardar a segurança pública, é um dever constitucional."[225]

2.9.2.12. Distinção entre busca pessoal e inspeção de segurança

O Superior Tribunal de Justiça, no julgamento do AgRg no AREsp 2.624.125/PR (6ª Turma, j. 24.09.24), estabeleceu importante diferenciação entre a busca pessoal de natureza processual penal e a **inspeção de segurança administrativa** (também denominada *busca pessoal por razões de segurança*).

A busca pessoal, regulada pelo art. 244 do Código de Processo Penal, exige fundada suspeita para sua realização, caracterizando-se como medida de natureza processual penal. Sua execução demanda a presença de elementos concretos que justifiquem a suspeita de posse de objetos ilícitos.

Já a **inspeção de segurança possui natureza administrativa**, decorrente do regular exercício do poder de polícia estatal, ocorre rotineiramente em locais de grande circulação, como aeroportos, rodoviárias e eventos públicos, **prescindindo de fundada suspeita**. Sua

---

[224] STJ: AgRg no HC 867.599/PE, rel. Min. Reynaldo Soares da Fonseca, 5ª Turma, j. 18.12.2023.
[225] STF: RHC 229.514/PE, j. 28.08.2023.

legitimidade deriva da necessidade de zelar pela integridade física dos usuários e pela segurança das instalações.[226]

O STJ destaca como principal elemento distintivo o aspecto contratual da inspeção de segurança: o indivíduo tem a faculdade de se submeter ou não ao procedimento, sendo que a recusa apenas impede o acesso ao serviço ou transporte, funcionando como medida dissuasória. Esse caráter consensual inexiste na busca pessoal, que é coercitiva por natureza.

Ademais, enquanto a busca pessoal demanda referibilidade específica (fundada suspeita), a inspeção de segurança caracteriza-se pela *aleatoriedade* e *padronização dos procedimentos*. Se tal inspeção pode ser realizada por agentes privados em contexto de segurança, com mais razão pode – e deve – ser executada por agentes públicos no mesmo contexto, resguardado o controle judicial posterior quanto à proporcionalidade da medida.

Essa distinção tem especial relevância em regiões de fronteira, onde as operações de fiscalização rotineira em transportes coletivos constituem *legítimo exercício do poder de polícia*, não se confundindo com a busca pessoal do art. 244 do CPP. O encontro fortuito de provas durante as inspeções é juridicamente válido, desde que a medida tenha sido executada dentro dos parâmetros de proporcionalidade e sem exposição vexatória dos indivíduos.

Em razão de sua clareza didática e por elucidar diversos pontos aqui abordados, merecem destaque os seguintes trechos da ementa do HC 625.274/SP, julgado pela 6ª Turma do Superior Tribunal de Justiça em 17.10.2023:

"[...] DROGAS ENCONTRADAS NAS BAGAGENS DE PASSAGEIROS DO ÔNIBUS VISTORIADAS PELA POLÍCIA RODOVIÁRIA, EM FISCALIZAÇÃO DE ROTINA. INSPEÇÃO DE SEGURANÇA QUE NÃO SE CONFUNDE COM BUSCA PESSOAL (NATUREZA PROCESSUAL PENAL). LEGÍTIMO EXERCÍCIO DO PODER DE POLÍCIA. LICITUDE DAS PROVAS OBTIDAS. [...]. 1. A partir do julgamento do RHC n.º 158580/BA, da relatoria do Ministro Rogério Schietti Cruz, a Sexta Turma aprofundou a compreensão acerca do instituto da busca pessoal, analisando de forma exaustiva os requisitos do art. 244 do Código de Processo Penal. A análise do caso

---

[226] "[...] BUSCA EM ÔNIBUS DE PASSAGEIROS. REGIÃO DE FRONTEIRA INTERNACIONAL. FISCALIZAÇÃO DE ROTINA. LEGÍTIMO EXERCÍCIO DO PODER DE POLÍCIA. LICITUDE DAS PROVAS OBTIDAS. [...] 1. Ao aperfeiçoar seu entendimento jurisprudencial, este Superior Tribunal, no julgamento do HC n. 625.274/SP (relatora Ministra Laurita Vaz, Sexta Turma, julgado em 17/10/2023, DJe de 20/10/2023), firmou a orientação de que **prescinde de fundada suspeita a atividade de fiscalização decorrente do regular exercício do poder de polícia do Estado**, como as operações padronizadas de monitoramento da circulação de pessoas e de veículos que ocorrem em portos, aeroportos (exemplo: raio-X em bagagens) e rodovias (ilustrativamente: fiscalizações de caminhões de carga, de ônibus e de demais veículos que transportam passageiros) que não impedem o encontro fortuito de provas de eventual infração penal. Precedentes. 2. No caso, os smartphones encontrados nas bagagens da passageira do ônibus vistoriado, de origem estrangeira e desacompanhados de documentos de regular introdução no país, ocorreu em fiscalização de rotina, que **dispensa fundada suspeita ou prévio indício do cometimento de crime e decorre do legítimo exercício do poder de polícia**, diante da necessidade de monitoramento de transportes que circulam em região de fronteira internacional. Ademais, primeiro foi encontrada a mercadoria irregular e depois se identificou a quem ela pertence, circunstância que reforça a ausência de subjetivismo e de desproporcionalidade na conduta do agente público. Assim, fica afastada a tese de ilicitude das provas obtidas" (STJ: AgRg no AREsp 2.624.125/PR, rel. Min. Rogerio Schietti Cruz, 6ª Turma, j. 24.09.2024).

concreto revela a necessidade de se atentar para a *distinção existente entre a busca pessoal prevista na lei processual penal e outros procedimentos que não possuem a mesma natureza, os quais, a rigor, não exigem a presença de 'fundada suspeita'*. 2. **A denominada 'busca pessoal por razões de segurança' ou 'inspeção de segurança', ocorre rotineiramente em aeroportos, rodoviárias, prédios públicos, eventos festivos, ou seja, locais em que há grande circulação de pessoas e, em consequência, necessidade de zelar pela integridade física dos usuários, bem como pela segurança dos serviços e instalações**. 3. Embora a inspeção de segurança também envolva restrição a direito fundamental e possa ser alvo de controle judicial *a posteriori*, a fim de averiguar a proporcionalidade da medida e a sua realização sem exposição vexatória, o principal ponto de distinção em relação à busca de natureza penal é a faculdade que o indivíduo tem de se sujeitar a ela ou não. Em outras palavras, *há um aspecto de contratualidade*, pois a recusa a se submeter à inspeção apenas irá obstar o acesso ao serviço ou transporte coletivo, funcionando como uma medida de segurança dissuasória da prática de ilícitos. Doutrina. 4. A título exemplificativo, destaco que a *inspeção de segurança em aeroportos* decorre de cumprimento de diretriz internacional, prevista no Anexo 17 da Convenção da Organização Internacional de Aviação Civil (OACI), da qual o Brasil é signatário. O Decreto n.º 11.195/22 regulamenta a questão e prevê expressamente que a inspeção de passageiros e bagagens é de responsabilidade do operador de aeródromo, sob supervisão da Polícia Federal (art. 81). Ou seja, delega-se essa possibilidade ao agente privado, sendo a atuação policial também prevista, de forma subsidiária e complementar. 5. Nesse contexto, se a busca ou inspeção de segurança – em espaços e transporte coletivos – pode ser realizada por agentes privados incumbidos da segurança, com mais razão pode – e deve – ser realizada por agentes públicos que estejam atuando no mesmo contexto, sem prejuízo do controle judicial *a posteriori* acerca da proporcionalidade da medida, em ambos os casos. 6. **O contexto que legitima a inspeção de segurança em espaços e meios de transporte de uso coletivo é absolutamente distinto daquele que ampara a realização da busca pessoal para fins penais**, na qual há que se observar a necessária referibilidade da medida (fundada suspeita de posse de objetos ilícitos), conforme já muito bem tratado no referido RHC n.º 158.580/BA, da relatoria do Ministro Rogerio Schietti Cruz. 7. No caso concreto, policiais rodoviários federais, em fiscalização na Rodovia Castelo Branco, *abordaram ônibus* que fazia o trajeto de Dourados-MS para São Paulo-SP. A inspeção teve início a partir dos passageiros que se situavam no final do veículo, momento que *selecionaram para inspeção aleatória de bagagem* a paciente e o adolescente que viajava ao seu lado. 8. Os agentes públicos acrescentaram que a seleção se deu a partir de *análise comportamental* (nervosimo visível e troca de olhares entre um adolescente viajando sozinho e outra passageira que afirmou não conhecer). Afirmaram ainda que informaram à paciente quanto ao direito de permanecer em silêncio e, em seguida, iniciaram a vistoria das bagagens, localizando cerca de 30kg de maconha, divididos em tabletes, tanto nos pertences da Paciente, como nos do adolescente que viajava ao seu lado, embalados da mesma forma. 9. Assim, **forçoso concluir que a inspeção de segurança nas bagagens dos passageiros do ônibus, em fiscalização de rotina realizada pela Polícia Rodoviária Federal, teve natureza administrativa, ou seja, não se deu como busca pessoal de** natureza processual penal e, portanto, prescindiria de fundada suspeita. Dito de outro modo, se a bagagem dos passageiros poderia ser submetida à inspeção aleatória na rodoviária ou em um aeroporto, passando por um raio-X ou inspeção manual detalhada, sem qualquer prévia indicação de suspeita, por exemplo, não há razão para questionar a legalidade da vistoria feita pelos policiais rodoviários federais, que atuaram no contexto fático de típica inspeção de segurança em transporte coletivo. 10. Ainda que assim não se entenda, penso que a busca do caso concreto também seria capaz de preencher os requisitos do art. 244 do Código de Processo Penal. Com efeito, penso que se pode ter por fundada a suspeita que decorre da troca de olhares nervosos entre um adolescente viajando sozinho e uma outra passageira que afirmou desconhecer, sobretudo quando se considera que o ônibus partiu de localidade conhecida como um dos mais relevantes pontos de entrada e distribuição de drogas no país [...]."

2.10. Tentativa

A tentativa de tráfico de drogas é instituto que, embora em tese possível, revela-se de extrema raridade na prática. Com efeito, em razão da multiplicidade de núcleos do tipo – 18 no total –, os atos preparatórios ou executórios de determinada conduta já podem significar, na maioria das vezes, a consumação de outras. Exemplificativamente, o sujeito que tenta vender a droga para terceira pessoa, muito provavelmente, já a expôs à venda, a trouxe consigo etc. Como já decidido pelo Superior Tribunal de Justiça:

"O delito previsto no art. 33, *caput*, da Lei n. 11.343/2006, classificado como de ação múltipla ou de misto alternativo, consuma-se com a prática de qualquer dos verbos nele previstos, no caso, como dito, as condutas de 'transportar', 'ter em depósito' e 'trazer consigo'. Portanto, não há falar em crime tentado sob o argumento de que a conduta de exportar não se completou, porque os entorpecentes não saíram dos limites fronteiriços brasileiros."[227]

Mas, vale destacar, não se pode descartar o *conatus*. Pode acontecer de o sujeito tentar adquirir uma substância entorpecente, para fins de tráfico, e não conseguir alcançar a consumação por circunstâncias alheias à sua vontade, e sem incidir em nenhum dos outros núcleos contidos no art. 33, *caput*, da Lei 11.343/2006.

Ao contrário da maioria da doutrina, Paulo Rangel e Carlos Bacila não veem dificuldade alguma para a configuração da tentativa de qualquer núcleo do art. 33:

"Suponha-se que Alfonso seja responsável por embarcar a droga para ser enviada por meio de uma lancha e é preso nesse momento. Ampliar a interpretação de sua realização para também abranger a conduta de trazer consigo parece um equívoco, pois o agente não estava trazendo consigo a droga (portando-a, de forma que fosse possível consumi-la naquele momento [...]), mas somente iniciando a remessa da droga. [...] Qual era a finalidade de Alfonso, remeter ou trazer consigo, ou ambos? Somente remeter

---

[227] STJ: REsp 1.391.929/RJ, Rel. Min. Ribeiro Dantas, 5ª Turma, *DJe* 14.11.2016.

LEI DE DROGAS: Aspectos Penais e Processuais – *Cleber Masson* • *Vinícius Marçal*

as drogas. Então cabe-lhe o direito de ser punido exclusivamente pelo crime tentado. [...] A mesma análise pode ser feita para todos os outros verbos [...]."[228]

2.11. Ação penal

A ação penal é pública incondicionada, e observará o rito procedimental especial disposto nos arts. 54 a 59 da Lei de Drogas, aplicando-se, subsidiariamente, as disposições do Código de Processo Penal e da Lei de Execução Penal (Lei 11.343/2006, art. 48). A fase investigatória também possui regras próprias na Lei de Drogas (arts. 50 a 53).

2.12. Penas. Sucessão de leis no tempo e combinação de leis

As penas do art. 33, *caput* – reclusão, de 5 (cinco) a 15 (quinze) anos, e pagamento de 500 (quinhentos) a 1.500 (mil e quinhentos) dias-multa[229] – foram estipuladas com majoração em relação ao art. 12, *caput*, da Lei 6.368/1976.[230]

Por outro lado, o § 4º do art. 33 da Lei 11.343/2006 criou uma causa de diminuição de pena não prevista na legislação anterior. De acordo com esse dispositivo, as penas do tráfico de drogas poderão ser reduzidas de um sexto a dois terços, desde que o agente seja primário, de bons antecedentes, não se dedique às atividades criminosas nem integre organização criminosa. Nesse aspecto, a Lei 11.343/2006 opera retroativamente, em atendimento à regra contida no art. 5º, XL, da CR/1988, de modo a incidir sobre fatos praticados antes de sua vigência, pois trata-se de *novatio legis in mellius* (*lex mitior*).

Diante disso, considerando-se, de um lado, o preceito secundário cominado no art. 12 da Lei 6.368/1976 e, de outro, a causa especial de diminuição da pena prevista no art. 33, § 4º, Lei 11.343/2006, indaga-se: seria possível a **combinação das leis,** de maneira a aplicar as partes mais benéficas de cada uma delas em favor do réu?

Conquanto a possibilidade (**teoria da ponderação diferenciada**)[231] de combinação de leis já tenha encontrado eco no Supremo Tribunal Federal, mais recentemente a Corte

---

[228] RANGEL, Paulo; BACILA, Carlos Roberto. *Lei de drogas*: comentários penais e processuais. 3. ed. São Paulo: Atlas, 2015. p. 93-94.

[229] Apesar de existirem algumas vozes apontando a inconstitucionalidade – por mácula ao princípio da proporcionalidade – do montante da pena de multa para o tráfico de drogas, "os Tribunais, todavia, não têm reconhecido a alegada inconstitucionalidade, com o argumento de que os traficantes e seus financiadores buscam a obtenção de lucro fácil, pouco se importando com a vida e a saúde de milhares de pessoas que são prejudicadas pela dependência, de modo que o legislador, ao prever pena de multa em patamares maiores, visa, tão somente, utilizar meio de maior eficácia na inibição do comércio de drogas. Salientam, ainda, que a pena pecuniária não pode ser convertida em privativa de liberdade, de modo que, se o agente for condenado e não tiver condições de arcar com os valores fixados na sentença, nada poderá ser feito contra ele" (GONÇALVES, Victor Eduardo Rios; BALTAZAR JUNIOR, José Paulo. *Legislação penal especial*. São Paulo: Saraiva, 2015. p. 93).

[230] Rezava o preceito secundário do revogado art. 12: "Reclusão, de 3 (três) a 15 (quinze) anos, e pagamento de 50 (cinquenta) a 360 (trezentos e sessenta) dias-multa."

[231] Por essa teoria, considerada a complexidade de cada uma das leis em conflito no tempo e a relativa autonomia de cada uma das disposições, é preciso proceder-se ao confronto de cada uma das disposições de cada lei, podendo, portanto, acabar por se aplicar ao caso *sub iudice* disposições de ambas as leis.

Suprema entendeu ser **inadmissível**[232] (**teoria da ponderação unitária ou global**)[233] a conjugação de partes mais benéficas das referidas normas, para criar-se uma terceira lei, sob pena de violação ao princípio da separação dos Poderes. Desse modo, à luz do caso concreto, deveria o juiz avaliar qual das mencionadas leis seria mais favorável ao réu e aplicá-la em sua integralidade.

Na mesma linha de pensamento, o Superior Tribunal de Justiça editou a **Súmula 501**: "É cabível a aplicação retroativa da Lei nº 11.343/2006, desde que o resultado da incidência das suas disposições, *na íntegra*, seja mais favorável ao réu do que o advindo da aplicação da Lei nº 6.368/1976, sendo vedada a combinação de leis."

2.13. Lei 9.099/1995 e acordo de não persecução penal

O preceito secundário do art. 33, *caput*, da Lei 11.343/2006 prevê a sanção de reclusão de 5 (cinco) a 15 (quinze) anos, e pagamento de 500 (quinhentos) a 1.500 (mil e quinhentos) dias-multa. Cuida-se de **crime de máximo potencial ofensivo**, pois o art. 5º, inc. XLIII, da Constituição Federal impôs ao legislador ordinário a obrigatoriedade de tratamento mais severo ao tráfico de drogas, inviabilizando a incidência dos benefícios elencados pela Lei 9.099/1995.

Ademais, o art. 33, *caput*, da Lei de Drogas é **incompatível**[234] com a celebração do **acordo de não persecução penal (ANPP)**, porquanto a pena mínima prevista em seu preceito secundário não é inferior a quatro anos, como exige o art. 28-A, *caput*, do Código de Processo Penal.[235]

Em relação ao **tráfico privilegiado** (Lei 11.343/2006, art. 33, § 4º), quando aplicada a redução máxima sobre a pena mínima, obtém-se sanção inferior a quatro anos, atendendo ao requisito objetivo do acordo de não persecução penal. Contudo, a caracterização do privilégio demanda a presença simultânea de quatro elementos: primariedade, bons antecedentes, não dedicação a atividades criminosas e não integração a organização criminosa. A complexidade em verificar esses requisitos ainda na fase investigativa suscitou controvérsia quanto à aplicabilidade do ANPP nesta modalidade delitiva. Veja-se:

1ª posição: Sustenta a *impossibilidade* do acordo de não persecução penal nos casos de tráfico privilegiado, fundamentando-se em dois argumentos principais. Primeiro, a inviabilidade de uma avaliação prospectiva quanto à incidência da minorante, já que o Ministério Público, ao formar sua *opinio delicti*, raramente dispõe de elementos suficientes para verificar a presença simultânea dos requisitos do privilégio. Essa limitação

---

[232] RE 600.817/MS, rel. Ricardo Lewandowski, Plenário, j. 30.10.2014.

[233] Essa teoria repele a combinação de leis penais, em homenagem aos princípios da reserva legal e da separação dos Poderes do Estado, sob o argumento de ser vedada ao Poder Judiciário a criação de uma terceira pena.

[234] "Não se pode falar na aplicação do art. 28-A do CPP ao crime de tráfico, uma vez que este não tem pena mínima inferior a 04 anos, um dos requisitos exigidos pelo referido dispositivo" (STJ: AgRg no AgRg no AREsp 1.635.787/SP, rel. Min. Reynaldo Soares da Fonseca, 5ª Turma, j. 12.05.2020).

[235] Consoante o art. 28-A e parágrafos do CPP, seis são os requisitos do acordo: (*a*) confissão; (*b*) ausência de violência ou grave ameaça; (*c*) **pena mínima inferior a quatro anos**; (*d*) ausência de cabimento da transação penal; (*e*) não se trate de investigado reincidente ou criminoso habitual; (*f*) não tenha o agente sido beneficiado nos cinco anos anteriores ao cometimento da infração, em acordo de não persecução penal, transação penal ou suspensão condicional do processo.

conduz o órgão ministerial a oferecer denúncia pelo *tipo fundamental* – hediondo por equiparação e, portanto, incompatível com o acordo.[236] Segundo, a praxe processual desaconselha a descrição e capitulação de causas de diminuição de pena na denúncia (exceto a tentativa), pois seu reconhecimento depende de prova a ser produzida em juízo, conforme a sistemática do art. 68 do Código Penal, circunstância que normalmente inviabiliza o acordo.[237]

Nesse passo, a 5ª Turma do Superior Tribunal de Justiça já decidiu que:

> "Para serem consideradas as causas de aumento e diminuição, para aplicação do Acordo de Não Persecução Penal (ANPP), essas devem estar descritas na denúncia, que, no presente caso, inocorreu, não sendo possível considerar, no cálculo da pena mínima cominada ao crime imputado ao acusado, a causa de diminuição reconhecida apenas quando do julgamento do recurso especial. *No caso do delito de tráfico, far-se-á necessário o curso da ação penal, em regra, para aferir os requisitos previstos no art. 33, § 4º, da Lei nº 11.343/2006, o que obsta a aplicação do benefício, que decorre, inclusive do tratamento constitucional e da lei que são rigorosos na repressão contra o tráfico de drogas, crime grave, que assola o país, merecendo um maior rigor estatal.*"[238]

O entendimento dessa primeira corrente pode ser *excepcionado* quando o Ministério Público, em suas alegações finais, reconhece a possibilidade de aplicação da minorante do tráfico privilegiado (art. 33, § 4º). Nessas situações, conforme decidiu a 2ª Turma do STF no HC 194.677/SP, a modificação do panorama fático viabiliza a proposta do acordo de não persecução penal.[239] Esse mesmo entendimento se estende aos casos de procedência parcial da pretensão punitiva e de desclassificação do delito, seja por *emendatio* ou *mutatio libelli*. Em todas essas hipóteses, preenchidos os requisitos legais do ANPP,

---

[236] O Código de Processo Penal ordena que, "para aferição da pena mínima cominada ao delito a que se refere o *caput* deste artigo, serão consideradas as causas de aumento e diminuição aplicáveis ao caso concreto" (CPP, art. 28-A, § 1º). Mas, no que importa ao ANPP, "para serem consideradas as causas de aumento e diminuição, essas devem estar descritas na denúncia" (STJ: HC 671.075/SP, rel. Min. Jesuíno Rissato [Des. convocado do TJDFT], decisão monocrática, j. 16.09.2021).

[237] "Não é possível a realização de uma prognose em relação ao futuro regime de cumprimento de pena aplicado ao réu, no caso de eventual condenação, mormente quando a sua primariedade não é o único requisito a ser examinado na fixação da reprimenda e na imposição do modo inicial do cumprimento da sanção, visto que a orientação desta Corte Superior é firme em asseverar que a análise desfavorável de outras circunstâncias judiciais ou, até mesmo, a menção a elementos concretos dos autos, indicativos do risco de reiteração criminosa e da acentuada reprovabilidade da conduta delitiva, são idôneos para estabelecer regime mais gravoso" (STJ: HC 561.520/SP, rel. Min. Rogerio Schietti Cruz, 6ª Turma, j. 23.06.2020).

[238] STJ: Edcl no AgRg no AgRg no AREsp 1.635.787/SP, rel. Min. Reynaldo Soares da Fonseca, 5ª Turma, j. 04.08.2020.

[239] "[...] Consoante jurisprudência do Supremo Tribunal Federal, não cabe ao Poder Judiciário impor ao Ministério Público obrigação de ofertar acordo em âmbito penal. [...] No caso concreto, em alegações finais, o MP posicionou-se favoravelmente à aplicação do redutor de tráfico privilegiado. Assim, alterou--se o quadro fático, tornando-se potencialmente cabível o instituto negocial. Ordem parcialmente concedida para determinar sejam os autos remetidos à Câmara de Revisão do Ministério Público Federal, a fim de que aprecie o ato do procurador da República que negou à paciente a oferta de acordo de não persecução penal" (STF: HC 194.677/SP, rel. Min. Gilmar Mendes, 2ª Turma, j. 11.05.2021).

o instrumento negocial torna-se cabível, como assentou a 5ª Turma do STJ no AgRg no REsp 2.016.905/SP.[240]

2ª posição (majoritária nos Tribunais Superiores): O acordo de não persecução penal *é compatível com o tráfico privilegiado*, sendo vedado ao Ministério Público realizar *overcharging* (excesso de acusação) na denúncia com o único propósito de impedir a aplicação do privilégio quando este se mostrar evidente.

Nesse sentido, no julgamento do HC 596.603/SP (j. 08.09.2020), a 6ª Turma do STJ enfatizou que a acusação formulada pelo Ministério Público deve refletir responsavelmente a realidade fático-jurídica evidenciada pelo inquérito policial, que frequentemente já indica não se tratar de hipótese de subsunção da conduta ao crime de tráfico de drogas previsto no *caput* do art. 33.

Com o reconhecimento da minorante do tráfico privilegiado, a pena abstratamente cominada passa a se adequar ao limite de 4 anos estabelecido no art. 28-A do CPP. Nesse cenário, assiste ao acusado o direito ao ANPP "mesmo se o *Parquet* tiver descrito os fatos na denúncia de maneira imperfeita, pois o excesso de acusação (*overcharging*) não deve prejudicar o acusado."[241]

Em consonância com esse entendimento, o Plenário do Supremo Tribunal Federal, ao julgar o HC 185.913/DF em 18 de setembro de 2024, estabeleceu diretrizes fundamentais sobre a aplicação do Acordo de Não Persecução Penal. *O caso envolvia condenação por tráfico privilegiado de drogas*, com pena de 1 ano, 11 meses e 10 dias de reclusão em regime aberto, anterior à vigência do Pacote Anticrime.

Na decisão, o Supremo reconheceu a constitucionalidade da aplicação retroativa do ANPP nos processos penais sem decisão definitiva ou com pedido de celebração de acordo formulado antes do trânsito em julgado, por se tratar de norma mais benéfica ao acusado (CF/1988, art. 5º, XL). Entre outras teses, fixou-se o seguinte entendimento:

> "Nas investigações ou ações penais iniciadas a partir da proclamação do resultado deste julgamento, *a proposição de ANPP pelo Ministério Público, ou a motivação para o seu não oferecimento, devem ser apresentadas antes do recebimento da denúncia*, ressalvada a possibilidade de propositura, pelo órgão ministerial, no curso da ação penal, se for o caso."

Dessa forma, consolidou-se a possibilidade de celebração do acordo de não persecução penal nos casos de tráfico privilegiado. Além disso, para coibir o *overcharging* (prática de imputação excessiva), estabeleceu-se que o Ministério Público deve fundamentar expressamente a recusa em propor o ANPP na cota de oferecimento da denúncia, decisão esta que poderá ser objeto de controle, conforme previsto no artigo 28-A, § 14, do Código de Processo Penal.

---

[240] STJ: AgRg no REsp 2.016.905/SP, rel. Min. Messod Azulay Neto, 5ª Turma, j. 07.03.2023.

[241] STJ: HC 822.947/GO, rel. Min. Ribeiro Dantas, 5ª Turma, j. 27.6.2023. E ainda: STJ: HC 942.904/RJ, rel. Min. Daniela Teixeira, 5ª Turma, j. 26.11.2024. Por fim: "A jurisprudência das Turmas do STJ tem reconhecido a necessidade de retorno dos autos à origem, para oportunizar a proposta de ANPP, quando há desclassificação para o tráfico privilegiado, pois o excesso de acusação (*overcharging*) não deve prejudicar o acusado" (STJ: AgRg no HC 933.284/SC, rel. Min. Daniela Teixeira, 5ª Turma, j. 17.10.2024).

2.14. Questões controversas

2.14.1. Tráfico de drogas e princípio da insignificância

A jurisprudência dos Tribunais Superiores consolidou-se de forma expressivamente **majoritária** no sentido da **incompatibilidade** entre o princípio da insignificância e o delito de tráfico de drogas, independentemente da quantidade[242] de entorpecente apreendido ou das características pessoais do agente.[243] Essa orientação fundamenta-se em dois pilares principais: a natureza jurídica do delito como crime de perigo abstrato, no qual o risco à saúde pública é presumido de modo absoluto pela mera realização da conduta típica, e o mandamento constitucional de tratamento penal mais rigoroso ao tráfico de drogas, inscrito no art. 5º, XLIII, da Constituição da República.

Nessa perspectiva tradicional, revela-se *incompatível* a incidência do princípio bagatelar em delito que a própria Lei Maior classifica como de *máximo potencial ofensivo*, tornando-se inviável o reconhecimento dos vetores que tradicionalmente autorizam sua aplicação: mínima ofensividade da conduta, ausência de periculosidade social da ação, reduzido grau de reprovabilidade do comportamento e inexpressividade da lesão jurídica.

Esse cenário jurisprudencial aparentemente consolidado sofreu significativa inflexão em 11 de novembro de 2019, quando a 2ª Turma do Supremo Tribunal Federal, no julgamento do *Habeas Corpus* 127.573/SP,[244] reconheceu a *possibilidade de aplicação* do princípio da insignificância ao tráfico de drogas. O caso concreto envolvia uma mulher condenada, com fundamento no art. 33 da Lei de Drogas, à pena de seis anos, nove meses e vinte dias de reclusão em regime inicial fechado pela *venda de apenas um grama de maconha*. Embora a condenação houvesse sido mantida pelo Tribunal de Justiça paulista, o órgão fracionário do Supremo reformou o entendimento.

O Min. Gilmar Mendes, relator do *writ*, acompanhado pelos Ministros Celso de Mello e Ricardo Lewandowski,[245] desenvolveu consistente fundamentação pela aplicabilidade do princípio da bagatela ao caso. Em sua análise, a quantidade ínfima de entorpecente (um grama de maconha) revelava-se incapaz de provocar lesão ou perigo concreto à paz social, à segurança ou à saúde pública, afastando a tipicidade material da conduta, não obstante sua adequação formal ao tipo penal. O relator enfatizou a flagrante desproporcionalidade entre a imposição de sanção tão severa e a comercialização de quantidade manifestamente irrisória de droga, especialmente diante da ausência de indícios de práticas anteriores de tráfico em maior escala.

---

[242] STF: HC 129.489/MG, rel. Min. Marco Aurélio, 1ª Turma, j. 17.09.2019. Igualmente: STJ: EDcl no HC 463.656/SP, rel. Min. Nefi Cordeiro, 6ª Turma, j. 04.10.2018. *Em sentido contrário*, Paulo Rangel e Carlos Roberto Bacila defendem a incidência do princípio da insignificância ao tráfico de drogas: *Lei de drogas*: comentários penais e processuais. 3. ed. São Paulo: Atlas, 2015. p. 81.

[243] STF: HC 91.759/MG, rel. Min. Menezes Direito, 1ª Turma, j. 09.10.2007.

[244] O julgamento foi assim ementado: *"Habeas corpus*. 2. Posse de 1 (um) grama de maconha. 3. Condenação à pena de 6 (seis) anos, 9 (nove) meses e 20 (vinte) dias de reclusão, em regime inicial fechado. 4. Pedido de absolvição. Atipicidade material. 5. Violação aos princípios da ofensividade, proporcionalidade e insignificância. 6. Parecer da Procuradoria-Geral da República pela concessão da ordem. 7. Ordem concedida para reconhecer atipicidade material" (HC 127.573/SP, rel. Min. Gilmar Mendes, 2ª Turma, j. 11.11.2019).

[245] Vencidos os Min. Edson Fachin e Cármen Lúcia.

Em sua fundamentação, o Ministro problematizou a recorrente negativa de aplicação do princípio da insignificância aos crimes de tráfico, sustentando que tal orientação derivaria mais de uma opção político-criminal arbitrária do que propriamente de uma impossibilidade dogmática. Questionou, assim, a precisão do raciocínio que estabelece uma correlação automática entre a natureza de crime de perigo abstrato, somada à tutela de bem jurídico difuso, e a impossibilidade de reconhecimento da bagatela. Em suas palavras:

> "[...] compreender a arquitetura dogmática dos crimes de perigo abstrato como uma presunção absoluta de risco de dano, revela-se um juízo precipitado e equivocado. Na linha de cuidado-de-perigo ao bem jurídico tutelado pela norma jurídico-penal, pode haver: (1) demonstração de dano; (2) demonstração da certeza de risco de dano; (3) demonstração da possibilidade de risco de dano; *(4) não demonstração da possibilidade de risco de dano ou impossibilidade de risco de dano.* O primeiro caso corresponde aos crimes de dano, o segundo aos crimes de perigo concreto, o terceiro aos crimes de perigo abstrato e *o último caso a uma conduta atípica. Isso significa que se não houver, no caso concreto, uma clara comprovação da possibilidade de risco de dano da conduta do agente ao bem jurídico tutelado, estaremos diante de um comportamento atípico do ponto de vista material, ainda que haja uma subsunção formal da conduta ao tipo penal de perigo abstrato.*
>
> Penso que uma precisa *delimitação da tipicidade material em suas dimensões positiva e negativa* pode iluminar o entendimento sobre a aplicabilidade do princípio da insignificância no caso em tela. A dimensão valorativa positiva do tipo material se liga ao bem jurídico tutelado, sendo que a questão decisiva aqui é saber se a norma protege um valor da comunidade digno de ser tutelado pelo direito penal. *Já a dimensão negativa da tipicidade material está intimamente conectada com o grau de lesividade da conduta concreta ao bem jurídico protegido pela norma penal. [...] A questão aqui é saber se e em que grau o comportamento ofende o bem jurídico digno de tutela penal. Justamente nessa dimensão negativa, surge na doutrina italiana o princípio da ofensividade, que prevê, em síntese, que não há tipicidade material, e, portanto, não há crime, quando a conduta concreta do agente não representar uma efetiva lesão ou uma possibilidade de lesão ao bem jurídico* [...].
>
> [...] Em uma leitura conjunta do princípio da ofensividade com o princípio da insignificância, estaremos diante de uma conduta atípica quando a conduta não representar, pela *irrisória ofensa ao bem jurídico tutelado,* um dano (nos crimes de dano), uma certeza de risco de dano (nos crimes de perigo concreto) ou, ao menos, uma possibilidade de risco de dano (nos crimes de perigo abstrato), conquanto haja, de fato, uma subsunção formal do comportamento ao tipo penal."

Eis, portanto, o panorama atual: de forma amplamente majoritária, tanto o Superior Tribunal de Justiça[246] como o Supremo Tribunal Federal[247] repelem a aplicação do princí-

---

[246] "A orientação desta Corte é no sentido da *inaplicabilidade* do princípio da insignificância ao delito de tráfico de entorpecentes, tendo em vista que se trata de crime de perigo abstrato ou presumido, sendo irrelevante a quantidade da droga apreendida" (AgRg no HC 753.314/DF, rel. Min. Daniela Teixeira, 5ª Turma, j. 08.04.2024); "O entendimento da Corte de origem está alinhado à jurisprudência do Superior Tribunal de Justiça, que considera o prático do delito de tráfico de drogas como *fator impeditivo* para a aplicação

LEI DE DROGAS: Aspectos Penais e Processuais – *Cleber Masson* • *Vinícius Marçal*

pio da insignificância em hipóteses de narcotraficância, pouco importando a quantidade de droga envolvida na situação. No entanto, com a vala aberta pela 2ª Turma do STF, é possível que, em casos que envolvam quantidades assaz irrisórias de entorpecentes (1g de maconha, por exemplo), passem as Cortes de Justiça a reconhecer a atipicidade material da conduta.

2.14.2. Tráfico de drogas e competência da Justiça Federal[248]

Nos termos do art. 70, *caput*, da Lei 11.343/2006, "o processo e o julgamento dos crimes previstos nos arts. 33 a 37 desta Lei, se caracterizado ilícito transnacional, são da competência da Justiça Federal." E, caso o narcotráfico transnacional venha a ser cometido em município que não seja sede de vara federal, o processamento se dará na vara federal da circunscrição respectiva (art. 70, parágrafo único).

Tendo-se fixado a regra segundo a qual a **transnacionalidade**[249] do tráfico de drogas enseja a competência da Justiça Federal (Lei 11.343/2006, art. 70 c.c. CR/1988, art. 109, V), importa sublinhar que a jurisprudência do Superior Tribunal de Justiça se orienta no sentido de que, **se não for demonstrado de forma concreta** e com **sólidos elementos** – *e não apenas com base em probabilidades* –, que a droga tenha **procedência do exterior, a competência será da Justiça Estadual.**[250]

É precisamente por isso que **apenas indícios** de que determinada droga tenha sido adquirida no estrangeiro não induzem a competência da Justiça Federal. **A transnacionalidade precisa ser comprovada.** Veja-se, a propósito:

> "II. Embora existam *indícios* de que o entorpecente teria sido adquirido na *Bolívia*, inexiste *prova da transnacionalidade* da conduta, firmando-se a competência da justiça estadual para o processo e julgamento do feito. III. O simples fato de a cocaína ter sido *provavelmente adquirida na Bolívia* não atrai a competência da Justiça Federal, pois, se assim fosse considerado, toda a apreensão da droga no país configuraria tráfico internacional, eis que o Brasil não produz tal entorpecente."[251]

---

do princípio da insignificância" (AREsp 2.284.862/MG, rel. Min. Daniela Teixeira, 5ª Turma, j. 29.11.2024); "Precedentes das Quintas e Sextas Turmas do STJ reforçam que, em situações de tráfico de drogas, *não se aplica* o princípio da insignificância à posse de munição, mesmo em quantidade ínfima e desacompanhada de arma de fogo" (REsp 2.129.827/MG, rel. Min. Daniela Teixeira, 5ª Turma, j. 19.12.2024).

[247] "O tráfico, pouco importando a quantidade da substância entorpecente, é crime que *não viabiliza* a observância do princípio da insignificância" (HC 141.500/SP, rel. Min. Marco Aurélio, 1ª Turma, j. 13.11.2018); "O princípio da insignificância é *inaplicável* ao crime de tráfico de drogas" (HC 216.077 AgR/SP, rel. Min. Rosa Weber, 1ª Turma, j. 08.08.2022).

[248] Há outras considerações sobre a competência no item 13.1., precisamente nos comentários sobre a causa de aumento de pena do art. 40, inc. I.

[249] Impende observar que a transnacionalidade pressupõe que a droga seja considerada ilícita nos dois países, pois, do contrário, competente será a Justiça Estadual. Veja-se: "Sendo, o 'lança-perfume' de fabricação argentina – onde não há proibição de uso – e não constando o 'cloreto de etila', das listas anexas da Convenção firmada entre o Brasil e a Argentina, não se configura a internacionalidade do delito, mas, tão somente, a violação à ordem jurídica interna brasileira" (STJ: CC 34.767/PR, rel. Min. Gilson Dipp, 3ª Seção, j. 12.06.2002).

[250] STJ: CC 144.030/MS, rel. Min. Reynaldo Soares da Fonseca, 3ª Seção, j. 02.03.2016.

[251] STJ: HC 66.292/MT, rel. Min. Gilson Dipp, 5ª Turma, j. 13.02.2007.

Além do mais, calha ressaltar, "**nem a quantidade nem o mero fato de a droga ser apreendida em uma região de fronteira geram 'presunção lógica' de sua proveniência estrangeira.** Se assim fosse, qualquer grande quantidade de droga apreendida, não apenas na região de fronteira, implicaria a competência da Justiça Federal para processamento e julgamento do feito, já que o Brasil não possui, efetivamente, grandes áreas de produção de entorpecentes (principalmente cocaína e drogas sintéticas) que sabidamente provêm do exterior."[252] Da mesma forma, o simples fato de alguns **réus** serem **estrangeiros** não constitui motivo bastante para o deslocamento da competência para a Justiça Federal.[253]

A Justiça Estadual também será competente na hipótese em que ficar caracterizado o tráfico entre Estados da Federação ou entre estes e o Distrito Federal, porquanto *ausente a marca da transnacionalidade.*

Lado outro, no caso de **exportação ou remessa de droga do Brasil para o exterior pela via postal**, "a consumação do delito ocorre no momento do envio da droga, juízo (federal) competente para processar e julgar o processo, independentemente do local da apreensão."[254]

Por sua vez, o Superior Tribunal de Justiça compreendia que a competência para processar e julgar o crime de tráfico internacional seria do juízo federal do *local da apreensão* da droga, quando *remetida do exterior pela via postal*. Esse entendimento havia sido sintetizado no enunciado da **súmula 528**, que, no entanto, foi **cancelada** em março de 2022.

A **nova compreensão** sobre o ponto é a de que, **exclusivamente no caso de importação de droga via correio (ou seja, *quando conhecido o destinatário*), deve-se reconhecer como competente o juízo do *local de destino* da droga**, "em nome da facilidade para a coleta de provas e para a instrução do processo, tendo em conta os princípios que atendem à finalidade maior do processo que é a busca da verdade real."[255] Na hipótese, "a distância do local de destino da droga dificulta sobremaneira as investigações da autoria delitiva, sendo inegável que os autores do crime possuam alguma ligação com o endereço aposto na correspondência."[256]

Dessarte, para que se possa proporcionar maior eficiência na colheita de provas relativamente à autoria e, consequentemente, viabilizar o exercício da defesa de forma mais ampla, o Superior Tribunal de Justiça passou a considerar a fixação da competência no *local de destino* da droga quando houver postagem do exterior para o Brasil com o conhecimento do endereço designado para a entrega.

De outro modo, ao menos até agora, não parece ter sido alterado o entendimento de que compete ao juízo federal do *local da apreensão* da droga remetida do exterior pela via postal processar e julgar o crime de tráfico internacional quando a droga é apreendida na alfândega e a correspondência é *destinada a pessoa não identificada.*[257]

Por fim, duas interessantes questões sobre a competência merecem destaque:

---

[252] STJ: CC 144.030/MS, rel. Min. Reynaldo Soares da Fonseca, 3ª Seção, j. 02.03.2016.

[253] STF: HC 103.945, rel. Min. Dias Toffoli, 1ª Turma, j. 26.04.2011.

[254] STJ: CC 146.393/SP, rel. Min. Felix Fischer, 3ª Seção, j. 01.07.2016.

[255] STJ: CC 177.882/PR, rel. Min. Joel Ilan Paciornik, 3ª Seção, j. 26.05.2021.

[256] STJ: CC 177.882/PR, rel. Min. Joel Ilan Paciornik, 3ª Seção, j. 26.05.2021.

[257] STJ: CC 132.897/PR, rel. Min. Rogerio Schietti Cruz, 3ª Seção, j. 28.05.2014, noticiado no *Informativo* 543.

I) Caso a denúncia por tráfico internacional se processe perante o juízo federal e, ao fim da instrução, considere o magistrado não estar presente a transnacionalidade, deve-se encaminhar o feito à Justiça Estadual (a qual poderá ratificar[258] os atos instrutórios e mesmo os decisórios), não havendo que se falar em *perpetuatio jurisdictionis*. Portanto, em casos como esse, não pode o magistrado sentenciar o réu por tráfico interno, sob pena de violar competência absoluta.[259]

II) Caso o agente responda por dois crimes conexos perante a Justiça Federal, com esteio na Súmula 122 do STJ – um de competência da Justiça Estadual e outro de competência da Justiça Federal –, mas venha a ser absolvido pelo crime que exerceu força atrativa (por exemplo, narcotráfico transnacional), ainda assim caberá ao juízo federal o julgamento do outro delito. Na espécie, a competência se perpetua,[260] ou seja, "ainda que desapareça a causa que atraiu a competência para determinado órgão jurisdicional, a regra da *perpetuatio jurisdictionis* (CPP, art. 81) impõe ao magistrado a continuidade no julgamento da causa, aproveitando--se a instrução criminal realizada, de modo a possibilitar um trilhar menos oneroso às partes e ao Estado – sem, obviamente, olvidar os direitos individuais do acusado – atendendo-se, assim, aos princípios da economia processual e da identidade física do juiz."[261]

2.14.3. Tráfico de drogas e julgamento pelo Tribunal do Júri

O tráfico de drogas é de competência do juízo singular, estadual ou federal. Esse delito, entretanto, poderá ser julgado pelo Tribunal do Júri, em caso de conexão com algum crime doloso contra a vida.[262]

2.14.4. Tráfico de drogas, prisão preventiva e Regras de Bangkok

Para a decretação da prisão preventiva, medida instrumental por natureza, é indispensável: **(a)** que haja prova da existência do crime – materialidade – e indício suficiente

---

[258] "A jurisprudência do Superior Tribunal de Justiça está fixada no sentido de que os atos decisórios e instrutórios praticados por juízo incompetente, podem ser ratificados pelo juiz natural competente" (STJ: AgRg no AREsp 1.592.993/RJ, rel. Min. Laurita Vaz, 6ª Turma, j. 03.03.2020).

[259] "1. Processo que se iniciou perante a Justiça Federal, por ter entendido, a denúncia, se tratar de tráfico internacional de entorpecentes. Posterior pedido de declinação da competência não aceito pelo Juízo processante, que, ao final, condenou o paciente por tráfico interno. 2. Trata-se, *in casu*, de competência absoluta da Justiça Estadual, fixada pela Constituição Federal, tornando incabível a aplicação analógica do princípio da *perpetuatio jurisdictionis*, disciplinado no art. 81 do CPP. Existência de apenas um delito, inocorrência de hipóteses de conexão ou continência. 3. Ordem concedida para que seja declarada a nulidade do feito, desde seu início, com remessa imediata ao Juízo Estadual de Foz do Iguaçu (PR) [...]" (STJ: HC 37.581/PR, rel. Min. Hélio Quaglia Barbosa, 6ª Turma, j. 29.11.2005).

[260] "Havendo o e. Tribunal *a quo* absolvido o ora paciente da conduta que de início atraiu a competência da Justiça Federal (art. 12 c/c art. 18, inciso I, ambos da Lei nº 6.368/76 revogada pela Lei nº 11.343/2006), esta permanece competente para o julgamento do outro crime (art. 329 do Código Penal), mesmo sendo, por si só, da competência da Justiça Estadual (Súmula nº 122 do STJ e art. 81 do CPP)" (STJ: HC 72.496/SC, rel. Min. Felix Fischer, 5ª Turma, j. 15.03.2007).

[261] STJ: RHC 90.845/MT, rel. Min. Reynaldo Soares Fonseca, 5ª Turma, j. 18.09.2018.

[262] STJ: AgRg no AREsp 817.326/MT, rel. Min. Ericson Maranho (Des. convocado do TJSP), 6ª Turma, j. 18.10.2016.

da autoria (*pressupostos*); **(b)** a ocorrência de um ou mais dos *fundamentos* elencados pelo art. 312 do Código de Processo Penal, diante do perigo gerado pelo estado de liberdade do sujeito e de fatos novos ou contemporâneos que justifiquem a cautelar (CPP, art. 312, § 2º); **(c)** a observância das *condições de admissibilidade* da providência, *ex vi* do art. 313 do CPP.

Exige-se, também, em consonância com a jurisprudência consolidada nos Tribunais Superiores, que a decisão seja pautada por lastro probatório que se ajuste às hipóteses excepcionais da norma e revele a *necessidade da medida*, vedadas considerações mecânicas, genéricas e vazias sobre a gravidade abstrata do crime, pois elementos inerentes aos tipos penais, apartados daquilo que se extrai da concretude dos casos, não conduzem a um juízo adequado acerca da periculosidade do agente.[263]

A *necessidade* da prisão preventiva não pode, portanto, ser utilizada como argumento retórico. Bem por isso, não se considera fundamentada a decisão judicial que invoca **motivos que se prestam a justificar qualquer outra decisão** (CPP, art. 315, § 2º, II). Do mesmo modo, é desmotivada a decisão que se escora na **mera repetição das palavras da lei**, consoante giza categoricamente o Código de Processo Penal – reformado pelo **Pacote Anticrime** –, em seu art. 315, § 2º, I.[264]

A prisão preventiva, enquanto medida de natureza cautelar, não pode ser utilizada como biombo para a punição antecipada do indiciado ou do réu.[265] A mola propulsora da constrição provisória é a **necessidade concreta** (e não abstrata, pela natureza do delito), o "perigo gerado pelo estado de liberdade do imputado" (CPP, art. 312, *caput*).

De mais a mais, na motivação da prisão preventiva (e de qualquer outra providência cautelar), o juiz deverá indicar concretamente a existência de *fatos novos* ou *contemporâneos* que justifiquem a aplicação da medida adotada. Assim, pelo **princípio da contemporaneidade das prisões cautelares** (CPP, art. 315, § 1º), fatos assaz antigos não justificam, *a priori*, a custódia preventiva.[266]

---

[263] STJ: HC 581.446/SP, rel. Min. Laurita Vaz, 6ª Turma, j. 16.06.2020.

[264] Nesse sentido: "Hipótese em que *o Juiz de primeiro grau decretou a prisão [...] sem fundamentar adequadamente a medida. Limitou-se a referir a mencionar o dispositivo legal*, sem motivar o julgado no que tange ao *periculum libertatis*, não logrando demonstrar de que maneira a reclusão do indiciado serviria para facilitar o trabalho da autoridade policial no curso da investigação. Recurso provido para revogar a prisão [...]" (STJ: RHC 58.306/RJ, rel. Min. Maria Thereza de Assis Moura, 6ª Turma, j. 19.05.2015). Igualmente: RHC 35.788/MG, rel. Min. Maria Thereza de Assis Moura, 6ª Turma, j. 18.11.2014.

[265] STF: HC 93.498/MS, rel. Min. Celso de Mello, 2ª Turma, j. 18.10.2012.

[266] "*A falta de contemporaneidade*, considerando a data dos crimes imputados ao paciente e a data em que foi determinada a sua prisão, nos termos da jurisprudência desta Casa e do próprio Supremo Tribunal Federal, desautoriza a restrição mais drástica" (STJ: HC 480.274/RJ, rel. Min. Sebastião Reis Júnior, 6ª Turma, j. 07.05.2019). Igualmente: "No caso em exame, *as medidas cautelares foram aplicadas sem observar a necessária contemporaneidade*, porque os fatos investigados datam dos anos de 2013 a 2016, exercendo o recorrente um papel de subordinação ao agente político, não havendo qualquer dado concreto e atual que indique um risco de reiteração, mesmo à época do recebimento da denúncia, em dezembro de 2018. [...] *Recurso ordinário em habeas corpus parcialmente provido para revogar as medidas cautelares*, mantendo apenas o dever de comparecimento periódico em juízo" (STJ: RHC 110.240/PR, rel. Min. Reynaldo Soares da Fonseca, 5ª Turma, j. 03.03.2020). E ainda: "Ademais, ressai a *ausência de relação de contemporaneidade entre o fato (8/3/2014) e o decreto (26/4/2016)*, período relativo ao qual não se atribui nenhuma conduta delitiva ao recorrente, que é primário, *circunstância que esvazia a invocada necessidade de garantia da ordem pública invocada no decisum*" (STJ: RHC 75.074/PA, rel. Min. Antonio Saldanha Palheiro, 6ª Turma, j. 04.10.2016).

Por tudo isso, são irregulares as prisões decretadas apenas com esteio na natureza equiparada à hedionda do tráfico de drogas, bem como na alegada presunção constitucional de perigo à ordem pública, porquanto decisões assim subvertem a natureza excepcional da constrição provisória, "repristinando, por via oblíqua, a prisão obrigatória para certos crimes, e descurando da compreensão de que, mesmo para crimes hediondos e a eles assemelhados, o STF e o STJ têm exaustivamente reiterado que o juiz deve sempre indicar circunstâncias específicas do caso concreto que denotem a necessidade da cautela, *não servindo, a tal desiderato, invocar as consequências nefastas que o tráfico de entorpecentes produz no meio social, ou o suposto interesse público a recomendar que todos os autores de tal ilicitude penal sejam cautelarmente privados de sua liberdade.*"[267]

Em outros termos, *fundamentos vagos*, aproveitáveis em qualquer outro processo, "como o de que se trata de delito ligado à desestabilização de relações familiares ou o de que se trata de crime que causa temor, insegurança e repúdio social, não são idôneos para justificar a decretação de prisão preventiva, porque *nada dizem acerca da real periculosidade do agente.*"[268]

De outro lado, **servem como fundamentos legítimos para a decretação da prisão preventiva** o efetivo risco à ordem pública e a concreta periculosidade do agente, que se verificam no fato de ele: **(a)** integrar associação criminosa voltada para a prática de tráfico de drogas,[269] sobretudo quando possuir armas e munições;[270] **(b)** trazer consigo grande[271]

---

[267] STJ: HC 326.172/SP, rel. Min. Rogerio Schietti Cruz, 6ª Turma, j. 03.12.2015.

[268] STJ: HC 581.446/SP, rel. Min. Laurita Vaz, 6ª Turma, j. 16.06.2020.

[269] "IV. *In casu*, o decreto prisional está devidamente fundamentado em dados extraídos dos autos, notadamente pelo fato de o recorrente integrar e ser apontado como um dos líderes da organização criminosa (PCC), voltada para o tráfico internacional de drogas, evidenciando a prática habitual de delitos, o que denota a periculosidade concreta do agente, e, assim, a necessidade da segregação cautelar para a garantia da ordem pública, a fim de evitar a reiteração delitiva. (Precedentes). V. 'A necessidade de se interromper ou diminuir a atuação de integrantes de organização criminosa, enquadra-se no conceito de garantia da ordem pública, constituindo fundamentação cautelar idônea e suficiente para a prisão preventiva' [...]" (STJ: RHC 54.225/SP, rel. Min. Felix Fischer, 5ª Turma, *DJe* 25.05.2016).

[270] "No caso, a prisão preventiva está justificada no fato de o ora agravante ser, em tese, membro de organização criminosa fortemente armada especializada na prática de tráfico de drogas chamada TERCEIRO COMANDO PURO e que, quando da deflagração da operação policial 'Verde Oliva', foram apreendidos quase 1 kg (um quilograma) de maconha, diversas armas de fogo e munições. Dessarte, evidenciada a sua periculosidade e a necessidade da segregação como forma de acautelar a ordem pública" (STJ: AgRg nos EDcl no HC 564.269/RJ, rel. Min. Antonio Saldanha Palheiro, 6ª Turma, j. 23.06.2020).

[271] STJ: RHC 54.825/SP, Rel. Min. Reynaldo Soares da Fonseca, 5ª Turma, *DJe* 22.06.2016. No mesmo sentido: "A prisão preventiva do paciente está fundamentada na necessidade de garantia da ordem pública, tendo em vista a qualidade, variedade e forma de fracionamento das substâncias entorpecentes apreendidas (24 'pinos' de cocaína, com 17,990g e 38 pedras de *crack*, pesando 15,670g, embalados individualmente) e no fato de o paciente ter sido preso em local conhecido como sendo destinado ao comércio de drogas" (HC 503.483/SP, rel. Min. Reynaldo Soares da Fonseca, 5ª Turma, j. 23.04.2019). *Em sentido diverso*: "Embora o édito prisional indique a necessidade da prisão cautelar, a imposição das medidas cautelares revela-se mais adequada e proporcional ao caso. Isso porque a quantidade de droga apreendida – no caso, 3,10 g de *crack*, 240,20 g de maconha e 18,10 g de cocaína – não é indicativa, por si só, da periculosidade do recorrente a ponto de justificar o encarceramento preventivo" (STJ: RHC 125.611/MG, rel. Min. Antonio Saldanha Palheiro, 6ª Turma, j. 23.06.2020).

e variada[272] (*v.g.*, maconha, *crack* e cocaína) quantidade de entorpecentes; **(c)** possuir um histórico criminal que denote a prática reiterada de crimes;[273] **(d)** já ter sido agraciado com a liberdade provisória mediante o pagamento de fiança, em caso diverso, e, mesmo assim, pouco tempo depois, ter tornado a delinquir, tudo a indicar a sua inclinação ao cometimento de crimes e a atestar que, em liberdade, voltará a cometer infrações penais;[274] **(e)** perseverar na senda delitiva;[275] **(f)** praticar a narcotraficância de substância fortemente nociva, dotada de alto poder viciante e alucinógeno – como é o *crack* –, em sua residência e com o auxílio de sua prole adolescente;[276] **(g)** ter sido detido com petrechos comumente utilizados no preparo de entorpecentes, como balança de precisão e sacos plásticos, o que revela maior envolvimento com o narcotráfico e risco ao meio social.[277]

Em arremate, calha o registro de que, no julgamento do ***Habeas Corpus*** coletivo **143.641/SP (j. 20.02.2018)**, e por inspiração de documentos internacionais de cunho humanitário, como as **Regras de Bangkok** – que propõem a priorização de alternativas penais ao encarceramento feminino, principalmente nas hipóteses em que ainda não haja decisão condenatória transitada em julgado –, a 2ª Turma do Supremo Tribunal Federal entendeu ser possível a **substituição da prisão preventiva pela prisão domiciliar**, sem prejuízo da aplicação concomitante das medidas cautelares previstas no art. 319 do CPP, para **mulheres presas, gestantes, puérperas ou mães de crianças sob sua guarda, enquanto perdurar tal condição**, bem assim às **adolescentes sujeitas a medidas socioeducativas em idêntica situação**, *excetuados* os casos de crimes praticados por elas mediante violência ou grave ameaça, contra seus descendentes ou, ainda, em situações

---

272 "São idôneos os motivos invocados pelo Juízo de origem para embasar a ordem de segregação. Conquanto a quantidade de entorpecente apreendida (55,12 g de cocaína, 7,53 g de *crack* e 84,75 g de maconha) não seja tão elevada a ponto de, isoladamente, denotar a maior reprovabilidade da prática ilícita ou a acentuada periculosidade do acusado, a variedade de substâncias evidencia a necessidade de acautelamento da ordem pública" (STJ: HC 561.520/SP, rel. Min. Rogerio Schietti Cruz, 6ª Turma, j. 23.06.2020). E ainda: "2. A quantidade, a variedade e a natureza das drogas apreendidas podem servir para o magistrado reconhecer a gravidade concreta da ação e a dedicação do agente a atividade criminosa, elementos capazes de justificar a necessidade da custódia preventiva para garantia da ordem pública. 3. No caso, os Recorrentes foram presos em flagrante, no dia 04/01/2019, pela prática, em tese, dos delitos descritos no art. 33, *caput*, c.c o art. 40, da Lei n.º 11.343/2006, após serem surpreendidos fazendo o transporte de 9,9 kg (nove quilos e novecentos gramas) de maconha adquiridos no Paraguai, que por si demonstra a perniciosidade social da ação" (STJ: RHC 115.528/MS, rel. Min. Laurita Vaz, 6ª Turma, j. 03.09.2019).

273 "Não há o que se falar em constrangimento ilegal quando a custódia cautelar está devidamente justificada na garantia da ordem pública, em razão da periculosidade efetiva da agente, evidenciada pelas circunstâncias em que cometido o delito, bem como pelo seu histórico criminal" (STJ: HC 373.686/SC, rel. Min. Jorge Mussi, 5ª Turma, j. 14.03.2017). E ainda: STJ: HC 439.243/PB, rel. Min. Antonio Saldanha Palheiro, 6ª Turma, j. 21.06.2018.

274 STJ: HC 373.686/SC, rel. Min. Jorge Mussi, 5ª Turma, j. 14.03.2017.

275 "[...] *o paciente voltou*, em tese, *a delinquir*, reforçando a conclusão relativa à sua *inclinação às práticas criminosas*, bem como a necessidade da prisão como forma de obstar a reiteração delitiva. Com efeito, a *perseverança do agente na senda delitiva*, comprovada pelos registros de crimes graves anteriores, enseja a decretação da prisão cautelar para a garantia da ordem pública como forma de conter a reiteração, resguardando, assim, o *princípio da prevenção geral e o resultado útil do processo*" (STJ: HC 550.830/BA, rel. Min. Reynaldo Soares da Fonseca, 5ª Turma, j. 20.02.2020).

276 STJ: HC 373.686/SC, rel. Min. Jorge Mussi, 5ª Turma, j. 14.03.2017.

277 STJ: HC 554.869/SP, rel. Min. Jeol Ilan Paciornik, 5ª Turma, j. 23.06.2020.

excepcionalíssimas, as quais deverão ser devidamente fundamentadas pelos juízes que denegarem o benefício.

Nesse embalo, a Lei 13.769/2018, ao incluir os **arts. 318-A e 318-B no Código de Processo Penal**, assegurou às mulheres gestantes, mães ou responsáveis por crianças ou pessoas com deficiência a **substituição da prisão preventiva por prisão domiciliar**, *exceto* em casos de crimes cometidos com violência ou grave ameaça ou contra seus filhos ou dependentes. No entanto, vale consignar que *"a normatização de apenas duas das exceções não afasta a efetividade do que foi decidido pelo Supremo no* Habeas Corpus n. 143.641/ SP, *nos pontos não alcançados pela nova lei. O fato de o legislador não ter inserido outras exceções na lei não significa que o Magistrado esteja proibido de negar o benefício quando se deparar com casos excepcionais.* Assim, deve prevalecer a interpretação teleológica da lei, assim como a proteção aos valores mais vulneráveis. Com efeito, naquilo que a lei não regulou, o precedente da Suprema Corte deve continuar sendo aplicado, pois uma interpretação restritiva da norma pode representar, em determinados casos, efetivo risco direto e indireto à criança ou ao deficiente, cuja proteção deve ser integral e prioritária."[278]

Ainda por esse prisma, em decisão unânime proferida nos autos do **Habeas Corpus coletivo 165.704/DF (j. 20.10.2020)**, a 2ª Turma do Supremo Tribunal Federal determinou a *substituição da prisão cautelar por domiciliar* dos **pais** e **outros responsáveis** por crianças e pessoas com deficiência, desde que observadas as seguintes condicionantes:

> "**(i)** presença de prova dos **requisitos do art. 318 do CPP**, o que poderá ser realizado inclusive através de audiência em caso de dúvida sobre a prova documental carreada aos autos; **(ii)** em caso de concessão da ordem para **pais**, que haja a **demonstração de que se trata do** *único responsável* **pelos cuidados do menor de 12 (doze) anos ou de pessoa com deficiência**, nos termos acima descritos; **(iii)** em caso de concessão para **outros responsáveis** *que não sejam a mãe ou o pai*, a **comprovação de que se trata de pessoa imprescindível aos cuidados especiais de pessoa menor de 6 (seis) anos de idade ou com deficiência; (iv)** a submissão aos mesmos condicionamentos enunciados no julgamento do HC nº 143.641/SP, especialmente no que se refere à **vedação da substituição** da prisão preventiva pela segregação domiciliar em casos de crimes praticados mediante violência ou grave ameaça, ou contra os próprios filhos ou dependentes [...]."

Sem embargo, pois, da possibilidade de que *situações excepcionais* afastem a regra da substituição da prisão preventiva (da mãe, do pai e de outros responsáveis por crianças ou pessoas com deficiência) por prisão domiciliar, em alguns julgados, o Superior Tribunal de Justiça reconheceu que **não se enquadram na indigitada excepcionalidade: (a)** a simples alegação de que a mulher (mãe de criança) não seria imprescindível aos cuidados do infante,[279] pois a avó seria responsável pela manutenção da casa e, parcialmente, pela

---

[278] STJ: HC 470.549/TO, rel. Min. Reynaldo Soares da Fonseca, 5ª Turma, j. 12.02.2019.

[279] Nesse sentido:"Na presente hipótese, a ora agravada faz *jus à prisão domiciliar*, uma vez que, a despeito da gravidade dos delitos que lhe foram imputados, *a sua negativa decorre especialmente de não haver risco a ela ou ao recém-nascido*, o que, conforme visto, *não se consubstancia em fundamento suficientemente apto a afastar o entendimento exarado pelo Supremo Tribunal Federal no julgamento do HC n. 143.641/SP e as disposições do Código de Processo Penal a partir da publicação da Lei n. 13.769/2018,* pois não há notícia de emprego de violência ou de grave ameaça nem prática do delito contra a

criação do filho.[280] No ponto, aliás, firmou-se na jurisprudência da 6ª Turma do STJ a compreensão "no sentido de que a indispensabilidade dos cuidados maternos para o filho menor de 12 (doze) anos é legalmente presumida";[281] **(b)** o fato de ser a mulher portadora de maus antecedentes e ter sido anteriormente condenada pelo delito de uso de drogas, pois a reiteração delitiva não constitui fundamentação apta para, de per si, afastar a excepcionalidade da custódia preventiva nos casos de gestante ou mãe de infantes menores de 12 anos, pois não importa em risco inequívoco à infância e à sua proteção;[282] **(c)** o fato de o tráfico de drogas ter sido perpetrado na própria residência do agente (mãe, pai ou outro responsável) e dos seus filhos;[283] **(d)** a alegação genérica de que o agente (mãe, pai ou outro responsável) integra associação criminosa, sem especificação do papel que lhe competia dentro do organismo delitivo.[284]

Por outro lado, **há decisões do Superior Tribunal de Justiça reconhecendo a necessidade da prisão preventiva e, portanto, a excepcionalidade da situação: (a)** quando emanam dos autos circunstâncias que indicam ser a mulher "gerente da organização criminosa para a prática da traficância, em posição de destaque, realizando essa conduta dentro da própria casa", o que afasta a possibilidade de concessão da prisão domiciliar, "pois não vai ao encontro do melhor interesse de seus filhos vivenciar a suposta prática criminosa organizada diariamente";[285] **(b)** em casos de "reiteração delitiva específica" com "quantidade expressiva de droga apreendida (7.960,26 g de maconha)";[286] **(c)** quando o agente (mãe, pai ou outro responsável), foragido da Justiça, tinha em sua residência "quase meio quilo de cocaína" e já contabilizava contra si – reincidência específica – "duas condenações por tráfico de entorpecentes e por associação para o tráfico";[287] **(d)** na hipótese em que o agente (mãe, pai ou outro responsável) coloca "em risco a vida de seus filhos

---

sua descendência" (STJ: AgRg no HC 555.134/SC, rel. Min. Antonio Saldanha Palheiro, 6ª Turma, j. 23.06.2020).

[280] "No particular, verifica-se que a recorrente é mãe de três crianças menores de 12 anos – 5 anos 3 anos de idade, além de um terceiro filho, de 8 anos de idade, cuja certidão não fora juntada aos autos. No entanto, *o benefício da prisão domiciliar foi negado ao argumento de que a paciente teria declarado 'que quem mantém a casa é a sua avó e sua mãe e a criação dos 3 filhos também é feita em conjunto com mãe e avó'*, motivação que não demonstra qualquer risco aos direitos das crianças ou perigo à convivência em família, que justifique o indeferimento da prisão domiciliar. Embora a paciente seja investigada por tráfico, não é reincidente; o fato que deu origem à prisão em exame não ocorreu na residência onde moram os filhos, bem como não envolveu atuação de organização criminosa, tanto que foi denunciada apenas pelo crime de tráfico de drogas. *Inexistência de excepcionalidade*" (STJ: HC 470.549/TO, rel. Min. Reynaldo Soares da Fonseca, 5ª Turma, j. 12.02.2019).

[281] STJ: HC 599.031/MT, rel. Min. Laurita Vaz, 6ª Turma, j. 15.09.2020.

[282] Cf. STJ: AgRg no HC 566.013/SP, rel. Min. Antonio Saldanha Palheiro, 6ª Turma, j. 23.06.2020.

[283] STJ: HC 587.817/PR, rel. Min. Antonio Saldanha Palheiro, 6ª Turma, j. 01.09.2020.

[284] "O fato de estar denunciada por 'associação criminosa com atuação em todo o Estado do Ceará', como destacado pelo Ministério Público Federal, não me parece configurar circunstância excepcionalíssima, a ponto de afastar a prisão domiciliar. A atuação das facções criminosas se constitui em amplas cadeias, arregimentando pessoas para papéis nem sempre relevantes ou centrais. Far-se-ia necessário uma indicação concreta do papel da paciente, na mencionada organização, para que isso se tornasse relevante ao ponto de implicar na cautelar máxima" (STJ: HC 549.356/CE, rel. Min. Sebastião Reis Júnior, 6ª Turma, j. 05.05.2020).

[285] STJ: AgRg no HC 591.894/PB, rel. Min. Ribeiro Dantas, 5ª Turma, j. 18.08.2020.

[286] STJ: HC 594.600/MG, rel. Min. Nefi Cordeiro, 6ª Turma, j. 18.08.2020.

[287] STJ: AgRg no HC 583.771/MG, rel. Min. Reynaldo Soares da Fonseca, 5ª Turma, j. 16.06.2020.

menores de idade, por meio de manobras perigosas, em alta velocidade, no carro em que se encontrava com as crianças, para se furtar ao flagrante policial, circunstâncias que obstam a concessão da prisão domiciliar com esteio no *Habeas Corpus* coletivo n. 143.641/SP";[288] **(e)** na situação em que o agente (mãe, pai ou outro responsável) comercializa entorpecentes "em sua própria residência, local onde foi apreendida quantidade relevante de cocaína, já embalada em porções individuais, além de outros petrechos comumente utilizados para o tráfico de drogas", tudo a evidenciar "o prognóstico de que a prisão domiciliar não cessaria a possibilidade de novas condutas delitivas no interior de sua casa, na presença dos filhos menores de 12 anos";[289] **(f)** no fato de a mulher "realizar a contabilidade do grupo criminoso e transmitir as ordens de seu companheiro", líder da associação (privado de sua liberdade), o que denota a insuficiência da prisão domiciliar "para evitar a prática delitiva no interior de sua residência, na presença dos filhos menores de 12 anos";[290] **(g)** na hipótese em que a mulher integra organização criminosa e, "além de manter arma em sua residência, ali mantinha em depósito, pesava e dividia a droga", pois, em casos tais, a prisão domiciliar "só fomenta a criminalidade já que é reincidente específica e pode expor a risco seus filhos";[291] **(h)** na atuação da mulher com a qual "foi apreendida grande quantidade de drogas sob sua responsabilidade (470 g de maconha e 857 g de cocaína)", e sobre a qual recai a pecha de atuar "como líder do tráfico de entorpecentes na região", atividade que exerce "mediante utilização de arma de fogo";[292] **(i)** quando o agente (mãe, pai ou outro responsável), possivelmente integrante de organização criminosa, mantém consigo armas e drogas e conta com "a participação de adolescente nos ilícitos";[293] **(j)** na circunstância em que a mulher ostenta histórico criminal ruim, "responde, inclusive, pela suposta prática do crime de roubo", e vem a ser "surpreendida, juntamente com seu filho, na posse de 4 (quatro) pedras de *crack*", além de corromper a própria sobrinha aliciando-a para a venda de droga.[294]

---

[288] STJ: HC 594.600/MG, rel. Min. Nefi Cordeiro, 6ª Turma, j. 18.08.2020.

[289] STJ: RHC 96.737/RJ, rel. Min. Rogerio Schietti Cruz, 6ª Turma, j. 19.06.2018. Idem: "Na presente hipótese, verifica-se situação excepcionalíssima que impede a concessão do benefício, porquanto a paciente foi presa em flagrante realizando a mercancia e armazenamento de drogas ilícitas em sua própria residência, local onde se encontrava seu filho de 1 ano de idade, consoante consignado no v. acórdão vergastado. Precedentes" (STJ: HC 471.503/RJ, rel. Min. Felix Fischer, 5ª Turma, j. 13.11.2018). **Em sentido contrário:** "[...] a negativa da substituição da prisão preventiva por domiciliar lastreou-se no fato de o ilícito de tráfico de drogas ter sido perpetrado na própria residência da paciente e dos seus filhos, porquanto um dos agentes foi flagrado 'dechavando' porções de maconha no interior do recinto. Entretanto, em decisão de acompanhamento da ordem concedida no bojo do HC n. 143.641/SP pelo Ministro relator do caso no Supremo Tribunal Federal, há expressa afirmação de que 'não configura situação excepcionalíssima, apta a evitar a concessão da ordem no caso concreto, o fato de o flagrante ter sido realizado pela suposta prática de tráfico de entorpecentes na residência da presa' (HC n. 143.641, relator Ministro RICARDO LEWANDOWSKI, julgado em 24/10/2018, publicado 26/10/2018). Ordem concedida para substituir a prisão preventiva da paciente por domiciliar" (STJ: HC 587.817/PR, rel. Min. Antonio Saldanha Palheiro, 6ª Turma, j. 01.09.2020).

[290] STJ: RHC 96.157/RS, rel. Min. Rogerio Schietti Cruz, 6ª Turma, j. 05.06.2018.

[291] STJ: AgRg no HC 580.192/SP, rel. Min. Reynaldo Soares da Fonseca, 5ª Turma, j. 09.06.2020.

[292] STJ: AgRg no HC 426.526/RJ, rel. Min. Joel Ilan Paciornik, 5ª Turma, j. 12.02.2019.

[293] STJ: AgRg no HC 573.631/ES, rel. Min. Reynaldo Soares da Fonseca, 5ª Turma, j. 19.05.2020.

[294] STJ: RHC 127.483/RS, rel. Min. Laurita Vaz, 6ª Turma, j. 18.08.2020.

Nota-se, portanto, que **a regra da substituição da prisão preventiva pela prisão domiciliar, nas circunstâncias verificadas no HC 143.641/SP, no HC 165.704/DF e nos arts. 318-A e 318-B do CPP, pode ceder diante de situações excepcionais.** A substituição automática, cega, para todo e qualquer caso, "a pretexto de assegurar o exercício da maternidade, desprotege sobejamente outros bens jurídicos tutelados pelo Estado, pelo que a norma, se interpretada de forma robotizada, produz resultados concretos que violam o princípio da proporcionalidade na vertente da proibição da proteção deficiente. Por isso entendemos que, à luz das particularidades do caso concreto, deve ser assegurada a possibilidade de o magistrado identificar 'situações excepcionalíssimas' que podem fundamentar a denegação da prisão domiciliar, notadamente em crimes que, não obstante cometidos sem violência ou ameaça, guardam acentuada gravidade."[295]

2.14.5. Regime inicial de cumprimento da pena privativa de liberdade[296]

O regime inicial de cumprimento da pena privativa de liberdade imposta ao traficante deve ser necessariamente o fechado? Não. A obrigatoriedade do regime inicial fechado para os condenados por crimes hediondos e equiparados, prevista no art. 2º, § 1º, da Lei 8.072/1990, foi declarada **inconstitucional** pelo Supremo Tribunal Federal:

> "Se a Constituição Federal menciona que a lei regulará a individualização da pena, é natural que ela exista. Do mesmo modo, os critérios para a fixação do regime prisional inicial devem-se harmonizar com as garantias constitucionais, sendo necessário exigir-se sempre a fundamentação do regime imposto, ainda que se trate de crime hediondo ou equiparado. [...] Ordem concedida tão somente para remover o óbice constante do § 1º do art. 2º da Lei nº 8.072/90, com a redação dada pela Lei nº 11.464/07, o qual determina que '[a] pena por crime previsto neste artigo será cumprida inicialmente em regime fechado'. Declaração incidental de inconstitucionalidade, com efeito *ex nunc*, da obrigatoriedade de fixação do regime fechado para início do cumprimento de pena decorrente da condenação por crime hediondo ou equiparado."[297]

Portanto, a identificação do regime inicial adequado à repressão e à prevenção do tráfico de drogas deve observar os critérios dos arts. 33, §§ 2º e 3º, do Código Penal, e 42 da Lei 11.343/2006.[298] No ponto, calha observar que, embora aplicada a sanção entre quatro a oito anos a condenado não reincidente – o que poderia render ensejo ao regime semiaberto (CP, art. 33, § 2º, b) –, a depender das circunstâncias do caso concreto, possível será o estabelecimento do regime inicial fechado. A propósito, veja-se:

> "Embora o paciente seja primário e pena tenha sido estabelecida em 5 anos de reclusão, o **regime inicial fechado** é o adequado para a reprovação do delito, tendo em vista a *quantidade e espécie* **da droga apreendida**, nos exatos termos do art. 42 da Lei de Drogas c/c os arts. 59 e 33 do Código Penal."[299]

---

[295] CUNHA, Rogério Sanches; PINTO, Ronaldo Batista; SOUZA, Renee do Ó. Drogas – Lei n. 11.343/2006. *Leis penais especiais comentadas.* 3. ed. Salvador: JusPodivm, 2020. p. 1783.

[296] Vide: **item 6.3** ("Tráfico privilegiado, hediondez e regime inicial de cumprimento de pena").

[297] HC 111.840/ES, rel. Min. Dias Toffoli, Plenário, j. 27.06.2012.

[298] STJ: EDcl no AgRg no HC 269.951/SP, rel. Min. Ribeiro Dantas, 5ª Turma, j. 17.02.2016.

[299] STJ: HC 578.375/SP, rel. Min. Ribeiro Dantas, 5ª Turma, j. 16.06.2020.

2.14.6. A pessoa indígena como sujeito ativo

A pessoa indígena pode figurar como sujeito ativo do tráfico de drogas? É evidente que sim. E, como já ressaltado pelo Supremo Tribunal Federal, "é dispensável o exame antropológico destinado a aferir o grau de integração do paciente na sociedade se o Juiz afirma sua imputabilidade plena com fundamento na avaliação do grau de escolaridade, da fluência na língua portuguesa e do nível de liderança exercida na quadrilha, entre outros elementos de convicção."[300]

2.14.7. Tráfico de drogas e dificuldades econômicas

A mera alegação de estado de necessidade evidentemente não exclui a ilicitude do fato. Subsiste o crime de tráfico de drogas.[301]

Como se sabe, somente se pode cogitar da incidência dessa eximente se o fato necessitado for absolutamente imprescindível para evitar a lesão ao bem jurídico de igual valor ou de valor superior ao interesse sacrificado (saúde pública). Se o caso concreto permitir o afastamento do perigo por qualquer outro meio (*commodus discessus*), por este o agente deve optar. E, por certo, existem muitos meios lícitos de se prover a subsistência, própria e da família, e o tráfico de drogas constitui apenas um caminho ilícito (e criminoso) para tanto.

2.14.8. Tráfico de drogas e coculpabilidade

A coculpabilidade pode funcionar como atenuante genérica inominada, com fundamento no art. 66 do Código Penal, em benefício do traficante de drogas que se entregou ao mundo do crime por nunca ter recebido do Estado uma chance mais digna para mudar de vida? Há duas posições sobre o tema:

1ª posição: A resposta é negativa, de modo que "não procede a pretendida valoração favorável ao condenado por omissão estatal na adequada persecução criminal do tráfico, pois coculpabilidade não é admitida na jurisprudência e porque pretensão de aproveitamento da torpeza própria."[302] Em outras palavras, "a teoria da coculpabilidade não pode ser erigida à condição de verdadeiro prêmio para agentes que não assumem a sua responsabilidade social e fazem da criminalidade um meio de vida."[303]

2ª posição: Sim, "a atenuante genérica prevista no art. 66 do Código Penal pode se valer da teoria da coculpabilidade como embasamento, pois trata-se de previsão genérica, que permite ao magistrado considerar qualquer fato relevante – anterior ou posterior à prática da conduta delitiva – mesmo que não expressamente previsto em lei, para reduzir a sanção imposta ao réu."[304]

Embora esse entendimento tenha sido anteriormente adotado pela 5ª Turma do Superior Tribunal de Justiça, em decisão mais recente o mesmo órgão rejeitou a aplicabilidade da teoria da coculpabilidade:

---

[300] HC 85.198/MA, rel. Min. Eros Grau, 1ª Turma, j. 17.12.2005.

[301] STJ: HC 212.924/SP, rel. Min. Maria Thereza de Assis Moura, 6ª Turma, j. 05.11.2013; e REsp 499.442/PE, rel. Min. Felix Fischer, 5ª Turma, j. 12.08.2003.

[302] HC 63.251/ES, rel. Min. Nefi Cordeiro, j. 01.07.2014.

[303] AgRg no REsp 1.770.619/PE, rel. Min. Laurita Vaz, j. 06.06.2019.

[304] HC 411.243/PE, rel. Min. Jorge Mussi, 5ª Turma, j. 07.12.2017.

"A jurisprudência deste STJ não corrobora a conclusão de reprovabilidade mínima da conduta dos imputados a partir da afirmação de coculpabilidade do Estado e da sociedade. Na esteira do decidido pelo Tribunal de origem, 'a teoria da coculpabilidade não pode ser erigida à condição de verdadeiro prêmio para agentes que não assumem a sua responsabilidade social e fazem da criminalidade um meio de vida.'"[305]

2.14.9. Narcotráfico, prova da materialidade (laudo definitivo), (des)necessidade de apreensão da droga e cadeia de custódia

O tráfico de drogas é classificado como *crime não transeunte* ou *de fato permanente*, em razão de deixar vestígios materiais. Como tal, de acordo com a regra disciplinada no art. 158 do Código de Processo Penal, "será indispensável o exame de corpo de delito, direto ou indireto, não podendo supri-lo a confissão do acusado."

Assim, para a *lavratura do auto de prisão em flagrante* e para o *oferecimento (e recebimento)* da denúncia, é suficiente o estabelecimento da materialidade do delito por meio do **laudo de constatação preliminar da natureza e quantidade da droga**, firmado por perito oficial ou, na falta deste, por pessoa idônea (Lei 11.343/2006, art. 50, § 1º). Esse exame pericial provisório configura, pois, verdadeira *condição de procedibilidade* para a apuração do ilícito. *Para a condenação*, entretanto, é imprescindível o **laudo definitivo**, denominado *exame químico toxicológico*, do qual poderá participar o perito que assinou o laudo preliminar (Lei 11.343/2006, art. 50, § 2º).[306]

Apesar da sua importância, *o laudo preliminar de constatação é peça meramente informativa.*[307] Por consequência, sua presença nos autos não supre a ausência do laudo toxicológico definitivo, situação que, como regra, impõe a absolvição do acusado por ausência de prova da materialidade delitiva.[308] Em contrapartida, **o laudo definitivo possui efeito saneador** sobre eventuais irregularidades verificadas no laudo preliminar, de modo que sua posterior juntada aos autos supera qualquer alegação de nulidade em relação ao laudo anterior.[309]

---

[305] STJ: AgRg no HC 792.324/RS, rel. Min. Joel Ilan Paciornik, 5ª Turma, j. 15.04.2024.

[306] "De acordo com a Lei 11.343/2006, não se admite a prisão em flagrante e o recebimento da denúncia pelo crime de tráfico de drogas sem que seja demonstrada, ao menos em juízo inicial, a materialidade da conduta por meio de laudo de constatação preliminar da substância entorpecente, que configura condição de procedibilidade para a apuração do ilícito em comento. Conquanto para a admissibilidade da acusação seja suficiente o laudo de constatação provisória, exige-se a confecção do laudo definitivo para que seja prolatado um édito repressivo contra o denunciado pelo crime de tráfico de entorpecentes" (STJ: HC 342.970/RJ, rel. Min. Jorge Mussi, 5ª Turma, j. 19.02.2016).

[307] STJ: RHC 56.483/SC, rel. Min. Felix Fischer, 5ª Turma, j. 11.06.2015.

[308] STJ: AgRg no AgRg no REsp 1.544.057/RJ, rel. Min. Nefi Cordeiro, 6ª Turma, j. 24.05.2016.

[309] STJ: RHC 56.483/SC, rel. Min. Felix Fischer, 5ª Turma, j. 11.06.2015. E ainda: "De acordo com a jurisprudência do Superior Tribunal de Justiça, o laudo preliminar de constatação é peça meramente informativa, ficando superadas eventuais irregularidades ocorridas na fase de investigação com a juntada do laudo definitivo. Na espécie, produziu-se, desde a fase de investigação, o laudo definitivo, suficiente a atestar de modo conclusivo e seguro a materialidade do crime. Dessa forma, demonstrando o referido laudo, estreme de dúvidas, que as substâncias capturadas em poder do paciente enquadravam-se no rol fornecido pelo Ministério da Saúde, não há prejuízo decorrente da ausência da perícia preliminar de constatação, notadamente considerando a natureza provisória desta, que pode

LEI DE DROGAS: Aspectos Penais e Processuais – *Cleber Masson* • *Vinícius Marçal*

Vale ressaltar que, excepcionalmente, a *ausência do laudo definitivo* nos autos não impede a condenação se a materialidade do delito estiver cabalmente demonstrada por outros meios probatórios. Essa possibilidade encontra respaldo no próprio Código de Processo Penal que, em seu artigo 167, prevê expressamente a substituição do exame de corpo de delito por prova testemunhal quando os vestígios tiverem desaparecido, impossibilitando a perícia direta.

Assim é que a 2ª Turma do Supremo Tribunal Federal reconheceu que "**a mera ausência de apreensão da droga não invalida a condenação por tráfico de drogas, quando presentes robustas provas da prática do delito**",[310] "sobretudo quando presentes nos autos provas robustas da prática do delito: auto de prisão em flagrante, auto de apreensão e apresentação, relatório fotográfico, relatório policial, laudo pericial do exame realizado nos aparelhos telefônicos e depoimentos colhidos na fase extrajudicial e judicial"[311] e "diversas anotações relativas ao comércio de entorpecentes."[312]

Nessa linha, o Superior Tribunal de Justiça admitiu mais de uma vez, excepcionalmente, a condenação por tráfico de drogas mesmo na ausência do laudo definitivo da natureza e quantidade da substância, quando a apreensão da droga revelou-se impossível. Nessas hipóteses, a comprovação da materialidade delitiva fundamentou-se em amplo conjunto probatório documental e testemunhal produzido durante a instrução criminal, superando a mera confissão dos envolvidos.[313]

O reconhecimento da possibilidade exclusiva de condenação mediante apreensão da droga conduziria a um paradoxo jurídico inaceitável: o agente que lograsse êxito em transportar e distribuir toda a substância entorpecente ficaria impune, enquanto aquele surpreendido em flagrante, com a apreensão parcial do material, seria passível de responsabilização criminal. Tal interpretação, além de evidenciar manifesta desigualdade no tratamento de condutas essencialmente idênticas, premiaria justamente o criminoso mais eficiente em sua empreitada delitiva. Nesse sentido, o Superior Tribunal de Justiça

---

ser suprida ou contradita pelo derradeiro exame" (HC 277.347/AM, rel. Min. Marco Aurélio Bellizze, 5ª Turma, j. 11.03.2014).

[310] STF: HC 213.896 AgR/MS, rel. Min. Gilmar Mendes, 2ª Turma, j. 16.05.2022.

[311] Trecho do voto do Min. Gilmar Mendes no HC 213.896 AgR/MS.

[312] Trecho do voto do Min. Gilmar Mendes no HC 213.896 AgR. *No mesmo sentido:* "A ausência de apreensão da droga não torna a conduta atípica se existirem outros elementos de prova aptos a comprovarem o crime de tráfico. No caso, a denúncia fundamentou-se em provas obtidas pelas investigações policiais, dentre elas a quebra de sigilo telefônico, que são meios hábeis para comprovar a materialidade do delito perante a falta da droga, não caracterizando, assim, a ausência de justa causa para a ação penal" (STJ: HC 131.455/MT, rel. Min. Maria Thereza de Assis Moura, 6ª Turma, j. 02.08.2012, noticiado no *Informativo* 501).

[313] AgRg no REsp 1.407.257/DF, rel. Min. Marco Aurélio Bellizze, 5ª Turma, j. 27.03.2014. Igualmente: HC 339.736/PR, rel. Min. Reynaldo Soares da Fonseca, 5ª Turma, j. 02.02.2016. Por fim: "1. A despeito da pacífica orientação desta Corte no sentido da *indispensabilidade do laudo toxicológico* para se comprovar a materialidade do crime de tráfico ilícito de drogas, já se posicionou esta Col. Quinta Turma (HC 91.727/MS [...]) no sentido de que *o referido entendimento só é aplicável nas hipóteses em que a substância entorpecente é apreendida*, a fim que se confirme a sua natureza. Dessa forma, *é possível, nos casos de não apreensão da droga, que a condenação pela prática do delito tipificado no art. 12 da Lei n.º 6.368/76 seja embasada em extensa prova documental e testemunhal produzida durante a instrução criminal*, o que constitui o caso dos autos" (STJ: REsp 1.065.592/DF, rel. Min. Laurita Vaz, 5ª Turma, j. 05.04.2011).

firmou orientação de que "a prova da materialidade também pode ser demonstrada por outros meios quando seja a apreensão impossibilitada por ação do criminoso – que não poderia de sua má-fé se beneficiar."[314]

No âmbito do Superior Tribunal de Justiça, a comprovação da materialidade no crime de tráfico de drogas vem experimentando uma oscilação jurisprudencial. Em *precedente inicial* significativo (EREsp 1.544.057/RJ[315]), a 3ª Seção do Superior Tribunal de Justiça estabeleceu critérios minuciosos para a validação do laudo provisório, inaugurando uma fase de relativa flexibilização probatória.

Naquele momento, embora o laudo toxicológico definitivo fosse considerado elemento essencial à demonstração da materialidade delitiva – nos casos em que ocorre a apreensão do entorpecente –, o tribunal reconheceu situações excepcionais nas quais o laudo de constatação provisório poderia suprir tal exigência. Essa excepcionalidade, contudo, estava condicionada a requisitos rigorosos: elaboração por perito oficial, adoção de metodologia equivalente ao laudo definitivo e demonstração de idêntico grau de certeza técnica em suas conclusões.

A legitimação do laudo provisório fundamentava-se em critérios técnico-científicos sólidos. Os testes toxicológicos preliminares, baseados em análises sensoriais múltiplas e testes químicos pré-fabricados (narcotestes), demonstravam capacidade de identificação precisa dos princípios ativos em substâncias entorpecentes já conhecidas e habitualmente comercializadas.

---

[314] STJ: REsp 1.800.660/MG, rel. Min. Nefi Cordeiro, 6ª Turma, j. 11.02.2020.

[315] **"Nos casos em que ocorre a apreensão do entorpecente, o laudo toxicológico definitivo é imprescindível** à demonstração da materialidade delitiva do delito e, nesse sentido, tem a natureza jurídica de prova, não podendo ser confundido com mera nulidade, que corresponde a sanção cominada pelo ordenamento jurídico ao ato praticado em desrespeito a formalidades legais. [...] **Isso, no entanto, não elide a possibilidade de que, em situação excepcional, a comprovação da materialidade do crime de drogas possa ser efetuada pelo próprio laudo de constatação provisório,** *quando* ele permita grau de certeza idêntico ao do laudo definitivo, pois elaborado por perito oficial, em procedimento e com conclusões equivalentes. Isso porque, a depender do grau de complexidade e de novidade da droga apreendida, sua identificação precisa como entorpecente pode exigir, ou não, a realização de exame mais complexo que somente é efetuado no laudo definitivo. Os testes toxicológicos preliminares, além de efetuarem constatações com base em observações sensoriais (visuais, olfativas e táteis) que comparam o material apreendido com drogas mais conhecidas, também fazem uso de testes químicos pré-fabricados também chamados 'narcotestes' e são capazes de identificar princípios ativos existentes em uma gama de narcóticos já conhecidos e mais comercializados. Nesse sentido, o laudo preliminar de constatação, assinado por perito criminal, identificando o material apreendido como cocaína em pó, entorpecente identificável com facilidade mesmo por narcotestes pré-fabricados, constitui uma das exceções em que a materialidade do delito pode ser provada apenas com base no laudo preliminar de constatação. De outro lado, muito embora a prova testemunhal e a confissão isoladas ou em conjunto não se prestem a comprovar, por si sós, a materialidade do delito, *quando aliadas ao laudo toxicológico preliminar realizado nos moldes aqui previstos, são capazes não só de demonstrar a autoria como também de reforçar a evidência da materialidade do delito"* (EREsp 1.544.057/RJ, rel. Min. Reynaldo Soares da Fonseca, 3ª Seção, j. 26.10.2016). *Igualmente:* "[...] o laudo de constatação da substância entorpecente apreendida (maconha), assinado por perito da Polícia Civil, que embasou a condenação pelo Juízo de primeiro grau, nos termos da jurisprudência deste Sodalício configura documento válido para a comprovação da materialidade delitiva, reforçada pelas gravações telefônicas e depoimentos dos policiais colhidos em regular instrução" (STJ: AgRg no AREsp 1.629.624/ES, rel. Min. Joel Ilan Paciornik, 5ª Turma, j. 23.06.2020).

Entretanto, em significativa *mudança de orientação*, o Superior Tribunal de Justiça revisitou a matéria no julgamento do HC 686.312/MS (j. 12.04.2023). A 3ª Seção estabeleceu *novo paradigma* ao determinar que o laudo toxicológico definitivo constitui elemento imprescindível para a comprovação da materialidade delitiva, afastando definitivamente a possibilidade de sua substituição por laudo provisório, mesmo em situações excepcionais.

O tribunal enfatizou que, *em qualquer hipótese, é indispensável a apreensão física da substância*. Nem mesmo a prova testemunhal ou a confissão do acusado podem suprir a ausência do laudo toxicológico, seja ele definitivo ou provisório (ainda que assinado por perito e com o mesmo grau de certeza presente em um laudo definitivo).

Assim, para a perfectibilização do tipo previsto no art. 33, *caput*, da Lei 11.343/2006, "*é necessário que a substância seja efetivamente apreendida e periciada*, para que se possa identificar, com grau de certeza, qual é o tipo de substância ou produto e se ela(e) efetivamente encontra-se prevista(o) na Portaria n. 344/1998 da Anvisa".[316] No entanto, em casos de coautoria, basta a apreensão da droga com um dos agentes, desde que demonstrado o liame subjetivo entre eles.

Particularmente relevante foi a distinção estabelecida pela Corte entre os crimes de tráfico e associação: enquanto provas da comercialização de drogas (interceptações telefônicas ou depoimentos) sem a efetiva apreensão da substância podem caracterizar o crime de associação para o tráfico (art. 35), são insuficientes para configurar o tráfico em si (art. 33):

> "Apesar das diversas diligências empreendidas pela acusação, que envolveram o monitoramento dos acusados, a realização de interceptações telefônicas, a oitiva de testemunhas (depoimentos de policiais) etc., não houve a apreensão de droga, pressuposto da materialidade delitiva. Assim, mesmo sendo possível extrair dos autos diversas tratativas de comercialização de entorpecentes pelos acusados, essas provas podem caracterizar o crime de associação para o tráfico de drogas, mas não o delito de tráfico em si. [...] Permanece hígida a condenação da ré no tocante ao crime de associação para o tráfico de drogas (art. 35 da Lei n. 11.343/2006), haja vista que esta Corte Superior de Justiça entende que, para a configuração do referido delito, é irrelevante a apreensão de drogas na posse direta do agente."[317]

Não se olvide, demais de tudo, que a simples falta de assinatura do perito criminal no laudo definitivo "constitui *mera irregularidade* e não tem o condão de anular o exame toxicológico", sobretudo nas situações "em que o perito oficial está devidamente identificado com seu nome e número de registro no documento e houve o resultado positivo para as substâncias ilícitas analisadas."[318]

---

[316] HC 686.312/MS, rel. Min. Sebastião Reis Jr., rel. p/ acórdão Min. Rogerio Schietti Cruz, 3ª Seção, j. 12.04.2023.

[317] STJ: HC 686.312/MS, rel. Min. Sebastião Reis Jr., rel. p/ acórdão Min. Rogerio Schietti Cruz, 3ª Seção, j. 12.04.2023.

[318] STJ: AgRg no REsp 1.800.441/MG, rel. Min. Felix Fischer, 5ª Turma, j. 07.05.2019. E ainda: AgRg no REsp 1.629.838/MG, rel. Min. Ribeiro Dantas, 5ª Turma, j. 08.08.2017. Por fim: "Fixação da seguinte **tese**: a simples falta de assinatura do perito encarregado pela lavratura do laudo toxicológico definitivo

Outro tema palpitante no que diz respeito ao tráfico de drogas e à prova de sua materialidade, relaciona-se com a chamada **cadeia de custódia**, definida pelo legislador como o conjunto de todos os procedimentos utilizados para manter e documentar a *história cronológica do vestígio*[319] coletado em locais ou em vítimas de crimes, para rastrear sua posse e manuseio a partir de seu *reconhecimento* até o *descarte* (CPP, art. 158-A, incluído pelo Pacote Anticrime).

A observância dos procedimentos da cadeia de custódia (CPP, arts. 158-A a 158-F) reduz a probabilidade de violação ou de contaminação do vestígio coletado e garante a máxima autenticidade da prova. Sendo assim, a grande pergunta que se faz nesse contexto é a seguinte: a falha em alguma etapa da cadeia de custódia tem aptidão para tornar ilegal a prova da materialidade da conduta?

Em nossa concepção, a não observância religiosa dos paradigmas da cadeia de custódia não torna, automaticamente, ilegal o vestígio legitimamente coletado. Claro que, se a **quebra da cadeia de custódia** *impedir completamente*[320] o exercício do contraditório e da ampla defesa, a imprestabilidade do material coletado haverá de ser reconhecida. Isso, entretanto, repita-se, apenas em *situações extremas*, nas quais a inobservância milimétrica da cadeia de custódia implique a destruição do próprio princípio do devido processo legal.[321] E mais: **recai sobre a defesa o ônus** de demonstrar a forma como ocorrera a quebra da cadeia de custódia da prova e a sua consequente mácula, a demandar a exclusão dos dados obtidos na persecução penal.[322]

Portanto, *de per si*, o descumprimento meticuloso das etapas da cadeia de custódia não pode ser confundido com a obtenção ilegal de prova.[323] As coisas são diferentes e, por isso, têm consequências distintas. Dessarte, na questão posta,

> "[...] a prova permanece legítima e lícita, podendo ser questionada a sua autenticidade. Seu valor será maior ou menor quanto mais ou menos se respeitou o procedimento da cadeia de custódia. Não pode ser descartada pelo juiz, mas valorada.

---

constitui mera irregularidade e não tem o condão de anular a prova pericial na hipótese de existirem outros elementos que comprovem a sua autenticidade, notadamente quando o *expert* estiver devidamente identificado e for constatada a existência de substância ilícita" (STJ: REsp 2.048.422/MG, rel. Min. Sebastião Reis Júnior, 3ª Seção, j. 22.11.2023).

[319] "Vestígio é todo objeto ou material bruto, visível ou latente, constatado ou recolhido, que se relaciona à infração penal" (CPP, art. 158-A, § 3º).

[320] "No caso em apreço, não se verifica a alegada quebra da cadeia da custódia, na medida em que o fato de o objeto periciável estar acondicionado em delegacia de Polícia e não no instituto de criminalística *não leva à imprestabilidade da prova*" (STJ: HC 462.087/SP, rel. Min. Ribeiro Dantas, 5ª Turma, j. 17.10.2019).

[321] Nesse sentido: "O instituto da quebra da cadeia de custódia refere-se à idoneidade do caminho que deve ser percorrido pela prova até sua análise pelo magistrado, e uma vez *ocorrida qualquer interferência* durante o trâmite processual, esta **pode implicar, mas não necessariamente**, a sua imprestabilidade. Não é o que se tem no caso dos autos, em que não houve comprovação por parte da defesa de qualquer adulteração no *iter* probatório" (STJ: AgRg no RHC 147.885/SP, rel. Min. Olindo Menezes [des. convocado do TRF 1ª Região], 6ª Turma, j. 07.12.2021).

[322] STJ: AgRg no RHC 153.823/RS, rel. Min. Reynaldo Soares da Fonseca, 5ª Turma, j. 28.09.2021.

[323] Não se verifica a quebra da cadeia de custódia da prova quando, tendo havido a apreensão de droga, falte *o registro fotográfico do material apreendido*, e isso porque o art. 158-B, III, do CPP não impõe a ilustração do vestígio por meio de fotos ou filmagens, mas apenas afirma que isso pode ser feito (STF: AgRg no HC 205.294/SP, rel. Min. Dias Toffoli, 1ª Turma, j. 23.11.2021).

LEI DE DROGAS: Aspectos Penais e Processuais – *Cleber Masson • Vinícius Marçal*

No dizer do saudoso Ministro do Supremo Tribunal Federal, Bento de Faria, o juiz, ao aferir o valor probatório do laudo pericial, 'objetivamente, deve examinar se o perito, nas suas pesquisas, se utilizou de materiais apropriados ou elementos seguros; se entre as premissas e as conclusões existe o necessário nexo lógico; se o parecer é preciso ou perplexo, concludente ou inconcludente, decisivo ou não; se a respectiva ciência ou arte fornece seguros elementos para autorizar a opinião, ou meras hipóteses mais ou menos racionais' [...].

É certo que competirá somente ao juiz a adoção de critério de valoração da prova produzida na salvaguarda da *novatio legis*, havendo que se considerar, ademais, o constante no artigo 182 do CPP, cujo enunciado preconiza que o juiz em seu convencimento não está vinculado de forma absoluta à conclusão do laudo pericial."[324]

2.14.10. Tráfico internacional de drogas e laudo elaborado no estrangeiro

Imagine a seguinte situação: *Walter* e *Jesse* formam, no Brasil, uma associação internacional para o tráfico de drogas. A dupla importa metanfetamina de um parceiro do crime, em Portugal, e vende a substância em solo nacional e nos países vizinhos. Numa dada ocasião, a aquisição de uma grande quantidade da droga por *Walter* e *Jesse*, confirmada por contatos telefônicos e telemáticos, é apreendida ainda em solo português, ou seja, antes da remessa ao Brasil. Pergunta-se: tem validade jurídica em nosso país o laudo elaborado fora dele?

A resposta é positiva. Em mais de uma ocasião o Superior Tribunal de Justiça foi instado a enfrentar o tema e decidiu que, "**no crime de tráfico de drogas, a lei não exige que a perícia seja realizada pela polícia brasileira.**"[325] Nesse sentido:

"Tráfico internacional e associação para o tráfico de drogas. Alegação de nulidade da perícia toxicológica. Improcedência. [...] 1. Improcede a alegação de nulidade da perícia toxicológica realizada pela polícia judiciária de Portugal. Além de os impetrantes não haverem juntado aos autos cópia do respectivo laudo, de modo a inviabilizar a verificação de eventual nulidade constatável de plano na via do *writ*, **a circunstância, por si só, de o laudo definitivo ter sido confeccionado pela polícia lusitana não inquina de nulidade a prova técnica. 2. Não exige a lei que a perícia seja produzida necessariamente na esfera da polícia nacional**. Reclama, sim, a elaboração de exame técnico definitivo que ateste a natureza da droga, de forma a não remanescer dúvida a respeito da materialidade delitiva. E essa verificação, ao que se vê da sentença, foi realizada, sendo constatada a apreensão de expressivos 420 kg (quatrocentos e vinte) quilos de cocaína. 3. De remarcar que exame toxicológico, conquanto elaborado na fase inquisitiva, foi submetido ao crivo do contraditório em jurisdição pátria, quando a defesa teve a oportunidade de questioná-lo e suscitar eventual irregularidade, o que não fez. Aliás, limitou-se, nessa parte, a questionar a origem do laudo, não o seu conteúdo."[326]

---

[324] CUNHA, Rogério Sanches; PINTO, Ronaldo Batista; SOUZA, Renee do Ó. Drogas – Lei n. 11.343/2006. *Leis penais especiais comentadas*. 3. ed. Salvador: JusPodivm, 2020. p. 1805.

[325] AgRg no REsp 1.710.211/PR, rel. Min. Laurita Vaz, 6ª Turma, j. 17.10.2019.

[326] HC 177.613/AM, rel. Min. Og Fernandes, 6ª Turma, j. 18.10.2011.

Cap. 1 • CRIMES EM ESPÉCIE | 103

2.14.11. Laudo definitivo e juntada tardia

A juntada tardia, ou seja, **após a prolação da sentença condenatória**, tem validade jurídica? Existem duas posições sobre o tema:

1ª posição: Defende a legalidade da condenação nessas condições. Nesse sentido, tem-se que "a juntada do laudo toxicológico definitivo após a prolação da sentença não caracteriza nulidade absoluta do feito, máxime quando o exame preliminar, posteriormente ratificado pelo laudo definitivo, atestar a natureza entorpecente da substância apreendida."[327]

Esse entendimento já foi sufragado pelo Supremo Tribunal Federal, ao considerar que a condenação em segunda instância, mesmo diante da juntada tardia do laudo toxicológico definitivo, de acordo com o princípio da instrumentalidade das formas (art. 563 do CPP e Súmula 523 do STF), não gera prejuízo, caso exista nos autos um conjunto probatório independente do exame pericial. Além disso, a Corte Suprema entendeu respeitado o primado do contraditório, porquanto a defesa pôde se manifestar sobre o laudo no momento das contrarrazões de apelação e, depois, por meio da interposição de embargos infringentes.[328]

2ª posição: Entende que uma condenação nesse cenário não pode prevalecer, por não permitir manifestação das partes a respeito do laudo tardiamente juntado. Dentro dessa corrente, há aqueles que indicam haver *nulidade*,[329] por afronta aos princípios da ampla defesa e do contraditório, e outros que se posicionam na direção segundo a qual "a juntada do laudo toxicológico definitivo após a prolação da sentença leva à *absolvição*, e não apenas à anulação desta [...]."[330]

Por sua vez, vale destacar o domínio da concepção no sentido de que não configura nulidade a anexação do laudo definitivo **depois da apresentação do memorial**

---

[327] STJ: Esp 1.237.332/AM, rel. Min. Gilson Dipp, 5ª Turma, j. 14.08.2012. Mais recentemente: "O laudo de constatação definitivo foi acostado aos autos em segundo grau de jurisdição, após a prolação de sentença condenatória, momento no qual foi apresentado à defesa, que pode exercer o contraditório mas optou por apenas reiterar o pleito de nulificação, não se configurando, portanto, qualquer constrangimento ilegal diante da juntada extemporânea da perícia, com espeque no brocardo da instrumentalidade das formas" (HC 290.501/MG, rel. Min. Maria Thereza de Assis Moura, 6ª Turma, j. 05.06.2015).

[328] "A 1ª Turma negou provimento a recurso ordinário em *habeas corpus* no qual se pleiteava a nulidade da decisão que condenara o recorrente por tráfico de drogas. Alegava-se que o laudo toxicológico definitivo teria sido juntado após a sentença, quando da interposição de recurso pelo Ministério Público. Assentou-se que, no caso, a apresentação tardia desse parecer técnico não acarretaria a nulidade do feito, haja vista que demonstrada a materialidade delitiva por outros meios probatórios. Asseverou-se, ademais, que a nulidade decorrente da juntada extemporânea teria como pressuposto a comprovação de prejuízo ao réu, para evitar-se condenação fundada em meros indícios, sem a certeza da natureza da substância ilícita, o que não teria ocorrido na espécie" (RHC 110.429/MG, rel. Min. Luiz Fux, 1ª Turma, j. 06.03.2012, noticiado no *Informativo* 657).

[329] STJ: HC 53.879/PA, rel. Min. Paulo Medina, 6ª Turma, j. 01.08.2006. E ainda: "No caso dos autos, tem-se que o paciente foi condenado sem que fosse anexado ao feito o indispensável laudo definitivo, o que é causa de nulidade absoluta do processo, e não de absolvição, como pretendido pela impetrante. [...] Ordem concedida de ofício para anular a sentença condenatória, determinando-se a juntada do laudo toxicológico definitivo, abrindo-se vista às partes para se manifestarem sobre o documento antes da prolação de sentença" (HC 196.625/RJ, Rel. Min. Jorge Mussi, 5ª Turma, j. 12.03.2013).

[330] STJ: AgRg no REsp 1.363.292/MG, rel. Min. Sebastião Reis Júnior, 5ª Turma, j. 05.02.2015.

pela defesa, se "já existente nos autos laudo de constatação pericial, este identificou a substância entorpecente e atestou-lhe a potencialidade ofensiva. A ulterior juntada do laudo pericial definitivo serve, em tal situação, apenas para ratificar o teor do auto de constatação preliminar."[331]

2.14.12. Flagrantes provocado, forjado, esperado e retardado: distinções

O **flagrante provocado** (também denominado **flagrante preparado, crime de ensaio, crime de experiência** ou **crime putativo por obra do agente provocador**) verifica-se quando alguém, insidiosamente, induz outra pessoa a cometer uma conduta criminosa e, simultaneamente, adota medidas eficazes para impedir a consumação.

Em nosso ordenamento jurídico, em razão da indução à prática de infração penal, sem que tal propósito existisse previamente na mente do autor e, sobretudo, da preparação da situação de flagrância, a atuação do **agente provocador (teoria da armadilha)** redundará na formação de prova viciada. Nos termos da Súmula 145 do Supremo Tribunal Federal: "Não há crime, quando a preparação do flagrante pela polícia torna impossível a sua consumação".

É precisamente o que ocorre na situação em que policiais – sem elementos probatórios razoáveis de conduta criminal preexistente – induzem o sujeito a vender-lhes alguns entorpecentes, e o agente, não os trazendo consigo, vai até a "boca" de um traficante, busca a droga e a aliena aos policiais. Nesse caso, presente a indução à prática delitiva, e não havendo comprovação de conduta criminosa preexistente por parte do sujeito (o que poderia validar a prova colhida pelo *agente policial disfarçado*),[332] a armadilha criada pela polícia redundará, inexoravelmente, na ilicitude do ato flagrancial.

Diversamente, caso os policiais induzam o sujeito a vender-lhes algumas pedras de *crack*, e o agente, não as trazendo consigo, vai até sua casa, onde mantém as drogas em depósito – *conduta não provocada pelos policiais* –, traz as substâncias consigo e efetua a venda, impõe-se a prisão em flagrante pelo crime permanente ("ter em depósito"). Entretanto, seria ilegal a lavratura do auto de prisão em flagrante (e posterior denúncia) pelo núcleo *vender*.[333]

Por sua vez, no **flagrante forjado, fabricado, maquinado** ou **urdido,** "a conduta do agente é criada pela polícia, tratando-se de fato atípico."[334] Há fabricação de provas de um crime inexistente, com o escopo de "fundamentar", sem justo motivo, a prisão em flagrante. É o que ocorre, por exemplo, quando policiais ingressam sem justa causa no

---

[331] STJ: HC 267.057/RS, rel. Min. Maria Thereza de Assis Moura, 6ª Turma, j. 03.11.2014; e STF: HC 104.871/RN, rel. Min. Dias Toffoli, 1ª Turma, j. 07.10.2011.

[332] Vide item 3.7 ("tráfico para agente policial disfarçado).

[333] "O flagrante preparado apresenta-se quando existe a figura do provocador da ação dita por criminosa, que se realiza a partir da indução do fato, e não quando, já estando o sujeito compreendido na descrição típica, a conduta se desenvolve para o fim de efetuar o flagrante. Na espécie, *inexiste flagrante ilegalidade*, porquanto a imputação é explícita quanto à realização do verbo nuclear 'guardar' entorpecentes, conduta que não foi estimulada pelos policiais, sendo despicienda eventual indução da mercancia pelos agentes" (STJ: HC 290.663/SP, rel. Min. Maria Thereza de Assis Moura, 6ª Turma, j. 04.12.2014). Igualmente: STJ: HC 214.235/SP, rel. Min. Maria Thereza de Assis Moura, 6ª Turma, j. 15.05.2014.

[334] STJ: RHC 38.810/MG, rel. Min. Jorge Mussi, 5ª Turma, j. 18.11.2015.

domicílio de outrem à procura de drogas e, não as encontrando, "plantam" um pacote de cocaína embaixo da cama do sujeito para dar ares de legalidade à ação arbitrária. Em casos tais, além de responderem criminalmente pelo art. 33 da Lei de Drogas, os policiais incorrerão também no art. 23 da Lei de Abuso de Autoridade (Lei 13.869/2019).

Por seu turno, no **flagrante esperado**, a polícia tem notícias de que uma infração penal será cometida e passa a monitorar a atividade do agente de forma a aguardar o melhor momento para executar a prisão, não havendo que falar em ilegalidade do flagrante.[335] A título ilustrativo, é regular a atuação da polícia que, fundada em prévia informação privilegiada, resulta na incontinente prisão de pessoas e na apreensão de drogas e armas, depois de aguardar o pouso de uma aeronave utilizada para a prática de crimes.

De outro lado, no *flagrante retardado ou prorrogado*, "a situação deve ser de permanência do delito – daí o cabimento mais frequente em casos de tráfico de drogas – e a vigilância policial também se protrai no tempo, aguardando o momento mais apropriado para realizar a captura onde a comprovação delitiva esteja mais evidente. A diferença, portanto, reside em que no *flagrante esperado* a prisão se dá no momento em que se instaura a situação de flagrância; enquanto no *flagrante prorrogado*, ao contrário, instaura-se a situação de flagrante; mas dado que não é instantâneo o delito, esta se prorroga, de modo a permitir que a autoridade dilate no tempo o momento de sua intervenção."[336]

2.14.13. O art. 290 do Código Penal Militar foi revogado pela Lei de Drogas? Esse dispositivo é constitucional?

O art. 290, *caput*, do Código Penal Militar, com a rubrica marginal "tráfico, posse ou uso de entorpecente ou substância de efeito similar" contém a seguinte redação:

> "Art. 290. Receber, preparar, produzir, vender, fornecer, ainda que gratuitamente, ter em depósito, transportar, trazer consigo, ainda que para uso próprio, guardar, ministrar ou entregar de qualquer forma a consumo substância entorpecente, ou que determine dependência física ou psíquica, em lugar sujeito à administração militar, sem autorização ou em desacordo com determinação legal ou regulamentar:
>
> Pena – reclusão, até cinco anos."

Esse dispositivo **não foi revogado** pela Lei de Drogas. De fato, o art. 290 do Código Penal Militar permanece em vigor por força dos princípios da especialidade e da hierarquia e disciplina militares.

É de se destacar, contudo, que alguns dos núcleos previstos no art. 33, *caput*, da Lei 11.343/2006 não encontram correspondência no art. 290 do Código Penal Militar, como é o caso dos verbos "importar" e "exportar". Nessas hipóteses, incide a norma geral –

---

[335] STJ: RHC 103.456/PR, rel. Min. Jorge Mussi, 5ª Turma, j. 06.11.2018; AgRg no HC 438.565/SP, rel. Min. Reynaldo Soares da Fonseca, 5ª Turma, j. 19.06.2018; AgRg no AREsp 377.808/MS, rel. Min. Rogerio Shietti Cruz, 6ª Turma, j. 12.09.2017.

[336] BITENCOURT, Cezar Roberto; BUSATO, Paulo César. *Comentários à lei de organização criminosa*: Lei n. 12.850/2013. São Paulo: Saraiva, 2014. p. 146. Sobre a necessidade ou não de prévia autorização judicial (ou comunicação ao juízo), confira nossas anotações sobre a ação controlada.

106 | LEI DE DROGAS: Aspectos Penais e Processuais – *Cleber Masson* • *Vinícius Marçal*

art. 33, *caput*, da Lei de Drogas – a fim de alcançar, por exemplo, a conduta do militar que exporta drogas de forma ilegal.

No tocante à recepção da norma castrense pela Constituição Federal, o Supremo Tribunal Federal já decidiu que "o art. 290, *caput*, do Código Penal Militar não contraria o princípio da proporcionalidade, sendo, pois, constitucional."[337]

2.14.14. Imputação de narcotráfico e "confissão" de posse para o consumo pessoal

Na linha da jurisprudência do Supremo Tribunal Federal, o fundamento da confissão como circunstância atenuante (CP, art. 65, III, *d*) é a lealdade processual.[338] Em decorrência disso, a atenuante não é aplicável quando o acusado, depois de confessar na fase inquisitiva o seu envolvimento no ilícito penal, retrata-se em juízo. Entretanto, ainda que tenha havido retratação, "quando a confissão for utilizada para a formação do convencimento do julgador, o réu fará jus à atenuante prevista no art. 65, III, *d*, do Código Penal", consoante o entendimento sintetizado pela **Súmula 545 do STJ**.

Feitas essas preliminares considerações sobre o instituto, uma minúcia muito presente no cotidiano forense deve ser analisada: é possível aplicar a atenuante da confissão quando o réu, acusado pela prática de narcotráfico, assume que trazia consigo a droga com ele apreendida, mas nega a intenção de mercancia, dizendo que o entorpecente se destinava a seu consumo pessoal? Em casos tais, tão corriqueiros na prática, caso o juiz condene o réu nos limites da acusação, será possível atenuar a pena do sentenciado por ter assumido a posse/propriedade da droga?

Evidentemente, não. Desde há muito, tem-se entendido pela não incidência da atenuante genérica nas situações em que o acusado busca minimizar indevidamente sua responsabilidade penal, a exemplo do que se verifica quando o traficante confessa a posse ou a propriedade da droga, mas refuta o propósito de comércio ilícito, aduzindo que o produto serviria apenas a seu consumo.[339]

Em outros termos, **a confissão (*direito* do réu, e não *dever*) deve ser relativa ao fato criminoso imputado pelo Ministério Público na denúncia.**[340] Não sem razão, em 2019,

---

[337] HC 123.190/DF, rel. Min. Rosa Weber, 1ª Turma, j. 16.06.2015.

[338] "Inicialmente, acentuou-se que a Constituição (art. 5.º, LXIII) asseguraria aos presos o direito ao silêncio e que o Pacto de São José da Costa Rica (art. 8.º, 2, *g*) institucionalizaria o princípio da não autoincriminação – *nemo denetur se detegere*. Nesse contexto, o chamado réu confesso assumiria postura incomum, ao afastar-se do instinto do autoacobertamento para colaborar com a elucidação dos fatos, do que resultaria a prevalência de sua confissão. Em seguida, enfatizou-se que, na concreta situação dos autos, a confissão do paciente contribuíra efetivamente para sua condenação e afastara as chances de reconhecimento da tese da defesa técnica no sentido da não consumação do crime. Asseverou-se que **o instituto da confissão espontânea seria sanção do tipo premial e que se assumiria com a paciente postura de lealdade**. Destacou-se o caráter individual, personalístico dos direitos subjetivos constitucionais em matéria criminal e, como o indivíduo seria uma realidade única, afirmou-se que todo o instituto de direito penal que se lhe aplicasse deveria exibir o timbre da personalização, notadamente na dosimetria da pena" (HC 101.909/MG, rel. Min. Ayres Britto, 2.ª Turma, j. 28.02.2012, noticiado no *Informativo* 656).

[339] STJ: HC 191.105/MS, rel. Min. Og Fernandes, 6.ª Turma, j. 17.02.2011, noticiado no *Informativo* 463.

[340] "É inaplicável a atenuante da confissão espontânea, pois, conforme se extrai do acórdão recorrido, na fase policial o agravante narrou uma versão dos fatos incompatível com a narrativa da denúncia e, em juízo, negou a prática do delito, de modo que suas declarações não foram úteis na formação do

o Superior Tribunal de Justiça editou a **Súmula 630**, da qual emana que "a incidência da atenuante da confissão espontânea no crime de tráfico ilícito de entorpecentes exige o reconhecimento da traficância pelo acusado, não bastando a mera admissão da posse ou propriedade para uso próprio".[341]

2.14.15. É possível a condenação por narcotráfico com base em depoimentos policiais?

No âmbito probatório, consolidou-se o entendimento de que "os depoimentos coerentes de policiais são meios idôneos de prova"[342] e podem fundamentar uma condenação, ressalvada a demonstração inequívoca de parcialidade.[343] Contudo, a palavra isolada dos agentes estatais não é suficiente. Exige-se corroboração por elementos objetivos (como a apreensão de drogas), sendo assente que "a condenação por tráfico de drogas pode ser sustentada por depoimentos de policiais quando corroborados por outras provas".[344]

A jurisprudência dos tribunais superiores tem reiteradamente reconhecido que "os depoimentos de policiais, quando prestados em juízo e corroborados por outros elementos probatórios, constituem prova idônea e suficiente para embasar a condenação, inexistindo presunção de parcialidade".[345]

Entretanto, a caracterização do tráfico de drogas demanda mais que declarações testemunhais. A comprovação por elementos objetivos externos serve como critério seguro na apreciação judicial. Na ausência destes elementos indicativos da narcotraficância – seja pela quantidade reduzida de entorpecentes apreendidos, seja pela inexistência de instrumentos típicos do tráfico (como cadernos de anotações, material para embalagem, balanças de precisão), seja ainda pela carência de outras evidências probatórias – os depoimentos policiais não podem ser considerados isoladamente.[346]

---

convencimento do julgador, segundo afirmou expressamente o Tribunal local" (STJ: AgRg no AREsp 1486051/MS, rel. Min. Laurita Vaz, 6ª Turma, j. 26.05.2020).

[341] Nesse sentido: "V – Pedido de aplicação da atenuante da confissão espontânea. O STJ entende que, segundo a orientação sumular n. 545, a confissão espontânea do réu, desde que utilizada para fundamentar a condenação, sempre deve atenuar a pena, na segunda fase da dosimetria, ainda que tenha sido parcial, qualificada ou retratada em juízo. Todavia, a Súmula 630 do STJ preceitua que 'a incidência da atenuante da confissão espontânea no crime de tráfico ilícito de entorpecentes exige o reconhecimento da traficância pelo acusado, não bastando a mera admissão da posse ou propriedade para uso próprio'. VI – In casu, segundo o aresto impugnado, o paciente 'assumiu que a propriedade da droga era dele, outrossim, as mesmas eram para uso próprio. Em Juízo ele afirma que assumiu a propriedade da droga para se livrar de uma dívida, que assinou para evitar mal maior. Ou seja, em nenhum dos momentos em que ele foi ouvido houve a confissão de qualquer das condutas previstas no artigo 33 da Lei 11.343/2006'. Portanto, não há possibilidade de se reconhecer a atenuante da confissão espontânea" (STJ: AgRg no HC 566.527/MS, rel. Min. Felix Fischer, 5ª Turma, j. 12.05.2020).

[342] STJ: AgRg no AREsp 2.713.001/RO, rel. Min. Messod Azulay Neto, 5ª Turma, j. 03.12.2024.

[343] STJ: HC 955.909/SP, rel. Min. Daniela Teixeira, 5ª Turma, j. 19.12.2024.

[344] STJ: AgRg no HC 940.537/SP, rel. Min. Ribeiro Dantas, 5ª Turma, j. 06.11.2024

[345] STJ: REsp 2.148.673/PA, rel. Min. Daniela Teixeira, 5ª Turma, j. 19.12.2024.

[346] "A apreensão da droga, por si só, consignei, não indica a realização do tipo inserto no art. 33 da referida lei, notadamente se considerada a quantidade que foi encontrada – 1g (um grama) de crack e aproximadamente 53g (cinquenta e três gramas) de cocaína. Não obstante, há que se considerar a existência de dúvidas, apontadas pela Magistrada sentenciante e a ausência de petrechos comuns a essa prática (balança de precisão, calculadora, material para embalar a droga, etc.). A condenação

2.14.16. Intervenções corporais (exame de raio x), drogas dentro do corpo do suspeito e nemo tenetur se detegere

Nicolas Gonzalez-Cuellar Serrano define as **intervenções corporais** como "*as medidas de investigação que se realizam sobre o corpo das pessoas*, sem necessidade de obter seu consentimento e, se necessário, por meio da coação direta, com o fim de descobrir circunstâncias fáticas que sejam de interesse para o processo, em relação com as condições ou o estado físico ou psíquico do sujeito, ou *com o fim de encontrar objetos escondidos nele*."[347] Trata-se, pois, de situações nas quais o indivíduo, sem perder a condição de sujeito de direitos, "deve se submeter a (ou suportar) determinadas ingerências corporais, com finalidades probatórias."[348]

Poucas são as intervenções corporais previstas em nossa legislação, não havendo entre nós uma regulamentação sistemática do assunto. Nada obstante, o ordenamento jurídico brasileiro contempla algumas espécies do gênero *intervenção corporal*, sendo corriqueiramente lembradas, no ponto, a identificação criminal (datiloscópica, fotográfica e por coleta de material biológico para a obtenção do perfil – Lei 12.037/2009), o exame grafotécnico (CPP, art. 174), os testes de alcoolemia e o bafômetro/etilômetro (CTB, arts. 277 c.c. 306, § 1º, I).

As intervenções corporais, entretanto, nem sempre vêm sendo admitidas pela jurisprudência do Supremo Tribunal Federal, geralmente sob uma exagerada exaltação à não autoincriminação.[349] Por vezes, há um inegável **superdimensionamento** do alcance do **direito constitucional ao silêncio** (CR/1988, art. 5º, LXIII), não se podendo extrair daí a existência dos equivocadamente proclamados "direitos" à mentira;[350] à fuga;[351] à apresentação de documentação falsa para eximir-se do processo;[352] à imunidade contra a revista de bagagens em aeroportos[353] etc.

---

pressupõe prova robusta, que indique, sem espaço para dúvida, a existência do crime e a prova de autoria, situação não verificada na espécie, em que o Juízo condenatório apoiou-se em uma presunção" (STJ: AgRg no HC 861.948/RS, rel. Min. Antonio Saldanha Palheiro, 6ª Turma, j. 18.12.2023).

[347] GONZALEZ-CUELLAR SERRANO, Nicolas. *Proporcionalidad y derechos fundamentales en el proceso penal*. Madrid: Colex, 1990. p. 290.

[348] OLIVEIRA, Eugênio Pacelli de. *Curso de processo penal*. 18. ed. São Paulo: Atlas, 2014. p. 389.

[349] Como exemplo, veja-se: "O privilégio contra a autoincriminação, garantia constitucional, permite ao paciente o exercício do direito de silêncio, *não estando, por essa razão, obrigado a fornecer os padrões vocais* necessários a subsidiar prova pericial que entende lhe ser desfavorável" (HC 83.096, rel. Min. Ellen Gracie, 2ª Turma, *DJ* 12.12.2003).

[350] Sobre a falácia do direito à mentira, *vide*: REIS, André Wagner Melgaço. *A mentira do réu e a dosimetria da pena*. Disponível em: https://jus.com.br/artigos/47119/a-mentira-do-reu-e-a-dosimetria-da-pena. Acesso em: 22.03.2016.

[351] Há quem defenda a ideia de que a fuga "é um direito constitucionalmente reconhecido" (!). Fosse a fuga realmente um "direito", um ato lícito e legítimo, não traria ela drásticas consequências no âmbito da execução penal, como o reconhecimento da falta grave e a regressão de regime.

[352] Súmula 522 do STJ: "A conduta de atribuir-se falsa identidade perante autoridade policial é típica, ainda que em situação de alegada autodefesa."

[353] **"Não há nenhuma ilegalidade no fato de a bagagem do ora Paciente ter sido encaminhada para exame de raio x**, mesmo porque decorre do próprio exercício do poder de polícia a análise de qualquer bagagem que os agentes aduaneiros e policiais reputem suspeita" (STJ: HC 155.662/SP, rel. Min. Laurita Vaz, 5ª Turma, j. 17.06.2010).

Em virtude dessa noção amplíssima do direito ao silêncio, está-se criando no Brasil – e somente aqui –, anota Pacelli, "um conceito absolutamente novo da não autoincriminação, ausente nos demais povos civilizados." E, com a ironia que lhe é peculiar, dispara o autor: "Esperamos que, no futuro, não se vá reconhecer eventual direito subjetivo ao homicídio, para fins de evitação da prisão pela prática de outro crime qualquer...".[354]

Encampamos essa crítica à demasiada ampliação tupiniquim do direito ao silêncio, que, em verdade, deve ficar restrito aos lindes do direito de não se autodeclarar culpado (não depor contra si) e servir como uma garantia individual de proteção contra intervenções corporais ilegítimas e invasivas.[355]

É dentro desse panorama que uma curiosa questão probatória relacionada ao crime de narcotráfico se apresenta: é possível a realização de exames de imagem para eventual detecção da existência de drogas no organismo do suspeito? Há nesse procedimento violação ao vetor da não autoincriminação?

Segundo nossa compreensão, havendo **fundadas razões** que indiquem a prática do narcotráfico pela ação de trazer drogas dentro do próprio corpo, é possível a sujeição do indivíduo ao exame de raio x, técnica adequada e indolor, apta a desvendar o fato e a preservar a vida do próprio sujeito. O que não se nos afigura factível, mesmo com a concordância do interessado, é "que o Estado submeta alguém a intervenções corporais que ofendam a dignidade humana ou coloquem em risco sua integridade física ou psíquica além do que é razoavelmente tolerável."[356]

Nessa quadra, tem a jurisprudência reconhecido que a condução do suspeito "para a realização de *exame radioscópico* não vem a ofender o princípio *nemo tenetur se detegere*, na exata medida em que constitui extensão da busca pessoal."[357] Ou seja, **havendo fundada suspeita** – pressuposto da busca pessoal – de que alguém esteja a trazer dentro de si substâncias entorpecentes (CPP, art. 240, § 2º), **é lícita a submissão do suspeito ao**

---

[354] OLIVEIRA, Eugênio Pacelli de. Breves notas sobre a não autoincriminação. *Revista de Doutrina da 4ª Região*, Porto Alegre, n. 41, abr. 2011. Disponível em: http://www.revistadoutrina.trf4.jus.br/artigos/edicao041/eugenio_oliveira.html. Acesso em: 04.05.2011.

[355] Sobre esses limites, o Tribunal Constitucional espanhol já assentou que "o dever de submeter-se ao controle de alcoolemia não pode considerar-se contrário ao direito a não declarar contra si mesmo e a não confessar-se culpado, pois não se obriga o examinado a emitir uma declaração que exteriorize um conteúdo, admitindo sua culpabilidade, senão a tolerar que se lhe faça objeto de uma especial modalidade de perícia, exigindo-lhe uma colaboração não equiparável à declaração compreendida no âmbito dos direitos fundamentais proclamado nos arts. 17.3 e 24.2 da Constituição" (STC 103/1985. Disponível em: http://hj.tribunalconstitucional.es/es/Resolucion/Show/483. Acesso em: 24.03.2016. E ainda: STC 76/1990 e AATC 837/1988). Também há na doutrina quem defenda não haver "argumentos jurídicos, históricos, morais e mesmo de direito comparado que autorizem a ampliação do direito ao silêncio para um direito genérico de não produzir prova contra si mesmo. A invocação de pretenso direito da espécie pela doutrina e jurisprudência brasileiras é mais fruto de um *slogan* do que de uma robusta argumentação jurídica" (MORO, Sergio. Colheita compulsória de material biológico para exame genético em casos criminais. *RT*, v. 95, n. 853, p. 429-441, nov. 2006).

[356] PACHECO, Denilson Feitoza. *Direito processual penal*: teoria, crítica e práxis. 3. ed. Niterói: Impetus, 2005. p. 965.

[357] TJMT: RESE 1003090-55.2019.8.11.0000, rel. Des. Alberto Ferreira de Souza, 2ª Câmara Criminal, j. 19.06.2019.

110 | LEI DE DROGAS: Aspectos Penais e Processuais – *Cleber Masson* • *Vinícius Marçal*

exame de raio x, providência excepcional[358] por natureza e caracterizada, repita-se, como **extensão da busca pessoal.** Nesse sentido:

> "No caso, o réu foi conduzido a hospital para ser submetido a *exame radioscópico*, momento em que foi constatada a existência de cápsulas de drogas em seu estômago e intestinos. *Referido exame não consiste em autoincriminação pelo réu*, nada mais sendo do que uma *extensão da busca pessoal*, como já ocorre com detectores de metais."[359]

Particularmente no que diz respeito à aplicação do *nemo tenetur se detegere* às provas que dependem da cooperação do investigado para sua produção, "o **direito norte--americano** entende que não há violação do referido princípio em sua produção, como regra geral."[360] Como anota Odone Sanguiné, a **jurisprudência do Tribunal Europeu dos Direitos Humanos** (TEDH):

> "Considera que o direito a não se autoincriminar concerne principalmente ao respeito à vontade do acusado de permanecer em silêncio. [...] A coleta forçada de amostras biológicas do imputado, tais como a coleta de sangue, de urina e de tecidos para uma biópsia ou para exame de DNA, de hálito mediante o uso de bafômetro para um motorista suspeito de embriaguez, seriam em princípio legítimas, dado que o material usado na análise forense é obtido com procedimentos minimamente invasivos (pense-se nas coletas de sangue, cabelos ou tecidos corporais) ou por meio de procedimentos não invasivos, mas que exigem a colaboração do imputado (a coleta de urina, de saliva, de padrões vocais para comparação, etc.), desde que os órgãos investigadores se sirvam de métodos respeitosos da dignidade humana e do seu direito à saúde."[361]

Ainda sobre a relação entre a não autoincriminação e a sujeição do suspeito de tráfico de drogas ao exame de imagem, calha observar um conhecido julgado do TEDH (*Stedh*, **caso Jalloh c. Alemanha**, j. 11.06.2006, § XVIII e ss.), consoante o qual:

> "O direito de não se autoincriminar impõe que se respeite a vontade do arguido de não falar e manter o silêncio, no entanto, este direito não contempla a impossibilidade de utilização no processo de meios de prova que sejam obtidos através do arguido independentemente da sua vontade (ou mesmo, contra a sua vontade) por poderes de autoridade, tais como [...] recolha de amostras e exames de sangue, urina, saliva, cabelo, voz, ou recolha de outros tecidos orgânicos para a realização de testes de DNA."

---

[358] "Em razão do alto grau de afetação de direitos e por ser vexatória e invasiva, *a medida de busca pessoal é excepcional*, devendo a autoridade policial agir com *extrema cautela*, evitando-se atos abusivos, somente levando-a a cabo quando houver fundada suspeita de que o indivíduo esteja na posse de arma proibida, com objetos que constituam corpo de delito, com instrumento de crimes, entre outros" (STJ: HC 257.002/SP, rel. Min. Marco Aurélio Bellizze, 5ª Turma, j. 17.12.2013).

[359] STJ: HC 257.002/SP, rel. Min. Marco Aurélio Bellizze, 5ª Turma, j. 17.12.2013.

[360] SANGUINÉ, Lívia de Maman. O direito de não produzir prova contra si mesmo no direito comparado: *nemo tenetur se detegere* (1). *Boletim IBCCRIM*, n. 221, São Paulo: IBCCRIM, 2011.

[361] *Apud* SANGUINÉ, Lívia de Maman. O direito de não produzir prova contra si mesmo no direito comparado: *nemo tenetur se detegere* (1). *Boletim IBCCRIM*, n. 221, São Paulo: IBCCRIM, 2011.

Cap. 1 • CRIMES EM ESPÉCIE | **111**

Não por outro motivo, ao comentar previsão normativa do Código de Processo Penal alemão que permite a realização de exames genéticos nos suspeitos para fins criminais, Claus Roxin assevera que o indivíduo **"deve suportar intervenções corporais** que possam contribuir definitivamente ao reconhecimento de sua culpabilidade como, por exemplo, deixar que se extraia sangue para aclarar eventual responsabilidade."[362]

De tudo isso resulta que, se é possível a realização de intervenções corporais para a coleta de amostras de sangue, urina, saliva, cabelo etc., *a fortiori*, diante de fundadas suspeitas sobre a prática da narcotraficância por parte do sujeito, não se deve negar a possibilidade de submeter o agente ao exame radioscópico, que nem sequer importará em invasão ao seu organismo.

De mais a mais, é sabido que a ingestão de cápsulas de cocaína, p. ex., causa sério risco de morte ao indivíduo, motivo pelo qual, já reconheceu o Superior Tribunal de Justiça, "a constatação do transporte da droga no organismo humano, com o posterior procedimento apto a expeli-la, traduz em **verdadeira intervenção estatal em favor da integridade física** e, mais ainda, da vida, bens jurídicos estes largamente tutelados pelo ordenamento."[363]

Portanto, e em suma, havendo fundada suspeita a evidenciar a narcotraficância por parte do suspeito, é lícita a sua submissão ao exame radioscópico. Para além do cunho probatório, tem a medida "o desiderato de preservar a própria integridade física do acusado",[364] pois as cápsulas de droga podem se romper no interior do corpo do indivíduo, causando risco de morte. E, nesse juízo comparativo entre os interesses envolvidos, considera o Superior Tribunal de Justiça não se mostrar desarrazoada a *extensão da busca pessoal*.[365]

2.14.17. Acesso pela polícia a conteúdo de aparelho de telefonia celular (computadores, tablets etc.), (des)necessidade de autorização judicial e (in)validade da prova

Acerca do assunto, calha observar que o Supremo Tribunal Federal entendeu **lícita** a análise dos últimos registros telefônicos gravados nos aparelhos celulares (apreendidos) de investigado, **sem autorização judicial**, logo **após a sua prisão em flagrante**. Com efeito, no julgamento do HC 91.867, após ressaltar que **"não se confundem comunicação telefônica e registros telefônicos"** e que seria descabido interpretar a cláusula do art. 5.º, XII, da CR/1988, "no sentido de proteção aos dados enquanto registro, depósito registral", haja vista que a sobredita proteção constitucional seria "**da comunicação de dados e não dos dados**" em si, o Pretório Excelso, focado no art. 6.º do Código de Processo Penal, considerou que "proceder à coleta do material comprobatório da prática da infração penal" é um "dever da autoridade policial". E prosseguiu assim:

---

[362] VAY, Giancarlo Silkunas; SILVA, Pedro José Rocha. A identificação criminal mediante coleta de material biológico que implique intervenção corporal e o princípio do *nemo tenetur se detegere*. Boletim *IBCCRIM*, n. 239, São Paulo: IBCCRIM, 2012.

[363] HC 149.146/SP, rel. Min. Og Fernandes, 6ª Turma, j. 05.04.2011. Calha sublinhar uma observação feita na ementa desse julgado: "Mesmo não fossem realizadas as radiografias abdominais, o próprio organismo, se o pior não ocorresse, expeliria naturalmente as cápsulas ingeridas, de forma a permitir a comprovação da ocorrência do crime de tráfico de entorpecentes."

[364] STJ: HC 257.002/SP, rel. Min. Marco Aurélio Bellizze, 5ª Turma, j. 17.12.2013.

[365] STJ: HC 257.002/SP, rel. Min. Marco Aurélio Bellizze, 5ª Turma, j. 17.12.2013.

"Ao proceder à pesquisa na agenda eletrônica dos aparelhos devidamente apreendidos, meio material indireto de prova, a autoridade policial, cumprindo o seu mister, buscou, unicamente, colher elementos de informação hábeis a esclarecer a autoria e a materialidade do delito (dessa análise logrou encontrar ligações entre o executor do homicídio e o ora paciente). Verificação que permitiu a orientação inicial da linha investigatória a ser adotada, bem como possibilitou concluir que os aparelhos seriam relevantes para a investigação".[366]

Conforme lavrado pelo Min. Rel. Gilmar Mendes, os últimos registros de ligações telefônicas gravados no celular apreendido não passam de uma "mera combinação numérica" que, de per si, "nada significa, apenas um número de telefone". Assim, abstraindo-se do meio material em que o dado estava gravado (aparelho celular), e em reforço argumentativo à tese por ele sustentada, indagou Sua Excelência: "e se o número estivesse em um pedaço de papel no bolso da camisa usada pelo réu no dia do crime, seria ilícito o acesso pela autoridade policial? E se o número estivesse anotado nas antigas agendas de papel ou em um caderno que estava junto com o réu no momento da prisão?". A obviedade das respostas a tais indagações serviu, também, para a fixação da orientação vencedora na Corte.

Situação diversa foi retratada no julgamento do RHC 51.531, de 09.05.2016, ocasião em que a 6.ª Turma do Superior Tribunal de Justiça entendeu **ilícita a devassa das conversas de WhatsApp**, obtidas diretamente pela polícia em celular apreendido no ato flagrancial, sem prévia autorização judicial.

As diferenças entre os casos retratados no RHC 51.531-STJ e no HC 91.867-STF foram bem lembradas pelo Min. Rogerio Schietti e podem ser assim sintetizadas: a) no julgamento ocorrido no STF, entendeu-se lícito o acesso *ao registro de chamadas* efetuadas e recebidas; b) esse posicionamento alavancado pelo Min. Gilmar Mendes teve sedimentação na circunstância segundo a qual as autoridades policiais *não tiveram*, em nenhum momento, *acesso às conversas* mantidas entre os investigados.[367]

Fixadas as distinções, considerou-se que os atuais *smartphones* são dotados de aplicativos de comunicação em tempo real, razão pela qual a invasão direta ao aparelho

---

[366] STF: HC 91.867, rel. Min. Gilmar Mendes, 2.ª Turma, j. 24.04.2012. No mesmo sentido: "[...] O fato de ter sido verificado o registro das últimas chamadas efetuadas e recebidas pelos dois celulares apreendidos em poder do corréu, cujos registros se encontravam gravados nos próprios aparelhos, **não configura quebra do sigilo telefônico**, pois não houve requerimento à empresa responsável pelas linhas telefônicas, no tocante à lista geral das chamadas originadas e recebidas, tampouco conhecimento do conteúdo das conversas efetuadas por meio destas linhas. É dever da autoridade policial apreender os objetos que tiverem relação com o fato, o que, no presente caso, significava saber se os dados constantes da agenda dos aparelhos celulares teriam alguma relação com a ocorrência investigada" (STJ: HC 66.368/PA, rel. Min. Gilson Dipp, 5.ª Turma, j. 05.06.2007).

[367] A diferenciação também foi realizada pela Ministra Maria Thereza de Assis Moura: "No caso concreto [RHC 51.531], as autoridades policiais acessaram fotos, imagens e conversas existentes em aplicativo de mensagens instantâneas (WhatsApp) extraídas do aparelho celular do recorrente. Não se trata, portanto, de verificação de registros das últimas ligações realizadas/recebidas ou de nomes existentes em agenda telefônica, informações tipicamente encontradas nos aparelhos antigos – como nos mencionados casos examinados pelo Supremo Tribunal Federal (HC 91.867) e pelo Tribunal Supremo espanhol (*Sentencia* 115/2013, de 9 de maio de 2013) –, mas de acesso a dados mais profundamente vinculados à intimidade, somente passíveis de armazenamento nos modernos aparelhos multifuncionais".

Cap. 1 • CRIMES EM ESPÉCIE | 113

de telefonia celular de pessoa presa em flagrante possibilitaria à autoridade policial o acesso a inúmeros aplicativos de **comunicação** *on-line* (tais como WhatsApp, Viber, Line, Wechat, Telegram, BBM, SnapChat etc.), todos com as mesmas funcionalidades de envio e recebimento de mensagens, fotos, vídeos e documentos em tempo real. Uma vez baixados no aparelho, esses arquivos ficam armazenados na **memória do telefone**, daí a constatação do Min. Schietti de que existem **dois tipos de dados a serem protegidos:** (a) *os dados eventualmente interceptados pela polícia no momento em que ela acessa aplicativos de comunicação instantânea* e (b) *os dados gravados no aparelho que são acessados pela polícia ao manuseá-lo* (p. ex.: comunicações pretéritas que estejam depositadas no *WhatsApp*).

Assim, citando o caso *Riley vs. California*, oriundo da **Suprema Corte norte--americana,**[368] o Min. Schietti asseverou que "o *Chief Justice* John Roberts, em nome da Corte, concluiu que um mandado é necessário para acessar o telefone celular de um cidadão na hipótese de prisão em flagrante, haja vista que telefones celulares modernos não são apenas mais conveniência tecnológica, porque o seu conteúdo revela a intimidade da vida. O fato de a tecnologia agora permitir que um indivíduo transporte essas informações em sua mão não torna a informação menos digna de proteção".

Por isso, e sob a ótica do chamado **direito probatório de terceira geração**[369] – *que trata de provas invasivas, altamente tecnológicas, que permitem alcançar conhecimentos e resultados inatingíveis pelos sentidos e pelas técnicas tradicionais* –, o Min. Schietti aduziu

---

[368] Evidenciada a controvérsia sobre o tema, extrai-se do voto da Ministra Maria Thereza de Assis Moura (RHC 51.531) que, "pouco após a prolação da referida decisão nos EUA, a **Suprema Corte do Canadá**, ao decidir *R. v. Fearon* (2014 SCC 77, [2014] S.C.R. 621), entendeu, por maioria de 4 votos a 3, pela legitimidade do acesso pela polícia aos dados armazenados em aparelho celular, sem a necessidade de prévia ordem judicial, quando realizado tal acesso na sequência de uma prisão em flagrante".

[369] Em interessantíssimo artigo jurídico sobre o tema, João Biffe Jr. e Joaquim Leitão Jr. bem sintetizam as **três gerações probatórias**: "**Direito probatório de 1.ª Geração**: a proteção constitucional aplicava-se apenas a áreas tangíveis e demarcáveis, exigindo a entrada, o ingresso e a violação de um espaço privado ou particular, com abrangência apenas de coisas, objetos e lugares. Segundo a Suprema Corte dos EUA, a correta interpretação constitucional não permitiria alargá-la além do conceito de pessoas, casas, papéis e pertences, para proibir escutar ou observar. Na primeira geração, a captação da imagem e da voz, incluindo-se a realizada por meio da interceptação telefônica, não era protegida constitucionalmente – Teoria proprietária ou *trespass theory* (*Precedente Olmstead v. United States* de 1928). **Direito probatório de 2.ª Geração**: o âmbito de proteção constitucional foi ampliado de coisas, lugares e pertences para pessoas e suas expectativas de privacidade. A teoria proprietária, estabelecida no precedente *Olmstead v. United States*, foi superada, e o âmbito de proteção constitucional foi migrado de coisas, lugares e pertences para pessoas e suas expectativas de privacidade, sedimentando o entendimento de que a 4.ª Emenda estende sua proteção à gravação de declarações orais – Teoria da proteção constitucional integral (*Precedente Katz v. United States* de 1967). **Direito probatório de 3.ª Geração**: abrange as provas tecnológicas, altamente invasivas, que permitem ao Governo alcançar conhecimentos e resultados que transcendem àqueles que seriam obtidos pelos sentidos e técnicas tradicionais. A partir do precedente *Kyllo v. United States*, fixou-se o entendimento de que o avanço da tecnologia sobre a materialidade das coisas não pode limitar o escopo e a abrangência da proteção constitucional outorgada às pessoas. Assim, a interpretação da 4.ª Emenda, ao aludir a coisas, pertences, papéis e lugares, deveria sofrer uma atualização interpretativa, para além da doutrina *Katz*. O precedente *Kyllo* alerta que, devido ao poder devassador, imprevisível e penetrante da tecnologia, sua utilização, se ainda não pertencer ao uso geral do público, dependerá da análise de uma autoridade judiciária (*Precedente Kyllo v. United States* de 2001)" (BIFFE JR., João; LEITÃO JR., Joaquim. *O acesso pela polícia a conversas gravadas no WhatsApp e as gerações probatórias decorrentes das limitações à atuação estatal*. Disponível em: http://genjuridico.com.br/2016/08/12/o-

114 | LEI DE DROGAS: Aspectos Penais e Processuais – *Cleber Masson* • *Vinícius Marçal*

que o precedente do HC 91.867-STF não mais seria adequado para analisar a vulnerabilidade da intimidade dos cidadãos na hipótese da apreensão de um *smartphone* por ocasião de uma prisão em flagrante.

Por sua vez, a Min. Maria Thereza de Assis Moura asseverou que, conquanto seja correto afirmar que a interceptação da comunicação incide sobre a *conversa que está acontecendo* e que a obtenção do registro de outros dados armazenados em aparelhos celulares está voltada a informações *ocorridas no passado*, de sorte que o art. 5.º, XII, da CR/1988 tem vocação para a proteção da comunicação de dados, mas não os dados em si mesmos, tal não significaria que os **dados depositados em dispositivos móveis** estejam desprovidos de qualquer proteção constitucional. Pelo contrário, na visão da Ministra, "os dados constantes nestes aparelhos **estão resguardados pela cláusula geral de resguardo da intimidade**, estatuída no artigo 5.º, X, da Constituição", o que é ínsito ao direito fundamental à privacidade.

Na confluência dessas exposições, observou a magistrada da Corte Superior que, hodiernamente, os dados mantidos nos *smartphones* não mais se restringem a ligações telefônicas realizadas e recebidas e a uma agenda de contatos, como ocorria outrora. Hoje, tais aparelhos multifuncionais contêm "fotos, vídeos, conversas escritas em tempo real ou armazenadas, dados bancários, contas de correio eletrônico, agendas e recados pessoais, histórico de sítios eletrônicos visitados, informações sobre serviços de transporte públicos utilizados etc.", ou seja, "uma infinidade de dados privados que, uma vez acessados, possibilitam uma verdadeira devassa na vida pessoal do titular do aparelho".

Nesse passo, após reconhecer a existência de um relevante interesse constitucional a indicar a importância do acesso – como eficiente mecanismo de investigação – das autoridades de persecução penal aos dados armazenados em aparelhos celulares de pessoas presas em flagrante, consubstanciado no **direito à segurança pública**, que estaria em conflito com o preceito constitucional que agasalha o **direito à intimidade**, a Min. Maria Thereza propôs que a questão fosse solucionada por meio do processo de ponderação, de modo que haja "um esforço para assegurar a aplicação das normas conflitantes, conquanto uma delas tenha de sofrer atenuação". E, particularmente *in casu*, reconheceu a Ministra que **a ponderação dos interesses em jogo já haveria sido realizada "essencialmente pelo legislador"**, que estatuiu, "em mais de um dispositivo, o direito à inviolabilidade dos dados armazenados em aparelhos celulares".

Com efeito, tanto o **usuário de serviços de telecomunicações** tem o *direito à inviolabilidade e ao segredo de sua comunicação, salvo nas hipóteses e condições constitucional e legalmente previstas* (art. 3.º, V, Lei 9.472/1997), como também ao **usuário da internet** foram assegurados pela Lei 12.965/2014 (Marco Civil da Internet) o *direito à inviolabilidade e sigilo do fluxo de suas comunicações, salvo por ordem judicial* (art. 7.º, II), e o *direito à inviolabilidade e sigilo de suas comunicações privadas armazenadas, salvo por ordem judicial* (art. 7.º, III). Desnecessário dizer que esses preceptivos gozam de relativa **presunção de constitucionalidade**.[370]

-acesso-pela-policia-a-conversas-gravadas-no-whatsapp-e-as-geracoes-probatorias-decorrentes-das-limitacoes-a-atuacao-estatal/. Acesso em: 05.10.2016).

[370] "O princípio da presunção de constitucionalidade dos atos do Poder Público, notadamente das leis, é uma decorrência do princípio geral da separação dos Poderes e funciona como fator de autolimitação da atividade do Judiciário, que, em reverência à atuação dos demais Poderes, somente deve

Nesse caminho, o relator do RHC 51.531, Min. Nefi Cordeiro, também fez consignar em seu voto que a *inviolabilidade* e o *sigilo das comunicações privadas armazenadas* são direitos assegurados ao usuário da internet, que só cedem diante de ordem judicial. Dessarte, concebeu que o acesso direto pela polícia às conversas mantidas pelo WhatsApp configura "interceptação inautorizada de comunicações", tal como o alcance clandestino (sem autorização judicial) às conversas mantidas por *e-mail*.[371]

Essa diretriz, deve-se grifar, vem sendo reafirmada amiúde por ambas as Turmas do Superior Tribunal de Justiça,[372] mas há de realizar **três** *distinguishings*[373] para destacar situações de afastamento da compreensão pela ilicitude da prova obtida mediante acesso policial a dados de aparelho de telefonia celular por ocasião do flagrante, a saber:

O primeiro: "não há ilegalidade na perícia de aparelho de telefonia celular pela polícia na hipótese em que seu proprietário – a vítima – foi morto, tendo o referido telefone sido

---

invalidar-lhes os atos diante de casos de inconstitucionalidade flagrante e incontestável" (BARROSO, Luís Roberto. *Interpretação e aplicação da Constituição*: fundamentos de uma dogmática constitucional transformadora. 7. ed. rev. São Paulo: Saraiva, 2009. p. 193).

[371] "A quebra do sigilo do correio eletrônico somente pode ser decretada, elidindo a proteção ao direito, diante dos requisitos próprios de cautelaridade que a justifiquem idoneamente, desaguando em um quadro de imprescindibilidade da providência" (STJ: HC 315.220/RS, rel. Min. Maria Thereza de Assis Moura, 6.ª Turma, j. 15.09.2015).

[372] "2. Embora seja **despicienda ordem judicial para a apreensão dos celulares**, pois os réus encontravam-se em situação de flagrância, **as mensagens armazenadas no aparelho estão protegidas pelo sigilo telefônico**, que deve abranger igualmente a transmissão, recepção ou emissão de símbolos, caracteres, sinais, escritos, imagens, sons ou informações de qualquer natureza, por meio de telefonia fixa ou móvel ou, ainda, através de sistemas de informática e telemática. *Em verdade, deveria a autoridade policial, após a apreensão do telefone, ter requerido judicialmente a quebra do sigilo dos dados nele armazenados, de modo a proteger tanto o direito individual à intimidade quanto o direito difuso à segurança pública.* Precedente. 3. O art. 5.º da Constituição Federal garante a *inviolabilidade do sigilo telefônico*, da correspondência, das comunicações telegráficas e telemáticas e de dados bancários e fiscais, devendo a mitigação de tal preceito, para fins de investigação ou instrução criminal, ser precedida de autorização judicial, em decisão motivada e emanada por juízo competente (Teoria do Juízo Aparente), sob pena de nulidade. [...]" (STJ: RHC 67.379/RN, rel. Min. Ribeiro Dantas, 5.ª Turma, j. 20.10.2016). E ainda: "II. Contudo, os dados armazenados nos aparelhos celulares decorrentes de envio ou recebimento de dados via mensagens SMS, programas ou aplicativos de troca de mensagens (dentre eles o 'WhatsApp'), ou mesmo por correio eletrônico, dizem respeito à intimidade e à vida privada do indivíduo, sendo, portanto, invioláveis, nos termos do art. 5.º, X, da Constituição Federal. Assim, **somente podem ser acessados e utilizados mediante prévia autorização judicial**, nos termos do art. 3.º da Lei n. 9.472/97 e do art. 7.º da Lei n. 12.965/14. III. **A jurisprudência das duas Turmas da Terceira Seção deste Tribunal Superior** firmou-se no sentido de ser ilícita a prova obtida diretamente dos dados constantes de aparelho celular, decorrentes de mensagens de textos SMS, conversas por meio de programa ou aplicativos ('WhatsApp'), mensagens enviadas ou recebidas por meio de correio eletrônico, obtidos diretamente pela polícia no momento do flagrante, sem prévia autorização judicial para análise dos dados armazenados no telefone móvel" (STJ: RHC 77.232/SC, rel. Min. Felix Fischer, 5.ª Turma, j. 03.10.2017). Por fim: "[...] a análise dos dados telefônicos constante dos aparelhos dos investigados, sem sua prévia autorização ou de prévia autorização judicial devidamente motivada, revela a ilicitude da prova, nos termos do art. 157 do CPP. [...] Recurso em *habeas corpus* provido, para reconhecer a **ilicitude da colheita de dados do aparelho telefônico dos investigados, sem autorização judicial**, devendo mencionadas provas, bem como as derivadas, ser **desentranhadas dos autos**" (STJ: RHC 89.981/MG, rel. Min. Reynaldo Soares da Fonseca, 5.ª Turma, j. 05.12.2017).

[373] Por *distinguishing* entende-se a diferenciação do substrato fático havida entre o precedente paradigma e o caso subsequente, que viabiliza a fixação de entendimento diverso neste último.

entregue à autoridade policial por sua esposa, interessada no esclarecimento dos fatos que o detinha, pois não havia mais sigilo algum a proteger do titular daquele direito."[374]

O segundo: não há nulidade quando o sujeito detido, ao ser abordado pela polícia, nega a propriedade do celular localizado próximo a ele, abandonado em via pública, sobretudo quando o arcabouço probatório se solidifica, também, em outros meios de prova (*v.g.*, apreensão de entorpecentes, depoimentos testemunhais, confissão de corréu, posterior perícia no celular apreendido etc.).[375]

O terceiro: não há nulidade no acesso dos dados e comunicações constantes em aparelhos celulares encontrados ilicitamente dentro de estabelecimentos prisionais, porquanto a posse, o uso e o fornecimento desses aparelhos são expressamente proibidos pelo ordenamento jurídico (LEP, art. 50, VII; CP, arts. 319-A e 349-A; Lei 10.792/2013, art. 4º). Assim, "tratando-se de ilicitude manifesta e incontestável, não há direito ao sigilo e, por consequência, inexiste a possibilidade de invocar a proteção constitucional prevista no art. 5º, inciso XII, da Carta da República. Por certo, os direitos fundamentais não podem ser utilizados para a salvaguarda de práticas ilícitas, não sendo razoável pretender proteger aquele que age em notória desconformidade com as normas de regência."[376] Esse entendimento, vale notar, foi seguido pelo Superior Tribunal de Justiça a partir de um caso em que a polícia penal, durante procedimento de revista em uma das galerias de determinado presídio, encontrou dois aparelhos celulares escondidos. Então, os agentes acessaram o conteúdo existente nos celulares e encontraram em aplicativos neles instalados os dados de um preso. Identificado o detento, a justiça homologou a falta disciplinar e revogou parte dos dias remidos. Tanto a atuação da polícia penal como a do Poder Judiciário foram tidas por legítimas, "não havendo ilicitude da prova obtida por meio do acesso ao

---

[374] STJ: RHC 86.076/MT, rel. Min. Sebastião Reis Jr., rel. p/ acórdão Min. Rogerio Schietti Cruz, 6ª Turma, j. 19.10.2017. Nas palavras do Min. Shcietti, *in casu*, não havia mesmo [no caso] a necessidade de uma ordem judicial porque, "no processo penal, o que se protege são os interesses do acusado. [...] soa como impróprio proteger-se a intimidade de quem foi vítima do homicídio, sendo que o objeto da apreensão e da investigação é esclarecer o homicídio e punir aquele que, teoricamente, foi o responsável pela morte".

[375] "5. É **firme a jurisprudência** desta Corte Superior no sentido de considerar ilícita a prova obtida diretamente dos dados constantes de aparelho celular, decorrentes de mensagens de textos SMS, conversas por meio de programa ou aplicativos (WhatsApp), mensagens enviadas ou recebidas por meio de correio eletrônico, decorrentes de flagrante, sem prévia autorização judicial. 6. Na espécie, **contudo**, as instâncias ordinárias asseveraram que, **ao ser abordado pelos policiais militares, o recorrente inicialmente negou a propriedade do celular localizado próximo a ele** (e-STJ fl. 549), **tendo os policiais realizado uma breve consulta dos dados do aparelho abandonado em via pública, a fim de identificar a propriedade do objeto** (e-STJ fl. 419). Ora, **diante dessa específica particularidade do caso concreto (negativa do acusado de que o celular lhe pertencesse), deve ser mantido o afastamento da suposta ilicitude das provas obtidas a partir do acesso pelos policiais às informações contidas no referido aparelho celular apreendido**. 7. Outrossim, da leitura da sentença condenatória e do acórdão recorrido, observa-se que a *prática delitiva foi demonstrada também por outros meios de prova, robustos e independentes das mensagens de WhatsApp acessadas no celular apreendido*, como a prisão do recorrente em flagrante delito, a confissão da corré, a quantidade de droga apreendida (30 porções individuais de cocaína), os depoimentos dos policiais, a perícia posteriormente realizada no aparelho célular apreendido, bem como as demais circunstâncias da apreensão (e-STJ fls. 555/559, 564, 750/751)" (STJ: AgRg no AREsp 1573424/SP, rel. Min. Reynaldo Soares da Fonseca, 5ª Turma, j. 08.09.2020).

[376] STJ: HC 546.830/PR, rel. Min. Laurita Vaz, 6ª Turma, j. 09.03.2021.

aparelho celular."[377] Na ocasião, o Superior Tribunal houve por bem ressaltar que a sua jurisprudência entende ilícita a prova obtida diretamente dos dados constantes de aparelho celular, sem prévia autorização judicial, mas frisou que esse entendimento deveria ser distinguido da situação em testilha. "Os julgados do STJ concluem pela violação ao art. 5º, inciso XII, da Constituição Federal, quanto a dados obtidos, sem autorização judicial, de aparelhos celulares apreendidos fora de estabelecimentos prisionais. A controvérsia ora colocada, contudo, se refere à hipótese em que o aparelho é encontrado dentro de estabelecimento prisional, em situação de explícita violação às normas jurídicas que regem a execução penal."[378]

Por curial, impende ressaltar que o Min. Gilmar Mendes – relator do HC 91.867-STF –, em sede doutrinária, trilhou a mesma diretriz da 6.ª Turma do STJ ao julgar o RHC 51.531, ponderando que, diante da clara **proteção**, pela Lei 12.965/2014, ao "**sigilo dos dados armazenados em sistemas de tecnologia da informação**, e tendo em conta, por outro lado, o grande volume de informações sobre a vida privada armazenadas nos mais diversos dispositivos com conexão à internet, como *tablets* e *smartphones*, entre outros, afigura-se **necessário que o acesso aos dados armazenados em tais dispositivos seja precedido de autorização judicial específica e circunstanciada**".[379]

Conquanto tenha sido essa a tônica do citado RHC 51.531, a Corte não descartou, peremptoriamente, que, a depender do caso concreto, ficando evidenciado que a demora na obtenção de um mandado judicial pudesse trazer prejuízos concretos à investigação ou especialmente à vítima do delito, mostra-se possível admitir a validade da prova colhida por meio do acesso imediato aos dados do aparelho celular. No particular, a Min. Maria Thereza Assis Moura cogitou, exemplificativamente, "um caso de extorsão mediante sequestro, em que a polícia encontre aparelhos celulares em um cativeiro recém-abandonado: o acesso *incontinenti* aos dados ali mantidos pode ser decisivo para a libertação do sequestrado".

Todavia, essas circunstâncias de urgência extraordinária não foram encontradas nos autos do RHC 51.531. Ao contrário, entendeu o Tribunal da Cidadania que, *in casu*, não haveria prejuízo nenhum às investigações, se o *smartphone* fosse imediatamente apreendido – na forma dos incisos II e III do art. 6.º do CPP – e, posteriormente, em deferência ao direito fundamental à intimidade do investigado, fosse requerida judicialmente a quebra do sigilo das comunicações nele armazenadas.

Nas hipóteses em que, dadas a urgência desmedida e a excepcionalidade da situação, for o caso de efetuar a busca exploratória sem mandado judicial sobre os dados depositados no aparelho apreendido, deverá a autoridade policial "realizar um despacho escrito, justificando a necessidade de afastamento da expectativa de privacidade do possuidor do aparelho em virtude das peculiaridades do caso concreto, demonstrando, de forma inequívoca, a urgência na obtenção das informações e/ou o risco concreto de perecimento destas".[380]

---

[377] STJ: HC 546.830/PR, rel. Min. Laurita Vaz, 6ª Turma, j. 09.03.2021.

[378] STJ: HC 546.830/PR, rel. Min. Laurita Vaz, 6ª Turma, j. 09.03.2021.

[379] MENDES, Gilmar Ferreira; BRANCO, Paulo Gustavo Gonet. *Curso de direito constitucional*. 10. ed. São Paulo: Saraiva, 2015. p. 552.

[380] BIFFE JR., João; LEITÃO JR., Joaquim. *Conotações práticas acerca do acesso pela polícia a conversas gravadas no WhatsApp*. Disponível em: http://genjuridico.com.br/2016/09/16/conotacoes-praticas--acerca-do-acesso-pela-policia-a-conversas-gravadas-no-whatsapp/. Acesso em: 06.10.2016.

118 | LEI DE DROGAS: Aspectos Penais e Processuais – *Cleber Masson* • *Vinícius Marçal*

Outrossim, no contexto da excepcionalidade supramencionada, afigura-se adequada a observância das **quatro condicionantes** para a legitimidade da medida invasiva, apontadas pela **Suprema Corte do Canadá**, ao julgar o caso *R. v. Fearon*, quais sejam:

> "**a)** a prisão tem de ser lícita; **b)** o acesso aos dados do aparelho celular tem de ser verdadeiramente incidental à prisão, realizado imediatamente após o ato para servir efetivamente aos propósitos da persecução penal, que, nesse contexto, são os de proteger as autoridades policiais, o suspeito ou o público, preservar elementos de prova e, se a investigação puder ser impedida ou prejudicada significativamente, descobrir novas provas; **c)** a natureza e a extensão da medida têm de ser desenhadas para esses propósitos, o que indica que, em regra, apenas correspondências eletrônicas, textos, fotos e chamadas recentes podem ser escrutinadas; **d)** finalmente, as autoridades policiais devem tomar notas detalhadas dos dados examinados e de como se deu esse exame, com a indicação dos aplicativos verificados, do propósito, da extensão e do tempo do acesso."[381]

Por outro lado, tendo em conta que o *morador* tem o **poder de consentir** com o ingresso de agentes do Estado em sua residência para o cumprimento de determinada diligência (CR/1988, art. 5.º, XI, 1.ª parte, *a contrario sensu*),[382] parece-nos claro que o *autuado em flagrante* tem a **faculdade de autorizar** o acesso pela polícia ao conteúdo de seu *smartphone* (ou dispositivo similar), o que, para o resguardo da prova e a segurança do servidor público, convém seja devidamente documentado. Nesse sentido:

> "[...] DEVASSA DO APARELHO TELEFÔNICO. AUTORIZAÇÃO. NULIDADE NÃO CONFIGURADA. II. No caso concreto, como já decidido anteriormente, **não se constatou nenhuma flagrante ilegalidade**, tendo em vista que **a prova obtida pela autoridade policial se deu mediante expresso consentimento do dono do aparelho telefônico**, o que torna a *necessidade de autorização judicial prescindível*. III. Assente nesta eg. Corte Superior que 'o acesso da polícia às mensagens de texto transmitidas pelo telefone celular, com a devida autorização dos réus, afasta a ilicitude da prova obtida' (AgRg no HC 391.080/SC [...] HC n. 468.968/PR [...])."[383]

Ainda sobre o assunto, a 6.ª Turma do STJ reconheceu válida a conduta do policial militar que "atendeu ligação efetuada para o celular do denunciado [preso em flagrante], tendo como interlocutor um usuário de drogas que desejava comprar substância entorpecente". Para a Corte Superior, a ação configurou "procedimento policial escorreito,

---

[381] Excertos do voto da Ministra Maria Thereza de Assis Moura no RHC 51.531.

[382] *"Só há se falar em violação do domicílio* nos casos em que o ingresso se der fora das hipóteses de 'flagrante delito ou desastre ou para prestar socorro, ou, durante o dia, por determinação judicial', e *sem consentimento do morador*, conforme dispõe o art. 5.º, inciso XI, da CF, *o que não se verificou no caso dos autos. No caso, a autorização foi conferida pelo filho do proprietário*, que é irmão do paciente e possui escritório de advocacia no local, revela a correta observância da norma constitucional, razão pela qual não há se falar em ilicitude da prova produzida" (STJ: HC 275.698/RS, rel. Min. Reynaldo Soares da Fonseca, 5.ª Turma, *DJe* 16.03.2016).

[383] STJ: AgRg no HC 692.391/PR, rel. Min. Jesuíno Rissato [desembargador convocado do TJDFT], 5ª Turma, j. 23.11.2021.

Cap. 1 • CRIMES EM ESPÉCIE | **119**

que não se desenvolveu às escondidas e foi instrumento necessário para salvaguarda do interesse público em detrimento do direito individual à intimidade do réu".[384] Todavia, em conformidade com o parecer firmado pelo Subprocurador-Geral da República, Eugênio de Aragão, o agente policial *tão somente atendeu as diversas ligações feitas para o preso*, **sem que este se opusesse** e sem que houvesse o registro dessas comunicações telefônicas.

Não se olvide, contudo, que a compreensão da 6.ª Turma do STJ sobre o tema foi recentemente modificada. No passado, como visto anteriormente, já se considerou válida a conduta do policial que atendeu as chamadas telefônicas *sem oposição por parte do preso*, usuário da linha. Hodiernamente, exige-se mais que ausência de oposição por parte do preso para validar a medida, **reclama-se o seu consentimento (autorização pessoal)** *ou* **autorização judicial**. Desse modo, caso o policial, sem permissão do titular do aparelho ou judicial, atenda a ligação e se faça passar pelo dono da linha de maneira a estabelecer negociação ilícita para provocar a prisão em flagrante do interlocutor, o reconhecimento da ilicitude probatória se imporá. Veja-se:

> "1. **Não tendo a autoridade policial permissão, do titular da linha telefônica ou mesmo da Justiça, para ler mensagens nem para atender ao telefone móvel da pessoa sob investigação e travar conversa por meio do aparelho com qualquer interlocutor que seja se passando por seu dono, a prova obtida dessa maneira arbitrária é ilícita.** [...] 3. No caso, a condenação do paciente está totalmente respaldada em provas ilícitas, uma vez que, no momento da abordagem ao veículo em que estavam o paciente, o corréu e sua namorada, **o policial atendeu ao telefone do condutor, sem autorização para tanto, e passou-se por ele para fazer a negociação de drogas e provocar o flagrante.** Esse policial também obteve acesso, **sem autorização pessoal nem judicial**, aos dados do aparelho de telefonia móvel em questão, lendo mensagem que não lhe era dirigida. 4. O vício ocorrido na fase investigativa atinge o desenvolvimento da ação penal, pois não há prova produzida por fonte independente ou cuja descoberta seria inevitável. [...] Somente a partir da leitura da mensagem enviada a um dos telefones e da primeira ligação telefônica atendida pelo policial é que as coisas se desencadearam e deram ensejo à prisão em flagrante por tráfico de drogas e, depois, à denúncia e culminaram com a condenação. [...]."[385]

Por essa razão, sem consentimento do investigado/réu ou prévia autorização judicial, é **ilícita** a prova, **colhida de forma coercitiva pela polícia**, de conversa travada pelo investigado com terceira pessoa em telefone celular, por meio do **recurso "viva-voz"**, que conduziu ao flagrante pelo crime de tráfico ilícito de drogas.[386]

---

[384] HC 55.288/MG, Rel. Min. Alderita Ramos de Oliveira [Des. convocada do TJPE], *DJe* 10.05.2013.

[385] HC 511.484/RS, rel. Min. Sebastião Reis Júnior, j. 15.08.2019.

[386] "1. O Tribunal de origem considerou que, embora nada de ilícito houvesse sido encontrado em poder do acusado, **a prova da traficância foi obtida em flagrante violação ao direito constitucional à não autoincriminação, uma vez que aquele foi compelido a reproduzir, contra si, conversa travada com terceira pessoa pelo sistema viva-voz do celular, que conduziu os policiais à sua residência e culminou com a arrecadação de todo material estupefaciente em questão**. 2. Não se cogita estar diante de descoberta inevitável, porquanto este fenômeno ocorre quando a prova derivada seria descoberta de qualquer forma, com ou sem a prova ilícita, o que não se coaduna com o caso aqui tratado em que a prova do crime dependeu da informação obtida pela autoridade

120 | LEI DE DROGAS: Aspectos Penais e Processuais – *Cleber Masson* • *Vinícius Marçal*

De mais a mais, considera-se **nula a decisão judicial** que autoriza **o espelhamento do WhatsApp via Código QR para acesso no WhatsApp Web**, não sendo possível nenhuma analogia entre esse proceder e o instituto da interceptação telefônica. E mais: tanto é nula a autorização judicial para o espelhamento, como são nulas todas as provas que dela diretamente dependam ou sejam consequência, ressalvadas eventuais fontes independentes. E assim é, em síntese, pelas razões a seguir transcritas:

"7. Primeiro: **ao contrário da interceptação telefônica**, no âmbito da qual o investigador de polícia atua como *mero observador de conversas* empreendidas por terceiros, **no espelhamento via WhatsApp Web** o investigador de polícia tem a concreta *possibilidade de atuar como participante tanto das conversas* que vêm a ser realizadas quanto das conversas que já estão registradas no aparelho celular, haja vista ter o poder, conferido pela própria plataforma *on-line*, de interagir nos diálogos mediante envio de novas mensagens a qualquer contato presente no celular e exclusão, com total liberdade, e sem deixar vestígios, de qualquer mensagem passada, presente ou, se for o caso, futura. 8. O fato de eventual exclusão de mensagens enviadas (na modalidade 'Apagar para mim') ou recebidas (em qualquer caso) não deixar absolutamente nenhum vestígio nem para o usuário nem para o destinatário, e o fato de tais mensagens excluídas, em razão da criptografia *end-to-end*, não ficarem armazenadas em nenhum servidor, constituem fundamentos suficientes para a conclusão de que a admissão de tal meio de obtenção de prova implicaria indevida presunção absoluta da legitimidade dos atos dos investigadores, dado que exigir contraposição idônea por parte do investigado seria equivalente a demandar-lhe produção de prova diabólica. 9. Segundo: **ao contrário da interceptação telefônica**, que tem como objeto a escuta de conversas realizadas apenas depois da autorização judicial (*ex nunc*), **o espelhamento via Código QR** viabiliza ao investigador de polícia acesso amplo e irrestrito a toda e qualquer comunicação realizada antes da mencionada autorização, operando efeitos retroativos (*ex tunc*). 10. Terceiro: **ao contrário da interceptação telefônica**, que é operacionalizada sem a necessidade simultânea de busca pessoal ou domiciliar para apreensão de aparelho telefônico, **o espelhamento via Código QR** depende da abordagem do indivíduo ou do vasculhamento de sua residência, com apreensão de seu aparelho telefônico por breve período de tempo e posterior devolução desacompanhada de qualquer menção, por parte da Autoridade Policial, à realização da medida constritiva, ou mesmo [...] acompanhada de afirmação falsa de que nada foi feito."[387]

---

policial quando da conversa telefônica travada entre o suspeito e terceira pessoa. 3. O relato dos autos demonstra que **a abordagem feita pelos milicianos foi obtida de forma involuntária e coercitiva, por má conduta policial, gerando uma verdadeira autoincriminação.** Não se pode perder de vista que qualquer tipo de prova contra o réu que dependa dele mesmo só vale se o ato for feito de forma voluntária e consciente. 4. Está-se diante de situação onde a prova está contaminada, diante do disposto na essência da teoria dos frutos da árvore envenenada (*fruits of the poisonous tree*), consagrada no art. 5º, inciso LVI, da Constituição Federal, que proclama a nódoa de provas, supostamente consideradas lícitas e admissíveis, mas obtidas a partir de outras declaradas nulas pela forma ilícita de sua colheita" (STJ: REsp 1.630.097/RJ, rel. Min. Joel Ilan Paciornik, 5.ª Turma, j. 18.04.2017).

[387] STJ: RHC 99.735/SC, rel. Min. Laurita Vaz, 6ª Turma, j. 27.11.2018.

Mais ou menos na mesma direção, o Superior Tribunal de Justiça considerou **ilegal a ordem endereçada à concessionária de telefonia para que viabilizasse à autoridade policial a utilização de *chip* em substituição ao *simcard* do titular da linha**, sujeito da investigação no bojo da qual se pretendia, por esse mecanismo *sui generis*, quebrar os sigilos de comunicações telefônicas e telemáticas, ocorridas instantaneamente ou já armazenadas (histórico das conversas pretéritas).

Com a providência, pretendeu-se que a operadora de telefonia, quando acionada, habilitasse o *chip* do investigador, em substituição ao do usuário, a critério da autoridade policial, que teria pleno acesso, em tempo real, às chamadas e mensagens transmitidas para a linha originária, inclusive por meio do WhatsApp. Caso a medida fosse implementada, mais que permitir aos investigadores acesso irrestrito a todas as conversas mantidas pelo WhatsApp (e aplicativos assemelhados), ela possibilitaria, inclusive, o

> "**envio de novas mensagens e a exclusão de outras**. Se não bastasse, **eventual exclusão de mensagem enviada ou de mensagem recebida não deixaria absolutamente nenhum vestígio** e, por conseguinte, não poderia jamais ser recuperada para servir de prova em processo penal, tendo em vista que, em razão da própria característica do serviço, feito por meio de encriptação ponta a ponta, a operadora não armazena em nenhum servidor o conteúdo das conversas dos usuários."[388]

E, **bem ao contrário da interceptação telefônica**, no âmbito da qual o investigador de polícia atua como *mero observador de conversas travadas* entre o alvo interceptado e terceiros, "**na troca do *chip* habilitado**, o agente do estado tem a *possibilidade de atuar como participante das conversas, podendo interagir diretamente com seus interlocutores*, enviando novas mensagens a qualquer contato inserido no celular, além de poder também excluir, com total liberdade, e sem deixar vestígios, as mensagem [*sic*] no WhatsApp."[389]

Mais ainda: no período de utilização do *chip* pela polícia, "o usuário ficaria com todos seus serviços de telefonia suspensos",[390] sendo certo que a Lei 9.296/1996 não autoriza essa suspensão, nem tampouco a substituição do investigado e titular da linha por agente indicado pela autoridade policial. Dessarte, como as quebras de comunicações devem observância aos estritos lindes das prescrições legais, já que excepcionam a garantia constitucional da inviolabilidade das conversas, não é possível o alargamento das hipóteses legalmente previstas ou a criação de procedimentos diversos. Por tudo isso, rechaçou-se esse meio de obtenção de provas.

Noutro giro, repise-se à exaustão que a decisão proferida no RHC 51.531 foi construída com fulcro no seguinte substrato fático: **prisão em flagrante** e acesso imediato aos dados armazenados no celular apreendido com o autuado. Com esteio em substrato fático diverso, no julgamento do RHC 75.800, a 5.ª Turma do STJ, para além de reafirmar o posicionamento segundo o qual **a obtenção do conteúdo de conversas e mensagens gravadas em *smartphones* não se subordina aos ditames da Lei de Interceptação Telefônica** (Lei 9.296/1996), sacramentou o entendimento no sentido de que o acesso ao

---

[388] REsp 1.806.792/SP, rel. Min. Laurita Vaz, 6ª Turma, j. 11.05.2021.
[389] REsp 1.806.792/SP, rel. Min. Laurita Vaz, 6ª Turma, j. 11.05.2021.
[390] REsp 1.806.792/SP, rel. Min. Laurita Vaz, 6ª Turma, j. 11.05.2021.

material depositado nesses dispositivos, **quando determinada judicialmente a busca e apreensão,** "não ofende o art. 5.º, inciso XII, da Constituição da República, porquanto o sigilo a que se refere o aludido preceito constitucional é em relação à interceptação telefônica ou telemática propriamente dita, ou seja, é da comunicação de dados, e não dos dados em si mesmos".[391] Notório, pois, o *distinguishing*.

Portanto, por ocasião da apreensão *judicialmente autorizada* do telefone celular (ou aparelho congênere), é possível o acesso ao conteúdo do que nele está armazenado, inclusive às mensagens de WhatsApp, havendo plena conformação desse proceder com a ressalva prevista na parte final do inciso III do art. 7.º da Lei 12.965/2014, que, como visto, garante ao usuário da internet a inviolabilidade e o sigilo de suas comunicações privadas armazenadas, "salvo por ordem judicial".

De mais a mais, no caso debatido no RHC 75.800, apesar de o magistrado de primeira instância, na condução da Operação Lava Jato, ter expressamente autorizado o acesso[392] aos dados armazenados nos aparelhos eventualmente apreendidos por decorrência das buscas, para a Corte, essa permissão de acesso seria algo redundante, que adviria da própria determinação para a realização das buscas, sob pena de este *decisum* "resultar em medida írrita, dado que o aparelho desprovido de conteúdo simplesmente não ostenta virtualidade de ser utilizado como prova criminal."[393]

Em outras palavras, sendo levada a efeito a busca e apreensão da base física de *smartphones, tablets* ou *notebooks,* por força de decisão judicial, *a fortiori,* não há falar em "óbice para se adentrar ao seu conteúdo – repise-se, já armazenado –, porquanto necessário ao deslinde do feito."[394] Em casos que tais, a medida de busca e apreensão não é, por óbvio, uma cautelar autossuficiente. Quem a requer em juízo o faz com a lógica e dedutível expectativa de investigar o que há depositado no aparelho apreendido. A determinação de busca e apreensão, pois, pressupõe a permissão de acesso.

---

[391] RHC 75.800/PR, rel. Min. Felix Fischer, 5.ª Turma, *DJe* 26.09.2016. No mesmo sentido, há um conhecido precedente do STF: "3. Não há violação do art. 5.º, XII, da Constituição que, conforme se acentuou na sentença, não se aplica ao caso, pois não houve 'quebra de sigilo das comunicações de dados (interceptação das comunicações), mas sim apreensão de base física na qual se encontravam os dados, mediante prévia e fundamentada decisão judicial'. 4. A proteção a que se refere o art. 5.º, XII, da Constituição, é da comunicação 'de dados' e não dos 'dados em si mesmos', ainda quando armazenados em computador" (RE 418.416, rel. Min. Sepúlveda Pertence, Pleno, *DJ* 19.12.2006). E também: "IV. No presente caso, contudo, o aparelho celular foi [a]preendido em cumprimento a ordem judicial que autorizou a busca e apreensão nos endereços ligados aos corréus, tendo a recorrente sido presa em flagrante na ocasião, na posse de uma mochila contendo tabletes de maconha. V. **Se ocorreu a busca e apreensão dos aparelhos de telefone celular, não há óbice para se adentrar ao seu conteúdo já armazenado, porquanto necessário ao deslinde do feito, sendo prescindível nova autorização judicial para análise e utilização dos dados neles armazenados**" (STJ: RHC 77.232/SC, rel. Min. Felix Fischer, 5.ª Turma, *DJe* 16.10.2017).

[392] Em sua decisão, consignou o magistrado que as autoridades responsáveis pelo cumprimento das buscas poderiam, além de apreender dispositivos de bancos de dados, disquetes, CDs, DVDs ou discos rígidos, "acessar dados armazenados em eventuais computadores, arquivos eletrônicos de qualquer natureza, inclusive *smartphones*".

[393] RHC 75.800/PR, rel. Min. Felix Fischer, 5.ª Turma, *DJe* 26.09.2016.

[394] Excertos do voto proferido pelo Min. Felix Fischer no RHC 75.800/PR.

2.15. Classificação doutrinária

O tráfico de drogas é crime **comum** (pode ser cometido por qualquer pessoa); **formal, de consumação antecipada** ou **de resultado cortado** (consuma-se com a prática da conduta criminosa, independentemente da superveniência do resultado naturalístico); **de perigo comum** (coloca em risco uma pluralidade de pessoas) e **abstrato** (presumido pela lei); **vago** (tem como sujeito passivo um ente destituído de personalidade jurídica); **de forma livre** (admite qualquer meio de execução); em regra **comissivo** (os núcleos indicam ações); **instantâneo** ou **de estado** (nas modalidades importar, exportar, remeter, preparar, produzir, fabricar, adquirir, vender, oferecer, fornecer, prescrever, ministrar e entregar) ou **permanente** (nas formas expor à venda, ter em depósito, transportar, trazer consigo e guardar); **unissubjetivo, unilateral** ou **de concurso eventual** (pode ser cometido por uma única pessoa, mas admite o concurso); **unissubsistente** ou **plurissubsistente** (a conduta pode ser composta de um ou mais atos); e de **máximo potencial ofensivo**.

3. TRÁFICO DE DROGAS POR EQUIPARAÇÃO – ART. 33, § 1º

3.1. Introdução

No § 1º do art. 33, em quatro incisos, a Lei de Drogas previu diversas condutas típicas sancionadas com as mesmas penas do tráfico propriamente dito. Assim agindo, o legislador almejou impedir a impunidade de eventuais ações que não se subsumam ao art. 33, *caput*. Essas figuras, por serem equiparadas ao tráfico, são chamadas de **tráfico de drogas por equiparação ou por assimilação**.

Há divergência acerca da autonomia do tráfico de drogas por equiparação:

1ª posição: O § 1º materializa uma **forma subsidiária** às figuras típicas do *caput*. Portanto, praticadas duas condutas – uma do *caput* e outra do § 1º – no mesmo contexto (exemplo: importação de matéria-prima para produção da droga e posterior venda), o agente responderá apenas pelo tráfico propriamente dito, pois há lesão progressiva ao mesmo bem jurídico.[395]

2ª posição: As figuras do § 1º são **autônomas**. O agente que importa droga e também matéria-prima destinada à sua preparação "comete dois crimes (em concurso material ou formal ou mesmo em crime continuado, conforme a situação concreta)."[396]

3.2. Natureza hedionda (delitos duplamente equiparados)

O tráfico de drogas por equiparação é englobado pela locução *tráfico ilícito de entorpecentes e drogas afins*, prevista na Constituição da República (art. 5º, XLIII) e na Lei 8.072/1990 (art. 2º, *caput*), sendo, por isso, hediondo por equiparação. Em síntese, os delitos previstos no art. 33, § 1º, da Lei de Drogas são **duplamente equiparados**, por se assimilarem ao tráfico de drogas propriamente dito e aos crimes hediondos.

---

[395] Nesse sentido: JESUS, Damásio Evangelista de. *Lei Antitóxicos anotada*. 8. ed. São Paulo: Saraiva, 2005. p. 53; MENDONÇA, Andrey Borges de; CARVALHO, Paulo Roberto Galvão de. *Lei de drogas*: Lei 11.343, de 23 de agosto de 2006 – comentada artigo por artigo. 3. ed. São Paulo: Método, 2012. p. 102.

[396] NUCCI, Guilherme de Souza. *Leis penais e processuais penais comentadas*. 8. ed. Rio de Janeiro: Forense, 2014. v. 1, iBooks, Capítulo "Drogas", nota 59.

124 | LEI DE DROGAS: Aspectos Penais e Processuais – *Cleber Masson • Vinícius Marçal*

3.3. Pontos comuns às figuras equiparadas

As quatro modalidades de tráfico de drogas por equiparação apresentam as seguintes características comuns:

a) **Objetividade jurídica:** é a saúde pública.

b) **Ação penal:** é pública incondicionada, e seu trâmite observará o procedimento especial contido nos arts. 54 a 59 da Lei 11.343/2006, aplicando-se subsidiariamente as disposições do Código de Processo Penal e da Lei 7.210/1984 – Lei de Execução Penal. A propósito, a fase investigatória também possui regras específicas, disciplinadas pelos arts. 50 a 53 da Lei de Drogas.

c) **Lei 9.099/1995:** as formas equiparadas ao tráfico de drogas classificam-se como **crimes de máximo potencial** ofensivo, em face da sua equiparação aos delitos hediondos, e são incompatíveis com os benefícios previstos na Lei 9.099/1995.

d) **Acordo de Não Persecução Penal (ANPP):** as formas equiparadas ao tráfico de drogas são **incompatíveis** com a celebração do **ANPP**, porquanto a pena mínima prevista no § 1º do art. 33 não é inferior a quatro anos, como exige o art. 28-A, *caput*, do Código de Processo Penal.[397] Ademais, a natureza hedionda por assimilação das formas equiparadas ao tráfico afasta a possibilidade de celebração da avença pelo **princípio da suficiência da pena.**[398]

3.4. Tráfico de matéria-prima, insumo ou produto químico destinado à preparação de drogas

3.4.1. Dispositivo legal

> "Art. 33. § 1º Nas mesmas penas incorre quem:
>
> I – importa, exporta, remete, produz, fabrica, adquire, vende, expõe à venda, oferece, fornece, tem em depósito, transporta, traz consigo ou guarda, ainda que gratuitamente, sem autorização ou em desacordo com determinação legal ou regulamentar, matéria-prima, insumo ou produto químico destinado à preparação de drogas;"

3.4.2. Objeto material

Ao contrário do tráfico de drogas propriamente dito, cujo objeto material são as drogas arroladas na Portaria SVS/MS 344/1998, o objeto material aqui é a matéria-prima,

---

[397] Consoante o art. 28-A e parágrafos do CPP, seis são os requisitos do acordo: *a.* confissão; *b.* ausência de violência ou grave ameaça; *c.* **pena mínima inferior a quatro anos**; *d.* ausência de cabimento da transação penal; *e.* não se tratar de investigado reincidente ou criminoso habitual; *f.* não ter o agente sido beneficiado nos cinco anos anteriores ao cometimento da infração, em acordo de não persecução penal, transação penal ou suspensão condicional do processo.

[398] "Veda-se o acordo de não persecução penal aos crimes [...] hediondos e equiparados, pois em relação a estes o acordo não é suficiente para a reprovação e prevenção do crime" (**Enunciado 22** do Conselho Nacional de Procuradores-Gerais dos Ministérios Públicos dos Estados e da União [CNPG], por seu Grupo Nacional de Coordenadores de Centro de Apoio Operacional Criminal [GNCCRIM]).

o insumo ou o produto químico destinado à preparação de drogas, a exemplo do éter ou da acetona destinados à preparação da cocaína.[399]

Por **matéria-prima** entende-se a substância por meio da qual a droga pode ser extraída ou produzida. Exemplo: *folha de coca*. Advirta-se, por curial, que a expressão *matéria-prima* "abrange não só as substâncias destinadas exclusivamente à preparação de drogas, mas também àquelas que, eventualmente, se prestam a esse objetivo",[400] como é o caso da *cafeína*, comumente utilizada para aumentar a quantidade e o volume de entorpecentes. É por isso que "sua posse para tal finalidade configura o delito do art. 33, § 1º, I, da Lei n. 11.343/2006."[401]

A questão do enquadramento legal relacionado às **sementes de maconha** tem sido objeto de intensas discussões jurídicas. O debate central gravita em torno da possibilidade de tipificação da importação dessas sementes no art. 33, § 1º, I, da Lei 11.343/2006, dispositivo que tradicionalmente norteou o tratamento da matéria.

Em conformidade com uma **primeira posição**, a importação clandestina de sementes de *cannabis sativa linneu* configura *crime equiparado ao tráfico de drogas*. Tal entendimento fundamenta-se na premissa de que, embora desprovidas de tetrahidrocannabinol (THC), as sementes constituem matéria-prima essencial na cadeia produtiva de substâncias entorpecentes. Essa corrente defende uma interpretação ampliada do conceito de matéria-prima, transcendendo a mera substância diretamente utilizada na produção da droga para abranger também os elementos necessários às etapas preliminares do processo produtivo.

Assim, conquanto o fruto da planta não apresente a substância tetrahidrocannabinol, "destina-se à produção da planta, e esta à substância entorpecente, sendo, pois, matéria-prima para a produção de droga. Por isso, sua importação clandestina, por si só, amolda-se ao tipo penal insculpido no artigo 33, § 1º, da Lei n. 11.343/2006, *não havendo falar em atipicidade da conduta, tampouco em desclassificação para contrabando*."[402]

Essa corrente encontra respaldo na ideia de que o conceito de "matéria-prima", para os fins do inc. I do § 1º do art. 33 da Lei 11.343/2006, não se limita ao produto ou substância que imediata e diretamente seja utilizado para produção da droga. A narcoprodução pode compreender várias etapas, assim como também podem ser múltiplas as transformações necessárias à sua conformação. Dessarte, as substâncias ou produtos utilizados nas primeiras fases da produção da droga são, para efeitos legais, matérias-primas ou insumos.

---

[399] "Matéria-prima destinada à preparação de substância entorpecente ou que determine dependência física ou psíquica (éter e acetona destiladas de cocaína). Inocuidade da indagação de estarem, ou não, o éter e a acetona incluídos na lista de substâncias entorpecentes, pois a condenação se fez por terem os ora pacientes fornecido tais substâncias para a refinação da cocaína, e não por serem elas substâncias entorpecentes" (STF: HC 69.308/SP, rel. Min. Moreira Alves, 1ª Turma, j. 22.05.1992).

[400] STJ: HC 441.695/SP, rel. Min. Ribeiro Dantas, 5ª Turma, j. 15.10.2019.

[401] STJ: HC 441.695/SP, rel. Min. Ribeiro Dantas, 5ª Turma, j. 15.10.2019. E ainda: "Esta Corte Superior de Justiça tem entendido que não há falar-se em atipicidade da conduta se o paciente foi preso, em flagrante, ao trazer consigo **lidocaína** e **cafeína**, *matérias-primas comumente destinadas ao aumento de quantidade e volume de substância entorpecente*" (AgInt no REsp 1.655.319/SP, rel. Min. Maria Thereza de Assis Moura, 6ª Turma, j. 04.05.2017); RHC 95.926/SP, rel. Min. Nefi Cordeiro, 6ª Turma, j. 12.06.2018.

[402] STJ: AgRg no REsp 1.691.992/SP, rel. Min. Reynaldo Soares da Fonseca, 5ª Turma, j. 12.12.2017. No mesmo sentido: AgRg no AREsp 1.096.628/CE, rel. Min. Reynaldo Soares da Fonseca, 5ª Turma, j. 22.08.2017; REsp 1.687.058/SP, rel. Min. Nefi Cordeiro, rel. p/ acórdão Min. Maria Thereza de Assis Moura, 6ª Turma, j. 06.02.2018.

De mais a mais, o fato de o inc. II do § 1º do art. 33 incriminar a conduta de "semear" não autoriza a conclusão de que a importação de sementes constitua mero ato preparatório. Os tipos penais envolvem objetos materiais diversos, consumam-se em momentos distintos e visam tutelar a saúde pública contra diferentes ataques ao bem jurídico.[403]

Entretanto, a evolução jurisprudencial contemporânea consolidou um entendimento substancialmente diverso (**segunda posição**). A 3ª Seção do Superior Tribunal de Justiça estabeleceu um paradigma interpretativo ao reconhecer a *atipicidade da importação de poucas sementes de maconha*. A mudança considerou tanto a definição legal de "droga" – estabelecida no artigo 1º da Lei 11.343/2006 e complementada pela Portaria SVS/MS nº 344/1998 – quanto à ausência do princípio ativo THC nas sementes, elemento crucial para sua caracterização como substância entorpecente ou matéria-prima para sua elaboração. Eis o precedente:

> "1. O conceito de 'droga', para fins penais, é aquele estabelecido no art. 1.º, parágrafo único, c.c. o art. 66, ambos da Lei n.º 11.343/2006, norma penal em branco complementada pela Portaria SVS/MS n.º 344, de 12 de maio de 1998. Compulsando a lista do referido ato administrativo, do que se pode denominar 'droga', vê-se que dela não consta referência a sementes da planta *Cannabis Sativum*. 2. O Tetrahidrocanabinol – THC é a substância psicoativa encontrada na planta *Cannabis Sativum*, mas ausente na semente, razão pela qual esta não pode ser considerada 'droga', para fins penais, o que afasta a subsunção do caso a qualquer uma das hipóteses do art. 33, *caput*, da Lei n.º 11.343/2006. 3. **Dos incisos I e II do § 1.º do art. 33 da mesma Lei infere-se que 'matéria-prima' ou 'insumo' é a substância utilizada 'para a preparação de drogas'. A semente não se presta a tal finalidade, porque não possui o princípio ativo (THC), tampouco serve de reagente para a produção de droga.** 4. No mais, a Lei de regência prevê como conduta delituosa o semeio, o cultivo ou a colheita da planta proibida (art. 33, § 1.º, inciso II; e art. 28, § 1.º). Embora a semente seja um pressuposto necessário para a primeira ação, e a planta para as demais, **a importação (ou qualquer dos demais núcleos verbais) da semente não está descrita como conduta típica na Lei de Drogas. 5. A conduta de importar pequena quantidade de sementes de maconha é atípica**, consoante precedentes do STF [...]. 6. Embargos de divergência acolhidos, para determinar o *trancamento da ação penal em tela, em razão da atipicidade da conduta.*"[404]

No mesmo embalo, em diversos julgados sobre a matéria, a 2ª Turma do Supremo Tribunal Federal firmou o entendimento de que não se justifica a instauração de investigação criminal – e, por conseguinte, a deflagração de ação penal – nos casos que envolvem importação, *em reduzida quantidade*, de sementes de maconha, especialmente porque tais sementes não contêm o princípio ativo inerente à substância canábica.[405]

---

[403] STJ: AgRg no HC 339.254/SP, rel. Min. Nefi Cordeiro, 6ª Turma, j. 16.06.2016.

[404] STJ: EREsp 1.624.564/SP, rel. Min. Laurita Vez, 3ª Seção, j. 14.10.2020.

[405] Nesse sentido: "Habeas corpus. 2. *Importação de sementes de maconha.* 3. *Sementes não possuem a substância psicoativa (THC).* 4. 26 (vinte e seis) sementes: *reduzida quantidade de substâncias apreendidas.* 5. Ausência de justa causa para autorizar a persecução penal. 6. Denúncia rejeitada. 7. Ordem concedida para determinar a manutenção da decisão do Juízo de primeiro grau" (STF: HC 144.161/SP, rel. Min. Gilmar Mendes, 2ª Turma, j. 11.09.2018). Igualmente: STF: HC 143.557 AgR, rel. Min. Dias Toffoli, rel. p/ acórdão Min. Gilmar Mendes, 2ª Turma, j. 11.09.2018; HC 142.987, rel. Min. Gilmar Men-

Cap. 1 • CRIMES EM ESPÉCIE | **127**

Assim, por não apresentarem a substância tetrahidrocanabinol (THC), a pequena quantidade de sementes de maconha não tem sido considerada droga ou matéria-prima para a produção da droga ilícita, motivo pelo qual tem se afastado o enquadramento da conduta no art. 33, § 1.º, da Lei 11.343/2006 e no art. 334-A do Código Penal. Nesse sentido:

> "*4. O Supremo Tribunal Federal tem decidido reiteradamente pelo trancamento das ações penais em que há importação de pequena quantidade de sementes de maconha, que não possuem a substância psicoativa (THC), em aplicação do princípio bagatelar.* [...]. 5. Embora não se admita a aplicação do Princípio da insignificância no delito de contrabando, esta Corte vem admitindo sua incidência em situações semelhantes à presente, isto é, quando a quantidade de medicamentos para consumo próprio seja reduzida. 6. E ainda que se entendesse pelo enquadramento da conduta na figura típica do art. 28 da Lei 11.343/2006, a importação de apenas 31 sementes de maconha não se apresenta relevante do ponto de vista penal, devendo ser considerada *materialmente atípica*, em aplicação do princípio da insignificância, consoante entendimento desta Corte."[406]

> "Ao julgar o AgRg no REsp n. 1.658.928/SP (Rel. Ministra Maria Thereza de Assis Moura), a Sexta Turma, por maioria, firmou o entendimento de que, 'tratando-se de pequena quantidade de sementes e inexistindo expressa previsão normativa que criminaliza, entre as condutas do artigo 28 da Lei de Drogas, a importação de pequena quantidade de matéria-prima ou insumo destinado à preparação de droga para consumo pessoal, forçoso reconhecer a atipicidade do fato'. [...] a Segunda Turma do Supremo Tribunal Federal decidiu, por maioria de votos, que *não se justifica a instauração de investigação criminal – e, por conseguinte, a deflagração de ação penal – nos casos que envolvem importação, em reduzida quantidade, de sementes de maconha, 'especialmente porque tais sementes não contêm o princípio ativo inerente à substância canábica'.*"[407]

Em suma, quanto à importação de reduzida quantidade de sementes de *cannabis*, "tanto o Supremo Tribunal Federal quanto o Superior Tribunal de Justiça sedimentaram o entendimento de que *a conduta não tipifica os crimes da Lei de Drogas*, porque tais sementes não contêm o princípio ativo inerente à *cannabis sativa*."[408] Adicionalmente, os Tribunais Superiores vêm compreendendo que *a conduta não se ajusta ao tipo penal de contrabando*, em razão do princípio da insignificância.

Por seu turno, compreende-se como **insumo** o elemento necessário para produzir determinado produto ao ser agregado à matéria-prima. Do insumo não se extrai diretamente a droga. É o que ocorre com a *amônia* ou o *bicarbonato de sódio* que, após utilizados para dissolver a cocaína, originarão o *crack*.

---

des, 2ª Turma, j. 11.09.2018. E ainda: STJ, REsp 1.838.937/SP, rel. Min. Rogerio Schietti Cruz, 6ª Turma, j. 12.11.2019.

[406]   STJ: RHC 115.605/SP, rel. Min. Ribeiro Dantas, 3ª Seção, j. 14.10.2020.

[407]   STJ: REsp 1.658.934/SP, rel. Min. Rogerio Schietti Cruz, 6ª Turma, j. 26.04.2022.

[408]   STJ: AgRg no HC 916.389/SP, rel. Min. Reynaldo Soares da Fonseca, 5ª Turma, j. 16.09.2024.

Por sua vez, pela expressão **produto químico** deve ser entendida a substância que, sem se agregar à matéria-prima, é utilizada com vistas à preparação de drogas. Exemplo: *acetona* utilizada para a produção e refino de cocaína.[409]

Sobre esse assunto, em consonância com a Portaria SVS/MS 344/1998, são insumos químicos utilizados como precursores para fabricação e síntese de drogas: acetona, ácido clorídrico, ácido sulfúrico, anidrido acético, cloreto de metileno, diclorometano, clorofórmio, éter etílico, metil etil cetona, permanganato de potássio, sulfato de sódio e tolueno.

Essa relação é **meramente exemplificativa**, e não taxativa. Consequentemente, outros insumos ou produtos químicos podem ser utilizados como objeto do tipo penal, se destinados à produção de drogas. Com efeito, o art. 66 da Lei 11.343/2006 remete à Portaria SVS/MS 344/1998 apenas o que se deve considerar por drogas, e nesse caso não se está diante de drogas propriamente ditas, mas, sim, de insumos ou produtos químicos destinados à sua preparação.

3.4.3. Núcleos do tipo

O inc. I do § 1º do art. 33 traz 14 (catorze) diferentes núcleos do tipo (importa, exporta, remete, produz, fabrica, adquire, vende, expõe à venda, oferece, fornece, tem em depósito, transporta, traz consigo ou guarda, ainda que gratuitamente), todos estudados na análise do art. 33, *caput*, para onde remetemos o leitor.

Em qualquer caso, só há falar em crime se a conduta for praticada "sem autorização ou em desacordo com determinação legal ou regulamentar" (elemento normativo do tipo). Assim, existindo autorização do Estado, na forma dos arts. 2º e 31 da Lei de Drogas, configura fato atípico, por exemplo, a venda de matéria-prima destinada à preparação de drogas.

3.4.4. Sujeito ativo

Pode ser qualquer pessoa (crime comum ou geral).

3.4.5. Sujeito passivo

É a coletividade (crime vago), pois o bem jurídico tutelado é a saúde pública.

3.4.6. Elemento subjetivo

É o dolo, direto ou eventual, acrescido de um especial fim de agir (**elemento subjetivo específico**). Com efeito, o inc. I do § 1º do art. 33 reclama execute o autor alguma das condutas típicas sem autorização ou em desacordo com determinação legal ou regulamentar, e sempre tendo em conta que o objeto material (matéria-prima, insumo ou produto químico) deve ser **destinado à preparação de drogas** (especial fim de agir). Em razão disso, não há falar em conduta típica na simples ação de trazer consigo um vidro de éter ou de acetona. Crime haverá, ao contrário, se essa ação for destinada à preparação de drogas.

---

[409] A Lei 10.357/2001 estabeleceu normas de controle e fiscalização sobre produtos químicos que direta ou indiretamente possam ser destinados à elaboração ilícita de drogas.

Existe entendimento, contudo, no sentido de que a expressão "destinado à preparação de drogas" não significa um especial fim de agir. De acordo com essa concepção, a destinação "não é a colocada como fim pelo agente, mas a que normalmente pode prestar-se a substância. A possibilidade de ser transformada em entorpecente não é condição subjetiva do agente em relação à matéria-prima, mas o conjunto de qualidades químicas que a tornem apta para aquele fim. Em outras palavras, não há necessidade para configuração do crime de que o agente queira destinar a matéria-prima à produção de entorpecentes, bastando que saiba ter ela as qualidades necessárias para tal."[410]

Não se admite a modalidade culposa.

3.4.7. Consumação

Dá-se com a simples execução desautorizada pelo agente de qualquer um dos núcleos do tipo, independentemente do resultado naturalístico (crime formal, de consumação antecipada ou de resultado cortado). Portanto, estará configurado o delito se, por exemplo, o agente trouxer consigo matéria-prima destinada à preparação de drogas, com essa finalidade, ainda que não ocorra a efetiva preparação.

3.4.8. Tentativa

Valem aqui todas as observações efetuadas no estudo da (in)compatibilidade do art. 33, *caput*, com o *conatus*, razão pela qual, respeitosamente, remetemos a sua leitura ao item 2.10.

3.4.9. Classificação doutrinária

O tráfico de matéria-prima, insumo ou produto químico destinado à preparação de drogas é **comum** (pode ser cometido por qualquer pessoa); **formal, de consumação antecipada** ou **de resultado cortado** (consuma-se com a prática da conduta criminosa, independentemente da superveniência do resultado naturalístico); **de perigo comum** (coloca em risco uma pluralidade de pessoas) e **abstrato** (presumido pela lei); **vago** (tem como sujeito passivo um ente destituído de personalidade jurídica); **de forma livre** (admite qualquer meio de execução); em regra **comissivo** (os núcleos indicam ações); **instantâneo** ou **de estado** (nas modalidades "importar", "exportar", "remeter", "produzir", "fabricar", "adquirir", "vender", "oferecer" e "fornecer") ou **permanente** (nas formas "expor à venda", "ter em depósito", "transportar", "trazer consigo" e "guardar"); **unissubjetivo, unilateral** ou **de concurso eventual** (pode ser cometido por uma única pessoa); **unissubsistente** ou **plurissubsistente** (a conduta pode ser composta de um ou mais atos); e **de máximo potencial ofensivo.**

3.5. Plantas para o tráfico

3.5.1. Dispositivo legal

"Art. 33. § 1º Nas mesmas penas incorre quem:

---

[410] GRECO FILHO, Vicente; RASSI, João Daniel. *Lei de Drogas anotada* – Lei 11.343/2006. São Paulo: Saraiva, 2008. p. 97.

II – semeia, cultiva ou faz a colheita, sem autorização ou em desacordo com determinação legal ou regulamentar, de plantas que se constituam em matéria-prima para a preparação de drogas;"

3.5.2. Objeto material

São as plantas que se constituam em matéria-prima para a preparação de drogas.

3.5.3. Núcleos do tipo

O inc. II do § 1º do art. 33 contém três núcleos: **semear** (deitar sementes à terra para que germinem), **cultivar** (fertilizar, tratar, cuidar da terra para o desenvolvimento da plantação) e **fazer a colheita** (apanhar, recolher) das plantas que se constituam em matéria-prima para a preparação de drogas.

Se essas plantas forem destinadas à preparação de **pequena quantidade** (conceito indeterminado a ser aferido casuisticamente) de substância ou produto capaz de causar dependência física ou psíquica, para consumo pessoal, incidirá o art. 28, § 1º, da Lei 11.343/2006.

Questão interessante diz respeito ao adequado enquadramento típico da conduta praticada pelo agente que semeia, cultiva ou faz a colheita para fins de preparar a droga para consumo compartilhado. Concordamos com a solução apresentada em sede doutrinária:

"O § 3º deste artigo (33) somente prevê o oferecimento da droga para 'pessoa de seu relacionamento' para fim de consumo compartilhado, dando uma ideia de que este não seja futuro, mas que ocorra imediatamente após o oferecimento da droga. Por outro lado, o crime do art. 28, § 1º, repudia o fornecimento ou a intenção de fornecimento para terceira pessoa. Parece-nos que, por analogia benéfica, a solução correta será pelo enquadramento no tipo do art. 33, § 3º, desde que não haja a intenção de venda da droga, que ela se destine à preparação de droga para consumo compartilhado com pessoa de relacionamento do agente e que esta seja plantada em pequena quantidade, tudo a revelar uma mera 'plantação de fundo de quintal.'"[411]

Em qualquer caso, só há falar em crime se a conduta for realizada **sem autorização ou em desacordo com determinação legal ou regulamentar** (elemento normativo do tipo).

Em regra, são **vedados** o plantio, a cultura, a colheita e a exploração de vegetais e substratos dos quais possam ser extraídas ou produzidas drogas (Lei 11.343/2006, art. 2º), tanto é que "**as plantações ilícitas serão imediatamente destruídas** pelo delegado de polícia na forma do art. 50-A, que recolherá quantidade suficiente para exame pericial, de tudo lavrando auto de levantamento das condições encontradas, com a delimitação do local, asseguradas as medidas necessárias para a preservação da prova" (Lei 11.343/2006, art. 32).

Além disso, as propriedades urbanas e rurais de qualquer região do País onde forem localizadas culturas ilegais de plantas psicotrópicas serão expropriadas e destinadas

---

[411] GOMES, Abel Fernandes; LUCAS, Flávio Oliveira; PEREIRA, Frederico Valdez. *Nova lei antidrogas*. Niterói: Impetus, 2006. p. 86.

à reforma agrária e a programas de habitação popular, sem qualquer indenização ao proprietário (**confisco**), na forma do art. 243 da Constituição Federal. Esse dispositivo constitucional é aplicável a toda e qualquer plantação ilícita, ligada ao tráfico de drogas (art. 33, § 1º, II) ou ao consumo pessoal (art. 28, § 1º).[412]

Entretanto, o plantio, a cultura, e a colheita de vegetais que constituam matéria-prima para a preparação de drogas deixam de ser proibidos, acarretando na atipicidade do fato, se existente autorização legal ou regulamentar ou, ainda, se a utilização dessas plantas tiver finalidade ritualístico-religiosa, medicinal ou científica.[413]

3.5.4. Sujeito ativo

Pode ser qualquer pessoa (crime comum ou geral).

3.5.5. Sujeito passivo

É a coletividade (crime vago).

3.5.6. Elemento subjetivo

É o dolo, direto ou eventual, independentemente de qualquer finalidade específica. Não se admite a modalidade culposa.

3.5.7. Consumação

O crime é formal, de consumação antecipada ou de resultado cortado, por isso consuma-se com a simples execução desautorizada, pelo agente, de qualquer dos núcleos do tipo, independentemente da produção do resultado naturalístico.

O tipo penal não reclama que da planta origine diretamente a droga. Basta que se constitua em matéria-prima para sua preparação, ou seja, para a consumação do crime não importa que já apresentem as plantas o princípio ativo, "porque o que a lei exige é que estas se destinem ao fornecimento de entorpecentes. Não se cultiva o entorpecente em si, mas a planta da qual aquele será extraído."[414] Caso a planta já contenha o princípio ativo de droga (exemplo: *Cannabis sativa L.* com THC) – o que será indicado pericialmente –, poderá incidir a tipificação do art. 33, *caput*.

É comum que o sujeito ativo semeie, cultive, faça a colheita, obtenha a droga bruta (art. 33, § 1º) e, após o refino, venda a substância ilícita a terceiros (art. 33, *caput*). Nesse caso, prevalece o entendimento no sentido de que todas as ações são tidas como "fases ligadas ao mesmo produto final", de maneira que o autor deverá responder por um único

---

[412] Vide considerações mais detalhadas no item 1.11 (cap. I).

[413] Nos termos do art. 14, inc. I, *c*, do Decreto 5.912/2006: "Art. 14. Para o cumprimento do disposto neste Decreto, são competências específicas dos órgãos e entidades que compõem o SISNAD: I – do Ministério da Saúde: [...] c) autorizar o plantio, a cultura e a colheita dos vegetais dos quais possam ser extraídas ou produzidas drogas, exclusivamente para fins medicinais ou científicos, em local e prazo predeterminados, mediante fiscalização, ressalvadas as hipóteses de autorização legal ou regulamentar."

[414] CUNHA, Rogério Sanches; PINTO, Ronaldo Batista; SOUZA, Renee do Ó. Drogas – Lei n. 11.343/2006. *Leis penais especiais comentadas*. 3. ed. Salvador: JusPodivm, 2020. p. 1744-1745.

crime (princípio da consunção),[415] impondo-se ao juiz o dever de observar essa sucessão de fatos na dosimetria da pena-base. Contudo, se as condutas não apresentaram relação de dependência entre si, estará caracterizado o concurso material de delitos, tal como se verifica quando, em cumprimento a mandado de busca domiciliar, logra a polícia encontrar com o sujeito da medida mudas de *maconha* que eram por ele cultivadas, além de diversos tubos de *lança-perfume*.[416]

Finalmente, se o sujeito, sem autorização do Estado, semeia plantas que se constituam em matéria-prima para a preparação de drogas em uma extensa área, haverá um único crime. Entretanto, se após a primeira colheita ele faz outra semeadura, responderá em concurso material ou em continuidade delitiva, se presentes os requisitos elencados pelo art. 71, *caput*, do Código Penal.

3.5.8. Tentativa

São válidas as ponderações acerca da tentativa efetuadas no estudo do crime definido no art. 28, § 1º, para onde respeitosamente remetemos sua leitura (item 1.10).

3.5.9. Classificação doutrinária

O crime é **comum** (pode ser cometido por qualquer pessoa); **formal, de consumação antecipada** ou **de resultado cortado** (consuma-se com a prática da conduta criminosa, independentemente da superveniência do resultado naturalístico); **de perigo comum** (coloca em risco um número indeterminado de pessoas) e **abstrato** (presumido pela lei); **vago** (tem como sujeito passivo um ente destituído de personalidade jurídica); **de forma livre** (admite qualquer meio de execução); em regra **comissivo** (os núcleos indicam ações); **instantâneo** ou **de estado** (*semear* e *fazer colheita*) ou **permanente** (cultivar); **unissubjetivo, unilateral** ou **de concurso eventual** (pode ser cometido por uma única pessoa, mas admite o concurso); **unissubsistente** ou **plurissubsistente** (a conduta pode ser composta de um ou mais atos); e **de máximo potencial ofensivo**.

3.6. Uso de local para o tráfico de drogas

3.6.1. Dispositivo legal

> "Art. 33. § 1º Nas mesmas penas incorre quem:
>
> III – utiliza local ou bem de qualquer natureza de que tem a propriedade, posse, administração, guarda ou vigilância, ou consente que outrem dele se utilize, ainda

---

[415] "[...] Cultivo de entorpecentes. Absorção pelo delito de tráfico de drogas, de rigor. Caracterização de apenas um crime, sob pena de *bis in idem*. Não havendo notícia da venda de outros entorpecentes além daqueles cultivados e praticadas ambas as condutas em um *mesmo contexto fático*. Cultivo da droga que deve ser tratada como meio para a prática da traficância. Absolvição que se impõe" (TJSP: Apelação 0000691-93.2017.8.26.0559, rel. Ivana David, 4ª Câmara de Direito Criminal, j. 11.06.2019).

[416] "Apelação criminal. Tráfico de drogas. [...] Apelante se insurge contra a r. sentença que reconheceu a prática das infrações capituladas nos *artigos 33*, caput e § 1º, inciso II, da Lei nº 11.343/06 [...], na forma do artigo 69 do mesmo diploma legal. [...] Autoria e materialidade demonstradas. Conjunto probatório que infirma a tese defensiva" (TJSP: Apelação 1502087-03.2017.8.26.0536, rel. Camargo Aranha Filho, 16ª Câmara de Direito Criminal, j. 16.08.2018).

que gratuitamente, sem autorização ou em desacordo com determinação legal ou regulamentar, para o tráfico ilícito de drogas."

3.6.2. Objeto material

É o local ou bem de qualquer outra natureza de que o sujeito ativo tem a propriedade, posse, administração, guarda ou vigilância. Em razão disso, **não se enquadra** como objeto material do tipo o **local público de uso comum do povo** (praças públicas, por exemplo), "mas **apenas** os *abertos ao público* (cinemas, bares, restaurantes) e os *privados*". Destarte, é possível que o crime seja praticado "em prédio público, desde que o agente tenha vigilância sobre o local e o dever de impedir a prática (segurança de um prédio público)."[417]

3.6.3. Núcleos do tipo

O tipo penal contém dois núcleos: **utilizar** (servir-se, empregar, aproveitar) local (exemplos: casa, chácara, estabelecimento comercial etc.) ou bem de qualquer natureza (exemplos: automóvel, navio, trailer, aeronave etc.)[418] de que tem a propriedade, posse, administração, guarda ou vigilância, ou **consentir** (permitir, tolerar, autorizar) com a utilização por outrem, ainda que gratuitamente (sem contraprestação), para o tráfico de drogas.

É de se observar que na hipótese do consentimento com a utilização de local ou bem de qualquer natureza por terceiro, "a conduta já seria punível como participação no tráfico exercido pelo terceiro. Porém, como a lei transformou a conduta em crime autônomo, deverá ser feita a **distinção**: quem consente na utilização do local incidirá no § 1º, III, e quem vende a droga responderá pela figura do *caput*."[419] Trata-se de **exceção pluralista à teoria unitária ou monista no concurso de pessoas**, adotada como regra geral pelo art. 29, *caput*, do Código Penal.

O legislador – como fez nos demais crimes da Lei de Drogas – inseriu um elemento normativo do tipo: as condutas devem ser praticadas "sem autorização ou em desacordo com determinação legal ou regulamentar". Entretanto, nesse caso, a disposição é desenganadamente contraditória e, portanto, **inaplicável**. Com efeito, a referida autorização – legal ou regulamentar – para o tráfico mencionado no inc. III do § 1º do art. 33 da Lei 11.343/2006 é impossível de ser concedida por qualquer órgão público.

Para a concretização do delito é imprescindível que as condutas – utilizar ou consentir com a utilização de local ou bem de qualquer natureza – sejam cometidas para o **tráfico ilícito de drogas**, *e não para o consumo pessoal de terceiros*. Consequentemente, se

---

[417] MENDONÇA, Andrey Borges de; CARVALHO, Paulo Roberto Galvão de. *Lei de drogas*: Lei 11.343, de 23 de agosto de 2006 – comentada artigo por artigo. 3. ed. São Paulo: Método, 2012. p. 106.

[418] Vale lembrar que, ao proferir a sentença de mérito, o juiz decidirá sobre o perdimento do produto, bem (veículos, embarcações, aeronaves etc.) ou valor apreendido ou objeto de medidas assecuratórias (Lei 11.343/2006, art. 63, I).

[419] GONÇALVES, Victor Eduardo Rios; BALTAZAR JUNIOR, José Paulo. *Legislação penal especial*. São Paulo: Saraiva, 2015. p. 106.

134 | LEI DE DROGAS: Aspectos Penais e Processuais – *Cleber Masson • Vinícius Marçal*

qualquer das condutas for praticada para o simples uso por outrem, haverá a incidência do art. 33, § 2º, em razão do inegável auxílio ao uso indevido de drogas. De outro lado, utilização da localidade para o consumo pessoal de drogas enseja a caracterização do delito tipificado pelo art. 28, *caput*, da Lei 11.343/2006.

Para a incidência do inc. III, reclama a lei sejam as ações praticadas para o *tráfico ilícito de drogas*, mas o legislador não definiu esse conceito. Interessa, pois, estabelecer quais condutas estão aí englobadas. No ponto, tem prevalecido o entendimento de que na expressão *tráfico ilícito de drogas* se encontram abrangidas as figuras do art. 33, *caput*; as modalidades equiparadas[420] (art. 33, § 1º, I, II e IV); e as ações do art. 34. Exclui-se, por sua vez, o comportamento definido no art. 35 (associação para o tráfico). Nas palavras de Renato Brasileiro de Lima:

> "Se determinado agente consentir que outrem se utilize de bem imóvel de sua propriedade para a prática do crime de associação para fins de tráfico, previsto no art. 35 da Lei nº 11.343/06, cedendo, por exemplo, apartamento de sua propriedade para reuniões de traficantes, sem que este local seja utilizado para a distribuição da droga, não restará tipificado o crime do art. 33, § 1º, III. Neste caso, se restar comprovado que tal agente estava associado de maneira estável e permanente aos demais indivíduos, deverá responder apenas pelo crime do art. 35."[421]

Se o agente, no mesmo contexto fático, pratica tráfico de drogas propriamente dito simultaneamente à realização da conduta definida no art. 33, § 1º, III, da Lei 11.343/2006 (exemplo: vende cocaína no interior da sua residência), a ele deverá ser imputado somente o crime principal (art. 33, *caput*), restando absorvida (*princípio da consunção*) a figura equiparada.

Em verdade, a *interpretação sistemática* da Lei de Drogas autoriza a conclusão no sentido da aplicabilidade do art. 33, § 1º, III, somente quando a utilização de bem móvel ou imóvel para fins de tráfico for realizada por pessoas que não estão diretamente envolvidas no delito previsto no art. 33, *caput*.

3.6.4. Sujeito ativo

O uso de local para o tráfico de drogas é **crime próprio** ou **especial**, pois somente pode ser cometido pelo proprietário, possuidor, administrador, guarda ou vigilante de determinada localidade ou de bem de qualquer natureza que dele se utilize diretamente, ou então consinta com sua utilização por outrem, para fins de tráfico de drogas.

3.6.5. Sujeito passivo

É a coletividade (crime vago).

---

[420] Desse modo, o proprietário que consente com a utilização de seu imóvel por terceiro para que este cultive plantas que se constituam em matéria-prima para a preparação de drogas (art. 33, § 1º, II) incide no art. 33, § 1º, III, da Lei 11.343/2006.

[421] LIMA, Renato Brasileiro de. *Legislação criminal especial comentada*. 4. ed. Salvador: JusPodivm, 2016. p. 749. volume único.

Cap. 1 • CRIMES EM ESPÉCIE | **135**

3.6.6. Elemento subjetivo

É o dolo, direto ou eventual, acrescido de um especial fim de agir (**elemento subjetivo específico**), consistente na utilização ou consentimento de determinada localidade ou de bem de qualquer natureza "**para o tráfico ilícito de drogas**".

Não se admite a modalidade culposa.

3.6.7. Consumação

Dá-se com prática do tráfico de drogas no local ou no bem, ainda que em uma única oportunidade. Não se reclama habitualidade.

Não basta o mero consentimento do agente com a utilização do local ou do bem por outrem para o tráfico de drogas. Exige-se a efetiva prática, pelo terceiro, de qualquer das condutas descritas no art. 33, *caput*, da Lei 11.343/2006. Em outras palavras, o tipo penal visa coibir a **efetiva colaboração** ao tráfico de drogas, e não uma **colaboração frustrada**, na qual o consentimento é penalmente irrelevante.

3.6.8. Tentativa

Existem duas posições sobre o assunto:

1ª posição: É cabível o *conatus* na modalidade "utilizar", mas não no núcleo "consentir".[422]

2ª posição: A tentativa é cabível, desde que também exista a tentativa de tráfico de drogas. Para essa linha de pensamento, não há sentido na punição mais grave da conduta assessória, se o tipo principal foi apenas tentado. Paulo Rangel e Carlos Roberto Bacila exemplificam: "As drogas estavam chegando no estabelecimento e seriam recebidas ou adquiridas pelas pessoas autorizadas para o tráfico, mas essas foram surpreendidas quando estavam tentando receber as drogas ou tentando adquiri-las."[423]

3.6.9. Classificação doutrinária

O uso de local para o tráfico de drogas é crime **próprio** ou **especial** (somente pode ser cometido pelo proprietário, possuidor, administrador, guarda ou vigilante de determinada localidade ou de bem de qualquer natureza); **formal, de consumação antecipada** ou **de resultado cortado** (consuma-se com a prática da conduta criminosa, independentemente da superveniência do resultado naturalístico); **de perigo comum** (coloca em risco um número indeterminado de pessoas) e **abstrato** (presumido pela lei); **vago** (tem como sujeito passivo um ente destituído de personalidade jurídica); **de forma livre** (admite qualquer meio de execução); em regra **comissivo** (os núcleos indicam ações); **instantâneo** ou **de estado** (consentir) ou **permanente** (utilizar); **unissubjetivo, unilateral** ou **de concurso eventual** (pode ser cometido por uma única pessoa, mas admite o concurso); **unissubsistente** ou **plurissubsistente** (a conduta pode ser composta de um ou mais atos); e **de máximo potencial ofensivo**.

---

[422] MARCÃO, Renato. *Tóxicos*: Lei n. 11.343, de 23 de agosto de 2006: anotada e interpretada. 10. ed. São Paulo: Saraiva, 2015. p. 130.

[423] RANGEL, Paulo; BACILA, Carlos Roberto. *Lei de drogas*: comentários penais e processuais. 3. ed. São Paulo: Atlas, 2015. p. 105.

3.7. Tráfico para agente policial disfarçado

3.7.1. Dispositivo legal

> "Art. 33, § 1º Nas mesmas penas incorre quem: [...]
>
> IV – vende ou entrega drogas ou matéria-prima, insumo ou produto químico destinado à preparação de drogas, sem autorização ou em desacordo com a determinação legal ou regulamentar, a agente policial disfarçado, quando presentes elementos probatórios razoáveis de conduta criminal preexistente."

3.7.2. Objeto material

As drogas em si (arroladas na Portaria SVS/MS 344/1998) e a matéria-prima, o insumo ou o produto químico destinado à preparação de drogas, a exemplo do éter ou da acetona destinados à preparação da cocaína.[424]

3.7.3. Núcleos do tipo e contornos elementares sobre o agente policial disfarçado

O inc. IV do § 1º do art. 33, incluído na Lei de Drogas pelo Pacote Anticrime (Lei 13.964/2019), contém dois núcleos: **vender** (alienar mediante contraprestação, que não necessariamente precisa ser dinheiro. Engloba a *compra* e a *troca* (por exemplo, um pacote de cocaína por um telefone celular) e **entregar** (ação que pressupõe a tradição da droga a terceira pessoa, independentemente de contraprestação), em qualquer caso, sem autorização ou em desacordo com a determinação legal ou regulamentar, e tendo como destinatário **agente policial disfarçado**,[425] **quando presentes elementos probatórios razoáveis de conduta criminal preexistente** (elementos normativos do tipo).

No estudo do novel dispositivo, o que nos interessa de maneira particular é, sem dúvida alguma, definir alguns contornos elementares sobre o **agente policial disfarçado**.

De início, impende sublinhar que o meio de obtenção de prova denominado *agente policial disfarçado* guarda algumas semelhanças com a *ação controlada* e a *infiltração de agentes*, mas desses institutos se diferencia. Aliás, é bom que se ressalte desde logo que não se confundem também o *agente disfarçado* e o *agente provocador*.

Com efeito, o *agente disfarçado* atua independentemente de autorização judicial ou de prévia comunicação ao juízo e não investiga, necessariamente, ações praticadas por organizações criminosas. O *agente disfarçado* encobre a sua real identidade com o intuito de coletar informações que indiquem o envolvimento *preexistente* – e, por isso, voluntário – do investigado com o comércio irregular de armas e drogas, sem fazer nascer nele o intuito delitivo (ao contrário do que ocorre com o *agente provocador*). Ademais, o *agente disfarçado* não precisa manter o seu alvo sob vigilância perene, como acontece na *ação controlada*. Não obstante essas diferenças, as duas técnicas (*agente policial disfarçado* e *ação controlada*) podem se fazer presentes de maneira concomitante, ou seja, uma *ação controlada* pode ser levada a efeito com ou sem um *agente policial disfarçado*.

---

[424] Para evitar repetições desnecessárias, remetemos o leitor ao item 3.4.2.

[425] A figura do agente policial disfarçado também está presente no Estatuto do Desarmamento (arts. 17, § 2º, e 18, parágrafo único).

Por seu turno, o *agente infiltrado*, sempre mediante autorização judicial, ingressa no seio de determinada organização criminosa, forjando a condição de integrante, com o escopo de alcançar informações a respeito de seu funcionamento e de seus membros. O *agente disfarçado*, por outro lado, atua independentemente de autorização judicial e não penetra no âmago de nenhuma organização criminosa, mas, assim como o primeiro, encobre a sua real identidade com o intuito de coletar informações que indiquem o envolvimento *preexistente* – e, por isso, voluntário – do investigado com o comércio irregular de armas e drogas. Assim, há um *ponto em comum* entre o *infiltrado* e o *disfarçado*: nenhum deles faz nascer no alvo o intuito delitivo (ao contrário do que ocorre com o *provocador*).[426] Nos dois casos ele é preexistente, razão pela qual a prova produzida por ambos é juridicamente válida.

Em nossa ótica, portanto, o agente policial disfarçado encerra uma modalidade de **técnica especial de investigação autônoma**, que pode ser encetada presencial ou virtualmente (embora a lei não seja expressa quanto a esse pormenor),[427] prescindindo de permissão judicial ou de prévia comunicação ao juízo, e é levada a efeito, em regra,[428] pela polícia judiciária, por reclamar a realização de atos de investigação – ainda que preliminares (não se exige a instauração de inquérito policial) – que evidenciem a existência de elementos probatórios razoáveis de conduta criminal preexistente (*v.g.*, ter droga em depósito; guardar droga para o seu proprietário etc.).

---

[426] "Na provocação (*entrapment*), o agente faz surgir a ideação ou deliberação e leva o suspeito a percorrer todo o *iter criminis* até a execução. A atuação do agente provocador é a verdadeira causa do crime, pois no sujeito provocado não existia qualquer vontade primária de praticar o ilícito nem tinha ele o objeto material da conduta ilícita. Este sim é um crime impossível, pela intervenção *ab initio* da força policial, antes da cogitação. Segundo o Tribunal Supremo da Espanha, a prova assim obtida é ilícita, não existindo nem tipicidade nem culpabilidade. Diversamente, na infiltração, nas ações encobertas e nas *sting operations* legítimas, o dolo já existe, e a vontade do suspeito não foi viciada pelo Estado. Os suspeitos já desejavam e planejavam o crime, ou já haviam iniciado seus atos preparatórios" (ARAS, Vladimir. A infiltração de agentes como meio especial de obtenção de prova. *In*: SALGADO, Daniel de Resende; QUEIROZ, Ronaldo Pinheiro de; KIRCHER, Luís Felipe Schneider (coord.). *Altos estudos sobre a prova no processo penal*. Salvador: JusPodivm, 2020. p. 375).

[427] "Se o agente policial pode tomar conhecimento da existência de elementos probatórios razoáveis de conduta criminal preexistente quando estiver fisicamente presente em determinado lugar (*v.g.*, festa), também poderá adquirir esse mesmo conhecimento por meio da internet (*v.g.*, WhatsApp, Skype, Facetime, redes sociais etc.). Logo, não há por que não se admitir a figura do agente policial disfarçado virtual, a qual, todavia, não se confunde com a infiltração policial virtual constante do art. 10-A da Lei n. 12.850/13 [...]" (LIMA, Renato Brasileiro de. *Legislação criminal especial comentada*. 8. ed. Salvador: JusPodivm, 2020. p. 1062).

[428] Não descartamos, todavia, a possibilidade de *disfarce* pela polícia militar. Pensemos no seguinte exemplo: a PM recebe a notícia de que Pablo está a traficar drogas. Realizando um levantamento preliminar, após uma campana, os militares verificam que Pablo busca na residência de Mexicano os entorpecentes que vende. Pablo sai rapidamente do local e a polícia militar ingressa no domicílio de Mexicano, encontra um depósito de drogas e o prende em flagrante. Provada a conduta criminal preexistente, poderia um policial militar disfarçado, incontinente, ir ao encontro de Pablo para comprar a droga dele. Realizada a venda, parece-nos claro que Pablo incorre no art. 33, § 1º, IV. *Em sentido contrário*, compreendendo que o agente policial disfarçado precisa ser integrante da Polícia Judiciária: BARCELLOS, Bruno Lima; LEITÃO JR., Joaquim. A emblemática figura do agente policial disfarçado na Lei n. 13.964/2019. *In*: SOUZA, Renne do Ó (org.). *Lei anticrime* – comentários à Lei 13.964/2019. Belo Horizonte: D'Plácido, 2020. p. 98-99.

Para a legitimação da providência, conquanto a lei não exija, é de todo recomendável a elaboração de auto/relatório circunstanciado sobre as atividades (filmagens, fotografias, oitiva de testemunhas etc.) desenvolvidas pelo *policial disfarçado*,[429] com o escopo de demonstrar que o ato flagrancial das ações típicas de vender ou entregar drogas (ou matéria-prima, insumo ou produto químico destinado à preparação de drogas) foi estribado em conduta delitiva preexistente. Ausente esta, faltará também espaço normativo para a responsabilização criminal do "vendedor episódico" pela recente figura típica (art. 33, § 1º, IV).

Dessarte, o elemento normativo do tipo consubstanciado na presença de elementos probatórios razoáveis de conduta criminal preexistente constitui *conditio sine qua non* para a caracterização do tipo penal em testilha e "direciona-se à captura de informações anteriores à venda e entrega do produto pelo sujeito ativo, aptas a demonstrar sua prévia inserção na atividade criminosa."[430] Portanto, é precisamente a comprovação da conduta criminosa preexistente que assegura ter sido mínima a participação do *agente disfarçado* no enredo delitivo. Assim, quando um policial, anonimamente, tenta:

> "Adquirir drogas de um usuário, que, exclusivamente em razão desse ato, obtém e repassa a substância ao proponente, resta caracterizada uma obra fruto de um agente provocador e, portanto, um caso de flagrante provocado. Contudo, caso um policial disfarçado realize um prévio levantamento investigativo que indique que determinada pessoa exerce função de vendedor de drogas em pequenas quantidades (conduta criminal preexistente), sem que as mantenha consigo antes das propostas de compras, e realize com ela uma negociação pela substância, poderá, no momento da venda ou da entrega, efetuar sua prisão, porque o crime se caracteriza, nesse instante, ante a realização dos elementos específicos do tipo, ainda que o criminoso mantenha com ele exclusivamente a exata quantia de drogas comercializada".[431]

Note-se, pois, uma **diferença fundamental**: enquanto o *agente provocador* induz a cena sem conhecer a conduta delitiva preexistente, o *policial disfarçado* conhece o delito anterior (porque realizou diligências investigatórias preliminares) e, por isso, a atuação flagrancial (pela venda ou entrega da droga) não é um golpe de sorte, mas, sim, fruto de uma legítima e certeira atuação profissional. Enquanto a armadilha montada pelo *agente provocador* jamais tornará lícita a prisão em flagrante pela venda[432] da substância entor-

---

[429] Em analogia ao disposto nos arts. 8º, § 4º, 10, § 4º, e 10-A, § 5º, todos da Lei 12.850/2013.

[430] CUNHA, Rogério Sanches; SOUZA, Renee do Ó; LINS, Caroline de Assis e Silva Holmes. A nova figura do agente disfarçado prevista na Lei 13.964/2019. *In*: WALMSLEY, Andréa; CIRENO, Lígia; BARBOZA, Márcia Noll Barboza (coord.). *Inovações da Lei n. 13.964, de 24 de dezembro de 2019*. Brasília: MPF, 2020. p. 62.

[431] CUNHA, Rogério Sanches; SOUZA, Renee do Ó; LINS, Caroline de Assis e Silva Holmes. A nova figura do agente disfarçado prevista na Lei 13.964/2019. *In*: WALMSLEY, Andréa; CIRENO, Lígia; BARBOZA, Márcia Noll Barboza (coord.). *Inovações da Lei n. 13.964, de 24 de dezembro de 2019*. Brasília: MPF, 2020. p. 62.

[432] O que não impede a prisão por eventual crime permanente (*v.g.*: guardar, ter em depósito) não estimulado pela polícia. Nesse sentido, há precedentes do 6ª Turma do STJ: HC 290.663/SP, rel. Min. Maria Thereza de Assis Moura, j. 04.12.2014, e HC 214.235/SP, rel. Min. Maria Thereza de Assis Moura, j. 15.05.2014.

Cap. 1 • CRIMES EM ESPÉCIE | **139**

pecente à polícia (Súmula 145/STF), situação diversa ocorre com o *agente disfarçado*, que pode legitimamente efetuar a prisão do sujeito investigado pela conduta criminal preexistente (se permanente) e pela própria alienação da droga a ele.[433]

Dessarte, "ainda que se queira objetar que o *agente disfarçado* tenha, de fato, contribuído na cadeia causal da conduta delituosa, o fato de o legislador ter tipificado, como **crime autônomo**, o envolvimento preexistente – por isso, voluntário – do investigado com a venda ou entrega desses artefatos ao policial já será o suficiente para que se possa atestar o preenchimento de todas as elementares da figura típica, autorizando, pois, não apenas eventual prisão em flagrante, mas também a deflagração da persecução penal *in iudicio*."[434]

Assim, comprovada a conduta criminosa preexistente, o sujeito flagrado pelo *policial disfarçado* pode ser denunciado pelo Ministério Público pelos dois núcleos típicos, o preexistente (ex.: ter em depósito) e o atual (ex.: venda[435] ao policial). Conquanto haja consunção entre as ações (o que levará o acusado a ser condenado por crime único), pela identidade do contexto fático, a pluralidade de condutas deverá ser sopesada na dosimetria da pena-base (CP, art. 59, *caput*). Em suma, "ainda que o agente policial tenha uma pequena participação na cadeia causal da conduta criminosa, a venda e a entrega desses produtos ao *agente disfarçado* não caracterizam crime impossível, porque, nesse caso, a norma penal erigiu como nova hipótese normativa uma conduta e um resultado jurídico bem delimitados, que independem da efetivação sinalagmática do negócio."[436]

Por fim, vale observar, mais cedo ou mais tarde, competirá aos tribunais a tarefa de definir se o *agente policial disfarçado*, enquanto técnica especial de investigação, também poderá ser empregado para além das hipóteses expressamente previstas pelo Pacote Anticrime (Lei de Drogas, art. 33, § 1º, IV; e Estatuto do Desarmamento, arts. 17, § 2º, e 18, parágrafo único). Na doutrina, duas correntes já se formaram.[437] Com o tempo, sa-

---

[433] Em outras palavras, o novo tipo penal [art. 33, § 1º, IV] aniquila o entendimento de outrora, consoante o qual "a conduta de vender drogas em razão da solicitação do agente policial que se fazia passar por usuário era atípica vez que essa atuação não poderia autorizar a aquisição de drogas, caso em que, haveria verdadeiro flagrante preparado e crime impossível" (CUNHA, Rogério Sanches; PINTO, Ronaldo Batista; SOUZA, Renee do Ó. Drogas – Lei n. 11.343/2006. *Leis penais especiais comentadas*. 3. ed. Salvador: JusPodivm, 2020. p. 1749).

[434] LIMA, Renato Brasileiro de. *Legislação criminal especial comentada*. 8. ed. Salvador: JusPodivm, 2020. p. 1062.

[435] A ação de vender droga a outrem é núcleo típico do tráfico propriamente dito (art. 33, *caput*) e do tráfico por equiparação (art. 33, § 1º, IV).

[436] CUNHA, Rogério Sanches; SOUZA, Renee do Ó; LINS, Caroline de Assis e Silva Holmes. A nova figura do agente disfarçado prevista na Lei 13.964/2019. *In*: WALMSLEY, Andréa; CIRENO, Lígia; BARBOZA, Márcia Noll Barboza (coord.). *Inovações da Lei n. 13.964, de 24 de dezembro de 2019*. Brasília: MPF, 2020. p. 57.

[437] **1ª posição:** É possível o emprego da técnica para além das previsões expressas do Pacote Anticrime, em homenagem ao princípio da busca da verdade e, ainda, porque: (a) vigora no direito brasileiro a livre-iniciativa probatória, de modo que, se não houver vedação expressa, a prova deve ser admitida; (b) a lei não proibiu o emprego do agente policial disfarçado para a investigação de outros crimes, o que poderia macular o princípio da proibição da proteção insuficiente. É como pensam Bruno Lima Barcellos e Joaquim Leitão Jr. (A emblemática figura do agente policial disfarçado na Lei n. 13.964/2019. *In*: SOUZA, Renne do Ó (org.). *Lei anticrime – comentários à Lei 13.964/2019*. Belo Horizonte: D'Plácido, 2020, p. 94-95). **2ª posição:** O emprego da técnica deve ficar adstrito às previsões normativas expressas, em obséquio à reserva de lei e ao devido processo legal. Ademais, a lei processual penal que disciplina o meio probatório deve ser prévia, escrita e estrita. Destes atributos decorrem a anterioridade

beremos para que lado seguirá a jurisprudência, mas acreditamos que o posicionamento mais restritivo preponderará. Da mesma forma que não se pode admitir a *interceptação telefônica* para além dos crimes de catálogo, do mesmo modo que a *ação controlada* e a *infiltração de agentes* só podem ser levadas a efeito nas hipóteses taxativamente previstas em lei (fragmentariedade), assim também deverá ocorrer com a nova técnica especial de investigação denominada *agente policial disfarçado*.

3.7.4. Sujeito ativo

Pode ser qualquer pessoa (crime comum ou geral).

3.7.5. Sujeito passivo

É a coletividade (crime vago).

3.7.6. Elemento subjetivo

É o dolo, direto ou eventual, independentemente de qualquer finalidade específica. Não se admite a modalidade culposa.

3.7.7. Consumação

As ações de vender e entregar drogas ao agente policial disfarçado classificam-se como crimes instantâneos, pois consumam-se em um momento determinado, sem continuidade no tempo.

A conduta de *entregar* (crime material) pressupõe a tradição da droga para o agente policial disfarçado, quando presentes elementos probatórios razoáveis de conduta criminal preexistente. A ação de *vender* (crime **formal, de consumação antecipada** ou **de resultado cortado**)[438] – alienação onerosa –, por seu turno, dispensa a tradição da droga e consuma-se com a pactuação verbal[439] entre o vendedor e adquirente (agente policial disfarçado), o que não dispensa, todavia, a apreensão do entorpecente (exigida como regra).[440]

---

e a especificidade da norma processual penal restritiva de direito fundamental. Logo, partindo da premissa de que o Pacote Anticrime introduziu a figura apenas da Lei de Drogas e no Estatuto do Desarmamento, e exclusivamente em relação a determinados delitos, não se pode querer utilizá-lo para apuração de todo e qualquer crime, por mais relevante e eficaz que o seja. É a concepção de Renato Brasileiro de Lima (*Legislação criminal especial comentada*. 8. ed. Salvador: JusPodivm, 2020. p. 1063).

[438] Consuma-se com a prática da conduta criminosa, independentemente da superveniência do resultado naturalístico.

[439] STF: HC 71.853/RJ, rel. Min. Maurício Corrêa, 2ª Turma, j. 19.05.1995. E ainda: STJ: REsp 820.420/SP, rel. Min. Laurita Vaz, 5ª Turma, j. 11.09.2006.

[440] "Recurso especial. Tráfico de drogas. Materialidade. Ausência de apreensão de drogas. Rejeição da denúncia. Manutenção. Recurso improvido. 1. A caracterização do crime de tráfico de drogas prescinde de apreensão de droga em poder de cada um dos acusados, podendo ser comprovada pela existência de estupefacientes com apenas parte deles. 2. A prova da materialidade também pode ser demonstrada por outros meios quando seja a apreensão impossibilitada por ação do criminoso – que não poderia de sua má-fé se beneficiar. 3. Deve ser mantida a rejeição da denúncia por ausência de lastro probatório mínimo, quando não houver a apreensão de substância entorpecente com nenhum

3.7.8. Tentativa

Consoante anotamos no item 2.10, não obstante haja divergência, a tentativa de tráfico de drogas é instituto que, embora possível, revela-se de extrema raridade na prática. Contudo, na hipótese em exame, parece-nos impossível o *conatus*, haja vista que o art. 33, § 1º, IV, reclama para a sua configuração a comprovação de conduta criminal preexistente.

3.7.9. Classificação doutrinária

O tráfico de drogas é crime **comum** (pode ser cometido por qualquer pessoa); **formal, de consumação antecipada** ou **de resultado cortado** (quanto ao núcleo *vender*); **material** (quanto ao núcleo *entregar*); **de perigo comum** (coloca em risco uma pluralidade de pessoas) e **abstrato** (presumido pela lei); **vago** (tem como sujeito passivo um ente destituído de personalidade jurídica); **de forma livre** (admite qualquer meio de execução); **comissivo** (os núcleos indicam ações); **instantâneo** ou **de estado** (consumam-se em um momento determinado, sem continuidade no tempo); **unissubjetivo, unilateral** ou **de concurso eventual** (pode ser cometido por uma única pessoa, mas admite o concurso); **unissubsistente** ou **plurissubsistente** (a conduta pode ser composta de um ou mais atos); e de **máximo potencial ofensivo**.

4. INDUZIMENTO, INSTIGAÇÃO OU AUXÍLIO AO USO INDEVIDO DE DROGA – ART. 33, § 2º

4.1. Dispositivo legal

"Art. 33, § 2º Induzir, instigar ou auxiliar alguém ao uso indevido de droga:
Pena – detenção, de 1 (um) a 3 (três) anos, e multa de 100 (cem) a 300 (trezentos) dias-multa."

4.2. Introdução

Na sistemática da revogada Lei 6.368/1976, as condutas de induzir, instigar ou auxiliar alguém a usar entorpecente configuravam tráfico por equiparação, punido com reclusão, de 3 (três) a 15 (quinze) anos, e multa.

Esse panorama foi alterado com a entrada em vigor da Lei 11.343/2006, pois tais ações agora são punidas com detenção, de 1 (um) a 3 (três) anos, e multa de 100 (cem) a 300 (trezentos) dias-multa, circunstância que "acabou por facilitar a atividade do traficante que alicia terceiros para o uso de drogas, mas corrigiu o defeito anterior, que era punir, com muito rigor, o mesmo incentivo dado por usuário da droga. O ideal seria alcançar o meio-termo, o que ainda não aconteceu."[441]

Por isso, consideramos inadequada a brandura art. 33, § 2º, pois, a rigor, está-se diante de agente que "leva alguém ao uso de entorpecentes (muitas vezes iniciando-o

---

dos acusados. 4. Recurso improvido" (STJ: REsp 1.800.660/MG, rel. Min. Nefi Cordeiro, 6ª Turma, j. 11.02.2020).

[441] NUCCI, Guilherme de Souza. *Leis penais e processuais penais comentadas*. 8. ed. Rio de Janeiro: Forense, 2014. v. 1, iBooks, Capítulo "Drogas", nota 79.

LEI DE DROGAS: Aspectos Penais e Processuais – *Cleber Masson* • *Vinícius Marçal*

ao vício)",[442] o que, segundo nos parece, pouco se difere da conduta praticada por aquele que vende a droga ao viciado.

Esse delito **não é considerado tráfico de drogas** e, portanto, não se rotula como delito hediondo por equiparação, a teor do que se infere do art. 44, *caput*, da Lei de Drogas: "Os crimes previstos nos arts. 33, *caput* e § 1º, e 34 a 37 desta Lei são inafiançáveis e insuscetíveis de sursis, graça, indulto, anistia e liberdade provisória, vedada a conversão de suas penas em restritivas de direitos."

4.3. Objetividade jurídica

O bem jurídico tutelado é a saúde pública.

4.4. Objeto material

Existem duas correntes doutrinárias acerca do objeto material do delito tipificado no art. 33, § 2º, da Lei 11.343/2006:

1ª corrente: É a pessoa que usa a droga.[443]

2ª corrente: É a própria droga, entendida como a substância que causa dependência e está devidamente especificada na Portaria SVS/MS 344/1998.[444]

4.5. Núcleos do tipo

O tipo penal contém três núcleos: (a) **induzir**, no sentido de incutir na mente alheia a ideia do uso indevido de droga, até então inexistente; (b) **instigar**, que equivale a reforçar, estimular o propósito de uso indevido de droga, que já existia na mente do usuário; e (c) **auxiliar**, ou seja, concorrer materialmente para o uso indevido de droga (exemplo: empréstimo de um cachimbo para o fumo do *crack*).

As três condutas direcionam-se exclusivamente ao uso indevido de droga, razão pela qual aquele que incentiva terceiro a vender droga é partícipe do crime de tráfico (art. 33, *caput*). Para a configuração do art. 33, § 2º, deve-se sublinhar, **não pode haver liame subjetivo** (ajuste prévio ou recompensas subsequentes) **entre o incentivador e o narcotraficante**. É o caso, por exemplo, da "pessoa que empresta dinheiro para outra adquirir o entorpecente ou lhe aponta, em uma danceteria, o fornecedor da substância."[445]

O verbo "auxiliar" é muito abrangente e, aparentemente, poderia alcançar todas as ações materiais voltadas ao consumo de droga pelo usuário. Por esse motivo, surge aqui uma indagação: **O auxílio de que trata esse dispositivo pode englobar a própria cessão da droga para consumo de outrem?** A resposta só pode ser negativa. Com efeito, a cessão

---

[442] CUNHA, Rogério Sanches; PINTO, Ronaldo Batista; SOUZA, Renee do Ó. Drogas – Lei n. 11.343/2006. *Leis penais especiais comentadas*. 3. ed. Salvador: JusPodivm, 2020. p. 1751.

[443] NUCCI, Guilherme de Souza. *Leis penais e processuais penais comentadas*. 8. ed. Rio de Janeiro: Forense, 2014. v. 1, iBooks, Capítulo "Drogas", nota 82.

[444] ROQUE, Fábio; TÁVORA, Nestor; ALENCAR, Rosmar Rodrigues. *Legislação criminal para concursos*. Salvador: JusPodivm, 2016. p. 543.

[445] CUNHA, Rogério Sanches; PINTO, Ronaldo Batista; SOUZA, Renee do Ó. Drogas – Lei n. 11.343/2006. *Leis penais especiais comentadas*. 3. ed. Salvador: JusPodivm, 2020. p. 1751.

Cap. 1 • CRIMES EM ESPÉCIE | **143**

de drogas encontra tipificação no art. 33, *caput*, da Lei 11.343/2006, nos núcleos "vender", "entregar" a consumo e "fornecer" drogas, ainda que gratuitamente.

Destarte, a conduta de auxiliar deve ser compreendida como a ajuda real no sentido de oferecer ao usuário não a droga propriamente dita, **e sim os meios necessários à sua utilização,** tais como o local para o uso da droga ou o instrumento que permita seu efetivo consumo.

Em outras palavras, o auxílio ao uso não estará configurado quando a situação fática revelar o tráfico de drogas, previsto no art. 33, *caput*. O conflito aparente de normas é solucionado pelo princípio da subsidiariedade, pois a norma principal (art. 33, *caput*) afasta a incidência da norma subsidiária (art. 33, § 2º). Exemplificativamente: se "A", com o escopo de auxiliar o consumo de cocaína por "B", transporta a droga em seu veículo para, em seguida, entregá-la ao destinatário, estará caracterizado o tráfico de drogas (art. 33, *caput*).

E outra distinção há de ser feita. Se o sujeito **auxiliar um traficante** com informações sobre a chegada da polícia ao local do tráfico, por exemplo, valendo-se de fogos de artifício ou meios equivalentes, deverá responder, na condição de partícipe, pelo tráfico de drogas (conforme entendem alguns autores) ou pelo crime do art. 37 (consoante o nosso entendimento).[446] Por sua vez, se o agente **auxiliar um usuário** com avisos acerca da aproximação da polícia, a ele será imputado o crime definido no art. 33, § 2º, da Lei de Drogas.

Nada impede o **auxílio ao uso de droga por omissão,** se presente o dever de agir para evitar o resultado, na forma do art. 13, § 2º, do Código Penal, tal como no exemplo em que o pai, consciente da intenção de seu filho adolescente de fazer uso indevido de droga, nada faz para impedir sua ação.

O § 2º do art. 33 contempla um **tipo misto alternativo, crime de ação múltipla** ou **de conteúdo variado,** de maneira que existirá um único delito se o agente praticar, contra a mesma pessoa e no mesmo contexto fático, dois ou mais núcleos do tipo. A pluralidade de condutas, entretanto, deverá ser sopesada na dosimetria da pena-base (CP, art. 59, *caput*).

Finalmente, qualquer das condutas deve dirigir-se a **pessoa(s) determinada(s).** Não se aperfeiçoa o delito contido no art. 33, § 2º, da Lei 11.343/2006 no induzimento, na instigação ou no auxílio ao uso indevido de droga de natureza genérica, ou seja, voltado a pessoas indeterminadas, sem prejuízo de eventual caracterização de incitação ao crime (CP, art. 286) ou apologia ao crime (CP, art. 287).

4.5.1. *"Marcha da maconha" e reflexos jurídicos*

O Supremo Tribunal Federal decidiu, no julgamento da ADPF 187/DF, que os movimentos conhecidos como "marchas da maconha" não caracterizam o crime previsto no art. 33, § 2º, da Lei 11.343/2006, pois representam a mera opinião, externada publicamente, favorável à legalização do uso dessa droga. Na visão da Corte, tais movimentos constituem-se em manifestações sociais voltadas a cobrar do legislador a descriminalização do uso

---

[446] Sobre a divergência acerca da correta tipificação da conduta daquele que presta colaboração episódica a traficante isolado: vide item 10.5 do Capítulo 1. Cuidado: se o agente colaborar, como informante, com grupo, organização ou associação destinados ao tráfico de drogas, estará configurado o crime delineado no art. 37 da Lei 11.343/2006.

da maconha, e têm fundamento constitucional nos direitos de reunião (liberdade-meio) e à livre expressão do pensamento (liberdade-fim), que agasalham os direitos de crítica, de protesto, de discordância e de livre circulação de ideias.

A Corte Constitucional entendeu, portanto, pela "inadmissibilidade da proibição estatal do dissenso", a fim de se homenagear o "livre mercado de ideias". Nesse passo, valendo-se da técnica da **interpretação conforme a Constituição**, decidiu-se por afastar, com efeito vinculante, "qualquer exegese que possa ensejar a criminalização da defesa da legalização das drogas, ou de qualquer substância entorpecente específica, inclusive por meio de manifestações e eventos públicos."[447]

Essa orientação foi reiterada pelo Supremo Tribunal Federal no julgamento da ADI 4.274/DF,[448] na qual ficou decidido que as "marchas da maconha" devem observar algumas condicionantes, a saber: (a) reunião pacífica, sem armas, previamente noticiada às autoridades públicas quanto à data, ao horário, ao local e ao objetivo, e sem incitação à violência; (b) não haja incitação, incentivo ou estímulo ao consumo de entorpecentes na sua realização; (c) não haja consumo de entorpecentes na ocasião da manifestação ou evento público. A marcha é apenas uma reunião para manifestar livremente o pensamento; e (d) não haja a participação ativa de crianças ou adolescentes na sua realização.

4.6. Sujeito ativo

Pode ser qualquer pessoa (crime comum ou geral).

4.7. Sujeito passivo

É a sociedade e, mediatamente, a pessoa que faz o uso indevido da droga.

4.8. Elemento subjetivo

É o dolo, independentemente de qualquer finalidade específica. Não se admite a modalidade culposa.

4.9. Consumação

Há dois entendimentos:

1ª posição (crime material): Para a consumação do crime, reclama-se que a pessoa a quem a conduta (induzimento, instigação ou auxílio) foi dirigida efetivamente faça o uso indevido da droga. Em se tratando de tipo com conduta acessória, sua consumação depende da prática do comportamento principal – uso indevido da droga – pelo terceiro. E não basta que o terceiro possua a droga, sendo de rigor o seu uso indevido.[449]

2ª posição (crime formal e de perigo abstrato): Em nosso entendimento, pune-se a conduta de induzir, instigar ou auxiliar alguém ao uso indevido de droga, independentemente de qualquer resultado naturalístico. Para consumar-se o crime, a lei (contenta-se

---

[447] ADPF 187/DF, rel. Min. Celso de Mello, Plenário, j. 15.06.2011.
[448] ADI 4.274/DF, rel. Min. Ayres Britto, Plenário, j. 23.11.2011.
[449] Cf. GRECO FILHO, Vicente. *Lei de drogas anotada* – Lei 11.343/2006. São Paulo: Saraiva, 2008. p. 103.

com a potencialidade lesiva) não exige que a pessoa incentivada siga as orientações do agente e faça uso ilícito de droga.[450] Nesse sentido:

> "4. A alegada atipicidade material não se verificou na espécie, eis que o tipo penal previsto no **artigo 33, § 2.º, da Lei n.º 11.343/06** abrange múltiplas ações, primando a incoativa por empregar o verbo 'instigar', cuja doutrina de escol entende ser delito de **perigo abstrato, não se exigindo o efetivo consumo das substâncias estupefacientes, e em sendo despicienda a demonstração da potencialidade lesiva da conduta**. 5. [...] a tipicidade formal sobressai na espécie, pois, partindo da premissa que o objeto jurídico tutelado é a saúde pública, evitando-se o dano que o emprego das substâncias estupefacientes pode causar, independentemente de qualquer lesão concreta decorrente das drogas, a pessoa determinada é atingida de forma mediata pela ação delitiva, não obstante o Estado e/ou a coletividade figurem como sujeitos passivos imediatos do delito."[451]

4.10. Tentativa

Embora de difícil configuração na prática, é possível o *conatus*, como na hipótese em que a conduta do agente se materializa em carta interceptada.

4.11. Ação penal

A ação penal é pública incondicionada.

4.12. Lei 9.099/1995 e acordo de não persecução penal

Em face da pena privativa de liberdade cominada – detenção de 1 a 3 anos –, a figura típica contida no art. 33, § 2º, da Lei 11.343/2006 constitui-se em **crime de médio potencial ofensivo**, compatível com o benefício da suspensão condicional do processo, se presentes os demais requisitos elencados pelo art. 89 da Lei 9.099/1995.

Ademais, preenchidos os requisitos constantes do art. 28-A e parágrafos do Código de Processo Penal (*a*. confissão; *b*. ausência de violência ou grave ameaça; *c*. pena mínima inferior a quatro anos; *d*. ausência de cabimento da transação penal; *e*. não se trate de investigado reincidente ou criminoso habitual; *f*. não tenha o agente sido beneficiado nos cinco anos anteriores ao cometimento da infração, em acordo de não persecução penal, transação penal ou suspensão condicional do processo), pode ser factível a celebração do **acordo de não persecução penal** na espécie, desde que resultem do pacto *penas consensuais* (CPP, art. 28-A, III e IV) e *outras condições* (CPP, art. 28-A, II e V) que se mostrem **suficientes para a reprovação e prevenção do crime**, circunstância apenas verificável no caso concreto.

4.13. Classificação doutrinária

O auxílio ao uso indevido de droga é crime **comum** (pode ser cometido por qualquer pessoa); **material** (para alguns, a consumação reclama o efetivo uso indevido

---

[450] Cf. CUNHA, Rogério Sanches; PINTO, Ronaldo Batista; SOUZA, Renee do Ó. Drogas – Lei n. 11.343/2006. *Leis penais especiais comentadas*. 3. ed. Salvador: JusPodivm, 2020. p. 1752.

[451] RHC 41.369/SP, rel. Min. Maria Thereza de Assis Moura, 6ª Turma, j. 20.03.2014.

da droga por outrem) ou **formal** (é despiciendo o efetivo uso, bastando o incentivo ilícito do agente para a consumação do crime – *nossa posição*); **de perigo comum** (coloca em risco uma pluralidade de pessoas) e **abstrato** (presumido pela lei); **vago** (tem como sujeito passivo um ente destituído de personalidade jurídica); **de forma livre** (admite qualquer meio de execução); em regra **comissivo** (os núcleos indicam ações); **instantâneo** ou **de estado** (pois a consumação se verifica em um momento determinado, sem continuidade no tempo); **unissubjetivo, unilateral** ou **de concurso eventual** (pode ser cometido por uma única pessoa, mas admite o concurso); **unissubsistente** ou **plurissubsistente** (a conduta pode ser composta de um ou mais atos); e de **médio potencial ofensivo.**

5. CESSÃO EVENTUAL DE DROGA PARA CONSUMO CONJUNTO – ART. 33, § 3º

5.1. Dispositivo legal

> "Art. 33, § 3º Oferecer droga, eventualmente e sem objetivo de lucro, a pessoa de seu relacionamento, para juntos a consumirem:
>
> Pena – detenção, de 6 (seis) meses a 1 (um) ano, e pagamento de 700 (setecentos) a 1.500 (mil e quinhentos) dias-multa, sem prejuízo das penas previstas no art. 28."

5.2. Introdução

Com o art. 33, § 3º, o legislador corrigiu uma incongruência verificada na Lei 6.368/1976. Com efeito, o art. 12 do revogado diploma legal acabava punindo, como traficantes, condutas não necessariamente ligadas à narcotraficância. Por essa razão, sustentava o saudoso prof. Damásio E. de Jesus, "deveria existir, como conduta intermediária entre o tráfico e o uso, definição de crime, de gravidade punitiva média, de cessão ou divisão de entorpecente ou substância análoga, com pena inferior à do art. 12 (tráfico) e superior à do art. 16 (uso)."[452]

Essa lacuna foi preenchida com a entrada em vigor da Lei 11.343/2006. Agora, a conduta de oferecer droga, eventualmente e sem objetivo de lucro, a pessoa de seu relacionamento, para juntos a consumirem, que antes era enquadrada como tráfico,[453] passou a constituir um tipo penal específico (**não equiparado a hediondo**), mais grave que os crimes de consumo pessoal (art. 28) e sensivelmente menos grave do que o tráfico propriamente dito (art. 33).

5.3. Objetividade jurídica

O bem jurídico protegido é a saúde pública.

---

[452] JESUS, Damásio E. *Lei antitóxicos anotada*. 3. ed. São Paulo: Saraiva, 1997. p. 9-10.

[453] Com a finalidade de abrandar o excessivo rigor legislativo, não raras vezes, a jurisprudência efetuava verdadeiros malabarismos jurídicos e enquadrava a conduta no art. 16 da Lei 6.368/1976, semelhante ao atual art. 28 da Lei 11.343/2006.

5.4. Objeto material

Existem duas posições na doutrina acerca do objeto material do delito:

1ª posição: É a pessoa a quem se oferece da droga.[454]

2ª posição: É a própria droga.[455]

5.5. Núcleo do tipo

É **"oferecer"**, no sentido de sugerir a droga à aceitação de terceira pessoa. O tipo pressupõe, portanto, a iniciativa do ofertante.

Para ser diferenciado do tráfico, esse crime depende da presença de **quatro requisitos, especializantes e cumulativos**, quais sejam: (a) oferecimento eventual da droga; (b) sem objetivo de lucro; (c) a pessoa do relacionamento do ofertante; e (d) consumo conjunto. A ausência de qualquer desses requisitos acarreta na caracterização do delito tipificado no art. 33, *caput*, da Lei 11.343/2006, na modalidade **"entregar a consumo"**.

Com efeito, o oferecimento da droga pelo agente deve ser feito a **pessoa de seu relacionamento** (exemplos: amigo, parente, namorada(o) etc.), além de se operar **eventualmente** (sem o menor traço de frequência ou habitualidade na ação de oferecer droga a qualquer pessoa do relacionamento do agente) e **sem objetivo de lucro** (qualquer espécie de vantagem ou contraprestação exigida pelo ofertante desnatura o delito do art. 33, § 3º, marcado pela gratuidade), mas eventual rateio entre ofertante e destinatário da oferta para a aquisição da droga e consumo compartilhado não desnatura o crime do art. 33, § 3º, afastando-se o tráfico.

Além disso, o delito do art. 33, § 3º, reclama uma finalidade específica, consistente no **consumo conjunto pelo ofertante e pelo(s) destinatário(s)**[456] da oferta. Por isso, se o consumo for feito, exemplificativamente, por um grupo de pessoas que não pertençam ao círculo ordinário de relacionamentos do agente, incidirá o art. 33, *caput*, da Lei 11.343/2006).

De mais a mais, insta sublinhar que a **eventualidade** deve ser **analisada sob a ótica do sujeito ativo**, e não da pessoa do relacionamento do agente a quem foi oferecida a droga para o consumo compartilhado. Logo, "mesmo que a droga seja oferecida pela primeira vez à pessoa, se restar comprovado que esse mesmo agente já havia oferecido drogas para consumo compartilhado a outras pessoas, essa **habitualidade** afastará a tipificação do crime do art. 33, § 3º, da Lei de Drogas."[457] Em síntese, eventual é o oferecimento pelo

---

[454] NUCCI, Guilherme de Souza. *Leis penais e processuais penais comentadas.* 8. ed. Rio de Janeiro: Forense, 2014. v. 1, iBooks, Capítulo "Drogas", nota 88.

[455] ROQUE, Fábio; TÁVORA, Nestor; ALENCAR, Rosmar Rodrigues. *Legislação criminal para concursos.* Salvador: JusPodivm, 2016. p. 546.

[456] "Se a oferta visar duas ou mais pessoas, desde que satisfeitos os demais requisitos exigidos, ainda assim haverá crime de 'uso compartilhado'. Se com uma única oferta o agente se dirigir a duas ou mais pessoas, haverá **concurso formal** (art. 70 do CP). Também poderá ocorrer que as ofertas sejam feitas em tempos distintos, de molde a justificar a *fictio juris* do **crime continuado** (art. 71 do CP). Não se exclui, por evidente, a hipótese de **concurso material** (art. 69 do CP)" (MARCÃO, Renato. *Tóxicos*: Lei n. 11.343, de 23 de agosto de 2006: anotada e interpretada. 10. ed. São Paulo: Saraiva, 2015. p. 138).

[457] LIMA, Renato Brasileiro de. *Legislação criminal especial comentada*: volume único. 4. ed. Salvador: JusPodivm, 2016. p. 754.

autor que acontece esporadicamente, em algumas poucas ocasiões. Nesse contexto, basta uma única oferta para a caracterização do delito.

Fixadas essas premissas, vejamos algumas situações em que não poderá ser reconhecida a infração penal do art. 33, § 3º, mas, sim, o crime de tráfico de drogas propriamente dito (art. 33, *caput*):

a) "A" conhece "B" em uma festa e, sem objetivo de lucro, oferece-lhe duas pedras de metanfetamina para consumo conjunto (falta no caso a existência do **relacionamento**);

b) "A" oferece a seu irmão, diariamente, cigarros de maconha para consumirem conjuntamente (falta na espécie o elemento da **eventualidade**);

c) "A" oferece a "B", seu amigo, quatro cigarros de maconha para consumo em conjunto, a fim de saldar uma pequena dívida que tinha com ele (está ausente a **gratuidade**); e

d) "A" solicita a "B" seu tubo de lança-perfume para consumo compartilhado entre eles (aqui não há ação de **oferecer** por parte do agente, mas uma *solicitação* pelo terceiro e a *entrega* pelo autor).*

Por ser afrontosa ao princípio da proporcionalidade,* esta última hipótese ("d") sofre dura crítica doutrinária, haja vista que "a conduta de quem cede a droga a pedido de terceiro é menos grave do que aquela em que é do terceiro a iniciativa, pois nesta o possuidor da droga somente concorda com o pedido feito." Justamente por isto, entendemos que "também a conduta de *entregar* e *fornecer* – mesmo a pedido de terceiro – está abarcada no uso compartilhado, por analogia *in bonam partem*, desde que, é claro, estejam presentes os demais elementos especializadores previstos no tipo penal."[458]

Quanto ao **ônus da prova**, tendo sido a denúncia ofertada contra o réu pelo art. 33, § 3º, obviamente competirá ao Ministério Público o ônus de comprovar, para além do oferecimento da droga, os demais elementos especializantes. Por outro lado, se a denúncia for oferecida com base no art. 33, *caput*, e postulando a defesa a desclassificação para o delito de cessão eventual para consumo conjunto, há quem defenda que o ônus de comprovar a presença dos elementos especiais seria da defesa, em razão da alegação de fato modificativo da imputação.

Destarte, competiria ao réu ao menos a criação de uma dúvida razoável (**ônus da prova imperfeito**).[459] Sem embargo desse raciocínio, entendemos que mesmo nesse caso competirá ao *Parquet* o ônus da prova quanto a imputação original do crime de tráfico (art. 33, *caput*), afastando-se a alegação do escopo de consumo compartilhado eventual. Assim o fazendo, o Ministério Público estará rechaçando a presença dos elementos especializantes do art. 33, § 3º. Na visão do Supremo Tribunal Federal:

---

[458] MENDONÇA, Andrey Borges de; CARVALHO, Paulo Roberto Galvão de. *Lei de drogas*: Lei 11.343, de 23 de agosto de 2006 – comentada artigo por artigo. 3. ed. São Paulo: Método, 2012. p. 117.

[459] "O descumprimento do ônus, contudo, por parte do réu, não acarreta necessariamente a procedência da imputação, porque o ônus da prova para a defesa é um ônus imperfeito, ou diminuído, em virtude do princípio *in dubio pro reo*, que leva à absolvição, no caso de dúvida quanto à procedência da imputação" (GRECO FILHO, Vicente. *Manual de processo penal*. 9. ed. São Paulo: Saraiva, 2012. iBooks. subitem 45.5.5).

Cap. 1 • CRIMES EM ESPÉCIE | **149**

"Cabe ao Ministério Público comprovar a imputação, contrariando o princípio da não culpabilidade a inversão a ponto de concluir-se pelo tráfico de entorpecentes em razão de o acusado não haver feito prova da versão segundo a qual a substância se destinava ao uso próprio e de grupo de amigos que se cotizaram para a aquisição."[460]

5.6. Sujeito ativo

O crime é **próprio** ou **especial**, pois somente pode ser cometido pela pessoa que mantenha algum tipo de relacionamento com o destinatário da droga ofertada. De fato, se quem oferece a droga ao terceiro não mantém com este nenhuma forma de relacionamento, mesmo que a oferta seja eventual e para uso compartilhado, estará caracterizado o tráfico de drogas (Lei 11.343/2006, art. 33, *caput*).

A pessoa a quem o agente oferece a droga não é autora do crime de cessão eventual para consumo compartilhado (Lei 11.343/2006, art. 33, § 3º), mas pode responder pelo delito tipificado no art. 28, *caput*, da Lei de Drogas.

Discute-se se os inimputáveis, sem capacidade mental para analisar as consequências do seu ato, podem ser destinatários do oferecimento da droga para fins de consumo compartilhado. Existem duas posições sobre o assunto:

1ª posição: Sim, pois a lei não faz diferenciação alguma nesse particular. Nesse caso, o agente deve responder pelo crime previsto no art. 33, § 3º, com a incidência da majorante contida no art. 40, VI,[461] ambos da Lei 11.343/2006.

2ª posição: Não, razão pela qual ao agente deve ser imputado o crime definido no art. 33, *caput*, da Lei de Drogas. É o nosso entendimento, em face da irrelevância jurídico-penal do consentimento do inimputável no tocante ao consumo compartilhado da droga. Como destaca Renato Brasileiro de Lima:

"[...] da mesma forma que a aquiescência de tais indivíduos é de todo irrelevante para a caracterização do crime de estupro de vulnerável (CP, art. 217-A), sendo firme o entendimento doutrinário no sentido de que o induzimento de uma criança ao suicídio tipifica o crime de homicídio, e não o de induzimento ao suicídio (CP, art. 122), já que haveria verdadeira hipótese de autoria mediata, porquanto o homicida estaria utilizando o menor impunível como instrumento para execução de seu desiderato, não se pode reputar válido o consentimento do inimputável para o consumo compartilhado de drogas."[462]

---

[460] HC 107.448/MG, rel. Min. Ricardo Lewandowski, 1ª Turma, j. 18.06.2013.

[461] Com essa visão: ROQUE, Fábio; TÁVORA, Nestor; ALENCAR, Rosmar Rodrigues. *Legislação criminal para concursos*. Salvador: JusPodivm, 2016. p. 545; CUNHA, Rogério Sanches; PINTO, Ronaldo Batista; SOUZA, Renee do Ó. Drogas – Lei n. 11.343/2006. *Leis penais especiais comentadas*. 3. ed. Salvador: JusPodivm, 2020. p. 1753.

[462] LIMA, Renato Brasileiro de. *Legislação criminal especial comentada*: volume único. 4. ed. Salvador: JusPodivm, 2016. p. 756. Nesse sentido: "É pressuposto da conduta abrandada do § 3º que o sujeito passivo do oferecimento seja maior e tenha plena capacidade de entendimento, porque a figura menos grave somente se justifica em virtude do livre consentimento de quem recebe o oferecimento, e que, portanto, teria discernimento para resistir à ação do agente" (GRECO FILHO, Vicente; RASSI, João Daniel. *Lei de drogas anotada*: Lei 11.343/2006. São Paulo: Saraiva, 2007. p. 99).

5.7. Sujeito passivo

É a coletividade (crime vago).

5.8. Elemento subjetivo

É o dolo, direto ou eventual, acrescido de um especial fim de agir (**elemento subjetivo específico**), pois o § 3º do art. 33 da Lei 11.343/2006 reclama que o agente, eventualmente e sem objetivo de lucro, ofereça a droga a pessoa de seu relacionamento **para juntos consumirem** (pretensão de consumo compartilhado). Se o propósito do oferecimento for outro, tais como o consumo exclusivo por terceira pessoa ou por um grupo de pessoas, estará caracterizado o tráfico de drogas (art. 33, *caput*).

Não se admite a modalidade culposa.

5.9. Consumação

O crime é **formal, de consumação antecipada** ou **de resultado cortado**, o que significa que a consumação da conduta ocorre com a oferta da droga nas condições descritas no tipo penal, **prescindindo-se** tanto da *aceitação* como do *consumo compartilhado* (exaurimento). Basta que a ação seja destinada a esta finalidade.

5.10. Tentativa

Sendo possível o fracionamento do *iter criminis*, em face do caráter plurissubsistente do delito, a infração penal em exame é compatível com o *conatus*. Exemplo: "A" escreve um bilhete para "B", seu amigo, oferecendo-lhe um tubo de lança-perfume para consumo compartilhado entre ambos, em determinado horário e local. Antes de chegar ao seu destinatário, a polícia intercepta a missiva com o emissário do ofertante. Na hipótese, o oferecimento não se consumou por circunstâncias alheias à vontade do agente.

Entretanto, não há falar em tentativa quando o crime é cometido verbalmente, em face do seu caráter unissubsistente (o que impossibilita o fracionamento do *iter criminis*).

5.11. Ação penal

A ação penal é pública incondicionada.

5.12. Penas

O delito é punido com detenção, de 6 (seis) meses a 1 (um) ano, e pagamento de 700 (setecentos) a 1.500 (mil e quinhentos) dias-multa, **sem prejuízo das penas previstas no art. 28**. Portanto, as penas estipuladas para os crimes de consumo pessoal são **cumulativas**, e não alternativas. Em síntese, o responsável pelo crime tipificado no art. 33, § 3º, da Lei 11.343/2006 sujeita-se às seguintes sanções: detenção, de 6 meses a 1 ano + 700 a 1.500 dias-multa + sanções do art. 28 (advertência sobre os efeitos das drogas; prestação de serviços à comunidade; medida educativa de comparecimento a programa ou curso educativo).

Cumpre destacar que a pena de multa para esse delito é superior à sanção pecuniária cominada ao tráfico de drogas (art. 33, *caput*), circunstância desproporcional e de duvidosa constitucionalidade.

5.13. Lei 9.099/1995 e acordo de não persecução penal

Cuida-se de **infração penal de menor potencial ofensivo** (pena máxima de 1 ano), compatível com a transação penal e com o rito sumaríssimo, na forma definida pela Lei 9.099/1995.

Por ser cabível a transação penal, o delito inscrito no art. 33, § 3º, da Lei 11.343/2006 é **incompatível** com a celebração do **acordo de não persecução penal** (CPP, art. 28-A, § 2.º, I).

5.14. Classificação doutrinária

A cessão eventual de droga para consumo compartilhado é crime **próprio** (somente pode ser cometido pela pessoa que mantenha algum tipo de relacionamento com o destinatário da droga ofertada); **formal, de consumação antecipada** ou **de resultado cortado** (consuma-se com a prática da conduta criminosa, independentemente da superveniência do resultado naturalístico); **de perigo comum** (coloca em risco uma pluralidade de pessoas) e **abstrato** (presumido pela lei); **vago** (tem como sujeito passivo um ente destituído de personalidade jurídica); **de forma livre** (admite qualquer meio de execução); em regra **comissivo** (os núcleos indicam ações); **instantâneo** ou **de estado** (pois a consumação se verifica em um momento determinado, sem continuidade no tempo); **unissubjetivo, unilateral** ou **de concurso eventual** (pode ser cometido por uma única pessoa, mas admite o concurso); **unissubsistente** ou **plurissubsistente** (a conduta pode ser composta de um ou mais atos); e de **menor potencial ofensivo**.

6. TRÁFICO DE DROGAS PRIVILEGIADO – ART. 33, § 4º

6.1. Introdução

O art. 33, § 4º, da Lei de Drogas não tipificou delito autônomo. Ao contrário, com o escopo de diferenciar o grande do pequeno (e acidental) traficante, o legislador criou por esse dispositivo a figura do **tráfico de drogas privilegiado (também chamado de "tráfico menor" ou "tráfico eventual") – causa especial de diminuição de pena** – ao dispor que nos **delitos definidos no** *caput* **e no § 1º deste art. 33**, as penas poderão ser reduzidas de um sexto a dois terços, desde que o agente seja primário, de bons antecedentes, não se dedique às atividades criminosas nem integre organização criminosa.

A causa especial de diminuição de pena prevista no art. 33, § 4º, da Lei 11.343/2006 constitui *direito subjetivo do réu*. Essa natureza jurídica implica que, *uma vez satisfeitos os requisitos legais*, sua aplicação é imperativa, não podendo ser afastada por critérios subjetivos do magistrado. Os parâmetros estabelecidos no art. 42 da Lei de Drogas não devem ser interpretados como elementos impeditivos da concessão do benefício, mas, sim, como diretrizes para a determinação do *quantum* de redução aplicável ao caso concreto.[463]

---

[463] STJ: AgRg no AREsp 1.667.364/GO, rel. Min. Nefi Cordeiro, 6ª Turma, j. 23.06.2020. Igualmente: "A aplicação da causa de diminuição de pena prevista no art. 33, § 4º, da Lei n. 11.343/06 constitui *direito subjetivo do Acusado*, caso presentes os requisitos legais, não sendo possível obstar sua aplicação com base em considerações subjetivas do juiz. É vedado ao magistrado instituir outros requisitos além daqueles expressamente previstos em lei para a sua incidência, bem como deixar de aplicá-la se presentes os requisitos legais" (REsp 1.977.027/PR, rel. Min. Laurita Vaz, 3ª Seção, j. 10.08.2022).

152 | LEI DE DROGAS: Aspectos Penais e Processuais – *Cleber Masson • Vinícius Marçal*

Originariamente, esse dispositivo preconizava que a redução da pena jamais poderia redundar na conversão da pena privativa de liberdade por restritivas de direitos. Entretanto, no julgamento do HC 97.256/RS,[464] o Plenário do Supremo Tribunal Federal decidiu pela **inconstitucionalidade incidental das regras impeditivas da substituição da pena privativa de liberdade** (previstas no § 4º do art. 33 e na parte final do art. 44, ambos da Lei 11.343/2006), por ofensa ao princípio da individualização da pena. Destarte, passou-se a admitir a aplicação de penas restritivas de direitos, desde que presentes os requisitos do art. 44 do Código Penal, mesmo ao crime de tráfico propriamente dito.[465]

Para conferir eficácia *erga omnes* à decisão do STF, e amparado no art. 52, X, da Constituição da República, o **Senado editou a Resolução 5/2012**, cuja redação do art. 1º estatui: "É suspensa a execução da expressão 'vedada a conversão em penas restritivas de direitos' do § 4º do art. 33 da Lei nº 11.343, de 23 de agosto de 2006, declarada inconstitucional por decisão definitiva do Supremo Tribunal Federal nos autos do *Habeas Corpus* nº 97.256/RS."

A jurisprudência sobre o tráfico privilegiado evoluiu significativamente ao longo dos anos, consolidando uma série de benefícios penais e processuais aplicáveis a esta modalidade delitiva, os quais serão detalhadamente analisados adiante (item 6.3).

6.2. Requisitos

A caracterização da figura privilegiada reclama a presença de **quatro requisitos cumulativos**[466] **e subjetivos,** pois dizem respeito ao agente. Assim, para ser agraciado com a minorante, deve o sujeito reunir as seguintes condições:

a) Primariedade: O Código Penal estabelece apenas a definição de reincidente: aquele que comete novo crime após o trânsito em julgado de sentença penal condenatória por crime anterior, proferida no Brasil ou no exterior. O conceito de primário, por sua vez, é obtido por exclusão: considera-se primário todo aquele que não se enquadra na definição legal de reincidente.

---

[464] "O processo de individualização da pena é um caminhar no rumo da personalização da resposta punitiva do Estado, desenvolvendo-se em três momentos individuados e complementares: o legislativo, o judicial e o executivo. Logo, a lei comum não tem a força de subtrair do juiz sentenciante o poder-dever de impor ao delinquente a sanção criminal que a ele, juiz, afigurar-se como expressão de um concreto balanceamento ou de uma empírica ponderação de circunstâncias objetivas com protagonizações subjetivas do fato-tipo. [...] Ordem parcialmente concedida tão somente para remover o óbice da parte final do art. 44 da Lei 11.343/2006, assim como da expressão análoga 'vedada a conversão em penas restritivas de direitos', constante do § 4º do art. 33 do mesmo diploma legal. Declaração incidental de inconstitucionalidade, com efeito *ex nunc*, da proibição de substituição da pena privativa de liberdade pela pena restritiva de direitos; determinando-se ao Juízo da execução penal que faça a avaliação das condições objetivas e subjetivas da convolação em causa, na concreta situação do paciente" (STF: HC 97.256/RS, rel. Min. Ayres Britto, Plenário, j. 01.09.2010).

[465] "É firme a jurisprudência desta Corte no sentido de que a vedação de substituição de reprimenda com base apenas na proibição legal ofende o princípio da individualização, cumprindo ao julgador analisar os requisitos do art. 44 do CP" (STF: HC 111.725/AC, rel. Min. Teori Zavascki, 2ª Turma, j. 10.09.2013).

[466] No sentido da cumulatividade dos requisitos, há precedentes do STF (RHC 110.084/DF, rel. Min. Luiz Fux, 1ª Turma, j. 08.11.2011) e do STJ (EREsp 1.431.091/SP, rel. Min. Felix Fischer, 3ª Seção, j. 01.02.2017). Veja-se: "Para aplicação da causa de diminuição de pena do art. 33, § 4º, da Lei n. 11.343/2006, o condenado deve preencher, cumulativamente, todos os requisitos legais [...]" (STJ: AgRg no HC 477.020/SP, rel. Min. Reynaldo Soares da Fonseca, 5ª Turma, j. 16.05.2019).

Na práxis jurídica, utiliza-se a expressão *tecnicamente primário* para designar o indivíduo que, embora possua condenação definitiva, não é considerado reincidente. Em contraposição, a *primariedade pura* caracteriza aquele que não possui qualquer condenação criminal. A primariedade técnica manifesta-se em duas hipóteses: quando o agente possui uma ou mais condenações definitivas, mas nenhum dos crimes foi praticado após o trânsito em julgado da primeira sentença condenatória; ou quando, mesmo tendo cometido novo crime após uma condenação definitiva, entre a extinção da punibilidade do crime anterior e a prática do novo delito transcorreu lapso temporal superior a cinco anos, conforme previsto no art. 64, I, do Código Penal.

Para o reconhecimento do tráfico privilegiado, no que tange ao requisito da primariedade, basta que o agente não seja reincidente. Nesse contexto, a jurisprudência atual consolidou importantes balizas: a prévia condenação pelo crime de porte de drogas para uso próprio (art. 28 da Lei 11.343/2006) *não caracteriza reincidência* e, consequentemente, não obsta, por si só, a aplicação da minorante prevista no § 4º do art. 33.[467]

O Supremo Tribunal Federal tem ampliado essa compreensão. Em relevante decisão monocrática, o Min. Alexandre de Moraes assentou que *condenações anteriores por crimes de menor potencial ofensivo* – notadamente ameaça (art. 147 do CP) e desacato (art. 331 do CP) – não impedem o reconhecimento do tráfico privilegiado.[468] Este entendimento, contudo, encontra resistência na 5ª Turma do STJ, para a qual "a reincidência por crime anterior de menor potencial ofensivo impede a concessão da minorante do tráfico privilegiado."[469]

Outro aspecto relevante da evolução jurisprudencial concerne aos *atos infracionais*. As duas Turmas da Suprema Corte consolidaram o entendimento de que a existência de *atos infracionais* no histórico do agente não constitui, por si só, fundamento suficiente para afastar a causa especial de diminuição de pena,[470] porquanto "adolescente não comete crime nem recebe pena".[471]

---

[467] "3. As Turmas da Terceira Seção do Superior Tribunal de Justiça, em recentes julgados, têm decidido ser desproporcional o reconhecimento da agravante da reincidência decorrente de condenação anterior pelo delito do art. 28 da Lei n. 11.343/2006, uma vez que a infringência do referido dispositivo legal não acarreta a aplicação de pena privativa de liberdade [...]. 4. Hipótese em que *as instâncias ordinárias negaram o tráfico privilegiado, em razão unicamente da reincidência do réu pelo cometimento anterior do delito de posse de droga para uso próprio*. Logo, não sendo significativa a quantidade de entorpecente apreendida e *verificada a primariedade do réu*, impõe-se a aplicação do redutor do art. 33, § 4º, da Lei n. 11.343/2006 no grau máximo" (STJ: HC 535.785/DF, rel. Min. Ribeiro Dantas, 5ª Turma, j. 05.12.2019).

[468] STF: HC 243.463/SP, j. 12.07.2024.

[469] STJ: AgRg no REsp 2.112.461/SC, rel. Min. Joel Ilan Paciornik, 5ª Turma, j. 19.12.2024.

[470] STF: HC 217.323 AgR/SP, rel. Min. André Mendonça, 2ª Turma, j. 05.12.2022. No mesmo sentido: HC 237.789 AgR/MG, rel. Min. André Mendonça, 2ª Turma, j. 11.06.2024.

[471] "O Supremo Tribunal Federal já decidiu que '[...] a prática de atos infracionais não é suficiente para afastar a minorante, pois adolescente não comete crime nem recebe pena. Nos termos do Estatuto da Criança e do Adolescente (Lei n. 8.069/1990), as medidas aplicadas são socioeducativas e objetivam a proteção integral do adolescente infrator e a superação do que antes praticado, para que volte a ter vida regular, segundo padrões comportamentais coerentes com a ordem jurídica e social' (HC 184.979 AgR/ES ...). [...] Entendimento que deve ser aplicado ao caso concreto para impedir o afastamento da minorante" (STF: HC 233.973 AgR/SP, rel. Min, Cristiano Zanin, 1ª Turma, j. 25.03.2024). *No mesmo sentido:* "A prática anterior de atos infracionais, pelo paciente, não configura fundamentação idônea

Em contraponto, a 3ª Seção do Superior Tribunal de Justiça adotou *posição intermediária* sobre a matéria. Segundo este entendimento, *o histórico infracional pode fundamentar o afastamento da minorante* prevista no art. 33, § 4º, da Lei nº 11.343/2006, desde que presentes dois requisitos cumulativos: (a) existência de circunstâncias excepcionais que evidenciem a gravidade dos atos pretéritos, devidamente documentados nos autos; (b) proximidade temporal razoável entre tais atos e o delito em apuração.[472]

Bem por isso, a 5ª Turma do Superior Tribunal de Justiça afastou a aplicação do tráfico privilegiado em hipótese em que o agente, *aos 19 anos de idade, possuía múltiplos registros de atos infracionais análogos ao tráfico de drogas*, circunstância que evidenciava sua *habitualidade delitiva*. Na ocasião, o colegiado reafirmou o entendimento de que o histórico infracional, *especialmente quando relacionado ao tráfico de drogas*, pode excepcionalmente fundamentar o afastamento da minorante, uma vez demonstrada a gravidade dos fatos pretéritos e sua proximidade temporal com o crime em apuração.[473]

Em outro caso, o mesmo órgão fracionário, embora tenha reafirmado a *tese geral*,[474] reconheceu o tráfico privilegiado em hipótese em que *os atos infracionais pretéritos eram equivalentes ao crime de furto*, sem especial gravidade. Neste caso, a comprovada primariedade do agente justificou a aplicação do redutor em seu patamar máximo.[475]

A reincidência, seja específica ou genérica, exerce dupla função no processo de dosimetria penal: atua como agravante genérica, nos termos do art. 61, I, do Código Penal, e simultaneamente obsta a aplicação da causa especial de diminuição de pena prevista no § 4º do art. 33 da Lei de Drogas.

Este duplo efeito da reincidência – majorando a pena na segunda fase da dosimetria e impedindo a aplicação da minorante na terceira fase – não configura violação ao princípio do *ne bis in idem*. Conforme entendimento consolidado pelo Superior Tribunal de Justiça, trata-se de "consequências jurídico-legais distintas de um mesmo instituto."[476]

Tal interpretação encontra sólido respaldo na jurisprudência do Supremo Tribunal Federal, que pacificou o entendimento segundo o qual: "Não configura *bis in idem* a valoração da reincidência tanto na 2ª fase da dosimetria da pena como para afastar a incidência da causa de diminuição do § 4º do artigo 33 da Lei de Tóxicos (3ª fase)."[477]

O raciocínio que fundamenta essa compreensão baseia-se no fato de que a reincidência opera em planos distintos: primeiro, como circunstância agravante obrigatória

---

a afastar a minorante do § 4º do art. 33 da Lei 11.343/2006" (RHC 228.188 AgR/SP, rel. Min. Gilmar Mendes, 2ª Turma, j. 26.06.2023). E ainda: RHC 233.297 AgR/SC, rel. Min. Gilmar Mendes, 2ª Turma, j. 26.02.2024.

[472] STJ: EREsp 1.916.596/SP, rel. Min. Joel Ilan Paciornik, rel. p/ acórdão Min. Laurita Vaz, 3ª Seção, j. 08.09.2021.

[473] STJ: AgRg no HC 940.537/SP, Rel. Min. Ribeiro Dantas, 5ª Turma, j. 06.11.2024.

[474] "Tese de julgamento: 1. O histórico infracional pode afastar a minorante do tráfico privilegiado se houver fundamentação idônea, na qual se verifique a gravidade de atos pretéritos, devidamente documentados nos autos, bem como a razoável proximidade temporal de tais atos com o crime em apuração" (STJ: AgRg no HC 944.655/SP, rel. Min. Ribeiro Dantas, 5ª Turma, j. 21.11.2024).

[475] "Tese de julgamento: [...] 2. A primariedade e a ausência de gravidade nos atos pretéritos justificam a aplicação do redutor no grau máximo" (STJ: AgRg no HC 944.655/SP, rel. Min. Ribeiro Dantas, 5ª Turma, j. 19.11.2024).

[476] STJ: AgRg no HC 468.578/MG, rel. Min. Laurita Vaz, 6ª Turma, j. 19.02.2019.

[477] STF: RHC 141.044 AgR/TO, rel. Min. Rosa Weber, 1ª Turma, j. 19.11.2018.

(CP, art. 61, I) na segunda fase da dosimetria; segundo, como elemento impeditivo da aplicação do benefício legal, uma vez que a primariedade constitui requisito subjetivo essencial para a concessão da minorante prevista no art. 33, § 4º, da Lei de Drogas. Assim, não há que se falar em dupla valoração negativa da reincidência, mas, sim, na aplicação adequada das disposições legais pertinentes, cada qual produzindo seus efeitos específicos no âmbito da dosimetria penal.[478]

b) Bons antecedentes: Em conformidade com a reiterada jurisprudência do Supremo Tribunal Federal, à luz do princípio da presunção de não culpabilidade, "a existência de inquéritos policiais ou de ações penais sem trânsito em julgado não pode ser considerada como maus antecedentes."[479] Portanto, só se pode falar em maus antecedentes na presença de condenação definitiva (com trânsito em julgado), em obséquio ao disposto no art. 5º, LVII, da CR/1988.[480]

No processo de dosimetria da pena, um mesmo evento – a condenação definitiva anterior – não pode ser valorado simultaneamente como reincidência (agravante) e maus antecedentes (circunstância judicial desfavorável), sob pena de caracterizar inaceitável *bis in idem*. A **Súmula 241** do Superior Tribunal de Justiça cristalizou esse entendimento ao estabelecer que "a reincidência penal não pode ser considerada como circunstância agravante e, simultaneamente, como circunstância judicial". Assim, o magistrado deverá optar, conforme o caso concreto, entre considerar a condenação pretérita como agravante genérica na segunda fase da dosimetria, ou como circunstância judicial desfavorável na fixação da pena-base.

A utilização de inquéritos policiais e ações penais em andamento para majorar a pena-base é expressamente vedada pela **Súmula 444** do Superior Tribunal de Justiça. Na mesma linha de raciocínio, o STJ pacificou o entendimento de que tais procedimentos em curso também não podem servir como fundamento para obstar a aplicação da causa especial de diminuição de pena prevista no art. 33, § 4º, da Lei de Drogas. Esta evolução jurisprudencial, que será detalhada adiante, põe fim a uma antiga controvérsia e consolida a interpretação mais garantista do dispositivo legal.

c) Não se dedicar a atividades criminosas: A não dedicação a atividades criminosas, como requisito para a concessão do tráfico privilegiado, tem suscitado intensos debates tanto na doutrina quanto na jurisprudência. A controvérsia emerge já na própria interpretação do significado deste requisito. Uma vertente sustenta que a expressão deve ser interpretada no sentido de que o agente não responda a outros inquéritos ou ações penais.[481] Outro setor doutrinário questiona a própria utilidade do requisito, argumentando que sua previsão seria redundante, uma vez que o § 4º do art. 33 já afasta expressamente a possibilidade de concessão do benefício aos reincidentes e àqueles que possuem maus antecedentes, pois, "se o sujeito é reincidente ou tem maus antecedentes, pode-se supor que se dedique à atividade criminosa. No mais, sendo primário, com bons antecedentes, não há cabimento em se imaginar a dedicação a tal tipo de atividade ilícita."[482]

---

[478] STF: RHC 121.598/DF, rel. Min. Dias Toffoli, 1ª Turma, j. 21.10.2014.

[479] STF: ARE 925.299/SP, rel. Min. Gilmar Mendes, 2ª Turma, j. 01.12.2015.

[480] "Ninguém será considerado culpado até o trânsito em julgado de sentença penal condenatória."

[481] Nesse sentido: BALTAZAR JUNIOR, José Paulo. *Crimes federais*. 9. ed. São Paulo: Saraiva, 2014. iBooks, Cap. 30, subitem 6.7.

[482] NUCCI, Guilherme de Souza. *Leis penais e processuais penais comentadas*. 8. ed. Rio de Janeiro: Forense, 2014. v. 1, iBooks, Capítulo "Drogas", nota 91.

Seja como for, é pacífico na doutrina e jurisprudência que a causa especial de diminuição prevista no § 4º do art. 33 da Lei de Drogas é **incompatível com a condenação simultânea pelo crime de associação para o narcotráfico** (art. 35).[483] Esta incompatibilidade decorre da própria natureza jurídica do delito associativo, caracterizado pela estabilidade e permanência do vínculo entre os agentes, elementos que demonstram, inequivocamente, a dedicação habitual às atividades criminosas.[484]

Assim, os Tribunais Superiores consolidaram este entendimento por meio de reiteradas decisões. O Superior Tribunal de Justiça[485] e o Supremo Tribunal Federal[486] firmaram jurisprudência no sentido de que a condenação por associação para o tráfico constitui circunstância suficiente para evidenciar a dedicação do agente a atividades criminosas, impedindo, por consequência, o reconhecimento do tráfico privilegiado.

Por outro aspecto, a 2ª Turma do STF, compreendeu *a mera existência de fundo falso no veículo utilizado para o transporte de drogas* não constitui, isoladamente, elemento suficiente para demonstrar a dedicação a atividades criminosas ou a integração a organização criminosa. Tal compreensão se fortalece especialmente quando as circunstâncias do flagrante não permitem atribuir ao acusado a propriedade do veículo ou a responsabilidade pelas adaptações nele realizadas, havendo indícios de que sua participação limitava-se à condição de transportador da substância entorpecente.[487]

No entanto, é importante salientar que, em determinadas situações, *a modificação de veículos* pode sim indicar dedicação a atividades criminosas e justificar o afastamento da causa de diminuição de pena. Como exemplo, o Superior Tribunal de Justiça já decidiu pela inaplicabilidade da minorante do tráfico privilegiado em caso que apresentava elevada complexidade operacional, envolvendo grande quantidade de droga (mais de 70 kg de maconha), veículos modificados, utilização de batedor e participação de múltiplos agentes. Tais características, segundo o tribunal, evidenciaram organização criminosa e planejamento prévio, afastando a possibilidade do benefício.[488]

A seu turno, a jurisprudência dos Tribunais Superiores consolidou-se no sentido de que *a natureza e a quantidade de drogas apreendidas, quando consideradas*

---

[483] STJ: HC 219.621/TO, rel. Min. Maria Thereza de Assis Moura, 6ª Turma, j. 03.02.2015. E ainda: "A condenação pelo crime de associação para o tráfico evidencia que o agente se dedica a atividades criminosas, o que inviabiliza a incidência do redutor previsto no § 4º do art. 33 da Lei 11.343/2006" (STJ: AgRg no HC 583.773/RJ, rel. Min. Reynaldo Soares da Fonseca, 5ª Turma, j. 23.06.2020).

[484] "A jurisprudência desta Corte Superior de Justiça é no sentido de que a configuração do crime de associação para o tráfico (art. 35 da Lei 11.343/06) é suficiente para afastar a aplicação da causa especial de diminuição de pena contida no § 4º do art. 33, na medida em que evidencia a dedicação do agente à atividade criminosa [...]. Assim, mantido o decreto condenatório pela prática do crime tipificado no art. 35 da Lei n. 11.343/2006, não há possibilidade de aplicação da causa de diminuição prevista no art. 33, § 4º, da Lei de Drogas" (STJ: HC 511.370/RJ, rel. Min. Joel Ilan Paciornik, 5ª Turma, j. 04.06.2019).

[485] STJ: AREsp 2.180.632/MG, rel. Min. Daniela Teixeira, 5ª Turma, j. 05.12.2024.

[486] STF: "A condenação pelo crime de associação para o tráfico (art. 35 da Lei n. 11.343/2006) é fundamento apto a afastar o benefício do tráfico privilegiado" (HC 212.170 AgR/SP, rel. Min. Nunes Marques, 2ª Turma, j. 14.11.2022).

[487] STF: HC 222.592 AgR, rel. Min. Edson Fachin, 2ª Turma, j. 09.10.2023.

[488] STJ: AREsp 2.282.819/MS, rel. Min. Daniela Teixeira, 5ª Turma, j. 28.11.2024.

isoladamente, não constituem fundamento suficiente para afastar a aplicação do tráfico privilegiado.[489]

Conforme entendimento pacificado pela 3ª Seção do Superior Tribunal de Justiça, a natureza e a quantidade de drogas apreendidas *só podem fundamentar o não reconhecimento do privilégio quando analisados em conjunto com outras circunstâncias fáticas* que evidenciem a dedicação do agente à atividade criminosa ou sua vinculação a organização criminosa.[490] Assim, embora tais vetores possam fundamentar a majoração da pena-base[491] ou, quando conjugados com outros elementos concretos, o afastamento da minorante[492], sua valoração isolada não basta para obstar o reconhecimento do tráfico privilegiado.

Outra controvertida questão refere-se à (im)possibilidade de *utilização de inquéritos policiais e ações penais em curso como fundamento para afastar a minorante do tráfico privilegiado*. Segundo entendimento anteriormente consolidado no Superior Tribunal de Justiça (EREsp 1.431.091/SP[493]), a existência de procedimentos investigatórios e processos em andamento poderia obstar a aplicação do art. 33, § 4º da Lei de Drogas, por indicar a dedicação do agente a atividades criminosas.

Essa corrente jurisprudencial – hoje superada –, embora não pretendesse estabelecer um automatismo decisório, buscava preservar a discricionariedade judicial na análise casuística desses elementos. O argumento central residia na necessidade de interpretação harmônica dos princípios constitucionais, sustentando que o princípio da presunção de inocência não deveria ser aplicado de forma absoluta, a ponto de impedir a valoração de inquéritos e ações penais em curso como indicadores da habitualidade delitiva.

O **entendimento atualmente pacificado** sobre a matéria estabelece que o princípio constitucional da não culpabilidade impede que inquéritos policiais e processos penais em curso, mesmo em fase recursal, obstem a aplicação da causa especial de diminuição de pena prevista no art. 33, § 4º, da Lei de Drogas.[494] Tal compreensão fundamenta-se na neutralidade desses instrumentos processuais para a definição dos antecedentes, não

---

[489] STF: RHC 242.688 AgR/SP, rel. Min. Edson Fachin, 2ª Turma, j. 19.08.2024. E ainda: "A quantidade de droga apreendida e a forma de seu acondicionamento, embora sejam dados aptos para caracterizar o dolo de tráfico, não bastam, por si sós, para comprovar a dedicação à atividade ilícita" (STF: HC 238.407 AgR, rel. Min. Gilmar Mendes, 2ª Turma, j. 07.05.2024). Por fim: "A jurisprudência do STJ estabelece que a aplicação da minorante do tráfico privilegiado não pode ser afastada apenas com base na quantidade de drogas apreendidas [...]. No caso, a quantidade de drogas foi considerada na primeira fase da dosimetria, mas não há elementos concretos suficientes para concluir que o recorrente se dedica a atividades criminosas, justificando a aplicação da minorante do tráfico privilegiado" (STJ: REsp 2.039.568/SP, rel. Min. Daniela Teixeira, 5ª Turma, j. 19.12.2024).

[490] STJ: REsp 1.887.511/SP, rel. Min. João Otávio de Noronha, 3ª Seção, j. 09.06.2021.

[491] STF: HC 205.674 AgR/SC, rel. Min. Nunes Marques, 2ª Turma, j. 19.10.2021.

[492] STJ: AgRg no HC 958.333/SP, rel. Min. Ribeiro Dantas, 5ª Turma, j. 19.12.2024.

[493] Nesse sentido: "como os princípios constitucionais devem ser interpretados de forma harmônica, não merece ser interpretado de forma absoluta o princípio da inocência, de modo a impedir que a existência de inquéritos ou ações penais impeçam a interpretação em cada caso para mensurar a dedicação do Réu em atividade criminosa. Assim não o fazendo, conceder o benefício do artigo 33, § 4º, da Lei 11.343/06 para o Réu que responde a inúmeras ações penais ou seja investigado, é equipará-lo com aquele que numa única ocasião na vida se envolveu com as drogas, situação que ofende o princípio também previsto na Constituição Federal de individualização da pena" (STJ: EREsp 1.431.091/SP, rel. Min. *Felix Fischer, 3ª Seção, j. 14.12.2016*).

[494] STF: HC 144.309 AgR/MG, rel. Min. Ricardo Lewandowski, 2ª Turma, j. 19.11.2018.

158 | LEI DE DROGAS: Aspectos Penais e Processuais – *Cleber Masson* • *Vinícius Marçal*

sendo possível extrair deles qualquer conclusão definitiva sobre a dedicação do agente a atividades criminosas.

Essa interpretação encontra sólido respaldo na jurisprudência do Supremo Tribunal Federal, que tem reconhecido amiúde a impossibilidade de afastar o tráfico privilegiado com base em processos em tramitação ou condenações não transitadas em julgado. Para a Corte Suprema, a existência de investigações ou processos em andamento não constitui fundamento idôneo para obstar a aplicação da minorante, sob pena de violação ao princípio da presunção de inocência.[495]

Em alinhamento com a jurisprudência do Supremo Tribunal Federal, a 3ª Seção do Superior Tribunal de Justiça, em decisão unânime (REsp 1.977.027/PR, rel. Min. Laurita Vaz, j. 10.08.2022), firmou **nova compreensão** sobre a questão: *inquéritos policiais e ações penais em andamento não podem ser utilizados como fundamento para obstar a concessão da minorante,*[496] nem mesmo sob a invocação do princípio da proteção deficiente.[497]

---

[495] STF: HC 173.806/MG, rel. Min. Marco Aurélio, 1ª Turma, j. 18.02.2020; HC 166.385/MG, rel. Min. Marco Aurélio, 1ª Turma, j. 14.04.2020; RHC 209.413 AgR/MG, rel. Min. Nunes Marques, rel. p/ acórdão Min. Gilmar Mendes, 2ª Turma, j. 04.04.2022.

[496] "4. Por expressa previsão inserta no art. 5.º, inciso LVII, da Constituição Federal, a afirmação peremptória de que um fato criminoso ocorreu e é imputável a determinado autor, para fins técnico-penais, somente é possível quando houver o trânsito em julgado da sentença penal condenatória. Até que se alcance este marco processual, escolhido de maneira soberana e inequívoca pelo Constituinte originário, a culpa penal, ou seja, a responsabilidade penal do indivíduo, permanece em estado de litígio, não oferecendo a segurança necessária para ser empregada como elemento na dosimetria da pena. 5. *Todos os requisitos da minorante do art. 33, § 4.º, da Lei n. 11.343/06 demandam uma afirmação peremptória acerca de fatos, não se prestando a existência de inquéritos e ações penais em curso a subsidiar validamente a análise de nenhum deles.* 6. [...] Quanto à dedicação a atividades criminosas ou o pertencimento a organização criminosa, a existência de inquéritos e ações penais em curso indica apenas que há investigação ou acusação pendente de análise definitiva e cujo resultado é incerto, não sendo possível presumir que essa suspeita ou acusação ainda em discussão irá se confirmar, motivo pelo qual não pode obstar a aplicação da minorante. 7. Não se pode ignorar que a utilização ilegítima de inquéritos e processos sem resultado definitivo resulta em provimento de difícil reversão. No caso de posterior arquivamento, absolvição, deferimento de institutos despenalizadores, anulação, no âmbito dos referidos feitos, a Defesa teria que percorrer as instâncias do Judiciário ajuizando meios de impugnação autônomos para buscar a incidência do redutor, uma correção com sensível impacto na pena final e cujo tempo necessário à sua efetivação causaria prejuízos sobretudo àqueles mais vulneráveis. 8. A interpretação ora conferida ao art. 33, § 4.º, da Lei n. 11.343/06 não confunde os conceitos de antecedentes, reincidência e dedicação a atividades criminosas. Ao contrário das duas primeiras, que exigem a existência de condenação penal definitiva, a última pode ser comprovada pelo Estado-acusador por qualquer elemento de prova idôneo, tais como escutas telefônicas, relatórios de monitoramento de atividades criminosas, documentos que comprovem contatos delitivos duradouros ou qualquer outra prova demonstrativa da dedicação habitual ao crime. *O que não se pode é inferir a dedicação ao crime a partir de simples registros de inquéritos e ações penais cujo deslinde é incerto.* [...] 12. Para os fins do art. 927, inciso III, c.c. o art. 1.039 e seguintes, do Código de Processo Civil, *resolve-se a controvérsia repetitiva com a afirmação da tese:* '**É vedada a utilização de inquéritos e/ou ações penais em curso para impedir a aplicação do art. 33, § 4.º, da Lei n. 11.343/06**'. A fim de manter íntegra e coerente a jurisprudência desta Corte, nos termos do art. 926, c.c. o art. 927, § 4º, do Código de Processo Civil/2015, *fica expressamente superada a anterior orientação jurisprudencial da Terceira Seção deste Tribunal que havia sido consolidada no ERESP n. 1.431.091/SP (DJe 01/02/2017)*" (STJ: REsp 1.977.027/PR, rel. Min. Laurita Vaz, 3ª Seção, j. 10.08.2022).

[497] "Não se deve confundir a vedação à proteção insuficiente com uma complacência diante da atuação insuficiente dos órgãos de persecução penal. É certo que não podem ser criados obstáculos injusti-

A novel orientação do STJ distingue os conceitos de antecedentes, reincidência e dedicação a atividades criminosas. Enquanto os dois primeiros exigem condenação definitiva, **a dedicação habitual ao crime comporta maior amplitude probatória**, podendo ser evidenciada por qualquer meio idôneo de prova, como interceptações telefônicas, relatórios de monitoramento policial, filmagens ou documentos que evidenciem vínculos criminosos duradouros. O que não se admite é presumir a dedicação criminosa a partir de simples registros de inquéritos e ações penais pendentes de desfecho.

Portanto, a análise do requisito "não se dedicar a atividades criminosas" exige avaliação criteriosa das circunstâncias do caso concreto, sendo insuficiente a consideração isolada de elementos como quantidade de drogas ou existência de procedimentos em curso.[498] A evolução jurisprudencial revela uma tendência à interpretação mais garantista do dispositivo, em consonância com o princípio constitucional da presunção de inocência.

d) Não integrar organização criminosa: A aplicação da minorante exige que o agente não seja integrante de organização criminosa, assim definida como a associação de quatro ou mais pessoas, estruturalmente ordenada e caracterizada pela divisão de tarefas, ainda que informalmente, com objetivo de obter, direta ou indiretamente, vantagem de qualquer natureza, mediante a prática de infrações penais cujas penas máximas sejam superiores a quatro anos, ou que sejam de caráter transnacional (Lei 12.850/2013, art. 1º, § 1º).

Tendo como premissa que "a minorante dirige-se ao pequeno traficante, aquele não envolvido com a criminalidade, para o qual o tráfico de entorpecente é um fato episódico e ocasional"[499], para que seja afastado o tráfico privilegiado, não se exige condenação criminal transitada em julgado pelo crime previsto no art. 2º da Lei 12.850/2013 (promover, constituir, financiar ou integrar organização criminosa, pessoalmente ou por interposta pessoa). Em verdade, *bastam evidências concretas* de que o agente envolvido com o narcotráfico integra organização criminosa.[500]

Com efeito, a 3ª Seção do STJ, ao pacificar o entendimento de que inquéritos ou ações penais em curso não impedem a aplicação do art. 33, § 4º, da Lei 11.343/2006, reconheceu

---

ficáveis à atuação do Estado na defesa dos bens jurídicos cuja proteção lhe é confiada, todavia isso não legitima a dispensa do cumprimento dos ônus processuais pelos órgãos de persecução penal, não autoriza a atuação fora da legalidade e não ampara a vulneração de garantias fundamentais. Se o Estado-acusador não foi capaz de produzir provas concretas contra o Réu acerca de sua dedicação a atividades criminosas, não pode ele pretender que, ao final, esta gravosa circunstância seja presumida a partir de registros de acusações *sub judice*" (STJ: REsp 1.977.027/PR, rel. Min. Laurita Vaz, 3ª Seção, j. 10.08.2022).

[498] "A jurisprudência do STJ estabelece que a aplicação da minorante do tráfico privilegiado não pode ser afastada apenas com base na quantidade de drogas apreendidas ou em denúncias sem condenação definitiva, em respeito ao princípio da presunção de inocência. [...] No caso, a quantidade de drogas foi considerada na primeira fase da dosimetria, mas não há elementos concretos suficientes para concluir que o recorrente se dedica a atividades criminosas, justificando a aplicação da minorante do tráfico privilegiado" (STJ: REsp 2.039.568/SP, rel. Min. Daniela Teixeira, 5ª Turma, j. 19.12.2024).

[499] STF: RHC 227.225 AgR/SP, rel. Min. Edson Fachin, rel. p/ acórdão Min. André Mendonça, 2ª Turma, j. 25.09.2023.

[500] "Em se tratando de requisitos negativos a serem avaliados pelas instâncias próprias segundo as particularidades de cada caso, não há ilegalidade na decisão que não aplica a minorante *com respaldo em evidências de que o agravante integra organização criminosa*" (STF: HC 193.107 AgR/SP, rel. Min. Edson Fachin, 2ª Turma, j. 28.06.2021). No mesmo sentido: HC 171.539 AgR/SP, rel. Edson Fachin, 2ª Turma, j. 13.12.2019.

expressamente que a dedicação a atividades criminosas "pode ser comprovada pelo Estado-acusador por qualquer elemento de prova idôneo, tais como escutas telefônicas, relatórios de monitoramento de atividades criminosas, documentos que comprovem contatos delitivos duradouros ou qualquer outra prova demonstrativa da dedicação habitual ao crime."[501] Este mesmo raciocínio aplica-se à *comprovação do vínculo com organização criminosa*, circunstância que, frequentemente, é motivo de ostentação entre faccionados. Assim, *evidências robustas* nos autos (relatórios de inteligência, registros fotográficos, interceptações telefônicas, tatuagens características de grupos criminosos, conversas mantidas em redes sociais, depoimentos testemunhais etc.) são capazes de demonstrar o envolvimento efetivo do réu com o crime organizado.

Nesse sentido, o Superior Tribunal de Justiça já reconheceu que "a constatação de que o agente possui *ligação com organização criminosa* atuando em posição de disciplina, legitima o afastamento da minorante do tráfico privilegiado, em razão das circunstâncias do delito, pois evidencia sua dedicação às atividades criminosas"[502], em decisão posteriormente ratificada no âmbito do Supremo Tribunal Federal:

> "As instâncias antecedentes afastaram a aplicação da minorante do art. 33, § 4º, da Lei 11.343/2006, com base em dados objetivos da causa, notadamente porque, 'muito embora primário, verifica-se que o acusado possui farto histórico envolvendo a prática de atos infracionais análogos a crimes hediondos (...), comprovando que se dedica com habitualidade a atividades criminosas, o que afasta a incidência da privilegiadora. Não bastasse isso, *há notícia de que o acusado (...) integra a organização criminosa PGC, conhecidamente atuante nesta Comarca, ocupando o cargo de disciplina'* [...]. Constata-se que o agente é integrante de facção criminosa, inclusive com função de disciplina no grupo, atribuição que não é destinada a qualquer indivíduo, o que se evidencia pelas *circunstâncias da abordagem*, dos *valores apreendidos em dinheiro, o fato de o agente ter se desfeito de seu aparelho celular*, inutilizando-o a fim de ocultar provas do delito e as ramificações de sua atividade. Dessa forma, de fato, não há como conceder o privilégio pretendido pela defesa, devendo ser mantida a conclusão formada na origem."[503]

Demais disso, a prática contemporânea do narcotráfico revela uma estratégia cada vez mais comum: a fragmentação das remessas de drogas entre diversos transportadores, conhecidos como "**mulas**", com o intuito de dificultar a repressão estatal. Essa tática suscita relevante discussão jurídica quanto à possibilidade de concessão do benefício previsto no § 4º do art. 33 da Lei 11.343/2006 a esses transportadores. A questão apresenta duas vertentes interpretativas:

1ª posição (pacífica no STJ e no STF): Consolidada nos Tribunais Superiores, a primeira corrente defende a possibilidade de concessão do benefício. O fundamento central reside no reconhecimento de que a atuação como "mula" pode constituir um *evento isolado*,

---

[501] STJ: REsp 1.977.027/PR, rel. Min. Laurita Vaz, 3ª Seção, j. 10.08.2022.

[502] STJ: AgRg no HC 724.418/SC, rel. Min. Olindo Menezes (Des. convocado do TRF 1ª Região), 6ª Turma, j. 07.06.2022.

[503] STF: RHC 218.441/SC, rel. Min. Roberto Barroso, j. 05.08.2022. No mesmo sentido: HC 240.133/MG, rel. Min. Flávio Dino, j. 21.05.2024; RHC 218.985/MG, rel. Min. Rosa Weber, j. 19.08.2022; RHC 171.224/MS, rel. Min. Gilmar Mendes, j. 04.06.2019.

sem necessária vinculação permanente com organizações criminosas. Frequentemente, o recrutamento visa um único transporte, sem estabelecimento de vínculo duradouro. Em casos tais, a "mula" representa "mão de obra avulsa, esporádica, de pessoas que são cooptadas para empreitada criminosa sem ter qualquer poder decisório sobre o modo e o próprio roteiro do transporte, cabendo apenas obediência às ordens recebidas. Pouco ou nada sabem a respeito da organização criminosa."[504]

O Superior Tribunal de Justiça, após período de oscilação jurisprudencial, alinhou-se a esse entendimento. A Corte estabeleceu que apenas *provas objetivas* do envolvimento permanente com a organização criminosa podem afastar a minorante, não sendo suficiente a simples atuação circunstancial como "mula" do narcotráfico. Firmou-se, assim, a tese segundo a qual "a quantidade de droga e a condição de 'mula' do tráfico, sem outros elementos que indiquem envolvimento estável com organização criminosa, não afastam a aplicação da causa de diminuição de pena do tráfico privilegiado."[505]

De igual modo, o Supremo Tribunal Federal pacificou o entendimento no sentido de que a mera conjectura sobre integração em organização criminosa não justifica o afastamento da causa de diminuição de pena. É fato que a atuação da "mula" representa elemento essencial para a operacionalização do tráfico, especialmente em sua dimensão internacional. Contudo, seu envolvimento não pressupõe, necessariamente, uma vinculação permanente à estrutura criminosa, podendo restringir-se a um *ato isolado* de transporte. Assim, mesmo nos casos em que o agente tenha sido contratado para realizar o transporte pontual de drogas, seja em âmbito intermunicipal[506] ou interestadual[507], tais circunstâncias, por si sós, não constituem fundamento suficiente para o afastamento da minorante.

Há, entretanto, de se fazer uma distinção fundamental: enquanto a minorante é compatível com o papel de **"mula ocasional"** (também chamada de "mula eventual" ou "mula esporádica"), rejeitando-se a presunção automática de pertencimento a organização criminosa, o mesmo não ocorre com o agente que atua como **"mula habitual"** (também apelidada "mula experiente" ou "mula corriqueira"[508]), circunstância que reclama evidências concretas de vinculação com o grupo criminoso.

A jurisprudência demonstra que *a simples alegação de ser "mula ocasional" não garante automaticamente a aplicação da minorante*. Como ilustra recente decisão do STJ

---

[504]   TRF3: Apelação 5000535-79.2019.4.03.6005, rel. Paulo Gustavo Guedes Fontes, 5ª Turma, j. 07.05.2020.

[505]   AgRg no AREsp 2.696.914/SC, rel. Min. Ribeiro Dantas, 5ª Turma, j. 12.12.2024. E ainda: "Constatou-se ilegalidade manifesta na não aplicação da minorante do tráfico privilegiado, uma vez que a atuação do agravante como 'mula' não denota, por si só, sua participação em organização criminosa, conforme jurisprudência do STJ e do STF. [...] A atuação como 'mula' não implica, por si só, participação em organização criminosa, sendo necessária prova inequívoca para afastar a minorante do tráfico privilegiado" (STJ: AgRg no AREsp 2.755.915/SC, rel. Min. Ribeiro Dantas, 5ª Turma, j. 12.12.2024).

[506]   "O fato de se tratar de *transporte intermunicipal de entorpecentes não comprova, por si só, a dedicação ao tráfico*, e tal circunstância já foi utilizada na primeira fase da dosimetria, como *circunstância judicial desfavorável*" (STJ: AgRg no HC 799.709/MG, rel. Min. Laurita Vaz, 6ª Turma, j. 20.06.2023).

[507]   "A condição de 'mula' ou a mera alusão ao fato de ter efetuado o *transporte de entorpecentes (ainda que entre Estados da Federação), por si só, não impede a incidência da minorante* prevista no art. 33, § 4º, da Lei de Drogas" (STF: RHC 165.024 AgR-AgR/MS, rel. Min. Edson Fachin, 2ª Turma, j. 05.08.2020).

[508]   É inaplicável a causa de diminuição da pena prevista no art. 33, § 4º, da Lei nº 11.343/2006 nos casos em que se demonstre que o agente faz do crime de tráfico uma atividade habitual (TRF4: Apelação 5000310-71.2017.4.04.7017, rel. João Pedro Gebran Neto, 8ª Turma, j. 14.02.2020).

162 | LEI DE DROGAS: Aspectos Penais e Processuais – *Cleber Masson* • *Vinícius Marçal*

(AREsp 2.531.253/SP, rel. Min. Daniela Teixeira, 5ª Turma, j. 29.11.2024[509]), elementos como viagens internacionais frequentes incompatíveis com a renda declarada e contatos prévios com integrantes da organização criminosa podem evidenciar atuação reiterada, afastando a aplicação do benefício.

Na mesma linha, *o profissionalismo na execução do delito tem sido considerado fundamento idôneo para afastar a causa de diminuição*. No AREsp 2.604.494/MA (rel. Min. Daniela Teixeira, 5ª Turma, j. 05.12.2024), a Corte Superior destacou que o planejamento elaborado para o transporte intermunicipal de quantidade expressiva de drogas (97,886 kg de maconha), utilizando veículo de passeio e mediante contraprestação financeira, indicava envolvimento regular com a atividade criminosa. O acórdão ressaltou que *o transportador de entorpecentes em larga escala não pode ser equiparado aos denominados "mulas"*, considerando que uma carga de tal valor e dimensão não seria confiada a pessoa sem vínculos estáveis com a organização criminosa.[510]

Por fim, calha ressaltar que, embora a função de "mula" não impeça automaticamente a aplicação do benefício, pode justificar sua concessão no *patamar mínimo*. A jurisprudência do STJ considera que o conhecimento do acusado sobre sua atuação a serviço de organização criminosa constitui circunstância suficiente para limitar a redução da pena a 1/6. Nesse sentido:

> "No presente caso, a incidência da causa de diminuição da pena descrita no § 4º do art. 33 da Lei de Drogas deve ser *aplicada no patamar de 1/6*, em razão da quantidade da droga apreendida (20kg de maconha) e o fato do acusado ter *exercido o papel de 'mula'*, o que se mostra razoável e proporcional."[511]

> "Assim, tratando-se de acusado que *exerceu a função de 'mula'*, de forma pontual, [...] justificada a *redução da pena em 1/6*, pela aplicação da minorante do art. 33, § 4º, da

---

[509] "1. Agravo em recurso especial interposto contra acórdão que manteve condenação por tráfico internacional de drogas, *afastando a aplicação da minorante* prevista no art. 33, § 4º, da Lei n. 11.343/2006. **O recorrente alega que sua atuação foi pontual, como 'mula', o que justificaria a aplicação da causa de diminuição de pena**. 2. Questão em discussão: determinar se o réu, ao atuar como transportador de drogas em viagem internacional, faz jus à causa de diminuição prevista no art. 33, § 4º, da Lei de Drogas, considerando as circunstâncias do caso. 3. **O réu foi flagrado transportando 2kg de cocaína, em um voo internacional, sob contrato para receber R$ 6.000,00 (seis mil reais). Embora alegue dificuldades financeiras, o acervo fático comprova que suas *viagens internacionais frequentes, incompatíveis com sua renda declarada*, indicam uma *atuação reiterada e não ocasional no tráfico de drogas*, afastando a aplicação da minorante do tráfico privilegiado.** 4. As instâncias ordinárias fundamentaram adequadamente o **afastamento da causa de diminuição**, com base na *dedicação do réu à atividade criminosa, evidenciada por suas viagens internacionais e contato prévio com integrantes da organização criminosa*" (STJ: AREsp 2.531.253/SP, rel. Min. Daniela Teixeira, 5ª Turma, j. 29.11.2024).

[510] "É idôneo o afastamento da causa de diminuição da pena do crime de tráfico de drogas, quando o Tribunal de origem entendeu que o **'profissionalismo' na consumação do crime**, extraído do *planejamento de transporte intermunicipal* [...] de *considerável quantidade de drogas* – 97,886 kg (noventa e sete quilogramas e oitocentos e oitenta e oito gramas) de maconha – em veículo de passeio, mediante *contraprestação pela empreitada criminosa*, **indicam envolvimento do apelante em atividade criminosa**, uma vez que **o transportador de entorpecente em larga escala não pode ser equiparado aos agentes denominados 'mula'**, notadamente porque **uma carga elevada e valiosa não seria confiada a um estranho às atividades criminosas**" (STJ: AREsp 2.604.494/MA, rel. Min. Daniela Teixeira, 5ª Turma, j. 05.12.2024).

[511] STJ: AgRg no AREsp 2.743.668/SP, rel. Min. Reynaldo Soares da Fonseca, 5ª Turma, j. 12.12.2024.

Lei n. 11.343/2006. Firme a jurisprudência desta Corte Superior no sentido de que, havendo sido concretamente fundamentada a aplicação da minorante em comento no patamar de 1/6, sobretudo em razão de 'estar-se diante de quem se prestou a atuar na condição popularmente conhecida como 'mula' do tráfico' (e-STJ fl. 252), não há contrariedade ao disposto no art. 33, § 4º, da Lei de Drogas."[512]

2ª posição: Hoje superada, defendia a impossibilidade do benefício, presumindo que a condição de "mula" evidenciaria, por si só, o envolvimento com organização criminosa, salvo prova em contrário. Essa interpretação, embora tenha prevalecido temporariamente no STJ[513], encontra-se atualmente abandonada pela Corte.

6.2.1. Prova dos requisitos

Do princípio constitucional da presunção de não culpabilidade (CR/1988, art. 5º, LVII) extrai-se que não cabe ao acusado o ônus de comprovar sua primariedade, seus bons antecedentes, nem demonstrar que não se dedica a atividades criminosas ou que não integra organização criminosa.

A comprovação de fatos negativos pelo réu, como demonstrar que não pertence a uma associação criminosa voltada ao narcotráfico, configuraria uma *prova diabólica*, aquela de produção impossível ou extremamente difícil. Assim, recai sobre o Ministério Público o ônus de demonstrar que o réu não preenche ao menos um dos requisitos necessários para a concessão da minorante prevista no § 4º do art. 33 da Lei de Drogas, o que decorre do princípio da presunção de inocência, que impede que alguém seja considerado culpado com base em meras conjecturas ou suspeitas.

Configura, pois, "ônus da acusação a comprovação de fatos utilizados para a exacerbação da reprimenda penal",[514] como no caso do afastamento da causa especial de diminuição de pena prevista no § 4º do art. 33. Na existência de dúvida quanto à aplicabilidade da minorante, deve-se decidir em favor do réu, em observância ao princípio *in dubio pro reo*.[515]

E, como visto alhures, a comprovação de maus antecedentes ou reincidência exige, necessariamente, a existência de condenação criminal transitada em julgado, sendo inadmissível a utilização de inquéritos policiais ou ações penais em curso para obstar a aplicação da minorante prevista no art. 33, § 4º, da Lei 11.343/2006. Todavia, quando se

---

[512] STJ: AgRg no AREsp 1.978.608/SP, rel. Min. Reynaldo Soares da Fonseca, 5ª Turma, j. 08.02.2022. E ainda: AgRg no AREsp 1.642.400/SP, rel. Min. Laurita Vaz, 6ª Turma, j. 26.05.2020; Por fim: "A ciência do agente de estar a serviço de grupo criminoso voltado ao tráfico internacional de drogas é circunstância apta a justificar a redução da pena em 1/6, pela aplicação da minorante do art. 33, § 4º, da Lei n. 11.343/2006" (STJ: AgRg no AREsp 1.534.326/SP, rel. Min. Ribeiro Dantas, 5ª Turma, j. 19.09.2019).

[513] "Esta Corte Superior tem admitido o afastamento do redutor pelo tráfico privilegiado, quando evidenciada função específica de transportador, 'mula', por entender que nestes casos há efetivo envolvimento com organização criminosa" (AgRg no REsp 1.507.986/SP, rel. Min. Nefi Cordeiro, 6ª Turma, j. 04.05.2017).

[514] STF: RHC 107.759/RJ, rel. Min. Luiz Fux, 1ª Turma, j. 18.10.2011.

[515] "*É inadmissível que fato objeto de dúvida nos autos conduza à presunção de que o recorrente se dedicava a atividades criminosas*, repercutindo na aplicação da sanção penal" (STF: RHC 107.759/RJ, rel. Min. Luiz Fux, 1ª Turma, j. 18.10.2011).

trata de demonstrar a dedicação do agente a atividades criminosas ou sua participação em organização criminosa, o ordenamento jurídico admite maior elasticidade probatória, permitindo a comprovação por qualquer meio idôneo de prova, desde que concreto e juridicamente válido, como interceptações telefônicas, colaborações premiadas, provas documentais ou testemunhais.

6.2.2. Natureza e quantidade da droga apreendida: fixação da pena-base, modulação e hipóteses de exclusão da minorante (art. 33, § 4º)

A Lei de Drogas, em seu art. 42, estabelece que o juiz, na fixação das penas, considerará, com preponderância sobre o previsto no art. 59 do Código Penal, a *natureza* e a *quantidade* da substância ou do produto, a personalidade e a conduta social do agente.

A seu turno, ao tratar da causa de diminuição de pena do art. 33, § 4º, a lei indica os requisitos cumulativos necessários para a redução da pena no chamado tráfico privilegiado, permitindo uma diminuição de 1/6 a 2/3, mas o faz sem explicitar os critérios para definição do percentual específico dessa redução, o que vem sendo orientado pela jurisprudência.

Dessa forma, há diversos julgados do Superior Tribunal de Justiça no sentido de que a atuação como "mula" do tráfico justifica a aplicação da causa de diminuição de pena em seu patamar mínimo.[516] Na mesma linha, o Supremo Tribunal Federal tem entendido que a contribuição do agente com uma rede articulada de narcotráfico constitui elemento determinante na fixação da fração redutora da pena.[517] Outro fator relevante é a quantidade e diversidade de drogas apreendidas, estabelecendo-se uma relação inversamente proporcional: quanto maior o volume e a variedade de entorpecentes, menor será a fração de redução aplicada.[518] Este entendimento foi reafirmado pela 2ª Turma do STF no julgamento do RHC 129.951/PR (rel. Min. Teori Zavascki, j. 22.09.2015), ao considerar juridicamente adequada a aplicação da minorante do § 4º do art. 33 da Lei 11.343/2006 em patamar inferior ao máximo, fundamentando-se na expressiva quantidade de drogas apreendidas com o recorrente (2.360g de cocaína e 1.895g de maconha).

De mais a mais, a jurisprudência dos Tribunais Superiores sedimentou orientação contrária à dupla valoração da natureza e da quantidade da droga no procedimento dosimétrico penal. Estas circunstâncias não podem ser consideradas cumulativamente na primeira fase (fixação da pena-base) e na terceira fase (aplicação do benefício do art. 33, § 4º, da Lei de Drogas), sob pena de incidir em vedado *bis in idem*. Desse modo, *a natureza e a quantidade da droga apreendida apenas podem ser levadas em consideração (alternativamente) em uma das fases (primeira ou terceira) da dosimetria da pena*, sendo **vedada sua valoração cumulativa**.[519]

---

[516] STJ: AgRg no AREsp 2.743.668/SP, rel. Min. Reynaldo Soares da Fonseca, 5ª Turma, j. 12.12.2024; AgRg no AREsp 1.978.608/SP, rel. Min. Reynaldo Soares da Fonseca, 5ª Turma, j. 08.02.2022; AgRg no AREsp 1.642.400/SP, rel. Min. Laurita Vaz, 6ª Turma, j. 26.05.2020.

[517] STF: HC 133.480 AgR/SP, rel. Min. Rosa Weber, 1ª Turma, j. 13.09.2019.

[518] "4. *Natureza* e *quantidade* de drogas consideradas somente na terceira fase da dosimetria da pena para fundamentar a *aplicação do redutor* do § 4º do artigo 33 da Lei 11.343/2006 *em seu patamar mínimo (1/6)*. 5. Legalidade" (STF: HC 153.669 AgR/SP, rel. Min. Gilmar Mendes, 2ª Turma, j. 12.11.2018).

[519] Sendo assim, "cabe ao juiz escolher em qual momento da dosimetria essa circunstância vai ser levada em conta, seja na primeira, seja na terceira, observando sempre a vedação ao *bis in idem*" (trecho do voto proferido pelo Min. Gilmar Mendes, no ARE 666.334 RG/AM, j. 03.04.2014).

Essa compreensão foi inicialmente estabelecida pelo Plenário do Supremo Tribunal Federal em julgamentos paradigmáticos (HC 112.776/MS e HC 109.193/MG, j. 19.12.2013[520]), que determinaram que *a valoração da natureza e da quantidade da droga deve ocorrer exclusivamente em uma das fases da dosimetria* – primeira ou terceira. A solidez desta orientação foi posteriormente reafirmada pela 2ª Turma do STF no RHC 122.684/MG (j. 16.09.2014).

A questão adquiriu especial relevância com o reconhecimento de sua repercussão geral pelo Plenário do STF no ARE 666.334 RG (Tema 712[521]), oportunidade em que foi consolidada a tese de que as circunstâncias relativas à natureza e à quantidade da droga apreendida devem ser consideradas em apenas uma das fases do cálculo da pena, em estrita observância à vedação do *bis in idem*. Sendo assim, "cabe ao juiz escolher em qual momento da dosimetria essa circunstância vai ser levada em conta, seja na primeira, seja na terceira, observando sempre a vedação ao *bis in idem*."[522]

Em alinhamento ao precedente da Suprema Corte, o Superior Tribunal de Justiça uniformizou sua jurisprudência na mesma direção. A 5ª Turma, no julgamento do HC 329.744/MS (j. 19.11.2015), reafirmou a impossibilidade de *valoração simultânea* da natureza e da quantidade de entorpecente na primeira e na terceira fases da dosimetria, o que vem sendo reafirmado diariamente pelos Tribunais Superiores.[523]

A evolução jurisprudencial sobre o tema alcançou novo patamar com o julgamento do HC 725.534/SP (j. 27.04.2022) pela 3ª Seção do STJ. O órgão colegiado *refinou o entendimento* ao estabelecer que a quantidade e a natureza da droga podem servir tanto para *modular a fixação da pena-base*[524] como para *estabelecer a fração da minorante*[525]

---

[520] "No julgamento dos *Habeas Corpus* 112.776 e 109.193, sob a relatoria do Ministro Teori Zavascki, o Tribunal [Pleno], por maioria de votos, entendeu que configura ilegítimo *bis in idem* considerar a natureza e a quantidade da substância ou do produto para *fixar a pena base* (primeira etapa) e, *simultaneamente*, para a *escolha da fração de redução* a ser imposta na terceira etapa da dosimetria (§ 4º do art. 33 da Lei 11.343/2006). Todavia, *nada impede que essa circunstância seja considerada para incidir, alternativamente, na primeira etapa (pena-base) ou na terceira (fração de redução)*" (STF: HC 181.841 AgR/MS, rel. Min. Roberto Barroso, 1ª Turma, j. 29.05.2020). E ainda: RHC 182.953 AgR/MT, rel. Min. Roberto Barroso, 1ª Turma, j. 29.05.2020.

[521] "Recurso extraordinário com agravo. Repercussão Geral. 2. Tráfico de Drogas. 3. *Valoração da natureza e da quantidade da droga apreendida em apenas uma das fases do cálculo da pena*. Vedação ao *bis in idem*. Precedentes. 4. Agravo conhecido e recurso extraordinário provido para determinar ao Juízo da 3ªVECUTE da Comarca de Manaus/AM que proceda a nova dosimetria da pena. 5. Reafirmação de jurisprudência" (ARE 666.334 RG/AM, rel. Min. Gilmar Mendes, Tribunal Pleno, j. 03.04.2014).

[522] Trecho do voto proferido pelo Min. Gilmar Mendes, no ARE 666.334 RG/AM, j. 03.04.2014.

[523] "[...] No caso, mostra-se configurado o constrangimento ilegal, tendo em vista que a suscitada *minorante foi afastada* com fundamento apenas na quantidade e na natureza da droga apreendida" (STJ: AgRg no HC 897.572/SP, rel. Min. Antonio Saldanha Palheiro, 6ª Turma, j. 20.05.2024).

[524] "Não há flagrante ilegalidade no caso em tela, visto que *a pena-base foi fixada acima do mínimo legal com base em elementos concretos, como a quantidade, a natureza e a variedade* dos entorpecentes apreendidos. Precedentes" (STJ: AgRg no HC 935.569/SP, rel. Min. Messod Azulay Neto, 5ª Turma, j. 03.09.2024).

[525] "[...] No caso, *com base na expressiva quantidade, natureza e diversidade dos entorpecentes* apreendidos – 180,33g de cocaína, 107,79g de crack, 4,7kg de maconha e 263 frascos de lança perfume –, *a minorante deve ser aplicada na fração mínima de 1/6*. Precedentes" (STJ: AgRg no HC 817.359/SP, rel. Min. Daniela Teixeira, rel. p/ acórdão Min. Reynaldo Soares da Fonseca, 5ª Turma, j. 27.08.2024).

do tráfico privilegiado (art. 33, § 4º, da Lei 11.343/2006), desde que não previamente considerados na primeira etapa do cálculo da pena.[526] Aliás, a natureza e quantidade de substância entorpecente também "são fundamentos idôneos para a *imposição de regime mais gravoso.*"[527]

Assim, verificado o preenchimento dos requisitos para a aplicação da minorante, a quantidade da droga apreendida poderá fundamentar a definição do patamar de redução – que varia entre um sexto e dois terços –, desde que tal circunstância não tenha sido previamente valorada na primeira fase da dosimetria. Em outras palavras, a análise das circunstâncias referentes à natureza e quantidade do entorpecente não precisa ocorrer necessariamente na primeira fase. O que o ordenamento jurídico veda, em estrita observância ao princípio do *ne bis in idem*, é a dupla valoração dessas circunstâncias, seja na fixação da pena-base, seja na aplicação da causa de diminuição de pena.

Seguindo essa orientação jurisprudencial, o magistrado pode, na primeira fase da dosimetria, abster-se de utilizar a expressiva quantidade de drogas como critério para majorar a pena-base, preservando assim essa circunstância para, posteriormente, fundamentar a aplicação do patamar mínimo de redução previsto no art. 33, § 4º, da Lei de Drogas.[528] Portanto, a quantidade e a natureza do entorpecente constituem critérios legítimos para *modular a fração*[529] redutora do § 4º.

Por seu turno, o *quantum* de abrandamento da pena se sujeita ao livre convencimento motivado do magistrado, com respeito aos parâmetros legais (mínimo e máximo) e às circunstâncias objetivas e subjetivas do caso concreto, de modo a efetivar o princípio da proporcionalidade. Assim, quanto maiores a quantidade e a diversificação

---

[526] "4. *A exasperação da pena-base com fundamento na quantidade de drogas apreendida está devidamente fundamentada*, conforme os parâmetros estabelecidos no art. 42 da Lei n. 11.343/2006, que confere preponderância à quantidade e natureza da substância. [...] 6. *Ao afastar a minorante do tráfico privilegiado com base na mesma quantidade de droga utilizada para exasperar a pena-base, a decisão incorreu em bis in idem, o que é vedado pela jurisprudência consolidada do STJ*. 7. A Terceira Seção do STJ já decidiu que *a quantidade de droga pode ser considerada ou na primeira fase da dosimetria (pena-base) ou na terceira fase (modulação da minorante), mas não em ambas as fases, sob pena de dupla punição pelo mesmo fato*" (STJ: AREsp 2.482.597/SP, rel. Min. Daniela Teixeira, 5ª Turma, j. 05.12.2024).

[527] "É idôneo o *aumento da pena-base* com fundamento na natureza e na quantidade da droga (198,5kg de maconha do tipo skank). [...] A natureza e a quantidade de substância entorpecente apreendida são fundamentos idôneos para a imposição de *regime mais gravoso*" (STF: HC 205.891 AgR/PR, rel. Min. Nunes Marques, 2ª Turma, j. 04.11.2021). No mesmo sentido: "Conforme já assentou esta Corte, *é possível que o juiz fixe o regime inicial [mais gravoso]* e afaste a substituição da pena privativa de liberdade por restritiva de direitos com base na quantidade e na natureza do entorpecente apreendido'" (STF: HC 224.739 AgR/SP, rel. Alexandre de Moraes, 1ª Turma, j. 13.03.2023). E ainda: "A existência de circunstância judicial negativa justifica a manutenção do regime inicial fechado" (STJ: AgRg no AREsp 2.745.975/SP, rel. Min. Joel Ilan Paciornik, 5ª Turma, j. 24.10.2024). Por fim: "A quantidade e a qualidade da droga apreendida podem ser considerados tanto para *afastar a incidência da minorante* do § 4º do art. 33 da Lei de Drogas como para estabelecer *regime prisional mais gravoso*" (STJ: AgRg no HC 582.778/SP, rel. Min. Jorge Mussi, 5ª Turma, j. 04.08.2020).

[528] "A fração de redução da pena pode ser *modulada* pela quantidade, diversidade e natureza das drogas apreendidas" (STJ: AgRg no REsp 2.079.190/SC, rel. Min. Joel Ilan Paciornik, 5ª Turma, j. 27.11.2024).

[529] "A jurisprudência do STJ *admite a modulação da fração* de redução do § 4º do art. 33 da Lei n. 11.343/2006 com base na quantidade e natureza das drogas, *desde que não tenham sido consideradas na fixação da pena-base*" (STJ: AREsp 2.512.176/DF, rel. Min. Daniela Teixeira, 5ª Turma, j. 19.12.2024).

dos entorpecentes, tanto menor a fração de redução da pena (isso se não for o caso de afastamento da minorante).[530]

Portanto, o preenchimento dos quatro requisitos exigidos para a concessão do benefício não vincula o julgador à aplicação da redução em seu patamar máximo. Mantém-se a discricionariedade judicial para, considerando as especificidades do caso concreto, estabelecer o percentual de diminuição que melhor atenda às finalidades de prevenção e repressão do delito.[531]

Por outro lado, a jurisprudência reconhece a possibilidade de *valoração diferenciada* das circunstâncias relacionadas à droga na dosimetria penal. Nesse contexto, é dado ao magistrado considerar dois aspectos distintos: a natureza do entorpecente na fixação da pena-base (primeira fase) e sua quantidade para modular o percentual de redução previsto no § 4º do art. 33 da Lei de Drogas (terceira fase), o que evita a ocorrência de *bis in idem*, conforme a decisão tomada pela 6ª Turma do Superior Tribunal de Justiça no AgRg no HC 442.748/MS.

No referido precedente, sob relatoria do Min. Rogerio Schietti Cruz, assentou-se que a jurisprudência do Superior Tribunal de Justiça "é firme em assinalar que não configura *bis in idem* a menção à *quantidade* da droga *para exasperar a pena-base* (no caso, 19 kg) e à sua *natureza* (maconha) para justificar a *escolha da fração de diminuição* da reprimenda na terceira etapa da dosimetria."[532]

Estabeleceu-se, assim, a viabilidade de discriminar os critérios relativos à droga, destinando a análise da *quantidade* a uma fase e a consideração da *natureza* a outra, sem que isso implique em dupla valoração vedada pelo ordenamento jurídico, o que já foi reconhecido até pela Corte Especial do STJ:

"1. Ao julgar o ARE n. 666.334 RG/AM, o Supremo Tribunal Federal firmou o entendimento de que, em caso de condenação pelo crime de tráfico de drogas, não é possível a valoração da quantidade e da natureza da droga apreendida, tanto para a fixação da pena-base, quanto para a modulação da causa de diminuição prevista no § 4º do art. 33 da Lei n. 11.343/2006. 2. No caso, o acórdão proferido por este Sodalício está em consonância com a jurisprudência firmada pelo Pretório Excelso, *uma vez que a quantidade e a natureza do entorpecente foram utilizadas em momentos distintos da dosimetria, razão pela qual incide o Tema 712/STF*".[533]

---

[530] No julgamento do RHC 129.951/PR (rel. Min. Teori Zavascki, j. 22.09.2015), a 2ª Turma do STF considerou que "a *minorante* prevista no § 4º do art. 33 da Lei 11.343/2006 *em patamar inferior ao máximo permitido* encontrou respaldo em fundamentação jurídica adequada, com base na *quantidade* da droga apreendida com o recorrente (2.360 g de cocaína e 1.895 g de maconha)."

[531] "A jurisprudência do Superior Tribunal de Justiça entende que a quantidade e a natureza da droga apreendida podem fundamentar a escolha da fração de redução na causa especial de diminuição do tráfico privilegiado, desde que tal escolha esteja devidamente fundamentada em critérios objetivos e proporcionais" (STJ: AREsp 2.359.471/AL, rel. Min. Daniela Teixeira, 5ª Turma, j. 16.12.2024).

[532] AgRg no HC 442.748/MS, rel. Min. Rogerio Schietti Cruz, 6ª Turma, j. 07.08.2018. E ainda: "Não configura *bis in idem* a valoração na pena-base da natureza da droga (cocaína) e, na dosimetria da minorante, da quantidade da droga" (HC 295.505/SP, rel. Min. Nefi Cordeiro, 6ª Turma, j. 18.09.2014).

[533] STJ: AgRg no RE no AgRg no AgRg nos EDcl no REsp 1.906.274/SC, rel. Min. Jorge Mussi, Corte Especial, j. 24.05.2022. Na mesma linha: "Não há falar em *bis in idem* quando a *natureza* da droga é *sopesada para o aumento da pena-base* e a sua *quantidade* para *justificar a impossibilidade de incidência da*

Veja-se, pois, que "somente se opera o *bis in idem* quando o juízo sentenciante considera a natureza e a quantidade de droga *simultaneamente* na primeira e na terceira fase de individualização da reprimenda",[534] mas não quando estes elementos são separados e incidem cada qual em um momento.[535]

De mais a mais, a jurisprudência experimentou notável evolução no que tange ao *afastamento da minorante do tráfico privilegiado com base na quantidade de drogas apreendidas*. Em um primeiro momento, alguns julgados admitiam que a apreensão de expressiva quantidade de entorpecentes, *por si só*, poderia indicar a dedicação do agente à atividade criminosa e, consequentemente, obstar a aplicação do benefício previsto no art. 33, § 4º, da Lei de Drogas.[536] Entretanto, a tendência jurisprudencial atual vai em direção oposta.

Com efeito, vem prevalecendo nos Tribunais Superiores o entendimento de que a natureza e a quantidade dos entorpecentes apreendidos, *quando analisadas isoladamente, não constituem fundamento idôneo para afastar* a incidência da causa de diminuição de pena.[537] Esse posicionamento encontra-se pacificado em ambas as Turmas Criminais do Superior Tribunal de Justiça,[538] alinhando-se à tese firmada pela 3ª Seção daquela Corte, segundo a qual *tais vetores só podem fundamentar o afastamento do tráfico privilegiado quando conjugados com outras circunstâncias fáticas* que, em seu conjunto, demonstrem a dedicação do agente à atividade criminosa ou sua vinculação a organização criminosa.[539]

---

minorante, porque, nesse caso, tais elementos estão sendo considerados de forma não cumulativa" (AgRg na Rcl 38.876/SP, rel. Min. Rogerio Schietti Cruz, 3ª Seção, j. 13.05.2020).

[534] STF: HC 148.333 AgR/MG, rel. Min. Dias Toffoli, 2ª Turma, j. 14.08.2018.

[535] Note-se, entretanto, que a natureza e quantidade de drogas "não podem ser cindidos *para aumentar a pena duas vezes*, sob pena de *bis in idem*" (STJ: AgRg no AREsp 2.755.915/SC, rel. Min. Ribeiro Dantas, 5ª Turma, j. 12.12.2024).

[536] STJ: AgRg no AREsp 1.627.451/GO, rel. Min. Ribeiro Dantas, 5ª Turma, j. 23.6.2020. E ainda: "Embora fixada a pena-base no mínimo legal, *a quantidade e a natureza da droga apreendida, utilizadas na terceira fase da dosimetria para afastar a incidência da minorante definida no art. 33, § 4º, da Lei 11.343/2006*, autorizam a fixação do regime prisional mais gravoso" (STF, HC 193.984 AgR/SP, rel. Roberto Barroso, 1ª Turma, j. 08.02.2021).

[537] STF: RHC 242.688 AgR/SP, rel. Min. Edson Fachin, 2ª Turma, j. 19.08.2024. E ainda: "O afastamento da minorante do tráfico privilegiado unicamente em decorrência da quantidade e da natureza da droga apreendida não constitui fundamento idôneo apto a afastar a aplicação da causa de diminuição de pena prevista no art. 33, § 4º, da Lei n. 11.343/2006" (STF: HC 190.396 AgR/SP, rel. Nunes Marques, 2ª Turma, j. 16.11.2021).

[538] Na 5ª Turma: "Tese de julgamento: 1. A quantidade e a natureza dos entorpecentes não são suficientes para afastar a causa de diminuição do tráfico privilegiado" (STJ: AgRg no AREsp 2.457.195/MG, rel. Min. Joel Ilan Paciornik, 5ª Turma, j. 05.12.2024). Na 6ª Turma: "No caso, dado que a quantidade da droga apreendida foi *isoladamente* sopesada para levar à conclusão de que o réu seria dedicado a atividades criminosas, reputo adequado o reconhecimento do privilégio pela Corte de origem" (AgRg no REsp 2.171.463/RS, rel. Min. Rogerio Schietti Cruz, j. 22.11.2024).

[539] "7. A utilização concomitante da natureza e da quantidade da droga apreendida na primeira e na terceira fases da dosimetria, nesta última para descaracterizar o tráfico privilegiado ou modular a fração de diminuição de pena, configura *bis in idem*, expressamente rechaçado no julgamento do Recurso Extraordinário n. 666.334/AM, submetido ao regime de repercussão geral pelo Supremo Tribunal Federal (Tese de Repercussão Geral n. 712). 8. A utilização supletiva desses elementos para afastamento do tráfico privilegiado somente pode ocorrer quando esse vetor seja conjugado com outras circunstâncias do caso concreto que, unidas, caracterizem a dedicação do agente à atividade criminosa ou à integração a organização criminosa" (STJ: REsp 1.887.511/SP, rel. Min. João Otávio de Noronha, 3ª Seção, j. 09.06.2021).

Cap. 1 • CRIMES EM ESPÉCIE | **169**

Nessa perspectiva, a natureza e a quantidade de entorpecentes podem, *em conjunto com outros critérios*, fundamentar tanto a *majoração*[540] da pena-base quanto o *afastamento*[541] da minorante do privilégio. A jurisprudência consolidada dos tribunais superiores apresenta diversos fundamentos para essa interpretação:

I. Apreensão de arma de fogo:

"A quantidade e a natureza da droga, aliadas à posse de arma de fogo, indicam dedicação às atividades criminosas, afastando o tráfico privilegiado."[542] A jurisprudência consolidada do Supremo Tribunal Federal[543] e do Superior Tribunal de Justiça[544] estabelece que a posse de arma de fogo, quando analisada conjuntamente com a quantidade e natureza da droga apreendida, constitui elemento suficiente para afastar a aplicação do tráfico privilegiado (art. 33, § 4º, da Lei 11.343/2006). Tal entendimento fundamenta-se na compreensão de que esses fatores, quando presentes simultaneamente, evidenciam dedicação às atividades criminosas, requisito negativo para a concessão do benefício legal.

II. Vinculação à organização criminosa:

A comprovação do envolvimento do réu com organização criminosa, especialmente quando associada à quantidade e natureza das drogas apreendidas, permite não apenas a elevação da pena-base, mas também o afastamento do redutor do tráfico privilegiado.[545] Nessa hipótese, não se configura *bis in idem*, pois a valoração considera elementos distintos em cada fase da dosimetria.[546]

---

[540] "É idônea a *exasperação* da pena-base com fundamento na natureza e quantidade da droga ('mais de uma tonelada de maconha', no caso)" (STF: HC 205.674 AgR, rel. Min. Nunes Marques, 2ª Turma, j. 19.10.2021).

[541] STJ: AREsp 2.576.793/PE, rel. Min. Daniela Teixeira, 5ª Turma, j. 19.12.2024. E ainda: "A quantidade e natureza de drogas *somadas* às circunstâncias concretas do delito podem *afastar* a minorante do tráfico privilegiado" (STJ: AgRg no HC 958.333/SP, rel. Min. Ribeiro Dantas, 5ª Turma, j. 19.12.2024).

[542] STJ: AgRg no HC 811.185/SP, rel. Min. Daniela Teixeira, 5ª Turma, j. 30.10.2024.

[543] "Os elementos colhidos sob o crivo do contraditório indicaram que a hipótese não retrata quadro de traficância eventual ou de menor gravidade, circunstâncias para quais a minorante descrita no art. 33, § 4º, da Lei 11.343/2006 deve incidir. Além da acentuada quantidade de entorpecente (84.300g de maconha) e de petrecho relacionado ao seu comércio (balança de precisão), houve *apreensão de arma de fogo*" (STF: HC 224.128 AgR/SP, rel. Min. Alexandre de Moraes, 1ª Turma, j. 22.02.2024).

[544] STJ: AgRg no HC 811.185/SP, rel. Min. Daniela Teixeira, 5ª Turma, j. 30.10.2024. No mesmo sentido: AgRg no HC 795.462/PR, rel. Min. Sebastião Reis Júnior, 6ª Turma, j. 15.05.2023; AgRg no HC 892.794/MG, rel. Min. Reynaldo Soares da Fonseca, 5ª Turma, j. 08.04.2024; AgRg no AREsp 1.421.599/MT, rel. Min. Antonio Saldanha Palheiro, 6ª Turma, j. 21.03.2019. *Em sentido diverso:* "O porte de arma de fogo, disparada contra os agentes da segurança pública, não tem o condão de afastar o privilégio, tendo em vista que o agravado, no mesmo processo, foi condenado pelo crime de resistência. O porte de arma, per si, não comprovou a dedicação a atividades criminosas, e o mesmo fato não pode ser valorado duas vezes, sob pena de constatação de odioso *bis in idem*" (AgRg no HC 493.172/SP, rel. Min. Antonio Saldanha Palheiro, 6ª Turma, j. 16.06.2020).

[545] STJ: HC 857.012/PR, rel. Min. Daniela Teixeira, 5ª Turma, j. 29.11.2024.

[546] "Não *há bis in idem* na utilização da quantidade de droga tanto para aumentar a pena-base quanto para afastar o tráfico privilegiado, pois o afastamento do benefício considerou, além da quantidade de droga, o *envolvimento do réu com organização criminosa*" (STJ: AgRg no HC 866.640/MS, rel. Min. Daniela Teixeira, 5ª Turma, j. 29.10.2024).

III. Caracterização do tráfico habitual:[547]

O tráfico privilegiado constitui benefício legal destinado ao agente que ainda não está profundamente envolvido na atividade ilícita do narcotráfico, representando uma política criminal que visa favorecer o traficante eventual, independentemente da natureza ou quantidade das substâncias apreendidas.[548]

Assim, o afastamento do tráfico privilegiado é justificado quando a expressiva quantidade de entorpecente, aliada a outros elementos probatórios, evidencia habitualidade delitiva. Esta hipótese, distinta daquela julgada em repercussão geral pela Suprema Corte no ARE 666.334/AM, permite a valoração concomitante da quantidade e natureza da droga na primeira e terceira fases da dosimetria.[549]

IV. Petrechos do tráfico:

A apreensão de petrechos típicos do comércio de drogas fornece elementos objetivos para aferir a dedicação à atividade criminosa e, assim, afastar a minorante do tráfico privilegiado. São considerados especialmente relevantes:

- Balança de precisão e instrumentos de pesagem;[550]
- Anotações de contabilidade;[551]
- Dinheiro em espécie sem procedência comprovada;[552]
- Equipamentos para preparo e embalagem (liquidificador, sacos plásticos, embalagens);[553]

---

[547] "O reconhecimento do tráfico privilegiado tem por fundamento a necessidade de distinguir o *traficante contumaz e profissional* daquele ainda neófito na vida criminosa" (STJ: AgRg no HC 909.191/SP, rel. Min. Daniela Teixeira, 5ª Turma, j. 21.08.2024).

[548] STJ: REsp 1.887.511/SP, rel. Min. João Otávio de Noronha, 3ª Seção, j. 09.06.2021.

[549] Há "entendimento firme de que é possível a aferição da quantidade e da natureza da substância entorpecente, concomitantemente, na primeira etapa da dosimetria, para exasperar a pena-base e, na terceira, para justificar o afastamento da causa especial de diminuição do art. 33, § 4º, da Lei n. 11.343/2006 – quando evidenciado o *envolvimento habitual do agente no comércio ilícito de entorpecentes* – sendo tal hipótese distinta da julgada, em repercussão geral, pela Suprema Corte no ARE 666.334/AM" (STJ: AgRg no HC 549.034/SP, rel. Min. Ribeiro Dantas, 5ª Turma, j. 09.06.2020).

[550] "Os elementos colhidos sob o crivo do contraditório indicaram que a hipótese não retrata quadro de traficância eventual ou de menor gravidade, circunstâncias para quais a minorante descrita no art. 33, § 4º, da Lei 11.343/2006 deve incidir. Além da acentuada quantidade de entorpecente (84.300g de maconha) e de *petrecho relacionado ao seu comércio (balança de precisão)*, houve apreensão de arma de fogo" (STF: HC 224.128 AgR/SP, rel. Min. Alexandre de Moraes, 1ª Turma, j. 22.02.2023). E ainda: "Além da elevada quantidade e nocividade das drogas, a posse de arma e *balança de precisão*" foram elementos utilizados "como justificativas para afastar o redutor do tráfico privilegiado, pois evidenciada a dedicação a atividades ilícitas" (STJ: AREsp 2.576.793/PE, rel. Min. Daniela Teixeira, 5ª Turma, j. 19.12.2024). Por fim: "A habitualidade na prática do tráfico de drogas, evidenciada pelas circunstâncias da prisão e *pela apreensão de balança de precisão*, justifica a negativa do privilégio do § 4º do art. 33 da Lei n. 11.343/2006" (STJ: AgRg no HC 935.569/SP, rel. Min. Messod Azulay Neto, 5ª Turma, j. 03.09.2024).

[551] STJ: AgRg no HC 909.191/SP, rel. Min. Daniela Teixeira, 5ª Turma, j. 21.08.2024.

[552] "A habitualidade delitiva pode ser reconhecida com base na quantidade, natureza e variedade da droga, dos petrechos utilizados na mercancia e do *dinheiro em espécie sem procedência legal*" (STJ: AgRg no AREsp 2.442.321/SC, rel. Min. Messod Azulay Neto, 5ª Turma, j. 16.12.2024).

[553] É possível aferir a dedicação do sujeito à atividade criminosa a partir de circunstâncias concretas, como: "quantidade de drogas apreendidas", "apreensão de petrechos utilizados no preparo e disse-

- Veículos utilizados na atividade;[554]
- Bloqueador de GPS;[555]
- Rádios de comunicação.[556]

V. Circunstâncias judiciais indicativas de envolvimento com a criminalidade:

> "A conduta social, os maus antecedentes, a reincidência, o concurso de agentes, as circunstâncias da apreensão e a quantidade de drogas são exemplos de elementos aptos a indicar a dedicação a atividade criminosa, fundamento idôneo a afastar a minorante do tráfico privilegiado."[557]

Toda essa análise jurisprudencial sistematizada evidencia que a configuração do envolvimento habitual do agente no comércio ilícito de entorpecentes – situação que se distingue do paradigma fixado pelo Supremo Tribunal Federal em repercussão geral no ARE 666.334/AM – deve ser estabelecida mediante uma *análise global do caso concreto*, que transcende a mera consideração quantitativa ou qualitativa das substâncias apreendidas.

Nessa perspectiva, o afastamento da causa de diminuição de pena do tráfico privilegiado demanda uma criteriosa avaliação holística das circunstâncias fáticas do caso, não podendo estar alicerçada unicamente em elementos isolados, como a natureza ou quantidade da droga apreendida. Demais disso, **"a existência de processos ou investigações em andamento, por si só, não é suficiente para afastar a minorante do art. 33, § 4º, da Lei 11.343/2006."**[558]

---

minação de entorpecentes, como *liquidificador com resquícios da droga, sacos plásticos e centenas de embalagens vazias"* (STJ: AgRg no HC 872.138/SP, rel. Min. Joel Ilan Paciornik, 5ª Turma, j. 02.09.2024).

[554] O fato de o sujeito ser detido não apenas com grande quantidade de drogas, mas, também, "com enorme quantidade em dinheiro, arma de fogo, *veículos*, balança de precisão, calculadora, petrechos para preparação das drogas e anotações de contabilidade" é algo que revela "grande movimento de venda de entorpecentes" e o seu maior envolvimento com a atividade criminosa, motivo pelo qual não faz jus à minorante (STJ: AgRg no HC 909.191/SP, rel. Min. Daniela Teixeira, 5ª Turma, j. 21.08.2024).

[555] "2. As instâncias ordinárias concluíram pela dedicação do agravante às atividades criminosas, considerando a quantidade e diversidade de entorpecentes, o uso de *veículos* e a *apreensão de bloqueador de GPS*. [...] 5. A aplicação do redutor do art. 33, § 4º, da Lei n. 11.343/2006, foi afastada com base na dedicação do agravante a atividades criminosas, não sendo possível reverter essa conclusão sem reexame de provas" (STJ: AgRg no AREsp 2.745.975/SP, rel. Min. Joel Ilan Paciornik, 5ª Turma, j. 24.10.2024).

[556] É válido o não reconhecimento do privilégio na hipótese em que fica evidente a dedicação do agente às atividades criminosas em razão da apreensão, além das substâncias entorpecentes, de "balança de precisão, arma de fogo e *rádios de comunicação*" (STJ: AgRg no HC 795.462/PR, rel. Min. Sebastião Reis Júnior, 6ª Turma, j. 15.05.2023).

[557] STF: HC 205.674 AgR/SC, rel. Min. Nunes Marques, 2ª Turma, j. 19.10.2021.

[558] STF: **RHC 209.413 AgR/MG, rel. Nunes Marques, rel. p/ acórdão Min. Gilmar Mendes, 2ª Turma, j. 04.04.2022.** E ainda: "A quantidade de droga apreendida e a forma de seu acondicionamento, embora sejam dados aptos a caracterizar o dolo de tráfico, *não bastam, por si sós*, para comprovar a dedicação à atividade ilícita" (STF: HC 238.407 AgR, rel. Min. Gilmar Mendes, 2ª Turma, j. 07.05.2024). Por fim: "A jurisprudência do STJ estabelece que a aplicação da minorante do tráfico privilegiado *não pode ser afastada apenas com base na quantidade de drogas apreendidas ou em denúncias sem condenação definitiva, em respeito ao princípio da presunção de inocência*. [...] No caso, a quantidade de drogas foi considerada na primeira fase da dosimetria, mas não há elementos concretos suficientes para concluir

6.3. Tráfico privilegiado, hediondez, benefícios processuais e regime inicial de cumprimento de pena[559]

A interpretação jurídica do tráfico privilegiado percorreu notável trajetória evolutiva nos Tribunais Superiores brasileiros. Durante considerável período, prevaleceu o entendimento de que a aplicação da causa de diminuição de pena prevista no art. 33, § 4º, da Lei 11.343/2006 não descaracterizava a natureza hedionda do tráfico de drogas. Essa compreensão alcançou tal solidez que ensejou, inclusive, a edição da Súmula 512 pelo Superior Tribunal de Justiça ("A aplicação da causa de diminuição de pena prevista no art. 33, § 4º, da Lei n. 11.343/2006 *não afasta a hediondez* do crime de tráfico de drogas").

O paradigma jurisprudencial, contudo, sofreu substancial alteração quando o Plenário do Supremo Tribunal Federal, em notável exemplo de *overruling*, estabeleceu que o tráfico de drogas privilegiado não se submete à sistemática da Lei dos Crimes Hediondos, afastando sua caracterização como delito assemelhado àqueles rotulados pela hediondez.[560] Em consequência dessa nova orientação, o Superior Tribunal de Justiça procedeu à revisão de seu posicionamento sobre o tema, culminando no **cancelamento da Súmula 512**.

A evolução jurisprudencial encontrou posterior respaldo legislativo com o advento da Lei 13.964/2019 (Pacote Anticrime), que alterou a Lei de Execução Penal. O diploma passou a estabelecer expressamente, em seu art. 112, § 5º, que "não se considera hediondo ou equiparado, para os fins deste artigo, o crime de tráfico de drogas previsto no § 4º do art. 33 da Lei nº 11.343, de 23 de agosto de 2006".

Como consequência dessa nova compreensão, o condenado por tráfico privilegiado passou a ter direito, observados os requisitos legais específicos, a diversos benefícios anteriormente vedados. Entre eles, destacam-se a *possibilidade* de: *a)* anistia, graça e indulto;[561] *b)* concessão de livramento condicional após o cumprimento de 1/3 da pena, ou 1/2 se reincidente em crime doloso (CP, art. 83); *c)* progressão de regime prisional depois de

---

que o recorrente se dedica a atividades criminosas, justificando a aplicação da minorante do tráfico privilegiado" (STJ: REsp 2.039.568/SP, rel. Min. Daniela Teixeira, 5ª Turma, j. 17.12.2024).

[559] Vide: **item 2.14.5** ("Regime inicial de cumprimento da pena privativa de liberdade").

[560] "*HABEAS CORPUS*. CONSTITUCIONAL, PENAL E PROCESSUAL PENAL. TRÁFICO DE ENTORPECENTES. APLICAÇÃO DA LEI N. 8.072/90 AO TRÁFICO DE ENTORPECENTES PRIVILEGIADO: INVIABILIDADE. HEDIONDEZ NÃO CARACTERIZADA. ORDEM CONCEDIDA. 1. O tráfico de entorpecentes privilegiado (art. 33, § 4º, da Lei n. 11.313/2006) não se harmoniza com a hediondez do tráfico de entorpecentes definido no *caput* e § 1º do art. 33 da Lei de Tóxicos. 2. O tratamento penal dirigido ao delito cometido sob o manto do privilégio apresenta contornos mais benignos, menos gravosos, notadamente porque são relevados o envolvimento ocasional do agente com o delito, a não reincidência, a ausência de maus antecedentes e a inexistência de vínculo com organização criminosa. 3. Há evidente constrangimento ilegal ao se estipular ao tráfico de entorpecentes privilegiado os rigores da Lei n. 8.072/90. 4. Ordem concedida" (STF: HC 118.533/MS, rel. Min. Cármen Lúcia, Plenário, j. 23.06.2016).

[561] "[...] constata-se o alegado constrangimento ilegal nas decisões das instâncias ordinárias, uma vez que *indeferiram o benefício de indulto* de penas *com base exclusivamente no caráter reputado hediondo do tráfico privilegiado*, em desconformidade, pois, com o entendimento do col. STF e desta Corte Superior. [...] Ordem concedida de ofício para, afastando o caráter hediondo do tráfico privilegiado, determinar ao d. Juízo da Execução Penal que *analise o preenchimento dos requisitos para o indulto de penas* previsto no Decreto Presidencial n. 9.246/2017" (STJ: HC 486.522/SP, rel. Min. Felix Fischer, 5ª Turma, j. 19.02.2019).

cumprir 16%[562] da pena para o apenado primário (LEP, art. 112, I), desde que preenchido o requisito subjetivo da medida; *d)* substituição da pena privativa de liberdade por restritiva de direitos;[563] *e)* acordo de não persecução penal.[564] Ademais, com o afastamento da hediondez e, consequentemente, da inafiançabilidade prevista no art. 5º, XLIII, da Constituição Federal, passou-se a admitir, durante o processo penal, o estabelecimento da fiança como medida cautelar diversa da prisão, conforme previsto no art. 319, VIII, do Código de Processo Penal.[565]

Por fim, no julgamento histórico do HC 596.603/SP, em 08.09.2020, a 6ª Turma do Superior Tribunal de Justiça estabeleceu dois marcos fundamentais: garantiu aos condenados por tráfico privilegiado à pena mínima de 1 ano e 8 meses o direito de iniciar o cumprimento da sanção em regime aberto, além de vedar a imposição do regime inicial fechado para essa modalidade delitiva.

Nesse embalo, a jurisprudência sobre a matéria atingiu um marco significativo com a edição da **Súmula Vinculante 59** pelo Supremo Tribunal Federal. O enunciado reconheceu a necessidade de conferir tratamento penal mais brando ao tráfico privilegiado, tornando obrigatória a aplicação de dois institutos: o *regime inicial aberto* e a *substituição da pena privativa de liberdade por penas restritivas de direitos*. No entanto, a concessão desses benefícios não é automática, exigindo o preenchimento conjunto de dois requisitos: o reconhecimento do privilégio, conforme previsto no art. 33, § 4º, e a análise favorável das circunstâncias judiciais na primeira fase da dosimetria penal (art. 59 do CP). Além disso, devem ser atendidos os critérios objetivos estabelecidos no art. 33, § 2º, alínea *c*, e no art. 44 do Código Penal.

7. OBJETOS E MAQUINISMOS DESTINADOS À PRODUÇÃO DE DROGAS – ART. 34

7.1. Dispositivo legal

> "Art. 34. Fabricar, adquirir, utilizar, transportar, oferecer, vender, distribuir, entregar a qualquer título, possuir, guardar ou fornecer, ainda que gratuitamente, maquinário, aparelho, instrumento ou qualquer objeto destinado à fabricação, preparação,

---

[562] E não após o cumprimento de 40% da pena, fração estabelecida para o apenado (primário) condenado pela prática de crime hediondo ou equiparado (LEP, art. 112, V).

[563] STF: HC 111.725/AC, rel. Min. Teori Zavascki, 2ª Turma, j. 15.10.2013. E ainda: AREsp 2.408.515/SP, rel. Min. Daniela Teixeira, 5ª Turma, j. 05.12.2024.

[564] STJ: HC 942.904/RJ, rel. Min. Daniela Teixeira, 5ª Turma, j. 28.11.2024. E ainda: "A jurisprudência das Turmas do STJ tem reconhecido a necessidade de retorno dos autos à origem, para oportunizar a proposta de ANPP, quando há desclassificação para o tráfico privilegiado, pois o excesso de acusação (*overcharging*) não deve prejudicar o acusado" (STJ: AgRg no HC 933.284/SC, rel. Min. Daniela Teixeira, 5ª Turma, j. 17.10.2024).

[565] "Interpretando-se as disposições contidas no § 4º do art. 33 e no art. 44, ambos da Lei de Drogas, constata-se a intenção do legislador em diferenciar o tratamento do traficante eventual, tanto concedendo-lhe a redução do privilégio quanto *permitindo-lhe a concessão da fiança*, do *sursis*, da graça, do indulto, da anistia e da liberdade provisória, benefícios negados aos que se enquadram no *caput* e § 1º do art. 33 do mencionado diploma" (STJ: HC 436.103/DF, rel. Nefi Cordeiro, 6ª Turma, j. 19.06.2018). No mesmo sentido: STJ: HC 372.492/SC, rel. Min. Nefi Cordeiro, 6ª Turma, j. 01.12.2016.

174 | LEI DE DROGAS: Aspectos Penais e Processuais – *Cleber Masson* • *Vinícius Marçal*

produção ou transformação de drogas, sem autorização ou em desacordo com determinação legal ou regulamentar:

Pena – reclusão, de 3 (três) a 10 (dez) anos, e pagamento de 1.200 (mil e duzentos) a 2.000 (dois mil) dias-multa."

7.2. Introdução

No Direito Penal brasileiro os atos preparatórios, em regra, não são puníveis, sequer na forma tentada. De fato, o art. 14, II, do Código Penal vincula a tentativa à prática de ao menos um ato de execução.

Em casos excepcionais, entretanto, é possível a punição de atos preparatórios nas hipóteses em que a lei opta por incriminá-los de forma autônoma, como acontece com os chamados **crimes-obstáculo** ou **tipos de realização imperfeita**.[566] É o que se dá com os crimes de fabrico, fornecimento, aquisição, posse ou transporte de explosivos ou gás tóxico, ou asfixiante (CP, art. 253), incitação ao crime (CP, art. 286), associação criminosa (CP, art. 288), petrechos para a falsificação de moeda (CP, art. 291) e, entre outros, com o delito de objetos e maquinismos destinados à produção de drogas (Lei 11.343/2006, art. 34).

Por meio desse **crime hediondo por equiparação**[567] e **subsidiário**[568] em relação ao tráfico de drogas propriamente dito (quando as ações forem praticadas no mesmo contexto fático), o legislador almejou alcançar situações que constituiriam mera preparação do delito contido no art. 33, *caput*, da Lei de Drogas.

Com efeito, a Lei 11.343/2006 tipifica como crime, a título ilustrativo, a conduta de produzir drogas sintéticas, a exemplo do *ecstasy*, as quais geralmente são criadas em laboratórios. Algumas condutas imediatamente anteriores ao início da produção da droga, no entanto, não são alcançadas pelo art. 33, *caput*, da Lei de Drogas, tal como ocorre com a instalação do laboratório com todo o maquinário necessário para o alcance daquele fim.

---

[566] PUIG, Santiago Mir. *Derecho penal*. 4. ed. Barcelona: Reppetor, 1996. p. 206.

[567] Há entendimento minoritário no sentido de que o art. 34 não seria equiparado a hediondo, apesar de previsto expressamente no art. 44 da Lei de Drogas, que impõe ao tipo inúmeras restrições. Essa corrente se fundamenta na ideia segundo a qual apenas o tráfico de drogas foi previsto na Constituição Federal como hediondo por equiparação, mas não o tráfico de maquinário (mero ato preparatório da narcotraficância). Nesse sentido: JUNQUEIRA, Gustavo Octaviano Diniz. *Legislação penal especial*. São Paulo: Saraiva, 2010. v. 1, p. 316. E ainda: CUNHA, Rogério Sanches; PINTO, Ronaldo Batista; SOUZA, Renee do Ó. Drogas – Lei n. 11.343/2006. *Leis penais especiais comentadas*. 3. ed. Salvador: JusPodivm, 2020. p. 1759.

[568] "[...] as condutas tipificadas nos arts. 33, § 1º, e 34 da Lei n. 11.343/2006 têm natureza *subsidiária* em relação àquelas previstas no art. 33, *caput*, da mesma Lei (anteriormente previstas nos arts. 12 e 13 das Lei n. 6.368/1976). Sendo assim, quando praticadas todas *num mesmo contexto fático*, responde o agente apenas pelo crime tipificado no art. 33, *caput*, da Lei n. 11.343/2006. 7. O próprio acórdão recorrido afirma que *as condutas formavam um todo único*, voltado para o tráfico de drogas. Contudo, impôs condenação distinta em relação aos arts. 33, § 1º, e 34 da Lei n. 11.343/2006 por entender que as condutas neles previstas não seriam subsidiárias em relação ao caput do art. 33, da Lei n. 11.343/2006, mas autônomas. Entretanto, essa conclusão discrepa da posição desta Corte Superior" (STJ: REsp 1470276/SP, rel. Min. Sebastião Reis Júnior, 6ª Turma, j. 01.09.2016).

Cap. 1 • CRIMES EM ESPÉCIE | **175**

Nesse cenário, o art. 34 da Lei de Drogas, funcionando como autêntico **soldado de reserva**,[569] visa punir justamente ações preparatórias do narcotráfico, como a aquisição de maquinário, aparelho, instrumento ou qualquer objeto destinado à fabricação, preparação, produção ou transformação de drogas, sem autorização ou em desacordo com determinação legal ou regulamentar.

Portanto, se determinados indivíduos montam um pequeno laboratório para refino de cocaína e com eles não se apreende droga alguma, estará caracterizado o crime previsto no art. 34 da Lei 11.343/2006. Ao contrário, se com eles for encontrada alguma espécie de droga, **dentro do mesmo contexto fático (nexo de dependência)**, incidirá apenas o art. 33, *caput*, do citado diploma legislativo, afastando-se (pelo princípio da consunção)[570] a incidência do art. 34.[571]

É de se reconhecer o **concurso material de crimes**, entretanto, mesmo com o encontro da droga, na hipótese de constituição de verdadeira fábrica para produção de drogas em **grande escala**,[572] como ocorria, nos tempos de Pablo Escobar, na famosa "tranquilândia".[573] Em casos tais, não há falar na incidência do princípio da consunção,

---

[569] "O crime capitulado no art. 34 da Lei n. 11.343/2006 se destina a punir atos preparatórios e, portanto, é tido como subsidiário em relação ao crime previsto no art. 33 da mesma Lei, sendo por este absorvido *quando as ações são praticadas em um mesmo contexto fático*" (STJ: RHC 135.617/PR, rel. Min. Laurita Vaz, 6ª Turma, j. 14.09.2021).

[570] "O princípio da consunção resolve o conflito aparente de normas penais quando um delito menos grave é meio necessário ou normal fase de preparação ou execução de outro mais danoso. Nessas situações, o agente apenas será responsabilizado pelo último crime. Para tanto, porém, imprescindível a constatação do *nexo de dependência* entre as condutas a fim de que ocorra a absorção da menos lesiva pela mais nociva" (STJ: HC 349.524/SP, rel. Min. Antonio Saldanha Palheiro, 6ª Turma, j. 18.05.2017).

[571] Nesse sentido: "Os arts. 33, § 1º, I, e 34 da Lei de Drogas – que visam proteger a saúde pública, com a ameaça de produção de drogas – tipificam condutas que podem ser consideradas *mero ato preparatório*. Assim, evidenciado, *no mesmo contexto fático*, o intento de traficância do agente (cocaína), utilizando aparelhos e insumos somente para esse fim, todo e qualquer ato relacionado a sua produção deve ser considerado ato preparatório do delito de tráfico previsto no art. 33, *caput*, da Lei 11.343/06. Aplica-se, pois, o *princípio da consunção*, que se consubstancia na absorção do delito meio (objetos ligados à fabricação) pelo delito fim (comercialização de drogas)" (STF: HC 109.708/SP, rel. Min. Teori Zavascki, 2ª Turma, j. 03.08.2015).

[572] "2. O crime descrito no art. 34 da Lei n. 11.343/2006 busca coibir a produção de entorpecentes, enquanto a norma incriminadora do tráfico de estupefacientes possui como objetivo obstar a disseminação dos materiais tóxicos. Sendo assim, nos termos da orientação jurisprudencial desta Casa, necessário avaliar, para fins de incidência do princípio da consunção, a concreta lesividade dos instrumentos destinados à fabricação, preparação ou transformação dos entorpecentes. Precedentes. 3. Na espécie, **os condenados, além de terem em depósito certa quantidade de entorpecentes para fins de mercancia, armazenavam, em significativa escala, maquinários e utensílios** – balanças, tachos e substâncias para mistura, com peso total, conforme auto de apreensão, de dezenove quilogramas – **que não se destinavam somente à preparação dos estupefaciente encontrados no momento da prisão dos réus, compondo, para além disso, laboratório que funcionava de forma autônoma,** proporcionando a preparação de número muito maior de substâncias estupefacientes. Desse modo, **inviável a incidência do princípio da consunção**, porquanto evidenciada a independência entre as condutas, ou seja, a fabricação ou transformação dos materiais tóxicos não operou como meio necessário para o crime de tráfico de entorpecentes" (STJ: HC 349.524/SP, rel. Min. Antonio Saldanha Palheiro, 6ª Turma, j. 18.05.2017).

[573] A Tranquilândia era um complexo laboratório de cocaína, sediado nas selvas do Yarí, no sul do Estado colombiano de Caquetá. Como revelado pelo filho do ex-chefe do Cartel de Medellín, "a Tranquilândia

com absorção do crime tipificado no art. 34 pelo delito contido no art. 33, *caput*, ambos da Lei 11.343/2006, pois a capacidade lesiva do maquinismo para a produção de drogas vai muito além do risco à saúde pública representado pelas drogas apreendidas. Na linha da jurisprudência do Superior Tribunal de Justiça:

> "Responderá pelo crime de tráfico de drogas – art. 33 da Lei 11.343/2006 – em concurso com o crime de posse de objetos e maquinário para a fabricação de drogas – art. 34 da Lei 11.343/2006 – o agente que, além de ter em depósito certa quantidade de drogas ilícitas em sua residência para fins de mercancia, possuir, no mesmo local e **em grande escala, objetos, maquinário e utensílios que constituam laboratório utilizado para a produção, preparo, fabricação e transformação de drogas ilícitas em grandes quantidades**. Nessa situação, as circunstâncias fáticas demonstram **verdadeira autonomia das condutas e inviabilizam a incidência do princípio da consunção**. Sabe-se que o referido princípio tem aplicabilidade quando um dos crimes for o meio normal para a preparação, execução ou mero exaurimento do delito visado pelo agente, situação que fará com que este absorva aquele outro delito, desde que não ofendam bens jurídicos distintos. Dessa forma, a depender do contexto em que os crimes foram praticados, será possível o reconhecimento da absorção do delito previsto no art. 34 – que tipifica conduta que pode ser considerada como mero ato preparatório – pelo crime previsto no art. 33. Contudo, para tanto, é necessário que não fique caracterizada a existência de **contextos autônomos** e coexistentes aptos a vulnerar o bem jurídico tutelado de forma distinta. Levando-se em consideração que o crime do art. 34 visa coibir a produção de drogas, enquanto o art. 33 tem por objetivo evitar a sua disseminação, deve-se analisar, para fins de incidência ou não do princípio da consunção, a real lesividade dos objetos tidos como instrumentos destinados à fabricação, preparação, produção ou transformação de drogas. Relevante aferir, portanto, se os objetos apreendidos são aptos a vulnerar o tipo penal em tela quanto à coibição da própria produção de drogas. Logo, se os maquinários e utensílios apreendidos não forem suficientes para a produção ou transformação da droga, será possível a absorção do crime do art. 34 pelo do art. 33, haja vista ser aquele apenas meio para a realização do tráfico de drogas (como a posse de uma balança e de um alicate – objetos que, por si sós, são insuficientes para o fabrico ou transformação de entorpecentes, constituindo apenas um meio para a realização do delito do art. 33). Contudo, **a posse ou depósito de maquinário e utensílios que demonstrem a existência de um verdadeiro laboratório voltado à fabricação ou transformação de drogas implica autonomia das condutas, por não serem esses objetos meios necessários ou fase normal de execução do tráfico de drogas**."[574]

---

tinha uma pista de pouso de 1.500 metros, que operava 24 horas por dia, e um gerador de energia que fornecia luz suficiente para as cozinhas onde se processava a pasta de coca. Na prática, o que funcionava ali era uma base aérea aonde chegavam aeronaves de tamanho grande para trazer os insumos, e ao mesmo tempo aviões potentes saíam repletos de cocaína já embalada. Em torno de cinquenta pessoas moravam lá [...]" (ESCOBAR, Juan Pablo. *Pablo Escobar*: meu pai. 2. ed. São Paulo: Planeta, 2015. p. 245-246).

[574] AgRg no AREsp 303.213/SP, rel. Min. Marco Aurélio Bellizze, 5ª Turma, j. 08.10.2013, noticiado no *Informativo* 531. No mesmo sentido: "O crime descrito no 34 da Lei n. 11.343/2006 busca coibir a produção de entorpecentes, enquanto a norma incriminadora do tráfico de estupefacientes possui como objetivo obstar a disseminação dos materiais tóxicos. Sendo assim, nos termos

Em outros termos, **é possível que o crime previsto no art. 34 da Lei de Drogas se consume de forma autônoma**, circunstância na qual deve ficar demonstrada a real lesividade dos objetos tidos como instrumentos destinados à fabricação, preparação, produção ou transformação de drogas. Nesse caso, para que se configure a lesão ao bem jurídico tutelado, "a ação de possuir maquinário e/ou objetos deve ter o especial fim de fabricar, preparar, produzir ou transformar drogas, *visando o tráfico*."[575] Mas, "ainda que o crime previsto no art. 34 da Lei n. 11.343/2006 possa subsistir de forma autônoma, **não é possível que o agente responda pela prática do referido delito quando a posse dos instrumentos se configura como** *ato preparatório destinado ao consumo pessoal de entorpecente*."[576]

Por seu turno, se o agente praticar duas **condutas autônomas e em contextos fáticos distintos**, tais como a importação de lança-perfume e a aquisição de máquinas para o preparo de droga diversa, sua responsabilização deverá ocorrer pela prática dos dois delitos (Lei 11.343/2006, arts. 33 e 34).[577] De igual modo, se o agente vender ilicitamente tanto drogas quanto maquinários e instrumentos destinados à preparação de drogas, responderá por ambos os delitos, em concurso material.

7.3. Objetividade jurídica

O bem jurídico tutelado é a saúde pública, ameaçada pela possibilidade de produção da droga[578].

7.4. Objeto material

É o bem relacionado ao processo de criação da droga.

---

da orientação jurisprudencial desta Casa, *necessário avaliar, para fins de incidência do princípio da consunção*, a concreta lesividade dos instrumentos destinados à fabricação, preparação ou transformação dos entorpecentes. [...] Na espécie, **os condenados, além de terem em depósito certa quantidade de entorpecentes para fins de mercancia, armazenavam, em significativa escala, maquinários e utensílios** – balanças, tachos e substâncias para mistura, com peso total, conforme auto de apreensão, de dezenove quilogramas – **que não se destinavam somente à preparação dos estupefaciente encontrados no momento da prisão dos réus, compondo, para além disso, laboratório que funcionava de forma autônoma**, proporcionando a preparação de número muito maior de substâncias estupefacientes. Desse modo, **inviável a incidência do princípio da consunção**, porquanto evidenciada a independência entre as condutas, ou seja, a fabricação ou transformação dos materiais tóxicos não operou como meio necessário para o crime de tráfico de entorpecentes" (STJ: HC 349.524/SP, rel. Min. Antonio Saldanha Palheiro, 6ª Turma, j. 18.05.2017).

[575] STJ: RHC 135.617/PR, rel. Min. Laurita Vaz, 6ª Turma, j. 14.09.2021.

[576] STJ: RHC 135.617/PR, rel. Min. Laurita Vaz, 6ª Turma, j. 14.09.2021.

[577] "Nos termos da melhor doutrina, há nítida relação de subsidiariedade entre os tipos penais descritos no art. 12 e no art. 13 da Lei n. 6.368/1976 (atualmente previstos nos arts. 33 e 34 da Lei n. 11.343/2006, respectivamente). Nada obsta, no entanto, que seja reconhecido o concurso material [...], na hipótese de o tráfico de drogas ser praticado em contexto diverso, pelo mesmo agente, sem nenhuma conexão com o crime de posse e guarda de maquinário destinado à fabricação de drogas" (STJ: HC 104.489/SP, rel. Min. Rogerio Schietti Cruz, 6ª Turma, j. 18.04.2016).

[578] STJ, AgRg no AREsp 303.213/SP, rel. Min. Marco Aurélio Bellizze, 5ª Turma, j. 08.10.2013, noticiado no *Informativo* 531.

7.5. Núcleos do tipo

O art. 34 da Lei 11.343/2006 contém 11 (onze) verbos. Cuida-se de **tipo misto alternativo, de ação múltipla** ou **de conteúdo variado, razão pela qual** o agente que realiza mais de um núcleo, no mesmo contexto fático, incorre em um único delito.

Se as ações recaírem, contudo, sobre objetos materiais diversos, ou forem praticadas em contextos fáticos diferentes, como na hipótese em que o sujeito adquire um laboratório para o refino da cocaína e vende instrumentos destinados à produção de LSD, estará caracterizado o concurso material de crimes.

Vejamos cada um dos núcleos do tipo:

a) **fabricar:** É a produção em grande escala, com a utilização de meios mecânicos e/ou industriais na construção do maquinário, aparelho, instrumento ou qualquer objeto destinado à fabricação, preparação, produção ou transformação da droga;

b) **adquirir:** É a aquisição do maquinário, aparelho, instrumento ou qualquer objeto destinado à fabricação, preparação, produção ou transformação da droga, de forma gratuita ou onerosa. Prescinde-se da tradição do objeto;

c) **utilizar:** Significa empregar, fazer uso do maquinismo visando a fabricação, preparação, produção ou transformação da droga. Nessa situação, ao utilizar o maquinário com esta finalidade o agente necessariamente também estará fabricando, preparando a própria droga, o que configura o delito de tráfico de drogas (art. 33, *caput*). Surge uma indagação: como devemos interpretar este núcleo? Em nossa opinião, enquanto o sujeito encontrar-se somente preparando, produzindo ou transformando a droga, sem a criação da droga propriamente dita, estará caracterizado o crime tipificado no art. 34, na modalidade "utilizar". Por sua vez, a partir do momento em que ele já tiver criado a droga, a conduta passará a ser tipificada no art. 33, *caput*, no verbo "fabricar";

d) **transportar:** É o ato de levar o maquinário de um lugar para outro;

e) **oferecer:** Equivale a sugerir para outrem a aceitação gratuita ou a compra de maquinismo destinado à fabricação, preparação, produção ou transformação de drogas;

f) **vender:** É a alienação onerosa do bem. A contraprestação não precisa ser necessariamente em dinheiro. O crime se consuma com a simples pactuação entre vendedor e adquirente;

g) **distribuir:** Significa entregar o maquinismo destinado à produção da droga a terceira pessoa;

h) **entregar a qualquer título:** A entrega pressupõe a tradição do maquinário, aparelho, instrumento ou qualquer objeto destinado à fabricação, preparação, produção ou transformação de drogas à terceira pessoa, a título oneroso ou gratuito;

i) **possuir:** Equivale a ter consigo o maquinário, de maneira que dele se possa usufruir imediatamente;

j) **guardar:** É ocultar o maquinismo, protegendo-o;

k) **fornecer, ainda que gratuitamente:** Pressupõe a tradição do maquinário à terceira pessoa. Entretanto, o núcleo fornecer indica uma tradição continuada, ou seja, durante determinado tempo.

Em qualquer caso, as condutas típicas têm como objeto material o **maquinário** (conjunto de máquinas ou de peças que fazem funcionar um engenho), **aparelho** (acessório voltado a determinada finalidade), **instrumento** (objeto que serve para executar um trabalho) ou **qualquer objeto** (ferramenta ou peça de qualquer natureza) **que se destine** (especial fim de agir) à **fabricação** (produção em grande escala), **preparação** (combinação rudimentar de substâncias para dar forma à droga), **produção** (ato de criar, dar origem a uma droga, envolvendo maior criatividade que a ação de preparar) ou **transformação** (alteração, modificação, ato de fazer passar de um estado ou condição a outro) de **droga** (substância arrolada em uma das listas do Anexo I da Portaria SVS/MS 344/1998), **sem autorização ou em desacordo com determinação legal ou regulamentar** (elemento normativo do tipo).

Cumpre destacar que nem todo aparelho utilizado no contexto da narcotraficância enseja a incidência do art. 34 da Lei 11.343/2006. É precisamente o que ocorre com a apreensão isolada de uma **balança de precisão**, pois se for "provado nos autos que a balança se destinava à medida individual de porções destinadas ao consumo, e não à fabricação, produção ou preparo da substância entorpecente, afasta-se aquela imputação – art. 34."[579]

Nessa linha de raciocínio, é forçoso reconhecer que embora objetos como balança e sacos plásticos possam servir para evidenciar a prática do tráfico de drogas, tais instrumentos não levam, automaticamente, à condenação do agente pelo art. 34 da Lei 11.343/2006.

De fato, as balanças apenas pesam a droga e os sacos plásticos se prestam unicamente a acondicioná-la. Logo, embora evidentemente os petrechos sirvam para a prática do tráfico de drogas, tais objetos não podem ser equiparados a instrumentos aptos a fabricar (produzir em larga escala), preparar (obter produto por meio da composição de elementos), produzir (manufaturar ou fazer surgir em menor escala) ou transformar (alterar a composição primitiva) drogas.

Com efeito, exige-se a **lesividade** dos objetos tidos como instrumentos destinados à fabricação, preparação, produção ou transformação de drogas, "sob pena de a posse de uma **tampa de caneta** – utilizada como medidor –, atrair a incidência do tipo penal em exame."[580] Por isso, é relevante analisar se os objetos apreendidos são aptos a vulnerar o tipo penal em tela.[581]

Por oportuno, veja-se que, para o STJ, a **lesividade** dos objetos – de modo a reclamar a incidência do art. 34 – se fez presente no caso em que se efetuou:

> "A apreensão de medidores, aquecedores, fogão de boca, liquidificador industrial, 5 (cinco) liquidificadores de uso doméstico, triturador elétrico, 8 (oito) peneiras, diversas fitas isolantes, tanques/tonéis, sendo 3 (três) de tamanho grande e 2 (dois) pequenos, 2 (duas) balanças de precisão, 3 (três) minibalanças de precisão, 6 (seis) fardos de sacos plásticos transparentes e 1 (um) galão de 20 (vinte) litros de amoníaco, todos com

---

[579] STJ, HC 153.322/BA, rel. Min. Sebastião Reis Júnior, 6ª Turma, j. 03.11.2011.

[580] STJ: REsp 1.196.334/PR, rel. Min. Marco Aurélio Bellizze, 5ª Turma, j. 26.09.2013.

[581] "No caso dos autos, *além de a conduta não se mostrar autônoma* [mas, sim, subsidiária], verifico que a apreensão de uma **balança de precisão** e de um **alicate de unha** não pode ser considerada como posse de maquinário nos termos do que descreve o art. 34 da Lei de Drogas, pois *referidos instrumentos integram a prática do delito de tráfico*, não se prestando à configuração do crime de posse de maquinário" (STJ: REsp 1.196.334/PR, rel. Min. Marco Aurélio Bellizze, 5ª Turma, j. 26.09.2013).

resquícios de cocaína em pó ou já transformada em *crack*, bem como a existência de provas que demonstram a **existência de laboratório destinado ao refinamento de cocaína e da transformação desta em *crack*.**[582]

Não há de se exigir, pois, que o maquinismo (em sentido amplo) apreendido tenha finalidade exclusiva de produzir a droga, sendo certo que qualquer instrumento ordinariamente usado em laboratório químico, dependendo do contexto, pode vir a ser utilizado na produção de tóxicos: um bico de Bunsen, uma estufa, pipetas, destiladores etc.[583]

Não é necessário que o aparelho (em sentido amplo) seja destinado exclusivamente à produção de droga. Um fogão, por exemplo, tanto pode ser utilizado para a preparação das refeições do traficante, bem como para o refino da cocaína. Em outras palavras, basta que seja comprovado pelo Ministério Público que, "apesar da finalidade aparentemente lícita, tais instrumentos eram *efetivamente* utilizados pelo agente para fins de fabricação de drogas."[584]

Também não tipifica o crime de tráfico de maquinário, por óbvio, a posse de bens ligados ao *consumo* da droga (exemplos: cachimbo para fumar *crack* e canudo para inalar cocaína).

7.6. Sujeito ativo

O crime é **comum** ou **geral**. Pode ser cometido por qualquer pessoa.

7.7. Sujeito passivo

É a coletividade (crime vago).

7.8. Elemento subjetivo

É o dolo, direto ou eventual, acrescido de um especial fim de agir (**elemento subjetivo específico**), pois o art. 34 da Lei 11.343/2006 reclama a prática de qualquer dos núcleos do tipo pelo agente tendo como objeto material o maquinário, aparelho, instrumento ou outro objeto **destinado** à fabricação, preparação, produção ou transformação de drogas.

Não se admite a modalidade culposa.

7.9. Consumação

O crime é **formal, de consumação antecipada** ou **de resultado cortado**, por isso consuma-se no instante em que o sujeito realiza qualquer das condutas típicas, ainda que não alcance a fabricação, preparação, produção ou transformação de drogas. Basta que a ação seja destinada a esse propósito.

7.10. Tentativa

É cabível, em face do caráter plurissubsistente do delito, compatível com o fracionamento do *iter criminis*.

---

[582] AgRg no AREsp 303.213/SP, rel. Min. Marco Aurélio Bellizze, 5ª Turma, j. 09.10.2013.

[583] GRECO FILHO, Vicente. *Tóxicos*. 11. ed. São Paulo: Saraiva, 1996. p. 102.

[584] LIMA, Renato Brasileiro de. *Legislação criminal especial comentada*: volume único. 4. ed. Salvador: JusPodivm, 2016. p. 766.

Cap. 1 • CRIMES EM ESPÉCIE | 181

7.11. Ação penal

A ação penal é pública incondicionada.

7.12. Efeito da condenação

Ao proferir sentença, o juiz decidirá sobre o **perdimento** do produto, bem, direito ou valor apreendido ou objeto de medidas assecuratórias, a teor da regra contida no art. 63, I, da Lei 11.343/2006.

7.13. Lei 9.099/1995 e acordo de não persecução penal

Em nossa concepção, o delito do art. 34 se classifica como **crime de máximo potencial ofensivo** – equiparado a hediondo –, sujeito a um tratamento jurídico-penal mais severo por imposição do legislador constituinte (art. 5º, XLIII). Assim, pela sanção cominada, afasta-se a incidência dos benefícios previstos na Lei 9.099/1995; pelo princípio da suficiência da pena, impede-se a possibilidade de celebração do acordo de não persecução penal.[585]

7.14. Classificação doutrinária

O crime é **comum** (pode ser cometido por qualquer pessoa); **formal, de consumação antecipada** ou **de resultado cortado** (consuma-se com a prática da conduta criminosa, independentemente da superveniência do resultado naturalístico); **de perigo comum** (coloca em risco uma pluralidade de pessoas) e **abstrato** (presumido pela lei); **vago** (tem como sujeito passivo um ente destituído de personalidade jurídica); **de forma livre** (admite qualquer meio de execução); em regra **comissivo** (os núcleos indicam ações); **instantâneo** ou **de estado** (nas modalidades *fabricar, adquirir, utilizar* [conforme o método de que se vale o agente], *oferecer, vender, distribuir, entregar* e *fornecer*) ou **permanente** (nas formas *utilizar* [conforme o método de que se vale o agente], *transportar, possuir* e *guardar*); **unilateral, unissubjetivo** ou **de concurso eventual** (pode ser cometido por uma única pessoa, mas admite o concurso); em regra **plurissubsistente** (conduta composta por dois ou mais atos); e de **máximo potencial ofensivo**.

7.15. Não incidência da causa de diminuição de pena prevista no art. 33, § 4º, da Lei 11.343/2006

No plano abstrato, o máximo da pena privativa de liberdade do crime de objetos e maquinismos destinados ao tráfico (10 anos) é inferior àquele previsto para o tráfico de drogas propriamente dito (15 anos). Todavia, em virtude da incidência da causa de diminuição de pena contida no § 4º do art. 33, aplicável por **expressa determinação legal** *somente* aos delitos definidos no *caput* e no § 1º do art. 33 da Lei 11.343/2006, na prática é possível a punição do responsável pelo delito previsto no art. 34 de forma mais severa do

---

[585] "Veda-se o acordo de não persecução penal aos crimes [...] hediondos e equiparados, pois em relação a estes o acordo não é suficiente para a reprovação e prevenção do crime" (**Enunciado 22** do Conselho Nacional de Procuradores-Gerais dos Ministérios Públicos dos Estados e da União [CNPG], por seu Grupo Nacional de Coordenadores de Centro de Apoio Operacional Criminal [GNCCRIM]).

que o condenado pelo crime tipificado no art. 33, *caput*, em face da eventual diminuição da reprimenda de 1/6 a 2/3.

Em razão disso, surgiram vozes doutrinárias sustentando que tal situação afronta o **princípio da proporcionalidade**, por acarretar a possibilidade de punição mais severa de uma conduta menos grave (art. 34), e que se caracteriza por ser uma mera preparação da narcotraficância (conduta mais grave). Defende-se, assim, que, "embora haja omissão legal, em situações em que não exista indicativo do envolvimento com organizações criminosas – o que pode se mostrar difícil, em vista do tipo penal –, parece-nos possível a aplicação da referida causa de diminuição [ao art. 34], até mesmo por questão de **isonomia**."[586]

Sem prejuízo, há quem se ampare na **analogia** *in bonam partem* para justificar a aplicação do privilégio (§ 4º do art. 33) ao art. 34[587].

Com o merecido respeito, essas alegações não podem ser acolhidas, pelas seguintes razões:

a) o legislador previu o privilégio **exclusivamente** para as condutas previstas no art. 33, *caput*, e § 1º;

b) não se pode dizer que o crime de objetos e maquinismos destinados à produção de drogas, pelo fato de representar uma fase de preparação do tráfico de drogas, seja sempre de menor gravidade. Com efeito, a aquisição de um laboratório para o refino de cocaína, por exemplo, pode ser muito mais danosa que a ação da "mula ocasional", consistente em trazer consigo alguns papelotes da mesma droga para venda a terceira pessoa; e

c) não obstante seja possível em Direito Penal a utilização da analogia *in bonam partem*, conforme a clássica lição de Francisco de Assis Toledo, "a analogia pressupõe falha, omissão da lei, não tendo aplicação quando estiver claro no texto legal que a *mens legis* quer excluir de certa regulamentação determinados casos semelhantes."[588] No caso em exame, parece-nos evidente que **o legislador, propositalmente, deixou de estender o privilégio do § 4º do art. 33 ao delito do art. 34 da Lei 11.343/2006.**

8. ASSOCIAÇÃO PARA O TRÁFICO – ART. 35

8.1. Dispositivo legal

> "Art. 35. Associarem-se duas ou mais pessoas para o fim de praticar, reiteradamente ou não, qualquer dos crimes previstos nos arts. 33, *caput* e § 1º, e 34 desta Lei:
>
> Pena – reclusão, de 3 (três) a 10 (dez) anos, e pagamento de 700 (setecentos) a 1.200 (mil e duzentos) dias-multa."

---

[586] MENDONÇA, Andrey Borges de; CARVALHO, Paulo Roberto Galvão de. *Lei de drogas*: Lei 11.343, de 23 de agosto de 2006 – comentada artigo por artigo. 3. ed. São Paulo: Método, 2012. p. 138.

[587] ROQUE, Fábio; TÁVORA, Nestor; ALENCAR, Rosmar Rodrigues. *Legislação criminal para concursos*. Salvador: JusPodivm, 2016. p. 566.

[588] TOLEDO, Francisco de Assis. *Princípios básicos de direito penal*. 5. ed. São Paulo: Saraiva, 1994. p. 27.

8.2. Introdução

Crimes **plurissubjetivos, plurilaterais** ou **de concurso necessário** são aqueles em que o tipo penal reclama a pluralidade de agentes para sua caracterização. Dentre suas espécies, destacam-se os **crimes de condutas paralelas**, nos quais os sujeitos auxiliam-se mutuamente, visando a produção do resultado previsto em lei. São seus exemplos, além da associação para o tráfico (Lei 11.343/2006, art. 35), a associação criminosa (CP, art. 288), a constituição de milícia privada (CP, art. 288-A), a associação para fins de genocídio (Lei 2.889/1956, art. 2º) e a organização criminosa (Lei 12.850/2013, art. 1º, § 1º).

Varia, entretanto, o número de agentes legalmente exigido para a configuração de tais delitos:

Crimes de concurso necessário, de convergência e de condutas paralelas	
Dispositivo legal	*Número mínimo de membros*
Art. 35 da Lei de Drogas	Dois
Art. 288 do Código Penal	Três
Art. 288-A do Código Penal	Três[589]
Art. 2º da Lei 2.889/1956	Quatro
Art. 1º, § 1º, da Lei 12.850/2013	Quatro

Cumpre recordar que a expressão "tráfico ilícito de entorpecentes e drogas afins", prevista na Constituição da República (art. 5º, XLIII) e na Lei dos Crimes Hediondos (art. 2º, *caput*), não foi utilizada na Lei de Drogas para a definição jurídica de nenhum crime. Em razão disso, discute-se se o art. 35 da Lei 11.343/2006 pode ou não ser considerado "tráfico de drogas" e, portanto, **hediondo por equiparação.** No ponto, é amplamente majoritária a compreensão de que **o art. 35 não é marcado com o rótulo da hediondez,**[590] como reiteradamente vem decidindo o Supremo Tribunal Federal[591] e o Superior Tribunal de Justiça.[592]

---

[589] Sem embargo da omissão normativa quanto ao número mínimo de integrantes exigido pelo art. 288-A, é seguro afirmar que devem existir ao menos três pessoas. Com efeito, quando o Código Penal quer a presença de pelo menos duas (exemplos: art. 155, § 4º, inc. IV; art. 157, § 2º, inc. II; e art. 158, § 1º) ou então de quatro pessoas (exemplo: art. 146, § 1º, inc. I), ele o faz expressamente. De seu turno, nas situações em que se exige a pluralidade de indivíduos, sem indicação do número, devem existir ao menos três pessoas. Esta é a técnica de elaboração legislativa adotada no Brasil, presente em diversos dispositivos do Código Penal, destacando-se, entre outros, os arts. 137 e 141, inc. III, 1ª parte.

[590] *Em sentido contrário,* tendo por norte o regramento do art. 44 da Lei de Drogas, "*deve-se entender por crime de tráfico de drogas* não apenas os do art. 33, *caput* e § 1º, mas também os crimes previstos nos arts. 34 a 37 (que tipificam os crimes de [...] *associação para o tráfico* [...])" (MENDONÇA, Andrey Borges de. *Prisão e outras medidas cautelares pessoais.* São Paulo: Método, 2011. p. 315).

[591] "O crime de associação para o tráfico não está previsto na lista do art. 2º da Lei 8.072/90 e, portanto, a esse tipo não se aplica a proibição do § 1º do artigo. *Habeas corpus* deferido em parte" (STF: HC 83.656, rel. Min. Nelson Jobim, 2ª Turma, j. 20.04.2004).

[592] "A jurisprudência desta eg. Corte Superior entende que o crime de associação para o tráfico não é hediondo ou equiparado, por não constar do rol dos arts. 1º e 2º da Lei n. 8.072/90" (STJ: HC 526.196/

184 | LEI DE DROGAS: Aspectos Penais e Processuais – *Cleber Masson* • *Vinícius Marçal*

Isso não obstante, pelo **princípio da especialidade**, para o **livramento condicional** no crime de associação para o tráfico, o requisito objetivo é de **dois terços** do cumprimento da pena, sendo **vedada** a sua concessão ao **reincidente específico**. Em suma, a previsão do art. 44, parágrafo único, da Lei de Drogas prevalece em relação ao art. 83 do Código Penal.[593]

De mais a mais, o delito de associação para o tráfico não se confunde com o crime de organização criminosa, motivo pelo qual não impede progressão especial prevista no art. 112, § 3º, V, da Lei de Execução Penal. Não se pode, portanto, estender – *in malam partem* – o conceito de organização criminosa a fim de vedar a progressão especial de regime de pena à condenada pela associação para o narcotráfico que for gestante, mãe ou responsável por crianças ou pessoas com deficiência. Em outros termos, **a condenação pelo crime do art. 35 da Lei de Drogas não impede, por si só, a concessão do benefício da progressão especial, já que o art. 112, § 3º, V, da LEP faz referência a *organização criminosa***, devendo-se imperar, no ponto, uma interpretação restritiva. Nesse sentido:

> "Não é legítimo que o julgador, em explícita violação ao princípio da taxatividade da lei penal, interprete extensivamente o significado de organização criminosa a fim de abranger todas as formas de *societas sceleris*. Tal proibição fica ainda mais evidente quando se trata de definir requisito que restringe direito executório implementado por lei cuja finalidade é aumentar o âmbito de proteção às crianças ou pessoas com deficiência, reconhecidamente em situação de vulnerabilidade em razão de suas genitoras ou responsáveis encontrarem-se reclusas em estabelecimentos prisionais [...]. No caso, a agravada foi condenada pelo crime de associação ao tráfico, o que não impede, por si só, a concessão do benefício da progressão especial da pena (fração de 1/8), já que o art. 112, § 3º, inciso V, da Lei de Execução Penal faz referência à organização criminosa. 4. A diretriz contida nos dois precedentes invocados pelo Ministério Público Federal não tem sido confirmada pela Suprema Corte de Justiça Nacional. Recentemente, em longa e alentada decisão, o eminente Ministro Edson Fachin, após historiar a jurisprudência do Excelso Pretório no sentido de que o crime de organização criminosa tem definição autônoma e limites próprios, não sendo intercambiável com o delito de quadrilha (atual associação criminosa) ou mesmo associação para o tráfico, reafirmou a interpretação não ampliativa quanto ao termo 'organização criminosa' (HC 200630 MC/SP, *DJe* de 02.07.2021), proclamando, em seguida, a Segunda Turma do Excelso Pretório, em definitivo, a tese jurídica de que, **em prol da legalidade, da taxatividade e do *favor rei*, a interpretação do art. 112, § 3º,V da LEP deve se dar de modo restritivo**. Nessa trilha, organização criminosa é somente a hipótese de condenação nos termos da Lei 12.850/2013, não abrangendo apenada que tenha participado de associação criminosa (art. 288 do CP) ou associação para o tráfico (art. 35 da Lei 11.343/2006). [...] 5. Se, como pondera o *Parquet*, houve, por parte do legislador, 'incoerência legislativa', ou se 'o ordenamento jurídico brasileiro possui mais de uma definição para o que vem a ser uma organização criminosa', deve-se, de toda sorte,

---

RS, rel. Min. Leopoldo de Arruda Raposo (desembargador convocado do TJPE), 5ª Turma, j. 12.11.2019).

[593] Cf. STJ: AgRg no RHC 117.816/SP, rel. Min. Sebastião Reis Júnior, 6ª Turma, j. 12.05.2020. E ainda: HC 526.196/RS, rel. Min. Leopoldo de Arruda Raposo (desembargador convocado do TJPE), 5ª Turma, j. 12.11.2019.

tomar, conforme a orientação do STF, o termo em sua acepção mais favorável à acusada, em atenção ao princípio do *favor rei*."[594]

8.3. Objetividade jurídica

O bem jurídico penalmente tutelado é a paz pública e, reflexamente, a saúde pública.

8.4. Objeto material

Não há, propriamente, um objeto material, pois a associação para o tráfico não incide especificamente sobre pessoa ou coisa.[595]

8.5. Núcleo do tipo

O núcleo do tipo é **associarem-se**, ou seja, aliarem-se, reunirem-se, congregarem-se duas ou mais pessoas para o fim de praticar qualquer dos crimes previstos nos arts. 33, *caput* e § 1º, e 34 desta Lei.

A locução "reiteradamente ou não", prevista no *caput* do art. 35, pode levar o intérprete à errônea conclusão segundo a qual a mera reunião de duas pessoas, sem vínculo associativo (estabilidade), para o fim de praticar qualquer dos crimes previstos nos arts. 33, *caput* e § 1º, e 34 da Lei de Drogas, já seria suficiente para caracterizar a associação para o tráfico. De fato, essa situação configura concurso eventual de pessoas (coautoria ou participação), e não o crime de concurso necessário do art. 35 da Lei 11.343/2006 que, inegavelmente, reclama a *affectio criminis societatis*.

No art. 35 da Lei de Drogas, portanto, é imprescindível o *liame associativo*, revestido de **estabilidade e permanência** entre seus integrantes.[596] O acordo ilícito entre duas ou mais pessoas deve versar sobre uma duradoura, mas *não necessariamente perpétua*,

---

[594] STJ: AgRg no HC 679.715/MG, rel. Min. Reynaldo Soares da Fonseca, 5ª Turma, j. 26.10.2021. Igualmente "2. Como se nota da leitura do art. 112, § 3º, V da LEP, a lei somente veda a concessão de progressão especial à apenada que tenha integrado organização criminosa, não abrangendo a associação criminosa (art. 288 do CP) ou associação para o tráfico (art. 35 da Lei 11.343/2006). 3. Como, *in casu*, está a se avaliar circunstância que impede a aplicação de patamar mais benéfico para a progressão de regime é vedada à analogia *in malam partem*, incidindo o princípio da legalidade estrita. 4. Se, como bem pondera o Tribunal de origem, houve, por parte do legislador, "incoerência legislativa", ou se, como pontuou o STJ, "o ordenamento jurídico brasileiro, possui mais de uma definição para o que vem a ser uma organização criminosa", deve-se, de toda sorte, tomar o termo em sua acepção mais favorável à acusada, em atenção ao princípio do *favor rei*. 5. Ordem de *habeas corpus* concedida a fim de determinar que o Juízo *a quo* implemente em definitivo nova análise de progressão da pena da paciente, abstendo-se de considerar o crime de associação para o tráfico como óbice à progressão especial de regime prevista no art. 112, § 3º, da LEP" (STF: HC 200.630/SP, rel. Min. Edson Fachin, 2ª Turma, j. 19.10.2021).

[595] Cf. ROQUE, Fábio; TÁVORA, Nestor; ALENCAR, Rosmar Rodrigues. *Legislação criminal para concursos.* Salvador: JusPodivm, 2016. p. 578.

[596] "A jurisprudência desta Corte Superior firmou o entendimento de que, para a subsunção da conduta ao tipo previsto no art. 35 da Lei n. 11.343/2006, é necessária a demonstração concreta da estabilidade e da permanência da associação criminosa" (STJ: AREsp 2.180.632/MG, rel. Min. Daniela Teixeira, 5ª Turma, j. 05.12.2024).

atuação em comum para o fim de cometer qualquer dos crimes previstos nos arts. 33, *caput* e § 1º, e 34 da Lei 11.343/2006.

Portanto, para a caracterização do delito de associação para o narcotráfico, faz-se imprescindível "o *dolo de se associar com estabilidade e permanência*, uma vez que a reunião ocasional de duas ou mais pessoas não é suficiente para a configuração do tipo do art. 35 da Lei 11.343/2006."[597]

A caracterização da estabilidade e permanência entre os integrantes da associação criminosa pode ser demonstrada por meio de um conjunto robusto de elementos probatórios, tais como depoimentos testemunhais, expressiva quantidade de drogas apreendidas, análise contextual dos fatos[598], registros de interceptações telefônicas,[599] confissões que encontrem respaldo em elementos externos de corroboração,[600] bem como prova oral e conversas extraídas de aparelhos celulares apreendidos.[601] O conjunto desses elementos pode evidenciar que a prática do tráfico de drogas, na hipótese concreta, não constituía atividade eventual ou isolada, mas sim uma operação estável e permanente, em torno da qual os agentes mantinham vínculos subjetivos consolidados.

Para a adequada comprovação desses requisitos, mostra-se geralmente indispensável a realização de investigação preliminar ou a existência de outros elementos probatórios que demonstrem inequivocamente o vínculo associativo entre os agentes, caracterizado pela estabilidade (solidez) e permanência (durabilidade) da união. Nesse contexto, é fundamental a produção de evidências que identifiquem os alvos investigados, o período aproximado a partir do qual se formou associação para o narcotráfico e, o quanto possível, as funções[602] desempenhadas por cada integrante no grupo (o que não impede uma denúncia geral[603]).

Importante ressaltar, contudo, que não são suficientes para comprovar os requisitos da estabilidade e da permanência as meras impressões dos agentes policiais sobre os acontecimentos, tampouco o simples fato de o flagrante do crime de tráfico ter ocorrido em comunidade sob influência de organização criminosa.[604]

---

[597] STJ: HC 461.985/MG, rel. Min. Joel Ilan Paciornik, 5ª Turma, j. 04.08.2020. Igualmente: "A jurisprudência do Superior Tribunal de Justiça firmou-se no sentido de que a configuração do crime de associação para o tráfico de drogas (art. 35 da Lei n. 11.343/2006) exige a demonstração do elemento subjetivo do tipo específico, qual seja, o ânimo de associação de caráter duradouro e estável. Do contrário, o caso é de mero concurso de pessoas" (STJ: HC 479.977/SP, rel. Min. Reynaldo Soares da Fonseca, 5ª Turma, j. 14.05.2019).

[598] STJ: AREsp 2.598.912/PI, rel. Min. Daniela Teixeira, 5ª Turma, j. 29.11.2024.

[599] STJ: AREsp 2.180.632/MG, rel. Min. Daniela Teixeira, 5ª Turma, j. 05.12.2024.

[600] STJ: HC 850.337/RJ, rel. Min. Daniela Teixeira, 5ª Turma, j. 12.12.2024.

[601] STJ: AgRg no HC 721.055/SC, rel. Min. Reynaldo Soares da Fonseca, 5ª Turma, j. 22.03.2022.

[602] "O crime de associação para o tráfico está comprovado por elementos que demonstram a estabilidade e permanência do vínculo associativo. O paciente desempenhava a função de 'vapor' do tráfico de drogas, com emprego de arma de fogo devidamente municiada, sendo comprovado vínculo com organização criminosa, com função definida e auferindo renda com sua atividade" (STJ: HC 828.903/RJ, rel. Min. Daniela Teixeira, 5ª Turma, j. 28.11.2024).

[603] "É geral, e não genérica, a denúncia que atribui a mesma conduta a todos os denunciados, desde que seja impossível a delimitação dos atos praticados pelos envolvidos, isoladamente, e haja indícios de acordo de vontades para o mesmo fim" (STJ: HC 113.955/SP, rel. Min. Jane Silva (Des. convocada do TJMG), 6ª Turma, j. 09.12.2008).

[604] Assim, andou bem o STJ ao não referendar "uma condenação por associação para o tráfico pautada apenas em ilações a respeito do local em que apreendidas as drogas etiquetadas e os petrechos co-

É de se notar que o delito do art. 35 não se caracterizará caso os crimes visados sejam os previstos nos arts. 33, §§ 2º e 3º, 37, 38 e 39 da Lei 11.343/2006, por falta de previsão legal. Mas se a associação para o cometimento destes crimes não materializa o art. 35 da Lei de Drogas, é possível, presentes as marcas da estabilidade e permanência de três ou mais pessoas, a aplicação do art. 288 do Código Penal (**associação criminosa**).[605]

Por fim, se o crime almejado for o de financiamento ao tráfico (Lei de Drogas, art. 36), incidirá o parágrafo único do art. 35, doutrinariamente chamado de **associação para o financiamento**.

8.6. Sujeito ativo

O crime é **comum** ou **geral**. Pode ser cometido por qualquer pessoa.

Em se tratando de **crime plurissubjetivo, plurilateral** ou **de concurso necessário**, e **de condutas paralelas**, exigem-se ao menos duas pessoas, incluindo-se nesse número eventuais **inimputáveis e indivíduos de autoria não identificada**. Basta a prova segura de que tais sujeitos participaram da divisão das tarefas traçadas pela associação delitiva.[606]

Essa concepção foi reforçada pela Lei 12.850/2013, no ponto em que criou as causas de aumento de pena (a) de 1/6 a 2/3 "se há participação de criança ou adolescente" na organização criminosa (art. 2º, § 4º, I) e (b) de até a metade "se houver a participação de criança ou adolescente" na associação criminosa (CP, art. 288, parágrafo único).

---

mumente utilizados na endolação de entorpecentes, pois isso equivaleria a validar a adoção de uma *seleção criminalizante norteada pelo critério espacial*, em que as vilas e favelas são mais frequentemente percebidas como 'lugares de tráfico', em razão das representações desses espaços territoriais como necessariamente associados ao comércio varejista de drogas [...]. Admitir-se que o simples fato de o flagrante ter ocorrido em comunidade dominada por facção criminosa – e não em outros locais da cidade – comprove, *ipso facto*, a prática do crime em comento significa, em última instância, inverter o ônus probatório e atribuir prova diabólica de fato negativo à Defesa, pois exige-se, de certo modo, que o Acusado comprove que não está envolvido com facção criminosa" (STJ: HC 739.951/RJ, rel. Min. Laurita Vaz, 6ª Turma, j. 09.08.2022).

[605] "Em relação ao delito de indução, instigação ou auxílio ao uso de drogas, previsto no § 2º do art. 33, é possível vislumbrar, em um exemplo hipotético, a criação de uma associação para a prática deste delito. Realmente, imagine duas pessoas que, por motivos ideológicos, criem uma associação de fato, montando a estrutura física e de pessoal para que seus empregados visitem, de porta em porta, as pessoas de determinada comunidade, com o fito de 'esclarecê-las' sobre os efeitos 'benignos' das drogas, bem como as incentivando ao uso. Com esta conduta, a associação tem sucesso em fazer as pessoas usarem drogas, mas sem que se responsabilizem por fornecê-las. Neste caso, em razão da omissão do art. 35, não é possível tipificar a conduta como associação ao tráfico. Seria o fato atípico? Entendemos que não, pois se aplicaria o tipo subsidiário do art. 288 do CP" (MENDONÇA, Andrey Borges de; CARVALHO, Paulo Roberto Galvão de. *Lei de drogas*: Lei 11.343, de 23 de agosto de 2006 – comentada artigo por artigo. 3. ed. São Paulo: Método, 2012. p. 140).

[606] Logicamente, deve existir prova segura (testemunhas, interceptação telefônica, documentos etc.) da união estável e permanente dessa pessoa com, pelo menos, outro indivíduo, para o fim de praticar qualquer dos crimes previstos nos arts. 33, *caput* e § 1º, e 34 da Lei 11.343/2006. É o que se verifica, exemplificativamente, quando se comprova em interceptação telefônica que um sujeito, devidamente identificado, encontra-se associado a outra pessoa, de qualificação ignorada, para o comércio ilícito de cocaína. Nesse caso, aquele que foi identificado será processado pelo crime definido no art. 35 da Lei de Drogas, sem prejuízo da continuidade das investigações para elucidar a qualificação do outro indivíduo.

Nesse contexto, o art. 40, VI, da Lei 11.343/2006 estatui que a pena cominada ao delito do art. 35 será aumentada de um sexto a dois terços, "se sua prática envolver ou visar a atingir criança ou adolescente ou a quem tenha, por qualquer motivo, diminuída ou suprimida a capacidade de entendimento e determinação."

A propósito, não há *bis in idem* na aplicação da causa de aumento do art. 40, VI, da Lei 11.343/2006, **cumulativamente**, para os crimes de associação para o tráfico (art. 35) e de tráfico de drogas (art. 33, *caput*), haja vista tratarem-se de delitos autônomos.[607] Destarte, é cabível a aplicação da majorante se o crime *envolver* ou *visar* atingir criança ou adolescente (art. 40, VI) em delito de associação para o tráfico de drogas.

Deve-se analisar com cautela, todavia, o envolvimento de pessoa menor de 18 anos de idade na associação para o tráfico. Com efeito, o inimputável deve apresentar um mínimo de discernimento mental para ser computado como integrante do grupo criminoso. Exemplificativamente, é razoável imaginar uma pessoa com 17 anos participando do grupo criminoso, ao contrário do que se verifica no tocante a uma criança de 5 anos de idade.

A extinção da punibilidade em relação a um ou mais integrantes da associação não exclui o delito previsto no art. 35 da Lei de Drogas. A extinção atinge somente a *punibilidade*, deixando intacto o *crime*. Nem mesmo a inimputabilidade de um dos membros da associação ilícita afasta o crime para os demais. Assim, é possível que somente um dos membros do agrupamento seja processado, em decorrência do falecimento de todos os seus comparsas em confronto com a polícia, pois o crime já havia se consumado. É fundamental, entretanto, que a denúncia faça referência aos demais integrantes do agrupamento.

8.7. Sujeito passivo

É a coletividade (**crime vago**).

8.8. Elemento subjetivo

É o dolo, direto ou eventual, acrescido de um especial fim de agir (**elemento subjetivo específico**), representado pela expressão "para o fim de praticar, reiteradamente ou não, qualquer dos crimes previstos nos arts. 33, *caput* e § 1º, e 34 desta Lei". De fato, é essa finalidade específica, indicativa da exigência de união estável e permanente de ao menos dois indivíduos, que diferencia a associação para o tráfico de drogas da simples reunião eventual de pessoas (concurso de agentes) para a prática da narcotraficância.[608]

Não se admite a modalidade culposa.

---

[607] STJ: HC 250.455/RJ, rel. Min. Nefi Cordeiro, 6ª Turma, j. 05.02.2016. E também: AgRg no REsp 1.412.950/MG, rel. Min. Maria Thereza de Assis Moura, 6ª Turma, j. 03.11.2014.

[608] "Para a caracterização do crime de associação para o tráfico é imprescindível o dolo de se associar com estabilidade e permanência, sendo que a reunião ocasional de duas ou mais pessoas não se subsume ao tipo do artigo 35 da Lei 11.343/2006. [...] inexistindo a comprovação de que o paciente teve o dolo de se associar com estabilidade ou permanência ao corréu, e estando expressamente consignado na sentença condenatória que se estaria diante de associação eventual, não resta caracterizado o delito de associação para o tráfico" (STJ: HC 354.109/MG, rel. Min. Jorge Mussi, 5ª Turma, j. 22.09.2016).

8.9. Consumação

Cuida-se de **crime formal** (**de consumação antecipada** ou **de resultado cortado**), o que significa que a consumação do delito ocorre no momento em que se concretiza a convergência de vontades, independentemente da ulterior realização do fim visado pelos agentes.

Em síntese, o delito se aperfeiçoa no momento em que duas ou mais pessoas se associam para a prática de qualquer dos crimes previstos nos arts. 33, *caput* e § 1º, e 34, da Lei de Drogas, ainda que nenhum crime venha a ser efetivamente praticado. E, para as pessoas que ingressarem no grupo posteriormente, o delito estará consumado no instante da adesão à associação já existente.

A justificativa dessa conclusão é simples. Trata-se de **crime de perigo abstrato**, razão pela qual o momento associativo já apresenta perigo suficientemente grave para alardear a população e tumultuar a paz pública. Portanto, a associação para o tráfico é juridicamente independente dos delitos que venham a ser cometidos pelos agentes reunidos no agrupamento ilícito, e subsiste autonomamente ainda que os crimes para os quais foi organizada nem sequer venham a ser realizados.

Entretanto, os membros que praticarem os delitos para cuja execução foi constituída a associação sujeitam-se, nos termos do art. 69 do Código Penal, à regra do **concurso material**, haja vista que "os tipos dos artigos 33 e 35 da Lei 11.343/2006 são autônomos, tal como ocorre em se tratando de outros crimes e o disposto no artigo 288 do Código Penal."[609] Vejamos um exemplo: "A", "B" e "C" formam uma associação destinada ao comércio ilegal de cocaína. Deverão ser responsabilizados pelo delito tipificado no art. 35 da Lei de Drogas, ainda que não executem nenhuma alienação do mencionado produto. Mas, se eles concretizarem alguma venda da droga, incorrerão nos arts. 33, *caput*, e 35, ambos da Lei 11.343/2006, em concurso material.

De outro lado, é possível que apenas alguns dos membros da associação venham a responder pelo narcotráfico. Exemplo: "A", "B" e "C" formam uma associação destinada ao comércio ilegal de LSD. "A" e "B", apenas eles, vendem todo o estoque do entorpecente, executando, assim, o plano do grupo. O último associado ("C") não participa de qualquer modo da venda do LSD. Desarte, enquanto "A" e "B" devem ser responsabilizados pela associação e pelo tráfico de drogas, em concurso material, "C" haverá de responder unicamente pelo delito do art. 35 da Lei 11.343/2006, pois o fato de pertencer ao agrupamento ilícito não acarreta, automaticamente, a sua responsabilização por toda e qualquer infração cometida pelos demais integrantes do grupo, sob pena de configuração da responsabilidade penal objetiva.

Além disso, a associação criminosa é **delito permanente**,[610] pois a consumação se prolonga no tempo, enquanto perdurar a união pela vontade dos seus integrantes. Daí decorrem **importantes consequências**: (a) é possível a prisão em flagrante a qualquer tempo, enquanto subsistir a associação,[611] e é dispensável o mandado de busca e apreen-

---

[609] STF: HC 104.134/AC, rel. Min. Marco Aurélio, 1ª Turma, j. 09.11.2011. É também o entendimento consolidado no STJ: HC 135.207/RJ, rel. Rogerio Schietti Cruz, 6ª Turma, j. 15.03.2016.

[610] Cf. STF: HC 95.015, rel. Min. Ricardo Lewandowski, 1ª Turma, j. 31.03.2009.

[611] CPP, art. 303: "Nas infrações permanentes, entende-se o agente em flagrante delito enquanto não cessar a permanência".

são domiciliar, desde que sejam observados os paradigmas fixados a respeito do ponto pelo Supremo Tribunal Federal (RE 603.616/RO, Pleno);[612] (b) a prescrição da pretensão punitiva tem como termo inicial a data da cessação da permanência, a teor da regra inscrita no art. 111, III, do CP; e (c) se qualquer dos delitos for cometido no território de duas ou mais comarcas, a competência será firmada pelo critério da prevenção, nos moldes do art. 83 do CPP.

Demais disso, se, após o oferecimento de denúncia pela prática do crime tipificado no art. 35 da Lei de Drogas, os integrantes da associação vierem a praticar novos atos indicativos desse delito, deverá ser intentada outra ação penal. Com efeito, a conduta de *integrar associação criminosa para fins de narcotráfico*, de natureza permanente, embora envolva uma série de atos, forma uma só unidade jurídica, ensejando a propositura de uma única ação penal. Se, depois de oferecida a denúncia em razão da prática do delito, a *societas sceleris* tem continuidade pela prática de novos atos configuradores do crime, é cabível a promoção de nova denúncia, pois o raciocínio contrário implicaria patente teratologia jurídica, ao admitir que atos futuros cometidos pela associação criminosa fossem compreendidos em denúncia anterior. Não há falar, nesse caso, em dupla punição pelo mesmo fato (*bis in idem*), pois existe mais de um delito no plano fático.

Assim, **para fins de nova acusação pelo crime de** *integrar associação criminosa*, deve-se considerar **cessada a permanência com o recebimento da denúncia**, tal como já entenderam o STJ e o STF[613] tendo como foco o crime inscrito no art. 288 do Código Penal. Portanto, caso os membros do organismo delitivo permaneçam na mesma atividade criminosa após o recebimento da exordial acusatória, "é possível que o agente seja novamente denunciado ou até mesmo preso em flagrante sem que isso configure dupla imputação pelo mesmo fato". Em casos tais, o que se vê "é a existência de outro fato e, consequentemente, de novo crime que não poderá, por óbvio, ser compreendido na acusação anterior".[614]

Finalmente, em que pese a **materialidade** do tráfico de drogas propriamente dito pressupor, em regra, a apreensão da substância, "o mesmo não ocorre em relação ao delito de associação para o tráfico, que, por ser de natureza formal, sua materialidade **pode advir de outros elementos de provas**, por exemplo, interceptações telefônicas."[615]

8.10. Tentativa

A associação para o tráfico de drogas, compreendida como **crime-obstáculo** (o legislador elevou à categoria de delito autônomo atos que representam a mera preparação de outros crimes) é incompatível com o *conatus*. Como o art. 35 da Lei 11.343/2006

---

[612] Sobre a questão, *vide* os **itens 2.9**, **2.9.1** e **2.9.2**.

[613] "Correto o acórdão impugnado, ao ter como cessada, com a denúncia, a permanência do delito de quadrilha, para o efeito de admitir (sem que se incorra, por isso, em *bis in idem*) a legitimidade, em tese, de nova acusação pela prática de crime daquele mesmo tipo" (STF: HC 78.821, rel. Min. Octavio Gallotti, 1.ª Turma, *DJ* 17.03.2000).

[614] STJ: HC 123.763/RJ, rel. Min. Napoleão Nunes Maia Filho, 5.ª Turma, *DJe* 21.09.2009.

[615] STJ: HC 148.480/BA, rel. Min. Og Fernandes, 6ª Turma, j. 07.06.2010. Igualmente: "A ausência de apreensão de drogas na posse direta do paciente não afasta a prática do delito ou sua flagrância, eis que demonstrada sua ligação com os corréus e adolescentes, além de sua relação com os demais alvos da busca e apreensão" (HC 441.712/SP, rel. Min. Jorge Mussi, 5ª Turma, j. 21.02.2019).

Cap. 1 • CRIMES EM ESPÉCIE | **191**

reclama a associação de duas ou mais pessoas para o fim de praticar qualquer dos crimes previstos nos arts. 33, *caput* e § 1º, e 34 da citada lei, conclui-se que, se a estabilidade e a permanência do agrupamento estiverem presentes, o delito estará consumado; caso contrário, o fato será atípico.

8.11. Ação penal

A ação penal é pública incondicionada.

8.12. Lei 9.099/1995 e acordo de não persecução penal

A associação para o tráfico, em face da pena cominada (reclusão de 3 a 10 anos, e pagamento de 700 a 1.200 dias-multa), constitui-se em **crime de elevado potencial ofensivo**, incompatível com os benefícios contidos na Lei 9.099/1995.

Ademais, não obstante preenchidos no caso concreto os requisitos constantes do art. 28-A e parágrafos do Código de Processo Penal (acrescido pela Lei 13.964/2019 – **Pacote Anticrime**), mesmo tratando-se de crime de associação criminosa praticado sem violência ou grave ameaça, e ainda que a pena mínima abstratamente cominada seja inferior a quatro anos, será **inviável** a celebração do **acordo de não persecução penal** na espécie, haja vista que as *penas consensuais* advindas com a barganha – *prestação de serviços comunitários* e *prestação pecuniária* (CPP, art. 28-A, III e IV) –, em nossa concepção, são **insuficientes para a reprovação e prevenção do crime de associação para o narcotráfico**. Ausente esse requisito, o pacto não pode ser celebrado.

A associação para o tráfico de drogas traz consigo uma presunção de periculosidade ímpar, que não pode ser aplacada com sanções consensuais alternativas ao cárcere. A figura típica vai além de um simples comportamento isolado. Cuida-se de gravíssimo delito de concurso necessário, que pressupõe a estabilização e a permanência do agrupamento com vistas a fazer do narcotráfico um *modus vivendi.*

Além do mais, a *confissão* é pré-requisito tanto do acordo de não persecução (CPP, art. 28-A) como da delação premiada (Lei 12.850/2013, art. 3.º-C, § 3.º). Caso o investigado/réu opte por admitir os fatos e esclarecer a verdade, deve buscar a celebração do acordo de colaboração premiada, negócio jurídico processual "que pressupõe utilidade e interesse públicos" (Lei 12.850/2013, art. 3.º-A), e não a realização do acordo de não persecução, que, a despeito de ser avençado em troca de informações úteis ao esclarecimento da infração penal, constitui-se em *benesse em favor do celebrante* (CPP, art. 28-A, § 13).

8.13. Classificação doutrinária

A associação para o tráfico é crime **comum** (pode ser cometido por qualquer pessoa); **formal, de consumação antecipada** ou **de resultado cortado** (consuma-se com a prática da conduta criminosa, independentemente da superveniência do resultado naturalístico); **de perigo comum** (coloca em risco um número indeterminado de pessoas) e **abstrato** (presumido pela lei); **vago** (tem como sujeito passivo um ente destituído de personalidade jurídica); **de forma livre** (admite qualquer meio de execução); **comissivo** (os núcleos indicam ações); **permanente** (a consumação se prolonga no tempo, pelas vontades dos agentes); **plurissubjetivo, plurilateral** ou **de concurso necessário** (o tipo penal reclama a presença de pelo menos duas pessoas) e **de condutas paralelas** (os agentes buscam o

LEI DE DROGAS: Aspectos Penais e Processuais – *Cleber Masson* • *Vinícius Marçal*

mesmo fim); **obstáculo** (o legislador incriminou, autonomamente, atos que representam a fase de preparação de outros delitos); e de **elevado potencial ofensivo**.

8.14. Questões diversas

8.14.1. Confronto com a associação para o financiamento

Uma nova figura típica foi criada pela Lei 11.343/2006: a **associação para o financiamento do tráfico**, cuja previsão encontra-se no parágrafo único do art. 35 ("nas mesmas penas do *caput* deste artigo incorre quem se associa para a prática reiterada do crime definido no art. 36 desta Lei").

Assim como a associação para o tráfico, a associação para o financiamento do tráfico de drogas também reclama a presença de ao menos duas pessoas, em caráter estável e permanente. Mas há uma diferença fundamental entre tais delitos. Com efeito, na *associação para o financiamento*, os agentes visam especificamente a prática do crime de financiamento ou custeio ao tráfico, tipificado no art. 36 da Lei 11.343/2006, e não qualquer dos crimes previstos nos arts. 33, *caput* e § 1º, e 34 da Lei de Drogas.

8.14.2. Associação mista?

A Lei de Drogas admite a chamada "**associação mista**"? Em outras palavras, é típico o agrupamento de apenas duas pessoas, no qual um atua *como traficante de drogas* e, outro, *como financiador do tráfico*?

Em obediência ao princípio da reserva legal, tem-se entendido que a resposta há de ser negativa. De fato, como o legislador tipificou a matéria separando em dois dispositivos a associação para o tráfico de drogas (art. 35) e a associação para o seu financiamento (art. 35, parágrafo único), é impossível a fusão das duas modalidades. No exemplo apresentado, o traficante não pode ser contabilizado como membro da associação para o financiamento ao tráfico, e vice-versa.

8.14.3. Autoria coletiva: denúncia geral versus processo penal kafkiano ("criptoimputação")

No âmbito dos crimes de autoria coletiva, como é o caso da associação para o tráfico de drogas, surge frequentemente uma importante controvérsia acerca da admissibilidade da denúncia geral. Para o adequado enfrentamento dessa questão, mostra-se fundamental, inicialmente, estabelecer a distinção conceitual entre *denúncia genérica* e *denúncia geral*.

A **denúncia genérica** é aquela cuja imputação é contaminada por situação de grave deficiência na narração do fato atribuído ao(s) agente(s). A imputação, na denúncia genérica, "não contém os elementos mínimos de sua identificação como crime, como às vezes ocorre com a simples alusão aos elementos do tipo penal abstrato."[616] Por isso, a denúncia genérica sofre com a pecha da **criptoimputação**[617] (imputação truncada, criptografada),

---

[616] FERNANDES, Antonio Scarance. *A reação defensiva à imputação*. São Paulo: RT, 2002. p. 184.

[617] Ocorre a criptoimputação quando o Ministério Público "atribui ao réu uma conduta culposa, por ter sido imprudente porque não teve cautela... Mas qual, precisamente, a cautela que o réu omitiu? É

Cap. 1 • CRIMES EM ESPÉCIE | 193

por consagrar um **sistema processual kafkiano,** no qual o denunciado não tem ideia do que se defende.[618]

Em casos tais, a acusação ministerial é **inepta,** pois "**a criptoimputação da denúncia genérica vulnera os princípios constitucionais da ampla defesa e do contraditório,** bem como a norma extraída do art. 8º, 2, *b* e *c*, da Convenção Americana de Direitos Humanos e do art. 41 do CPP, haja vista a indevida obstaculização do direito conferido ao acusado de preparar dignamente sua defesa."[619]

Essas máculas não se verificam na **denúncia geral,** porquanto nessa modalidade há a descrição dos fatos e da atuação, ainda que de maneira conglobada, de cada um dos imputados. Por isso, tem-se entendido, **majoritariamente,** que, nos chamados **crimes de autoria coletiva,** "embora a vestibular acusatória *não possa ser* de todo *genérica,* é válida quando, apesar de não descrever minuciosamente as atuações individuais dos acusados, demonstra um liame entre o seu agir e a suposta prática delituosa, estabelecendo a plausibilidade da imputação e possibilitando o exercício da ampla defesa."[620]

Em outros termos, nos crimes de autoria coletiva (bem como nos delitos societários), **admite-se a denúncia geral,** a qual, "apesar de não detalhar minudentemente as ações imputadas aos denunciados, demonstra, ainda que de maneira sutil, a ligação entre sua conduta e o fato delitivo."[621]

A **denúncia geral,** portanto, **não é inepta.**[622] Nela, o Ministério Público apresenta uma narrativa fática consentânea com o devido processo legal, descrevendo conduta típica que, "atentando aos ditames do art. 41 do CPP, qualifica os acusados, descreve o fato criminoso e suas circunstâncias."[623] O fato de o Ministério Público imputar aos membros do organismo delitivo a mesma conduta, por si só, "não torna a denúncia genérica, indeterminada ou imprecisa."[624]

---

como se a denúncia dissesse que o réu teve culpa porque foi imprudente; foi imprudente porque não teve cautela; e, porque não teve cautela, teve culpa... Um círculo vicioso" (MAZZILLI, Hugo Nigro. *A descrição do fato típico na acusação penal.* Disponível em: http://www.mazzilli.com.br. Acesso em: 01.11.2016).

[618] O ordenamento positivo brasileiro "**repudia as imputações criminais genéricas** e não tolera, porque ineptas, as acusações que não individualizam nem especificam, de maneira concreta, a conduta penal atribuída ao denunciado. [...] A pessoa sob investigação tem o direito de não ser acusada com base em denúncia inepta" (STF: HC 80.084/PE, rel. Celso de Mello, 2ª Turma, j. 11.12.2012).

[619] STJ: RHC 45.872/MG, rel. Min. Ribeiro Dantas, 5ª Turma, j. 17.08.2017.

[620] STJ: RHC 68.903/RJ, rel. Min. Jorge Mussi, 5ª Turma, j. 20.05.2016.

[621] STJ: AgRg no REsp 1673492/SP, rel. Min. Reynaldo Soares da Fonseca, 5ª Turma, j. 03.12.2019.

[622] A denúncia geral "descreve as condutas delituosas dos acusados (responsabilidade subjetiva), relatando, em linhas gerais, os elementos indispensáveis para a demonstração da existência do crime em tese praticado, bem assim os indícios suficientes para a deflagração da persecução penal, portanto, *não é inepta,* mas *apenas possui caráter geral*" (STJ: AgRg no RHC 109.119/GO, rel. Min. Laurita Vaz, 6ª Turma, j. 09.06.2020).

[623] STJ: HC 311.571/SP, rel. Min. Gurgel de Faria, 5ª Turma, j. 15.12.2015.

[624] STJ: HC 311.571/SP, rel. Min. Gurgel de Faria, 5ª Turma, j. 15.12.2015. E ainda: "A denúncia em comento faz a devida qualificação do acusado, descreve de forma objetiva e suficiente as condutas delituosas por ele perpetradas [...]. Descreve, ainda, de modo suficiente as circunstâncias do cometimento do delito, demonstrando indícios suficientes de autoria, prova da materialidade e a existência de nexo causal. *Não há falar em imputações genéricas.* Nessa toada, mostra-se em conformidade com o comando pertinente do Estatuto Processual Penal (requisitos exigidos pelos arts. 41 do CPP) e de acordo

LEI DE DROGAS: Aspectos Penais e Processuais – *Cleber Masson* • *Vinícius Marçal*

Em suma:

"Não há abuso de acusação na denúncia que, ao tratar de **crimes de autoria coletiva**, deixa, por absoluta impossibilidade, de esgotar as minúcias do suposto cometimento do crime. Há **diferença** entre **denúncia genérica** e **geral**. Enquanto naquela [*genérica*] se aponta fato incerto e imprecisamente descrito, na última [*geral*] há acusação da prática de fato específico atribuído a diversas pessoas, ligadas por circunstâncias comuns, mas sem a indicação minudente da responsabilidade interna e individual dos imputados. [...] não há que se falar em inépcia quando a acusação descreve minimamente o fato tido como criminoso."[625]

8.14.4. *Associação para o narcotráfico* versus *Organização criminosa*

De acordo com a Lei 12.850/2013, "**considera-se organização criminosa** a associação de **4 (quatro) ou mais** pessoas estruturalmente ordenada e caracterizada pela divisão de tarefas, ainda que informalmente, com **objetivo** de obter, direta ou indiretamente, vantagem de qualquer natureza, mediante a prática de **infrações penais cujas penas máximas sejam superiores a 4 (quatro) anos, ou que sejam de caráter transnacional**" (art. 1.º, § 1.º).

Ao contrário do que fez com o delito de organização criminosa, o legislador não definiu em que consiste a **associação para o narcotráfico**. De nossa legislação apenas emana a sua tipificação, nos seguintes termos: "associarem-se **duas ou mais pessoas** para o **fim de** praticar, reiteradamente ou não, qualquer dos crimes previstos nos arts. 33, *caput* e § 1º, e 34 desta Lei" (LD, art. 35).

Os dois crimes de concurso necessário se diferenciam tanto pelo número mínimo de agentes quanto por outras elementares especializantes previstas no conceito de organização criminosa. Na prática, todavia, a distinção entre as duas espécies de *affectio criminis societatis* causa certa polêmica.

Com efeito, imagine-se a hipótese em que demonstre a investigação em que cinco sujeitos atuam concertadamente, com distribuição de funções entre eles, para o fim de praticar o tráfico ilícito de entorpecentes. No grupo, há o responsável pela importação dos estupefacientes; há o que se encarrega do depósito; há o que transporta a droga aos centros de distribuição; há quem cuide de ampliar a *network* (identificando novos compradores fixos); e, por fim, quem efetivamente sele as transações. Nesse cenário, tem-se uma associação para o tráfico ou uma organização criminosa?

Desde logo, insta sublinhar que a diferença entre os delitos não está no grau de sofisticação (mais ou menos elevado) entre os organismos delitivos; também não está na forma como o agrupamento se organiza (*v.g.*: piramidal, horizontal etc.); tampouco no fato de o grupo atuar de forma violenta ou possuir armas de fogo. Essas variantes podem se verificar tanto no crime organizado por natureza (LCO, art. 2º) como no crime de associação para o narcotráfico (LD, art. 35).

---

com o art. 5º, LV, da Constituição Federal – CF/88, de modo a permitir o exercício da ampla defesa e o contraditório" (AgRg no RHC 118.905/SP, rel. Min. Joel Ilan Paciornik, 5ª Turma, j. 19.11.2019).

[625] STF: HC 118.891/SP, rel. Min. Edson Fachin, 1ª Turma, j. 20.10.2015. E ainda: STJ: RHC 68.848/RN, rel. Min. Antonio Saldanha Palheiro, 6ª Turma, j. 13.10.2016.

Em nossa visão, a **diferença fundamental** reside no **especial fim de agir**[626] (**elemento subjetivo específico**), representado pela expressão **para o fim de praticar qualquer dos crimes previstos nos arts. 33, *caput* e § 1º, e 34 da Lei 11.343/2006**. Portanto, o delito do art. 35 da Lei de Drogas reclama que a associação se constitua *com um escopo bem preciso*, qual seja: o cometimento das infrações penais nele mencionadas (e infrações penais conexas).

Assim, no caso apresentado, parece-nos clara a presença de uma associação para o narcotráfico, e não de uma organização criminosa, conquanto os membros da *affectio* atuem mediante divisão de tarefas e com uma ordenação mínima. Esses elementos, assinale-se, não são exclusivos do crime de organização criminosa e, como sói acontecer, também caracterizam as associações para o tráfico de drogas.

Ademais, no exemplo, caso a investigação tivesse avançado e lograsse êxito em comprovar, também, que os consortes do crime lavam o dinheiro obtido com a traficância; subornam policiais rodoviários para não serem incomodados; e extorquem seus devedores, ainda assim a adequação típica do fato ao crime de associação criminosa (LD, art. 35) seria a mais adequada. E por quê? Porque esse cenário não desnatura o especial fim de agir previsto no art. 35 da Lei de Drogas. Ao contrário, todos os outros crimes (lavagem de dinheiro, corrupção ativa e extorsão) se encontram na linha de desdobramento natural da cadeia do tráfico de drogas. Dessarte, a prática de infrações penais intimamente conexas ao narcotráfico, cometidas, pois, com o objetivo de viabilizá-lo, não transmuda o juízo de subsunção para o crime de organização criminosa.[627]

Sem embargo, caso o procedimento investigatório mostre que o agrupamento delitivo se dedica, igualmente, ao cometimento de outras infrações não conexas ao tráfico de drogas (*v.g.*: roubo de veículos), esvai-se o especial fim de agir do art. 35 da Lei de Drogas e viabiliza-se a imputação aos agentes do crime de organização criminosa (LCO, art. 2º).

Em suma, a nota distintiva entre os delitos de associação para o narcotráfico e de organização criminosa, apesar de tênue, emana do **especial fim de agir** (presente no art. 35 da LD) e, na práxis, daquilo que vier a ser descortinado pela investigação. Para a solução do conflito aparente de normas, é válido invocar o **princípio da especialidade**,[628] não sob o (falso) argumento de que o art. 35 da Lei 11.343/2006 contém todos os dados

---

[626] "Se o acervo probatório aponta para a existência de associação permanente e duradoura para praticar o tráfico ilícito de drogas, sem a comprovação de outros ilícitos penais, deve ser aplicado ao réu a lei especial de drogas, deixando-se de imputar ao acusado o crime previsto no art. 2º da Lei 12.850/13 para condená-lo pelo crime de associação para o tráfico, previsto no art. 35 da Lei 11.343/06" (TJMG: Apelação 1.0134.17.011488-5/001, rel. Des. Wanderley Paiva, 1ª Câmara Criminal, j. 02.06.2020).

[627] "A farta prova oral e documental colhida nos autos comprova que os réus [...] integravam facção criminosa armada para o tráfico ilícito de drogas, denominada 'Terceiro Comando Puro' (TCP). A atuação criminosa dos agentes tinha como **escopo propiciar e garantir a prática do tráfico ilícito de drogas**, em razão do que, em observância ao princípio da especialidade, **não restando descaracterizada a finalidade da associação para aquele fim, pelo cometimento de delitos distintos, correta a condenação pelo crime do artigo 35 da Lei 11.343/06** [...]" (TJRJ: Apelação 0017622-59.2016.8.19.0024, rel. Des. Kátia Maria Amaral Jangutta, 2ª Câmara Criminal, j. 24.09.2019).

[628] "No caso, havendo a paciente sido denunciada como incursa nas sanções do art. 2º da Lei 12.850/2013 e do art. 35 da Lei nº 11.343/2006, por integrar uma organização criminosa dedicada ao tráfico ilícito de entorpecentes, resta caracterizada a existência de um conflito aparente de normas, visto que a conduta descrita pode ser enquadrada na previsão de ambos os tipos penais, hipótese em que deve ser aplicada a previsão da Lei de Tóxicos, porquanto especial em relação à Lei das Organizações Cri-

LEI DE DROGAS: Aspectos Penais e Processuais – *Cleber Masson* • *Vinícius Marçal*

típicos do art. 2º da Lei 12.850/2013 e outros denominados especializantes (o que, de fato, não ocorre), mas, sim, porque a cuidadosa interpretação da situação revela que o tipo penal da associação criminosa acarreta uma descrição mais próxima e minuciosa do fato punível quando evidenciado o seu propósito especial.[629]

9. CRIME DE FINANCIAMENTO DO TRÁFICO OU CUSTEIO DO TRÁFICO – ART. 36

9.1. Dispositivo legal

"Art. 36. Financiar ou custear a prática de qualquer dos crimes previstos nos arts. 33, *caput* e § 1º, e 34 desta Lei:

Pena – reclusão, de 8 (oito) a 20 (vinte) anos, e pagamento de 1.500 (mil e quinhentos) a 4.000 (quatro mil) dias-multa."

9.2. Introdução

A Lei 11.343/2006 inovou ao criar a figura do financiamento do tráfico ou custeio do tráfico. Na vigência da lei revogada, não havia um dispositivo semelhante ao atual art. 36, o que, contudo, não queria dizer que a ação de bancar economicamente o tráfico de drogas seria atípica. Muito pelo contrário. Por força da norma de extensão pessoal prevista no art. 29, *caput*, do Código Penal, o financiador do tráfico – ao tempo da Lei 6.368/1976 – respondia pelo próprio tráfico, na condição de partícipe (teoria unitária, monística ou monista).

A atual Lei de Drogas, portanto, instituiu mais uma exceção pluralista à teoria monista, pela qual foram separadas as tipificações das condutas do traficante (art. 33, *caput*, art. 33, § 1º, ou art. 34) e do seu financiador (art. 36). E assim o fez porque, "sabedor que o tráfico de drogas somente é possível quando existente capital para subsidiá-lo, o legislador erigiu referido delito em conduta autônoma, aplicando-lhe **a pena mais grave da nova Lei de Drogas**. Como é cediço, sufocar as fontes de financiamento é o meio mais eficaz de combater o tráfico ilícito de entorpecentes e, principalmente, as organizações criminosas estruturadas com tal fito."[630]

Pelo fato de estar arrolado no art. 44 da Lei de Drogas, tem-se entendido que o financiamento do tráfico constitui **crime hediondo por equiparação**.[631] Compreensão diversa revela incontestável violação ao princípio da proporcionalidade, pois o direito não pode ser interpretado de modo a gerar situações absurdas e conclusões despropositadas.[632]

---

minosas" (TJPE: HC 0004517-73.2018.8.17.0000, rel. Des. Alexandre Guedes Alcoforado Assunção, 4ª Câmara Criminal, j. 18.12.2018).

[629] Cf. SOLER, Sebastian. *Derecho penal argentino*. Buenos Aires: La Ley, 1945. t. II, p. 190-191.

[630] MENDONÇA, Andrey Borges de; CARVALHO, Paulo Roberto Galvão de. *Lei de drogas*: Lei 11.343, de 23 de agosto de 2006 – comentada artigo por artigo. 3. ed. São Paulo: Método, 2012. p. 146.

[631] Em sentido contrário: MARCÃO, Renato. *Tóxicos*: Lei n. 11.343, de 23 de agosto de 2006: anotada e interpretada. 10. ed. São Paulo: Saraiva, 2015. p. 197.

[632] Na lavra de Carlos Maximiliano, "*commodissimum est, id accipi, quo res de qua agitur, magis valeat quam pereat*: 'prefira-se a inteligência dos textos que torne viável o seu objetivo, ao invés da que os reduza à inutilidade'" (*Hermenêutica e aplicação do direito*. 21. ed. Rio de Janeiro: Forense, 2017. p. 227).

Nesse sentido, impende sublinhar que, "se o delito previsto no art. 33 é crime hediondo, é inegável que tal atributo também se estende ao delito mais grave, financiamento ao tráfico, sobretudo se levarmos em consideração que, neste, o móvel do agente é a obtenção de bens, direitos e valores com a prática do tráfico de drogas por terceiro."[633]

9.3. Objetividade jurídica

O bem jurídico penalmente tutelado é a saúde pública.

9.4. Objeto material

É o crime de tráfico de drogas (arts. 33, *caput* e § 1º, e 34 da Lei 11.343/2006), que pode ou não vir a ser efetivamente praticado, uma vez que o financiamento do tráfico é delito formal (de consumação antecipada ou de resultado cortado).

9.5. Núcleos do tipo

O legislador valeu-se de dois núcleos, tecnicamente sinônimos, para elaborar a norma incriminadora do art. 36 da Lei 11.343/2006. Em verdade, os verbos típicos são "**financiar**" e "**custear**", ambos no sentido de sustentar os gastos, prover o capital necessário para uma determinada atividade, consistente na prática de qualquer dos crimes previstos nos arts. 33, *caput* (tráfico propriamente dito) e § 1º (tráfico por equiparação), e 34 (objetos e maquinismos destinados à produção de drogas) da Lei de Drogas. Entretanto, doutrina e jurisprudência têm conferido um caráter mais elástico à ação de custear, de maneira a abranger o fornecimento de qualquer outra utilidade com natureza econômica.

Com efeito, para além do financiamento da narcotraficância por meio de aportes monetários, o Supremo Tribunal Federal já teve a oportunidade de considerar suficientemente descrita a denúncia que imputou ao réu o delito contido no art. 36 da Lei 11.343/2006, "já que financiaria a associação criminosa, fornecendo veículos para o transporte das drogas ou para que fossem negociados."[634]

Destarte, custear o tráfico de drogas vai muito além da ação de fornecer dinheiro para o desenvolvimento da atividade ilícita. A conduta típica abrange o fornecimento de outros bens, como armamentos, automóveis e o "pagamento dos encarregados do transporte ou da distribuição ou ainda o aluguel de imóveis ou veículos para o transporte."[635] Note-se, portanto, que foi relevante

> "[...] o tipo penal ter previsto a conduta de custear, valendo-se da entrega de bens, pois do contrário o agente que entregasse dinheiro para a compra de carros responderia por financiamento, enquanto aquele que fornecesse os próprios carros seria punido

---

[633] LIMA, Renato Brasileiro de. *Legislação criminal especial comentada*: 8. ed. Salvador: JusPodivm, 2020. p. 1049. volume único.

[634] HC 98.754/SP, rel. Min. Ellen Gracie, 2ª Turma, j. 11.12.2009.

[635] BALTAZAR JUNIOR, José Paulo. *Crimes federais*. 9. ed. São Paulo: Saraiva, 2014. iBooks, Cap. 30, subitem 14.4.

por tráfico, com a diversidade de tratamento existente entre as figuras penais sem que haja qualquer diversidade de desvalor entre as condutas."[636]

Na literalidade do art. 36, o financiamento e o custeio só serão típicos se estas ações visarem à prática de qualquer dos crimes previstos nos arts. 33, *caput* e § 1º, e 34 da Lei de Drogas. Alguns delitos foram excluídos desse rol, certamente por incompatibilidade lógica com o financiamento (é o que se dá, por exemplo, com o crime do art. 38). Contudo, ressalta Renato Brasileiro de Lima (**1ª posição**), "estranhamente, o legislador não pune o financiamento à associação para fins de tráfico, prevista no art. 35 da Lei de Drogas." Para ele, "conquanto seja típico o financiamento aos crimes porventura praticados pela associação, há de ser reconhecida a atipicidade do financiamento à associação, isoladamente considerado."[637] É também como pensa José Paulo Baltazar Jr.[638]

Em sentido contrário, em posição com a qual concordamos, Andrey Borges de Mendonça e Paulo Roberto Galvão de Carvalho (**2ª posição**) asseveram que, na hipótese de financiamento a uma associação para o tráfico, que ainda não tenha executado nenhuma conduta delitiva, já estará caracterizado o financiamento, pois o dinheiro ou o bem tinha como destino a prática de uma das infrações penais dos arts. 33, *caput* e § 1º, e 34:

> "Como o delito de financiamento se consuma [...] com a disponibilização do bem ou dinheiro para a prática de um dos crimes dos arts. 33, *caput* e § 1.º, e art. 34, e como o delito de associação para o tráfico é justamente uma reunião estável com o fito de praticar um destes crimes (arts. 33, *caput* e § 1º, e art. 34), no exato instante em que houve disponibilização do dinheiro para os associados, como o fito destes é justamente praticar os crimes dos arts. 33, *caput* e § 1º, e art. 34, já houve consumação do delito de financiamento, independentemente da prática de qualquer crime posterior visado pela associação. Assim, não é possível financiar a associação sem que se esteja antes a financiar os crimes visados pelos agentes. Justamente por isto o legislador entendeu desnecessário tipificar o financiamento à associação autonomamente."[639]

Sem prejuízo, urge esclarecer que o art. 36 só tem incidência nas hipóteses em que o agente não tenha se envolvido diretamente no tráfico de drogas, ou seja, o delito somente alcança aquele que "financia ou custeia os crimes a que se referem os arts. 33, *caput* e § 1º, e 34 da Lei n. 11.343/2006, sem, contudo, ser autor ou partícipe (art. 29 do Código Penal) das condutas ali descritas."[640]

---

[636] MENDONÇA, Andrey Borges de; CARVALHO, Paulo Roberto Galvão de. *Lei de drogas*: Lei 11.343, de 23 de agosto de 2006 – comentada artigo por artigo. 3. ed. São Paulo: Método, 2012. p. 146-147.

[637] LIMA, Renato Brasileiro de. *Legislação criminal especial comentada*: volume único. 4. ed. Salvador: JusPodivm, 2016. p. 733.

[638] "O financiamento ou custeio de associação para o tráfico, quando não comprovada a efetiva realização de operações, será atípico" (BALTAZAR JUNIOR, José Paulo. *Crimes federais*. 9. ed. São Paulo: Saraiva, 2014. iBooks, Cap. 30, subitem 14.4).

[639] MENDONÇA, Andrey Borges de; CARVALHO, Paulo Roberto Galvão de. *Lei de drogas*: Lei 11.343, de 23 de agosto de 2006 – comentada artigo por artigo. 3. ed. São Paulo: Método, 2012. p. 147.

[640] STJ: HC 306.136/MG, rel. Min. Rogerio Schietti Cruz, 6ª Turma, j. 19.11.2015. No mesmo sentido: "O financiamento ou custeio ao tráfico ilícito de drogas (art. 36 da Lei nº 11.343/2006) é delito autônomo aplicável ao agente que não tem participação direta na execução do tráfico, limitando-se a fornecer

De fato, para os casos de **autofinanciamento do tráfico de drogas**, nos quais o agente atua simultaneamente como traficante e financiador do delito (exemplo: "A" financia a aquisição de uma tonelada de cocaína para ser comercializada por "B", e também auxilia na importação da substância e no seu transporte até este último), o legislador previu expressamente a **causa de aumento de pena** prevista no art. 40, inc. VII, da Lei 11.343/2006. Na visão do Superior Tribunal de Justiça:

> "O agente que atua diretamente na traficância – executando, pessoalmente, as condutas tipificadas no art. 33 da legislação de regência – e que também financia ou custeia a aquisição das drogas, deve responder pelo crime previsto no art. 33 com a incidência causa de aumento prevista no art. 40, VII, da Lei n. 11.343/2006 (por financiar ou custear a prática do crime), afastando-se, por conseguinte, a conduta autônoma prevista no art. 36 da referida legislação."[641]

Em sede doutrinária, contudo, existem três outros posicionamentos a respeito do correto enquadramento típico do autofinanciamento, a saber:

1ª posição: Apregoa que o agente deverá responder pelos delitos de financiamento (art. 36) e tráfico (art. 33, *caput* e § 1º, ou art. 34), em concurso material, sem a majorante do 40, VII, "sob pena de ocorrer *bis in idem* [entre o crime autônomo previsto no art. 36 e a causa de aumento], pois a conduta não pode, ao mesmo tempo, configurar crime autônomo e causa de aumento, havendo, nesse caso, dupla apenação violadora do princípio da reserva legal."[642]

2ª posição: O agente deverá responder apenas pelo crime de financiamento (art. 36), sendo o tráfico considerado um mero *post factum* impunível. Assim, "se o agente já expôs a perigo o bem jurídico tutelado pelo crime do art. 36 da Lei de Drogas por meio do financiamento ao tráfico, e depois resolve incrementar essa lesão precedente contra o mesmo bem jurídico já posto em perigo, concorrendo para o tráfico por ele mesmo financiado, há de ser aplicado o princípio da consunção, com a consequente absorção do tráfico. [...] Com a prática do tráfico de drogas pelo próprio financiador não se causa uma nova lesão ao bem jurídico tutelado pela Lei nº 11.343/06 (saúde pública), senão tão somente o seu incremento."[643]

3ª posição: O agente deverá responder apenas pelo tráfico (art. 33, *caput* e § 1º, ou art. 34), e não pelo financiamento (art. 36). Com efeito, "o crime de financiamento ou custeio do tráfico não ocorre quando o próprio financiador desenvolve a atividade. Em

---

os recursos necessários para subsidiar a mercancia" (STJ: REsp 1.290.296/PR, rel. Min. Maria Thereza de Assis de Moura, 6ª Turma, j. 03.02.2014).

[641] STJ, HC 306.136/MG, rel. Min. Rogerio Schietti Cruz, 6ª Turma, j. 19.11.2015. Nesse sentido: PACHECO, Gilberto Thums Vilmar. *Nova Lei de Drogas*: crimes, investigação e processo. Porto Alegre: Verbo Jurídico, 2007. p. 99-100. E ainda: SOUZA, Sérgio Ricardo de. *A nova Lei Antidrogas*: comentários e jurisprudência. 2. ed. Niterói: Impetus, 2007. p. 62-63.

[642] CAPEZ, Fernando. *Legislação penal especial simplificado*. 8. ed. São Paulo: Saraiva, 2012, iBooks, subitem 9.2.15.

[643] LIMA, Renato Brasileiro de. *Legislação criminal especial comentada*: volume único. 4. ed. Salvador: JusPodivm, 2016. p. 776.

casos como este, o financiamento é mero ato preparatório para a conduta final, consistente no tráfico."[644]

De outro lado, dada a autonomia da figura típica inscrita no art. 36, é possível o **concurso material** entre este crime e a associação para o financiamento do tráfico (Lei 11.343/2006, art. 35, parágrafo único).

9.6. Sujeito ativo

O crime é **comum** ou **geral**. Assim, pode ser cometido por qualquer pessoa, *salvo pelo autofinanciador*, pois este deve responder pelos arts. 33, *caput*, c.c 40, VII, da Lei 11.343/2006, e não pelo seu art. 36.

9.7. Sujeito passivo

É a coletividade (**crime vago**).

9.8. Elemento subjetivo

É o dolo, direto ou eventual, de financiar ou custear as operações atinentes ao tráfico de drogas. Não se exige nenhum elemento subjetivo específico, e não se admite a modalidade culposa.

Nada obstante o lucro econômico seja um objetivo rotineiramente almejado pelo financiador do tráfico, o tipo não reclama essa finalidade especial. No elucidativo exemplo de Samuel Miranda: "o agente que patrocina a compra de um pequeno estoque de maconha para que um sobrinho se inicie nas atividades de comercialização da erva, pratica, sem dúvida alguma, o delito tipificado neste artigo 36",[645] sem almejar o próprio enriquecimento.

9.9. Consumação

O momento consumativo do financiamento do tráfico pressupõe a identificação da natureza do delito. Cuida-se de crime permanente, habitual ou instantâneo? Existem três posições sobre o assunto:

1ª corrente: Trata-se de **crime permanente**, cuja consumação se prolonga no tempo, por vontade do agente. Para os defensores desse entendimento, se o agente financiar a narcotraficância praticada por determinado sujeito, por exemplo, durante o período de um ano, com aportes financeiros diários, restaria consumado apenas um crime de financiamento.

2ª corrente: Trata-se de **crime habitual**, que somente se consuma com a prática reiterada e uniforme de vários atos que revelam um criminoso estilo de vida do agente, de maneira que cada ato, isoladamente considerado, é atípico. Com esse entendimento, Renato Marcão sustenta a tese de que a consumação do delito somente ocorre "com a

---

[644] ROQUE, Fábio; TÁVORA, Nestor; ALENCAR, Rosmar Rodrigues. *Legislação criminal para concursos*. Salvador: JusPodivm, 2016. p. 574.

[645] ARRUDA, Samuel Miranda. *Drogas*: aspectos penais e processuais penais: Lei 11.343/2006. São Paulo: Método, 2007. p. 82.

prática efetiva de qualquer das condutas previstas, de forma reiterada."[646] No mesmo sentido, Victor Eduardo Rios Gonçalves e José Paulo Baltazar Jr. defendem a ideia de que a consumação do delito do art. 36 pressupõe que o agente atue como financiador contumaz (habitual), ou seja, que se dedique a tal atividade reiteradamente, "porque, àquele que financia o tráfico de forma isolada (ocasional), está reservada a causa de aumento do art. 40, VII, combinado com o art. 33, *caput*, da Lei."[647]

Essa posição também se ampara no fato de o art. 35 da Lei de Drogas, ao tratar da associação para o tráfico, ter se valido da expressão "para o fim de praticar, *reiteradamente ou não*, qualquer dos crimes previstos nos arts. 33, *caput* e § 1º, e 34 desta Lei". De seu turno, no momento em que tratou da associação para o financiamento do tráfico (art. 35, parágrafo único), a Lei 11.343/2006 considerou que somente haveria crime se esse agrupamento tivesse como meta "a *prática reiterada* do crime definido no art. 36 desta Lei", o que indicaria a natureza habitual do financiamento/custeio.[648]

3ª corrente: Trata-se de **crime instantâneo**, cuja consumação se verifica em um momento determinado, sem continuidade no tempo. É a corrente que defendemos, pois os núcleos "financiar" e "custear" não reclamam um estado de permanência, haja vista que podem ser realizados de forma instantânea. Desse modo, se o financiador bancar, em dez ocasiões diversas, a aquisição de drogas para comercialização por terceira pessoa, o agente deverá responder dez vezes pelo delito do art. 36 da Lei 11.343/2006, em concurso material ou em continuidade delitiva, conforme o caso.[649]

Com efeito, a expressão "prática reiterada ou não", prevista no *caput* do art. 35 da Lei de Drogas, significa apenas que este delito se configura diante do vínculo estável dos membros associados, ainda que a finalidade do agrupamento seja o cometimento de somente um dos crimes dos arts. 33, *caput* e § 1º, e 34 da Lei de Drogas. A associação para o financiamento (Lei 11.343/2006, art. 35, parágrafo único), por sua vez, concretiza-se com o objetivo (basta a intenção) de cometer a "prática reiterada" da infração penal definida no art. 36. Portanto, a expressão "prática reiterada" não autoriza a conclusão de que o delito do art. 36 seja de natureza habitual.

Agora, fixada a premissa de que o crime tipificado no art. 36 da Lei de Drogas é **instantâneo**, resta saber, a fim de estabelecer o seu momento consumativo, se é material ou formal. Despontam duas posições sobre o assunto:

a) **1ª posição:** O crime é **material** (ou **causal**), uma vez que o art. 36 da Lei 11.343/2006 expressamente diz que constitui crime **a prática** das condutas de financiar ou custear qualquer dos crimes previstos nos arts. 33, *caput* e § 1º, e 34. Logo, o próprio legislador exigiu a prática, o cometimento, pelo terceiro, do

---

[646] MARCÃO, Renato. *Tóxicos*: Lei n. 11.343, de 23 de agosto de 2006: anotada e interpretada. 10. ed. São Paulo: Saraiva, 2015. p. 196.

[647] GONÇALVES, Victor Eduardo Rios; BALTAZAR JUNIOR, José Paulo. *Legislação penal especial*. São Paulo: Saraiva, 2015. p. 117.

[648] Nesse sentido: CUNHA, Rogério Sanches; PINTO, Ronaldo Batista; SOUZA, Renee do Ó. Drogas – Lei n. 11.343/2006. *Leis penais especiais comentadas*. 3. ed. Salvador: JusPodivm, 2020. p. 1764.

[649] Em igual sentido: LIMA, Renato Brasileiro de. *Legislação criminal especial comentada*: volume único. 4. ed. Salvador: JusPodivm, 2016. p. 774; e RANGEL, Paulo; BACILA, Carlos Roberto. *Lei de drogas*: comentários penais e processuais. 3. ed. São Paulo: Atlas, 2015.

LEI DE DROGAS: Aspectos Penais e Processuais – *Cleber Masson* • *Vinícius Marçal*

tráfico de drogas para a consumação do crime de financiamento ou custeio do tráfico. Sem a ação criminosa – ao menos tentada – do financiado, não há falar em crime pelo financiador.[650]

b) **2ª posição:** O crime é **formal, de consumação antecipada** ou **de resultado cortado**, consumando-se com a simples ação de financiar ou custear o tráfico de drogas, independentemente da efetiva prática do tráfico. Em outras palavras, no momento em que a quantia monetária ou o bem é empregado em prol das ações ilícitas a serem desenvolvidas pelo narcotraficante, opera-se a consumação do delito tipificado no art. 36 da Lei 11.343/2006. O exercício pelo terceiro de qualquer ação que venha a consumar algum dos núcleos típicos previstos nos arts. 33, *caput* e § 1º, e 34 da Lei de Drogas constitui mero exaurimento do financiamento ou custeio do tráfico. É a nossa posição.[651]

O legislador, em verdade, pretendeu punir "o mero financiamento, daí que se o agente efetivamente financia a aquisição de droga, mas a operação não chega a completar-se, por qualquer motivo, o tipo do art. 36 já está perfeito, pois o que se exige é a mera disponibilização do recurso, para o fim de praticar os crimes arrolados no artigo."[652]

9.10. Tentativa

É possível, na hipótese de **crime plurissubsistente**, permitindo-se o fracionamento do *iter criminis*.

9.11. Ação penal

A ação penal é pública incondicionada.

9.12. Lei 9.099/1995 e acordo de não persecução penal

Em nossa concepção, o financiamento do tráfico configura **crime de máximo potencial ofensivo**[653] – equiparado a hediondo – sujeito a um tratamento jurídico-penal mais severo por imposição do legislador constituinte (art. 5º, XLIII). Assim, pela sanção cominada, afastam-se tanto a incidência dos benefícios previstos na Lei 9.099/1995 como a possibilidade de celebração do acordo de não persecução penal (ANPP), pois a pena mínima prevista no art. 36 não é inferior a quatro anos, como exige o art. 28-A, *caput*, do Código de Processo Penal.

---

[650] GUIMARÃES, Isaac Sabbá. *Nova Lei Antidrogas comentada*: crimes e regime processual penal. 2. ed. Curitiba: Juruá, 2007. p. 111.

[651] "O financiamento ou custeio ao tráfico ilícito de drogas (art. 36 da Lei nº 11.343/2006) é delito autônomo aplicável ao agente que não tem participação direta na execução do tráfico, limitando-se a fornecer os recursos necessários para subsidiar a mercancia" (STJ: REsp 1.290.296/PR, rel. Min. Maria Thereza de Assis Moura, 6ª Turma, j. 17.12.2013).

[652] ARRUDA, Samuel Miranda. *Drogas*: aspectos penais e processuais penais: Lei 11.343/2006. São Paulo: Método, 2007. p. 82. Em igual sentido: GRECO FILHO, Vicente; RASSI, João Daniel. *Lei de drogas anotada*: Lei 11.343/2006. São Paulo: Saraiva, 2007. p. 124.

[653] Para quem discorda da natureza hedionda por equiparação, o financiamento do tráfico é **crime de elevado potencial ofensivo**.

9.13. Classificação doutrinária

O crime é **comum** (pode ser cometido por qualquer pessoa); **formal, de consumação antecipada** ou **de resultado cortado** (consuma-se com a prática da conduta criminosa, independentemente da superveniência do resultado naturalístico); **de perigo comum** (coloca em risco um número indeterminado de pessoas) e **abstrato** (presumido pela lei); **vago** (tem como sujeito passivo um ente destituído de personalidade jurídica); **de forma livre** (admite qualquer meio de execução); **comissivo** (os núcleos indicam ações); **instantâneo** ou **de estado** (a consumação se opera em um momento determinado, nada obstante exista quem diga que o crime é permanente, e outras que sustentam seu caráter habitual); **unissubjetivo, monossubjetivo** ou **de concurso eventual** (pode ser cometido por uma única pessoa, mas admite o concurso); em regra **plurissubsistente** (a conduta pode ser composta de um ou mais atos); e de **máximo potencial ofensivo**.

10. INFORMANTE COLABORADOR – ART. 37

10.1. Dispositivo legal

> "Art. 37. Colaborar, como informante, com grupo, organização ou associação destinados à prática de qualquer dos crimes previstos nos arts. 33, *caput* e § 1º, e 34 desta Lei:
>
> Pena – reclusão, de 2 (dois) a 6 (seis) anos, e pagamento de 300 (trezentos) a 700 (setecentos) dias-multa."

10.2. Introdução

Na vigência da Lei 6.368/1976, a conduta do prestador de informações ao tráfico de drogas – muitas vezes na qualidade de "olheiro" ou "fogueteiro" – era alcançada pela disposição do art. 12, § 2º, III, que incriminava a ação de quem contribuísse de qualquer forma para incentivar ou difundir o uso indevido ou o tráfico ilícito de substância entorpecente ou que determine dependência física ou psíquica.

Por sua vez, a Lei 11.343/2006 inovou ao criar uma figura típica específica para o informante colaborador do narcotráfico. Trata-se de mais uma exceção pluralista à teoria monista no concurso de pessoas, pela qual foram separadas as condutas do traficante de drogas integrante de grupo, organização ou associação e da pessoa que, na condição de informante, colabora para a sua atividade (art. 37).[654]

---

[654] "A conduta do 'fogueteiro do tráfico', antes tipificada no art. 12, § 2º, da Lei 6.368/76, encontra correspondente no art. 37 da Lei que a revogou, a Lei 11.343/06, não cabendo falar em *abolitio criminis*. O informante, na sistemática anterior, era penalmente responsável como coautor ou partícipe do crime para o qual colaborava, em sintonia com a teoria monística do art. 29 do Código Penal. A nova Lei de Entorpecentes abandonou a teoria monística, ao tipificar no art. 37, como autônoma, a conduta do colaborador, aludindo ao informante (o 'fogueteiro', sem dúvida, é informante). A revogação da lei penal não implica, necessariamente, descriminalização de condutas. Necessária se faz a observância ao **princípio da continuidade normativo-típica**, a impor a manutenção de condenações dos que infringiram tipos penais da lei revogada quando há, como *in casu*, correspondência na lei revogadora" (STF: HC 106.155/RJ, rel. Min. Marco Aurélio, 1ª Turma, j. 04.10.2011).

204 | LEI DE DROGAS: Aspectos Penais e Processuais – *Cleber Masson* • *Vinícius Marçal*

10.3. Objetividade jurídica

O bem jurídico penalmente tutelado é a saúde pública.

10.4. Objeto material

É a prática do delito de tráfico de drogas perpetrado por grupo, organização ou associação, para o qual o agente colabora como informante.

10.5. Núcleo do tipo

O núcleo do tipo é "**colaborar**", no sentido de cooperar, concorrer ou contribuir, na condição de informante, com grupo, organização ou associação destinados à prática de qualquer dos crimes previstos nos arts. 33, *caput* e § 1º, e 34, da Lei de Drogas.

Para incorrer no crime do art. 37, o sujeito deve cooperar unicamente como **informante**. Com efeito, se ele praticar alguma conduta inerente ao tráfico de drogas propriamente dito, inevitavelmente responderá por este delito.

Em verdade, nem toda espécie de colaboração é englobada pelo art. 37 da Lei 11.343/2006. De fato, a "**colaboração material**" configura verdadeiro **auxílio** ao narcotráfico, fazendo com que o "colaborador" seja considerado partícipe do tráfico de drogas. Além disso, também é possível cogitar da participação no tráfico de drogas pela "colaboração moral", quando então o sujeito será alcançado pela norma de extensão pessoal contida no art. 29, *caput*, do Código Penal, por ter instigado ou induzido o autor deste delito. Finalmente, a colaboração mediante financiamento ou custeio ao tráfico de drogas pode configurar o delito tipificado no art. 36 da Lei 11.343/2006.

Destarte, a colaboração que rende ensejo à incidência do art. 37 da Lei de Drogas é a que se opera por meio da **prestação de informações**, tal como ocorre quando o agente, exemplificativamente, contribui para a propagação do tráfico de drogas, na função popularmente conhecida como "**olheiro**". A propósito, o Superior Tribunal de Justiça já reconheceu a consumação desse delito na situação em que o autor, como olheiro do tráfico, "valia-se de um apito e de uma arma de fogo [...], sendo certo que recebia semanalmente determinada quantia dos líderes da quadrilha pelas funções desempenhadas."[655] É de ressaltar, contudo, que, a despeito de atuar como olheiro, nos casos em que o sujeito vier a exercer a *vigilância do ponto do tráfico*, será possível a sua responsabilização pelo crime definido no art. 33, *caput*, se ficar evidenciada a *guarda* da própria droga.

Também incorre no delito em análise o agente que, devidamente acordado com os chefes do tráfico, atua para avisá-los sobre eventuais ações policiais, por vezes soltando foguetes e disparando outros sinais sonoros. O assim chamado "**fogueteiro**", "sem dúvida, é informante."[656]

Exige-se, ademais, que as informações prestadas pelo agente possuam **força causal** para encerrar uma verdadeira colaboração com grupo, organização ou associação destinados à prática de qualquer dos crimes previstos nos arts. 33, *caput* e § 1º, e 34 da Lei de Drogas. Deve haver, portanto, **nexo de causalidade** entre a ação informativa do

---

[655] HC 156.656/RJ, rel. Min. Rogerio Schietti Cruz, 6ª Turma, j. 15.05.2014.
[656] STF: HC 106.155/RJ, rel. Min. Marco Aurélio, 1ª Turma, j. 04.10.2011.

colaborador e a atividade do grupo, organização ou associação destinados à pratica do tráfico de drogas.

Desse modo, a **colaboração inócua**, que em nada contribui para o resultado, é penalmente irrelevante. Exemplo: "A" solta foguetes desordenados para avisar a associação criminosa que comanda o tráfico de drogas em sua comunidade acerca da chegada da Polícia. Como os associados nem sequer conheciam "A" e, tampouco, poderiam imaginar que o foguetório tinha por escopo auxiliá-los, não há falar na caracterização do delito previsto no art. 37 da Lei 11.343/2006.

Nada obstante a **eventualidade** não venha expressa no tipo penal, o crime do art. 37 da Lei de Drogas, **de natureza subsidiária**, somente se verifica se a conduta do informante ocorrer de forma **esporádica**. De fato, tratando-se de informante **colaborador permanente**, seu enquadramento típico migrará do art. 37 para o art. 35 (associação para o tráfico), em face do agrupamento estável e permanente. Se não bastasse, ao agente também poderá ser imputado o tráfico de drogas (art. 33, *caput*), se ele realizar qualquer conduta ligada a esta atividade.

Portanto, se o caso concreto revelar que o agente mantém vínculo ou envolvimento duradouro com o grupo, organização ou associação destinado ao tráfico de drogas, conhecendo e participando de sua rotina, bem como cumprindo sua tarefa na empreitada comum, a conduta não se conformará ao art. 37 da Lei 11.343/2006, ainda que sua função seja de sentinela, fogueteiro ou informante.[657]

Essa é a razão pela qual o informante colaborador "**deve ter uma certa distância da organização**",[658] sem manter vínculo estável e permanente com os demais membros do agrupamento delitivo, e sem realizar atos típicos do tráfico de drogas, pois, se assim agir, incorrerá em crimes mais graves, operando-se a absorção do delito previsto no art. 37 da Lei 11.343/2006.

Em síntese, colha-se o didático julgado do Superior Tribunal de Justiça:

> "1. A **conduta de olheiro** tanto pode se enquadrar no delito tipificado no **artigo 37** como nos **artigos 33** ou **35** da Lei n. 11.343/2006, **a depender da comprovação da estabilidade ou não do vínculo**. 2. Assim, se restar comprovado nos autos que o indivíduo colabora com o grupo prestando *informações de forma esporádica, eventual, sem vínculo efetivo*, a conduta se encaixará na norma descrita no *artigo 37* da referida lei. Ao contrário, se ficar demonstrado que a função é exercida *de forma estável*, constituindo-se o modo pelo qual o agente adere aos fins do grupo criminoso, a hipótese será enquadrada no crime do *artigo 35, ou mesmo 33 da Lei Antidrogas*, a depender das circunstâncias. 4. É incontroverso nos autos que o réu portava um rádio comunicador, com a finalidade de avisar aos traficantes da localidade acerca da chegada da polícia no local, porém, em nenhum momento há o reconhecimento da estabilidade de seu envolvimento com o tráfico de drogas, ou seja, não ficou demonstrado um vínculo efetivo com o grupo criminoso, apenas foi narrada uma única conduta desvinculada de qualquer outra finalidade, devendo, portanto, a hipótese ser enquadrada no artigo 37 da Lei Antidrogas."[659]

---

[657] STJ: HC 224.849/RJ, rel. Min. Marco Aurélio Bellizze, 5ª Turma, j. 19.06.2013.

[658] RANGEL, Paulo; BACILA, Carlos Roberto. *Lei de drogas*: comentários penais e processuais. 3. ed. São Paulo: Atlas, 2015. p. 125.

[659] AgRg no REsp 1.738.851/RJ, rel. Min. Maria Thereza de Assis Moura, 6ª Turma, j. 21.08.2018. Igualmente: "Não se admite a capitulação jurídica nos termos do art. 37 da Lei de Drogas, à conduta de

206 | LEI DE DROGAS: Aspectos Penais e Processuais – *Cleber Masson • Vinícius Marçal*

De mais a mais, atente-se, não basta colaborar, como informante, para o *tráfico de drogas*. É imprescindível a colaboração, como informante, para **grupo**, **organização** ou **associação** destinados à prática do tráfico de drogas. Na linha da jurisprudência do Superior Tribunal de Justiça:

> "*Grupo* deve ser compreendido como o concurso eventual de pessoas; *organização* é a associação de 4 (quatro) ou mais pessoas estruturalmente ordenada e caracterizada pela divisão de tarefas, ainda que informalmente, com objetivo de obter, direta ou indiretamente, vantagem de qualquer natureza, mediante a prática de infrações penais cujas penas máximas sejam superiores a 4 (quatro) anos, ou que sejam de caráter transnacional (art. 1º, § 1º da Lei 12.850/2013); *associação*, por sua vez, é o agrupamento definido no art. 35 da Lei 11.343/2006."[660]

A tipificação da **colaboração episódica** como informante de um **traficante isolado** – pessoa que se dedica sozinha ao narcotráfico – gera intenso debate na doutrina e na jurisprudência. Existem três posições sobre o assunto:

1ª posição: O fato é atípico. Se a colaboração informativa for prestada em favor de um único traficante, e não para um grupo, organização ou associação, "a conduta do agente será atípica em face deste art. 37, diante da interpretação restritiva da lei penal."[661]

2ª posição: Não há o crime do art. 37 da Lei de Drogas, mas pode o agente que colabora como informante de apenas um traficante, de acordo com o caso, responder pela "participação no crime de tráfico (arts. 33, *caput* e § 1º, e 34)."[662] Esse entendimento peca por consentir com a punição muito mais severa do agente que colabora eventualmente com informações prestadas a um traficante solitário (partícipe do tráfico), em relação àquele que colabora do mesmo modo com uma associação para o narcotráfico (Lei 11.343/2006, art. 37).

3ª posição: Defende a possibilidade de aplicação, por analogia *in bonam partem*, do art. 37 da Lei de Drogas ao colaborador eventual que presta informações ao traficante solitário. É o nosso entendimento, também adotado por Andrey Borges de Mendonça e Paulo Roberto Galvão de Carvalho:

> "Não será atípica, pois em razão do disposto no art. 29 do CP, ele estará auxiliando o traficante e, como tal, deverá responder pelo delito por este praticado, como partícipe. Se, por exemplo, presta informações para um traficante solitário sobre o melhor local para a venda de drogas ou para a aquisição de drogas, responderá pelo crime de tráfico posteriormente executado. Porém, tal solução fere de morte o princípio da isonomia,

---

'**olheiro**', praticada mediante contribuição estável e permanente aos destinatários das informações que possibilitarão a prática do tráfico de drogas, já que a referida figura típica pressupõe o vínculo esporádico e eventual" (STJ: AgRg no HC 589.320/SP, rel. Min. Nefi Cordeiro, 6ª Turma, j. 08.09.2020).

[660] HC 224.849/RJ, rel. Min. Marco Aurélio Bellizze, 5ª Turma, j. 19.06.2013.

[661] DELMANTO, Roberto; DELMANTO JUNIOR, Roberto; DELMANTO, Fabio M. de Almeida. *Leis penais especiais comentadas*. 2. ed. São Paulo: Saraiva, 2014. p. 965.

[662] CAPEZ, Fernando. *Legislação penal especial simplificado*. 8. ed. São Paulo: Saraiva, 2012. iBooks, subitem 9.2.11. Igualmente: ANDREUCCI, Ricardo Antônio. *Legislação penal especial*. 10. ed. São Paulo: Saraiva, 2015. p. 261. E ainda: RANGEL, Paulo; BACILA, Carlos Roberto. *Lei de drogas*: comentários penais e processuais. 3. ed. São Paulo: Atlas, 2015. p. 125.

Cap. 1 • CRIMES EM ESPÉCIE | **207**

pois neste caso receberá pena de cinco a 15 anos, enquanto se tivesse contribuído com um grupo de traficantes receberia pena de dois a seis anos. Não há razão para distinguir, principalmente porque a situação de quem contribui com apenas um traficante é menos grave do que aquela de quem contribui com um grupo de traficantes. A solução, justamente por isto, é a aplicação da analogia *in bonam partem*, de forma a ser alcançado pelo presente tipo penal também aquele que contribui com apenas um traficante, em razão da lacuna da Lei."[663]

10.6. Sujeito ativo

O crime é **comum** ou **geral** (pode ser cometido por qualquer pessoa).

Se o informante colaborador for funcionário público (um policial, por exemplo), e solicitar ou receber vantagem indevida em troca da colaboração espúria, também responderá pelo crime de corrupção passiva (CP, art. 317, *caput*), em concurso material.

Por sua vez, se a colaboração do funcionário público, como informante, for praticada com infração de dever funcional, cedendo a pedido ou influência de outrem, a ele serão imputados, em concurso material, os delitos tipificados nos arts. 37 da Lei 11.343/2006 e 317, § 2º, do Código Penal.

Nessas duas hipóteses, não incide a majorante catalogada pelo art. 40, inc. II, da Lei de Drogas – "o agente praticar o crime prevalecendo-se de função pública" – em face da proibição do *bis in idem*. Entretanto, se ocorrer a colaboração informativa do funcionário público sem qualquer espécie de solicitação ou recebimento de vantagem indevida, ou então sem ceder a pedido ou influência de outrem, a responsabilização criminal do agente será pelo art. 37 com a causa de aumento de pena prevista no art. 40, inc. II, ambos da Lei 11.343/2006.

10.7. Sujeito passivo

É a coletividade (**crime vago**).

10.8. Elemento subjetivo

É o dolo, independentemente de qualquer finalidade específica.

Não se admite a modalidade culposa.

10.9. Consumação

O crime é **formal, de consumação antecipada** ou **de resultado cortado**: consuma-se no instante em que o colaborador presta informações ao grupo, organização ou associação destinados à prática de qualquer dos crimes previstos nos arts. 33, *caput* e § 1º, e 34 da Lei de Drogas, independentemente da efetiva prática de qualquer crime posterior.

---

[663] MENDONÇA, Andrey Borges de; CARVALHO, Paulo Roberto Galvão de. *Lei de drogas*: Lei 11.343, de 23 de agosto de 2006 – comentada artigo por artigo. 3. ed. São Paulo: Método, 2012. p. 154. No mesmo sentido: ROQUE, Fábio; TÁVORA, Nestor; ALENCAR, Rosmar Rodrigues. *Legislação criminal para concursos*. Salvador: JusPodivm, 2016. p. 578. E ainda: PORTOCARRERO, Claudia Barros. *Leis penais especiais para concursos*. Niterói: Impetus, 2010. p. 471.

10.10. Tentativa

Nas hipóteses de delito plurissubsistente (comportando o fracionamento do *iter criminis*), *é possível a tentativa*. Exemplo: "A", na condição de colaborador, envia uma mensagem digital ao grupo criminoso, com informações do seu interesse para a prática do tráfico de drogas, mas o texto chega corrompido ao destinatário final.

Nas hipóteses em que o crime for unissubsistente, a exemplo da conversa oral entre o informante colaborador e o integrante do grupo, organização ou associação voltado à prática do tráfico de drogas, não será cabível o *conatus*.

10.11. Ação penal

A ação penal é pública incondicionada.

10.12. Lei 9.099/1995 e acordo de não persecução penal

Em nossa concepção, o delito do art. 37 configura **crime de máximo potencial ofensivo**[664] – equiparado a hediondo –, sujeito a um tratamento jurídico-penal mais severo por imposição do legislador constituinte (art. 5º, XLIII).

Em razão da pena máxima cominada, afasta-se a possibilidade de transação penal (Lei 9.099/1995, art. 76); pela sanção mínima prevista no tipo, inviabiliza-se a suspensão condicional do processo (Lei 9.099/1995, art. 89); no mais, conquanto a pena de piso seja inferior a quatro anos (CPP, art. 28-A, *caput*), pelo princípio da suficiência da pena,[665] impede-se a celebração do acordo de não persecução penal.

10.13. Classificação doutrinária

O crime é **comum** (pode ser cometido por qualquer pessoa); **formal, de consumação antecipada** ou **de resultado cortado** (consuma-se com a prática da conduta criminosa, independentemente da superveniência do resultado naturalístico); **de perigo comum** (coloca em risco uma pluralidade de pessoas) e **abstrato** (presumido pela lei); **vago** (tem como sujeito passivo um ente destituído de personalidade jurídica); **de forma livre** (admite qualquer meio de execução); em regra **comissivo** (o núcleo indica uma ação); **instantâneo** ou **de estado** (a consumação se opera em um momento determinado, sem continuidade no tempo); **unissubjetivo, unilateral** ou **de concurso eventual** (pode ser cometido por uma única pessoa, mas admite o concurso); **unissubsistente** ou **plurissubsistente** (a conduta pode ser composta de um ou mais atos); e de **máximo potencial ofensivo** (ou de **elevado potencial ofensivo**, para quem discorda da natureza hedionda por equiparação do crime do art. 37).

---

[664] Como ressaltamos no item 2.2, há quem discorde da classificação dos crimes previstos nos arts. 36 e 37 como hediondos por equiparação. Nesse sentido: HABIB, Gabriel. *Leis penais especiais*. 9. ed. Salvador: JusPodivm, 2017. volume único.

[665] "Veda-se o acordo de não persecução penal aos crimes [...] hediondos e equiparados, pois em relação a estes o acordo não é suficiente para a reprovação e prevenção do crime" (**Enunciado 22** do Conselho Nacional de Procuradores-Gerais dos Ministérios Públicos dos Estados e da União [CNPG], por seu Grupo Nacional de Coordenadores de Centro de Apoio Operacional Criminal [GNCCRIM]).

11. PRESCRIÇÃO OU MINISTRAÇÃO CULPOSA DE DROGA – ART. 38

11.1. Dispositivo legal

"Art. 38. Prescrever ou ministrar, culposamente, drogas, sem que delas necessite o paciente, ou fazê-lo em doses excessivas ou em desacordo com determinação legal ou regulamentar:

Pena – detenção, de 6 (seis) meses a 2 (dois) anos, e pagamento de 50 (cinquenta) a 200 (duzentos) dias-multa.

Parágrafo único. O juiz comunicará a condenação ao Conselho Federal da categoria profissional a que pertença o agente."

11.2. Objetividade jurídica

O bem jurídico penalmente tutelado é a saúde pública.

11.3. Objeto material

É a droga prescrita ou ministrada culposamente ao paciente, ou em dose excessiva ou ainda em desacordo com determinação legal ou regulamentar.

11.4. Núcleo do tipo

O tipo penal contém dois núcleos: "prescrever" e "ministrar".

Prescrever é indicar o uso, receitar. Cuida-se de crime próprio ou especial, pois a prescrição de droga somente pode ser efetuada por profissionais da saúde legalmente autorizados, a exemplo dos médicos e dentistas.

Ministrar equivale a introduzir ou inocular algo no organismo de alguém. Essa atividade somente pode ser realizada por médico, dentista, farmacêutico ou profissional de enfermagem. Os dois primeiros podem prescrever e ministrar drogas em geral; os dois últimos podem somente ministrá-las.

Em qualquer caso, **somente haverá o crime do art. 38 se a prescrição ou a ministração da droga ocorrer de forma culposa**. Se o agente atuar **dolosamente**, a ele será imputado o crime tipificado no art. 33, *caput*, da Lei 11.343/2006. E como não se admite a participação dolosa em crime culposo, "se alguém, de forma dolosa, consegue obter receita culposamente dada, responde pelo art. 33 quando entrega a consumo a droga abusivamente receitada. O profissional que receita, continua, em tese, respondendo pelo crime culposo, se presentes os elementos da culpa."[666]

Destarte, caso alguém atue – prescrevendo ou ministrando drogas – sem possuir autorização legal ou regulamentar para tanto, responderá pelo crime tipificado no art. 33, *caput*, da Lei 11.343/2006. Com efeito, aquele que ministra ou prescreve droga a alguém sem estar autorizado a fazê-lo age dolosamente, a exemplo do que se verifica com os falsos "médicos".

---

[666] GRECO FILHO, Vicente; RASSI, João Daniel. *Lei de drogas anotada*: Lei 11.343/2006. São Paulo: Saraiva, 2007. p. 127.

210 | LEI DE DROGAS: Aspectos Penais e Processuais – *Cleber Masson* • *Vinícius Marçal*

Também responderá pelo tráfico de drogas o veterinário que vier a ministrar ou prescrever droga a alguma pessoa, pois apenas tem autorização legal a fazê-lo quanto aos animais.

11.4.1. Crime culposo e tipo fechado

Em regra, os crimes culposos são previstos por tipos abertos, repletos de elementos normativos, uma vez que a lei não define expressamente no que consiste o comportamento culposo, transferindo essa missão ao magistrado, na decisão do caso concreto.

No art. 38 da Lei 11.343/2006, contudo, existe uma exceção, consistente em **crime culposo definido em tipo penal fechado**, pois o legislador taxativamente indicou as situações nas quais a culpa pode se manifestar, a saber:

a) **prescrição ou ministração de droga sem que dela necessite o paciente**: O agente, culposamente, em razão de uma equivocada avaliação do estado de saúde do paciente, imagina que ele necessita da droga. Exemplo: O médico prescreve morfina ao paciente, supostamente com câncer, para aliviar as suas dores, mas, posteriormente, descobre que ele não possuía nenhum tumor em seu organismo. Outra possibilidade: a enfermeira ministra droga, por engano, à pessoa errada. Ministrar droga por equívoco é o mesmo que fazê-lo sem necessidade;

b) **prescrição ou ministração de droga em dose excessiva**: O tratamento se faz necessário, mas a prescrição ou ministração da droga é efetuada com indiscutível exagero. Evidentemente, não há crime quando o agente prescrever ou ministrar a droga em dose infimamente superior à necessária;

c) **prescrição ou ministração de droga em desacordo com determinação legal ou regulamentar**: O agente viola uma norma reguladora da atividade de prescrever ou ministrar droga, ou seja, o faz em contrariedade ao que estabelece a lei ou o regulamento, tal como se verifica quando um médico, a título ilustrativo, é imprudente ao receitar medicamento de uso controlado, pelo fato de conter o princípio ativo de alguma droga.

11.4.2. A superveniência de lesão culposa ou morte culposa

Se o sujeito prescreve ou ministra droga culposamente, sem que dela necessite o paciente, ou em dosagem excessiva, ou então em desacordo com determinação legal ou regulamentar, daí resultando lesão corporal ou morte da vítima, qual será a tipificação da sua conduta? Há duas posições sobre o assunto:

1ª posição: Estará caracterizado o crime previsto no art. 38 da Lei 11.343/2006, em concurso formal com lesão culposa ou homicídio culposo, a depender do caso concreto. É o entendimento que adotamos, na companhia de diversos outros autores.[667]

---

[667] LIMA, Renato Brasileiro de. *Legislação criminal especial comentada*. 4. ed. Salvador: JusPodivm, 2016. volume único. p. 782; MENDONÇA, Andrey Borges de; CARVALHO, Paulo Roberto Galvão de. *Lei de drogas*: Lei 11.343, de 23 de agosto de 2006 – comentada artigo por artigo. 3. ed. São Paulo: Método, 2012. p. 158; e GONÇALVES, Victor Eduardo Rios; BALTAZAR JUNIOR, José Paulo. *Legislação penal especial*. São Paulo: Saraiva, 2015. p. 120.

2ª posição: Subsiste somente o crime de dano (lesão culposa ou o homicídio culposo), com o afastamento do delito de perigo (LD, art. 38).[668]

11.5. Sujeito ativo

Cuida-se de **crime próprio** ou **especial**, pois somente pode ser cometido pelos profissionais da área de saúde autorizados a prescrever e ministrar drogas. O parágrafo único do art. 38 da Lei 11.343/2006 reforça essa compreensão ao impor ao magistrado o dever de comunicar "a condenação ao Conselho Federal da categoria profissional a que pertença o agente."

11.6. Sujeito passivo

É a coletividade (crime vago) e, mediatamente, a pessoa a quem droga foi indevidamente prescrita ou ministrada.

11.7. Elemento subjetivo

É a culpa, em qualquer das suas modalidades (imprudência, negligência ou imperícia), a qual somente caracterizará o delito tipificado no art. 38 da Lei 11.343/2006 quando o agente, deixando de observar o dever objetivo de cuidado, prescrever ou ministrar drogas (*a*) sem que delas necessite o paciente, (*b*) em doses excessivas, ou (*c*) em desacordo com determinação legal ou regulamentar.

11.8. Consumação

No caso da prescrição, o crime se consuma quando a receita é *entregue ao destinatário*, não se exigindo a aquisição da droga. Por sua vez, na hipótese da ministração, a consumação se dá no momento em que a droga é *inoculada no paciente*.

11.9. Tentativa

Não se admite o *conatus*. De fato, é impossível falar em tentativa de crime culposo (salvo na culpa imprópria), pois em delitos desta natureza o resultado naturalístico é involuntário, daí decorrendo a incompatibilidade lógica com a não consumação por circunstâncias alheias à vontade do agente. Portanto, ou a receita da droga culposamente prescrita chega ao seu destinatário, ou a droga é culposamente ministrada, e o crime estará consumado; ou então tais situações não se verificam, e o fato será um indiferente penal.

11.10. Ação penal

A ação penal é pública incondicionada.

---

[668] Nesse sentido: RANGEL, Paulo; BACILA, Carlos Roberto. *Lei de drogas*: comentários penais e processuais. 3. ed. São Paulo: Atlas, 2015. p. 126; e THUMS, Gilberto; PACHECO, Vilmar. *Nova lei de drogas*: crimes, investigação e processo. Porto Alegre: Verbo Jurídico, 2007. p. 103-104.

11.11. Lei 9.099/1995 e acordo de não persecução penal

Por possuir pena máxima de dois anos de detenção, o crime em estudo consubstancia **infração penal de menor potencial ofensivo**, de competência do Juizado Especial Criminal e compatível com a transação penal e os demais benefícios despenalizadores contidos na Lei 9.099/1995.

Sendo cabível a transação penal, o delito vertido no art. 38 da Lei de Drogas é **incompatível** com a celebração do **acordo de não persecução penal** (CPP, art. 28-A, § 2.º, I).

11.12. Classificação doutrinária

A prescrição ou ministração culposa de droga é **próprio** (exige uma situação diferenciada no tocante sujeito ativo); **formal, de consumação antecipada** ou **de resultado cortado** (consuma-se com a prática da conduta criminosa, independentemente da superveniência do resultado naturalístico); **de perigo comum** (coloca em risco um número indeterminado de pessoas) e **abstrato** (presumido pela lei); **vago** (tem como sujeito passivo um ente destituído de personalidade jurídica); **de forma livre** (admite qualquer meio de execução); em regra **comissivo** (os núcleos indicam ações); **instantâneo** ou **de estado** (a consumação se opera em um momento determinado, sem continuidade no tempo); **unissubjetivo, unilateral** ou **de concurso eventual** (pode ser cometido por uma única pessoa, mas admite o concurso); **unissubsistente** ou **plurissubsistente** (a conduta pode ser composta de um ou mais atos); e de **menor potencial ofensivo**.

11.13. Comunicação aos órgãos de controle

Como estabelece o art. 38 da Lei de Drogas: "O juiz comunicará a condenação ao Conselho Federal da categoria profissional a que pertença o agente."

Trata-se de *obrigação legal imposta ao magistrado*, que decorre da condenação do agente e tem por escopo viabilizar a responsabilização administrativa, no âmbito próprio (em face da independência das instâncias), daquele que já foi condenado na esfera penal. Prescinde-se do trânsito em julgado da sentença, pois *não há falar em efeito da condenação propriamente dito*, e sim em um mero **dever de comunicação**.

Nada impede, vale dizer, que o magistrado já faça a comunicação aos órgãos de controle (exemplos: Conselho Federal de Medicina, Conselho Federal de Enfermagem etc.) *por ocasião do recebimento da denúncia*. De igual modo, pode o representante do Ministério Público, por conta própria, realizar essa comunicação, enviando ao órgão de controle respectivo cópias do procedimento investigatório e da inicial acusatória.

12. CONDUÇÃO DE EMBARCAÇÃO OU AERONAVE SOB INFLUÊNCIA DE DROGA – ART. 39

12.1. Dispositivo legal

"Art. 39. Conduzir embarcação ou aeronave após o consumo de drogas, expondo a dano potencial a incolumidade de outrem:

Pena – detenção, de 6 (seis) meses a 3 (três) anos, além da apreensão do veículo, cassação da habilitação respectiva ou proibição de obtê-la, pelo mesmo prazo da

Cap. 1 • CRIMES EM ESPÉCIE | **213**

pena privativa de liberdade aplicada, e pagamento de 200 (duzentos) a 400 (quatrocentos) dias-multa.

Parágrafo único. As penas de prisão e multa, aplicadas cumulativamente com as demais, serão de 4 (quatro) a 6 (seis) anos e de 400 (quatrocentos) a 600 (seiscentos) dias-multa, se o veículo referido no *caput* deste artigo for de transporte coletivo de passageiros."

12.2. Objetividade jurídica

O tipo penal tutela a segurança dos meios de transporte (aéreo, marítimo e fluvial), bem como a incolumidade pública.

12.3. Objeto material

É a embarcação ou aeronave conduzida pelo agente após o consumo da droga, de modo a expor a dano potencial a incolumidade de outrem.

O conceito jurídico de **embarcação** encontra-se no art. 2°, inc. V, da Lei 9.537/1997: "qualquer construção, inclusive as plataformas flutuantes e, quando rebocadas, as fixas, sujeita a inscrição na autoridade marítima e suscetível de se locomover na água, por meios próprios ou não, transportando pessoas ou cargas." São exemplos de embarcação o navio, a lanchas, a canoa e o *jet ski*, entre tantos outros.

Por sua vez, a teor do art. 106 da Lei 7.565/1986 (Código Brasileiro de Aeronáutica), **aeronave** é "todo aparelho manobrável em voo, que possa sustentar-se e circular no espaço aéreo, mediante reações aerodinâmicas, apto a transportar pessoas ou coisas." São seus exemplos os aviões, helicópteros, ultraleves etc.

12.4. Núcleo do tipo

É "**conduzir**", ou seja, dirigir, pilotar ou guiar embarcação ou aeronave.

Se o agente, após o consumo de droga, vier a conduzir **veículo automotor** (carro, caminhão, motocicleta etc.), estará caracterizado o crime de embriaguez ao volante, tipificado no art. 306 da Lei 9.503/1997 (Código de Trânsito Brasileiro). De fato, o alcance desse dispositivo legal não se limita somente ao consumo do álcool, abrangendo também qualquer outra substância psicoativa que determine dependência, circunstância inerente às drogas em geral.

Em virtude de um *lamentável vácuo legislativo*, não se configura o crime previsto no art. 39 da Lei 11.343/2006 quando o agente conduz embarcação ou aeronave após o consumo do **álcool**, ainda que exponha a dano potencial a incolumidade de outrem. O Código de Trânsito Brasileiro também não engloba essa hipótese, pois somente regulamenta o trânsito nas **vias terrestres** do território nacional.

Destarte, dependendo do caso concreto, a hipótese ventilada pode render ensejo aos arts. 34 ("Dirigir veículos na via pública, ou embarcações em águas públicas, pondo em perigo a segurança alheia")[669] ou 35 ("Entregar-se na prática da aviação, a acrobacias

---

[669] O art. 39 da Lei 11.343/2006 *derrogou* o art. 34 da Lei das Contravenções Penais, no tocante às embarcações, quando conduzidas por agente que houver consumido drogas.

ou a voos baixos, fora da zona em que a lei o permite, ou fazer descer a aeronave fora dos lugares destinados a esse fim") do Decreto-lei 3.688/1941 – Lei das Contravenções Penais.

Didaticamente, veja-se o quadro sinótico a seguir:

Conduta	Após o consumo de droga	Após o consumo de álcool
Direção de embarcação ou aeronave	Crime (Lei de Drogas, art. 39)	Contravenção penal (LCP, arts. 34 ou 35)
Direção de veículo automotor	Crime (CTB, art. 306)	Crime (CTB, art. 306)

Como previsto taxativamente pelo tipo penal, o delito previsto no art. 39 da Lei 11.343/2006 reclama a condução da embarcação ou aeronave **após o consumo de drogas**, de modo a expor a incolumidade de outrem a **dano potencial** (crime de perigo concreto). Assim, é curial que no momento da condução o agente esteja *sob o efeito da droga*, não bastando, portanto, *o simples uso* (o delito não é de perigo abstrato). Mas não é necessário que a ingestão da droga leve o indivíduo à completa intoxicação ou à perda da capacidade de autodeterminação, pois "a mera perturbação ou desequilíbrio dos sentidos já é suficiente para a caracterização da infração."[670]

Além disso, exige-se o **nexo de causalidade** entre o ato de conduzir a embarcação ou aeronave sob efeito da droga e o perigo gerado a outrem. Logo, "se o agente ingeriu drogas, mas conduziu a embarcação ou a aeronave com segurança, a conduta é atípica; da mesma maneira, se houve um perigo criado por circunstâncias alheias ao estado psíquico e biológico do piloto, mas por motivos que lhe são independentes do estado em que se encontra, também a conduta é atípica. Exemplo: Alfonso ingere cocaína e conduz aeronave na rota correta, contudo, um avião que segue na rota equivocada quase colide com a aeronave pilotada por Alfonso. A conduta de Alfonso não foi geradora do perigo e, portanto, é atípica."[671]

Não é tarefa simples a **comprovação** da situação de perigo concreto – exposição da incolumidade de outrem a dano potencial – produzida pelo agente. Como se sabe, é forte a compreensão segundo a qual o indivíduo não pode ser compelido a colaborar com o fornecimento de material para a realização de exames periciais de sangue ou urina, em respeito ao princípio segundo o qual ninguém pode ser obrigado a produzir prova contra si mesmo (*nemo tenetur se detegere*).

Caso o agente se negue a fornecer material genético para a realização da perícia, nada obsta seja a comprovação (de que ele conduzia embarcação ou aeronave sob o efeito da droga) efetuada por outros meios de prova legalmente admitidos em nosso ordenamento jurídico. Para tanto, em homenagem às regras de hermenêutica jurídica segundo as quais (*a*) onde houver idêntico fundamento deve haver o mesmo direito (*ubi eadem ratio ibi idem jus*) e (*b*) onde há a mesma razão de ser, deve prevalecer a mesma razão de decidir

---

[670] GONÇALVES, Matheus Kuhn. *Legislação penal especial*: tráfico de drogas, tortura e crimes hediondos. Rio de Janeiro: Lumen Juris, 2016. p. 190.

[671] RANGEL, Paulo; BACILA, Carlos Roberto. *Lei de drogas*: comentários penais e processuais. 3. ed. São Paulo: Atlas, 2015. p. 131.

(*ubi eadem legis ratio ibi eadem dispositio*), pode-se tomar por analogia o disposto no § 2º do art. 306 do CTB, para viabilizar a verificação do disposto no art. 39 da Lei de Drogas, mediante a realização de teste toxicológico ou exame clínico (estado de ânimo, alteração da voz e da cor dos olhos etc.), vídeo, prova testemunhal etc.

Por fim, para ser típica, a ação deve expor a **incolumidade de outrem a dano potencial**, sendo prescindível, entretanto, a individualização das vítimas, o que torna suficiente a existência de provas no sentido de que o agente conduzia a embarcação ou aeronave, após o uso de droga, de modo a colocar em perigo (concreto) as pessoas em geral.

Sem essa exposição **de terceiros** a dano potencial não há falar em crime, porquanto não basta ao agente expor a perigo de dano apenas a própria incolumidade. Exemplos: (*a*) se o agente conduz seu *jet ski* em alto-mar, sem nenhuma outra embarcação por perto, sob efeito de cocaína, não há falar em crime, porquanto ausente o dano potencial a outrem; (*b*) se o agente conduz sua lancha em uma praia, sob efeito de metanfetamina, próximo à banhistas, o crime se concretiza, em razão da exposição de terceiros a dano potencial.

12.5. Sujeito ativo

O crime é **comum** ou **geral**: pode ser cometido por qualquer pessoa.[672] Há, contudo, quem entenda tratar-se de crime de mão própria (de atuação pessoal ou de conduta infungível), sob o fundamento de que somente o agente sob influência de droga poderá conduzir a embarcação ou aeronave, pessoalmente, não sendo possível que terceiro conduza por ele.[673]

12.6. Sujeito passivo

É a coletividade (crime vago) e, mediatamente, a pessoa cuja incolumidade foi exposta a dano potencial pela conduta do agente.

12.7. Elemento subjetivo

É o dolo, independentemente de qualquer finalidade específica. Não se admite a modalidade culposa.

12.8. Consumação

O crime é **formal**, **de consumação antecipada** ou **de resultado cortado**: consuma-se com a condução anormal da embarcação ou aeronave, após o uso de droga, com

---

[672] Nesse sentido: GONÇALVES, Victor Eduardo Rios; BALTAZAR JUNIOR, José Paulo. *Legislação penal especial*. São Paulo: Saraiva, 2015. p. 122; RANGEL, Paulo; BACILA, Carlos Roberto. *Lei de drogas*: comentários penais e processuais. 3. ed. São Paulo: Atlas, 2015. p. 130; ROQUE, Fábio; TÁVORA, Nestor; ALENCAR, Rosmar Rodrigues. *Legislação criminal para concursos*. Salvador: JusPodivm, 2016. p. 582; e GONÇALVES, Matheus Kuhn. *Legislação penal especial*: tráfico de drogas, tortura e crimes hediondos. Rio de Janeiro: Lumen Juris, 2016. p. 188.

[673] MENDONÇA, Andrey Borges de; CARVALHO, Paulo Roberto Galvão de. *Lei de drogas*: Lei 11.343, de 23 de agosto de 2006 – comentada artigo por artigo. 3. ed. São Paulo: Método, 2012. p. 161; e LIMA, Renato Brasileiro de. *Legislação criminal especial comentada*: volume único. 4. ed. Salvador: JusPodivm, 2016. p. 783.

potencial para causar dano a incolumidade de outrem, ainda que nenhum dano venha a ser efetivamente causado. Entretanto, se sobrevier algum resultado mais grave, o **tipo subsidiário** (Lei 11.343/2006, art. 39) sai de cena e dá lugar a outro crime. Exemplo: se o helicóptero, conduzido de forma anormal em virtude do uso de drogas pelo piloto, cai e mata seis passageiros e dois transeuntes, o agente – se sobreviver, é óbvio – responderá pelos oito homicídios.

12.9. Tentativa

É possível, na hipótese em que o agente, depois de ter consumido alguma droga, conduz embarcação ou aeronave e tenta expor a dano potencial a incolumidade de outrem, mas não consegue fazê-lo por circunstâncias alheias à sua vontade. Exemplo: João, depois de ter cheirado cocaína, conduz uma lancha na praia e anuncia que vai fazer uma manobra arriscada, consistente em passar muito próximo dos banhistas, mas é impedido por Pedro, que o acompanhava na embarcação.

12.10. Ação penal

A ação penal é pública incondicionada.

12.11. Das penas

O crime é punido com detenção, de 6 (seis) meses a 3 (três) anos, além da apreensão do veículo, cassação da habilitação respectiva ou proibição de obtê-la, pelo mesmo prazo da pena privativa de liberdade aplicada, e pagamento de 200 (duzentos) a 400 (quatrocentos) dias-multa. Em síntese, **quatro** são as penas **cumulativamente** previstas: detenção (privativa de liberdade) + apreensão do veículo + cassação da habilitação respectiva ou proibição de obtê-la + multa.

Algumas observações devem ser efetuadas a respeito do preceito secundário do art. 39 da Lei de Drogas:

a) Ao contrário do que ocorre no regime do art. 44 do Código Penal, as penas restritivas de direitos – apreensão do veículo, cassação da habilitação respectiva ou proibição de obtê-la – são previstas diretamente no tipo penal, é dizer, **não são substitutivas**. Não há, pois, a fixação de pena privativa de liberdade e sua posterior substituição por pena restritiva de direitos. O que ocorre é a aplicação direta das penas restritivas de direitos, já contidas no preceito secundário.

b) A **pena de apreensão da embarcação ou aeronave** causa estranheza, haja vista que, na sistemática do Código de Processo Penal, esta providência tem nítido caráter probatório. Portanto, ao que parece, a palavra apreensão "não foi utilizada em termo técnico pelo legislador, pois, em regra, não haverá interesse em apreender o veículo para instrução do processo. Infere-se, portanto, que o legislador quis conceder à expressão o sentido comum, de que o veículo ficará apreendido para que não seja utilizado, pelo mesmo período da pena privativa de liberdade."[674] Ademais, considerando que o Estado só pode legitimamente exercer o seu direito de punir contra o autor de determinada infração penal, e que a Constituição Federal agasalha o **princípio da personalidade da pena**, consoante o qual "nenhuma pena passará da pessoa do condenado" (art. 5º, XLV), se o bem utilizado na conduta criminosa pertencer a terceiro de boa-fé, a aplicação desta pena não será cabível.

c) Ao prever a **pena de cassação da habilitação respectiva ou proibição de obtê--la**, o legislador também não se valeu da melhor técnica. Com efeito, a locução "cassação" dá ideia de algo definitivo e, como previsto no preceito secundário, tanto a cassação da habilitação como a proibição de obtê-la são penas que durarão "pelo mesmo prazo da pena privativa de liberdade aplicada." Assim, em vez de cassação, melhor seria a adoção do termo "suspensão", em face da temporariedade da pena. Em qualquer caso, além da aplicação destas medidas **como penas**, com esteio no poder geral de cautela no processo penal[675] (art. 3º do Código de Processo Penal combinado com o art. 297 do Código de Processo Civil), é possível a **aplicação analógica do art. 294 do Código de Trânsito Brasileiro**, a fim de que, como medida cautelar, em qualquer fase da investigação ou da ação penal, havendo necessidade para a garantia da ordem pública, possa o magistrado decretar a suspensão da permissão ou da habilitação para conduzir embarcação ou aeronave, ou a proibição da sua obtenção.

12.12. Lei 9.099/1995 e acordo de não persecução penal

Em razão da pena mínima cominada (seis meses), o art. 39, *caput*, da Lei de Drogas constitui-se em **crime de médio potencial ofensivo**, compatível com a suspensão condicional do processo, se presentes os demais requisitos elencados pelo art. 89 da Lei 9.099/1995.

Ademais, preenchidos os requisitos constantes do art. 28-A e parágrafos do Código de Processo Penal (*a.* confissão; *b.* ausência de violência ou grave ameaça; *c.* pena mínima inferior a quatro anos; *d.* ausência de cabimento da transação penal; *e.* não se trate de investigado reincidente ou criminoso habitual; *f.* não tenha o agente sido beneficiado nos cinco anos anteriores ao cometimento da infração, em acordo de não persecução penal, transação penal ou suspensão condicional do processo), pode ser factível a celebração do **acordo de não persecução penal** na espécie, desde que resulte do pacto *penas consensuais* (CPP, art. 28-A, III e IV) e *outras condições* (CPP, art. 28-A, II e V) que se mostrem **suficientes para a reprovação e prevenção do crime**, circunstância apenas verificável no caso concreto.

12.13. Classificação doutrinária

A condução de embarcação ou de aeronave sob efeito de droga é crime **comum** (pode ser cometido por qualquer pessoa); **formal, de consumação antecipada** ou **de**

---

[674] MENDONÇA, Andrey Borges de; CARVALHO, Paulo Roberto Galvão de. *Lei de drogas*: Lei 11.343, de 23 de agosto de 2006 – comentada artigo por artigo. 3. ed. São Paulo: Método, 2012. p. 165.

[675] Já reconhecido pelo Supremo Tribunal Federal: "A retenção de passaporte pelo magistrado de primeiro grau tem clara natureza acautelatória, inserindo-se, portanto, no poder geral de cautela [...]" (HC 101.830/SP, rel. Min. Luiz Fux, 1ª Turma, j. 12.04.2011).

218 | LEI DE DROGAS: Aspectos Penais e Processuais – *Cleber Masson* • *Vinícius Marçal*

resultado cortado (consuma-se com a prática da conduta criminosa, independentemente da superveniência do resultado naturalístico); **de perigo comum** (coloca em risco uma pluralidade de pessoas) e **concreto** (reclama a comprovação da situação de perigo); **vago** (tem como sujeito passivo um ente destituído de personalidade jurídica); **de forma livre** (admite qualquer meio de execução); **comissivo; instantâneo** ou **de estado** (a consumação se opera em um momento determinado, sem continuidade no tempo); **unissubjetivo, unilateral** ou **de concurso eventual** (pode ser cometido por uma única pessoa, mas admite o concurso); **plurissubsistente**; e de **médio potencial ofensivo**.

12.14. Figura qualificada: art. 39, parágrafo único

O parágrafo único do art. 39 contempla a modalidade qualificada do crime, ao prever que "as penas de prisão e multa, aplicadas cumulativamente com as demais, serão de 4 (quatro) a 6 (seis) anos e de 400 (quatrocentos) a 600 (seiscentos) dias-multa, **se o veículo referido no** *caput* **deste artigo for de transporte coletivo de passageiros**."

Em comparação com a figura prevista no *caput*, é maior o desvalor da conduta consistente na condução, sob o efeito de droga, de uma embarcação ou aeronave destinada ao transporte coletivo de passageiros, por colocar em situação de perigo potencial uma maior quantidade de pessoas.

A qualificadora alcança apenas o transporte profissional, isto é, o transporte de passageiros enquanto atividade profissional do condutor da embarcação (exemplo: balsa) ou aeronave (exemplo: avião comercial).[676]

12.15. Competência

A Constituição da República, em seu art. 109, IX, estipula que aos juízes federais compete processar e julgar "os crimes cometidos a bordo de navios ou aeronaves, ressalvada a competência da Justiça Militar." Portanto, o crime do art. 39 da Lei de Drogas, quando praticado com o uso de *aeronave*, será de competência da Justiça Federal; o mesmo não se pode dizer, automaticamente, quanto ao cometimento do crime na condução de *embarcação*.

De fato, o termo "**navio**", mencionado na Lei Suprema, é menos abrangente que a palavra "**embarcação**", prevista na Lei de Drogas. Para fins de fixação da competência da Justiça Federal, portanto, navio há de ser compreendido tão somente como as embarcações "de grande porte e calado (tonelagem), aptas à navegação em alto-mar, inclusive os submersíveis como submarinos etc."[677]

13. CAUSAS DE AUMENTO DA PENA – ART. 40

A Lei de Drogas, em seu art. 40, preconiza que as penas previstas em seus **arts. 33 a 37** são aumentadas de um sexto a dois terços, se algumas situações especiais ocorrerem. Em face da expressa exclusão pelo legislador, tais majorantes – incidentes na terceira e

---

[676] JUNQUEIRA, Gustavo Octaviano Diniz; FULLER, Paulo Henrique Aranda. *Legislação penal especial*. 6. ed. São Paulo: Saraiva, 2010. p. 322-323

[677] NOGUEIRA, Carlos Frederico Coelho. *Comentários ao Código de Processo Penal*. São Paulo: Edipro, 2002. v. 1. p. 909.

Cap. 1 • CRIMES EM ESPÉCIE | **219**

derradeira fase da fixação da reprimenda – não alcançam os delitos tipificados nos arts. 28, 38 e 39 da Lei 11.343/2006.

São 7 (sete) as causas de aumento da pena contidas no art. 40 da Lei de Drogas, e nada impede, se existirem duas ou mais majorantes, a aplicação de todas elas, na forma determinada pelo art. 68, parágrafo único, do Código Penal.

Nesse contexto, o Superior Tribunal de Justiça considerou válido o **reconhecimento simultâneo das majorantes** previstas no art. 40, IV e VI, da Lei 11.343/2006, na situação em que o fato foi praticado com emprego de arma de fogo de alto potencial lesivo, e em companhia de adolescentes que, no momento do fato, portavam rádios transmissores.[678]

Evidentemente, o aumento acima do mínimo legal depende de fundamentação idônea de acordo com as peculiaridades do caso concreto,[679] não sendo suficiente a mera indicação do número de majorantes,[680] consoante preconiza o enunciado da Súmula 443 do STJ.

De outro lado, se presente uma causa de aumento de pena e outra de diminuição, a exemplo da elencada pelo art. 33, § 4º, da Lei de Drogas, *não há falar em compensação* de uma pela outra, em respeito ao princípio constitucional da individualização da pena. Ambas devem incidir separadamente, cada uma a seu tempo.

No mais, encerrando essas considerações preliminares, é sobremodo importante observar que as causas de aumento de pena do art. 40 da Lei de Drogas incidem, simultaneamente, tanto sobre o tráfico de drogas propriamente dito como sobre a associação para o narcotráfico, dada a autonomia dos delitos, não havendo que falar em *bis in idem*.[681]

Passemos à análise de cada uma das majorantes, separadamente.

13.1. Art. 40, inc. I – a natureza, a procedência da substância ou do produto apreendido e as circunstâncias do fato evidenciarem a transnacionalidade do delito[682]

Verifica-se a **transnacionalidade** nas hipóteses em que a prática do delito envolve dois ou mais países, isto é, o agente tem o propósito de ultrapassar o território nacional, seja pela via terrestre, aérea ou aquática. Como estabelece a **Súmula 607 do Superior**

---

[678] HC 369.699/RJ, rel. Min. Maria Thereza de Assis Moura, 6ª Turma, j. 08.11.2016.

[679] "A jurisprudência desta Corte posiciona-se no sentido de que a aplicação de causa de aumento em patamar acima do mínimo é plenamente válida desde que fundamentada na gravidade concreta do delito" (STJ: HC 250.455/RJ, rel. Min. Nefi Cordeiro, 6ª Turma, j. 17.12.2015).

[680] "A presença de duas causas de aumento de pena no crime de tráfico ilícito de drogas não é causa obrigatória de majoração da punição em percentual acima do mínimo previsto, a menos que o magistrado, considerando as peculiaridades do caso concreto, constate a existência de circunstâncias que indiquem a necessidade da exasperação, o que não ocorreu na espécie" (STJ: HC 156.060/SP, rel. Min. Laurita Vaz, 5ª Turma, j. 02.12.2011). E ainda: "Hipótese em que o Tribunal de origem majorou a pena na fração de 1/5, tão somente pelo fato de terem sido reconhecidas duas majorantes (art. 40, IV e VI, da Lei n. 11.343/2006), impondo-se, portanto, o redimensionamento para a percentual mínimo (1/6)" (STJ: HC 489.833/RJ, rel. Min. Felix Fischer, 5ª Turma, j. 26.03.2019).

[681] "Não se observa violação ao princípio do *non bis in idem* a aplicação da causa de aumento do art. 40, inciso VI, da Lei 11.343/2006, cumulativamente, para os crimes de associação para o tráfico (art. 35 da Lei de drogas) e de tráfico de drogas (art. 33 da mesma legislação), haja vista tratar-se de delitos autônomos" (STJ: HC 250.455/RJ, rel. Min. Nefi Cordeiro, 6ª Turma, j. 17.12.2015).

[682] Há outras considerações sobre a competência no item 2.14.2.

Tribunal de Justiça: "A majorante do tráfico transnacional de drogas (art. 40, I, da Lei n. 11.343/2006) configura-se com a prova da destinação internacional das drogas, ainda que não consumada a transposição de fronteiras."

Diante da regra contida no art. 109, inc. V, da Constituição Federal ("Aos juízes federais compete processar e julgar: (...) os crimes previstos em tratado ou convenção internacional, quando, iniciada a execução no País, o resultado tenha ou devesse ter ocorrido no estrangeiro, ou reciprocamente"), e também do art. 70 da Lei 11.343/2006 ("O processo e o julgamento dos crimes previstos nos arts. 33 a 37 desta Lei, se caracterizado ilícito transnacional, são da competência da Justiça Federal"), a competência para o processo e o julgamento do delito será da **Justiça Federal**.[683] Consequentemente, a atividade de polícia judiciária será exercida pela Polícia Federal e a iniciativa da ação penal será atribuição do Ministério Público Federal.

No caso de droga remetida do exterior pela via postal, a **Súmula 528 do Superior Tribunal de Justiça** indicava que a competência seria do juízo federal do *local da apreensão* da droga, pouco importando o *lugar da residência* do seu destinatário. Entretanto, em março de 2022, o referido **enunciado** foi **cancelado**.

Doravante, a **nova compreensão** sobre o ponto é a de que, **exclusivamente no caso de importação de droga via correio (ou seja, *quando conhecido o destinatário*), deve-se "reconhecer como competente o juízo do *local de destino* da droga"**, "em nome da facilidade para a coleta de provas e para a instrução do processo, tendo em conta os princípios que atendem à finalidade maior do processo que é a busca da verdade real."[684] Destarte, para que se possa proporcionar maior eficiência na colheita de provas relativamente à autoria e, consequentemente, viabilizar o exercício da defesa de forma mais ampla, o Superior Tribunal de Justiça passou a considerar a fixação da competência no *local de destino* da droga quando houver postagem do exterior para o Brasil com o conhecimento do endereço designado para a entrega.

De outro modo, ao menos por ora, não parece ter sido alterado o entendimento de que compete ao juízo federal do *local da apreensão* da droga remetida do exterior pela via postal processar e julgar o crime de tráfico internacional quando a droga é apreendida na alfândega e a correspondência é *destinada a pessoa não identificada*.[685]

Para evidenciar a transnacionalidade do delito, o legislador previu **três critérios**, a saber: (a) a natureza, (b) a procedência da substância ou do produto apreendido e (c) as circunstâncias do fato.

Não basta, pois, provar que a droga foi produzida em outro país, uma vez que isto não indica, por si só, a responsabilidade do agente pela internalização da substância. De fato, a procedência da droga é apenas um dos elementos (não definitivo) para analisar o caráter internacional ou não do delito. Exemplificativamente, o simples fato de a droga ser boliviana não induz automaticamente à transnacionalidade do crime. Como se sabe, não se produz cocaína em solo brasileiro nem todos os tráficos envolvendo essa droga

---

[683] A propósito, estatui a **Súmula 522 do Supremo Tribunal Federal**: "Salvo ocorrência de tráfico para o Exterior, quando, então, a competência será da Justiça Federal, compete à Justiça dos Estados o processo e julgamento dos crimes relativos a entorpecentes."

[684] STJ: CC 177.882/PR, rel. Min. Joel Ilan Paciornik, 3ª Seção, j. 26.05.2021.

[685] STJ: CC 132.897/PR, rel. Min. Rogerio Schietti Cruz, 3ª Seção, j. 28.05.2014, noticiado no *Informativo* 543.

são internacionais. Basta pensar na venda desse produto a um usuário no interior de um bar no centro da cidade de São Paulo.

Portanto, ao lado da procedência, a natureza e as circunstâncias do fato são fundamentais para evidenciar ou não a transnacionalidade. Para tanto, podem ser utilizadas tanto a prova testemunhal e a confissão, bem como diálogos captados por meio de interceptação telefônica e qualquer outro elemento probatório.[686]

Cumpre destacar que somente se pode falar em **tráfico transnacional** se a droga objeto do crime for proibida tanto no Brasil como no país de sua procedência. Exige-se a **dupla proibição** para a incidência da majorante. A título ilustrativo, o "lança-perfume" (cloreto de etila) é proibido no Brasil, mas é permitido na Argentina.

Em uma interpretação apressada, essa causa de aumento da pena parece alcançar somente os núcleos "importar" e "exportar". Ledo engano. Nada impede sua aplicabilidade a variadas situações, tais como o **financiamento** do tráfico de drogas no exterior, bem como a **associação para o tráfico internacional**, casos em que a majorante alcançará ambos os delitos – tráfico de drogas e financiamento do tráfico ou associação para o tráfico –, sem que isso caracterize *bis in idem*.[687]

Além disso, no caso da "mula do tráfico", tantas vezes indispensável ao tráfico internacional, quando presa em flagrante no aeroporto, de onde tomaria voo com destino a outro país, é adequado o reconhecimento da majorante em exame ao núcleo "trazer consigo". É que, tratando-se do crime de tráfico de drogas de delito de ação múltipla, "fica afastada a alegação de *bis in idem*, pois o fato de trazer consigo a droga já conduz à configuração da tipicidade formal, enquadrando a conduta no tipo do art. 33, restando plenamente justificada a incidência da majorante do art. 40, I, da Lei 11.343/2006, pois aplicada por fundamento diverso."[688]

Note-se, por outro lado, que se for imputada na denúncia *unicamente* a conduta de importar ou exportar droga, não será cabível a incidência da causa de aumento prevista no art. 40, I, da Lei 11.343/2006, em face do princípio do *non bis in idem*, pois é impossível exercer tais condutas sem a nota da transnacionalidade. Entretanto, se a importação ou exportação estiver ligada a outra conduta igualmente imputada na denúncia (*v.g.: trazer consigo*), viável será a aplicação da majorante.

Desse modo, "ainda que o art. 33 da Lei n. 11.343/2006 preveja as condutas de 'importar' e 'exportar', não há *bis in idem* na aplicação da causa de aumento de pena pela transnacionalidade (art. 40, I, da Lei n. 11.343/2006), porquanto o simples fato de o agente 'trazer consigo' a droga já conduz à configuração da tipicidade formal do crime de tráfico."[689] Nessa conjuntura, a intenção de, por exemplo, transportar a droga para o exterior configura "um *plus* que justifica a exasperação da pena cominada ao delito."[690]

---

[686] "O fato de que um dos corréus pegou a considerável quantidade de droga (quase meia tonelada de cocaína) em uma cidade muito próxima à fronteira com a Bolívia, atrelado à afirmação de um corréu, de que tinha conhecimento de que a droga vinha da Bolívia e à inscrição em espanhol na embalagem de alguns papelotes, não há falar em ausência de comprovação da internacionalidade do crime" (STJ: HC 148.130/MS, rel. Min. Sebastião Reis Júnior, 6ª Turma, j. 03.09.2012).

[687] STJ: REsp 738.253/SC, rel. Min. Laurita Vaz, 5ª Turma, j. 01.02.2006.

[688] STJ: AgRg nos EDcl no REsp 1.323.716, rel. Min. Jorge Mussi, j. 23.04.2013.

[689] STJ: AgRg no REsp 1873620/PE, rel. Min. Joel Ilan Paciornik, 5ª Turma, j. 18.08.2020.

[690] STJ: RHC 59.063/SP, rel. Min. Jorge Mussi, 5ª Turma, j. 07.06.2018.

13.2. Art. 40, inc. II – o agente praticar o crime prevalecendo-se de função pública ou no desempenho de missão de educação, poder familiar, guarda ou vigilância

Esta majorante incide em duas situações:

1ª situação: O agente pratica o crime prevalecendo-se de função pública: Não se exige que o delito seja praticado pelo agente prevalecendo-se de função pública relacionada com a repressão à criminalidade (exemplos: delegado ou investigador de Polícia, policial militar etc.).[691]

O fundamento desse dispositivo repousa no dever de probidade, lealdade e eficiência imposto pela Constituição Federal a todos os agentes públicos. Mas não é suficiente seja o fato praticado por um agente público para a incidência da majorante. É imprescindível que ele cometa o delito prevalecendo-se da sua função pública. Deve existir, portanto, **nexo de causalidade** entre o fato praticado e a função pública exercida pelo agente.

No tocante às condutas tipificadas nos arts. 33, *caput* e § 1º, e 34 a 37, "o juiz, ao receber a denúncia, poderá decretar o afastamento cautelar do denunciado de suas atividades, se for funcionário público, comunicando ao órgão respectivo" (Lei 11.343/2006, art. 56, § 1º).

2ª situação: O agente pratica o crime no desempenho de missão de educação, poder familiar, guarda ou vigilância: A majorante alcança os professores (educação), os pais (poder familiar) e aquele exerça a função legal ou contratual de vigilância (exemplos: babá, vigia de estabelecimento hospitalar ou escolar etc.).

A causa de aumento da pena também abrange quem exerce a **guarda**, compreendida como a situação do sujeito que está na condição de família substituta (Lei 8.069/1990 – Estatuto da Criança e do Adolescente, art. 28).

Se o sujeito, no desempenho de missão de educação, praticar o delito nas dependências ou imediações do estabelecimento em que trabalha deverá incidir as majorantes previstas no art. 40, incs. II e III, da Lei 11.343/2006. De fato, as causas de aumento da pena possuem âmbitos diversos de proteção: naquela (inc. II), o fundamento do tratamento penal mais rigoroso consiste na gravidade do comportamento de quem se olvida de sua relevante função, na qual deveria ser um modelo para o educando; nesta (inc. III), a severidade do tratamento é justificada pela prática do delito em local com maior aglomeração de pessoas, daí resultando o maior risco à saúde pública.

Em qualquer caso, reclama-se o **nexo de causalidade**, ou seja, o autor deve praticar o delito prevalecendo-se da sua especial condição. Destarte, não incidirá a causa de aumento, a título ilustrativo, se o diretor da escola vender droga para um professor, pois não estará no desempenho da missão de educador.

---

[691] O conceito de funcionário público para fins penais é ampliativo, e encontra-se definido pela norma explicativa (ou complementar) contida no art. 327 do Código Penal.

13.3. Art. 40, inc. III – a infração tiver sido cometida nas dependências ou imediações de estabelecimentos prisionais, de ensino ou hospitalares, de sedes de entidades estudantis, sociais, culturais, recreativas, esportivas, ou beneficentes, de locais de trabalho coletivo, de recintos onde se realizem espetáculos ou diversões de qualquer natureza, de serviços de tratamento de dependentes de drogas ou de reinserção social, de unidades militares ou policiais ou em transportes públicos

O presente inciso tem sua razão de ser na **maior possibilidade de difusão da droga** (exemplos: locais de trabalho coletivo, recintos para espetáculos ou diversões de qualquer natureza); na maior **facilidade de o traficante passar despercebido à fiscalização policial**; na **vulnerabilidade dos potenciais atingidos com a ação delitiva** (exemplos: estabelecimentos hospitalares, recintos de serviços de tratamento de dependentes de drogas ou de reinserção social);[692] e na **ofensa a instituições públicas de combate à criminalidade** (exemplos: unidades militares ou policiais).

O **rol** de locais, nada obstante extenso, é **taxativo**. Exemplificativamente, se a conduta delitiva for praticada em *uma praia* repleta de pessoas, não incidirá a majorante, *salvo* se nela estiver sendo realizado um *show* artístico. Do mesmo modo, caso a narcotraficância aconteça nos *arredores de uma igreja*, não há falar na majorante, dada a vedação de analogia *in malam partem* no Direito Penal.[693]

O inc. III deixa clara a *desnecessidade* de a infração ser cometida *nas dependências* das localidades que indica. Basta a prática em suas *imediações*, em consonância com a iterativa jurisprudência do STJ:

> "Para a incidência da causa de aumento prevista no art. 40, III, da Lei n. 11.343/2006 é desnecessária a efetiva comprovação de que o tráfico se dava naquelas entidades ou que a mercancia se destinava a seus frequentadores, bastando apenas que o crime seja cometido em suas imediações [...]."[694]

Não há definição normativa acerca do significado de "**imediações**", tampouco a fixação rígida de uma determinada distância. Por isso, somente a análise do caso concreto, pautado pelo bom senso e pela razoabilidade, poderá dizer se a conduta foi ou não cometida nas imediações dos locais apontados no art. 40, inc. III, da Lei 11.343/2006.

---

[692] O Supremo Tribunal Federal reconheceu a legitimidade da aplicação da causa de aumento prevista no art. 40, III, da Lei de Drogas em hipótese em que o tráfico foi praticado nas proximidades de Centro de Referência de Assistência Social (CRAS) e de centro esportivo, considerando o potencial lesivo da conduta em locais de concentração de pessoas em situação de vulnerabilidade social (STF: RHC 203.550 AgR-AgR/SC, rel. Min. Nunes Marques, 2ª Turma, j. 04.09.2023).

[693] "Uma vez que, no Direito Penal incriminador, não se admite a analogia *in malam partem* e porque a hipótese dos autos (tráfico de drogas cometido em local próximo a igrejas) não foi contemplada pelo legislador no rol das majorantes previstas no inciso III do art. 40 da Lei n. 11.343/2006, deve ser afastada a causa especial de aumento de pena em questão" (STJ: HC 528.851/SP, rel. Min. Rogerio Schietti Cruz, 6ª Turma, j. 05.05.2020).

[694] STJ: AgRg no HC 488.403/SP, rel. Min. Reynaldo Soares da Fonseca, 5ª Turma, j. 19.03.2019.

De fato, **o termo imediações "não pode ser convertido em medida aritmética rígida**, mas deve ser entendido dentro de critério razoável, em função do perigo maior que a lei procura coibir; as imediações, portanto, abrangem a área em que poderia facilmente o traficante atingir o ponto protegido em especial, com alguns passos, em alguns segundos, ou em local de passagem obrigatória ou normal das pessoas que saem do estabelecimento ou a ele se dirigem."[695]

A comprovação de que a ação delitiva ocorreu nas imediações das localidades arroladas no inc. III pode ser feita por qualquer meio legítimo, a exemplo da prova testemunhal, da confissão, de fotografias, desenhos ou esquemas elucidativos. Em outras palavras, **não se exige a realização de perícia** para tal aferição.[696]

Além disso, é prescindível a demonstração de que o agente tenha como destinatário alguém que se encontre no interior dos locais legalmente indicados. O fator decisivo é a comprovação de que sujeito atuava, a título ilustrativo, nas imediações de estabelecimento de ensino, pouco importando se ele estava ou não visando especialmente atingir estudantes desse estabelecimento ou efetivamente comercializando drogas com os alunos da escola.[697] Nesse sentido:

> "Não há divergência entre as turmas da Terceira Seção sobre a desnecessidade da comprovação da efetiva mercancia nos locais elencados na lei, tampouco de estar a substância entorpecente ao alcance, diretamente, dos trabalhadores, dos estudantes, das pessoas hospitalizadas etc., para o reconhecimento da majorante prevista no inciso III do art. 40 da Lei de Drogas, sendo suficiente que a prática ilícita ocorra nas dependências, em locais próximos ou nas imediações de tais localidades."[698]

No que importa ao delito praticado em **transportes públicos**, prevalece o entendimento no sentido de que a causa de aumento de pena contida no art. 40, III, da Lei 11.343/2006 pressupõe seja a conduta realizada **no interior do meio de transporte coletivo** (vagão do trem, banco do ônibus etc.), em face do elevado risco ao meio social que representa a disseminação da droga em ambientes com grande circulação e concentração de pessoas. Com efeito, a mera utilização do meio de transporte público pelo agente, sem indícios seguros da prática do delito *em seu interior*, não autoriza a incidência da majorante. Não basta, pois, a simples locomoção do detentor da droga.[699]

---

[695] GRECO FILHO, Vicente. *Lei de drogas anotada* – Lei 11.343/2006. São Paulo: Saraiva, 2008. p. 145.

[696] STJ: HC 359.934/SP, rel. Min. Ribeiro Dantas, 5ª Turma, j. 15.08.2016.

[697] "Para a incidência da majorante prevista no art. 40, inciso III, da Lei nº 11.343/2006 é *desnecessária* a efetiva comprovação de mercancia nos referido locais, *ou mesmo de o comércio visava a atingir os estudantes, as pessoas hospitalizadas*, sendo suficiente que a prática ilícita tenha ocorrido em locais próximos, ou seja, nas imediações de tais estabelecimentos, diante da exposição de pessoas ao risco inerente à atividade criminosa da narcotraficância" (STJ: HC 359.088/SP, rel. Min. Maria Thereza de Assis Moura, 6ª Turma, j. 17.10.2016).

[698] STJ: AgRg nos EREsp 2.039.430/MG, rel. Min. Antonio Saldanha Palheiro, 3ª Seção, j. 31.10.2023.

[699] No STF: "A *mera utilização* de transporte público para o carregamento da droga não induz à aplicação da causa de aumento do inciso III do artigo 40 da Lei 11.343/2006" (HC 122.701/MS, rel. Min. Rosa Weber, 1ª Turma, j. 24.10.2014). E ainda: "O que previsto no inciso III do artigo 40 da Lei nº 11.343/2006, relativamente ao transporte público, *pressupõe o tráfico no respectivo âmbito*, e *não a simples locomoção* do detentor da droga" (HC 120.275, rel. Min. Marco Aurélio, 1ª Turma, j. 15.05.2018). No STJ: "O entendimento deste Superior Tribunal é de que, para a caracterização da majorante do art. 40, III, da

Em relação aos **estabelecimentos prisionais**, sujeitam-se à causa de aumento de pena tanto o terceiro que ingressa com a droga no local, como o preso que a recebe ou que a revende em seu interior.[700] Portanto, a situação jurídica é indiferente se quem praticou o delito foi o preso ou o visitante, no interior ou nas imediações do estabelecimento prisional.

Destarte, o **"tráfico romântico"**, **"afetuoso"** ou **"por amor"** – que ocorre na hipótese em que a pessoa se entrega ao tráfico de drogas pelo vínculo afetivo que mantém com o sujeito encarcerado, para auxiliá-lo no comércio de drogas no interior do estabelecimento prisional ou para a sustentação de seu vício – **não exclui o crime**. Não se pode falar em exclusão da ilicitude pelo "estado de necessidade", nem em exclusão da culpabilidade, pela "inexigibilidade de conduta diversa". Muito pelo contrário, o delito se consuma inclusive com a causa de aumento de pena contida no inc. III do art. 40 da Lei 11.343/2006.

E mais: **tendo o preso conhecimento prévio e pleno domínio da conduta da corré** (sua esposa, p. ex.), "que tentou ingressar com droga em estabelecimento prisional, deve [o preso] ser [também] condenado pelo delito de tráfico de drogas", sendo "desnecessária, para a configuração do delito de tráfico, a efetiva tradição ou entrega da substância entorpecente ao seu destinatário final."[701]

Em desfecho, note-se ser possível, **excepcionalmente**, a prática do delito nas imediações dos locais indicados no inc. III do art. 40 e, ainda assim, não ser factível a aplicação da majorante (não obstante a sua *natureza objetiva*).[702] Isso se dará quando as circunstâncias não indicarem ter havido "aproveitamento do grande número de pessoas ou não ter ocorrido exposição dos frequentadores à atividade do comércio ilegal",[703] tal como na situação em que X vende droga para Y, nas proximidades de uma escola, às quatro horas da manhã, sem mais ninguém por perto, ou, ainda, diante da prática do delito em dia (domingo) e horário (madrugada) em que o estabelecimento de ensino não esteja em funcionamento, dada a **ausência da *ratio legis*** da norma em exame.[704] Para a

---

Lei n. 11.343/2006, é necessária a efetiva oferta ou a comercialização da droga *no interior do veículo público*, não bastando, para a sua incidência, o só fato de o agente ter se utilizado dele como meio de locomoção e transporte da substância ilícita" (HC 455.652/SP, rel. Min. Ribeiro Dantas, 5ª Turma, j. 04.09.2018).

[700] "Não há ilegalidade na incidência da causa de aumento prevista no art. 40, III, da Lei n. 11.343/2006, pois o crime foi cometido nas dependências do estabelecimento prisional onde se encontrava preso um dos corréus" (STJ: HC 208.062/ES, rel. Min. Gurgel de Faria, 5ª Turma, j. 08.09.2015). Entendendo que a majorante se aplica ao preso que comete o delito de tráfico de drogas no interior do estabelecimento prisional: STJ: HC 111.516/MS, rel. Min. Nefi Cordeiro, 6ª Turma, j. 12.06.2015.

[701] STJ: AgRg no AREsp 483.235/BA, rel. Min. Rogerio Schietti Cruz, 6ª Turma, j. 25.09.2018.

[702] "A causa de aumento de pena prevista no art. 40, inciso III, da Lei 11.343/2006 tem **natureza objetiva**, não sendo necessária a efetiva comprovação de mercancia na respectiva entidade de ensino, ou mesmo de que o comércio visava a atingir os estudantes, sendo suficiente que a prática ilícita tenha ocorrido em locais próximos, ou seja, nas imediações do estabelecimento" (STJ: REsp 1.719.792/MG, rel. Min. Maria Thereza de Assis Moura, 6ª Turma, j. 13.03.2018).

[703] CUNHA, Rogério Sanches; PINTO, Ronaldo Batista; SOUZA, Renee do Ó. Drogas – Lei n. 11.343/2006. *Leis penais especiais comentadas*. 3. ed. Salvador: JusPodivm, 2020. p. 1771.

[704] STJ: REsp 1.719.792/MG, rel. Min. Maria Thereza de Assis Moura, 6ª Turma, j. 13.03.2018.

226 | LEI DE DROGAS: Aspectos Penais e Processuais – *Cleber Masson • Vinícius Marçal*

aplicação da majorante, portanto, é fundamental que se verifique um **aproveitamento da aglomeração**. Nesse sentido:

> "1. A *razão de ser da causa especial de aumento de pena* prevista no inciso III do art. 40 da Lei n. 11.343/2006 é a de punir, com maior rigor, aquele que, nas imediações ou nas dependências dos locais a que se refere o dispositivo, dada a *maior aglomeração de pessoas*, tem como mais ágil e facilitada a prática do tráfico de drogas (aqui incluídos quaisquer dos núcleos previstos no art. 33 da Lei n. 11.343/2006), justamente porque, em localidades como tais, *é mais fácil ao traficante passar despercebido à fiscalização policial, além de ser maior o grau de vulnerabilidade das pessoas reunidas em determinados lugares. 2. **Como, na espécie, não ficou evidenciado nenhum benefício advindo ao paciente com a prática do delito nas proximidades ou nas imediações de estabelecimento de ensino – o ilícito foi perpetrado, tão somente, em um domingo, de madrugada – e se também não houve uma maximização do risco exposto àqueles que frequentam a escola (alunos, pais, professores, funcionários em geral), deve, *excepcionalmente*, em razão das peculiaridades do caso concreto, ser afastada a incidência da referida majorante.**"[705]

Tem-se, pois, que a causa de aumento de pena prevista no art. 40, III, da Lei 11.343/2006 tem por finalidade punir com maior rigor a comercialização de drogas em locais com elevada circulação de pessoas, em razão da maior facilidade de disseminação da mercancia ilícita. Contudo, a mera proximidade física entre o local da apreensão e estabelecimentos como praças ou escolas não enseja, automaticamente, a aplicação da majorante.

Embora a majorante possua *caráter predominantemente objetivo*, não exigindo a demonstração do intuito específico de atingir frequentadores de determinados locais, tal característica não afasta a necessidade de interpretação teleológica do dispositivo. A *ratio essendi* da norma é majorar a reprimenda em virtude das consequências do tráfico em larga escala, que proporciona maiores benefícios ao agente quando praticado em áreas de concentração populacional.

O fundamento desta majorante, portanto, reside na potencial facilitação da disseminação do consumo de drogas em locais com expressiva concentração de pessoas, circunstância que representa incremento significativo do risco à saúde pública. Consequentemente, demonstrada a impossibilidade fática de disseminação da mercancia ilícita a um contingente maior de pessoas, e não tendo o agente se beneficiado dessa circunstância, revela-se desarrazoada a incidência da majorante.

Em suma: a aplicação da causa de aumento prevista no art. 40, III, pressupõe a existência concreta de condições que viabilizem a disseminação de drogas, considerada a aglomeração ou maior circulação de pessoas no local e momento dos fatos.[706]

---

[705] STJ: HC 451.260/ES, rel. Min. Rogerio Schietti Cruz, 6ª Turma, j. 07.08.2018.

[706] O Supremo Tribunal Federal afastou a incidência da causa de aumento prevista no art. 40, III, da Lei de Drogas em hipótese em que se constatou a impossibilidade fática de disseminação do tráfico, tendo em vista a ausência de aglomeração de pessoas nas imediações do estabelecimento de ensino, que se encontrava fechado em decorrência das medidas sanitárias impostas pela pandemia de Covid-19 (STF: HC 228.230 AgR/SP, rel. Min. Dias Toffoli, 2ª Turma, j. 21.11.2023).

13.4. Art. 40, inc. IV – o crime tiver sido praticado com violência, grave ameaça, emprego de arma de fogo, ou qualquer processo de intimidação difusa ou coletiva

A acentuada reprovabilidade da conduta e o maior perigo causado a uma pessoa física e/ou à coletividade em geral justificam o tratamento penal mais severo.

Dentre outras hipóteses, é possível cogitar a incidência da majorante na situação (*a*) em que o ponto de venda de drogas é vigiado por traficantes armados; (*b*) em que o traficante ameaça alguém de morte, para que este efetue em seu favor o transporte de uma carga de drogas; (*c*) em que o sujeito usa de violência física contra sua namorada para nela injetar heroína.

Sobre a arma de fogo, não basta a sua existência. O tipo penal reclama seu **emprego**, o qual pode se concretizar mediante o **uso efetivo** (exemplo: apontar a arma para alguém) ou então pelo **porte ostensivo**. Exemplificativamente, não incide a causa de aumento da pena quando o agente traz consigo uma pistola .40 no interior de sua mochila, nada obstante esteja vendendo droga a uma determinada pessoa.

Acerca do emprego de arma de fogo, reina grande celeuma sobre a existência ou não de concurso de crimes entre as infrações penais dos arts. 33 a 37 com causa de aumento de pena do inc. IV do art. 40, todos da Lei 11.343/2006, e os delitos de porte ilegal de arma de fogo (Lei 10.826/2003, arts. 14 e 16). Há três posições sobre o assunto:

1ª posição: Não há falar em concurso de crimes, sob pena de caracterização de *bis in idem*, haja vista que o emprego da arma de fogo estaria sendo duplamente valorado, tanto para majorar a pena do delito da Lei de Drogas, como para tipificar uma conduta prevista no Estatuto do Desarmamento.

2ª posição: Há concurso material de crimes, pois os bens jurídicos tutelados são distintos (saúde pública e incolumidade pública), de maneira que o agente responderá pelo crime da Lei de Drogas, com a majorante respectiva, e pelo delito do Estatuto do Desarmamento.

3ª posição: O concurso de crimes pode ou não existir, a depender do caso concreto. Se a única finalidade do emprego da arma de fogo é o cometimento do tráfico, o crime do Estatuto do Desarmamento fica absorvido, incidindo a majorante contida no art. 40, inc. IV, da Lei 11.343/2006. Quando presente o *nexo finalístico* entre as condutas, o conflito aparente de normas é solucionado pelo princípio da consunção. Por sua vez, se o porte ilegal de arma de fogo já estava consumado antes do tráfico de drogas, em contexto fático diverso (*designios autônomos*), tem-se o concurso material entre o crime da Lei de Drogas, sem a causa de aumento da pena, com o delito tipificado no Estatuto do Desarmamento. É o nosso entendimento, com respaldo na jurisprudência do Superior Tribunal de Justiça. Veja-se:

* **Hipótese em que foi reconhecida a consunção:**

"A absorção do crime de porte ou posse ilegal de arma pelo delito de tráfico de drogas, em detrimento do concurso material, deve ocorrer quando o uso da arma está ligado diretamente ao comércio ilícito de entorpecentes, ou seja, para assegurar o sucesso da mercancia ilícita. Nesse caso, trata-se de crime-meio para se atingir o crime-fim que é o tráfico de drogas, exige-se o *nexo finalístico* entre as condutas de portar ou possuir

228 | LEI DE DROGAS: Aspectos Penais e Processuais – *Cleber Masson* • *Vinícius Marçal*

arma de fogo e aquelas relativas ao tráfico. A arma de fogo oculta no mesmo local da apreensão da droga, localizada por indicação do próprio paciente e que se encontrava no mesmo contexto fático-temporal em que se deu a apreensão da droga, evidentemente se destinava ao apoio e ao sucesso da mercancia ilícita, não sendo possível aferir a existência de desígnios autônomos entre as condutas."[707]

* Hipótese em que foi reconhecido o concurso de crimes:
"A Lei n. 11.343/2006 prevê como causa especial de aumento de pena para o crime de tráfico de drogas o efetivo emprego de arma de fogo, em que o agente porta ilegalmente a arma apenas para viabilizar o cometimento do delito de narcotráfico. No caso dos autos, as instâncias ordinárias, com base no conjunto fático--probatório, entenderam que as condutas possuem *desígnios autônomos*. Rever esse entendimento, na espécie, demandaria reexame de provas, inviável na via estreita do *habeas corpus*."[708]

Finalmente, a majorante incidirá quando a infração penal tiver sido praticada dentro de um **processo de intimidação difusa ou coletiva**, que se afigura como uma manifestação de violência ou intimidação dirigida a um número indeterminado de pessoas. É o que ocorre, por exemplo, nos famosos "toques de recolher em comunidades, que acabam por tolerar o tráfico, pelo poder de influência que o traficante exerce na região, fazendo ameaças coletivas a quem não cooperar com suas atividades ilícitas."[709]

13.5. Art. 40, inc. V – caracterizado o tráfico entre Estados da Federação ou entre estes e o Distrito Federal

Nada obstante este dispositivo contenha somente a palavra "**tráfico**", é evidente que a totalidade dos incisos do art. 40 devem ser interpretados à luz do seu *caput*, razão pela qual a aplicação da majorante em análise não se limita ao tráfico de drogas propriamente de dito. Em outras palavras, a causa de aumento há de incidir a todos os delitos tipificados nos arts. 33 a 37 da Lei 11.343/2006.

Diversamente do inc. I, que trata da transnacionalidade, o inc. V contempla a **interestadualidade**, fundada na maior potencialidade de difusão das drogas. Mas, por expressa opção do legislador, a majorante não abrange a **intermunicipalidade**, se o delito envolver dois ou mais municípios de um mesmo Estado. Assim, se a droga for transportada de um Estado para outro ou para o Distrito Federal, a causa de aumento será aplicável. Não terá lugar, contudo, se a droga for levada, exemplificativamente, de Angra dos Reis ao Rio de Janeiro. E, quanto maior for o número de Estados abrangidos pela ação criminosa, maior deverá ser o patamar de elevação da pena.[710]

---

[707] STJ: HC 181.400/RJ, rel. Min. Marco Aurélio Bellizze, 5ª Turma, j. 29.06.2012.

[708] STJ: HC 366.638/SP, rel. Min. Reynaldo Soares da Fonseca, 5ª Turma, j. 29.08.2016.

[709] BINA, Ricardo Ambrosio Fazzani. *Legislação penal especial*. Rio de Janeiro: Elsevier, 2015. p. 94.

[710] "Quanto ao aumento pela interestadualidade, esta Corte vem decidindo que a **escolha da fração** deve se basear na *quantidade de Estados da federação envolvidos*. Assim, envolvendo o caso apenas dois Estados, deve ser restabelecida a fração mínima de 1/6 aplicada na sentença" (STJ: HC 364.661/ SC, rel. Min. Reynaldo Soares da Fonseca, 5ª Turma, j. 25.11.2016).

Tal como se verifica na transnacionalidade, para a aplicação da majorante da interestadualidade basta a comprovação de que a droga tinha como destino algum outro Estado ou o Distrito Federal, pouco importando a efetiva transposição da divisa interestadual. Nos termos da **Súmula 587 do Superior Tribunal de Justiça**: "Para a incidência da majorante prevista no art. 40, V, da Lei 11.340/06, é desnecessária a efetiva transposição de fronteiras entre estados da federação, sendo suficiente a demonstração inequívoca de realizar o tráfico interestadual."

Essa majorante pode ser cumulada com a causa de aumento atinente à transnacionalidade, desde que seja demonstrada a intenção do agente em distribuir a droga em dois ou mais Estados da Federação, ou então em algum Estado e no Distrito Federal. Não basta o mero transporte da droga entre dois ou mais entes federativos. Exige-se o *propósito de difundi-la em Estados diversos*. Se a cumulação não fosse possível, o legislador não teria motivo para ter previsto as majorantes, com âmbito de proteção diversos, em diferentes incisos. Exemplo: "A" importa cocaína da Bolívia, recebe a droga no aeroporto internacional de São Paulo, e manda lotes do produto para o Paraná e para Santa Catarina. Na linha da jurisprudência do Superior Tribunal de Justiça:

> "I – É cabível a aplicação cumulativa das causas de aumento relativas à transnacionalidade e à interestadualidade do delito, previstas nos incisos I e V da Lei de Drogas, quando evidenciado que a droga proveniente do exterior se destina a mais de um estado da federação, sendo o intuito dos agentes distribuir o entorpecente estrangeiro por mais de uma localidade do país. Contudo, entendeu o acórdão recorrido não ser esta a hipótese. A droga que se destina a unidade federativa que não seja de fronteira, necessariamente percorrerá mais de um estado. Porém, inexistindo difusão ilícita do entorpecente no caminho e comprovado que toda droga será comercializada em um mesmo estado, de fato, não resta configurado o tráfico interestadual. Precedentes. II – Nessa linha de raciocínio, quando não há difusão ilícita de drogas em mais de uma unidade federativa, o mero transporte de entorpecente por estados fronteiriços até o destino final, como na presente hipótese, é apto a configurar apenas a transnacionalidade do tráfico."[711]

Gize-se, por fim, que o tráfico interestadual, de natureza doméstica ou interna, é de competência da **Justiça Estadual**.

13.6. Art. 40, inc. VI – sua prática envolver ou visar a atingir criança ou adolescente ou a quem tenha, por qualquer motivo, diminuída ou suprimida a capacidade de entendimento e determinação

Essa causa de aumento visa proteger determinadas pessoas que se encontram em condição de maior vulnerabilidade, e deverá incidir quando da prática dos crimes previstos nos arts. 33 a 37 da Lei de Drogas:

---

[711] STJ: AgRg no REsp 1744207/TO, rel. Min. Felix Fischer, 5ª Turma, j. 26.06.2018. E ainda: "As causas especiais de aumento da pena relativas à transnacionalidade e à interestadualidade do delito, previstas, respectivamente, nos incisos I e V do art. 40 da Lei de Drogas, *podem ser aplicadas simultaneamente, desde que* demonstrada a intenção do acusado que importou a substância em pulverizar a droga em mais de um estado do território nacional" (STJ: HC 214.942/MT, rel. Min. Rogerio Schietti Cruz, 6ª Turma, j. 16.06.2016).

a) **envolver** ou **visar** **atingir criança ou adolescente**: criança é a pessoa com até doze anos de idade incompletos, e adolescente aquela entre doze e dezoito anos de idade (Lei 8.069/1990 – Estatuto da Criança e do Adolescente, art. 2º);

b) **envolver** ou **visar** **atingir quem tenha, por qualquer motivo, diminuída ou suprimida a capacidade de entendimento e determinação**: como a lei utiliza a expressão "por qualquer motivo", é desnecessário demonstrar que a pessoa padeça de alguma enfermidade mental permanente. Destarte, as causas transitórias que possam diminuir ou suprimir a capacidade de entendimento e de determinação do sujeito, a exemplo da embriaguez, servem para legitimar a incidência da majorante. E, nada obstante a Lei 11.343/2006 não tenha se referido expressamente ao idoso, será possível a incidência deste inc. VI quando o delito é contra ele dirigido se ficar demonstrada a sua especial vulnerabilidade no caso concreto, não propriamente pela sua idade, e sim pela diminuição ou supressão da sua capacidade de entendimento e determinação.

O texto legal é claro. A causa de aumento abarca tanto as ações que **envolverem** como as que **visarem** às pessoas nela mencionadas. É aplicável, portanto, não somente quando os sujeitos arrolados no inc. VI do art. 40 da Lei 11.343/2006 forem destinatários da ação criminosa, mas, também, quando essas pessoas estiverem de qualquer modo envolvidas no delito. Exemplificativamente, a majorante alcança a conduta de quem vende droga a uma criança e o comportamento daquele que se vale de uma criança para, na companhia desta, vender droga a um terceiro.

Na hipótese de qualquer dos crimes tipificados nos arts. 33 a 37 da Lei de Drogas ser praticado na companhia de criança ou adolescente, o agente deverá ser responsabilizado tão somente pelo delito previsto na Lei 11.343/2006, com incidência da majorante ora analisada (art. 40, inc. VI), afastando-se, pelo *princípio da especialidade*, o concurso com o crime de **corrupção de menores** (ECA, art. 244-B), sob pena de caracterização de *bis in idem*. Nesse sentido:

> "Na hipótese de o delito praticado pelo agente e pelo menor de 18 anos não estar previsto nos arts. 33 a 37 da Lei de Drogas, o réu poderá ser condenado pelo crime de corrupção de menores, porém, se a conduta estiver tipificada em um desses artigos (33 a 37), não será possível a condenação por aquele delito, mas apenas a majoração da sua pena com base no art. 40, VI, da Lei n. 11.343/2006. O debate consistiu no enquadramento da conduta de adulto que pratica tráfico em concurso eventual com criança ou adolescente. Para configuração do crime previsto no art. 244-B do Estatuto da Criança e do Adolescente (ECA), basta a participação de menor de 18 anos no cometimento do delito, pois, de acordo com a jurisprudência do STJ, o crime é formal e, por isso, independe da prova da efetiva corrupção do menor (Súmula 500/STJ). Por sua vez, para incidir a majorante do art. 40, VI, da Lei de Drogas, faz-se necessário que, ao praticar os delitos previstos nos arts. 33 a 37, o réu envolva ou vise atingir criança, adolescente ou quem tenha capacidade de entendimento e determinação diminuída. Não se compartilha do entendimento no sentido de que, se a criança ou adolescente já estiverem corrompidos, não há falar em corrupção de menores e de que responde o agente apenas pelo crime de tráfico majorado, pois, de acordo com o entendimento do STJ, é irrelevante a prova da efetiva corrupção do menor para que o acusado seja

Cap. 1 • CRIMES EM ESPÉCIE | **231**

condenado pelo crime do ECA. A solução deve ser encontrada no princípio da especialidade. Assim, se a hipótese versar sobre concurso de agentes envolvendo menor de dezoito anos com a prática de qualquer dos crimes tipificados nos arts. 33 a 37 da Lei de Drogas, afigura-se juridicamente correta a imputação do delito em questão, com a causa de aumento do art. 40, VI. Para os demais casos, aplica-se o art. 244-B, do Estatuto da Criança e do Adolescente."[712]

Em resumo, se o agente praticar qualquer dos crimes definidos nos arts. 33 a 37 da Lei de Drogas envolvendo criança ou adolescente, não há falar em responsabilização conjunta com o delito previsto no art. 244-B do ECA. Nesse caso, pune-se o narcotráfico com a majorante prevista no art. 40, VI, da Lei de Drogas. De outro lado, se o acusado cometer, juntamente com pessoa menor de 18 anos, outro crime previsto na Lei de Drogas que não seja algum dos tipificados nos arts. 33 a 37, deverá ser responsabilizado por esse delito em concurso com a corrupção de menores.

13.7. Art. 40, inc. VII – o agente financiar ou custear a prática do crime

O *caput* do art. 40 da Lei 11.343/2006 é peremptório ao estabelecer que as causas de aumento de pena são aplicadas aos crimes previstos nos arts. 33 a 37 da Lei de Drogas. Todavia, a majorante do inc. VII não incidirá quanto ao delito tipificado no art. 36 ("Financiar ou custear a prática de qualquer dos crimes previstos nos arts. 33, *caput* e § 1º, e 34 desta Lei"), sob pena de caracterização do inaceitável *bis in idem*.

Além disso, a análise sistemática da Lei 11.343/2006 autoriza algumas conclusões:

a) é impensável que alguém financie o induzimento, a instigação ou o auxílio ao uso indevido de droga (§ 2º do art. 33);

b) a majorante do art. 40, VII, é incompatível com o tipo previsto no art. 33, § 3º, pois este pressupõe a gratuidade;

c) é inviável a compatibilização da causa de aumento deste inc. VII com o crime definido no art. 37, pois a colaboração que rende ensejo à incidência de tal delito é a que se opera por meio da prestação de informações, é dizer, se a colaboração se der mediante financiamento ou custeio do tráfico de drogas, ao agente será imputado o crime do art. 36 da Lei 11.343/2006, e não o delito do art. 37; e

d) é impossível a incidência da causa de aumento de pena em análise ao crime previsto no art. 35 da Lei de Drogas, uma vez que o legislador não previu o financiamento do crime de associação para o tráfico, em face da sua manifesta desnecessidade. Nas palavras de Andrey Borges de Mendonça e Paulo Roberto Galvão de Carvalho: "[...] como dissemos quando do estudo do delito previsto no art. 36, o legislador não previu o financiamento ao delito de associação, por ser desnecessário. Realmente, como o delito se consuma com a disponibilização do bem ou dinheiro para a prática de um dos crimes dos arts. 33, *caput* e § 1º, e 34, e sabendo-se que o delito de associação para o tráfico é justamente uma reunião estável visando realizar um destes crimes, no exato instante em que

---

[712] STJ: REsp 1.622.781/MT, rel. Min. Sebastião Reis Júnior, 6ª Turma, j. 22.11.2016, noticiado no *Informativo* 595.

houve disponibilização do dinheiro para os associados, como a finalidade destes é justamente praticar os crimes dos arts. 33, *caput* e § 1º, e 34, já houve consumação do delito de financiamento, independentemente da prática de qualquer crime posterior visado pela associação. Não é possível financiar a associação, sem que também se esteja a financiar os crimes visados pelos agentes. Assim, por já estar caracterizado o crime autônomo de financiamento, não se pode admitir a aplicação da causa de aumento de pena em estudo."[713]

Como se sabe, o crime de financiamento ou custeio do tráfico (Lei 11.343/2006, art. 36) somente se concretiza, se o agente não se envolver diretamente nas condutas de narcotraficância, ou seja, o crime só alcança aquele que "financia ou custeia os crimes a que se referem os arts. 33, *caput* e § 1º, e 34 da Lei 11.343/2006, sem, contudo, ser autor ou partícipe (art. 29 do Código Penal) das condutas ali descritas."[714]

Entretanto, para os casos de tráfico de drogas em concurso com o financiamento ou custeio da prática do crime, o legislador previu expressamente a causa especial de aumento de pena do inc. VII do art. 40. Portanto, o sujeito que atua diretamente na traficância e que também financia ou custeia a aquisição das drogas, deve responder pelo tráfico de drogas, com a incidência da causa de aumento prevista no art. 40, VII, da Lei 11.343/2006, por financiar ou custear a prática do delito, afastando-se o delito contido no art. 36 do citado diploma legal.

Em síntese, a majorante do inc. VII do art. 40 da Lei 11.343/2006 incidirá na hipótese de **autofinanciamento** do tráfico de drogas, pois não se admite concurso material entre os crimes de tráfico de drogas e financiamento do tráfico, reservando-se o delito do art. 36 para os casos em que o financiador não se envolve com a narcotraficância, na condição de coautor ou partícipe.

---

[713] MENDONÇA, Andrey Borges de; CARVALHO, Paulo Roberto Galvão de. *Lei de drogas*: Lei 11.343, de 23 de agosto de 2006 – comentada artigo por artigo. 3. ed. São Paulo: Método, 2012. p. 187-188.

[714] STJ, HC 306.136/MG, rel. Min. Rogerio Schietti Cruz, 6ª Turma, j. 19.11.2015. E também: "O financiamento ou custeio ao tráfico ilícito de drogas (art. 36 da Lei nº 11.343/2006) é delito autônomo aplicável ao agente que não tem participação direta na execução do tráfico, limitando-se a fornecer os recursos necessários para subsidiar a mercancia" (STJ, REsp 1.290.296/PR, rel. Min. Maria Thereza de Assis de Moura, 6ª Turma, j. 03.02.2014).

2

APLICAÇÃO DAS PENAS, DELAÇÃO PREMIADA E IMPUTABILIDADE PENAL

1. DOSIMETRIA DAS PENAS E CIRCUNSTÂNCIAS PREPONDERANTES[1]

O modelo de aplicação das penas na Lei de Drogas continua adotando o critério trifásico (CP, art. 68). Sem abandonar a disciplina do art. 59 do Código Penal, num **regime de complementaridade**, preconiza o art. 42 da LD que "o juiz, na fixação das penas, considerará, **com preponderância sobre o previsto no art. 59 do Código Penal**, a *natureza* e a *quantidade* da substância ou do produto, a *personalidade* e a *conduta social* do agente."

Ao fixar a pena do réu, portanto, deve o magistrado se orientar pelo **sistema da quantificação judicial**, de modo a aferir os critérios quanto à **natureza** e à **quantidade** da substância apreendida, à **personalidade** e à **conduta social** do agente.[2] Ademais, nos termos do entendimento firmado pelos Tribunais Superiores, "a presença de **circunstâncias judiciais** desfavoráveis constitui fundamento idôneo a justificar a *imposição do regime mais severo*."[3]

Observe-se, por curial, que "a **quantidade**, a **natureza** e a **variedade** da droga apreendida constituem fundamentos idôneos tanto para **justificar a imposição do regime mais severo** quanto para a **exasperação da pena-base**, não havendo, pois, que se falar em ofensa ao *bis in idem*, uma vez que para o estabelecimento do modo inicial de expiação da reprimenda devem ser consideradas as circunstâncias judiciais

---

[1] Vide: itens **6.2.2** e **6.3**.

[2] Esses parâmetros servem não apenas para auxiliar o juiz na tarefa de fixar a pena, mas, também, para diferenciar o tráfico dos crimes de consumo pessoal.

[3] STJ: HC 373.853/SP, rel. Min. Nefi Cordeiro, 6ª Turma, j. 22.11.2016. Idem: "O entendimento do STF é no sentido de que a existência de *circunstâncias judiciais desfavoráveis* justifica a *fixação da pena-base em patamar acima do mínimo legal*. [...] Da mesma forma, o STF já decidiu que a *natureza* e a *quantidade* da droga apreendida constituem fundamentação idônea para a *exasperação da pena-base* em patamar acima do mínimo legal" (STF: HC 175.351 AgR, rel. Min. Roberto Barroso, 1ª Turma, j. 27.04.2020).

234 | LEI DE DROGAS: Aspectos Penais e Processuais – *Cleber Masson • Vinícius Marçal*

valoradas para a realização da dosimetria da pena, consoante prescreve o art. 33, § 3º, do CP."[4]

Aliás, desde a égide da revogada Lei 6.368/1976, a quantidade, a natureza e a variedade dos entorpecentes constituíam "motivação idônea para a exasperação da pena-base."[5] E, obviamente, **quanto maiores a *variedade* e a *quantidade* de droga apreendida, "maior potencial lesivo à sociedade, a exigir que a resposta penal seja proporcional ao crime praticado."**[6]

Assim, em obséquio ao art. 42, não há falar em constrangimento ilegal a ser sanado na hipótese de a **pena-base ser fixada acima do mínimo legal** com lastro na **quantidade** e **variedade** das drogas apreendidas, argumentos válidos para tal fim.[7] Com efeito, o Supremo Tribunal Federal já teve ocasião de ressaltar o acerto do juiz ao estabelecer o *quantum* da pena privativa de liberdade aplicada acima do mínimo legal, haja vista que "o réu transportava 8.018,87 g (oito mil e dezoito gramas e oitenta e sete centigramas) de cocaína, o que prepondera negativamente sobre as circunstâncias subjetivas da personalidade e da conduta social do agente."[8] Em outro caso, o Pretório Excelso considerou "adequada a *exasperação da pena-base* acima do mínimo legal dada a *expressiva quantidade de droga apreendida – 79 kg (setenta e nove quilos) de maconha.*"[9]

Também encontra fundamento legítimo o **agravamento da pena-base** com esteio na *natureza* da droga. Ora, não se pode negar que as drogas podem afetar a saúde humana com maior ou menor gravidade. Um quilo de maconha, por exemplo, tem potencial destrutivo menor que um quilo de cocaína, estupefaciente assaz alucinógeno e viciante.[10] Assim, o **potencial lesivo e viciante da droga**, dada a sua natureza, há de ser levado em consideração quando da fixação da sanção,[11] ressalvada a hipótese de apreensão de quan-

---

[4]   STJ: AgRg no HC 571.983/SP, rel. Min. Nefi Cordeiro, 6ª Turma, j. 02.06.2020. Igualmente: "A conclusão sobre a natureza e a quantidade do entorpecente (112,49 g de maconha e 21,85 g de cocaína) é suficiente para fixação do regime inicial semiaberto para o paciente, harmonizando-se com a jurisprudência consolidada do Supremo Tribunal Federal" (STF: HC 133.308, rel. Min. Cármen Lúcia, 2ª Turma, j. 29.03.2016).

[5]   STF: HC 134.193, rel. Min. Dias Toffoli, 2ª Turma, j. 26.10.2016.

[6]   STF: HC 134.193, rel. Min. Dias Toffoli, 2ª Turma, j. 26.10.2016.

[7]   STJ: HC 350.017/MG, rel. Min. Reynaldo Soares da Fonseca, 5ª Turma, j. 25.10.2016. Idem: "No caso em apreço, o *aumento da pena-base em 1/6* não se revela desproporcional ante a *quantidade* e *variedade* de entorpecentes apreendidos – 256 g (duzentos e cinquenta e seis gramas) de maconha e 59,5 g (cinquenta e nove gramas e cinco decigramas) de cocaína" (STJ: AgRg no HC 584.337/SC, rel. Min. Antonio Saldanha Palheiro, 6ª Turma, j. 08.09.2020).

[8]   HC 110.900/CE, rel. Min. Luiz Fux, 1ª Turma, j. 23.04.2013.

[9]   STF: RHC 140.006 AgR, rel. Min. Rosa Weber, 1ª Turma, j. 01.12.2017. Igualmente: "Quantidade e natureza da droga (1.691 kg – mil seiscentos e noventa e um quilos de cocaína). Vetor a ser necessariamente considerado na dosimetria (art. 59 do CP)" (HC 134.193, rel. Min. Dias Toffoli, 2ª Turma, j. 26.10.2016).

[10] "Pena-base fixada um pouco *acima do mínimo legal* de forma fundamentada, destacando as instâncias ordinárias a *quantidade* e *a natureza da droga* apreendida em poder do réu – 1.056,75g de *cocaína*, distribuídos em 80 cápsulas –, *entorpecente altamente alucinógeno e viciante*, em volume apto a atingir numerosos usuários, o que *possibilita a majoração da reprimenda* inicial no patamar adotado" (STJ: HC 257.002/SP, rel. Min. Marco Aurélio Bellizze, 5ª Turma, j. 17.12.2013).

[11] "Na hipótese, vê-se que o acórdão impugnado, valendo-se do critério estabelecido no art. 42 da Lei n. 11.343/2006, considerou, em desfavor do réu, a *natureza da substância apreendida*, vulgarmente conhecida como *crack* (mistura com maior potencial viciante e destrutivo), para *exasperar* a pena-

Cap. 2 • APLICAÇÃO DAS PENAS, DELAÇÃO PREMIADA E IMPUTABILIDADE PENAL | 235

tidade muito pequena de entorpecente.[12] Lado outro, tem-se por "desnecessária a aferição do *grau de pureza da droga* para realização da dosimetria da pena."[13]

A *personalidade* – valoração que resulta "da análise do seu perfil subjetivo, no que se refere a aspectos morais e psicológicos, para que se afira a existência de caráter voltado à prática de infrações penais, com base nos elementos probatórios dos autos, aptos a inferir o desvio de personalidade de acordo com o livre convencimento motivado, independentemente de perícia"[14] – e a *conduta social do agente* – o estilo de vida do réu, correto ou inadequado, perante a sociedade, sua família, ambiente de trabalho, círculo de amizades e vizinhança etc. – já encontravam previsão no art. 59 do Código Penal.[15] A diferença é que, por determinação do art. 42 da LD, esses aspectos deverão, na Lei de Drogas, ser considerados pelo magistrado com preponderância sobre os outros igualmente vertidos no art. 59 do CP.[16]

-base em 1 (um) ano" (STJ: HC 169.684/MG, rel. Min. Laurita Vaz, 5ª Turma, j. 03.05.2011). E ainda: "A grande quantidade de maconha apreendida (1.680 g) e o *alto potencial lesivo e viciante da cocaína*, considerados em desfavor do recorrente na fixação da pena, apresentam-se como justificativas suficientes para a *imposição do regime inicial fechado*, à luz do art. 33, § 3º, do Código Penal, c/c o art. 42 da Lei n. 11.343/2006" (STJ: AgRg no REsp 1.496.289/SP, rel. Min. Rogerio Schietti Cruz, 6ª Turma, j. 25.08.2015). Por fim: STJ: AgRg no HC 474.072/RS, rel. Min. Antonio Saldanha Palheiro, 6ª Turma, j. 25.06.2019.

12 "Embora a *natureza* da droga apreendida constitua, de fato, circunstância preponderante a ser considerada na dosimetria da pena (a teor do que enunciado no art. 42 da Lei n. 11.343/2006) e não obstante a natureza da substância trazida pelo acusado – cocaína – seja, realmente, dotada de *alto poder viciante*, a *quantidade de substância apreendida – 0,48 grama – é muito pequena*, de maneira que se mostra manifestamente *desproporcional* sopesar, no caso ora analisado, apenas tal circunstância para justificar a exasperação da pena-base" (STJ: AgRg no HC 570.587/SP, rel. Min. Rogerio Schietti Cruz, 6ª Turma, j. 09.06.2020).

13 STF: HC 132.909, rel. Min. Cármen Lúcia, 2ª Turma, j. 15.03.2016. Igualmente: "De acordo com a jurisprudência do Superior Tribunal de Justiça, é *desnecessário se aferir o grau de pureza da droga para fins de fixação da pena.* A Lei 11.343/06, em seu art. 42, estabelece como preponderantes a natureza e a quantidade de entorpecentes, *independentemente da pureza da substância*, de quanto ela poderia render ou de quanto ela está misturada a outros produtos nocivos à saúde" (STJ: RHC 63.295/SP, rel. Min. Maria Thereza de Assis Moura, 6ª Turma, j. 19.11.2015).

14 STJ: HC 566.684/SP, rel. Min. Ribeiro Dantas, 5ª Turma, j. 09.06.2020.

15 Para um setor doutrinário, os vetores da *personalidade* e da *conduta social do agente* privilegiam o *direito penal do autor* em detrimento do *direito penal do fato*, e, por esta razão, afiguram-se como exigências inconstitucionais. Nesse sentido: RANGEL, Paulo; BACILA, Carlos Roberto. *Lei de drogas*: comentários penais e processuais. 3. ed. São Paulo: Atlas, 2015. p. 139-141.

16 Sobre a questão, vale rememorar: "1. A Terceira Seção fixou o entendimento de que 'condenações criminais do réu transitadas em julgado e não utilizadas para caracterizar a reincidência somente podem ser valoradas, na primeira fase da dosimetria, a título de antecedentes criminais' (EREsp n. 1.688.077/MS, Rel. Ministro Reynaldo Soares da Fonseca, 3ª S., DJe 28.8.2019). 2. Se existe uma circunstância judicial específica destinada à valoração do passado desabonador do réu (antecedentes), revela-se uma imprecisão intitulá-la de personalidade ou de conduta social negativas" (STJ: AgRg no HC 582.412/SC, rel. Min. Rogerio Schietti Cruz, 6ª Turma, j. 16.06.2020), ou seja: "A conduta social e a personalidade do agente não se confundem com os antecedentes criminais, porquanto gozam de contornos próprios – referem-se ao modo de ser e agir do autor do delito –, os quais não podem ser deduzidos, de forma automática, da folha de antecedentes criminais do réu. Trata-se da atuação do réu na comunidade, no contexto familiar, no trabalho, na vizinhança (conduta social), do seu temperamento e das características do seu caráter, aos quais se agregam fatores hereditários e socioambientais, moldados pelas experiências vividas pelo

De mais a mais, outros fatores como a prática da narcotraficância durante dilatado lapso temporal; o uso de empresas de fachada para dar cobertura ao envio de drogas aos seus destinatários; a extensa ramificação da associação criminosa; e a ocultação de entorpecentes em animais para confundir a fiscalização e viabilizar a prática criminosa são fatores que demonstram o elevadíssimo grau de reprovabilidade da conduta e justificam o **agravamento da pena-base**.[17]

No mais, outras importantíssimas considerações sobre a **fixação da pena** foram realizadas nos itens **6.2.2** ("O *quantum* de diminuição da pena e a influência da natureza e da quantidade da droga apreendida") e **6.3** ("Tráfico privilegiado, hediondez e regime inicial de cumprimento de pena"), para onde remetemos o leitor a fim de evitar desnecessárias repetições.

2. FIXAÇÃO DA PENA DE MULTA

Na fixação da multa a que se referem os arts. 33 a 39 da Lei de Drogas, "o juiz, atendendo ao que dispõe o art. 42 desta Lei, determinará o número de dias-multa, atribuindo a cada um, segundo as condições econômicas dos acusados, valor não inferior a um trinta avos nem superior a 5 (cinco) vezes o maior salário mínimo" (LD, art. 43).

E, em conformidade com o parágrafo único do art. 43, "as multas, que em caso de concurso de crimes serão impostas sempre cumulativamente, podem ser aumentadas até o décuplo se, em virtude da situação econômica do acusado, considerá-las o juiz ineficazes, ainda que aplicadas no máximo."

Desses preceptivos resulta que as **circunstâncias preponderantes** mencionadas no art. 42 também devem orientar o magistrado na fixação do número de dias-multa, cujo valor unitário – não inferior a 1/30 nem superior a cinco vezes o maior salário mínimo – também observará as **condições econômicas** do sentenciado. O processo se dá, portanto, da seguinte maneira: primeiro, fixa-se o número de dias-multa de acordo com o preceito secundário de cada crime; depois, estabelece-se o valor de cada um; fixados o número de dias-multa e o seu valor, multiplica-se um pelo outro para se chegar à pena de multa aplicada, que, ainda que aplicada em patamar máximo, poderá ser **aumentada até o décuplo** se, em virtude da situação econômica do acusado, considerá-la o juiz ineficaz.

Ademais, em caso de *concurso de crimes*, as multas previstas no preceito secundário de cada delito serão impostas **sempre cumulativamente**, é o que preconiza o controverso parágrafo único do art. 43. Sobre o ponto, reina divergência doutrinária:

---

agente (personalidade social)" (STJ: EAREsp 1311636/MS, rel. Min. Reynaldo Soares da Fonseca, 3ª Seção, j. 10.04.2019).

[17] "17. Na espécie, não bastasse a elevadíssima quantidade de droga apreendida (quase uma tonelada e setecentos quilos) e sua natureza (cocaína) – que constituiria, à época, a segunda maior apreensão do gênero no País –, o paciente cometeu os crimes durante dilatado lapso temporal, agindo ainda na condição de representante de um dos maiores compradores de cocaína colombiana, tudo a evidenciar a maior censurabilidade de sua conduta. 18. As circunstâncias judiciais – uso de empresas de fachada para dar cobertura ao envio da droga; ocultação da droga em partes de animais para ilaquear a fiscalização e desdobramento de atividade criminosa organizada, dotada de extensa base operacional, espraiada por diversos estados da Federação, e estruturada de forma empresarial – também demonstram o elevadíssimo grau de reprovabilidade da conduta do paciente e justificam o agravamento da pena-base" (STF: HC 134.193, rel. Min. Dias Toffoli, 2ª Turma, j. 26.10.2016).

1ª posição (nosso entendimento): O dispositivo ordena peremptoriamente a incidência do critério do cúmulo material ("sempre cumulativamente") se houver *concurso de crimes*, gênero do qual o concurso material, o concurso formal e o crime continuado são espécies. Ou seja, a Lei de Drogas não deixou espaço para o critério da exasperação em se tratando da pena de multa. Essa disposição "tem a vantagem de afastar entendimento jurisprudencial [...] que entendia que, no caso de crime continuado, não se aplicaria o cúmulo material, apesar da regra expressa do art. 72 do CP, sob o argumento de que o legislador tratou o crime continuado como crime único. Como bem criticava Mirabete, 'a razão apresentada não convence, pois, além do preceito expresso citado [art. 72 do CP], que abrange todas as formas de concurso de crimes, a ficção da unidade do crime continuado é apenas relativa. [...] Portanto, no caso de concurso de crimes, em que se comina abstratamente pena privativa de liberdade e multa, quanto a esta vige o sistema do cúmulo material.'"[18]

2ª posição: Entende ser impossível aplicar o critério do cúmulo material ao crime continuado (vários delitos transformados em um). Por isso, essa corrente defende que o disposto no art. 43, parágrafo único, primeira parte, resta aplicável somente aos concursos material e formal.[19]

3ª posição: Compreende que o critério do cúmulo material somente pode ser aplicado em caso de concurso material, sendo incabível nas hipóteses de concurso formal e crime continuado.[20]

Por fim, sobre a destinação da multa, não tendo a Lei de Drogas disposto em sentido diverso, aplica-se a regra geral prevista no art. 49 do CP, que alça o *Fundo Penitenciário Nacional* à condição de órgão destinatário. Note-se que a destinação da multa ao Fundo Nacional Antidrogas, conforme o disciplinamento do art. 29, parágrafo único, da LD, alcança somente os crimes de consumo pessoal.

3. PROIBIÇÕES E VEDAÇÕES A BENEFÍCIOS

Dispõe o art. 44 da LD que "os crimes previstos nos arts. 33, *caput* e § 1º, e 34 a 37 desta Lei são **inafiançáveis**[21] e **insuscetíveis** de *sursis, graça, indulto, anistia* e *liberdade provisória*, **vedada** a conversão de suas penas em restritivas de direitos." Por sua vez, o seu parágrafo único reza que, "nos crimes previstos no *caput* deste artigo, dar-se-á o livramento condicional após o cumprimento de dois terços da pena, vedada sua concessão ao reincidente específico."

Em nossa concepção, a exceção do art. 35, os delitos tipificados nos arts. 33, *caput* e § 1º, e 34 a 37 da Lei de Drogas são hediondos por equiparação (LCH, art. 2º), assim, por força da própria Constituição, já seriam **inafiançáveis** e **insuscetíveis de graça ou**

---

[18] MENDONÇA, Andrey Borges de; CARVALHO, Paulo Roberto Galvão de. *Lei de drogas:* Lei 11.343, de 23 de agosto de 2006 – comentada artigo por artigo. 3. ed. São Paulo: Método, 2012. p. 207-208. E ainda: LIMA, Renato Brasileiro de. *Legislação criminal especial comentada:* volume único. 4. ed. Salvador: JusPodivm, 2016. p. 810.

[19] NUCCI, Guilherme de Souza. *Leis penais e processuais penais comentadas.* 8. ed. Rio de Janeiro: Forense, 2014. v. 1, iBooks, Capítulo "Drogas", nota 162.

[20] DELMANTO, Roberto; DELMANTO JUNIOR, Roberto; DELMANTO, Fabio M. de Almeida. *Leis penais especiais comentadas.* 2. ed. São Paulo: Saraiva, 2014. p. 973.

[21] Idem: CPP, art. 323, II.

238 | LEI DE DROGAS: Aspectos Penais e Processuais – *Cleber Masson* • *Vinícius Marçal*

anistia (CR/1988, art. 5º, XLIII). Ademais, na esteira do entendimento consolidado pelo STF, "o instituto da *graça*, previsto no art. 5º, inc. XLIII, da Constituição Federal, engloba o **indulto** e a **comutação da pena**, estando a competência privativa do Presidente da República para a concessão desses benefícios limitada pela vedação estabelecida no referido dispositivo constitucional."[22]

Sobre a **inafiançabilidade** e a **proibição de liberdade provisória**, calha destacar que, por ocasião do julgamento do HC 104.339/SP, em 10 de maio de 2012, **o STF reconheceu** *incidenter tantum* **a inconstitucionalidade da expressão "e liberdade provisória" contida no** *caput* **do art. 44 da Lei de Drogas**, em razão de que a vedação apriorística de concessão de liberdade provisória é incompatível com os princípios constitucionais da presunção de inocência, do devido processo legal, entre outros. É que a Lei de Drogas, "ao afastar a concessão da liberdade provisória de forma apriorística e genérica, retira do juiz competente a oportunidade de, no caso concreto, analisar os pressupostos da necessidade do cárcere cautelar, em inequívoca antecipação de pena, indo de encontro a diversos dispositivos constitucionais."[23]

Ademais, **a inafiançabilidade constitucionalmente prevista não significa, de per si, vedação ao benefício da liberdade provisória**. Com efeito, a jurisprudência foi pacificada no sentido de que o óbice à concessão da liberdade provisória para crimes hediondos e equiparados foi superado com o reconhecimento da inconstitucionalidade do art. 44 da LD,[24] não havendo lugar em nosso ordenamento jurídico-constitucional para a *prisão cautelar obrigatória*, que ignora a análise da presença dos seus requisitos pelo Poder Judiciário.[25] Não por outro motivo, sob a sistemática da repercussão geral, o Supremo Tribunal Federal fixou a tese segundo a qual "**é inconstitucional a expressão** *e liberdade provisória*, **constante do** *caput* **do artigo 44 da Lei 11.343/2006**",[26] no que foi seguido pelo Superior Tribunal de Justiça.[27]

---

[22] STJ: HC 304.990/RS, rel. Min. Ribeiro Dantas, 5ª Turma, j. 24.05.2016. E ainda: STF: HC 115.099/RS, rel. Min. Cármen Lúcia, 2ª Turma, j. 19.02.2013. No STF: "No julgamento da ADI 2.795-MC, de relatoria do Ministro Maurício Corrêa, o Plenário deste Supremo Tribunal assentou revelar-se '[...] **inconstitucional a possibilidade de que o indulto** seja concedido **aos condenados por** crimes hediondos, de tortura, terrorismo ou **tráfico ilícito de entorpecentes e drogas afins**, independentemente do lapso temporal da condenação'" (RHC 176.673 AgR, rel. Min. Ricardo Lewandowski, 2ª Turma, j. 14.02.2020).

[23] Excertos do voto do relator, Ministro Gilmar Mendes.

[24] Nesse sentido: "A gravidade abstrata do delito de tráfico de drogas não serve de fundamento para a negativa do benefício da liberdade provisória, tendo em vista a declaração de inconstitucionalidade de parte do art. 44 da Lei n. 11.343/2006 pelo Supremo Tribunal Federal" (STJ: HC 347.549/SP, rel. Min. Ribeiro Dantas, 5ª Turma, j. 17.05.2016). Igualmente: "A inafiançabilidade do delito de tráfico de entorpecentes, estabelecida constitucionalmente, não significa óbice à liberdade provisória [...]. Para manter a prisão em flagrante, deve o magistrado fazê-lo com base em elementos concretos e individualizados aptos a demonstrar a necessidade da prisão do indivíduo [...]" (STF: HC 113.613/SP, rel. Min. Dias Toffoli, 1ª Turma, j. 16.04.2013).

[25] Sobre o assunto "tráfico de drogas, prisão preventiva e Regras de Bangkok", vide **item 2.14.4**.

[26] RE 1.038.925 RG, rel. Min. Gilmar Mendes, Pleno, j. 18.08.2017.

[27] "O Pretório Excelso, ao julgar o HC n. 104.339/SP, declarou, pela via difusa, a *inconstitucionalidade da vedação à liberdade provisória estatuída no art. 44, caput, da Lei n. 11.343/06*. Desta feita, hodiernamente, afigura-se *possível a concessão da liberdade provisória aos acusados pela prática do crime de tráfico de drogas*. Por conseguinte, quando o decreto preventivo não está fundamentado nos requisitos plasmados do art. 312 do Código de Processo Penal, a segregação cautelar do acusado configura

Cap. 2 • APLICAÇÃO DAS PENAS, DELAÇÃO PREMIADA E IMPUTABILIDADE PENAL | **239**

Noutro giro, o art. 44 da Lei de Drogas também veda que as penas aplicadas em virtude do cometimento dos crimes previstos nos arts. 33, *caput* e § 1º, e 34 a 37 da Lei 11.343/2006 sejam **convertidas em restritivas de direitos**. De início, a jurisprudência[28] compreendia que a vedação tinha sua razão de ser, haja vista que, se a lei determina que os condenados por crimes hediondos e equiparados iniciem o cumprimento da pena em regime fechado, não haveria mesmo como promover a conversão da sanção privativa de liberdade em restritiva de direitos.

Entretanto, ao apreciar o HC 97.256, o Plenário do Supremo Tribunal Federal decidiu pela **inconstitucionalidade**[29] **das regras impeditivas da substituição da pena privativa de liberdade,** previstas nos arts. 33, § 4º, e 44, ambos da LD, por ofensa ao princípio da individualização da pena. Dessarte, a partir desse entendimento, passou-se a admitir a aplicação de penas restritivas de direitos, desde que presentes os requisitos objetivos e subjetivos elencados pelo art. 44 do Código Penal.

Para conferir eficácia *erga omnes* à decisão do STF, e amparado no art. 52, inc. X, da Constituição da República, o **Senado editou a Resolução 5/2012,** cuja redação do art. 1º preconiza: "É suspensa a execução da expressão 'vedada a conversão em penas restritivas de direitos' do § 4º do art. 33 da Lei nº 11.343, de 23 de agosto de 2006, declarada inconstitucional por decisão definitiva do Supremo Tribunal Federal nos autos do *Habeas Corpus* nº 97.256/RS".

Diante desse bosquejo, em tese, **é possível haver a substituição da pena privativa de liberdade por restritiva de direitos com relação ao narcotráfico,** desde que preenchidos os requisitos objetivos e subjetivos do art. 44 do Código Penal. Assim, entre outras hipóteses, **não será viável a substituição** quando: **(a)** a pena aplicada for superior a quatro anos (CP, art. 44, I);[30] **(b)** as circunstâncias do caso demonstrarem "que a substituição da pena seria insuficiente e inadequada para reprovação e prevenção do delito" (CP, art. 44, III);[31] **(c)** embora preenchido o requisito objetivo previsto no inc. I do art. 44 do CP, as instâncias ordinárias concluírem que a conversão da pena não se revela adequada ao caso, ante a existência de circunstâncias judiciais desfavoráveis consistentes na "natureza"[32] e na "quantidade da droga apreendida".[33] Assim, na linha da jurisprudência

---

patente ilegalidade, passível de rechaça pela via do *mandamus*" (HC 432.718/SP, rel. Min. Jorge Mussi, 5ª Turma, j. 03.05.2018). E ainda: HC 459.001/SP, rel. Min. Sebastião Reis Júnior, 6ª Turma, j. 27.11.2018.

[28] Era o antigo entendimento do STF: "No Supremo Tribunal Federal, prevalece o entendimento de que não é possível a concessão da substituição de pena privativa de liberdade por restritiva de direitos quando se trata de crimes hediondos ou equiparados" (HC 84.515/RS, rel. Min. Joaquim Barbosa, 2ª Turma, j. 24.05.2005).

[29] E também: RHC 100.657/MS, rel. Min. Ellen Gracie, 2ª Turma, j. 14.09.2010, noticiado no *Informativo* 600. E ainda: "É firme a jurisprudência desta Corte no sentido de que a vedação de substituição de reprimenda com base apenas na proibição legal ofende o princípio da individualização, cumprindo ao julgador analisar os requisitos do art. 44 do CP" (HC 112.776/MS, rel. Min. Teori Zavascki, Pleno, j. 19.12.2013).

[30] "Motivação idônea e objetiva (quantidade da pena aplicada: 5 anos, 4 meses e 5 dias de reclusão) para o indeferimento da conversão da pena privativa de liberdade em restritiva de direitos" (STF: HC 123.262/SP, rel. Min. Cármen Lúcia, 2ª Turma, j. 30.09.2014).

[31] STF: HC 120.604/PR, rel. Min. Luiz Fux, 1ª Turma, j. 25.02.2014.

[32] STF: RHC 129.951/PR, rel. Min. Teori Zavascki, 2ª Turma, j. 22.09.2015.

[33] STF: HC 119.811/MS, rel. Min. Teori Zavascki, 2ª Turma, j. 10.06.2014.

do STF, "é possível que o juiz fixe o regime inicial fechado e afaste a substituição da pena privativa de liberdade por restritiva de direitos com base na quantidade e na natureza do entorpecente apreendido."[34]

De mais a mais, após os julgamentos, pelo Supremo Tribunal Federal, dos *Habeas Corpus* 97.256/RS (inconstitucionalidade da vedação da conversão de penas privativas de liberdade em restritivas de direitos) e 111.840/ES (inconstitucionalidade da obrigatoriedade de ser estipulado o regime inicialmente fechado, para cumprimento de pena de crimes hediondos e assemelhados), o reconhecimento do cabimento do *sursis* no âmbito da Lei de Drogas parecia ser inevitável, apesar da vedação do art. 44.

Entretanto, ante a aludida proibição, paradoxalmente, há julgados do Superior Tribunal de Justiça (**1ª posição**) considerando a **validade da proibição do** *sursis*, não sendo rememorada, no ponto, a tantas vezes invocada ofensa ao princípio da individualização da pena.[35] De acordo com esse entendimento,

> "1. Não tem direito à suspensão condicional da pena quem é condenado por crime de tráfico de drogas, positivado no art. 33, *caput*, da Lei n. 11.343/2006, por expressa vedação do art. 44, *caput*, dessa lei. 2. O Supremo Tribunal Federal limitou-se a declarar a inconstitucionalidade das expressões 'vedada a conversão em penas restritivas de direitos' e 'vedada a conversão de suas penas em restritivas de direitos', constantes do § 4º do art. 33 da Lei n. 11.343/2006 e do art. 44 do mesmo diploma normativo, respectivamente. Foi afastada, assim, unicamente a vedação à conversão da pena privativa de liberdade por restritiva de direitos. 3. O entendimento de que seria possível a concessão de *sursis* aos condenados pela prática de tráfico de drogas viola a cláusula de reserva de plenário (*cláusula do full bench*), prevista no art. 97 da Constituição Federal."[36]

Sem embargo disso, em outros julgados proferidos pelo Supremo Tribunal Federal e pelo Superior Tribunal de Justiça (**2ª posição**), tem-se proclamado que, mesmo no âmbito da narcotraficância, é "incabível a aplicação de suspensão condicional da pena, quando a pena aplicada for superior a 2 anos",[37] caso contrário, não há impedimento. Em suma, para essa segunda posição, "admitida a substituição da pena restritiva de liberdade por limitadora de direitos relativamente ao tráfico, idêntica solução estende-se à suspensão

---

34 STF: RHC 125.077 AgR, rel. Min. Roberto Barroso, 1ª Turma, j. 10.02.2015.

35 Nesse sentido: "O óbice, previsto no artigo 44 da Lei nº 11.343/06, à suspensão condicional da pena imposta ante tráfico de drogas mostra-se afinado com a Lei nº 8.072/90 e com o disposto no inciso XLIII do artigo 5º da Constituição Federal" (STF: HC 101.919/MG, rel. Min. Marco Aurélio, 1ª Turma, j. 06.09.2011). Ainda: "A Lei n. 11.343/2006 vedou, no tocante aos crimes dos artigos 33, *caput* e § 1º, e 34 a 37, da mencionada lei, o implemento de *sursis*, razão pela qual, por expressa vedação legal, não se pode cogitar da concessão de suspensão condicional da pena aos condenados pela prática do crime de tráfico de drogas" (STJ, REsp 1.264.745/RJ, rel. Min. Maria Thereza de Assis Moura, rel. p/ Acórdão Min. Rogerio Schietti Cruz, 6ª Turma, j. 25.03.2014).

36 REsp 1.373.032/DF, rel. Min. Rogerio Schietti Cruz, 6ª Turma, j. 17.12.2015. E ainda: "Consoante entendimento deste Superior Tribunal de Justiça, a vedação ao *sursis* (prevista no artigo 44 da Lei n. 11.343/06) não foi objeto de controle de constitucionalidade pelo Supremo Tribunal Federal, razão pela qual mantém-se em plena vigência, ainda que a reprimenda definitiva fixada não seja superior a 2 (dois) anos de reclusão" (AgRg no REsp 1.615.201/MG, rel. Min. Jorge Mussi, 6ª Turma, j. 08.08.2017).

37 STJ: HC 178.476/MG, rel. Min. Nefi Cordeiro, 6ª Turma, j. 26.04.2016.

Cap. 2 • APLICAÇÃO DAS PENAS, DELAÇÃO PREMIADA E IMPUTABILIDADE PENAL | **241**

condicional da pena."[38] Em nossa ótica, **admitido o mais (conversão da pena), admite--se o menos (*sursis*)**.

Essa segunda corrente conta também com o beneplácito de respeitável parcela da doutrina que, mesmo considerando sedutora a tese da especialidade – a Lei dos Crimes Hediondos não proibiu expressamente o *sursis* como o fez a Lei de Drogas –, entende que "restringir a vedação do *sursis* apenas ao crime de tráfico é ferir de morte o princípio da isonomia",[39] haja vista que o sentenciado por qualquer outro delito hediondo ou equiparado pode fazer jus à benesse.[40] E, em homenagem às regras de hermenêutica jurídica segundo as quais (*a*) onde houver idêntico fundamento deve haver o mesmo direito (*ubi eadem ratio ibi idem jus*) e (*b*) onde há a mesma razão de ser, deve prevalecer a mesma razão de decidir (*ubi eadem legis ratio ibi eadem dispositio*), não é razoável conferir tratamento distinto a situações iguais.

De mais a mais, o parágrafo único do art. 44 da LD dispõe que, com relação aos crimes previstos nos arts. 33, *caput* e § 1º, e 34 a 37, "dar-se-á o **livramento condicional** após o cumprimento de **dois terços da pena, vedada sua concessão ao *reincidente específico*.**"

Tal como o fez a Lei dos Crimes Hediondos, a Lei de Drogas também condicionou a concessão do livramento condicional ao cumprimento de 2/3 da pena, proibindo sua concessão ao reincidente específico. Entretanto, contrariamente ao preceituado no art. 83, V, do Código Penal, que se utiliza da locução "reincidente específico *em crimes dessa natureza*", o parágrafo único do art. 44 da Lei 11.343/2006 se refere tão somente a "reincidente específico", sem aclarar se essa reincidência específica se restringiria apenas aos crimes arrolados no *caput* do art. 44 da Lei 11.343/2006 ou se abarcaria os demais crimes hediondos e equiparados.

Entendemos que, por se tratar de lei especial posterior que passou a regulamentar inteiramente a matéria até então disciplinada na Lei 8.072/1990 (lei "geral" dos crimes hediondos), o citado parágrafo único do art. 44 da Lei de Drogas há de se referir exclusivamente aos crimes previstos nos arts. 33, *caput* e § 1º, e 34 a 37 da Lei 11.343/2006. Desse modo, "o crime anterior gerador da reincidência não precisa, necessariamente, estar previsto no mesmo tipo penal do que aquele praticado posteriormente, pois basta a reincidência específica em crimes dessa natureza, ou seja, aqueles dispostos nos arts. 33, *caput* e § 1º, e 34 a 37 da Lei n. 11.343/2006. Ademais, não é necessário que o crime anterior, gerador da reincidência, tenha sido praticado na vigência da Lei n. 11.343/2006."[41]

De outro modo, se o acusado for reincidente, mas em crime de outra natureza, ainda que hediondo ou equiparado, subsiste a possibilidade de concessão do livramento

---

38   STF: HC 119.783/RJ, rel. Min. Marco Aurélio, 1ª Turma, j. 10.11.2015.

39   GOMES, Luiz Flávio; BIANCHINI, Alice; CUNHA, Rogério Sanches; OLIVEIRA, William Terra de. Drogas: Lei 11.343, 23.08.2006. *In*: GOMES, Luiz Flávio; CUNHA, Rogério Sanches (org.). *Legislação criminal especial*. 2. ed. São Paulo: RT, 2010/Salvador: JusPodivm, 2015. p. 279.

40   "Possível é a suspensão condicional da pena mesmo em se tratando de crime hediondo [...]" (STF: HC 86.698/SP, rel. Min. Marco Aurélio, 1ª Turma, j. 19.06.2007). No mesmo sentido: "Declarada a inconstitucionalidade do artigo 2º, parágrafo 1º, da Lei nº 8.072/90, de modo a submeter o cumprimento das penas dos crimes de que cuida a Lei nº 8.072/90 ao regime progressivo, resta afastado o fundamento da interpretação sistemática que arredava dos crimes hediondos e a eles equiparados as penas restritivas de direitos e o *sursis*" (STJ: HC 76.290/DF, rel. Min. Hamilton Carvalhido, 6ª Turma, j. 28.06.2007).

41   STJ: HC 372.365/RJ, rel. Min. Felix Fischer, 5ª Turma, j. 19.10.2017.

condicional. Exemplificando, "se o acusado já tiver sido condenado por um crime de estupro e, posteriormente, for condenado pelo delito de tráfico de drogas, não será considerado reincidente específico para fins de impedir a concessão do livramento condicional."[42]

Anote-se que, por ser **lei especial**, o disposto no art. 44, parágrafo único, da Lei 11.343/2006 ("reincidente específico") deve ter aplicação apenas dentro dos estritos lindes da Lei de Drogas, permanecendo em vigor o disposto no art. 83, inc. V, do Código Penal ("reincidente específico em crimes dessa natureza") com relação aos demais crimes hediondos e equiparados.

Em síntese, com a Lei de Drogas, a situação é a seguinte:

> "[...] para caracterizar o reincidente específico e impedir o livramento dos crimes de tráfico é necessário que o crime anteriormente praticado também seja de tráfico, segundo a nova Lei de Drogas; para os demais delitos hediondos e equiparados continua válida a regra do art. 83, V, impedindo-se a concessão deste benefício se o crime anterior e o posterior forem da mesma natureza, inclusive incluindo o crime de tráfico no primeiro delito. Esta situação se deve ao fato de a regra do art. 44, parágrafo único, da Lei de Drogas somente ter excluído da aplicação do Código Penal o reincidente específico de tráfico, sem ter alterado, no mais, o Código Penal, que continua regulando as demais situações."[43]

No entanto, vale sublinhar: **não há reincidência *específica* entre os delitos de tráfico *comum* e tráfico *privilegiado* de drogas**, não incidindo, portanto, a vedação legal ao livramento condicional prevista no art. 44, parágrafo único, da Lei 11.343/2006.[44]

Por derradeiro, conquanto o crime de **associação para o narcotráfico** não seja hediondo por equiparação – conforme o entendimento majoritário –, dada a **especialidade do art. 44 da Lei de Drogas perante o art. 83, inc. V, do Código Penal**, o livramento condicional do condenado pelo crime inscrito no art. 35 da Lei 11.343/2006 haverá de ocorrer após o cumprimento de dois terços da pena.[45] Por outro lado, a progressão de

---

[42] LIMA, Renato Brasileiro de. *Legislação criminal especial comentada*. 2. ed. Salvador: JusPodivm, 2014. p. 102.

[43] MENDONÇA, Andrey Borges de; CARVALHO, Paulo Roberto Galvão de. *Lei de drogas*: Lei 11.343, de 23 de agosto de 2006 – comentada artigo por artigo. 3. ed. São Paulo: Método, 2012. p. 228.

[44] "Está consolidado nesta Corte Superior de Justiça o entendimento no 'sentido de afastar a reincidência específica em relação ao tráfico privilegiado e o tráfico previsto no *caput* do art. 33 da Lei de Drogas' [...]" (STJ: AgRg no HC 547.502/SP, rel. Min. Ribeiro Dantas, 5ª Turma, j. 16.06.2020). E ainda: STJ: AgRg no HC 604.376/SP, rel. Min. Sebastião Reis Júnior, 6ª Turma, j. 15.09.2020.

[45] "O crime de associação para o tráfico não é considerado hediondo ou equiparado, contudo o art. 44, parágrafo único, da Lei 11.343/2006 estabelece prazo mais rigoroso para a concessão de livramento condicional, qual seja, 2/3 do cumprimento da pena, vedando a sua concessão ao reincidente específico" (STJ: AgInt no AREsp 532.666/MS, rel. Min. Nefi Cordeiro, 6ª Turma, j. 27.06.2017). E ainda: "Embora a jurisprudência desta Corte Superior considere que o crime de associação para o tráfico de entorpecente não é hediondo ou equiparado, por não constar no rol dos artigos 1º e 2º da Lei n. 8.072/90, o art. 44, parágrafo único, da Lei n. 11.343/2006, além de estabelecer prazo mais rigoroso para o livramento condicional, veda a sua concessão ao reincidente específico" (STJ: HC 372.365/RJ, rel. Min. Felix Fischer, 5ª Turma, j. 19.10.2017). No STF: "O requisito objetivo do livramento condicional (2/3) para o caso de condenação por associação para o tráfico decorre de previsão expressa do art. 44, parágrafo único, da Lei nº 11.343/2006. Orientação que também foi adotada pelo Supremo Tribunal Federal no julgamento do HC 118.213, Rel. Min. Gilmar Mendes" (RHC 133.938 AgR, rel. Min. Roberto Barroso, 1ª Turma, j. 30.06.2017).

Cap. 2 • APLICAÇÃO DAS PENAS, DELAÇÃO PREMIADA E IMPUTABILIDADE PENAL | 243

regime do condenado por associação para o tráfico poderá se dar após o cumprimento de 16% da pena, se o apenado for primário (LEP, art. 112, I)[46] e preencher o requisito subjetivo da medida (mérito).

4. DELAÇÃO (COLABORAÇÃO) PREMIADA[47]

A Lei 11.343/2006 não se valeu do termo *delação* ou mesmo *colaboração premiada*. Tratou do instituto, mas não lhe conferiu um *nomen juris*.

Na esteira do que preconiza a Lei do Crime Organizado, reformada pela Lei 13.964/2019 (**Pacote Anticrime**), o acordo de colaboração premiada tem a **natureza jurídica dúplice**: é **negócio jurídico processual** – materializado por *termo escrito* (arts. 6.º) – e **meio de obtenção de prova**, que pressupõe utilidade e interesse públicos (art. 3.º-A). E, desde logo, vale atentar-se para a observação pretoriana (HC 127.483/PR): o pacto premial consiste em "**meio de obtenção de prova**, destinado à aquisição de elementos dotados de capacidade probatória", e não em "*meio de prova propriamente dito*",[48] ou seja, a colaboração "é – e deve ser – só um instrumento para se chegar aos meios de prova."[49]

Também é correto enxergar a colaboração premiada como espécie do gênero "**técnica especial de investigação**"[50] e, de outra banda, como "**meio de defesa**".[51] Aliás, nesse particular, ao prefaciar nosso livro sobre *Crime Organizado*, o professor Afrânio Silva Jardim

---

[46] E não após o cumprimento de 40% da pena, fração estabelecida para o apenado (primário) condenado pela prática de crime hediondo ou equiparado (LEP, art. 112, V).

[47] Fizemos uma análise completa da colaboração premida em nossa obra intitulada *Crime organizado*, publicada pela editora Método, para a qual nos permitimos remeter o leitor que almeja um conhecimento aprofundado acerca do assunto.

[48] Excertos do *Informativo 796 do STF*, de 24 a 28 de agosto de 2015. A respeito da **diferença** entre *meio de prova* e *meio de obtenção da prova*, vale conferir a doutrina de Gustavo Badaró: "[...] enquanto os meios de prova são aptos a servir, diretamente, ao convencimento do juiz sobre a veracidade ou não de uma afirmação fática (p. ex., o depoimento de uma testemunha, ou o teor de uma escritura pública), os meios de obtenção de provas (p. ex.: uma busca e apreensão) são instrumento para a colheita de elementos ou fontes de provas, estes, sim, aptos a convencer o julgador (p. ex.: um extrato bancário [documento] encontrado em uma busca e apreensão domiciliar). Ou seja, enquanto o meio de prova se presta ao convencimento direto do julgador, os meios de obtenção de provas somente indiretamente, e dependendo do resultado de sua realização, poderão servir à reconstrução da história dos fatos" (BADARÓ, Gustavo Henrique Righi Ivahy. *Processo penal*. Rio de Janeiro. Campus/Elsevier, 2012. p. 270).

[49] COUTINHO, Jacinto Nelson de Miranda; LOPES JR., Aury Lopes; ROSA, Alexandre Morais da. *Delação premiada no limite*: a controvertida justiça negocial *made in Brazil*. Florianópolis: EMais, 2018. p. 10.

[50] "Denominam-se 'técnicas especiais de investigação' os procedimentos habitualmente utilizados na investigação de casos complexos de crimes graves, tais como tráfico de entorpecentes, tráfico de armas e de pessoas; crimes cometidos por meio de organizações criminosas, crimes financeiros, lavagem de dinheiro, terrorismo e seu financiamento, principalmente. [...] O GAFISUD [*Grupo de Acción Financiera de Sudamérica*] recomenda a utilização das seguintes técnicas especiais: ação controlada, operação encoberta, colaboração, vigilância eletrônica, uso de recompensas [...]" (CARLI, Carla Veríssimo de. *Lavagem de dinheiro* – ideologia da criminalização e análise do discurso. 2. ed. Porto Alegre: Verbo Jurídico, 2012. p. 224-225).

[51] Nesse sentido: "A delação é uma espécie de traição? Lógico que sim! Mas é uma das alternativas, legais e legítimas, à disposição do réu, consectário lógico da autodefesa. Vedá-la, sim, seria inconstitucional, ante o art. 5.º, LV, CRFB/88, por cercear o direito de defesa" (SANTOS, Marcos Paulo Dutra. *Colaboração (delação) premiada*. Salvador: JusPodivm, 2016. p. 79-80).

bem asseverou que, sendo a colaboração premiada uma medida facultativa, "é mais um instrumento de que se pode valer a defesa de um indiciado ou acusado".

Por meio desse instituto, o agente, visando a obtenção de algum prêmio (redução de pena, perdão judicial etc.), coopera com os órgãos responsáveis pela persecução criminal fornecendo informações privilegiadas e eficazes que permitam a *identificação dos demais coautores ou partícipes do crime* e a *recuperação total ou parcial do produto do delito*.[52] A colaboração premiada se insere, pois, no contexto maior do chamado **direito penal premial**.[53]

A evolução legislativa sobre o instituto denota o quanto veio sendo lapidada a colaboração premiada entre nós. Em sua gênese, não se previa a forma adequada para se efetivar, na práxis, a "delação"; não havia regras visando a proteção do colaborador; poucos eram os prêmios legais. Esse estado de coisas fez com que Damásio de Jesus chegasse a enxergar o instituto como fracassado e antipedagógico.[54]

Por outro lado, a Lei 12.850/2013 – **lei geral procedimental das colaborações premiadas**, em nosso entendimento – alterou sensivelmente esse quadro. Surgiram regras claras para a celebração do acordo; o magistrado foi afastado da negociação; exigiu-se requerimento e homologação judicial; foram previstos direitos ao colaborador; surgiram novos prêmios (*v.g.*, "acordo de não denunciar" ou "acordo de imunidade").

Conquanto exista uma considerável resistência doutrinária contra o instituto,[55] estamos com aqueles que entendem ser a colaboração premiada um meio especial de

---

[52] A Lei 12.850/2013 (art. 4º) concebe que a *colaboração* poderá ser *premiada* "desde que dessa colaboração advenha um ou mais dos seguintes resultados: I – a identificação dos demais coautores e partícipes da organização criminosa e das infrações penais por eles praticadas; II – a revelação da estrutura hierárquica e da divisão de tarefas da organização criminosa; III – a prevenção de infrações penais decorrentes das atividades da organização criminosa; IV – a recuperação total ou parcial do produto ou do proveito das infrações penais praticadas pela organização criminosa; V – a localização de eventual vítima com a sua integridade física preservada".

[53] Com essa sugestiva denominação, do ponto de vista da professora espanhola Isabel Sánchez García de Paz, o "direito penal premial" (em tradução livre) pode ser definido como: "o agrupamento de normas de atenuação ou remissão da pena com o objetivo de premiar e assim incentivar comportamentos de desistência e arrependimento eficaz de comportamento criminoso ou mesmo de abandono futuro de atividades delitivas e colaboração com as autoridades de persecução criminal na descoberta de atos criminosos já praticados ou, eventualmente, o desmantelamento da organização criminosa a que pertença o acusado" (El coimputado que colabora con la justicia penal. *Revista Eletrónica de Ciência Penal y Criminologia*, n. 7-5, 2005. Disponível em: http://criminet.ugr.es/recpc/07/recpc07-05. pdf. Acesso em: 05.03.2015).

[54] "A pretensão legislativa não é louvável. Tanto que, já se encontrando em vigor a inovação há quase três anos, não se têm notícias de nenhum caso de traição premiada. Ocorre que o delator sabe que, descoberta a traição, fatalmente será executado pelos companheiros ou, se preso, pelos companheiros de cela, que não suportam traidores. E a norma não é pedagógica: ela ensina que trair traz benefícios" (JESUS, Damásio E. O prêmio à delação nos crimes hediondos. *Boletim IBCCRIM*, São Paulo, n. 5, 1993).

[55] Há quem enxergue a concessão de prêmios ao colaborador processual uma indevida e ilegítima intromissão de instrumentos oriundos de uma legislação de emergência no sistema normativo que rege a vida em sociedade nos coevos Estados Democráticos de Direito (FERRAJOLI, Luigi. *Direito e razão* – teoria do garantismo penal. 3. ed. São Paulo: RT, 2010. p. 561); há, também, quem invoque a imoralidade e a antieticidade da medida (ZAFFARONI, Eugenio Raúl. Crime organizado: uma categoria frustrada. Crime organizado: uma categoria frustrada. *Discursos Sediciosos. Crime, Direito e Sociedade*, Rio de Janeiro, ano 1, v. 1, p. 45, 1996) e quem chegue a temer que o acordo arruíne o processo penal (HASSEMER, Winfried. *Introdução aos fundamentos do direito penal*. Porto Alegre: Fabris, 2005. p. 237).

Cap. 2 • APLICAÇÃO DAS PENAS, DELAÇÃO PREMIADA E IMPUTABILIDADE PENAL | 245

obtenção de prova do qual o Estado não pode abrir mão, sobretudo quando enfrenta a criminalidade organizada.[56] Ademais, a cooperação premial representa uma tendência mundial, justamente por ser, nas palavras do Ministro Ricardo Lewandowski, "um instrumento útil, eficaz, internacionalmente reconhecido, utilizado em países civilizados" (HC 90.688/PR) e plasmado nas Convenções de Palermo (art. 26) e de Mérida (art. 37), como medida apta a auxiliar o Estado no combate ao crime organizado e à corrupção.

Não se desarticulam os impérios do tráfico e os delitos que decorrem de sua prática valendo-se de meios ortodoxos e vetustos de investigação. Imaginar que a apuração sobre a composição e o *modus operandi* de uma narcoassociação seja bem-sucedida apenas com a requisição de documentos, a colheita de depoimentos testemunhais (se é que alguém se aventuraria a tanto!) e o interrogatório de suspeitos é ignorar por completo as dificuldades inerentes ao combate efetivo e sério à criminalidade organizada e à narcotraficância.

Quem pensa assim, com a devida vênia, pode estar padecendo da "**Síndrome de Alice**", tão bem "diagnosticada" por Américo Bedê Jr. & Gustavo Senna:

> "[...] é fundamental que o direito e o processo penal tenham maior efetividade no enfrentamento da criminalidade moderna. E isso não representa em hipótese alguma um discurso autoritário, arbitrário, como tende a entender certa parcela da doutrina, que, de forma generalizada, tacha de 'neonazistas', de retrógrados, de defensores do movimento de 'lei e ordem', do direito penal do inimigo, de antidemocráticos, de filhotes da ditadura etc. todos aqueles que advogam a restrição de algumas garantias processuais em casos-limite de criminalidade grave, e isso quando é de conhecimento notório que os direitos e garantias fundamentais não são absolutos. [...]
>
> Essa postura preconceituosa e antidemocrática de certa parcela da doutrina revela um comportamento típico de quem foi acometido, pode-se dizer, pela '**síndrome de Alice**', pois mais parece viver num 'mundo de fantasia', com um '**direito penal da fantasia**', onde não existem homens que – de forma paradoxal – são movidos por verdadeiro descaso para com a vida humana; **um mundo no qual não existem terroristas, nem organizações criminosas nacionais e internacionais a comprometer as estruturas dos próprios Estados e, por conseguinte, o bem-estar da coletividade e a sobrevivência humana.**"[57]

---

[56] "Nesse processo penal formal, em especial quando relativo aos complexos crimes típicos da criminalidade empresarialmente organizada (delitos financeiros, tráfico de drogas e armas, crimes tributários, contra a administração pública em sentido lato etc.), se não houver à disposição das partes processuais – e supletivamente ao magistrado – meios eficazes e especiais de prova (análises contábeis, perícias técnicas, interceptações ambientais, possibilidade de proteção a agentes colaboradores, dentre outros), muito dificilmente será possível ofertar ao julgador, por meio dos tradicionais meios probatórios do vigente CPP, amplo conhecimento da situação fática imputada (material probatório suficiente a um completo julgamento de mérito), a fim de ter ele elevada convicção para julgar (procedente ou não) o pedido condenatório" (LIMA, Márcio Barra. A colaboração premiada como instrumento constitucionalmente legítimo de auxílio à efetividade estatal de persecução criminal. *Garantismo penal integral* – questões penais e processuais, criminalidade moderna e a aplicação do modelo garantista no Brasil. Salvador: JusPodivm, 2010. p. 282).

[57] BEDÊ JÚNIOR, Américo; SENNA, Gustavo. *Princípios do processo penal* – entre o garantismo e a efetividade da sanção. São Paulo: RT, 2009. p. 26-28.

A colaboração premiada, aliada a outras técnicas especiais de investigação, viabiliza a obtenção de provas que jamais seriam conseguidas sem ela. Ora, como se sabe, é essencial para a sobrevivência de qualquer associação criminosa (em sentido amplo) que ela impeça a descoberta dos crimes que pratica e dos membros que a compõem, principalmente dos seus líderes. Assim, os sindicatos do crime atuam de modo a evitar o encontro de fontes de prova de seus delitos e "faz com que desapareçam os instrumentos utilizados para cometê-los e com que prevaleça a lei do silêncio entre os seus componentes; intimida testemunhas; rastreia por meio de tecnologias avançadas os locais onde se reúne para evitar interceptações ambientais; usa telefones e celulares de modo a dificultar a interceptação, preferindo conversar por meio de dialetos ou línguas menos conhecidas. Por isso, os Estados se viram-se na contingência de criar formas especiais de descobrir as fontes de provas, de conservá-las e de permitir produção diferenciada da prova para proteger vítimas, testemunhas e colaboradores."[58]

A delação premiada, desse modo, é o caminho para que seja decifrado o mafioso **código do silêncio (*omertà*)** que vige no seio dos organismos delitivos. Com o bom uso do instituto, pode-se quebrar a coesão que une os membros do grupo (*affectio criminis societatis*) e desagregar a solidariedade interna entre os seus integrantes, em face da possível obtenção de um prêmio.[59]

Por tudo isso, não podemos prescindir desse especial meio de obtenção de prova. Aliás, curiosíssima é a premonição de Rudolf von Ihering:

> "Um dia os juristas vão ocupar-se do direito premial. E farão isso quando, pressionados por necessidades práticas, conseguirem introduzir a matéria premial dentro do direito, isto é, fora da mera faculdade e ou arbítrio. Delimitando-o com regras precisas, nem tanto no interesse do aspirante ao prêmio, mas sobretudo no interesse superior da colectividade".[60]

Feitas essas digressões preliminares, convém notar que a **Lei de Drogas** disciplinou a delação em seu **art. 41**, cuja redação preconiza que "o indiciado ou acusado que colaborar voluntariamente com a investigação policial e o processo criminal na *identificação dos demais coautores ou partícipes do crime* e na *recuperação total ou parcial do produto do crime*, no caso de condenação, terá **pena reduzida de um terço a dois terços.**"

Com foco nesse dispositivo, percebe-se que **dois** são os **pressupostos** para a incidência do prêmio na Lei 11.343/2006, a saber: **(a)** a colaboração voluntária do investigado ou réu com a investigação e o processo penal; **(b)** eficácia objetiva da colaboração, traduzida na identificação dos demais coautores ou partícipes do crime *e* na recuperação total ou parcial do produto do crime. Diante da colaboração voluntária e da verificação de sua eficácia,

---

[58] FERNANDES, Antonio Scarance. O equilíbrio entre a eficiência e o garantismo e o crime organizado. *Revista Brasileira de Ciências Criminais*, São Paulo, ano 16, n. 70, p. 240, jan./fev. 2008.

[59] Cf. LIMA, Renato Brasileiro de. *Legislação criminal especial comentada*. 2. ed. Salvador: JusPodivm, 2014. p. 516.

[60] *Apud* MATOS, Mafalda. *O direito premial no combate ao crime de corrupção*. Lisboa: Faculdade de Direito da Universidade Católica Portuguesa, 2013. p. 42. Disponível em: https://repositorio.ucp.pt/bitstream/10400.14/16884/1/Trabalho%20Final%20de%20Mestrado.pdf. Acesso em: 16.09.2020.

Cap. 2 • APLICAÇÃO DAS PENAS, DELAÇÃO PREMIADA E IMPUTABILIDADE PENAL | **247**

sendo o caso de condenação,[61] torna-se possível aplicar em benefício do colaborador o **único prêmio** previsto na **Lei de Drogas**, qual seja: a **redução de pena de um terço a dois terços**, que guarda semelhanças com o instituto norte-americano da *sentence bargaining*.[62]

Entretanto, caso a narcotraficância seja praticada **no contexto de uma organização criminosa**, por óbvio, todos os **seis prêmios** (a. perdão judicial; b. redução da pena privativa de liberdade em até dois terços; c. redução da pena até a metade, se a colaboração for posterior à sentença; d. progressão de regime, ainda que ausentes os requisitos objetivos, se a colaboração for posterior à sentença; e. substituição da pena privativa de liberdade por restritiva de direitos; f. não oferecimento de denúncia, se o colaborador não for o líder da organização criminosa e for o primeiro a prestar efetiva colaboração) previstos na Lei 12.850/2013 poderão ser aplicados em benefício do colaborador.

No ponto, convém ressaltar que a Lei 12.850/2013 **convive**, em obséquio ao *princípio da especialidade*, com as demais leis que tratam da colaboração premiada, num verdadeiro **microssistema de estímulo à verdade**. Todavia, em razão desse emaranhado de leis disciplinando a concessão de benefícios mediante o cumprimento de determinados requisitos, é bem possível que se instaure, no caso concreto, um **conflito aparente de normas**.

Nesse campo, não pode prevalecer o critério cronológico – lei posterior revoga a anterior –, o qual, para além de desconsiderar a especialidade, culminaria na aplicação exclusiva dos prêmios e requisitos previstos na Lei do Crime Organizado, por ser a mais recente. Portanto, **há de prevalecer a lei específica** em *análise conglobada* com as Leis 9.807/1999 (que funciona como a *norma geral material da delação premiada*)[63] e 12.850/2013 (que serve como uma *lei geral procedimental das delações*).[64]

---

[61] O colaborador, por evidente, pode ser absolvido da imputação que lhe foi feita.

[62] "No processo norte-americano admitem-se **três formas da** *plea bargaining*, ou seja, de confissão negociada: a *charge bargaining*; a *sentence bargaining*; e uma *forma mista*. Na *charge bargaining* o arguido declara-se culpado e o Ministério Público (*prosecutor*) muda a acusação. Substitui o delito original por outro de menor gravidade. Na *sentence bargaining*, sempre depois do reconhecimento da culpabilidade, o acusador postula a aplicação de uma sanção mais branda. [...] promete-se a aplicação de determinada pena ou, dentre várias, uma delas, a ser anunciada na fase procedimental reservada à *sentencing*. A terceira forma, *mista*, combina benefícios das duas anteriores, ou seja, a *charge* e da *sentence bargaining*. Pode também, frente ao *plea of guilty*, haver a designação de estabelecimento prisional anteriormente acordado. Mesmo, a detração penal, referente a tempo de encarceramento provisório por outro delito. É comum, nas transações, o olvido de alguns crimes" (MAIEROVITCH, Walter Fanganiello. *Apontamentos sobre política criminal e a "plea bargaining"*. Disponível em: http://www2. senado.leg.br/bdsf/bitstream/handle/id/175928/000461964.pdf?sequence=1. Acesso em: 17.03.2015).

[63] Já foi reconhecido pelo STJ que "o *sistema geral de delação premiada está previsto na Lei 9.807/99*. Apesar da previsão em outras leis, os requisitos gerais estabelecidos na Lei de Proteção a Testemunha devem ser preenchidos para a concessão do benefício" (HC 97.509/MG, 5.ª Turma do STJ, Rel. Min. Arnaldo Esteves Lima, *DJe* 02.08.2010). Igualmente:"1. A colaboração efetiva é imprescindível para a concessão do perdão judicial, ainda que sob o jugo da legislação apontada pelo recorrente como de *aplicação analógica na espécie* (art. 35-B da Lei n. 8.884/94), vigente à época dos fatos. 2. Por outro lado, a aplicação da benesse, segundo *a Lei de Proteção à Testemunha – que expandiu a incidência do instituto para todos os delitos* – é ainda mais rigorosa, porquanto a condiciona à efetividade do depoimento, sem descurar da personalidade do agente e da lesividade do fato praticado, a teor do que dispõe o parágrafo único do art. 13 da Lei n. 9.807/99" (REsp 1477982/DF, 2.ª Turma do STJ, Rel. Min. Og Fernandes, *DJe* 23.04.2015).

[64] Comungando desse entendimento:"No que diz respeito à forma, a Lei 12.850/2013 [...] foi a primeira (e ainda única) a prevê-la. Entendemos, por isso, que independentemente dos requisitos e dos

248 | LEI DE DROGAS: Aspectos Penais e Processuais – *Cleber Masson* • *Vinícius Marçal*

Assim, levando em conta a personalidade do agente, a natureza, as circunstâncias, a gravidade e a repercussão social do fato criminoso, poder-se-ia cogitar da aplicação do **perdão judicial** (prêmio previsto no art. 13 da Lei 9.807/1999, mas ausente no art. 41 da Lei 11.343/2006) **ao narcotraficante** que, sendo primário (requisito exigido pelo art. 13 da Lei 9.807/1999, mas não pelo art. 41 da Lei 11.343/2006), colaborasse voluntariamente com a persecução penal de modo a viabilizar a identificação dos demais coautores ou partícipes do crime e a recuperação total ou parcial do produto do crime.

Esse entendimento, leciona Zanella, "privilegia a lei especial relativa ao crime praticado, a qual prevê exigências peculiares para a investigação e a repressão do fato (exemplo: colaboração num crime do art. 33 da Lei 11.343/2006 deve, de fato, ter como objetivo a apreensão do entorpecente)", e torna possível "a concessão de benesses maiores (exemplo: perdão judicial) que, de um lado, favorecerá o colaborador e, de outro, dará mais instrumentos às autoridades, que poderão oferecer contraprestações maiores ao colaborador em troca de informações mais significativas."[65]

Outrossim, a incidência do **perdão judicial** no âmbito da Lei 11.343/2006 há de ocorrer também por questão de *isonomia*, pois, "ao se negar a possibilidade de aplicação do perdão na Lei de Drogas, os acusados por esta lei estariam sendo tratados de maneira mais severa que acusados por outros crimes graves (também hediondos ou equiparados), como homicídio e estupro, sem qualquer razão de discrímen. Se para estes é possível o perdão ao réu colaborador, em situações excepcionais, também deve se admitir para o tráfico."[66]

O art. 41 da Lei de Drogas, como visto, reclama que a colaboração seja **voluntária** (sem coação física ou moral), mas não se exige que ela seja *espontânea* (que a iniciativa parta do colaborador). De registrar que o Supremo Tribunal Federal, no julgamento do HC 127.483/PR, entendeu que, para a celebração do acordo premial, deve o colaborador agir com total **liberdade psíquica**, e não *locomotiva*. Assim, para a Corte, não há óbice a que o colaborador esteja custodiado, desde que presente a voluntariedade da colaboração.[67]

Ademais, vale o registro, sempre encontramos embasamento legal para que o acordo de cooperação pudesse ser celebrado com presos cautelares, isso com esteio na conjugação dos arts. 5.º, I, e 6.º, V, da Lei 12.850/2013 com o art. 15, § 1.º, da Lei 9.807/1999. Agora, com a reforma promovida pela Lei 13.964/2019 (**Pacote Anticrime**), a Lei do Crime Organizado deixou ainda mais evidente essa possibilidade, ao preconizar que o juiz, no momento de decidir sobre a homologação do acordo premial, deve atentar-se, também, para a "voluntariedade da manifestação de vontade, especialmente nos casos em que o colaborador está ou esteve sob efeito de medidas cautelares" (art. 4.º, § 7º, IV).

Evidentemente, lado outro, configuraria uma extrema arbitrariedade a manutenção da prisão cautelar como mecanismo para, forçadamente, extrair do preso uma colaboração, que, segundo a lei, deve ser voluntária. "Subterfúgio dessa natureza, além de atentatório

---

benefícios [...], o procedimento para se aplicar a colaboração sempre será o da Lei 12.850/2013 [...]" (ZANELLA, Everton Luiz. *Infiltração de agentes e o combate ao crime organizado*: análise do mecanismo probatório sob o enfoque da eficiência e do garantismo. Curitiba: Juruá, 2016. p. 171).

[65] ZANELLA, Everton Luiz. *Infiltração de agentes e o combate ao crime organizado*: análise do mecanismo probatório sob o enfoque da eficiência e do garantismo. Curitiba: Juruá, 2016. p. 171.

[66] MENDONÇA, Andrey Borges de; CARVALHO, Paulo Roberto Galvão de. *Lei de drogas*: Lei 11.343, de 23 de agosto de 2006 – comentada artigo por artigo. 3. ed. São Paulo: Método, 2012. p. 192.

[67] Cf. *Informativo* 796, de 24 a 28 de agosto de 2015.

Cap. 2 • APLICAÇÃO DAS PENAS, DELAÇÃO PREMIADA E IMPUTABILIDADE PENAL | 249

aos mais fundamentais direitos consagrados na Constituição, constituiria medida medievalesca que cobriria de vergonha qualquer sociedade civilizada".[68]

Em suma, como muito bem observou o Min. Ricardo Lewandowski, quando do julgamento do HC 127.483/PR (Tribunal Pleno do STF, j. 27.08.2015), a colaboração premiada realizada no período em que o delator se encontra na prisão, "seja ela temporária ou preventiva, essa circunstância não anula necessariamente a delação, porque *a prisão, por si só, não vicia a vontade do delator*". Contudo, "nada impede que o delator possa, a qualquer momento, anular a delação, caso comprove inequivocamente que sofreu algum constrangimento ilegal, apto a comprometer a livre manifestação de seu consentimento, de sua vontade. Se for constatado, por exemplo, que seus familiares foram ameaçados, ou que foi acometido por alguma doença, alguma incapacidade somática para que pudesse exprimir livremente sua vontade, é claro que esse ato, por ter uma natureza negocial, por ser uma transação, não subsistirá."

De mais a mais, na vala da orientação jurisprudencial que vem se consolidando no Superior Tribunal de Justiça, "*não há relação necessária entre a celebração de acordo de colaboração e a colocação em liberdade do acusado*, embora, em certos casos, tal acordo possa mitigar o risco à ordem pública, à instrução criminal ou à aplicação da lei penal".[69] Assim, a revogação da constrição cautelar da liberdade do colaborador deve ser analisada caso a caso.

Da mesma forma, *não há falar em prisão preventiva automática em caso de descumprimento da avença, tampouco em restabelecimento da prisão anteriormente revogada*. A mola propulsora da constrição cautelar é a *necessidade*, a ser aferida de acordo com os fundamentos inscritos no art. 312 do CPP. Por essa razão, repise-se, o descumprimento do que foi acordado não justifica, *de per si*, a decretação de nova custódia cautelar.[70]

Em outra perspectiva, é importante observar que o art. 41 da Lei de Drogas emprega a conjunção aditiva "e" ao estabelecer que a colaboração deve ser efetiva e voluntária com a investigação policial *e* o processo criminal. Em nossa análise, tal construção não implica que o indivíduo que não colaborou durante a fase investigativa esteja impedido de fazê-lo na fase judicial. Pelo contrário, interpretamos que o dispositivo busca assegurar a **coerência na conduta do colaborador** como requisito para a concessão do prêmio.

Assim, a colaboração efetiva e voluntária iniciada na investigação deve necessariamente se estender e se confirmar na fase processual. Seria inconsistente considerar uma colaboração como "efetiva" se o colaborador adotasse uma narrativa durante o inquérito e outra diversa no curso do processo. Em termos mais simples, a retratação desqualifica as declarações e torna sem efetividade a colaboração, do ponto de vista da concessão do

---

[68] Excertos do voto proferido pelo saudoso Min. Teori Zavascki no HC 127.186 (2.ª Turma do STF, *DJe*-151 de 03.08.2015).

[69] RHC 79.103/RS, rel. Min. Reynaldo Soares da Fonseca, 5.ª Turma, *DJe* 07.04.2017. *Entendendo que a revogação da prisão cautelar deve se operar, como regra, depois de realizado o acordo:* "[...] ultimada a colaboração, desdobramento lógico, em regra, é a insubsistência da custódia, acompanhada ou não de cautelares diversas, afinal não se pode mais dizer que estaria [o colaborador] comprometendo a instrução criminal ou frustrando a aplicação da lei penal" (SANTOS, Marcos Paulo Dutra. *Colaboração (delação) premiada*. Salvador: JusPodivm, 2016. p. 132).

[70] STJ: HC 479.227/MG, rel. Min. Nefi Cordeiro, 6.ª Turma, j. 12.03.2019. Igualmente: STF: HC 138207, rel. Min. Edson Fachin, 2.ª Turma, *DJe*-141 de 28.06.2017.

250 | LEI DE DROGAS: Aspectos Penais e Processuais – *Cleber Masson* • *Vinícius Marçal*

prêmio.[71] Aliás, é nesse sentido o entendimento do STF no que diz respeito à retratação da confissão extrajudicial.[72]

Como sintetiza Nucci, "é natural que se exija do delator a mesma cooperação dada na fase investigatória quando transposta à fase judicial; noutros termos, tal como a confissão, de nada adianta apontar cúmplices durante o inquérito para, depois, retratar-se em juízo. **A cumulação é razoável.** Entretanto, se o investigado não colabora durante a investigação, mas o faz na fase processual, pode-se acolher a delação premiada, dispensando-se a cumulatividade."[73]

No entanto, o sistema comporta **exceções.** Mesmo havendo retratação, se a colaboração (*causa*) inicial produziu os resultados práticos almejados pelo instituto (*efeito*), a premiação permanece devida, especialmente quando as evidências fornecidas pelo colaborador fundamentarem a sentença.[74] Aplica-se, por analogia, o mesmo raciocínio consolidado na Súmula 545 do STJ referente à atenuante da confissão (CP, art. 65, III, *d*), que incide mesmo quando a confissão posteriormente retratada serviu de base para a condenação.[75]

Como exemplifica Dutra Santos: imaginemos que, a partir da avença entabulada na fase investigatória, tenham sido coligidas variadas "provas que permitiram, no caso da organização criminosa, por si sós, a identificação dos demais coautores e partícipes da organização, bem como a elucidação das infrações penais praticadas, inclusive com

---

[71] Cf. GONÇALVES, Victor Eduardo Rios; BALTAZAR JUNIOR, José Paulo. *Legislação penal especial.* São Paulo: Saraiva, 2015. p. 698. Nesse sentido: "Pode ocorrer de o delator arrepender-se da delação durante o processo e voltar atrás nas informações que tenha oferecido: é a denominada retratação. Isso não significa que elas se tornem automaticamente inúteis. [...] Seja como for, se houver arrependimento do delator, este não merecerá mais os benefícios previstos no acordo de colaboração, precisamente porque terá dificultado a condenação sua e a dos demais acusados" (SARAIVA, Wellington Cabral. *Colaboração premiada (delação premiada).* Disponível em: https://wsaraiva.com/2014/09/20/colaboracao-premiada-ou-delacao-premiada/. Acesso em: 30.09.2016).

[72] "Jurisprudência do Supremo Tribunal Federal: a retratação em juízo da anterior confissão policial obsta a invocação e a aplicação obrigatória da circunstância atenuante referida no art. 65, inc. III, alínea 'd', do Código Penal" (STF: HC 118.375/PR, rel. Min. Cármen Lúcia, 2ª Turma, *j.* 08.04.2014).

[73] NUCCI, Guilherme de Souza. *Leis penais e processuais penais comentadas.* 8. ed. Rio de Janeiro: Forense, 2014. v. 2, p. 731. **Discordamos,** pelas razões expostas, de Gabriel Habib quando afirma que "a intenção do legislador foi exigir que o colaborador prestasse as informações nas duas fases da persecução penal, ou seja, na fase do inquérito policial e também na fase do processo criminal. Assim, caso o colaborador preste as informações apenas em uma das fases da persecução penal, não poderá valer-se da colaboração premiada" (*Leis penais especiais.* 6. ed. Salvador: JusPodivm, 2015. t. II, p. 47).

[74] Nesse sentido, há um antigo julgado do STF: "**Delação premiada.** Perdão judicial. Embora não caracterizada objetivamente a delação premiada, até mesmo porque o reconhecimento preciosa colaboração da ré não foi assim tão eficaz, não permitindo a plena identificação dos autores e partícipes dos delitos apurados nestes volumosos autos, restando vários deles ainda nas sombras do anonimato ou de referências vagas, como apelidos e descrição física, a autorizar o perdão judicial, incide a causa de redução da pena do art. 14 da Lei n.º 9.807/99, **sendo irrelevantes** a hediondez do crime de tráfico de entorpecentes e **a retratação da ré em Juízo, que em nada prejudicou os trabalhos investigatórios**" (STF: AI 820.480 AgR/RJ, rel. Min. Luiz Fux, 1ª Turma, j. 03.04.2012).

[75] "Se a confissão do réu foi utilizada para corroborar o acervo probatório e fundamentar a condenação, deve incidir a atenuante prevista no art. 65, III, 'd', do Código Penal, sendo irrelevante o fato de a confissão ter sido espontânea ou não, total ou parcial, ou que tenha havido posterior retratação [...]" (STJ: AgRg no REsp 1.712.556/SP, rel. Min. Nefi Cordeiro, 6.ª Turma, j. 11.06.2019).

Cap. 2 • APLICAÇÃO DAS PENAS, DELAÇÃO PREMIADA E IMPUTABILIDADE PENAL | 251

a recuperação total ou parcial do produto ou do proveito dos injustos: é óbvio que tal colaboração há de ser recompensada! E muito bem!"[76]

Em outro aspecto, é importante destacar que a Lei de Drogas estabelece como requisito a **cumulatividade dos resultados**, exigindo que a colaboração resulte tanto na *identificação dos demais agentes do crime* quanto na *recuperação total ou parcial do produto criminoso*. Conquanto o colaborador tenha o dever legal de dizer a verdade, é preciso reconhecer que, em determinadas situações, torna-se inviável a identificação completa de todos os coautores e partícipes do tráfico, dado o elevado número de membros que uma facção de amplo alcance pode ter.

Ademais, é característica comum das estruturas criminosas de poder a compartimentação das informações entre seus membros, estabelecendo diferentes níveis de conhecimento e atuação, o que pode impossibilitar que um colaborador forneça informações completas sobre toda a extensão das atividades do grupo, como a localização precisa de estoques de drogas, laboratórios, ativos financeiros e patrimônio obtido com a atividade ilícita.

Diante disso, o critério fundamental a ser observado é o compromisso do delator em revelar, *sem reservas mentais*, todo o conhecimento que possui, permitindo assim alcançar os resultados pretendidos pelo legislador na medida do possível. Dessa forma, **a exigência de cumulatividade pode ser flexibilizada** no caso concreto, em favor do colaborador que demonstre efetivo empenho em contribuir com a justiça.

A questão da cumulatividade dos requisitos encontra *posições divergentes* no Superior Tribunal de Justiça. A 5ª Turma[77] defende que a concessão do benefício previsto no art. 41 da Lei 11.343/2006 *depende do preenchimento cumulativo dos requisitos*. Por outro lado, tanto a doutrina especializada quanto a 6ª Turma do STJ têm se posicionado pela *possibilidade de flexibilização desses requisitos*, conforme este importante julgado:

> "4. Naturalmente, não há como negar que *a leitura do art. 41 da Lei n. 11.343/2006 aponta, ao menos à primeira vista, para a cumulatividade dos requisitos legais ali estabelecidos, em razão do emprego da conjunção coordenada aditiva 'e' entre eles.* Entretanto, a interpretação gramatical de um dispositivo legal, embora seja um importante ponto de partida, nem sempre reflete a mais adequada exegese para dele extrair a norma jurídica pertinente. 4.1. Situações nas quais a literalidade do texto não é suficiente para extrair o adequado sentido da norma nele contida podem ser constatadas com frequência na legislação, em que não raro o legislador se vale da conjunção 'e' quando deveria empregar a conjunção 'ou', e vice-

---

[76] SANTOS, Marcos Paulo Dutra. *Colaboração (delação) premiada*. Salvador: JusPodivm, 2016. p. 146. *No mesmo sentido*: "[...] o pressuposto da premiação é o alcance do resultado previsto na norma de regência e não que não haja a retratação [...]. Em resumo, o que basta para a conferência do prêmio ao delator é que de sua colaboração se consiga o resultado previsto pela norma de regência, independentemente se houver posteriormente o delator utilizado seu direito constitucional de se retratar" (MOSSIN, Heráclito Antônio; MOSSIN, Júlio César O. G. *Delação premiada*: aspectos jurídicos. 2. ed. Leme: J. H. Mizuno, 2016. p. 229-230).

[77] "A jurisprudência desta Corte é no sentido de que a concessão do benefício da delação previsto no art. 41 da Lei n. 11.343/06 (causa de diminuição de pena) *depende do preenchimento cumulativo* dos requisitos nele descritos, quais sejam, a identificação dos demais coautores ou partícipes do crime *e* a recuperação total ou parcial do produto do delito" (STJ: AgRg no REsp 2.032.118/SP, rel. Min. Joel Ilan Paciornik, 5ª Turma, j. 28.08.2023).

-versa. Basta lembrar do novel art. 28-A do CPP, segundo o qual '[...] o Ministério Público poderá propor acordo de não persecução penal [...], mediante as seguintes condições ajustadas cumulativa e alternativamente'. Por certo que no lugar da conjunção 'e' deve ser lida a conjunção 'ou', visto que as expressões são mutuamente excludentes: ou as condições elencadas são fixadas juntas (cumulativamente) ou separadas (alternativamente). 4.2. A interpretação literal também já foi descartada por esta Corte ao definir que, em certas situações, apesar de o texto legal empregar a expressão 'poderá', estabelece verdadeiro direito subjetivo do acusado. É o que ocorre, por exemplo, no livramento condicional, em que o art. 83 do CP estabelece que 'O juiz *poderá* conceder livramento condicional ao condenado a pena privativa de liberdade igual ou superior a 2 (dois) anos, desde que [...]', mas a jurisprudência do STJ se consolidou no sentido de que 'O livramento condicional é direito subjetivo do reeducando' (...), de modo que, se preenchidos os requisitos legais, o juiz *deverá* concedê-lo ao sentenciado. **4.3. Cumpre lembrar, por oportuno, que o atual art. 41 da Lei de Drogas tem origem no antigo art. 32, § 2º, da Lei n. 10.409/2002, o qual trazia a conjunção 'ou' entre os requisitos para a colaboração premiada**, ao dispor que 'O sobrestamento do processo ou a redução da pena podem ainda decorrer de acordo entre o Ministério Público e o indiciado que, espontaneamente, revelar a existência de organização criminosa, permitindo a prisão de um *ou* mais dos seus integrantes, *ou* a apreensão do produto, da substância ou da droga ilícita, *ou* que, de qualquer modo, justificado no acordo, contribuir para os interesses da Justiça'. 4.4. Ademais, além de não se identificar nenhuma justificativa para que tal mudança gramatical decorresse de eventual propósito deliberado do legislador, **não se pode desconsiderar o advento da Lei n. 12.850/2013, que cuidou de definir, regular e sistematizar diversos aspectos relativos ao instituto da colaboração premiada, oportunidade em que, ao estabelecer seus requisitos no art. 4º, fê-lo de forma alternativa.** 4.5. Essa consideração ganha dimensão ainda mais significativa se ponderado que os crimes da Lei de Organizações Criminosas são plurissubjetivos, isto é, de concurso necessário de pessoas e, mesmo assim, o legislador não impôs obrigatoriamente a identificação dos demais coautores e partícipes, de modo que não se mostra razoável exigi-lo compulsoriamente nos crimes contidos na Lei de Drogas, em que o concurso de pessoas é meramente eventual. 4.6. Trata-se, ainda, de interpretação mais consentânea ao princípio da proporcionalidade, pois não desconsidera a relevante colaboração do réu com o Estado--acusação – para além da mera confissão –, dá maior efetividade a esse meio de obtenção de prova estabelecido pelo legislador e ainda evita a indevida confusão entre delação premiada e colaboração premiada, uma vez que a delação de comparsas é apenas uma das formas pelas quais o indivíduo pode prestar colaboração. 4.7. Assim, **tanto sob a perspectiva de uma interpretação histórica quanto à luz de uma interpretação sistemática, é mais adequado considerar alternativos, e não cumulativos, os requisitos legais previstos no art. 41 da Lei n. 11.343/2006 para a redução da pena.** 4.8. Isso não significa, frise-se, conceder ao acusado que identifica seus comparsas e ainda ajuda na recuperação do produto do crime o mesmo tratamento conferido àquele que só realiza uma dessas duas condutas, pois **os distintos graus de colaboração podem (e devem) ser sopesados para definir a fração de redução da pena de um a dois terços**, nos termos da lei."[78]

---

[78] STJ: HC 663.265/SP, rel. Min. Rogerio Schietti Cruz, 6ª Turma, j. 12.09.2023. *Na doutrina*: "Não obstante a existência da partícula 'e' no art. 41 da Lei nº 11.343/06, **tem prevalecido o entendimento de que não é indispensável a identificação dos demais concorrentes e também a recuperação total**

Cap. 2 • APLICAÇÃO DAS PENAS, DELAÇÃO PREMIADA E IMPUTABILIDADE PENAL | 253

A divergência sobre a cumulatividade dos requisitos suscita outro debate relevante: a (im)possibilidade de "**autodelação**" por parte do narcotraficante que atua sozinho. Duas correntes se formaram sobre o tema.

1ª posição: Sustenta a *impossibilidade* de o agente que atua isoladamente no narcotráfico beneficiar-se do prêmio legal previsto no art. 41 da Lei de Drogas, em razão da própria natureza do instituto, que pressupõe necessariamente o concurso de pessoas: sendo impossível ao agente solitário delatar outros envolvidos, não haveria como satisfazer um dos requisitos essenciais da delação premiada. Por conseguinte, ao traficante solitário restaria apenas a possibilidade de confessar a prática delitiva e cooperar com a recuperação do produto, proveito ou objeto material do crime, fazendo jus unicamente à atenuante da confissão (CP, art. 65, III, *d*). Nesse sentido é a orientação da 5ª Turma do STJ:

> "A conduta praticada pelo paciente não se subsume à prevista para a aplicação do art. 41 da Lei 11.343/06, ao contrário do que quer fazer crer o impetrante; isso porque a previsão formulada nesse artigo traz a figura da delação premiada, *somente sendo possível a sua incidência quando*, na prática de qualquer dos delitos previstos na Lei 11.343/06, *o agente perpetrar a conduta em concurso de pessoas*, o que não ocorreu na hipótese dos autos."[79]

2ª posição: Fixada a premissa sobre o possível afastamento da cumulatividade dos requisitos estabelecidos no art. 41 da Lei 11.343/2006, especialmente na perspectiva do art. 33 da Lei de Drogas – classificado como crime de concurso eventual[80] –, há de se admitir a possibilidade de "autodelação" *quando houver efetiva contribuição para a recuperação do produto criminoso*. Embora o narcotraficante que age sozinho não possa, por óbvio, delatar outros envolvidos, "se ele contribui para a recuperação (total ou parcial) do produto do

---

ou parcial do produto do crime. Aos olhos da doutrina, dentro das possibilidades do colaborador, **basta** que resulte um dos dois resultados: identificação dos demais concorrentes **ou** recuperação total ou parcial do produto do crime. Evidentemente, se o colaborador tiver conhecimento de ambas as circunstâncias, indicando apenas uma delas, não poderá ser beneficiado pelo prêmio legal constante do art. 41 da Lei nº 11.343/06. Todavia, se o colaborador tiver conhecimento apenas da localização do produto do crime, sendo incapaz de identificar os demais integrantes da organização criminosa – de se lembrar que uma das características das organizações criminosas é a divisão hierárquica, de modo que um agente costuma conhecer apenas aqueles que atuam no mesmo ramo de atribuições –, não há por que se negar a concessão do benefício, cujo *quantum* de diminuição de pena deve ser sopesado de acordo com o grau de sua colaboração" (LIMA, Renato Brasileiro de. *Legislação criminal especial comentada*. 4. ed. Salvador: JusPodivm, 2016. volume único, p. 526).

[79] STJ: HC 99.422/PR, rel. Min. Napoleão Nunes Maia Filho, 5ª Turma, j. 12.08.2008. Igualmente: "Na hipótese dos autos, o TJ não reconheceu a incidência da causa de diminuição prevista no art. 41 da Lei n. 11.343/2006 (colaboração espontânea), já que o acusado não informou quem eram os demais envolvidos na prática criminosa, de maneira que *só o fato de ter apontado o local onde havia mais drogas armazenadas não lhe garantia o reconhecimento do benefício*" (STJ: AgRg no REsp 2.032.118/SP, rel. Min. Joel Ilan Paciornik, 5ª Turma, j. 28.08.2023). E ainda: GONÇALVES, Matheus Kuhn. *Legislação penal especial*: tráfico de drogas, tortura e crimes hediondos. Rio de Janeiro: Lumen Juris, 2016. p. 213-214; LIMA, Renato Brasileiro de. *Legislação criminal especial comentada*. 4. ed. Salvador: JusPodivm, 2016. volume único, p. 527.

[80] Ao contrário do que ocorre com os delitos previstos no art. 35 da Lei de Drogas e no art. 2º, *caput*, da Lei do Crime Organizado, que são classificados como *crimes de concurso necessário*.

crime, além de ter confessado, parece injusto que venha a ser beneficiado tão somente com a atenuante da confissão [...]. Nesse caso deve incidir o art. 41 (por analogia), cabendo ao juiz fazer a dosagem proporcional da atenuação da pena."[81]

Para ilustrar, impende lançar luzes sobre caso concreto em que o acusado, além de confessar, indicou aos policiais o local onde ocultava entorpecentes que, segundo os próprios agentes, não teriam sido localizados sem sua colaboração. Na hipótese, reconheceu-se que a cooperação ultrapassou a mera confissão, sendo decisiva para a própria comprovação do tráfico. A localização das drogas, viabilizada exclusivamente pela contribuição do agente, fortaleceu inclusive a conclusão sobre a prática do narcotráfico. Diante desse quadro, a 6ª Turma do STJ reconheceu possível a "autodelação". Veja-se:

> "5. No caso dos autos, policiais em patrulhamento de rotina suspeitaram que o réu trazia drogas consigo e o revistaram, oportunidade em que encontraram nove porções de maconha e R$35,50. Em seguida, de acordo com os militares, *o paciente haveria supostamente confessado a traficância e indicado a eles o local onde ocultava o restante das drogas, as quais foram apreendidas.* 5.1. As instâncias ordinárias consideraram suficiente para a condenação o relato dos agentes públicos e o Tribunal local ainda ressaltou no acórdão que '[...] segundo se extrai das declarações do militar Maurício em juízo, não fosse a colaboração do réu, indicando o local onde ocultadas as drogas, apenas 09 (nove) porções de maconha que estavam no bolso do réu teriam sido apreendidas e, nestas condições, a comprovação da traficância muito provavelmente restaria inviabilizada, uma vez que a abordagem foi ocasional, não havia investigações em curso que apontassem o apelante como traficante e, como cediço, a quantidade e variedade das drogas é sim um fator determinante a distinguir o mercador do mero usuário' (fl. 113). 5.2. Fica evidente, portanto, que **a colaboração do acusado, de acordo com a premissa fática estabelecida no acórdão, foi essencial para a comprovação do delito de tráfico em seu desfavor no caso em exame e deve ensejar a aplicação da causa de diminuição de pena prevista no art. 41 da Lei de Drogas,** tal como reconhecido pelo Magistrado de primeiro grau na sentença. 5.3. **Ainda que a confissão, por haver sido valorada na condenação, já tenha sido considerada para aplicar a atenuante da confissão espontânea em favor do réu, não se trata da mesma circunstância ora analisada. Isso porque a confissão, no caso, se limita à admissão da prática do tráfico de drogas, ao passo que a colaboração foi além e indicou aos policiais a localização do restante das drogas, que estavam escondidas e, segundo os próprios agentes afirmaram, não seriam por eles encontradas sem a ajuda do réu. Trata-se de institutos distintos e que podem (e devem) ser aplicados conjuntamente, se ambos estiverem configurados.** 6. Ordem de *habeas corpus* concedida para restabelecer em favor do paciente a aplicação da causa de diminuição de pena prevista no art. 41 da Lei n. 11.343/2006, na fração de 1/3, nos termos da sentença de primeiro grau, e, por consequência, retornar sua reprimenda a 3 anos, 10 meses e 20 dias de reclusão, em regime inicial fechado, mais 388 dias-multa, no valor unitário mínimo."[82]

---

[81] GOMES, Luiz Flávio; BIANCHINI, Alice; CUNHA, Rogério Sanches; OLIVEIRA, William Terra de. Drogas: Lei 11.343, 23.08.2006. *In*: GOMES, Luiz Flávio; CUNHA, Rogério Sanches (org.). *Legislação criminal especial*. 2. ed. São Paulo: RT, 2010/Salvador: JusPodivm, 2015. p. 275.

[82] STJ: HC 663.265/SP, rel. Min. Rogerio Schietti Cruz, 6ª Turma, j. 12.09.2023.

Por outro prisma, merece especial atenção a interpretação conferida à expressão **"produto do crime"** inscrita no art. 41 da Lei de Drogas. Para uma adequada compreensão do alcance do dispositivo, é fundamental distinguir três conceitos: o *produto do crime*, que representa a vantagem direta obtida com a prática delitiva (como o dinheiro auferido com a comercialização de drogas); o *proveito do crime*, consistente na vantagem indireta derivada da infração (p. ex., bens adquiridos com os lucros do narcotráfico); e o *objeto material* do crime, que é o elemento físico sobre o qual recai a conduta criminosa (no caso, a própria substância entorpecente ilícita).

Para fins de aplicação do benefício previsto no art. 41, **adota-se interpretação ampliativa**: o colaborador fará jus à premiação legal não apenas quando auxiliar na localização do *produto* ou do *proveito do crime*,[83] mas também quando sua cooperação for decisiva para a descoberta do próprio *objeto material do delito*, como no caso de indicação precisa de locais de armazenamento de drogas que, sem sua colaboração, dificilmente seriam encontrados pelos agentes estatais. Nessa diretriz:

> "1. Diz o art. 41 da Lei n. 11.343/2006 que 'O indiciado ou acusado que colaborar voluntariamente com a investigação policial e o processo criminal na identificação dos demais coautores ou partícipes do crime e na recuperação total ou parcial do *produto do crime*, no caso de condenação, terá pena reduzida de um terço a dois terços'. [...]. 2. Embora haja certa divergência quanto ao exato enquadramento técnico da droga como 'produto do crime', **há razoável consenso doutrinário de que, independentemente da categoria jurídica adotada, a interpretação da regra contida no art. 41 da Lei n. 11.343/2006 deve abarcar necessariamente a recuperação total ou parcial das drogas,** tal como dispunha o revogado art. 32, § 2º, da Lei n. 10.409/2002, segundo o qual era possível a diminuição da reprimenda quando a colaboração do indiciado permitisse '[...] a apreensão do produto, da substância ou da droga ilícita [...]'. 3. Mais do que isso, em consonância com o disposto no art. 4º, IV, da Lei n. 12.850/2013 – lei posterior responsável por sistematizar e disciplinar com maior detalhamento o tema da colaboração premiada –, **o conceito de 'produto do crime', no contexto do art. 41 da Lei n. 11.343/2006, deve ser interpretado para abranger tanto os produtos diretos propriamente ditos quanto a substância entorpecente e os proveitos (produtos indiretos) obtidos a partir da prática delitiva."**[84]

De mais a mais, o acordo de colaboração, ao estabelecer as sanções premiais a que fará jus o colaborador, **"pode dispor sobre questões de caráter patrimonial,** como o destino de bens adquiridos com o produto da infração pelo agente colaborador",[85] no afã de que se promova a *recuperação total ou parcial do produto (em sentido amplo) do crime.* Portanto, como bem ressaltam Luiz Flávio Gomes e Marcelo Rodrigues da Silva, pode-se estabelecer na avença:

---

[83]   Insta observar que a Convenção de Palermo aproximou os conceitos de *produto* e *proveito* do delito, ao conceituar *"produto do crime"* como "os bens de qualquer tipo, provenientes, *direta* ou *indiretamente*, da prática de um crime" (art. 2º, *e*).

[84]   STJ: HC 663.265/SP, rel. Min. Rogerio Schietti Cruz, 6ª Turma, j. 12.09.2023.

[85]   STF: HC 127.483/PR, rel. Min. Dias Toffoli, Pleno, j. 27.08.2015.

"[...] a renúncia, em favor do Estado, a qualquer direito sobre valores mantidos em contas bancárias no exterior, dando autorização ao *Parquet* ou a outros órgãos, nacionais ou estrangeiros, indicados pelo Ministério Público, para acessarem todos os dados de sua movimentação financeira no exterior e acesso a todos os documentos cadastrais, extratos, assinatura, aplicações e identificação de depositantes e beneficiários financeiros. Ademais, é possível, para além disso, estipular como condição para recebimento dos benefícios legais advindos da cooperação o pagamento de expressiva multa e um valor a título de fiança."[86]

Assim, quanto maior a recuperação do produto do crime em razão da colaboração, maior será o prêmio legal.

Para além de tudo isso, a colaboração efetiva pressupõe **confissão do agente**, circunstância que "decorre da própria essência do instituto, que prevê a mitigação da persecução penal em relação ao colaborador, pressupondo, então, que tenha ele, em tese, responsabilidade penal pelos fatos. Aquele que se limita a imputar a responsabilidade a terceiros, sem confessar a sua própria, não é considerado colaborador, mas informante ou testemunha."[87]

A confissão, como pressuposto elementar da delação premiada, já era prevista em outras leis que tratam da matéria,[88] mas a Lei do Crime Organizado (*lei geral procedimental das delações*, repita-se à exaustão) era silente a esse respeito. Entrementes, com a Lei 13.964/2019 (Pacote Anticrime), inseriu-se na Lei 12.850/2013 o art. 3.º-C, § 3.º, segundo o qual: "No acordo de colaboração premiada, **o colaborador deve narrar todos os fatos ilícitos para os quais concorreu** e que tenham relação direta com os fatos investigados."

A colaboração pode culminar no alargamento do objeto da investigação, alcançando fatos que até então não eram de conhecimento das autoridades públicas, ou seja, a delação **pode ir além do objeto investigado (mas não pode ficar aquém dele)** para alcançar fatos diversos. O que não nos aparenta viável é que o colaborador nada mencione, por exemplo, sobre a associação criminosa que integra e as infrações penais por ela praticadas e, optando por delatar terceiros sobre fatos completamente distintos do objeto investigado, venha assim mesmo a receber um prêmio. Nesse caso, a colaboração não será minimamente eficaz para o deslinde do caso originalmente investigado. É nessa perspectiva que o novel art. 3.º-C, § 3.º, preconiza que, "no acordo de colaboração premiada, o colaborador deve narrar todos os fatos ilícitos para os quais concorreu e **que tenham relação direta com os fatos investigados.**" Isso é *o mínimo que se espera do colaborador*, mas afigura-se legítimo

---

[86] GOMES, Luiz Flávio; SILVA, Marcelo Rodrigues da. *Organizações criminosas e técnicas especiais de investigação* – questões controvertidas, aspectos teóricos e práticos e análise da Lei 12.850/2013. Salvador: JusPodivm, 2015. p. 246.

[87] GONÇALVES, Victor Eduardo Rios; BALTAZAR JUNIOR, José Paulo. *Legislação penal especial*. São Paulo: Saraiva, 2015. p. 698. Igualmente: "A palavra 'colaborar' deve ser vista também na acepção de 'confessar', porquanto esse colaborador para ter a pena reduzida e eventualmente receber o benefício do perdão judicial, por exemplo, tem que ter sido coautor ou partícipe do crime [...]" (MOSSIN, Heráclito Antônio; MOSSIN, Júlio César O. G. *Delação premiada*: aspectos jurídicos. 2. ed. Leme: J. H. Mizuno, 2016. p. 229-230).

[88] Lei 7.492/1986, art. 25, § 2.º; e Lei 8.137/1990, art. 16, parágrafo único.

Cap. 2 • APLICAÇÃO DAS PENAS, DELAÇÃO PREMIADA E IMPUTABILIDADE PENAL | 257

que ele discorra sobre "outros fatos de que tenha conhecimento, ainda que não tenham relação direta com o objeto da investigação, ensejando sua apuração."[89]

Ademais, questiona-se na doutrina a possibilidade de **aplicação conjunta da causa de diminuição de pena com a circunstância atenuante da confissão** (CP, art. 65, III, *d*). Sobre o tema, entendemos que "a circunstância atenuante incide na segunda fase da aplicação da pena criminal, enquanto a causa de diminuição de pena incide na terceira fase. A confissão versa sobre os fatos imputados na denúncia; a colaboração premiada versa sobre as informações que o investigado ou o réu fornece sobre a organização criminosa. Tendo em vista as naturezas diversas dos dois institutos, bem como as suas incidências em momentos distintos da aplicação da pena criminal, [...] nada obsta a aplicação conjunta dos dois institutos".[90]

O Superior Tribunal de Justiça, a propósito, já trilhou a orientação consoante a qual "não há impossibilidade de aplicação simultânea da atenuante da confissão, na 2.ª fase de individualização da pena, com a da delação premiada, na 3.ª etapa, por se revestir, no caso do art. 14 da Lei 9.807/99, de causa de diminuição de pena".[91]

De mais a mais, em nossa ótica, não deve o magistrado homologar **cláusula** de acordo premial que traga preestabelecido o *quantum* (fixo) de redução de pena a incidir em caso de eventual condenação do colaborador (por exemplo, 2/3),[92] o que poderia macular o princípio constitucional da individualização das penas, a cargo do juiz. Além disso, o grau de eficácia da colaboração é que indicará ao magistrado esse patamar ou, até mesmo, afastará qualquer redução (em caso de ineficácia absoluta). Portanto, de acordo com o Min. Ricardo Lewandowski,[93] não é lícito às partes fixar, "em substituição ao Poder Judiciário, e de forma antecipada, a pena privativa de liberdade" a ser cumprida pelo colaborador, porquanto "somente por meio de sentença penal condenatória, proferida por magistrado competente, afigura-se possível fixar [...] penas privativas de liberdade".

Noutro vértice, em qualquer caso que envolver a *delação* (inclusive no âmbito da Lei de Drogas), afigura-se conveniente a **aplicação da *sistemática* (diálogo das fontes)**[94]

---

89   "Nos termos do § 3.º do artigo 3.º-C da Lei 12.850/13, no acordo de colaboração premiada, o colaborador pode narrar outros fatos de que tenha conhecimento, ainda que não tenham relação direta com o objeto da investigação, ensejando sua apuração" (**Enunciado 41** da Procuradoria-Geral de Justiça e da Corregedoria-Geral do Ministério Público de São Paulo sobre a Lei 13.964/19 – Pacote Anticrime).

90   HABIB, Gabriel. *Leis penais especiais*. 6. ed. Salvador: JusPodivm, 2015. t. II, p. 45. Igualmente: SANTOS, Marcos Paulo Dutra. *Colaboração (delação) premiada*. Salvador: JusPodivm, 2016. p. 88-89.

91   HC 84.609/SP, 5.ª Turma do STJ, Rel. Min. Laurita Vaz, *DJe* 1.º.03.2010.

92   LD, art. 41. "O indiciado ou acusado que colaborar voluntariamente com a investigação policial e o processo criminal na identificação dos demais coautores ou partícipes do crime e na recuperação total ou parcial do produto do crime, no caso de condenação, terá pena reduzida de um terço a dois terços."

93   Por ocasião de seu voto na Pet. 7.265, em 14.11.2017.

94   Segundo a teoria do diálogo das fontes (desenvolvida na Alemanha por Erik Jayme, professor da Universidade de Helderberg), as normas jurídicas *não se excluem*, supostamente porque pertencem a ramos jurídicos distintos, *mas se complementam*. Isso se dá, para além de outras razões, pela justificativa da funcionalidade. Como se sabe, "vivemos um momento de explosão de leis, um 'Big Bang legislativo', como simbolizou Ricardo Lorenzetti. O mundo pós-moderno e globalizado, complexo e abundante por natureza, convive com uma quantidade enorme de normas jurídicas, a deixar o aplicador do Direito até desnorteado. [...] O diálogo das fontes serve como leme nessa tempestade de complexidade". Note-se, pois, que a teoria do diálogo das fontes "surge para substituir e superar

inaugurada pela Lei 12.850/2013, nos seus arts. 3º-A a 7º, até porque este foi o único diploma normativo que delineou um procedimento a ser trilhado para a corporificação do acordo de colaboração premiada, razão pela qual, insistimos, temos a Lei 12.850/2013 como uma espécie de **lei geral procedimental**.

Por isso, **temos como perfeitamente aplicáveis na seara da Lei de Drogas, entre outros, os regramentos da Lei 12.850/2013 sobre: (a)** os termos de recebimento da proposta de colaboração e de confidencialidade (art. 3º-B, §§ 1º a 6º); **(b)** a instrução da proposta de colaboração e os elementos de corroboração (art. 3º-C, §§ 1º a 4º); **(c)** a não participação do juiz na fase das negociações entre as partes para a formalização do acordo (art. 4º, § 6º); **(d)** a possibilidade de o magistrado recusar homologação à proposta que não atender aos requisitos legais, devolvendo-a as partes para os necessários ajustes (art. 4º, § 8º); **(e)** a retratação da proposta pelas partes (art. 4º, § 10); **(f)** a verificação, na sentença, do grau de eficácia da colaboração (art. 4º, § 11);[95] **(g)** a renúncia, pelo colaborador (na presença de seu defensor), ao direito ao silêncio e seu compromisso legal de dizer a verdade (art. 4º, § 14);[96] **(h)** a assistência ao colaborador, desde a fase das negociações até a execução

---

os critérios clássicos de solução das antinomias jurídicas (hierárquico, especialidade e cronológico)" (TARTUCE, Flávio. *Manual de direito civil*. 5. ed. São Paulo: Método, 2015. volume único, item 2.1.3).

[95] A lei é taxativa ao impor ao magistrado o dever de apreciar os termos do acordo e sua eficácia. Assim, o juiz deverá analisar se o colaborador efetivamente cumpriu o acordo de maneira a atingir um ou mais dos resultados almejados pela lei. Cumprido totalmente o acordo realizado, competirá ao magistrado aplicar o benefício proposto ao colaborador, sendo sensível à avença entabulada entre as partes e homologada em juízo. Há, por assim dizer, uma **vinculação judicial** ao benefício acordado em caso de cumprimento integral da avença, pois, do contrário, "a noção de processo cooperativo restaria esvaziada e haveria um clima de indesejável insegurança jurídica na aplicação do instituto, pois o Ministério Público não teria como cumprir a sua obrigação no acordo, ante a possibilidade de o juiz não conceder o perdão judicial na sentença". O imprescindível controle judicial ocorrerá quando da homologação do acordo e de seu cumprimento, entretanto, "uma vez homologado e cumprido o acordo sem revogação ou retratação, não há como o juiz retratar-se na sentença" (SILVA, Eduardo Araujo da. *Organizações criminosas*: aspectos penais e processuais da Lei nº 12.850/13. São Paulo: Atlas, 2014. p. 63).

[96] Em temas de direitos fundamentais, o que pode ocorrer é o seu **não exercício**, mas não a sua renunciabilidade. Assim, com a celebração do acordo de colaboração premiada, o colaborador faz, em verdade, uma *opção pelo não exercício* do direito constitucional ao silêncio, tudo mediante a supervisão e orientação de seu defensor (LCO, art. 4º, § 15). Aliás, todo e qualquer réu/investigado pode espontaneamente *confessar* os fatos que lhe são imputados por meio da denúncia ou que sejam objeto de investigação, circunstância esta inclusive fomentada com o abrandamento da pena pela legislação (CP, art. 65, III, *d*). Disso resulta evidente que **não há** entre nós um dado **dever ao silêncio**. De igual modo, também não deve causar maior estranheza o **compromisso legal de dizer a verdade** firmado pelo colaborador, o que decorre da própria celebração da avença premial. Se o colaborador quer o prêmio pelas informações prestadas, deve dizer a verdade até para garantir a eficácia da colaboração. Com *mentira* não se pode cogitar de colaboração eficaz e, por conseguinte, de prêmio. Nesse sentido, prestigiando a nossa doutrina, o STF julgou improcedente ADI que questionava o dispositivo em exame e assentou que: "5. Apesar da consagração do direito ao silêncio (art. 5º, LIV e LXIII, da CF/88), não existirá inconstitucionalidade no fato da legislação ordinária prever a concessão de um benefício legal que proporcionará ao acusado melhora na sua situação penal (atenuantes genéricas, causas de diminuição de pena, concessão de perdão judicial) em contrapartida da sua colaboração voluntária. Caberá ao próprio indivíduo decidir, livremente e na presença da sua defesa técnica, se colabora (ou não) com os órgãos responsáveis pela persecução penal. Os benefícios legais oriundos da colaboração premiada servem como estímulo para o acusado fazer uso do exercício de não mais permanecer em silêncio. Compreensível, então, o termo 'renúncia' ao direito ao silêncio não como forma de esgota-

das cláusulas pactuadas, por defensor (art. 4º, § 15); **(i)** a necessária observância da regra de corroboração (evidências objetivas que fundamentem as declarações do colaborador) para a decretação de medidas cautelares, recebimento da denúncia e, sobretudo, para que seja proferida a sentença condenatória (art. 4º, § 16).[97]

Pela mesma razão, **hão de incidir no âmbito da Lei de Drogas os direitos do colaborador catalogados pelo art. 5º da Lei 12.850/2013**, com os quais, para além de se tutelar a intimidade e até mesmo a incolumidade física do delator, almeja-se garantir a plena eficácia da colaboração premiada como meio especial de obtenção da prova. Assim, tem o delator o direito de usufruir das medidas de proteção previstas na Lei 9.807/1999; ter nome, qualificação, imagem e demais informações pessoais preservados; ser conduzido, em juízo, separadamente dos demais coautores e partícipes; participar das audiências sem contato visual com os outros acusados; não ter sua identidade revelada pelos meios de comunicação, nem ser fotografado ou filmado, sem sua prévia autorização por escrito; cumprir pena ou prisão cautelar em estabelecimento penal diverso dos demais corréus ou condenados.

Calha registrar, ainda, que terão **prioridade na tramitação** *o inquérito e o processo criminal em que figure o colaborador* como sujeito das **medidas de proteção** concebidas pela Lei 9.807/1999 (art. 19-A). Demais disso, visando diminuir o risco para o sistema legal de proteção, "qualquer que seja o rito processual criminal, o juiz, após a citação, tomará *antecipadamente* o depoimento das pessoas incluídas nos programas de proteção previstos nesta Lei, devendo justificar a eventual impossibilidade de fazê-lo no caso concreto ou o possível prejuízo que a oitiva antecipada traria para a instrução criminal" (art. 19-A, parágrafo único).

Não obstante a *mens legis*, temos para nós que esse **interrogatório antecipado** do colaborador mais lhe prejudica do que beneficia, pois ele "não terá o direito de ser interrogado após tomar conhecimento de todas as provas produzidas contra si".[98] Assim, consideramos que essa oitiva antecipada não deve ocorrer, sobretudo porque na ocasião

---

mento da garantia do direito ao silêncio, que é irrenunciável e inalienável, mas sim como forma de 'livre exercício do direito ao silêncio e da não autoincriminação pelos colaboradores, em relação aos fatos ilícitos que constituem o objeto dos negócios jurídicos', haja vista que o acordo de colaboração premiada é ato voluntário, firmado na presença da defesa técnica (que deverá orientar o investigado acerca das consequências do negócio jurídico) e que possibilita grandes vantagens ao acusado. Portanto, a colaboração premiada é plenamente compatível com o princípio do 'nemo tenetur se detegere' (direito de não produzir prova contra si mesmo). 6. Ação Direta de Inconstitucionalidade conhecida e julgada improcedente" (ADI 5567, rel. Min. Alexandre de Moraes, Tribunal Pleno, j. 21.11.2023).

[97] Reina no terreno do valor probatório da colaboração a doutrinariamente chamada **regra da corroboração** (*corroborative evidence*), a qual impõe que o colaborador traga aos autos evidências capazes de atestar as suas declarações (*v.g.*: localização do produto direto ou indireto da infração penal; indicação do número de contas bancárias utilizadas para lavar dinheiro sujo; identificação de comparsas com provas objetivas do envolvimento de cada um etc.). Em síntese: a lei exige a corroboração da colaboração. Ademais, tem-se entendido que a regra da corroboração não se realiza na hipótese de o elemento de confirmação de uma delação premiada ser outra delação premiada (**corroboração recíproca ou cruzada**), de um delator diverso, ainda que ambas tenham conteúdo concordante. Em outras palavras, exige-se corroboração por fontes extrínsecas às da delação propriamente dita (**credibilidade objetiva**).

[98] SILVA JÚNIOR, Walter Nunes da. *Curso de direito processual penal*: teoria (constitucional) do processo penal. 2. ed. Natal: OWL Editora Jurídica, 2015. p. 521.

do julgamento do **HC 127.900**, pelo Plenário do Supremo Tribunal Federal, os Ministros fixaram a orientação segundo a qual: "**A norma inscrita no art. 400 do Código de Processo Penal comum aplica-se** [...] **a todos os procedimentos penais regidos por legislação especial** [...]".[99]

Portanto, o réu colaborador não deverá ser interrogado antes de serem inquiridas as testemunhas. Muito embora o depoimento do colaborador "deva anteceder os interrogatórios dos demais réus, se ele figurar, também com réu no mesmo processo, deverá ser ouvido antes dos corréus, porém após as testemunhas."[100]

E não apenas o colaborador deve ser interrogado antes dos demais corréus, como também deve ele apresentar suas alegações finais previamente aos outros acusados. Essa compreensão, inclusive, levou a 2ª Turma do STF (HC 157.627 AgR/PR, j. 27.8.2019) a anular uma condenação imposta, no âmbito da operação Lava Jato, a um denunciado-delatado, porquanto, ao fim da instrução processual, o juízo determinou a apresentação, *em prazo comum*, de memoriais finais pelos corréus, independentemente de ostentarem a condição de colaboradores ou de haverem sido delatados nos pactos premiais. Na ocasião, firmou-se a ideia de que, sob pena de nulidade, **os réus colaboradores não podem se manifestar por último, em razão da carga acusatória existente em suas informações**, com esteio nos princípios do contraditório e da ampla defesa, que conferem ao acusado-delatado a prerrogativa de falar por último para que possa reagir às manifestações acusatórias (ainda que oriundas de um corréu-delator). Nesse sentido:

"[...] o direito fundamental ao contraditório e à ampla defesa deve permear todo o processo legal, garantindo-se sempre a possibilidade de manifestações oportunas da defesa, bem como a possibilidade de se fazer ouvir no julgamento e de oferecer, por último, os memoriais de alegações finais. Pouco importa, na espécie, a qualificação jurídica do agente acusador: Ministério Público ou corréu colaborador. [...] Permitir, pois, o oferecimento de memoriais escritos de réus colaboradores, de forma simultânea ou depois da defesa – sobretudo no caso de utilização desse meio de prova para prolação de édito condenatório – comprometeria o pleno exercício do contraditório, que pressupõe o direito de a defesa falar por último, a fim de poder reagir às manifestações acusatórias. [...] A inversão processual consagrada pela intelecção que prestigia a manifestação final de réus colaboradores por último, ou simultaneamente, ocasiona sério prejuízo ao delatado, que não pode se manifestar para repelir os argumentos eventualmente incriminatórios ou para reforçar os favoráveis. [...] independentemente de estar despida de roupagem acusatória, a peça processual das alegações finais, ao condensar todo o histórico probatório, pode ser determinante ao resultado desfavorável do julgamento em relação ao acusado, o que legitima este a merecer a oportunidade de exercitar o contraditório."[101]

Destaque-se, por curial, que a Lei do Crime Organizado, recentemente modificada pela Lei 13.964/2019 (Pacote Anticrime), passou a contemplar essa orientação estatuindo que, "**em todas as fases do processo, deve-se garantir ao réu delatado a**

---

[99] HC 127.900, rel. Min. Dias Toffoli, Pleno, j. 03.03.2016.

[100] FONSECA, Cibele Benevides Guedes. *Colaboração premiada*. Belo Horizonte: Del Rey, 2017. p. 164.

[101] Excertos do *Informativo 949* do STF, de 26 a 30 de agosto de 2019.

Cap. 2 • APLICAÇÃO DAS PENAS, DELAÇÃO PREMIADA E IMPUTABILIDADE PENAL | 261

oportunidade de manifestar-se após o decurso do prazo concedido ao réu que o delatou" (art. 4º, § 10-A).

Quanto ao **momento para a celebração da avença**, parece-nos possível que a colaboração premiada na Lei de Drogas não se restrinja às **fases** *inquisitorial* e *judicial*, podendo igualmente alcançar o estágio da *execução penal*. Veja-se, no ponto, que a Lei do Crime Organizado previu a possibilidade de ocorrência da cooperação *em momento posterior à sentença* (art. 4º, § 5º) e que, de forma ainda mais explícita, a Lei de Lavagem de Capitais estipulou que a medida pode se operar *a qualquer tempo* (art. 1º, § 5º).

De mais a mais, *conquanto não sejam exigidas pela Lei de Drogas*, a **formalização adequada do acordo de colaboração premiada** e a sua **homologação judicial** (LCO, arts. 3º-B; 3º-C; 4º, §§ 6º a 11; 6º e 7º, c.c. CPP, art. 3º-B, XVII) conferem mais segurança jurídica às partes – sobretudo ao colaborador – e transparência ao jurisdicionado, daí por que julgamos adequada a formalização escrita da avença.

Veja-se, no particular, que os primeiros diplomas normativos que trataram da delação premiada em nosso país (Lei 8.072/1990, art. 8.º, parágrafo único; CP, art. 159, § 4.º; Lei 8.137/1990, art. 16, parágrafo único; Lei 7.492/1986, art. 25, § 2.º; Lei 9.034/1995 [revogada]; Lei 9.613/1998, art. 1.º, § 5.º; Lei 9.807/1999, art. 13; Lei 11.343/2006, art. 41) não a preconizaram em forma de **acordo escrito**. Contudo, examinando os regramentos mais recentes – Lei 12.529/2011; Lei 12.846/2013; e Lei 12.850/2013 – sobre a cooperação premial, pode-se concluir que **a formalização documentada dos pactos** (de leniência e de colaboração premiada) **é, sem dúvida, uma tendência**. Aliás, essa inclinação ficou ainda mais evidente com a reforma promovida na legislação brasileira pela Lei 13.964/2019 (Pacote Anticrime), seja na regulamentação da "proposta para formalização de acordo de colaboração" (LCO, arts. 3.º-B e 3.º-C), seja na determinação de que o acordo de não persecução penal – expressão do direito penal negocial (como o acordo de colaboração premiada) – seja "formalizado por escrito" (CPP, art. 28-A, § 3.º).

Não por outro motivo uma parcela da doutrina (**1.ª posição**) compreende que o acordo (*escrito*) de colaboração premiada constitui verdadeira *conditio sine qua non* para a obtenção de qualquer prêmio, na seara da Lei 12.850/2013. Sem pacto premial, pode haver o reconhecimento da confissão espontânea (circunstância atenuante), mas não a premiação. Na síntese de Bedê Jr. e Moura, "a contribuição informal sem a materialização do acordo, talvez mais teórica do que real, não pode gerar benefícios".[102]

Ao acusado, portanto, não é dado "pleitear os benefícios da colaboração premiada ao juiz, e este não pode concedê-los *ex officio*, se não houver a anuência expressa do Ministério Público. Isso decorre da própria natureza negocial da colaboração: só ocorre quando há consenso entre acusação e defesa. Nenhuma das duas pode ser impelida a realizar o acordo, especialmente o Ministério Público, titular da ação penal e regido pelo

---

[102] BEDÊ JÚNIOR, Américo; MOURA, Alexandre de Castro. Atuação do juiz no acordo de colaboração premiada e a garantia dos direitos fundamentais do acusado no processo penal brasileiro. *Revista dos Tribunais*, ano 105, v. 969, p. 149-159, jul. 2016. Nesse sentido: "Os benefícios da Lei 12.850/13 não podem ser concedidos de ofício pelo juiz da instrução e julgamento fora da hipótese de negócio jurídico entre as partes" (**Enunciado 43** da Procuradoria-Geral de Justiça e da Corregedoria-Geral do Ministério Público de São Paulo sobre a Lei 13.964/2019 – Pacote Anticrime).

262 | LEI DE DROGAS: Aspectos Penais e Processuais – *Cleber Masson* • *Vinícius Marçal*

princípio da obrigatoriedade. A colaboração deve ser excepcional, e fruto de um acordo entre partes. Não pode ser imposta à acusação pelo réu ou pelo julgador".[103]

Em posição diametralmente oposta (**2.ª corrente**), Eugênio Pacelli compreende que a formalização do acordo de colaboração premiada não é um pressuposto para a incidência dos benefícios legais, nem mesmo no âmbito na Lei do Crime Organizado. Em sua visão, apesar de se tratar de hipótese excepcional, haverá casos em que, a despeito da não formalização do acordo, o **colaborador unilateral ou informal** (que não firmou termo de colaboração premiada) terá direito subjetivo aos benefícios. Em suas palavras:

> "Se o Ministério Público, parte legitimada para o exercício da ação penal em todas as suas dimensões, entender não ser cabível o acordo de colaboração, não caberá ao magistrado substituir-se a ele e decretar a impunidade absoluta dos fatos em relação ao colaborador, com a rejeição da acusação, como forma de forçar o *parquet* à propositura do acordo. De outro lado, por ocasião da sentença condenatória – se condenatória for! – *poderá o juiz aplicar os benefícios da colaboração (art. 4.º) àquele que tenha contribuído eficazmente para as modalidades de proveito arroladas no aludido dispositivo legal (incisos I a V), a despeito da inexistência de formalização do acordo. O que existe é o direito subjetivo aos benefícios pela atuação eficaz, e não o direito ao acordo formalizado.* Naturalmente que semelhante hipótese poderá ser de menor ocorrência, dado que a ausência da propositura do acordo poderá desestimular o agente colaborador a prestar tais informações. Mas, do ponto de vista legal, parece irrecusável a solução, consoante, aliás, o disposto no *caput* do art. 4.º".[104]

Na mesma trilha, Dutra Santos considera a celebração do acordo de colaboração premiada *recomendável*, na medida em que potencializa a expectativa de direito à premiação, mas a enxerga como algo *prescindível*, porquanto a cabeça do art. 4.º da Lei 12.850/2013 refere-se a *requerimento das partes*, listando os resultados a serem alcançados para a concessão do benefício. Assim, obtidos os resultados listados em lei à conquista do prêmio, este surge como direito público subjetivo do acusado e pode ser pleiteado, *v.g.*, em sede de alegações finais,[105] restringida a discricionariedade jurisdicional à eleição do benefí-

---

[103] FONSECA, Cibele Benevides Guedes. *Colaboração premiada*. Belo Horizonte: Del Rey, 2017. p. 169. Ainda segundo a autora: "[...] em se negando o membro do Ministério Público a realizar o acordo, ao acusado nada restará senão apenas avaliar as demais estratégias: confessar, negar tudo, negar parte dos fatos, calar etc. Pode, é certo, revelar em juízo o que sabe além de apenas confessar e tentar obter benefícios de diminuição de pena diretamente do juiz, *ex officio*, na sentença. Todavia, corre todos os riscos daí decorrentes: como a nova lei não fala que o juiz pode aplicar os benefícios de ofício, o colaborador sem acordo formal com o Ministério Público pode simplesmente não obter nenhuma vantagem processual além da atenuante da confissão e da atenuante genérica do artigo 66 do Código Penal" (p. 110-111).

[104] OLIVEIRA, Eugênio Pacelli de. *Curso de processo penal*. 18. ed. São Paulo: Atlas, 2014. p. 866-867. **Entendendo que o acordo jurídico processual é apenas uma das faces da colaboração premiada:** PEREIRA, Frederico Valdez. *Delação premiada*: legitimidade e procedimento. 3. ed. Curitiba: Juruá, 2016. p. 193.

[105] Mas não exclusivamente nessa ocasião. Assim, "caso a cooperação fosse acenada pelo acusado durante o processo, nada impediria à Defesa peticionar ao juiz esclarecendo dispor o imputado de informações reveladoras dos locais de armazenamento da droga e, portanto, de atuação de outros traficantes, pedindo à autoridade judiciária processante determinada premiação caso os dados, uma vez disponibilizados pelo

cio.[106] E, em trabalho específico acerca do assunto, o professor arremata seu raciocínio considerando que a colaboração premiada, por si só,

> "[...] encerra confissão complexa, pois, além de reconhecer a responsabilidade penal, o imputado vai além, disponibilizando informações que permitem, *v.g.* a identificação dos demais autores ou partícipes, a arrecadação total ou parcial do produto do crime, a prevenção de infrações penais correlatas etc. Trata-se de valiosa ferramenta defensiva, manifestação de autodefesa e, por conseguinte, da ampla defesa. Condicionar eventual premiação ao aval do Ministério Público simplesmente a cercearia, em descompasso com o artigo 5.º, LV, da Constituição. [...] Se o negócio jurídico processual é premiado, fruto de um acordo bilateral, quanto mais se unilateral, ou seja, quando o imputado decide cooperar com os órgãos de repressão estatal independentemente de qualquer pacto previamente ajustado. Se o prêmio à colaboração é um incentivo ao arrependimento sincero, tendente à regeneração, que vem a ser o fim último da pena, conforme aponta parte da doutrina, com maior razão ainda há de ser reconhecido, e retribuído, quando prestada unilateralmente. [...] Imagine, *v.g.*, uma operação policial a resultar na apreensão de 100 kg de cocaína, depositada em um armazém. Entre os capturados em flagrante, um indica outros 2 galpões nos quais haveria material entorpecente estocado, vindo a Polícia a arrecadar mais 200 kg de cocaína e a prender mais 4 infratores, além do gerente do tráfico. Tais informações culminaram na identificação e captura de outros coautores e na recuperação parcial do produto do crime, concretizando 2 dos resultados delineados no art. 4.º, incisos I e IV, da Lei n.º 12.850/13. Não há como negar a esse imputado o prêmio, nada obstante a ausência de acordo formalizado, em prol de uma reles atenuante genérica – confissão, versada no art. 65, III, *d* do Código Penal –, sob pena de legitimar uma postura *contra legem*".[107]

Nesse passo, a 6.ª Turma do STJ já reconheceu a viabilidade da **colaboração premiada unilateral**, considerando que, enquanto a Lei do Crime Organizado prevê a celebração de um acordo formalizado entre o colaborador e o órgão acusatório, cabendo ao Juízo a homologação e, por ocasião da sentença, a avaliação da eficácia para fins de concessão dos benefícios ajustados, o mesmo não ocorre, por exemplo, na esfera das **Leis de Drogas (art. 41)** e de **Lavagem de Capitais (art. 1.º, § 5.º)**. Em casos tais, o consectário lógico da ausência de previsão de pacto premial prévio é a **possibilidade de colaboração premiada unilateral**, "que independe de negócio jurídico prévio celebrado entre o réu e o órgão acusatório e que, desde que efetiva, deverá ser reconhecida pelo magistrado, de forma a gerar benefícios em favor do réu".[108]

---

denunciado, atingissem os resultados listados na norma. A homologação judicial da proposta dar-se-ia bilateralmente, se o parecer do *Parquet* fosse positivo, ou unilateralmente, se contrário" (SANTOS, Marcos Paulo Dutra. Colaboração unilateral premiada como consectário lógico das balizas constitucionais do devido processo legal brasileiro. *Revista Brasileira de Direito Processual Penal*, Porto Alegre, v. 3, n. 1, p. 131-166, jan./abr. 2017. Disponível em: https://doi.org/10.22197/rbdpp.v3i1.49).

[106] SANTOS, Marcos Paulo Dutra. *Colaboração (delação) premiada*. Salvador: JusPodivm, 2016. p. 124.

[107] SANTOS, Marcos Paulo Dutra. Colaboração unilateral premiada como consectário lógico das balizas constitucionais do devido processo legal brasileiro. *Revista Brasileira de Direito Processual Penal*, Porto Alegre, v. 3, n. 1, p. 131-166, jan./abr. 2017. Disponível em: https://doi.org/10.22197/rbdpp.v3i1.49.

[108] Trechos do voto exarado pelo Min. Sebastião Reis Júnior, no julgamento do REsp 1.691.901/RS (*DJe* 09.10.2017). *In ipsis litteris*, vejam-se excertos da ementa: "O art. 1.º, § 5.º, da Lei n. 9.613/1998 contem-

LEI DE DROGAS: Aspectos Penais e Processuais – *Cleber Masson* • *Vinícius Marçal*

Do mesmo modo, ao apreciar *caso que não envolvia a criminalidade organizada* (Lei 12.850/2013), a 2.ª Turma do STF entendeu *desnecessária a formalização do acordo* para a concessão de algum benefício, o que deve ser aferido por ocasião do julgamento. Assim, a **colaboração premiada unilateral** ou **informal** (não precedida de acordo), "por si só, não exclui a possibilidade de eventual aplicação de benefícios ao delator. No entanto, a gradação de eventual redução de pena e mesmo a aplicação do perdão judicial deverão ser analisados na fase de julgamento".[109]

Mais recentemente, a mesma 2.ª Turma do STF, **após decidir que o colaborador não possui o direito líquido e certo a compelir o Ministério Público à celebração do acordo de delação premiada** (cujas conveniência e oportunidade não se submetem ao escrutínio do Estado-juiz), resguardou ao réu, em caso de não formalização do acordo, o **direito à colaboração unilateral**. Assim, o colegiado aduziu

> "[...] ser possível cogitar que o acusado ostente direito subjetivo à colaboração (atividade, e não negócio jurídico), comportamento processual sujeito ao oportuno exame do Poder Judiciário, por ocasião da sentença. Essa compreensão, no entanto, não se estende, necessariamente, ao âmbito negocial. Ao fazer a **distinção entre a colaboração premiada e o acordo de colaboração premiada**, frisou que a primeira é realidade jurídica em si mais ampla que o segundo. Explicou que uma coisa é o direito subjetivo à colaboração e, em contrapartida, a percepção de sanção premial correspondente a ser concedida pelo Poder Judiciário. Situação diversa é a afirmação

---

pla hipótese de colaboração premiada que *independe de negócio jurídico prévio* entre o réu e o órgão acusatório (**colaboração premiada unilateral**) e que, desde que efetiva, deverá ser reconhecida pelo magistrado, de forma a gerar benefícios em favor do réu colaborador" (STJ, REsp 1691901/RS, rel. Min. Sebastião Reis Júnior, 6.ª Turma, *DJe* 09.10.2017). Por seu turno, a 5.ª Turma do STJ reconheceu o instituto da **delação premiada unilateral**, diferenciando-o da **colaboração premida (bilateral)**. Confira-se: "O art. 1º, § 5º, da Lei 9.613/98 trata da **delação premiada (unilateral)**, que tem a característica de ato unilateral, praticado pelo agente que, espontaneamente, opta por prestar auxílio tanto à atividade de investigação, quanto à instrução procedimental, sendo que o referido instituto, diferentemente da **colaboração premiada (que demanda a bilateralidade)**, não depende de prévio acordo a ser firmado entre as partes interessadas. [...] A correta hermenêutica a ser conferida ao instituto direciona-se no sentido de que não há como expandir os benefícios advindos da delação premiada, eis que unilateral, para além da fronteira objetiva e subjetiva da demanda posta à apreciação, eis que possuem natureza endoprocessual, sob pena de violação ou afronta ao princípio do Juiz natural" (AgRg no REsp 1765139/PR, rel. Min. Felix Fischer, j. 23.04.2019).

[109] Excertos do voto proferido pelo Min. Gilmar Mendes no julgamento do Inq 3.204 (*DJe*-151 de 03.08.2015), de sua relatoria. Igualmente, a possibilidade de premiação em virtude da **colaboração premiada informal, fora dos meandros da Lei 12.850/2013**, foi reconhecida no voto proferido pelo Min. Dias Toffoli no julgamento do HC 127.483 (Plenário do STF, *DJe*-021 de 04.02.2016), de sua relatoria. Veja-se: "Assim, a homologação do acordo de colaboração, por si só, não produz nenhum efeito na esfera jurídica do delatado, uma vez que não é o acordo propriamente dito que poderá atingi-la, mas sim as imputações constantes dos depoimentos do colaborador ou as medidas restritivas de direitos fundamentais que vierem a ser adotadas com base nesses depoimentos e nas provas por ele indicadas ou apresentadas – o que, aliás, poderia ocorrer antes, ou *mesmo independentemente, de um acordo de colaboração. Tanto isso é verdade que o direito do imputado colaborador às sanções premiais decorrentes da delação premiada prevista no art. 14 da Lei n.º 9.807/99; no art. 1.º, § 5.º, da Lei n.º 9.613/98 (Lavagem de Dinheiro); no art. 159, § 4.º, do Código Penal, na redação dada pela Lei n.º 9.269/96 (extorsão mediante sequestro); no art. 25, § 2.º, da Lei n.º 7.492/86 e no **art. 41 da Lei n.º 11.343/06 (Lei de Drogas), independe da existência de um acordo formal homologado judicialmente**".

Cap. 2 • APLICAÇÃO DAS PENAS, DELAÇÃO PREMIADA E IMPUTABILIDADE PENAL | **265**

de que a atividade colaborativa traduz a imposição do Poder Judiciário ao Ministério Público para fim de celebrar acordo de colaboração ainda que ausente voluntariedade ministerial. [...] Registrou que, no mesmo sentido, **diversos diplomas normativos antecedentes à Lei 12.850/2013 já previam essa possibilidade de concessão de sanção premial, sem a exigência da celebração de acordo de colaboração, o qual, embora confira maior segurança jurídica à esfera do colaborador, não se revela indispensável à mitigação da pretensão punitiva. Portanto, independentemente da formalização de ato negocial, persiste a possibilidade, em tese, de adoção de postura colaborativa e, ainda em tese, a concessão judicial de sanção premial condizente com esse comportamento.** [...] com fundamento no princípio acusatório, cabe exclusivamente ao Ministério Público avaliar a conveniência e a oportunidade de celebração do ato negocial, resguardando-se os direitos do agente em caso de não formalização do acordo de efetiva colaboração ao exame dessa colaboração pelo Estado-juiz na fase de sentença. [...]".[110]

No mais, para uma abordagem completa e profunda sobre o instituto da colaboração premiada, remetemos o leitor para outra obra de nossa autoria: *Crime Organizado*.

5. DA INIMPUTABILIDADE

Conforme o art. 45 da Lei de Drogas, "é isento de pena o agente que, **em razão da dependência, ou sob o efeito, proveniente de caso fortuito ou força maior, de droga**, era, ao tempo da ação ou da omissão, **qualquer que tenha sido a infração penal praticada**, inteiramente incapaz de entender o caráter ilícito do fato ou de determinar-se de acordo com esse entendimento."

Tal qual o art. 26, *caput*, do Código Penal, o art. 45 da Lei 11.343/2006 acolhe o **sistema biopsicológico**, no que importa ao agente que, ao tempo da conduta, apresenta **quadro de dependência** (que não se confunde com *vício*)[111] de droga, e, em razão disso, não possui capacidade para entender o caráter ilícito do fato ou determinar-se de acordo com esse entendimento.

Contudo, o art. 45 da LD também agasalha o **sistema psicológico** – da mesma forma que o art. 28, § 1º, do CP (completa embriaguez acidental ou fortuita) –, em relação ao cometimento do fato **sob o efeito de droga**, proveniente de caso fortuito ou força maior. Nesse caso, pouco importa se o indivíduo apresenta ou não alguma dependência química. Será inimputável ao se mostrar incapacitado de entender o caráter ilícito do fato ou de determinar-se de acordo com esse entendimento, em razão da ingestão involuntária do entorpecente, por ignorância (caso fortuito) ou coação (força maior).

---

[110] MS 35.693 AgR/DF, rel. Min. Edson Fachin, j. 28.05.2019, noticiado no *Informativo 942*.

[111] "O vício não se confunde com a dependência. O primeiro consiste no hábito ou costume persistente da pessoa consumir droga (consumo irresistível), sem repercussão na sua capacidade de entendimento (imputável, portanto). Já a dependência pode alcançar o nível de doença mental ou retirar a capacidade de tomar decisões, de entender e querer, ou seja, a sua autodeterminação (inimputável) quando sob o efeito da droga" (GOMES, Luiz Flávio; BIANCHINI, Alice; CUNHA, Rogério Sanches; OLIVEIRA, William Terra de. Drogas: Lei 11.343, 23.08.2006. *In*: GOMES, Luiz Flávio; CUNHA, Rogério Sanches (org.). *Legislação criminal especial*. 2. ed. São Paulo: RT, 2010/Salvador: JusPodivm, 2015. p. 283).

266 | LEI DE DROGAS: Aspectos Penais e Processuais – *Cleber Masson* • *Vinícius Marçal*

Em qualquer caso, todavia, o agente atua sem culpabilidade, por isso "é isento de pena". Portanto, o art. 45 da Lei de Drogas encerra uma **dirimente** ou **causa de exclusão da culpabilidade**, precisamente, do elemento *imputabilidade*.

Por conseguinte, preceitua o parágrafo único do art. 45 que, "quando absolver o agente, reconhecendo, por força pericial, que este apresentava, à época do fato previsto neste artigo, as condições referidas no *caput* deste artigo, poderá determinar o juiz, na sentença, o seu encaminhamento para tratamento médico adequado."

Ao contrário do que possa parecer, esse dispositivo **não alcança** a situação em que se reconhece, por sentença, que o sujeito atuou **sob o efeito de droga**, proveniente de caso fortuito ou força maior. Isso porque não há de se exigir perícia nesse caso, pois nenhum exame teria "o condão de afirmar se o agente estava, ao tempo da ação ou omissão, sob o efeito de droga e muito menos que esta decorreu de caso fortuito ou força maior."[112] A condição do agente, nesse caso, é passageira, o que inviabiliza o exame pericial. A ingestão involuntária da droga, por ignorância ou coação, haverá de ser comprovada por outros meios probatórios (exame clínico [estado de ânimo, alteração da voz e da cor dos olhos etc.], vídeo, prova testemunhal etc.). Não sendo comprovada, o réu poderá ser condenado; sendo comprovada, não há falar em absolvição imprópria, mas, sim, de absolvição própria.

De outro modo, na hipótese do sistema biopsicológico, o **exame pericial** (realizado sob as disposições do CPP, arts. 149 a 154) é fundamental para atestar se, **em razão da dependência de droga**, o agente era, ao tempo da ação ou da omissão, inteiramente incapaz de entender o caráter ilícito do fato ou de determinar-se de acordo com esse entendimento.[113]

É que esse sistema conjuga as atuações do magistrado e do perito. Este (perito) trata da questão biológica; aquele (juiz), da psicológica. Entretanto, "o magistrado não está adstrito ao laudo pericial, podendo firmar sua convicção com base na narrativa dos autos e em outros documentos a eles acostados, afinal, ele é sempre o perito dos peritos, ou o *'peritus peritorum.'*"[114] De toda sorte, comprovando-se a inimputabilidade, *qualquer que tenha sido a infração penal praticada* (ainda que não prevista na Lei de Drogas), o juiz decretará a absolvição do processado e **"poderá" determinar, na sentença, o seu encaminhamento para tratamento médico adequado.**

Diante da utilização pelo legislador da expressão "poderá", fica a pergunta: o encaminhamento para tratamento médico adequado de que trata o parágrafo único do art. 45 da LD é compulsório ou facultativo? Há duas orientações:

1ª posição: Facultativo. O legislador fez essa opção ao expressar que juiz "poderá determinar" o encaminhamento do sentenciado para tratamento médico adequado. Em verdade, a não imposição de tratamento como sanção foi observada também na sistemática do art. 28 da Lei de Drogas. Assim, "não se aplica mais o tratamento compulsório do

---

[112] MENDONÇA, Andrey Borges de; CARVALHO, Paulo Roberto Galvão de. *Lei de drogas*: Lei 11.343, de 23 de agosto de 2006 – comentada artigo por artigo. 3. ed. São Paulo: Método, 2012. p. 234. E ainda: LIMA, Renato Brasileiro de. *Legislação criminal especial comentada*: volume único. 4. ed. Salvador: JusPodivm, 2016. p. 814.

[113] O art. 56, § 2º, da LD reforça essa orientação ao contemplar a possibilidade de "realização de avaliação *para atestar dependência de drogas".*

[114] STF: RHC 120.052/SP, rel. Min. Ricardo Lewandowski, 2ª Turma, j. 03.12.2013.

Cap. 2 • APLICAÇÃO DAS PENAS, DELAÇÃO PREMIADA E IMPUTABILIDADE PENAL | **267**

dependente, como ocorria na Lei 6.368/1976. Com a nova Lei, faculta-se ao magistrado encaminhar o dependente a tratamento médico. E mesmo que o juiz o faça, o tratamento não será compulsório, a depender, dentro do espírito da nova sistemática, do consentimento do agente. Tanto assim que não há na nova Lei qualquer disposição semelhante àquela existente no art. 29, § 1º, da Lei 6.368/1976, segundo a qual, uma vez verificada a recuperação por meio de perícia oficial, findaria a medida de tratamento. Pela sistemática da nova Lei, o tratamento cessará quando a vontade do agente assim entender, razão pela qual não se previu disposição semelhante à da Lei 6.368/1976."[115]

2ª posição (nosso entendimento): Compulsório. O entendimento contrário acarreta situações completamente desarrazoadas. Com efeito, o autor de um latrocínio, por exemplo, absolvido por força do art. 26, *caput*, do CP (absolvição imprópria), em razão de uma doença mental, submeter-se-á à medida de segurança até a cessação da periculosidade. Contudo, se a absolvição daquele sujeito se desse com fulcro no art. 45 da LD, em razão de o agente ser dependente de droga, o juiz, no máximo, "recomendaria" o tratamento médico, que poderia ser rechaçado pelo sentenciado (conforme o escol dos defensores da primeira corrente). A desproporcionalidade desse raciocínio nos parece evidente. Portanto, para nós, "comprovada, mediante perícia, a inimputabilidade do agente, deve o juiz absolvê-lo, determinando, na sentença, o seu encaminhamento para tratamento médico adequado (não necessariamente internação, que, aliás, deve ser medida excepcional)."[116]

Nesse rumo, partindo da premissa de que a dependência química é doença mental, calha lançar luzes sobre a pertinente crítica feita por Greco Filho e Rassi:

> "A questão principal está na utilização do verbo 'poderá'. Quer dizer que poderá não encaminhar a tratamento e simplesmente absolver o agente que praticou, por exemplo, crime hediondo em razão da dependência? O princípio constitucional da razoabilidade repele tal conclusão absurda. [...] A interpretação lógica, sistemática, sociológica e a consonância com os princípios constitucionais conduzem ao seguinte entendimento. O juiz poderá não determinar o tratamento se se tratar de absolvição em razão de caso fortuito ou força maior, hipótese em que não há o que tratar. Se, porém, a absolvição decorre da dependência que, como já se expôs, é doença mental, a única e inafastável consequência é a da imposição de medida de proteção social, que é, no caso, o tratamento, porque, tendo sido praticado crime em razão da dependência, há perigo social que não pode ser, simplesmente, desconsiderado. **Entender o contrário seria suicídio jurídico, social e moral.**"[117]

Assim, "quem cometer um fato criminoso, mormente grave (ex.: matar alguém sob forte influência de drogas, das quais é dependente) **deve ser submetido a tratamento**

---

[115] MENDONÇA, Andrey Borges de; CARVALHO, Paulo Roberto Galvão de. *Lei de drogas*: Lei 11.343, de 23 de agosto de 2006 – comentada artigo por artigo. 3. ed. São Paulo: Método, 2012. p. 236-237.

[116] GOMES, Luiz Flávio; BIANCHINI, Alice; CUNHA, Rogério Sanches; OLIVEIRA, William Terra de. Drogas: Lei 11.343, 23.08.2006. *In*: GOMES, Luiz Flávio; CUNHA, Rogério Sanches (org.). *Legislação criminal especial*. 2. ed. São Paulo: RT, 2010/Salvador: JusPodivm, 2015. p. 283.

[117] GRECO FILHO, Vicente; RASSI, João Daniel. *Lei de drogas anotada*: Lei 11.343/2006. São Paulo: Saraiva, 2007. p. 150-151.

médico."[118] Ou seja, temos no art. 45 da Lei de Drogas *absolvição imprópria*.[119] *Didaticamente*,

> "imagine-se o caso de Alfonso, que, após utilizar heroína durante anos, pratica uma extorsão mediante sequestro, estupro e homicídio, que, posteriormente, mediante perícia, reconhece-se que foram ações típicas e antijurídicas praticadas por inimputável que demonstra alta periculosidade. Seria coerente o juiz absolver Alfonso e deixar de aplicar a medida de segurança por um tempo mínimo? Entendemos que não, porquanto a medida de segurança não tem caráter punitivo, mas preventivo, baseado na periculosidade demonstrada pelo agente após a prática da ação típica e antijurídica."[120]

No que importa a realização de exame de dependência toxicológica, para que o magistrado o determine, deve haver uma *dúvida razoável* quanto à higidez mental do acusado. Ou seja, a autorização para a realização da perícia "deve ser condicionada à efetiva demonstração da sua necessidade, mormente quando há dúvida a respeito do seu poder de autodeterminação"[121]. Lado outro, sendo inconteste que o agente tinha consciência, entendia o caráter ilícito de suas ações e dirigiu o seu comportamento de acordo com esse entendimento, não há falar em incidente de insanidade, porquanto a **mera alegação de dependência de drogas** pelo réu "não implica obrigatoriedade de realização do exame toxicológico, ficando a análise de sua necessidade dentro do âmbito de discricionariedade motivada do magistrado."[122]

A realização do exame de insanidade mental, pois, **não é automática ou obrigatória**. Bem ao contrário. Vale aqui o disposto no art. 400, § 1º, do CPP, preceptivo que autoriza o indeferimento de provas que forem pelo juiz consideradas irrelevantes, impertinentes ou protelatórias, uma vez que é ele o destinatário da prova. Não constitui cerceamento de defesa, portanto, o indeferimento devidamente justificado.[123]

---

[118] NUCCI, Guilherme de Souza. *Leis penais e processuais penais comentadas*. 8. ed. Rio de Janeiro: Forense, 2014. v. 1, iBooks, Capítulo "Drogas", nota 174.

[119] GONÇALVES, Victor Eduardo Rios; BALTAZAR JUNIOR, José Paulo. *Legislação penal especial*. São Paulo: Saraiva, 2015. p. 140.

[120] RANGEL, Paulo; BACILA, Carlos Roberto. *Lei de drogas*: comentários penais e processuais. 3. ed. São Paulo: Atlas, 2015. p. 150.

[121] STJ, HC 336.757/SP, rel. Min. Jorge Mussi, 5ª Turma, j. 01.12.2015.

[122] STJ, HC 336.811/SP, rel. Min. Reynaldo Soares da Fonseca, 5ª Turma, j. 28.06.2016. Nesse sentido: "No caso dos autos, a instauração do incidente de dependência toxicológica foi indeferida, motivadamente, em virtude de o Juiz ter entendido que 'os réus não apresentavam nenhum indício de que sua capacidade mental estivesse comprometida, em razão do possível uso de substância entorpecente' [...]. Dessarte, não há se falar em cerceamento de defesa" (HC 310.899/SP, rel. Min. Reynaldo Soares da Fonseca, 5ª Turma, j. 28.06.2016).

[123] Cf. STF: HC 99.487/MS, rel. Min. Cármen Lúcia, 1ª Turma, j. 26.10.2010; HC 114.431/MS, rel. Min. Dias Toffoli, 1ª Turma, j. 21.05.2013. E ainda: "As instâncias ordinárias fundamentaram, concretamente, a desnecessidade de instauração de incidente de dependência toxicológica, tendo salientado, com base em elementos concretos e idôneos dos autos, a ausência de indícios que efetivamente evidenciassem que os agravantes, ao tempo da ação, eram inteiramente incapazes de entender o caráter ilícito do fato ou de determinar-se de acordo com esse entendimento" (STJ, AgRg no AREsp 559.766/DF, rel. Min. Rogerio Schietti Cruz, 6ª Turma, j. 09.06.2015).

6. A SEMI-IMPUTABILIDADE (SISTEMA VICARIANTE OU DUPLO BINÁRIO?)

O art. 46 da Lei de Drogas disciplina que "as penas podem ser reduzidas de um terço a dois terços se, por força das circunstâncias previstas no art. 45 desta Lei, o agente não possuía, ao tempo da ação ou da omissão, a plena capacidade de entender o caráter ilícito do fato ou de determinar-se de acordo com esse entendimento."

Dessa maneira, a pena imposta ao agente será reduzida se ele **não possuía**, ao tempo da ação ou da omissão, a **plena capacidade** de entender o caráter ilícito do fato ou de determinar-se de acordo com esse entendimento, **em razão da dependência** ou **do efeito de drogas**, proveniente de caso fortuito ou força maior. Temos, nesse caso, instituto semelhante ao previsto no art. 26, parágrafo único, do Código Penal, denominado pela doutrina de diversas formas: imputabilidade diminuída, imputabilidade reduzida, imputabilidade restrita, semi-imputabilidade, culpabilidade diminuída etc.

De se notar que as *causas biológicas* da semi-imputabilidade (art. 46) são as mesmas do art. 45 (dependência de droga ou sua ingestão involuntária, por ignorância ou coação), "mas apenas a *consequência psicológica* não se verificou por inteiro, pois o agente manteve, parcialmente, a sua capacidade de entender. Por isto, como bem adverte Menna Barreto, não há que se falar em semidependência, mas apenas em semirresponsabilidade, ou seja, parcial capacidade de entender o caráter ilícito do fato ou de determinar-se de acordo com este entendimento em razão da dependência."[124]

Diversamente do que se passa com o regime da semi-imputabilidade do Código Penal, no qual o condenado, se necessitar de especial tratamento curativo, poderá ver convertida sua sanção privativa de liberdade em internação ou tratamento ambulatorial (CP, art. 98), no sistema da Lei de Drogas não há esta possibilidade. O art. 46 da LD consagra uma **causa de diminuição de pena**,[125] *sem prever espaço para a sua conversão em medida de segurança.*

Todavia, na forma do art. 47 da Lei 11.343/2006, com base em avaliação que ateste a necessidade de tratamento do sentenciado, a ser realizada por profissional de saúde, poderá o magistrado determiná-lo, o que ocorrerá no estabelecimento em que ele estiver cumprindo sua pena. O juiz, nesse caso, estará apenas e tão somente garantindo ao agente – usuário ou dependente de drogas – o acesso aos serviços de atenção à saúde, o que, por sinal, é direito de todo e qualquer preso (LEP, arts. 10; 11, II; e 41, VII).[126]

---

[124] MENDONÇA, Andrey Borges de; CARVALHO, Paulo Roberto Galvão de. *Lei de drogas*: Lei 11.343, de 23 de agosto de 2006 – comentada artigo por artigo. 3. ed. São Paulo: Método, 2012. p. 238.

[125] "5. De outro lado, o magistrado sentenciante, apesar de reconhecer a semi-imputabilidade do réu, não teceu qualquer fundamentação acerca da intensidade de perturbação da saúde mental do paciente, aplicando a referida causa especial de diminuição da pena em 1/3 (um terço), sem apontar qualquer dado substancial, em concreto, para a adoção desse percentual. 6. A ausência de justificativa pelo Juízo, no ponto, viola o princípio do livre convencimento motivado, malferindo o disposto no art. 93, IX, da Constituição da República" (STJ: HC 167.376/SP, rel. Min. Gurgel de Faria, 5ª Turma, j. 23.09.2014).

[126] O STJ já teve oportunidade de considerar correta a fixação pelas instâncias ordinárias de pena privativa de liberdade, "em razão da semi-imputabilidade da apenada, assim como da necessidade de realização de tratamento para dependência química" (AgRg no AREsp 782.534/SP, rel. Min. Jorge Mussi, 5ª Turma, j. 10.05.2016).

LEI DE DROGAS: Aspectos Penais e Processuais – *Cleber Masson* • *Vinícius Marçal*

Destarte, não há nesse caso cumulação de *pena* com *medida de segurança*. Tem-se pena com acesso aos serviços básicos de saúde no interior do estabelecimento penal. **Sistema vicariante**, portanto. É equivocado, *data venia*, considerar[127] que a Lei de Drogas, no ponto, consagrou o *sistema do duplo binário* (também chamado *de dois trilhos, dualista* ou *de dupla via*), por meio do qual o semi-imputável cumpre pena *e* medida de segurança.

Em suma, temos que a preocupação maior do legislador, ao consagrar o quanto disposto no art. 47 da LD, foi a de garantir tratamento especializado ao usuário ou dependente de drogas que tenha sido condenado em razão da prática de infração penal. Portanto, "para que não se dissemine o uso de entorpecentes no interior dos presídios e para que o próprio usuário ou dependente se livre do vício, deve-se garantir os serviços específicos de atenção à sua saúde. Tal disposição vale, inclusive, para o condenado traficante, eventualmente usuário."[128]

---

[127] Como o fazem Vicente Greco Filho e João Daniel Rassi (*Lei de drogas anotada*: Lei 11.343/2006. São Paulo: Saraiva, 2007. p. 154).

[128] NUCCI, Guilherme de Souza. *Leis penais e processuais penais comentadas*. 8. ed. Rio de Janeiro: Forense, 2014. v. 1, iBooks, Capítulo "Drogas", nota 177.

3
PERSECUÇÃO PENAL
E EFEITOS DA CONDENAÇÃO

1. ANOTAÇÕES SOBRE AS REGRAS ESPECIAIS DE INVESTIGAÇÃO E O RITO PROCEDIMENTAL

1.1. Do procedimento penal

A Lei de Drogas estabeleceu, para os crimes previstos nos arts. 33, *caput* e §§ 1º e 2º; 34; 35; 36; 37 e 39, um **rito procedimental especial** disposto nos arts. 54 a 59 da Lei 11.343/2006, aplicando-se, subsidiariamente, as disposições do Código de Processo Penal e da Lei de Execução Penal (LD, art. 48). Esse procedimento especial pode ser assim resumido:

a) denúncia;

b) notificação do denunciado para oferecimento da defesa prévia;

c) apresentação da resposta por escrito;

d) oitiva do Ministério Público, se for o caso;

e) apreciação da defesa prévia, que pode redundar: (e.1) na apresentação do preso, na realização de diligências, exames e perícias; (e.2) na rejeição da denúncia, na absolvição sumária ou no recebimento da denúncia;

f) designação de audiência de instrução e julgamento, caso a denúncia tenha sido recebida;

g) citação do denunciado, intimação do MP, do assistente e, se for o caso, requisição dos laudos periciais;

h) audiência de instrução e julgamento.

E mais. Versando a persecução penal sobre aqueles gravíssimos delitos indicados no art. 44 da LD – arts. 33, *caput* e § 1º, e 34 a 37 –, sempre que as circunstâncias recomendarem, o juiz "empregará os instrumentos protetivos de colaboradores e testemunhas previstos na Lei nº 9.807, de 13 de julho de 1999" (LD, art. 49).

272 | LEI DE DROGAS: Aspectos Penais e Processuais – *Cleber Masson* • *Vinícius Marçal*

De outro modo, ficam de fora desse procedimento especial os delitos com previsão nos arts. 28, *caput* e § 1º; 33, § 3º; e 38, que, por serem **infrações de menor potencial ofensivo**, devem seguir o **rito sumaríssimo**[1] contemplado na Lei 9.099/1995 (arts. 60 e ss.), com algumas ressalvas previstas nos parágrafos do art. 48 da LD que dizem respeito aos crimes de consumo pessoal. Entretanto, caso incida alguma causa de aumento de pena do art. 40 sobre os delitos previstos nos arts. 33, § 3º, e 38 da Lei 11.343/2006, o fato deixará de ser considerado de menor potencial ofensivo e se regerá pelo procedimento especial.

Havendo concurso de infrações de menor potencial ofensivo com crimes de médio ou maior potencial ofensivo, entra em cena o disposto no parágrafo único do art. 60 da LJE, segundo o qual: "Na reunião de processos, perante o juízo comum ou o tribunal do júri, decorrentes da aplicação das regras de conexão e continência, observar-se-ão os institutos da transação penal e da composição dos danos civis." Assim, a *infração penal de menor potencial ofensivo deixará de ser processada perante o Juizado Especial Criminal* (LD, art. 48, § 1º), mas o autor do fato continuará a fazer jus à *transação penal no juízo comum*, abrindo-se uma fase conciliatória dentro do processo.

Portanto, "já não é possível somar a pena máxima da infração de menor potencial ofensivo com a da infração conexa (de maior gravidade) para excluir a incidência da fase consensual. A soma das penas máximas, mesmo que ultrapassado o limite de dois anos, não pode ser invocada como fator impeditivo da transação penal."[2] Em casos tais, o processo passa a contemplar uma fase consensual (no que importa ao delito de menor potencial ofensivo) e outra conflitiva (relacionada com a infração de maior gravidade). Desse modo,

> "[...] o acusador deve formular denúncia no que se refere ao delito maior e, ao mesmo tempo, fazer proposta de transação para o delito menor (ou fundamentar sua recusa nas causas impeditivas da transação constantes do art. 76). [...] Não havendo acordo penal em relação à infração de menor potencial ofensivo, cabe ao órgão acusatório aditar a denúncia (pode fazê-lo oralmente, reduzindo-se tudo a termo) para dela constar a infração menor."[3]

Evidentemente, nada impede que o Ministério Público, de plano, ofereça a denúncia em face do réu pela prática das duas infrações penais (a de menor e a de maior potencial ofensivo), desde que, na cota ministerial, justifique a impertinência da proposta de transação penal, com esteio, por exemplo, no art. 76, § 2º, III, da LJE. Nessa situação, por óbvio, o processo não será misto (consensual e conflitivo), senão apenas conflitivo, não havendo que se cogitar a possibilidade de solução negociada (transação penal). Caberá ao magistrado, pois, dar prosseguimento ao feito de acordo com o procedimento de maior amplitude.

---

[1]   CPP, art. 394, § 1º, III: "O procedimento comum será ordinário, sumário ou sumaríssimo: III – sumaríssimo, para as infrações penais de menor potencial ofensivo, na forma da lei."

[2]   GOMES, Luiz Flávio; BIANCHINI, Alice; CUNHA, Rogério Sanches; OLIVEIRA, William Terra de. Drogas: Lei 11.343, 23.08.2006. *In:* GOMES, Luiz Flávio; CUNHA, Rogério Sanches (org.). *Legislação criminal especial.* 2. ed. São Paulo: RT, 2010/Salvador: JusPodivm, 2015. p. 288.

[3]   GOMES, Luiz Flávio; BIANCHINI, Alice; CUNHA, Rogério Sanches; OLIVEIRA, William Terra de. Drogas: Lei 11.343, 23.08.2006. *In:* GOMES, Luiz Flávio; CUNHA, Rogério Sanches (org.). *Legislação criminal especial.* 2. ed. São Paulo: RT, 2010/Salvador: JusPodivm, 2015. p. 289.

Cap. 3 • PERSECUÇÃO PENAL E EFEITOS DA CONDENAÇÃO | **273**

Noutro giro, tratando-se dos crimes de consumo pessoal (LD, art. 28, *caput* e § 1º), "não se imporá prisão em flagrante, devendo o autor do fato ser imediatamente encaminhado ao juízo competente ou, na falta deste, assumir o compromisso de a ele comparecer, lavrando-se termo circunstanciado e providenciando-se as requisições dos exames e perícias necessários" (LD, art. 48, § 2º). Contudo, "ausente a autoridade judicial, as providências previstas no § 2º deste artigo serão tomadas de imediato pela autoridade policial, no local em que se encontrar, vedada a detenção do agente" (LD, art. 48, § 3º).

A análise conjugada nos §§ 2º e 3º do art. 48 da LD revela algumas diferenças da sistemática prevista no parágrafo único do art. 69 da LJE para os demais crimes de menor potencial ofensivo. No regime da Lei dos Juizados especiais, somente não se imporá prisão em flagrante caso o autor do fato seja imediatamente encaminhado ao juizado ou assuma o compromisso de a ele comparecer. Quanto aos crimes de consumo pessoal, lado outro, não se imporá a prisão em flagrante em hipótese alguma, o que não inviabiliza, entretanto, "a captura e a condução coercitiva do agente, estando vedada tão somente a lavratura do auto de prisão em flagrante e o subsequente recolhimento ao cárcere."[4]

Outra diferença entre os regimes é que, na LJE, "a autoridade policial que tomar conhecimento da ocorrência lavrará termo circunstanciado e o encaminhará imediatamente ao Juizado" (art. 69), de outra forma, na LD, o autor do fato deve ser encaminhado ao juízo competente para que lá, por sua secretaria, seja registrado o termo circunstanciado de ocorrência e requisitados os exames necessários (laudo preliminar, por exemplo). Somente se estiver "ausente a autoridade judicial",[5] a lavratura do termo será providenciada "pela autoridade policial, no local em que se encontrar, vedada a detenção do agente."

Quis a Lei de Drogas, portanto, que o autor do crime de consumo pessoal não fosse levado à delegacia de polícia para o registro da ocorrência, reservando o ambiente policial aos narcotraficantes. Por isso, não sendo possível a lavratura do termo pela secretaria do juízo, a autoridade policial o fará, no local em que estiver o autor do fato – na rua, por exemplo –, sendo vedada a detenção do autor do fato.

Nesse sentido, aliás, foi o voto da Min. Cármen Lúcia, relatora da ADI 3.807, julgada em 29.06.2020 pelo Plenário do STF. *In verbis*:

> "As normas dos §§ 2º e 3º do art. 48 da Lei n. 11.343/2006 foram editadas em benefício do usuário de drogas, visando afastá-lo do ambiente policial quando possível e evitar que seja indevidamente detido pela autoridade policial.
>
> Assim, havendo disponibilidade do juízo competente, o autor do crime previsto no art. 28 da Lei n. 11.343/2006 deve ser até ele encaminhado imediatamente, para lavratura do termo circunstanciado e requisição dos exames e perícias necessários.

---

4   LIMA, Renato Brasileiro de. *Legislação criminal especial comentada*: volume único. 4. ed. Salvador: JusPodivm, 2016. p. 823.

5   "A expressão se refere, em primeiro lugar, às situações em que não há Juízo na própria cidade onde ocorreu o fato ilícito, como comumente ocorre nas pequenas cidades do Brasil. Em segundo, também abrange aquelas situações em que eventualmente não haja Juízo de plantão, como pode ocorrer aos finais de semana e após o horário de expediente forense. Em síntese, está se referindo a Lei às situações de impossibilidade de a autoridade conduzir o autor do fato ao Juízo competente" (MENDONÇA, Andrey Borges de; CARVALHO, Paulo Roberto Galvão de. *Lei de drogas*: Lei 11.343, de 23 de agosto de 2006 – comentada artigo por artigo. 3. ed. São Paulo: Método, 2012. p. 251).

Se não houver disponibilidade do juízo competente, deve o autor ser encaminhado à autoridade policial, que então adotará as providências previstas no § 2º do art. 48 da Lei n. 11.343/2006."

Conquanto essa seja a sistemática idealizada pela Lei de Drogas, não há como negar que dificuldades práticas, por vezes, impedirão o registro do termo circunstanciado e a requisição de exames pela secretaria do juízo, assim como inviabilizarão a lavratura da ocorrência no local em que o autor do fato for encontrado, dada a notória escassez patrimonial (certamente faltarão papéis, impressoras móveis, computadores etc.) das polícias. Igualmente, dificuldades físicas também se apresentarão. Com efeito,

> "imagine um agente que é surpreendido portando determinada droga para consumo pessoal em local sabidamente dominado pelo tráfico, em horário próximo ao chamado 'toque de recolher' das favelas. Apesar de a autoridade policial ter o dever de enfrentar o perigo, não se pode exigir dela condutas desarrazoadas e, pior, que possam colocar em risco a vida e a segurança do agente e de eventuais testemunhas. Ademais, como dito acima, apesar da omissão da lei, será necessário realizar o chamado exame preliminar, com o intuito de se atestar, provisoriamente, que se trata de droga. Dificilmente a Polícia possuirá narcotestes à disposição para realizar o referido exame no local."[6]

Demais disso, nem sempre será tarefa fácil determinar se a conduta configura crime de consumo pessoal ou tráfico ilícito de drogas, o que demandará o aprofundamento das diligências e a coleta de mais elementos. Por tudo isso, não nos parece haver problema algum na *captura* e subsequente *condução* (*coercitiva*,[7] se for o caso) do sujeito diretamente ao estabelecimento policial para fins exclusivos de lavratura do termo circunstanciado, o que pode ser levado a cabo até por qualquer do povo (CPP, art. 301). O que não se admitirá, ressalte-se uma vez mais, é a *lavratura* de auto de prisão em flagrante e a manutenção do autor do fato no cárcere (*detenção*).

Aliás, o § 4º do art. 48 confirma a possibilidade de encaminhamento do autor do fato direto à polícia, ao dispor que "concluídos os procedimentos de que trata o § 2º deste

---

[6] MENDONÇA, Andrey Borges de; CARVALHO, Paulo Roberto Galvão de. *Lei de drogas*: Lei 11.343, de 23 de agosto de 2006 – comentada artigo por artigo. 3. ed. São Paulo: Método, 2012. p. 253-254. Igualmente: "E o problema maior é este: terá, mesmo, a autoridade policial de realizar um termo circunstanciado em qualquer lugar, numa praia, numa praça, na estação de trem ou no terminal de ônibus, numa festa *rave* ou num estádio de futebol, isto para evitar a detenção do agente? Se assim for, o propósito do legislador não é outro senão o de tornar a cláusula procedimental absolutamente ineficaz, o que, convenhamos, não deve estar na gênese jurisfilosófica de nenhuma lei. Afinal, não se legisla para não funcionar. [...] Em suma, entendemos que a autoridade policial deverá realizar o TC na delegacia de polícia, conduzindo o infrator para o efeito" (GUIMARÃES, Isaac Sabbá. *Nova Lei Antidrogas comentada*: crimes e regime processual penal. 2. ed. Curitiba: Juruá, 2007. p. 170).

[7] Atente-se para o fato de que essa condução coercitiva não foi rechaçada pelo STF quando do julgamento da ADPF 444. Na ocasião, o que o Supremo considerou inconstitucional foi a condução coercitiva *para a realização de interrogatório* (e apenas para esse fim), sem afastar a possibilidade para fins diversos. Veja-se: "Arguição julgada procedente, para declarar a *incompatibilidade com a Constituição Federal da condução coercitiva de investigados ou de réus para interrogatório*, tendo em vista que o imputado não é legalmente obrigado a participar do ato, e *pronunciar a não recepção da expressão 'para o interrogatório'*, *constante do art. 260 do CPP*" (STF: ADPF 444, rel. Min. Gilmar Mendes, Pleno, j. 14.06.2018).

artigo, o agente *será submetido a exame de corpo de delito, se o requerer ou se a autoridade de polícia judiciária entender conveniente, e em seguida liberado."* Assim, conquanto a *preferência da lei* pareça ser o encaminhamento do sujeito ao juizado,[8] o § 4º deixa evidente que haverá situações em que o agente será encaminhado à delegacia, sendo certo que à autoridade, uma vez lavrado o termo, competirá requisitar o exame de corpo de delito, se entender conveniente ou se assim o pleitear o sujeito (o que denota a *facultatividade* do exame), tudo com vistas a demonstrar a materialidade de eventual crime contra ele praticado.

Em suma, no plano ideal, a regra haveria de ser o encaminhamento do autor do fato aos Juizados, que deveriam funcionar em regime de plantão. Na prática, entretanto, "o agente flagrado com drogas para consumo pessoal normalmente será apresentado para a autoridade policial, que vai lavrar o termo circunstanciado e liberar o agente capturado."[9] A propósito, é consagrado pelo Fórum Nacional de Juizados Especiais o entendimento de que, "atendidas as peculiaridades locais, o termo circunstanciado poderá ser lavrado pela Polícia Civil ou Militar" (Enunciado 34 do Fonaje).[10]

Na audiência preliminar, para fins de transação penal, "o Ministério Público poderá propor a aplicação imediata de pena prevista no art. 28 desta Lei, a ser especificada na proposta" (LD, art. 48, § 5º). Em outros termos, na proposta de transação, o MP somente pode sugerir, isolada ou cumulativamente (LD, art. 27), a advertência sobre os efeitos das drogas, a prestação de serviços à comunidade e a medida educativa de comparecimento a programa ou curso educativo. Portanto, não pode ser objeto de transação penal as vulgarmente chamadas "penas de cestas básicas", como também não pode o *Parquet* propor

---

[8] "Assim, pelo procedimento previsto nos §§ 2º a 4º do art. 48 da Lei n. 11.343/2006 e na Lei n. 9.099/1995, o autor do crime previsto no art. 28 daquele diploma legal deve *preferencialmente* ser encaminhado diretamente ao juízo competente, se disponível, para ali ser lavrado termo circunstanciado e requisitados os exames e perícias que se mostrem necessários. Com a determinação de encaminhamento imediato do usuário de drogas ao juízo competente, afasta-se qualquer possibilidade de que o usuário de drogas seja preso em flagrante ou detido indevidamente pela autoridade policial" (Excertos do voto proferido pela Min. Cármen Lúcia, relatora da ADI 3.807, julgada pelo Plenário do STF em 29.06.2020).

[9] GOMES, Luiz Flávio; BIANCHINI, Alice; CUNHA, Rogério Sanches; OLIVEIRA, William Terra de. Drogas: Lei 11.343, 23.08.2006. *In*: GOMES, Luiz Flávio; CUNHA, Rogério Sanches (orgs.). *Legislação criminal especial*. 2. ed. São Paulo: RT, 2010/Salvador: JusPodivm, 2015. p. 290.

[10] Por considerar que o termo circunstanciado não é procedimento investigativo, o STF (ADI 3.807) reconheceu a possibilidade de sua lavratura pelo órgão judiciário, sem que se cogite de ofensa aos §§ 1º e 4º do art. 144 da CR/88. Sobre o ponto, a Min. Cármen Lúcia, relatora da ADI 3.807 (julgada pelo Plenário do STF em 29.06.2020), anotou em seu voto: "Embora substitua o inquérito policial como principal peça informativa dos processos penais que tramitam nos juizados especiais, *o termo circunstanciado não é procedimento investigativo*. Na dicção de Ada Pellegrini Grinover, 'o termo circunstanciado (...) *nada mais é do que um boletim de ocorrência mais detalhado*' [...]. [...] como decidi ao negar seguimento à Reclamação n. 6.612, de minha relatoria (*DJe* 6.3.2009), tenho que no julgamento da Ação Direta de Inconstitucionalidade n. 3.614, *este Supremo Tribunal não definiu a lavratura de termo circunstanciado como ato de polícia judiciária*. [...] O entendimento de que a lavratura de termo circunstanciado não configura atividade investigativa e, portanto, não é função privativa de polícia judiciária não contraria jurisprudência assentada deste Supremo Tribunal Federal". Em igual sentido: ARAS, Vladimir. *A lavratura de TCO pela PRF e pela PM*. Disponível em: https://vladimiraras. blog/2013/07/19/a-instauracao-de-tco-pela-prf-e-pela-pm/. Acesso em: 04.01.2017. *Em sentido contrário*: CASTRO, Henrique Hoffmann Monteiro de. *Termo circunstanciado deve ser lavrado pelo delegado, e não pela PM ou PRF*. Disponível em: http://www.conjur.com.br/2015-set-29/academia- -policia-termo-circunstanciado-lavrado-delegado#_ftnref19. Acesso em: 04.01.2017.

276 | LEI DE DROGAS: Aspectos Penais e Processuais – *Cleber Masson* • *Vinícius Marçal*

desde logo a admoestação verbal ou a multa, que não constituem penas, mas medidas de apoio, de coerção ou de garantia (LD, art. 28, § 6º).

Por fim, mesmo que o agente não atenda aos pressupostos da transação penal arrolados no art. 76, § 2º, da LJE, por exemplo, por ser tecnicamente reincidente, ainda assim, em nossa compreensão, terá cabimento a proposta negocial. É que, como argumentamos alhures, a Lei de Drogas não prevê a possibilidade de imposição de pena privativa de liberdade para os autores dos crimes de consumo pessoal, "não fazendo sentido a deflagração de um processo-crime que, a seu final, qualquer que fosse a vida pregressa do agente, redundaria na imposição de advertência, prestação de serviços à comunidade ou medida educativa."[11] Claro que, em caso de recusa pelo agente, restará ao Ministério Público a apresentação de denúncia (isso, é óbvio, se não for o caso de arquivamento).

1.2. Da audiência de custódia (prisão em flagrante ou cautelar)

Efetuada a prisão do sujeito, a autoridade policial o informará acerca dos seus direitos previstos no art. 5º da Constituição da República, sobretudo daqueles catalogados nos incisos XLIX ("é assegurado aos presos o respeito à integridade física e moral"), LXII[12] ("a prisão de qualquer pessoa e o local onde se encontre serão comunicados imediatamente[13] ao juiz competente e à família do preso ou à pessoa por ele indicada"), LXIII[14] ("o preso será

---

[11] CUNHA, Rogério Sanches; PINTO, Ronaldo Batista; SOUZA, Renee do Ó. Drogas – Lei n. 11.343/2006. *Leis penais especiais comentadas*. 3. ed. Salvador: JusPodivm, 2020. p. 1790.

[12] A injustificada inobservância desse mandamento fundamental pode configurar crime de abuso de autoridade (Lei 13.869/2019, art. 12, *caput*), uma vez preenchidos os pressupostos inscritos no art. 1º, §§ 1º e 2º, da Lei 13.869/2019.

[13] Em caso de **prisão de estrangeiro**, faz-se de rigor, sem dilação indevida, a chamada "**notificação consular**", prevista no art. 36 da Convenção de Viena sobre Relações Consulares/1963. Na lavra do Min. Celso de Mello, em decisão tomada nos autos da Prisão Preventiva para Extradição-DF 726 (j. 27.05.2015), "o estrangeiro preso no Brasil tem direito de ser cientificado, pelas autoridades brasileiras (policiais ou judiciárias), de que lhe assiste a faculdade de comunicar-se com o respectivo agente consular, bem assim dispõe da prerrogativa de ver notificado o seu próprio Consulado, 'without delay', de que se acha submetido a prisão em nosso país". Nesse sentido: CNMP, Recomendação 47/2016.

[14] O art. 5º, LXIII, da Constituição guarda estreita relação com o **Aviso de Miranda** (*Miranda rights* ou *Miranda warnings*) do direito norte-americano, segundo o qual o policial deve, no momento da prisão, informar ao custodiado seus direitos, sob pena de invalidade de suas declarações. Essa garantia origina-se do paradigmático caso Miranda *v. Arizona*, julgado pela Suprema Corte dos Estados Unidos em 1966. Por maioria de cinco votos a quatro, a Corte estabeleceu que as declarações prestadas à polícia só teriam validade mediante prévia advertência sobre: (1) o direito ao silêncio; (2) a possibilidade de uso das declarações contra o próprio declarante; e (3) o direito à assistência de advogado, constituído ou nomeado. A Corte foi além: determinou que a mera ausência dessa advertência formal contaminaria de nulidade todas as declarações do custodiado, especialmente a confissão e as provas dela derivadas. No Brasil, o tema tem provocado debates nos Tribunais Superiores. O STJ consolidou três principais orientações: **(a)** A falta de aviso sobre o direito ao silêncio constitui *nulidade relativa*, permitindo-se manter a condenação quando, apesar da ausência do aviso, não se demonstre prejuízo efetivo ao acusado, desde que a condenação não se baseie exclusivamente em suas declarações extrajudiciais (STJ: AREsp 2.723.164/GO, rel. Min. Daniela Teixeira, 5ª Turma, j. 26.11.2024); **(b)** "A confissão informal feita durante a abordagem policial não necessita do Aviso de Miranda, sendo que eventual irregularidade não compromete a condenação" (STJ: HC 867.782/GO, rel. Min. Daniela Teixeira, 5ª Turma, 14.11.2024); **(c)** "A legislação processual penal não exige que os policiais, *no momento da abordagem*, cientifiquem o abordado quanto ao seu direito em permanecer em silêncio (Aviso de Miranda), uma vez que *tal prática somente é exigida nos interrogatórios policial e judicial*" (STJ: AgRg nos EDcl no AREsp 2.773.894/

Cap. 3 • PERSECUÇÃO PENAL E EFEITOS DA CONDENAÇÃO | 277

informado de seus direitos, entre os quais o de permanecer calado, sendo-lhe assegurada a assistência da família e de advogado")[15] e LXIV[16] ("o preso tem direito à identificação dos responsáveis por sua prisão ou por seu interrogatório policial"). Trata-se de uma verdadeira nota de ciência de garantias constitucionais, providência já incorporada pela praxe policial.

Não obstante a autoridade policial tenha que observar esses *deveres de informação*, os Tribunais Superiores têm entendido que: **(a)** ainda que não ocorra a comunicação da prisão de forma imediata à autoridade judiciária, desde que o atraso não seja demasiado, não há falar em nulidade;[17] **(b)** "não há nulidade automática na tomada de declarações sem a advertência do direito ao silêncio, salvo quando demonstrada a ausência do caráter voluntário do ato",[18] haja vista que o direito ao silêncio "é regra jurídica que goza de presunção de conhecimento por todos."[19] Assim, sobretudo nos casos em que a higidez do interrogatório "é corroborada pela presença de defensor durante o ato, e pela opção feita pelos réus de, ao invés de se utilizarem do direito ao silêncio, externar a sua própria versão dos fatos, contrariando as acusações que lhes foram feitas, como consectário de estratégia defensiva", a ausência "de advertência sobre o direito ao silêncio não conduz

---

SP, rel. Min. Reynaldo Soares da Fonseca, 5ª Turma, j. 12.12.2024). Em contraponto, a 2ª Turma do STF considera ilegal a "condenação baseada exclusivamente em supostas declarações firmadas perante policiais militares no local da prisão", pois "*a Constituição Federal impõe ao Estado a obrigação de informar ao preso seu direito ao silêncio* não apenas no interrogatório formal, mas *logo no momento da abordagem*, quando recebe voz de prisão por policial, em situação de flagrante delito" (STF: RHC 170.843 AgR/SP, rel. Min. Gilmar Mendes, 2ª Turma, j. 04.05.2021). Em breve essa questão haverá de ser decidida pelo Plenário do STF, no Recurso Extraordinário 1.177.984 (Tema 1185).

[15] "Não configura nulidade a ausência de assistência por advogado no momento da prisão temporária, exigindo-se apenas que a autoridade policial informe o preso sobre os direitos previstos no art. 5º da Constituição Federal, conforme previsão do art. 2º, § 6º, da Lei 7.960/89" (STJ: RHC 60.302/RJ, rel. Min. Reynaldo Soares da Fonseca, 5ª Turma, j. 25.08.2015).

[16] A injustificada inobservância desse mandamento fundamental pode configurar crime de abuso de autoridade (Lei 13.869/2019, art. 12, caput), uma vez preenchidos os pressupostos inscritos no art. 1º, §§ 1º e 2º, da Lei 13.869/2019.

[17] STJ: RHC 50.913/SP, rel. Min. Felix Fischer, 5ª Turma, j. 04.08.2015. E ainda: "In casu, a prisão em flagrante ocorreu de forma regular, ademais, *ainda que não tivesse sido comunicada de forma imediata à autoridade judiciária, o atraso – desde que não seja demasiado – na comunicação da prisão ao juiz competente, por si só, não gera a mácula do flagrante*, se observados os demais requisitos legais. Além do mais, tal alegação fica superada em face da decretação superveniente da prisão preventiva, o que ocorreu na presente hipótese (precedente)" (STJ: HC 375.488/SP, rel. Min. Felix Fischer, 5ª Turma, j. 16.02.2017).

[18] STF: AP 530/MS, rel. Min. Rosa Weber, rel. p/ acórdão Min. Roberto Barroso, 1ª Turma, j. 09.09.2014. Igualmente: "O STJ, acompanhando posicionamento consolidado no STF, firmou o entendimento de que *eventual irregularidade na informação acerca do direito de permanecer em silêncio é causa de nulidade relativa*, cujo reconhecimento depende da comprovação do prejuízo [...]. No caso em tela, o impetrante nem sequer apontou em que consistiria eventual prejuízo. Destaque-se que a condenação, por si só, não pode ser considerada como o prejuízo, pois, para tanto, caberia ao recorrente demonstrar que a informação acerca do direito de permanecer em silêncio, acaso tivesse sido franqueada ao recorrente e aos corréus, ensejaria conduta diversa, que poderia conduzir à sua absolvição, situação que não se verifica os autos" (STJ: RHC 61.754/MS, rel. Min. Reynaldo Soares da Fonseca, 5ª Turma, j. 25.10.2016). **Em sentido contrário**, há julgado mais antigo do STF: "Não tendo sido o acusado informado do seu direito ao silêncio pelo Juízo (art. 5º, inciso LXIII), a audiência realizada, que se restringiu à sua oitiva, é nula" (HC 82.463/MG, rel. Min. Ellen Gracie, 1ª Turma, j. 05.11.2002).

[19] STF: AP 611/MG, rel. Min. Luiz Fux, 1ª Turma, j. 30.09.2014.

à anulação automática do interrogatório ou depoimento, restando mister observar as demais circunstâncias do caso concreto para se verificar se houve ou não o constrangimento ilegal";[20] **(c)** a falta de informação ao preso sobre seus direitos constitucionais gera nulidade dos atos praticados apenas *se demonstrado prejuízo*.[21] Dessarte, "eventuais omissões na nota de culpa, ou mesmo o atraso em sua entrega ao agente, constituem mera irregularidade, não sendo hábeis, portanto, para contaminar com nulidade o feito",[22] mas podem sujeitar o agente público à responsabilização criminal (Lei 13.869/2019, art. 12, parágrafo único, inc. III).

Realizado o ato flagrancial e promovida a comunicação[23] da prisão ao juiz, ao Ministério Público, à família do preso (ou à pessoa por ele indicada) e à defesa – e não somente ao juiz, como giza o art. 50, *caput*, da Lei de Drogas –, e expedida a nota de culpa,[24] no **prazo máximo de 24 horas após a realização da prisão**, o juízo de garantias (CPP, arts. 3º-B, I, II e § 1º c.c. 310) deverá realizar a **audiência de custódia ou de apresentação**[25] com a presença do autuado, de seu defensor (constituído ou não) e do membro do Ministério Público, oportunidade na qual entrevistará o preso e, entre outras providências, deverá:[26] **(a)** assegurar que a pessoa presa não esteja algemada, salvo em casos de resistência e de fundado receio de fuga ou de perigo à integridade física própria ou alheia, devendo a excepcionalidade ser justificada por escrito; **(b)** dar ciência sobre seu direito de permanecer em silêncio; **(c)** questionar se lhe foi dada ciência e efetiva oportunidade de exercício dos direitos constitucionais inerentes à sua condição, particularmente o direito

---

[20] STF: RHC 107.915/SP, rel. Min. Luiz Fux, 1ª Turma, j. 25.10.2011. E ainda: "A necessidade de a autoridade policial advertir o envolvido sobre o direito de permanecer em silêncio há de ser considerada no contexto do caso concreto. Sobressaindo o envolvimento de *cidadão com razoável escolaridade* – 2º Tenente da Aeronáutica –, que, *alertado quanto ao direito à presença de advogado*, manifesta, no inquérito, o desejo de seguir com o interrogatório, buscando apenas gravá-lo, sendo o pleito observado, e, na ação penal, oportunidade na qual ressaltada a franquia constitucional do silêncio, confirma o que respondera, inclusive relativamente à negativa de autoria, não cabe concluir por vício [...]" (STF: HC 88.950/RS, rel. Min. Marco Aurélio, 1ª Turma, j. 25.09.2007).

[21] STF: RHC 79.973/MG, rel. Min. Nelson Jobim, 2ª Turma, j. 23.05.2000. E ainda: "Esta colenda Quinta Turma, acompanhando entendimento consolidado no Supremo Tribunal Federal, firmou o entendimento de que eventual irregularidade na informação acerca do direito de permanecer em silêncio é causa de *nulidade relativa*, cujo reconhecimento *depende da comprovação do prejuízo*. No caso dos autos, não obstante não conste do termo de declarações prestadas pelo paciente que foi advertido do direito de permanecer calado, o certo é que negou a prática delitiva, o que afasta a ocorrência de prejuízos à sua defesa e impede o reconhecimento da eiva suscitada na impetração" (STJ: HC 390.773/MG, rel. Min. Jorge Mussi, 5ª Turma, j. 22.08.2017).

[22] STJ: HC 175.424/MG, rel. Min. Laurita Vaz, 5ª Turma, j. 15.09.2011. E ainda: HC 319.523/PE, rel. Min. Sebastião Reis Júnior, 6ª Turma, j. 18.06.2015.

[23] CR/1988, art. 5º, LXII c.c. CPP, art. 306, *caput*, e § 1º.

[24] CPP, art. 306, § 2º.

[25] Antes mesmo da reforma do art. 310 do CPP, pelo **Pacote Anticrime**, a realização da audiência de custódia já era impositiva em nosso ordenamento jurídico. Isso porque o **Supremo Tribunal Federal**, na ADI 5.240/SP (rel. Min. Luiz Fux, Pleno, j. 20.08.2015) e na apreciação da medida cautelar na ADPF 347/DF (rel. Min. Marco Aurélio, Pleno, j. 09.09.2015), reconheceu a *constitucionalidade da audiência de custódia* e determinou aos juízes e tribunais a realização desse ato de forma a viabilizar o comparecimento do preso perante a autoridade judiciária em até 24 horas, contados do momento da prisão. Posteriormente, o tema foi regulamentado pela Res. 213/2015 do CNJ.

[26] Res. 213/2015-CNJ, art. 8º.

Cap. 3 • PERSECUÇÃO PENAL E EFEITOS DA CONDENAÇÃO | **279**

de consultar-se[27] com advogado ou defensor público, o de ser atendido por médico e o de comunicar-se com seus familiares; **(d)** indagar sobre as circunstâncias de sua prisão; **(e)** perguntar sobre o tratamento recebido em todos os locais por onde passou antes da apresentação à audiência, questionando sobre a ocorrência de tortura e maus-tratos e adotando as providências cabíveis; **(f)** verificar se houve a realização de exame de corpo de delito, determinando sua realização nos casos em que não tiver sido realizado; os registros se mostrarem insuficientes; a alegação de tortura e maus-tratos se referir a momento posterior ao exame realizado; o exame tiver sido realizado na presença de agente policial; **(g)** abster-se de formular perguntas com finalidade de produzir prova para a investigação ou ação penal relativas aos fatos objeto da prisão.

Para além disso, caberá ao magistrado, na audiência de custódia, fundamentadamente, adotar uma das providências indicadas no **art. 310 do Código de Processo Penal**, a saber: **(a)** relaxar a prisão ilegal; **(b)** mediante requerimento,[28] converter a prisão em flagrante em preventiva, quando presentes os seus requisitos e se revelarem inadequadas ou insuficientes as medidas cautelares diversas da prisão; **(c)** conceder liberdade provisória, com ou sem fiança (*não se olvide da inafiançabilidade do tráfico*), mas, "se o juiz verificar que o agente é reincidente ou que integra organização criminosa armada ou milícia, ou que porta arma de fogo de uso restrito, *deverá denegar a liberdade provisória*,[29] com ou sem medidas cautelares" (CPP, art. 310, § 2º).

A audiência de custódia deve ser realizada não apenas depois da efetivação da *prisão em flagrante*, senão também na hipótese de cumprimento de *mandado de prisão cautelar*, em conformidade com o disposto no art. 287 do Código de Processo Penal. Ao contrário do que faz transparecer a leitura isolada do art. 310, *caput*, do CPP, a audiência de custódia tem cabimento, também, nos casos de prisão cautelar e definitiva.[30] Mas não enseja

---

27 Constitui o rol de direitos do advogado a assistência – que engloba o direito à entrevista prévia e reservada – a seus clientes investigados durante a apuração de infrações, sob pena de nulidade absoluta do respectivo interrogatório ou depoimento e, subsequentemente, de todos os elementos investigatórios e probatórios dele decorrentes ou derivados, direta ou indiretamente (Lei 8.906/1994, art. 7º, XXI).

28 "A interpretação do art. 310, II, do CPP deve ser realizada *à luz* dos arts. 282, §§ 2º e 4º, e 311, do mesmo estatuto processual penal, a significar que se tornou *inviável, mesmo no contexto da audiência de custódia*, a conversão, *de ofício*, da prisão em flagrante de qualquer pessoa em prisão preventiva, sendo necessária, por isso mesmo, para tal efeito, anterior e formal provocação do Ministério Público, da autoridade policial ou, quando for o caso, do querelante ou do assistente do MP" (STF: HC 188.888/ MG, rel. Min. Celso de Mello, 2ª Turma, j. 06.10.2020). *No mesmo sentido:* "Em razão da Lei 13.964/2019, não é mais possível ao juiz, de ofício, decretar ou converter prisão em flagrante em prisão preventiva" (**STJ, Súmula 676**).

29 Talvez o § 2º do art. 310 do CPP não passe pelo **filtro de constitucionalidade**, por retomar a ideia, outrora afastada pelo Supremo Tribunal Federal, da **prisão cautelar *ex lege***. Aliás, o Pretório Excelso já entendeu ser "inconstitucional a expressão *e liberdade provisória*, constante do *caput* do artigo 44 da Lei 11.343/2006" (STF: RE 1.038.925 RG/SP, rel. Min. Gilmar Mendes, Pleno, j. 18.08.2017).

30 "[...] Não há dúvidas da imprescindibilidade da audiência de custódia, quer em razão de prisão em flagrante (como determinado expressamente no julgamento da ADPF 347), quer também nas demais modalidades de prisão por conta de previsão expressa na legislação processual penal (art. 287 do CPP, com redação dada pela Lei 13.964/2019 de 24/12/2019). [...] A audiência de apresentação ou de custódia, *seja qual for a modalidade de prisão*, configura instrumento relevante para a pronta aferição de circunstâncias pessoais do preso, as quais podem desbordar do fato tido como ilícito e produzir repercussão na imposição ou no modo de implementação da medida menos gravosa. [...] Reclamação

280 | LEI DE DROGAS: Aspectos Penais e Processuais – *Cleber Masson* • *Vinícius Marçal*

ilegalidade a não realização da audiência de custódia no prazo de 24 horas, sendo certo que o Supremo Tribunal Federal[31] considerou inconstitucional o relaxamento automático da prisão, previsto no art. 310 § 4º, do CPP, permitindo tanto a *prorrogação excepcional* do prazo como a realização do ato por *videoconferência*.

A toda evidência, na audiência de custódia realizada em razão do cumprimento de mandado de prisão cautelar, em regra, devem ser indeferidos eventuais pedidos de revogação da prisão ou de sua conversão em medida cautelar diversa da segregação da liberdade (CPP, art. 319). De fato, atentaria contra a lógica do razoável o fato de *um mesmo juiz*, reconhecendo o *periculum libertatis*, decretar a prisão preventiva ou temporária do investigado e revogar a sua própria decisão tão logo cumprida sua ordem, antes, pois, da produção de qualquer efeito em benefício da investigação ou do processo.

A fortiori, caso a audiência de custódia seja realizada por *magistrado diverso* daquele que ordenou a prisão cautelar – o que ocorrerá quando o mandado for cumprido fora do âmbito territorial da jurisdição do juízo que a determinou[32] –, ordinariamente, não

---

julgada procedente, para determinar que se realize, no prazo de 24 horas, *audiência de custódia em todas as modalidades prisionais, inclusive prisões temporárias, preventivas e definitivas"* (STF: Rcl 29303/ RJ, rel. Min. Edson Fachin, Tribunal Pleno, j. 06.03.2023).

[31] "[...] ARTIGO 310, *CAPUT* E § 4º, CÓDIGO DE PROCESSO PENAL. ILEGALIDADE DA PRISÃO PELA NÃO REALIZAÇÃO DA AUDIÊNCIA DE CUSTÓDIA NO PRAZO DE 24 HORAS. RELAXAMENTO AUTOMÁTICO. INCONSTITUCIONALIDADE. (a) O artigo 310 do Código de Processo Penal, que disciplina o procedimento consecutivo à prisão em flagrante, estabeleceu, na redação dada pela Lei 13.964/2019, que 'Após receber o auto de prisão em flagrante, no prazo máximo de até 24 (vinte e quatro) horas após a realização da prisão, o juiz deverá promover audiência de custódia com a presença do acusado, seu advogado constituído ou membro da Defensoria Pública e o membro do Ministério Público, e, nessa audiência, o juiz deverá, fundamentadamente'. (b) Simultaneamente, a lei ora impugnada incluiu, no artigo 310 do Código de Processo Penal, o § 4º, segundo o qual 'Transcorridas 24 (vinte e quatro) horas após o decurso do prazo estabelecido no caput deste artigo, a não realização de audiência de custódia sem motivação idônea ensejará também a ilegalidade da prisão, a ser relaxada pela autoridade competente, sem prejuízo da possibilidade de imediata decretação de prisão preventiva'. (c) **A imposição da ilegalidade automática da prisão, como consequência jurídica da não realização da audiência de custódia no prazo de 24 horas, fere a razoabilidade**, uma vez que desconsidera dificuldades práticas locais de várias regiões do país, bem como dificuldades logísticas decorrentes de operações policiais de considerável porte. A categoria aberta 'motivação idônea', que excepciona a ilegalidade da prisão, é demasiadamente abstrata e não fornece baliza interpretativa segura para aplicação do dispositivo. (d) Pelas razões já expendidas quando da análise da constitucionalidade do artigo 3º-B, § 2º, as normas impugnadas devem ser submetidas à técnica da interpretação conforme a Constituição, para adequada observância e aplicação nos casos por ela regidos. (e) Por conseguinte, deve-se **atribuir interpretação conforme ao caput do art. 310 do CPP, alterado pela Lei nº 13.964/2019, para assentar que o juiz, em caso de urgência e se o meio se revelar idôneo, poderá realizar a audiência de custódia por videoconferência** (f) Confere-se, por fim, interpretação conforme ao § 4º do art. 310 do CPP, incluído pela Lei nº 13.964/2019, para assentar que a autoridade judiciária deverá avaliar **se estão presentes os requisitos para a prorrogação excepcional do prazo ou para sua realização por videoconferência**, sem prejuízo da possibilidade de imediata decretação de prisão preventiva. Ações diretas de inconstitucionalidade julgadas parcialmente procedentes." (STF: ADI 6.298/DF, rel. Min. Luiz Fux, Tribunal Pleno, j. 24.08.2023).

[32] "A audiência de custódia, no caso de mandado de prisão preventiva [ou temporária] cumprido fora do âmbito territorial da jurisdição do Juízo que a determinou, deve ser efetivada por meio da condução do preso à autoridade judicial competente na localidade em que ocorreu a prisão" (STJ: CC 168.522/ PR, rel. Min. Laurita Vaz, 3ª Seção, j. 11.12.2019).

caberá ao magistrado, em audiência, modificar a ordem de prisão proferida com a marca da *imprescindibilidade* para o sucesso da investigação (temporária) ou da *necessidade*, por exemplo, para a garantia da ordem pública (preventiva). Seria mesmo um despautério admitir que uma autoridade judiciária que desconhece por completo o procedimento investigatório viesse a modificar a decisão do juiz que o conhece e adequadamente fundamentou seu *decisum*. O juiz da audiência de custódia seria ilegitimamente transformado numa pseudoinstância revisora, o que se afigura inconcebível.

Dessarte, salvo na *excepcional hipótese de absoluta teratologia* – ex.: prisão temporária de adolescente –, nas audiências de custódia realizadas em razão do cumprimento de mandado de prisão cautelar devem ser rejeitados os eventuais pedidos de liberdade, reservando-se o ato solene apenas para a tomada de medidas de precaução e tutela da integridade física do detido.[33]

A não realização da audiência de apresentação dentro do prazo de 24 horas, *sem motivação idônea*, redundará na *responsabilização tríplice* (nas searas administrativa, cível e penal) da autoridade que deu causa a essa circunstância e, ainda, ensejará a *ilegalidade da prisão*, a ser relaxada pela autoridade competente, sem prejuízo da possibilidade de imediata decretação de prisão preventiva, tudo em consonância com os §§ 3º e 4º do art. 310 do CPP.

Isso não obstante, a jurisprudência do vem se consolidando no sentido de que "*a não realização de audiência de custódia não é suficiente, por si só, para ensejar a nulidade da prisão preventiva, quando* evidenciada a observância das garantias processuais e constitucionais. Ademais, a posterior conversão do flagrante em prisão preventiva constitui *novo título* a justificar a privação da liberdade, restando superada a alegação de nulidade decorrente da ausência de apresentação do preso ao Juízo de origem".[34]

Tem-se, portanto, que "a declaração de nulidade da audiência de custódia em razão de não ter sido realizada no prazo de 24 horas após a prisão dependeria da demonstração de efetivo prejuízo, conforme o princípio *pas de nullité sans grief*", daí porque "a não realização da audiência de custódia no prazo de 24 horas depois da prisão em flagrante constitui *irregularidade* passível de ser sanada, que nem mesmo conduz à imediata soltura do custodiado, notadamente quando decretada a prisão preventiva."[35] Assim, conquanto eventual inobservância do prazo de 24 horas para a realização da audiência de custódia

---

[33] Comungando do nosso entendimento: "No caso de cumprimento de mandado de prisão temporária, preventiva ou definitiva apenas se justifica para assegurar a integridade do preso, não havendo espaço para o magistrado aquilatar o mérito da clausura, ou seja, se devida ou não a prisão" (CUNHA, Rogério Sanches; PINTO, Ronaldo Batista; SOUZA, Renee de Ó. Drogas – Lei n. 11.343/2006. *Leis penais especiais comentadas*. 3. ed. Salvador: JusPodivm, 2020. p. 1798).

[34] STJ: AgRg no HC 586.539/SP, rel. Min. Nefi Cordeiro, 6ª Turma, j. 18.08.2020. Igualmente: "O Superior Tribunal de Justiça entende que 'a não realização de audiência de custódia no prazo de 24 horas não acarreta a automática nulidade do processo criminal, assim como que a conversão do flagrante em prisão preventiva constitui novo título a justificar a privação da liberdade, ficando superada a alegação de nulidade decorrente da ausência de apresentação do preso ao Juízo de origem'" (STJ: AgRg no RHC 195.468/MG, rel. Min. Antonio Saldanha Palheiro, 6ª Turma, j. 17.10.2024.

[35] STF: Rcl 49.566 AgR/MG, rel. Min. Ricardo Lewandowski, 2ª Turma, j. 04.11.2021. Na mesma linha: "A ausência de audiência de custódia constitui *irregularidade* que *não tem o efeito* de afastar a prisão preventiva imposta" (STF: HC 160.865/RS, rel. Min. Marco Aurélio, 1ª Turma, j. 26.03.2019).

não resulte em revogação automática da prisão preventiva,[36] o STF já deferiu liminar em reclamação "para determinar, no prazo de 24 (vinte e quatro horas), a realização de audiência de apresentação."[37]

Por fim, sobre a (im)possibilidade de realização da **audiência de custódia por videoconferência**, conquanto haja quem defenda a sua possibilidade irrestrita (Enunciado 53 do Fórum Nacional dos Juízes Federais Criminais – Fonacrim), no afamado "acordão do juízo das garantias", o STF fixou sua compreensão a respeito do tema.

Assim, embora o art. 3-B, § 1º, do CPP proíba expressamente a realização da audiência de custódia por videoconferência, o Supremo Tribunal Federal, ao julgar as ADIs 6.298/DF, 6.299/DF, 6.300/DF e 6.305/DF (rel. Min. Luiz Fux, Tribunal Pleno, j. 24.8.2023), conferiu interpretação conforme à Constituição tanto a este dispositivo quanto ao *caput* do art. 310 do mesmo código. Na ocasião, o STF estabeleceu que, *em situações de urgência e desde que o meio se mostre adequado à verificação da integridade do preso e à garantia de todos os seus direitos, o magistrado poderá realizar a audiência de custódia por videoconferência.*

Nesse julgamento, portanto, a Corte Suprema fixou *duas importantes flexibilizações*: primeira, o prazo de 24 horas poderá ser dilatado quando houver impossibilidade fática que inviabilize seu cumprimento; segunda, admite-se excepcionalmente o uso da videoconferência, mediante decisão fundamentada do juiz competente, desde que este meio tecnológico seja capaz de assegurar tanto a verificação da integridade física do custodiado quanto a garantia de todos os seus direitos.

1.3. Do laudo de constatação (laudo preliminar)

Para efeito da lavratura do auto de prisão em flagrante e estabelecimento da materialidade do delito, **é suficiente o laudo de constatação da natureza e quantidade da droga**, firmado por perito oficial ou, na falta deste, por pessoa idônea (LD, art. 50, § 1º). Ademais, o perito que subscrever o laudo de constatação não ficará impedido de participar da elaboração do laudo definitivo (LD, art. 50, § 2º).

Tratando-se de exame pericial preliminar, não definitivo, não se exige que seja feito por dois peritos, tampouco que sejam observadas todas as formalidades previstas no Código de Processo Penal, sendo suficiente que uma *pessoa idônea* – que **pode ser um policial**[38] com experiência no combate ao narcotráfico – ateste que a substância apreendida em poder do agente é, de fato, droga.

Por meio desse exame, é possível verificar a existência do princípio ativo da droga, o que indica a *materialidade provisória* do delito. Daí por que, para a jurisprudência do STJ, o laudo preliminar de constatação configura verdadeira **condição de procedibilidade para a apuração do ilícito,**[39] sendo necessário não apenas para

---

[36]   STF: HC 236.087 AgR/TO, rel. Min. Nunes Marques, 2ª Turma, j. 26.02.2024.

[37]   STF: Rcl 69.588 MC-Ref/PA, rel. Min. Edson Fachin, Tribunal Pleno, j. 09.09.2024.

[38]   "No caso, não há nulidade no laudo preliminar que é realizado pelos mesmos policiais que efetuaram a prisão em flagrante do paciente, por ser juízo provisório acerca da ilicitude da substância apreendida" (HC 137.795/PR, rel. Min. Felix Fischer, 5ª Turma, j. 02.02.2010).

[39]   "De acordo com a Lei 11.343/2006, não se admite a prisão em flagrante e o recebimento da denúncia pelo crime de tráfico de drogas sem que seja demonstrada, ao menos em juízo inicial, a materialidade

Cap. 3 • PERSECUÇÃO PENAL E EFEITOS DA CONDENAÇÃO | **283**

a lavratura do auto de prisão em flagrante, mas, também, para o oferecimento/recebimento da denúncia. Sem embargo de sua reconhecida importância, o exame provisório possui **caráter meramente informativo**, de modo que, "com a posterior juntada aos autos do laudo definitivo, fica superada qualquer alegação de nulidade em relação ao laudo anterior."[40]

Ao contrário, o *laudo definitivo* (também chamado de *exame toxicológico*) – exigido, em regra, para a condenação[41] – pode ser trazido aos autos durante o trâmite da ação penal. Para uns, em até 3 (três) dias antes da audiência de instrução e julgamento, em vista do que disciplina o art. 52, parágrafo único, inc. I, da LD. Para outros, com antecedência mínima de 10 (dez) dias antes da audiência de instrução e julgamento, em razão de que, durante o curso do processo, é permitido às partes, quanto à perícia, requerer a oitiva dos peritos para esclarecerem a prova ou para responderem a quesitos, desde que o mandado de intimação e os quesitos ou questões a serem esclarecidas sejam encaminhados com antecedência mínima de 10 (dez) dias, podendo apresentar as respostas em laudo complementar (CPP, art. 159, § 5º, I). Assim, "se a própria lei prevê que o requerimento da oitiva dos peritos para esclarecerem a prova pericial deve ser feito com antecedência mínima de 10 (dez) dias, é evidente que a parte só poderá considerar a possibilidade de solicitar esclarecimentos caso já tenha tido ciência do laudo pericial que foi juntado aos autos do processo."[42]

1.4. Destruição de plantações ilícitas e das drogas apreendidas com e sem flagrante

Conforme o art. 32 da Lei 11.343/2013, **as plantações ilícitas serão imediatamente destruídas pelo delegado de polícia** na forma do art. 50-A, que recolherá quantidade suficiente para exame pericial, de tudo lavrando auto de levantamento das condições encontradas, com a delimitação do local, asseguradas as medidas necessárias para a preservação da prova. Veja-se que o antigo § 2º, que *impunha autorização judicial e oitiva do Ministério Público* para a execução da destruição pela polícia judiciária, foi revogado pela Lei 12.961/2014.

A *destruição das plantações*, portanto, há de ser feita imediatamente, sem necessidade de obtenção de ordem judicial ou de deflagração de procedimento

---

da conduta por meio de laudo de constatação preliminar da substância entorpecente, que configura *condição de procedibilidade para a apuração do ilícito* em comento" (HC 342.970/RJ, rel. Min. Jorge Mussi, 5ª Turma, j. 04.02.2016).

[40] RHC 56.483/SC, rel. Min. Felix Fischer, 5ª Turma, j. 11.06.2015. E ainda: "O laudo preliminar de constatação de substância entorpecente demonstra a materialidade do delito de forma provisória, para fins de lavratura do auto de prisão em flagrante e de deflagração da ação penal, tendo, por isso, caráter meramente informativo" (HC 361.750/TO, rel. Min. Maria Thereza de Assis Moura, rel. p/ Acórdão Min. Rogerio Schietti Cruz, 6ª Turma, j. 06.09.2016).

[41] Cf. STJ, HC 361.750/TO, rel. Min. Maria Thereza de Assis Moura, rel. p/ Acórdão Min. Rogerio Schietti Cruz, 6ª Turma, j. 06.09.2016. A respeito do assunto, remetemos o leitor para os seguintes **itens 2.14.9 ("tráfico de drogas, prova da materialidade [laudo definitivo] e cadeia de custódia") e 2.14.11 ("laudo definitivo e juntada tardia")**, ambos do **Cap. I**.

[42] LIMA, Renato Brasileiro de. *Legislação criminal especial comentada*: volume único. 4. ed. Salvador: JusPodivm, 2016. p. 843.

284 | LEI DE DROGAS: Aspectos Penais e Processuais – *Cleber Masson* • *Vinícius Marçal*

administrativo[43] com contraditório, pois, do contrário, "por certo a preservação do local e a necessária destruição correriam sérios riscos. Nada obstante, o art. 32, *caput*, referir-se ao procedimento regulado no art. 50-A, que remete à possibilidade de aplicação do disposto nos §§ 3º a 5º, não é razoável exigir a prévia autorização judicial e a presença de representante do Ministério Público e autoridade sanitária no sítio das plantações, quase sempre em locais inóspitos, de difícil acesso e de oneroso deslocamento."[44]

Doravante, portanto, a *destruição das plantações ilícitas* (matéria-prima) será levada a cabo pelo delegado de polícia (**independentemente de autorização judicial**), que, caso se utilize da queimada para tal fim, observará, além das cautelas necessárias à proteção ao meio ambiente, o disposto no Decreto 2.661/1998,[45] "no que couber, **dispensada** a autorização prévia do órgão próprio do Sistema Nacional do Meio Ambiente – Sisnama" (LD, art. 32, § 3º).

A Lei de Drogas trata não somente acerca da *destruição das plantações ilícitas*, mas, também, da *destruição das drogas* **apreendidas**. Com efeito, **recebida a cópia do auto de prisão em flagrante**, no prazo de **dez dias**, **o magistrado** "certificará a regularidade formal do laudo de constatação e **determinará a destruição das drogas apreendidas**, guardando-se amostra necessária à realização do laudo definitivo" (LD, art. 50, § 3º).

Assim, a **destruição de drogas apreendidas** *por força de ato flagrancial*, após a ordem judicial, será **executada pelo delegado de polícia**, no prazo de **15 dias**, **na presença do Ministério Público e da autoridade sanitária** (LD, art. 50, § 4º). O local de destruição das drogas será vistoriado antes e depois de efetivado o ato, e de tudo será "lavrado auto circunstanciado pelo delegado de polícia, certificando-se neste a destruição total delas" (LD, art. 50, § 5º). Dessarte, em caso de flagrante, a droga haverá de ser destruída no prazo máximo de **25 (vinte e cinco) dias**, resultante da soma de 10 dias para o magistrado ordenar o procedimento e 15 dias para o delegado efetivá-lo.

De mais a mais, **a destruição de drogas apreendidas** *sem a ocorrência de prisão em flagrante* "será feita por incineração, no **prazo máximo de 30 (trinta) dias** contado da data da apreensão, guardando-se amostra necessária à realização do laudo definitivo" (LD, art. 50-A). Essa situação se verifica, por exemplo, quando a polícia localiza num lote baldio determinada quantidade de droga e não consegue vincular a propriedade do entorpecente a quem quer que seja.

Em sua redação anterior, o art. 50-A fazia remissão aos §§ 3º a 5º do art. 50, pelo que compreendíamos imprescindível a obtenção de *ordem judicial* para a destruição

---

[43]   Entendendo necessária a instauração de devido processo legal antes da destruição: GOMES, Luiz Flávio; BIANCHINI, Alice; CUNHA, Rogério Sanches; OLIVEIRA, William Terra de. Drogas: Lei 11.343, 23.08.2006. *In*: GOMES, Luiz Flávio; CUNHA, Rogério Sanches (org.). *Legislação criminal especial*. 2. ed. São Paulo: RT, 2010/Salvador: JusPodivm, 2015. p. 248.

[44]   MARCÃO, Renato. *Tóxicos*: Lei n. 11.343, de 23 de agosto de 2006: anotada e interpretada. 10. ed. São Paulo: Saraiva, 2015. p. 92. Igualmente: NUCCI, Guilherme de Souza. *Leis penais e processuais penais comentadas*. 8. ed. Rio de Janeiro: Forense, 2014. v. 1, iBooks, Capítulo "Drogas", nota 193-A.

[45]   Que estabelece normas de precaução relativas ao emprego do fogo em práticas agropastoris e florestais.

(§ 3º), que deveria ser exarada antes do prazo-limite para a incineração: 30 dias a contar da apreensão. Ademais, a execução da ordem haveria de ser levada a efeito pelo *delegado de polícia* (§ 4º), *na presença do Ministério Público e da autoridade sanitária*, após vistoria do local de destruição e lavratura de auto circunstanciado (§ 5º).

Esse panorama, contudo, foi **alterado pela Lei 13.840/2019, que, ao conferir nova redação ao art. 50-A, suprimiu a referência ao procedimento dos §§ 3º a 5º do art. 50** e estabeleceu entre nós a chamada **destruição abreviada** nos casos de drogas apreendidas em ocorrência de flagrante. Dessa maneira, "a destruição da droga *passa a ser executável por outra autoridade, e não apenas pelo delegado de polícia*, na presença do Ministério Público, e nem mediante lavratura de auto circunstanciado. A lei não especifica qual autoridade pública realiza a destruição da substância apreendida nesses casos pelo que entendemos recair essa atribuição sobre a *autoridade sanitária*, ante o disposto no § 2º do art. 69 da Lei, aplicado por analogia. Nada impede, contudo, seja o ato realizado mediante *supervisão de autoridades policiais* a fim de resguardar sua segurança jurídica e evitar desvios do produto."[46]

As **amostras de drogas** que forem guardadas para a realização do laudo definitivo e eventual contraprova, **uma vez encerrado o processo penal ou arquivado o inquérito policial**, serão também destruídas por determinação *ex officio* do magistrado ou mediante representação da autoridade de polícia judiciária ou a requerimento do Ministério Público, tudo mediante certificação nos autos (LD, art. 72).

Dada a omissão legal, **por analogia**, concluímos que o mesmo procedimento (LD, art. 72) deve ser adotado para fins de *destruição da quantidade suficiente de plantação ilícita recolhida para exame pericial*, até para propiciar, durante o curso do processo, eventual contraprova (CPP, art. 159, § 6º). Igualmente, apesar do silêncio da lei, entendemos que a autoridade responsável pela *destruição das amostras* reservadas é a mesma que efetivou a *destruição da quantidade principal das drogas e plantações ilícitas*.

Todos esses procedimentos, note-se, têm *natureza administrativa* e visam a proteção da incolumidade e da segurança públicas, dado o risco de as drogas e matérias-primas serem distribuídas, "mormente quando são conhecidos diversos episódios em que drogas misteriosamente desaparecem das delegacias de polícia e dos institutos de perícia."[47] Por conseguinte, eventuais irregularidades nesses procedimentos de destruição "não têm o condão de macular o processo penal, que só será contaminado por alguma nulidade se houver algum vício em relação ao laudo preliminar, ao laudo toxicológico, ou se não forem preservadas pequenas amostras para eventual contraprova pretendida pela defesa."[48]

Para uma compreensão esquematizada dos procedimentos, segue-se um quadro comparativo:

---

[46] CUNHA, Rogério Sanches; PINTO, Ronaldo Batista; SOUZA, Renee do Ó. Drogas – Lei n. 11.343/2006. *Leis penais especiais comentadas*. 3. ed. Salvador: JusPodivm, 2020, p. 1805.

[47] MENDONÇA, Andrey Borges de; CARVALHO, Paulo Roberto Galvão de. *Lei de drogas*: Lei 11.343, de 23 de agosto de 2006 – comentada artigo por artigo. 3. ed. São Paulo: Método, 2012. p. 314.

[48] LIMA, Renato Brasileiro de. *Legislação criminal especial comentada*. 4. ed. Salvador: JusPodivm, 2016. volume único, p. 848.

Quadro comparativo entre os procedimentos de destruição de *plantações ilícitas* e de drogas apreendidas *com* e *sem* flagrante		
	Destruição de plantações ilícitas	**Destruição de drogas apreendidas com flagrante**	**Destruição de drogas apreendidas sem flagrante**
Ordem judicial?	Não	Sim	Não
Responsável pela destruição em si	Delegado	Delegado	Não necessariamente o delegado de polícia. Pode ser a *autoridade sanitária*
Prazo para a execução da medida	Imediatamente (há posição contrária)	25 dias (10 para o juiz ordenar + 15 para o delegado executar)	30 dias (a partir da apreensão)
Destruição das amostras reservadas para exame pericial	Aplicação do art. 72 da LD, por analogia	Ordem judicial, logo que encerrado o processo ou arquivado o inquérito (LD, art. 72)	Ordem judicial, logo que encerrado o processo ou arquivado o inquérito (LD, art. 72)
Autorização do Sisnama?	Não	Não	Não
Presença do Ministério Público?	Não	Sim	Não
Presença da autoridade sanitária?	Não	Sim	Sim

1.5. Desapropriação-confisco[49]

Na esteira do 32, § 4º, da Lei de Drogas, as glebas cultivadas com plantações ilícitas serão expropriadas, tal como disposto no art. 243 da Constituição da República, assim redigido:

> "Art. 243. As propriedades rurais e urbanas de qualquer região do País onde forem localizadas culturas ilegais de plantas psicotrópicas ou a exploração de trabalho escravo na forma da lei serão expropriadas e destinadas à reforma agrária e a programas de habitação popular, sem qualquer indenização ao proprietário e sem prejuízo de outras sanções previstas em lei, observado, no que couber, o disposto no art. 5º."

O dispositivo trata da **desapropriação-confisco**. A regulamentação da matéria foi feita pela Lei 8.257/1991, que incluiu em sua disciplina as regras processuais aplicáveis

---

[49] Outras importantes considerações sobre o assunto foram feitas no **Cap. I, item 1.11** ("art. 28, § 1º, e art. 243, *caput*, da Constituição da República") e no **Cap. III, item 2.6** ("Perdimento [confisco]"). Para um estudo aprofundado acerca do tema: LOBO, Reinaldo. *Cultura de plantas psicotrópicas proibidas no Brasil*: confisco de terras e debates em direitos e princípios fundamentais. Curitiba: Prismas, 2016.

Cap. 3 • PERSECUÇÃO PENAL E EFEITOS DA CONDENAÇÃO | **287**

para a transferência do imóvel, e pelo Decreto 577/1992, que atribuiu (art. 1º) à Polícia Federal a promoção de diligências necessárias à localização de culturas ilegais de plantas psicotrópicas (aquelas que permitem a obtenção de substância entorpecente proscrita – art. 2º), a fim de que seja promovida a imediata expropriação do imóvel em que forem localizadas, **sem qualquer indenização ao proprietário, ao possuidor ou ocupante a qualquer título** e sem prejuízo de outras sanções previstas em lei.

Sobre o instituto, tem-se entendido que a *legitimidade* para propor a *ação expropriatória* – que não alcança os bens públicos (pertencentes a Estados, DF, municípios, autarquias etc.)[50] – é da União, sendo possível, contudo, a delegação a pessoa jurídica integrante da administração indireta. Além do mais, o fato de a propriedade constituir **bem de família**[51] não constitui fator impedido ao confisco, sobretudo porque nenhum direito pode servir de manto protetor para a prática de infrações penais.

De mais a mais, importa ressaltar que **a desapropriação-confisco alcança toda a área onde se encontra localizada a cultura ilegal**, e não apenas a área em que ocorre o cultivo. Dessa forma, em julgado antigo sobre o tema, a Corte Suprema considerou que a expressão "gleba", então presente no art. 243 da Constituição do Brasil, "só pode ser entendida como a propriedade na qual sejam localizadas culturas ilegais de plantas psicotrópicas. O preceito não refere áreas em que sejam cultivadas plantas psicotrópicas, mas as glebas, no seu todo."[52]

Isso não significa, entretanto, que "é *objetiva* a *responsabilidade* do proprietário de glebas usadas para o plantio de espécies psicotrópicas, sendo, em consequência, irrelevante a existência ou inexistência de culpa na utilização criminosa",[53] como já entendeu o STJ. Na lavra de José dos Santos Carvalho Filho, o proprietário tem o *dever de vigilância* sobre sua propriedade, de modo que é de se presumir que conhecia o cultivo, contudo, o caso comportará solução diversa se "o proprietário comprovar que o cultivo é processado por terceiros à sua revelia, mas aqui o ônus da prova desse fato se inverte e cabe ao proprietário. [...] Em síntese: não há desapropriação parcial; ou se desapropria a gleba integralmente, se presente o pressuposto constitucional, ou não será

---

[50] "Essa modalidade expropriatória é inaplicável no que tange a bens públicos, não incidindo, por conseguinte, o art. 2º, § 2º, do Decreto-lei nº 3.365/1941. [...] Primeiramente, porque essa norma se situa em lei de caráter geral e não foi inserida na Lei nº 8.257/1991, que se caracteriza como lei especial. Demais disso, é inconcebível que o pressuposto da desapropriação – o cultivo ilegal de plantas psicotrópicas – provenha de atividade estatal. Se o fato se verificar, há de ser imputado a pessoas físicas, sem dúvida autores de fatos delituosos, e não ao Estado, que, quando muito, terá responsabilidade por omissão" (CARVALHO FILHO, José dos Santos. *Manual de direito administrativo*. 27. ed. São Paulo: Atlas, 2014. p. 914).

[51] Entendimento "perfeitamente compatível com as exceções previstas na Lei 8.009/90, em especial a prevista no inciso VI do art. 3º [...]" (LIMA JÚNIOR, Javahé. *Lei de drogas comentada*. Florianópolis: Habitus, 2017. p. 77).

[52] STF: RE 543.974/MG, rel. Min. Eros Grau, Pleno, unânime, j. 26.03.2009. **Em sentido contrário:** "O desejo de promover a reforma agrária, com o assentamento de colonos, não autoriza a violação do texto constitucional, que determina a expropriação das glebas onde forem localizadas culturas ilegais de plantas psicotrópicas, e não de toda a área de terras pertencentes ao responsável por aquelas culturas" (TRF 5, AC 13.308, Des. Hugo Machado, 1ª Turma, j. 13.09.1994).

[53] REsp 498.742/PE, rel. Min. José Delgado, 1ª Turma, j. 16.09.2003.

288 | LEI DE DROGAS: Aspectos Penais e Processuais – *Cleber Masson* • *Vinícius Marçal*

caso de expropriação, devendo-se, nessa hipótese, destruir a cultura ilegal e processar os respectivos responsáveis."[54]

Com efeito, no dia 14.12.2016, ao negar provimento ao RE 635.336, que teve repercussão geral reconhecida, o Supremo Tribunal Federal entendeu que **a terra onde são cultivadas plantas psicotrópicas não pode ser expropriada se o proprietário da área comprovar que não teve culpa no ato**. Fixou-se, portanto, a **tese** no sentido de que a expropriação prevista no art. 243 da CR/1988 pode ser afastada desde que o proprietário comprove que não incorreu em culpa, ainda que *in vigilando* ou *in elegendo*.

A função social da propriedade aponta para um dever do proprietário de zelar pelo uso lícito, ainda que não esteja na posse direta do bem, entrementes, *esse dever não é ilimitado* e, como assentado pelo Ministro Gilmar Mendes (relator do RE 635.336), só pode ser exigido do proprietário que evite o ilícito quando isso estiver ao seu alcance.

Ademais, entendeu o relator do RE 635.336 que "o proprietário pode *afastar sua responsabilidade* demonstrando que não incorreu em culpa, pode provar que foi esbulhado ou até enganado por possuidor ou detentor", o que denota que sua **responsabilidade, embora subjetiva (com inversão do ônus da prova), "é bastante próxima à objetiva"**. E, em caso de *condomínio*, havendo boa-fé de apenas alguns proprietários, a sanção deve ser aplicada e "restará ao proprietário inocente buscar reparação dos demais." Ou seja, *a responsabilidade de apenas um dos condôminos é suficiente para autorizar a desapropriação de todo o imóvel* e a relação entre os proprietários deve ser acertada em ação própria.

1.6. Prazos para a conclusão do inquérito policial

Em seu art. 51, a Lei de Drogas preconiza que o inquérito policial – não apenas para o tráfico de drogas propriamente dito – "será concluído no prazo de **30 (trinta) dias, se o indiciado estiver *preso*, e de 90 (noventa) dias, quando *solto*.**" Mas esses prazos não são estanques. Com efeito, o parágrafo único do mesmo preceptivo assevera que **os prazos podem ser duplicados** pelo juiz, ouvido o Ministério Público, mediante pedido justificado da autoridade de polícia judiciária, o que se dará, por exemplo, em *casos de difícil elucidação* (número elevado de investigados, perícias complexas, ramificações interestaduais etc.).

Nesse sentido, é de ver que a *complexidade da causa* apta a justificar a duplicação do prazo para o encerramento do inquérito foi reconhecida na hipótese em que a investigação abrangia "o *desmonte de um grande laboratório de fabricação* de *ecstasy*, com a apreensão de 26 quilos de cocaína, 11 quilos de *ecstasy*, 1 quilo e oitocentas gramas de haxixe, dentre outras drogas (auto de exibição e apreensão de pp. 23-25), além do *deferimento da quebra de sigilo telefônico* para averiguar a *participação de mais dois indivíduos* (Fabrizzio e Michel) no esquema criminoso e o *envio das drogas e demais equipamentos/materiais apreendidos para realização de perícia*."[55]

---

[54] CARVALHO FILHO, José dos Santos. *Manual de direito administrativo*. 27. ed. São Paulo: Atlas, 2014. p. 914.

[55] STJ: HC 542.931/SC, rel. Min. Jorge Mussi, j. 30.10.2019.

Em caso de *investigado solto*, nada impede que, ao fim do prazo legal, os autos do inquérito sejam baixados para a realização de outras diligências pela autoridade policial, consoante expressamente preconiza o art. 52, II. Todavia, tratando-se de *investigado preso*, não se pode tolerar mais de uma duplicação. Ou seja, nesse caso, o prazo de 60 (sessenta) dias (30 + 30) para a conclusão do inquérito é fatal, entendimento que, inclusive, harmoniza-se com o disposto no art. 2º, § 4º, da Lei 8.072/1990.[56]

Quanto à **natureza**, o **prazo para a conclusão do inquérito** relativo a *investigado solto* é *processual* (exclui-se da contagem o dia do início); tratando-se de *investigado preso*, há quem defenda a natureza *material*[57] (inclui-se na contagem o dia do início) e quem enxergue o prazo como *processual*.[58]

Não se olvide, ainda, que nosso ordenamento prevê diversas situações de prazos diferenciados para a conclusão dos inquéritos policiais, a teor do que se verifica pelo quadro a seguir:

Prazos para a conclusão do inquérito policial		
Lei de Drogas, art. 51 e seu parágrafo único	Preso: 30 dias (pode ser duplicado).	Solto: 90 dias (pode ser duplicado mais de uma vez).
CPP, arts. 10 e § 3º, c.c. 3º-B, § 2º	Preso: 10 dias, prorrogáveis pelo juiz de garantias, uma única vez, por até 15 dias.	Solto: 30 dias (prorrogáveis por prazo assinalado pelo juiz).
CPP Militar, art. 20 e § 1º	Preso: 20 dias.	Solto: 40 dias (prorrogáveis por mais 20 dias).
Lei 1.521/1951, art. 10, § 1º	Preso: 10 dias.	Solto: 10 dias.
Lei 5.010/1966, art. 66	Preso: 15 dias (podendo ser prorrogado por mais 15 dias, mediante requerimento e apresentação do preso ao juiz).	Solto: 30 dias (em virtude do silêncio da Lei 5.010/1966 nesse particular, entende-se pela aplicação subsidiária do regramento previsto no art. 10, *caput*, do CPP).

---

[56] "A prisão temporária, sobre a qual dispõe a Lei nº 7.960, de 21 de dezembro de 1989, nos crimes previstos neste artigo, terá o *prazo de 30 (trinta) dias, prorrogável por igual período* em caso de extrema e comprovada necessidade."

[57] ROQUE, Fábio; TÁVORA, Nestor; ALENCAR, Rosmar Rodrigues. *Legislação criminal para concursos.* Salvador: JusPodivm, 2016. p. 622.

[58] "Não se deve confundir a *contagem do prazo da prisão*, que deve observar o art. 10 do Código Penal, incluindo-se o dia do começo no computo do prazo, com a *contagem do prazo para a conclusão do inquérito policial*, que tem natureza processual. Conta-se o prazo, pois, a partir do primeiro dia útil após a prisão, sendo que, caso o prazo termine em sábado, domingo ou feriado, estará automaticamente prorrogado até o primeiro dia útil. Todavia, como a atividade policial é exercida durante todos os dias da semana, entendemos que não se aplica a regra de que o prazo que se inicia na sexta-feira somente começaria a correr no primeiro dia útil subsequente" (LIMA, Renato Brasileiro de. *Código de Processo Penal comentado.* 2. ed. Salvador: JusPodivm, 2017. p. 86).

1.7. Diligências posteriores ao término do prazo para a conclusão do Inquérito Policial

Ao término do prazo para a conclusão do inquérito, a autoridade policial remeterá[59] os autos ao juízo criminal competente e (art. 52) relatará sumariamente as circunstâncias do fato, justificando as razões que a levaram à classificação do delito, indicando a quantidade e a natureza da substância ou do produto apreendido, o local e as condições em que se desenvolveu a ação criminosa, as circunstâncias da prisão, a conduta, a qualificação e os antecedentes do agente (inc. I); ou requererá sua devolução para a realização de diligências necessárias (inc. II).

Ao contrário do que ocorre no regime do CPP, no qual, findo o inquérito policial, deverá a autoridade policial fazer "minucioso relatório do que tiver sido apurado" (art. 10, § 1º), na sistemática da Lei de Drogas exigiu-se mais. Aqui, não basta apenas um relatório descritivo do que foi apurado. O legislador impôs ao delegado de polícia um *relatório* com *carga valorativa*, na medida em que ele deverá justificar as razões que o levaram a classificar o delito em determinado tipo, mas isso não significa que a autoridade policial deva "se derramar em inoportunas citações doutrinárias ou jurisprudenciais."[60]

Conquanto seja essa a sistemática legal, a ausência do relatório não impede o oferecimento da peça acusatória. Ademais, a motivação da autoridade policial para justificar a classificação do delito em determinado tipo penal em nada repercute na formação da *opinio delicti*, que, por imperativo constitucional, constitui função institucional privativa do Ministério Público (CR/1988, art. 129, I). Logo, o indiciamento pela infração penal "X" não vincula o MP, que, portanto, pode denunciar o autuado pelo delito "Y".

Além disso, a sobredita remessa será realizada sem prejuízo de **diligências complementares** (parágrafo único do art. 52) necessárias ou úteis: (*a*) à plena elucidação do fato – *v.g.*, remessa do laudo definitivo – (inc. I); (*b*) à indicação dos bens, direitos e valores de que seja titular o agente, ou que figurem em seu nome (inc. II), tudo no afã de garantir o perdimento do produto do crime ou de qualquer bem ou valor que constitua proveito auferido pelo agente com a prática do fato criminoso (CP, art. 91, II, *b*). O resultado dessas diligências deve ser encaminhado ao juízo competente até três dias antes da audiência de instrução e julgamento.

---

[59] O Manual Prático de Rotinas das Varas Criminais e de Execução Penal do Conselho Nacional de Justiça, em seu Capítulo I (intitulado "Fase Pré-Processual: Inquérito Policial") dispõe que, em regra, a tramitação do inquérito policial deve se dar diretamente entre o órgão da policial e o Ministério Público, medida considerada por muitos – inclusive por nós – mais sintonizada com o sistema acusatório. Note-se, no ponto, que a **tramitação direta dos inquéritos policiais entre a Polícia Judiciária e o Ministério Público**, sem necessidade de intermediação do Poder Judiciário, a não ser para o exame de medidas cautelares, desde há muito já vigora em âmbito federal por força da Resolução nº 63/2009 do Conselho da Justiça Federal, cuja constitucionalidade foi questionada por meio da ADI 4.305/DF (pendente de julgamento), proposta pela Associação Nacional dos Delegados de Polícia Federal.

[60] CUNHA, Rogério Sanches; PINTO, Ronaldo Batista; SOUZA, Renee do Ó. Drogas – Lei n. 11.343/2006. *Leis penais especiais comentadas*. 3. ed. Salvador: JusPodivm, 2020. p. 1809.

Cap. 3 • PERSECUÇÃO PENAL E EFEITOS DA CONDENAÇÃO | 291

1.8. Das técnicas especiais de investigação: infiltração policial e ação controlada[61]

1.8.1. Notas introdutórias sobre a infiltração policial (conceito, evolução legislativa e críticas)

A infiltração de agentes consiste em um meio especial de obtenção da prova – verdadeira técnica de investigação criminal –, por meio do qual um (ou mais) agente de polícia, judicialmente autorizado, ingressa, ainda que virtualmente, no seio da narcotraficância ou em determinada organização criminosa, forjando a condição de integrante, com o escopo de alcançar informações a respeito do funcionamento do crime e de seus membros.

Em sede doutrinária, três características básicas que marcam o instituto costumam ser indicadas, a saber: "a *dissimulação*, ou seja, a ocultação da condição de agente oficial e de suas verdadeiras intenções; o *engano*, posto que toda a operação de infiltração se apoia numa encenação que permite ao agente obter a confiança do suspeito; e, finalmente, a *interação*, isto é, uma relação direta e pessoal entre o agente e o autor potencial".[62]

No direito comparado, é possível notar a recente aparição da figura do agente infiltrado nos ordenamentos jurídicos europeus (a exemplo do que se vê na Itália, na França, na Alemanha, em Portugal, na Espanha[63] etc.), nos Estados Unidos da América[64] e em países latino-americanos, como a Argentina.[65]

---

[61] Dissertamos sobre as técnicas especiais de investigação, de forma bem detalhada, em nossa obra *Crime organizado*, publicada pela editora Método.

[62] SILVA, Eduardo Araujo da. *Organizações criminosas*: aspectos penais e processuais da Lei nº 12.850/13. São Paulo: Atlas, 2014. p. 92.

[63] Ley de Enjuiciamiento Criminal. "Artículo 282 bis. 1. A los fines previstos en el artículo anterior y cuando se trate de investigaciones que afecten a actividades propias de la delincuencia organizada, el Juez de Instrucción competente o el Ministerio Fiscal dando cuenta inmediata al Juez, podrán autorizar a funcionarios de la Policía Judicial, mediante resolución fundada y teniendo en cuenta su necesidad a los fines de la investigación, a actuar bajo identidad supuesta y a adquirir y transportar los objetos, efectos e instrumentos del delito y diferir la incautación de los mismos. La identidad supuesta será otorgada por el Ministerio del Interior por el plazo de seis meses prorrogables por períodos de igual duración, quedando legítimamente habilitados para actuar en todo lo relacionado con la investigación concreta y a participar en el tráfico jurídico y social bajo tal identidad". Disponível em: http://noticias. juridicas.com/base_datos/Penal/lecr.l2t3.html#a282b. Acesso em: 23.06.2015.

[64] "Nos Estados Unidos é a técnica mais utilizada pelo DEA (*Drug Enforcement Administration*) e outros organismos policiais. Sem ela, seria impossível penetrar e conduzir investigações contra as mais sofisticadas organizações de tráfico de drogas e lavagem de dinheiro no mundo" (PACHECO, Rafael. *Crime organizado* – medidas de controle e infiltração policial. Curitiba: Juruá, 2011. p. 108).

[65] Ley nº 23.737. "Art. 31 Bis. Durante el curso de una investigación y a los efectos de comprobar la comisión de algún delito previsto en esta ley o en el artículo 866 del Código Aduanero, de impedir su consumación, de lograr la individualización o detención de los autores, partícipes o encubridores, o para obtener y asegurar los medios de prueba necesarios, el juez por resolución fundada podrá disponer, si las finalidades de la investigación no pudieran ser logradas de otro modo, que agentes de las fuerzas de seguridad en actividad, actuando en forma encubierta: [...]. Art. 31 Ter. No será punible el agente encubierto que como consecuencia necesaria del desarrollo de la actuación encomendada, se hubiese visto compelido a incurrir en un delito, siempre que éste no implique poner en peligro cierto la vida o la integridad física de una persona o la imposición de un grave sufrimiento físico o moral a otro. [...]". Disponível em: http://infoleg.mecon.gov.ar/infolegInternet/anexos/0-4999/138/ texact.htm. Acesso em: 23.06.2015.

LEI DE DROGAS: Aspectos Penais e Processuais – *Cleber Masson • Vinícius Marçal*

No âmbito doméstico, a revogada Lei 9.034/1995, em seu art. 2º, inc. V, estabelecia ser possível, em qualquer fase de persecução criminal que versasse sobre ação praticada por organizações criminosas, a "infiltração por agentes de polícia ou de inteligência, em tarefas de investigação, constituída pelos órgãos especializados pertinentes, mediante circunstanciada autorização judicial".

Com caráter mais programático, a Convenção das Nações Unidas contra o Crime Organizado Transnacional (Convenção de Palermo), ao tratar das técnicas especiais de investigação, previu também as "operações de infiltração" (art. 20, item 1), sem pormenorizá-las.

De modo semelhante, *sem entrar em maiores detalhes procedimentais*, a Lei 11.343/2006, no art. 53, inc. I, preconizou ser possível, em qualquer fase da persecução criminal relativa aos crimes previstos na Lei de Drogas, **mediante autorização judicial e a oitiva do Ministério Público**, "a infiltração por agentes de polícia, em tarefas de investigação, constituída pelos órgãos especializados pertinentes".

Por sua vez, a Lei 12.850/2013, tratou da "infiltração, por policiais, em atividade de investigação" como meio especial de obtenção da prova (art. 3º, inc. VII) e, em seus arts. 10 a 14, disciplinou – pela primeira vez em nosso ordenamento jurídico – o instituto dando-lhe desejáveis contornos procedimentais (legitimidade; exigência de autorização judicial; distribuição sigilosa; prazo de duração; fixação de limites; controle judicial e ministerial; relatórios circunstanciado e parcial etc.) e dotando o *agente infiltrado* de alguns direitos. Em razão disso, temos entendido que a Lei do Crime Organizado se tornou "**lei geral procedimental**" em termos de infiltração de agentes, alçando, assim, também as operações de infiltração que se desenvolvam fora do contexto da criminalidade organizada.

Não obstante esse avanço legislativo, é cíclico o retorno à velha discussão do dilema ético da infiltração de agentes. Nessa vereda, Juarez Cirino dos Santos pondera que:

> "A figura do agente infiltrado em quadrilhas ou organizações e/ou associações criminosas, como procedimento de investigação e de formação de provas, com a inevitável participação do representante do poder em ações criminosas comuns, infringe o princípio ético que proíbe o uso de meios imorais pelo Estado para reduzir a impunidade."[66]

Por sua vez, Antonio Magalhães Gomes Filho cogita (possível cooptação) que, "sobretudo pela notória má remuneração atribuída aos agentes policiais", haveria "um sério risco de atraírem para a criminalidade pessoas que, por sua ligação com as estruturas oficiais, teriam excepcionais condições para se integrarem às mesmas associações criminosas, incrementando suas atividades ilegais".[67]

---

[66] SANTOS, Juarez Cirino dos. Crime organizado. *Revista Brasileira de Ciências Criminais*, Rio de Janeiro, n. 42, p. 224, jan./mar. 2003. **Em posição diametralmente oposta**, Rafael Pacheco (*Crime organizado – medidas de controle e infiltração policial.* Curitiba: Juruá, 2011. p. 110) crê "precipitada a atribuição de uma moral duvidosa" à medida, "uma vez que, ao menos no Brasil, a infiltração, igualmente a outros institutos que restringem garantias e direitos constitucionais, está submetida ao controle e amparada por ordem de um juiz competente".

[67] GOMES FILHO, Antonio Magalhães. Também em matéria processual provoca inquietação a Lei Anti-Crime Organizado. *Boletim do Instituto Brasileiro de Ciências Criminais*, São Paulo, n. 10, p. 1, 1994.

Eugênio Pacelli, por sua vez, passou a "rejeitar a validade das normas" contidas na Lei 12.850/2013, "por entendê-las excessivas e, por isso, inconstitucionais no horizonte normativo que deve obediência ao paradigma do Estado de Direito, e, ainda mais especificamente, [...] ao princípio da moralidade administrativa consagrado no art. 37, da Constituição da República".[68]

Fazendo coro às críticas, Leonardo Sica afirma que, por ter que autorizar a infiltração, seria "humanamente impossível que, adiante," viesse o magistrado a julgar a causa "com a imparcialidade e equidistância almejadas". Para ele, "o juiz que participar da ação controlada ou da infiltração policial não conseguirá se desvincular de sua própria atuação inquisitória".[69]

Essa visão, entretanto, é severamente vergastada por Guilherme de Souza Nucci[70] e Wellington Cabral Saraiva, que reputam risível a crítica ao instituto por ser algo "desleal com os criminosos".[71] Na mesma linha, como bem anotam, Rogério Sanches Cunha e Ronaldo Batista Pinto, "imaginar-se que um magistrado, pelo fato de autorizar uma infiltração, estaria comprometendo sua imparcialidade – já que seria quase que *compelido* a condenar, legitimando, assim sua decisão anterior – traduz raciocínio que apequena a magistratura brasileira".[72]

Aliás, *ad argumentandum tantum*, nem mesmo o magistrado que teve contato com prova ilícita está proibido de julgar o caso, porquanto não vigora entre nós a chamada **descontaminação do julgado**.[73] Se assim é em se tratando de manuseio de prova ilícita, como poderá ser aventado o afastamento do julgamento da causa do magistrado que apenas defere uma legítima providência cautelar?!

---

[68] OLIVEIRA, Eugênio Pacelli de. *Curso de processo penal*. 18. ed. São Paulo: Atlas, 2014. p. 875.

[69] SICA, Leonardo. Infiltração de agentes: posição contrária. *Jornal Carta Forense*, set. 2013. Disponível em: http://www.cartaforense.com.br/conteudo/artigos/infiltracao-policial-posicao-contraria/11949. Acesso em: 23.06.2015.

[70] "Tal alegação, em nosso entendimento, não é válida, pois: 1) o juiz que acompanha qualquer inquérito, no Brasil, como regra, não é o mesmo a julgar o feito; 2) nas Comarcas menores, onde o juiz exerce todas as funções, deve atuar com a mesma imparcialidade que lhe é exigida quando decreta uma quebra de sigilo, uma intercepção telefônica ou uma prisão temporária, durante o inquérito, para, depois, receber eventual denúncia e julgar o caso; 3) a infiltração de agentes é atividade invasiva da intimidade alheia, pois servidores públicos, passando-se por outras pessoas, entram na vida particular de muitos indivíduos, razão pela qual o magistrado precisa vislumbrar razões mínimas para tanto; 4) a atividade do agente infiltrado funciona como meio de prova, congregando a busca, que depende de mandado judicial, com o testemunho. [...]" (NUCCI, Guilherme de Souza. *Leis penais e processuais penais comentadas*. 8. ed. Rio de Janeiro: Forense, 2014. v. 2, p. 752).

[71] SARAIVA, Wellington Cabral. Obtenção de prova decorrente de agente infiltrado. *In:* SALGADO, Daniel de Resende; QUEIROZ, Ronaldo Pinheiro de (org.). *A prova no enfrentamento à macrocriminalidade*. Salvador: JusPodivm, 2015. p. 221.

[72] CUNHA, Rogério Sanches; PINTO, Ronaldo Batista. *Crime organizado*: comentários à nova lei sobre o crime organizado – Lei nº 12.850/2013. 2. ed. Salvador: JusPodivm, 2014. p. 100. Os mesmos autores acrescentam que a infiltração policial é instituto "que tem previsão na Convenção de Palermo e que, fosse assim tão nefasto e danoso, como pensam alguns, decerto que não mereceria a aprovação em um encontro de âmbito mundial, promovido pela Organização das Nações Unidas. É, de resto, meio de prova admitido em praticamente todos os países do mundo ocidental" (p. 112).

[73] O Congresso Nacional chegou a aprovar a redação do § 4º do art. 157 do CPP, cujos dizeres eram os seguintes: "o juiz que conhecer do conteúdo da prova declarada inadmissível não poderá proferir a sentença ou acórdão". Contudo, tal dispositivo foi vetado pela Presidência da República.

294 | LEI DE DROGAS: Aspectos Penais e Processuais – *Cleber Masson* • *Vinícius Marçal*

Ademais, inspirados pelo doutrinador brasileiro que certamente mais se debruçou sobre o tema, o Promotor de Justiça goiano Flávio Cardoso Pereira, somos levados a concluir que:

> "O crescimento e desenvolvimento de novas formas graves de criminalidade colocaram o Processo Penal em situação de alarma, uma vez que a persecução penal realizada nos moldes tradicionais, com métodos de investigação já amplamente conhecidos, vem se demonstrando insuficiente no tocante ao combate à delinquência moderna. Impõe-se então o estabelecimento de regras processuais compatíveis com a modernização do crime organizado, porém, sempre respeitando dentro do possível os direitos e garantias fundamentais dos investigados ou acusados."[74]

A infiltração policial é, por certo, uma destas novas técnicas especiais de investigação voltadas para o enfrentamento do narcotráfico e da criminalidade organizada. Usada em conformidade com o vetor da proporcionalidade e de acordo com o *due process of law*, a medida (**compatível com o garantismo penal**)[75], agora devidamente regulamentada pela legislação, haverá de ser utilizada com mais eficácia e frequência.

1.8.1.1. Distinções conceituais

O doutrinador espanhol Joaquim Delgado, citado por Mendroni, distingue quatro formas mais específicas de infiltração de agentes:

> "'**Agente Meramente Encubierto**': Agente que investiga a prática de um delito mediante a técnica consistente em ocultar sua condição de policial, sem outras manobras ou instrumentos de infiltração. Normalmente sua atenção se centraliza na investigação de um fato delituoso isolado, sem estender-se na atividade geral de uma organização [...] sem prolongar-se no tempo. [...]
>
> '**Agente Encubierto Infiltrado**': A sofisticação inerente à atividade das organizações criminosas frequentemente exige que o agente não somente oculte a sua condição, senão que integre as suas estruturas e participe de suas atividades. O termo mais adequado para definir essa figura é de agente infiltrado, porque ele se introduz sub-repticiamente na organização criminosa.
>
> '**Agente Encubierto Infiltrado com Identidade Supuesta**': Para que o Agente Encuber-to (AE) possa se infiltrar de forma adequada na organização criminosa é necessário

---

[74] PEREIRA, Flávio Cardoso. *Agente encubierto como medio extraordinario de investigación* – perspectivas desde el garantismo procesal penal. Bogotá: Grupo Editorial Ibañez, 2013. p. 619 – *tradução livre*.

[75] "O garantismo como modelo constitucional de inspiração juspositivista consiste em um movimento jurídico penal que busca a legitimação da intervenção punitiva do Estado através da observância por este dos direitos e garantias individuais e coletivos, em razão do que não é incompatível com a persecução aos delitos graves praticados especialmente por organizações criminosas de atuação transnacional. Entretanto, o perigo ideológico de sua equivocada interpretação em um sentido único de defesa dos direitos fundamentais de índole individual frente a eventuais abusos estatais – garantismo monocular e hiperbólico – poderá desviar a função constitucional do processo penal, no sentido de equilibrar os vetores eficiência e garantia" (PEREIRA, Flávio Cardoso. *Agente encubierto como medio extraordinario de investigación* – perspectivas desde el garantismo procesal penal. Bogotá: Grupo Editorial Ibañez, 2013. p. 619-620).

que se apresente ante os seus integrantes com identidade falsa. [...] A adoção de uma identidade falsa supõe um salto qualitativo nos distintos graus de infiltração policial porque o próprio poder público utiliza mecanismos por si só delituosos para criar uma identidade falsa.

'Agente Provocador': Essa figura surge quando um agente de polícia que oculta a sua condição provoca a prática de um delito, isto é, incita a praticar a infração a quem não tinha, previamente, tal propósito, originando assim o nascimento da vontade criminal no caso concreto [...]. Assim entendido, poderá ser agente provocador qualquer policial que atue como agente encoberto, infiltrado ou não, com ou sem identidade falsa."[76]

Ao menos em nosso ordenamento jurídico, em razão da indução à prática de infração penal, sem que tal propósito existisse previamente na mente do autor, e, sobretudo, da preparação da situação de flagrância, a atuação do **agente provocador** (**teoria da armadilha**[77] ou *entrapment defense*[78]) redundará na formação de prova viciada.[79] Aliás, na vala da conhecida Súmula 145 do STF, "não há crime, quando a preparação[80] do flagrante pela polícia torna impossível a sua consumação."[81]

---

[76] MENDRONI, Marcelo Batlouni. *Comentários à lei de combate ao crime organizado* – Lei nº 12.850/13. São Paulo: Atlas, 2014. p. 75.

[77] Haja vista que a atuação do provocador "é um artifício onde verdadeira armadilha é maquinada no intuito de prender em flagrante aquele que cede à tentação e acaba praticando a infração. [...] Para o Supremo, havendo a preparação do flagrante, e a consequente realização da prisão, existiria crime só na aparência, pois, como não poderá haver consumação, já que esta é obstada pela realização da prisão, estaríamos diante de verdadeiro crime impossível, de sorte que não só a prisão é ilegal, mas também não há de se falar em responsabilidade penal pela conduta daquele que foi instigado a atuar como verdadeiro objeto de manobra do agente provocador" (TÁVORA, Nestor; ALENCAR, Rosmar Rodrigues. *Curso de direito processual penal*. 8. ed. Salvador: JusPodivm, 2013. p. 564-565).

[78] "A *entrapment defense* é uma tese defensiva pela qual se intenta a anulação de todas as provas colhidas numa investigação, na qual o uso da infiltração policial é maculado por excesso na ação do agente infiltrado, de modo a tornar a ação do investigado mero desdobramento de cenário preparado pelo instigador do ato. Seria algo muito assemelhado ao nosso flagrante preparado por ato do agente provocador. [...] **Nos EUA, há duas teorias definidoras da *entrapment defense*: subjetiva (majoritária) e objetiva (minoritária)**. Segundo a corrente subjetivista [*subjective approach*], para a anulação das provas colhidas pela infiltração é necessário que o agente *induza* o cometimento do delito, *sem* que o autor tivesse qualquer predisposição para ferir a lei, sob pena de ineficácia da arguição. Noutro giro, a teoria objetiva [*objective approach*] exige *apenas* a ação irregular do agente infiltrado para macular a prova colhida na investigação" (SOUSA, Marllon. *Crime organizado e infiltração policial*: parâmetros para a validação da prova colhida no combate às organizações criminosas. São Paulo: Atlas, 2015. p. 72 e 137).

[79] "*Habeas corpus*. Paciente condenada pelo crime de tráfico de entorpecente. Processo apodado de nulo, [...] por tratar-se de crime putativo inexistente. Alegações que encontram ampla ressonância nos autos, onde se verifica que, efetivamente, a denúncia, em relação a paciente, descreve crime putativo por obra de agente provocador, de modo tão nítido que, conquanto a circunstância não tenha sido invocada pela defesa, com sério prejuízo para a paciente, não poderia ter passado despercebido aos julgadores de primeiro e segundo graus. Processo nulo '*ex radice*'. Súmula 145. Ordem deferida" (STF: HC 69.192/RJ, rel. Min. Ilmar Galvão, 1ª Turma, j. 11.02.1992).

[80] Pacelli é um voraz crítico da abordagem tradicional que se faz sobre o flagrante preparado. Vale conferir: OLIVEIRA, Eugênio Pacelli de. *Curso de processo penal*. 18. ed. São Paulo: Atlas, 2014. p. 535-537.

[81] "O flagrante preparado apresenta-se quando existe a figura do provocador da ação dita por criminosa, que se realiza a partir da indução do fato, e não quando, já estando o sujeito compreendido na descrição típica, a conduta se desenvolve para o fim de efetuar o flagrante. Na espécie, inexiste flagrante ilegalidade, porquanto a imputação é explícita quanto à realização do verbo nuclear 'guardar'

296 LEI DE DROGAS: Aspectos Penais e Processuais – *Cleber Masson* • *Vinícius Marçal*

Por outro lado, o agente infiltrado não determina a realização do crime por parte de terceiro, tampouco arquiteta a sua prisão flagrancial, apenas colhe evidências e informações acerca da estrutura da organização criminosa. O agente infiltrado não fomenta "atos de provocação ou incitação à prática do delito. Se assim proceder, deverá ter sua conduta analisada à luz do tratamento que é dispensado ao delito provocado, ficando prejudicada sua isenção de responsabilidade penal".[82] Destarte, não há identificação entre a atuação do *agente infiltrado* e a ocorrência de um flagrante forjado pelo *agente provocador*, uma vez que aquele tão somente observa e amealha elementos de convicção, não fazendo parte de seu mister qualquer ato de provocação à prática delitiva.[83]

Também não há de se confundir o agente infiltrado com o chamado **undercover agent**, do direito norte-americano. Em verdade, tem-se reconhecido no *undercover agent* uma especialização do agente infiltrado, um **infiltrado *sui generis***, uma vez que sua tarefa consiste em realizar **operações genéricas**, sem relação com uma organização criminosa predeterminada. Sendo assim, ainda que o *undercover agent* seja um policial atuando de forma encoberta, ele "se infiltra de modo genérico em âmbitos e organizações diversas, sem que seu labor obedeça, desde um princípio, a uma investigação delitiva concreta".[84] Lado outro, a autorização judicial do agente infiltrado é restrita a um caso específico, não configurando uma "carta branca" para infiltração em variadas organizações criminosas.

1.8.1.2. Legitimados

A Lei 11.343/2006 não tratou da legitimidade para o requerimento da infiltração policial. No único dispositivo acerca do tema, o legislador, de forma lacônica, apenas preconizou que, em qualquer fase da persecução criminal relativa aos crimes previstos na Lei de Drogas, mediante autorização judicial e *ouvido o Ministério Público*, é permitida a infiltração por agentes de polícia, em tarefas de investigação, constituída pelos órgãos especializados pertinentes (art. 53, I).

Em razão disso, entendemos que a sistemática inaugurada pela Lei do Crime Organizado, verdadeira "lei geral procedimental" em termos de infiltração de agentes, é perfeitamente aplicável à seara da narcotraficância.

---

entorpecentes, conduta que não foi estimulada pelos policiais, sendo despicienda eventual indução da mercancia pelos agentes" (STJ, HC 290.663/SP, rel. Min. Maria Thereza de Assis Moura, 6ª Turma, j. 04.12.2014).

[82] PEREIRA, Flávio Cardoso. Meios extraordinários de investigação criminal: infiltrações policiais e entregas vigiadas (controladas). *Revista da Associação Brasileira dos Professores de Ciências Penais*, São Paulo, v. 6, p. 199-226, jan./jul. 2007.

[83] "O que verdadeiramente importa, para assegurar essa legitimidade – da intervenção do agente infiltrado – é que o funcionário de investigação criminal não induza ou instigue o sujeito à prática de um crime que de outro modo não praticaria ou que não estivesse já disposto a praticar, antes se limite a ganhar a sua confiança para melhor o observar, e a colher informações a respeito das atividades criminosas de que ele é suspeito" (GONÇALVES, Fernando et al. *Lei e crime* – o agente infiltrado *versus* o agente provocador. Os princípios do processo penal. Coimbra: Almedina, 2001. p. 264-265).

[84] PEREIRA, Flávio Cardoso. Meios extraordinários de investigação criminal: infiltrações policiais e entregas vigiadas (controladas). *Revista da Associação Brasileira dos Professores de Ciências Penais*, São Paulo, v. 6, p. 199-226, jan./jul. 2007.

Cap. 3 • PERSECUÇÃO PENAL E EFEITOS DA CONDENAÇÃO | **297**

Com efeito, o art. 10 da Lei 12.850/2013 prevê quem são os legitimados para pleitear a infiltração policial, *in verbis*:

> "A infiltração de agentes de polícia em tarefas de investigação, **representada pelo delegado de polícia** ou **requerida pelo Ministério Público**, após manifestação técnica do delegado de polícia quando solicitada no curso de inquérito policial, será precedida de circunstanciada, motivada e sigilosa autorização judicial, que estabelecerá seus limites."

Assim, conforme o artigo em estudo, a infiltração de agentes de polícia em tarefas de investigação pode ser deflagrada a partir (**a**) de representação do delegado de polícia[85] ou (**b**) de requerimento do Ministério Público. Em caso de "representação do delegado de polícia, o juiz competente, antes de decidir, ouvirá o Ministério Público" (LCO, art. 10, § 1º). Trata-se de providência afinada com o sistema acusatório, que realça o papel do MP de *dominus litis*, pois, sendo a Instituição a verdadeira destinatária dos elementos de convicção colhidos na fase investigatória,[86] nada mais salutar que participe diretamente dessa fase da persecução penal, orientando caminhos probatórios e controlando excessos (CR/1988, art. 129, VII).

Por isso, caso o *Parquet* deixe de requerer a infiltração, tal como representada pela autoridade policial, a medida não poderá ser deferida pelo magistrado, porque, na hipótese, não existindo pedido pelo titular da ação penal (cautelar, inclusive), estaria o juiz autorizando *ex officio* a providência. Ora, "se o órgão acusatório, que possui o ônus da prova, é contrário à diligência, não tem sentido o magistrado deferi-la. Além disso, não concebemos uma infiltração de agentes sem acompanhamento e controle permanente do Ministério Público."[87] Portanto, dissentindo o juiz do entendimento externado pelo membro do Ministério Público, por aplicação analógica do art. 28 do CPP, a questão

---

85   Sem embargo de haver forte corrente doutrinária que advoga a inconstitucionalidade das representações policiais por providências cautelares, nesse particular, temos entendido que, independentemente da corrente que se adote acerca da (in)capacidade postulatória dos delegados de polícia, o que não se pode admitir é o deferimento de medidas cautelares sem a imprescindível oitiva do Ministério Público, sobretudo na fase inquisitorial, sob pena de se configurar verdadeira concessão *ex officio* pelo magistrado (hipótese rechaçada pelo art. 282, § 2º, CPP). Assim, diante de qualquer providência cautelar "representada" pela polícia, temos por cogente a manifestação do órgão ministerial, a fim de se propiciar ao titular da *opinio delicti* a aferição quanto à necessidade e adequação da medida aos fins da apuração da infração. Portanto, o mal não está na representação policial em si, mas na ausência de requerimento (pelo deferimento ou indeferimento) por parte do *dominus litis*.

86   Aspas para o saudoso Ministro Teori Zavascki: "[...] não cabe ao Supremo Tribunal Federal interferir na formação da *opinio delicti*. É de sua atribuição, na fase investigatória, controlar a legitimidade dos atos e procedimentos de coleta de provas, autorizando ou não as medidas persecutórias submetidas à reserva de jurisdição, como, por exemplo, as que importam restrição a certos direitos constitucionais fundamentais, como o da inviolabilidade de moradia (CF, art. 5º, XI) e das comunicações telefônicas (CF, art. 5º, XII). Todavia, **o modo como se desdobra a investigação e o juízo sobre a conveniência, a oportunidade ou a necessidade de diligências tendentes à convicção acusatória são atribuições exclusivas do Procurador-Geral da República** (Inq 2.913-AgR, Min. Luiz Fux, Tribunal Pleno, *DJe* de 21.6.2012), mesmo porque **o Ministério Público, na condição de titular da ação penal, é o "verdadeiro destinatário das diligências executadas"** (Rcl 17.649 MC, Min. Celso de Mello, *DJe* de 30.5.2014)" (STF: Pet. 5.262/DF, j. 06.03.2015).

87   ZANELLA, Everton Luiz. *Infiltração de agentes e o combate ao crime organizado*: análise do mecanismo probatório sob o enfoque da eficiência e do garantismo. Curitiba: Juruá, 2016. p. 195.

298 | LEI DE DROGAS: Aspectos Penais e Processuais – *Cleber Masson* • *Vinícius Marçal*

deve ser remetida à superior instância do *Parquet* (Procurador-Geral de Justiça/MPE ou Câmara de Coordenação e Revisão/MPF) para deliberação final[88].

Tratando-se de requerimento por membro do *Parquet*, exige-se "**manifestação técnica do delegado de polícia**", porquanto seria de todo inócua uma decisão autorizando a infiltração sem que, por exemplo, nos quadros policiais houvesse agente com perfil adequado[89] ao cumprimento desse penoso mister. Em outros termos, a polícia deverá expor fundamentadamente as condições técnicas da infiltração, sua viabilidade no campo operacional etc.

Não se pode perder de mira que a infiltração é medida assaz delicada e que reclama redobrada cautela, pois, no mais das vezes, tem potencial para expor a perigo a segurança do próprio agente que a executa e a eficácia das investigações encetadas. Portanto, "não parece razoável que o Ministério Público exija a infiltração de agentes de polícia, sem antes se inteirar das reais possibilidades da Delegacia de Polícia local de dispor de um agente devidamente capacitado para a tarefa."[90] Por tudo isso, o pleito ministerial e a autorização judicial para a deflagração da providência resultarão sem efeito prático, caso não estejam devidamente afinados com as possibilidades operacionais da autoridade policial que preside as investigações.

O texto normativo silencia sobre a possibilidade de **determinação *ex officio*** de infiltração policial. Certamente, na fase investigatória, o magistrado estará terminantemente **proibido** de autorizar de ofício a medida, seja por notória mácula ao sistema acusatório,[91] seja por violação ao disposto no art. 282, § 2º, do Código de Processo Penal.

1.8.1.3. Momento

Não há consenso na doutrina sobre se seria possível a autorização judicial para a infiltração policial na segunda fase da persecução penal. Para um setor, esse meio de obtenção da prova seria instrumento que se afeiçoa somente à fase investigatória; para outros, poderia ser utilizado também durante o processo penal. Veja-se:

1ª posição: Entende que a medida só pode ser decretada no bojo de procedimento investigatório criminal. É a opinião de Rogério Sanches Cunha e Ronaldo Batista Pinto,[92]

---

[88]   Nesse sentido: SOUSA, Marllon. *Crime organizado e infiltração policial*: parâmetros para a validação da prova colhida no combate às organizações criminosas. São Paulo: Atlas, 2015. p. 130.

[89]   Para Flávio Cardoso Pereira (A moderna investigação criminal: infiltrações policiais, entregas controladas e vigiadas, equipes conjuntas de investigação e provas periciais de inteligência. *In:* CUNHA, Rogério Sanches; TAQUES, Pedro; GOMES, Luiz Flávio (coord.). *Limites constitucionais da investigação*. São Paulo: RT, 2009. p. 117), são as seguintes as características básicas do agente infiltrado: "perfil físico compatível com as dificuldades da operação, inteligência aguçada, aptidão específica para determinadas missões, equilíbrio emocional vez que poderá ficar bastante distante do âmbito familiar por tempo indeterminado, sintonia cultural e étnica compatível com a organização a ser infiltrada etc.".

[90]   MENDONÇA, Andrey Borges de; CARVALHO, Paulo Roberto Galvão de. *Lei de drogas*: Lei 11.343, de 23 de agosto de 2006 – comentada artigo por artigo. 3. ed. São Paulo: Método, 2012. p. 279.

[91]   "Quem procura sabe ao certo o que pretende encontrar e isso, em termos de processo penal condenatório, representa uma inclinação ou tendência perigosamente comprometedora da imparcialidade do julgador" (PRADO, Geraldo. *A conformidade constitucional das leis processuais penais*. 3. ed. Rio de Janeiro: Lumen Juris, 2005. p. 136-137).

[92]   CUNHA, Rogério Sanches; PINTO, Ronaldo Batista. *Crime organizado*: comentários à nova lei sobre o crime organizado – Lei nº 10.850/2013. 2. ed. Salvador: JusPodivm, 2014. p. 101.

Cap. 3 · PERSECUÇÃO PENAL E EFEITOS DA CONDENAÇÃO | **299**

bem como de Cezar Roberto Bitencourt e Paulo César Busato, para os quais "não faz qualquer sentido que se realize a infiltração uma vez já iniciada a ação penal."[93]

Ademais, o § 2º do art. 12 da Lei 12.850/2013 assevera que "os autos contendo as informações da operação de infiltração **acompanharão a denúncia** do Ministério Público". Ora, se os autos da infiltração devem acompanhar a denúncia é porque a operação haverá de ocorrer antes da formalização da acusação, portanto, na primeira fase da persecução penal.

Além do mais, na mesma linha do concebido pelo art. 3º, VII, da Lei do Crime Organizado ("infiltração, por policiais, *em atividade de investigação*"), a Lei de Drogas foi expressa em prever como possível "a infiltração por agentes de polícia, *em tarefas de investigação*" (art. 53, I), o que somente se compraz com a primeira fase da persecução penal.

2ª posição: Defende que, como regra, a infiltração deve ocorrer "durante a investigação policial, por sugestão do delegado ou do Ministério Público, autorizada pelo juiz. Porém, nada impede, como a colaboração premiada, seja realizada igualmente durante a instrução criminal."[94]

Em reforço à segunda posição, sem embargo do uso da locução "*em tarefas de investigação*" (LCO, art. 10, *caput*, e LD, art. 53, I), a Lei do Crime Organizado parece abrir caminho para que a infiltração policial se desenvolva também na fase processual. Nesse sentido, o *caput* do art. 10 preconiza ser necessária a manifestação técnica do delegado de polícia à vista do requerimento do Ministério Público, *quando a providência cautelar for solicitada no curso de inquérito policial*. Assim, *a contrario sensu*, quando o requerimento se der *no curso do processo penal* seria (*a priori*) despicienda a manifestação técnica da autoridade policial.[95]

Esse posicionamento tem o abono legal dos arts. 3º, VII, da Lei do Crime Organizado e 53, I, da Lei de Drogas, os quais vislumbram ser possível a medida de infiltração "*em qualquer fase da persecução penal*."

1.8.1.4. Quem pode ser agente infiltrado?

O já mencionado art. 10 da Lei do Crime Organizado é expresso ao mencionar que a infiltração em tarefas de investigação será realizada por "**agentes de polícia**". Com isso,

---

[93] BITENCOURT, Cezar Roberto; BUSATO, Paulo César. *Comentários à lei de organização criminosa*: Lei n. 12.850/2013. São Paulo: Saraiva, 2014. p. 162. No mesmo sentido: "[...] não se concebe uma infiltração de agentes no curso de uma ação penal" (GONÇALVES, Victor Eduardo Rios; BALTAZAR JUNIOR, José Paulo. *Legislação penal especial*. São Paulo: Saraiva, 2015. p. 712). E ainda: "[...] embora não haja vedação legal para a infiltração durante a fase judicial, ela, na prática, é absolutamente inviável diante das dificuldades de ser concretizada ao longo do processo-crime. Pior que isso: ela feriria, a nosso ver, os princípios da proporcionalidade (se já há processo em trâmite, a infiltração não seria a *ultima ratio* probatória), bem como, da ampla defesa e do contraditório (uma operação em andamento em fase de instrução judicial contraditória não poderia ser ocultada da defesa técnica – diferentemente do que ocorre com as diligências cautelares promovidas na fase investigativa)" (ZANELLA, Everton Luiz. *Infiltração de agentes e o combate ao crime organizado*: análise do mecanismo probatório sob o enfoque da eficiência e do garantismo. Curitiba: Juruá, 2016. p. 190).

[94] NUCCI, Guilherme de Souza. *Leis penais e processuais penais comentadas*. 8. ed. Rio de Janeiro: Forense, 2014. v. 2, p. 751.

[95] Esta conclusão, todavia, é equivocada, haja vista que o delegado e seus agentes serão invariavelmente os executores da operação e, por isso, deverão ser ouvidos.

300 | LEI DE DROGAS: Aspectos Penais e Processuais – *Cleber Masson* • *Vinícius Marçal*

corrigiu-se a previsão constante da revogada Lei 9.034/1995 que admitia que essa técnica especial fosse levada a cabo por agentes de polícia "*ou de inteligência*" (art. 2º, V).

Boa parte da doutrina entendia de duvidosa constitucionalidade a atuação dos agentes de inteligência como infiltrados, "na medida em que, para tais agentes, não são em regra cometidas funções de polícia judiciária e, desse modo, não estão legitimados a coletar provas voltadas às futuras utilizações em processo penal, única causa legítima a fundamentar as violações a intimidade e outros direitos fundamentais que implicam a atividade de infiltração."[96]

Seja como for, a Lei 12.850/2013 sepultou a controvérsia. A partir dela, em nosso ordenamento jurídico atual, a infiltração só pode ser realizada por agentes de polícia, **não havendo espaço para os agentes de inteligência** das receitas federal ou estaduais, nem para os componentes do Sistema Brasileiro de Inteligência (Sisbin) e da Agência Brasileira de Inteligência (Abin) ou mesmo para agentes do Ministério Público.[97] Contudo, afigura-se possível que esses agentes prestem apoio técnico e operacional à operação de infiltração, o que deflui da natural cooperação entre as instituições (LCO, art. 3º, VIII).

Ademais, é **inviável a infiltração por agentes particulares, ainda que na qualidade de "gansos" ou "informantes"**,[98] por ausência de previsão legal. Outros dois argumentos são levantados por Flávio Cardoso Pereira[99] para obstar a infiltração por particular, a saber: primeiro, a óbvia constatação de sua maior vulnerabilidade quanto a eventual corrupção; segundo, pela falta de preparação ideal para laborar essa árdua tarefa, a qual requer méritos

---

[96] PACHECO, Rafael. *Crime organizado* – medidas de controle e infiltração policial. Curitiba: Juruá, 2011. p. 115.

[97] Noutro sentido, com esteio na capacidade investigatória criminal do MP e nas disposições do art. 3º do CPP, Zanella considera ser possível que a expressão *agentes de polícia em tarefas de investigação* seja extensivamente interpretada "como quaisquer agentes públicos que exerçam investigação. E os Ministérios Públicos possuem, em alguns Estados, os chamados 'agentes de promotoria', cujas funções constituem tarefas essencialmente investigativas." Como exemplo, cita o Ato Normativo 396/2005 do MPSP, que define as atribuições dos citados agentes. Contudo, muito embora defenda, teoricamente, a interpretação extensiva, Zanella aponta três motivos pelos quais, na prática, a infiltração deve ficar a cargo da polícia: "I) os agentes infiltrados devem ser treinados e especializados em centros de formação ou agências próprias, pertencentes aos órgãos policiais, razão pela qual é propício que sejam da carreira da polícia; II) os Ministérios Públicos possuem quadro reduzido de agentes de promotoria, sendo inviável destacá-los para a longa tarefa de infiltração; III) o mecanismo probatório de infiltração somente é viável como prova efetiva no combate ao crime organizado se trabalhado em força-tarefa permanente entre polícia e Ministério Público, com integração e profissionalismo; ambos terão tarefas a executar para o sucesso da empreitada" (ZANELLA, Everton Luiz. *Infiltração de agentes e o combate ao crime organizado*: análise do mecanismo probatório sob o enfoque da eficiência e do garantismo. Curitiba: Juruá, 2016. p. 192).

[98] "A infiltração de 'gansos' ou 'informantes', civis que trabalham esporadicamente para a polícia, sem qualquer hierarquia funcional, também é vedada e quem assim proceder responderá pelas consequências do seu ato, certo, ainda, que a prova amealhada nessas circunstâncias não será considerada válida e lícita. Por exemplo: legislações da Alemanha, México, França, Argentina não permitem a infiltração de particulares. Por outro lado, Espanha e Portugal permitem a realização da diligência desde que o particular atue sobre o controle do Estado prescindindo-se, pois, de sua condição profissional de policial" (CONSERINO, Cassio Roberto. *Crime organizado e institutos correlatos*. São Paulo: Atlas, 2011. p. 82).

[99] PEREIRA, Flávio Cardoso. *A investigação criminal realizada por agentes infiltrados*. Disponível em: http://flaviocardosopereira.com.br/pdf/Artigo%20infiltra%C3%A7%C3%A3o%20criminal%20-%20Revista%20do%20MP-MT.pdf. Acesso em: 24.06.2015.

psicológicos e físicos dos agentes que adentram na estrutura das organizações criminosas, além de uma experiência no trato com o mundo do crime.

Mas quem seriam os agentes de polícia legitimados a atuar na qualidade de infiltrados? Seriam todos os integrantes das instituições listadas no rol do art. 144 e parágrafos da Constituição da República (polícia federal; polícia rodoviária federal; polícia ferroviária federal; polícias civis; polícias militares; corpos de bombeiros militares e guardas municipais)?

Pensamos que **não**. Como somente será admitida a infiltração se houver indícios do crime de organização criminosa (LCO, art. 10, § 2º) ou de narcotraficância (LD, art. 53, I), entendemos que apenas os agentes policiais incumbidos de investigar esse delito poderão agir como infiltrados, ou seja, **tão somente** os integrantes da **Polícia Federal** (CR/1988, art. 144, § 1º, I) e da **Polícia Civil** (CR/1988, art. 144, § 4º), por seus "órgãos especializados pertinentes" (LD, art. 53, I).

De mais a mais, pela sistemática da Lei 12.850/2013, competirá ao *delegado de polícia* o exercício de uma sindicalidade interna (controle), por meio da qual lhe é facultado, no curso do inquérito policial, determinar *aos seus agentes* a confecção de relatório da atividade de infiltração (art. 10, § 5º). Logo, parece-nos claro que os agentes mencionados na lei são os componentes das Polícias Civis e Federal,[100] mas nada impede que o próprio delegado de polícia funcione como infiltrado, desde que talhado para tal desiderato.

Excepcionalmente, todavia, com as novas competências da Justiça Militar instituídas pela Lei 13.491/2017,[101] ampliou-se sobremaneira o conceito de crime militar, em tempo de paz, e passou-se a considerar como tal não apenas os delitos inscritos no Código Penal Militar, mas, também, *os previstos na legislação penal* – inclusive, pois, os catalogados na Lei 11.343/2006 –, se acaso cometidos por militares da ativa em uma das condições do inc. II do art. 9º do CPM. Assim, *v.g.*, se policiais militares constituírem uma associação voltada para a narcotraficância, nas circunstâncias do art. 9º, II, do CPM, afigura-se possível que, no âmbito da investigação do crime castrense, seja judicialmente autorizada a infiltração por um *militar*.[102]

1.8.1.5. Autorização judicial sigilosa e alcance da decisão

Na esteira do art. 10, *caput*, da Lei do Crime Organizado, a infiltração policial, necessariamente, será precedida de **circunstanciada** (de maneira a abranger as particularidades do caso concreto), **motivada** (com a exposição de argumentos fáticos e jurídicos que justificam a adoção da providência – CR/1988, art. 93, IX) e **sigilosa** (a fim de não se

---

[100] Há entendimento minoritário no sentido de que "a execução da medida é privativa de servidores das carreiras policiais, *incluindo a Polícia Militar*, uma vez que o art. 10 menciona somente *agentes de polícia*" (GONÇALVES, Victor Eduardo Rios; BALTAZAR JUNIOR, José Paulo. *Legislação penal especial*. São Paulo: Saraiva, 2015. p. 713).

[101] Na defesa da inconstitucionalidade da ampliação da competência da Justiça Militar pela Lei 13.491/2017, foi proposta perante o STF a ADI 5.804 (pendente de julgamento até o momento).

[102] Mesmo antes da ampliação da competência da Justiça Militar, já havia quem considerasse possível a infiltração por *militar*, com o que não concordávamos. Nesse sentido: "A execução da medida é privativa de servidores das carreiras policiais, *incluindo a Polícia Militar*, uma vez que o art. 10 menciona somente *agentes de polícia*" (GONÇALVES, Victor Eduardo Rios; BALTAZAR JUNIOR, José Paulo. *Legislação penal especial*. São Paulo: Saraiva, 2015. p. 713).

302 | LEI DE DROGAS: Aspectos Penais e Processuais – *Cleber Masson* • *Vinícius Marçal*

colocar em risco a operação e a vida do agente e de seus familiares) **autorização judicial** (também reclamada pelo art. 53, *caput*, da Lei de Drogas).

Ao apreciar o pedido de infiltração, de forma circunstanciada, motivada e sigilosa, o magistrado deverá responder ao menos **quatro questionamentos,** quais sejam: (a) O meio de investigação (infiltração policial) é adequado à obtenção do fim perseguido na operação encoberta? (b) Foram demonstrados os indícios mínimos da prática da narcotraficância ou do crime de organização criminosa (fragmentariedade)? (c) Foram previamente esgotadas outras medidas investigativas (subsidiariedade) menos invasivas aos direitos fundamentais dos investigados (princípio da necessidade)? (d) As vantagens derivadas do fim público que se persegue (direito difuso à segurança pública) compensam os eventuais prejuízos provocados aos direitos individuais que serão violados?

Somente assim poder-se-á afirmar que a infiltração policial sofreu verdadeira filtragem constitucional, à luz do princípio da proporcionalidade, de molde a poder ser legitimamente colocada em prática. Se mesmo diante desse quadro o magistrado indeferir o pedido, a arbitrária decisão pode ser combatida por via da **correição parcial/reclamação** ou do **mandado de segurança.** A primeira, porque "cabe correição parcial para corrigir, em processo ou procedimentos judiciais, ato, omissão ou despacho do juiz, decorrentes de erro, omissão, abuso ou ato tumultuário (*error in procedendo*) e para os quais não haja previsão de outro recurso."[103] O segundo, por ser admissível o manejo do *writ* "para desconstituição de ato judicial, reconhecidamente absurdo ou teratológico, desde que a decisão impugnada seja manifestamente ilegal ou que dela advenha perigo de dano grave e de difícil reparação para o impetrante."[104]

Questão interessante é saber definir o **alcance da decisão judicial de infiltração.** Nesse particular, conforme a lavra de Marcelo Mendroni, o mandado judicial de infiltração pode conter **autorização extensiva expressa** para que o agente, sendo favoráveis as condições e sem risco pessoal, apreenda documentos de qualquer natureza, desde papéis a arquivos magnéticos.[105] Aliás, é bem possível que o agente infiltrado tenha que se utilizar de outros meios investigativos, como escutas e filmagens ambientais (com aparelhos próprios) – captação de áudio e vídeo etc.[106] Entretanto, a fim de que o agente possa viabilizar a operacionalização dessas medidas no contexto da infiltração,

---

[103] PACHECO, Denilson Feitoza. *Direito processual penal*: teoria, crítica e práxis. 3. ed. Niterói: Impetus, 2005. p. 1.312. Os tribunais aceitam o manejo de correição parcial/reclamação na hipótese de proibição judicial de diligência probatória (escuta ambiental) imprescindível à instrução do feito. *Ad exemplum*: TJGO, Autos 321289-07.2011.8.09.0000 (201193212898), Des. Alan Sebastião de Sena Conceição, j. 02.08.2011.

[104] TJGO, MS 154962-04.2013.8.09.0000, Seção Criminal, rel. Des. Edison Miguel da Silva Jr., *DJe* 14.10.2013. Também entendendo que o mandado de segurança é apto a amparar o direito líquido e certo à obtenção da prova obtida por meio da infiltração de agentes: ZANELLA, Everton Luiz. *Infiltração de agentes e o combate ao crime organizado*: análise do mecanismo probatório sob o enfoque da eficiência e do garantismo. Curitiba: Juruá, 2016. p. 195.

[105] Cf. MENDRONI, Marcelo Batlouni. *Crime organizado*: aspectos gerais e mecanismos legais. 3. ed. São Paulo: Atlas, 2009. p. 111.

[106] Cf. MENDRONI, Marcelo Batlouni. *Comentários à lei de combate ao crime organizado – Lei nº 12.850/13.* São Paulo: Atlas, 2014. p. 80.

Cap. 3 • PERSECUÇÃO PENAL E EFEITOS DA CONDENAÇÃO | **303**

"[...] e para que isso seja possível juridicamente, a autorização judicial de infiltração deverá conter expressamente a menção da possibilidade do agente, através daquelas outras medidas, recolher as provas e evidências. **Seria impossível exigir que, para cada situação de recolha potencial de material provatório, o agente devesse, de qualquer forma, reportar-se ao Delegado de Polícia ou ao membro do Ministério Público, a fim de solicitar a específica autorização.** Seria cercear por demasiado o prisma da amplitude investigatória em casos sérios e graves que são os de criminalidade organizada, sem contar com o eventual risco a ser corrido pelo agente. Assim, para a viabilização da aplicação dos instrumentos legais, e não pode ser concebida lei inaplicável na prática, torna-se possível requerimento e deferimento de medidas, como de interceptações de comunicações, apreensão de documentos etc. por parte do agente, sempre que limitados aos termos da própria investigação no seu sentido amplo. Eventuais abusos poderão ser corrigidos posteriormente, com a retirada dos autos do material probatório obtido, para que não possa ser utilizado no processo criminal."[107]

Outra não é a abalizada opinião de Renato Brasileiro de Lima:

"Fosse o agente infiltrado obrigado a buscar autorização judicial para cada situação vivenciada durante a execução da operação, haveria evidente prejuízo à eficácia desse procedimento investigatório, além de colocar em risco a própria segurança do policial. **Daí a importância de o magistrado, ao conceder a autorização judicial para a infiltração, pronunciar-se, desde já, quanto à execução de outros procedimentos investigatórios.** De mais a mais, também deve constar determinação expressa no sentido de que haja uma equipe de policiais que prestem apoio constante ao agente infiltrado, viabilizando eventual proteção caso sua verdadeira identidade seja revelada."[108]

Em termos mais simples, tudo recomenda que a autorização judicial relacione as condutas que o agente estará autorizado a praticar, bem como aquelas que lhe serão vedadas, no exercício das atividades de infiltração.[109]

Disso resulta que o magistrado – ou o órgão colegiado formado com espeque no art. 1º da Lei 12.694/2012 –, ao deferir a medida, deve estabelecer o campo de atuação (**limite espacial**) do agente infiltrado a fim de legitimar a sua presença enganosa junto à organização criminosa, especificando o prazo (**limite temporal**) de duração da medida (LCO, art. 10, § 3º), as pessoas ("quando possível" – LCO, art. 11) a serem investigadas e as técnicas especiais de investigação de que poderá se valer o agente no cumprimento de

---

[107] MENDRONI, Marcelo Batlouni. *Comentários à lei de combate ao crime organizado* – Lei nº 12.850/13. São Paulo: Atlas, 2014. p. 80-81.

[108] LIMA, Renato Brasileiro de. *Legislação criminal especial comentada*. 3. ed. Salvador: JusPodivm, 2015. p. 575. E ainda: CUNHA, Rogério Sanches; PINTO, Ronaldo Batista. *Crime organizado*: comentários à nova lei sobre o crime organizado – Lei nº 10.850/2013. 2. ed. Salvador: JusPodivm, 2014. p. 106. Por fim: ZANELLA, Everton Luiz. *Infiltração de agentes e o combate ao crime organizado*: análise do mecanismo probatório sob o enfoque da eficiência e do garantismo. Curitiba: Juruá, 2016. p. 199.

[109] Cf. CARLI, Carla Veríssimo de. *Lavagem de dinheiro* – ideologia da criminalização e análise do discurso. 2. ed. Porto Alegre: Verbo Jurídico, 2012. p. 227.

304 | LEI DE DROGAS: Aspectos Penais e Processuais – *Cleber Masson* • *Vinícius Marçal*

seu mister (**limites investigatórios**)[110]. Estes são alguns dos **limites** a serem estabelecidos pelo juiz, por imposição do art. 10, *caput*, da Lei 12.850/2013.

O rompimento desses limites poderá macular os elementos probatórios eventualmente colhidos. Aliás, ilicitude haverá se a atuação do agente policial for intrinsecamente antiética ou ilegal, o que vem sendo chamado na doutrina de "**conduta ultrajante do Estado**". A título de exemplo, imagine-se que o policial infiltrado obtivesse uma prova central para o deslinde do caso investigado mediante a prática de tortura ou por meio da realização de interceptação telefônica não autorizada judicialmente. A ação policial ultraja os valores pétreos da dignidade humana e do devido processo legal de tal modo que o reconhecimento da sua ilicitude é medida de rigor.[111]

1.8.1.6. Fragmentariedade e subsidiariedade

Dispõe o art. 53, I, da Lei de Drogas ser permitida a infiltração de agentes "em qualquer fase da persecução criminal *relativa aos crimes previstos nesta Lei*." Mas quais os crimes previstos na Lei 11.343/2006 são compatíveis com a infiltração? Todos?

Tal como redigido, o dispositivo dá a impressão de que todos os delitos catalogados na Lei de Drogas podem, em tese, ser investigados por meio da infiltração policial. Contudo, *data venia*, esse não é o melhor entendimento. A nosso aviso, uma técnica especial de investigação tão excepcional e invasiva como a infiltração de agentes não parece ser compatível, *a priori*, com crimes de ínfimo (LD, art. 28, *caput* e § 1º), menor (LD, arts. 38 e 33, § 3º) e médio potencial ofensivo (LD, arts. 33, § 2º, e 39). Assim, mais razoável é admitir a viabilidade desse especial meio de obtenção de prova somente com relação aos crimes de **maior potencial ofensivo** previstos na Lei 11.343/2006, quais sejam, aqueles citados no art. 44 da LD: art. 33, *caput* (tráfico propriamente dito) e § 1º (tráfico por equiparação ou assimilação), art. 34 (maquinário para fabricação), art. 35 (associação para o tráfico), art. 36 (financiamento) e art. 37 (informante).

O fato de a associação para o narcotráfico (LD, art. 35), majoritariamente, não ser reconhecida como delito equiparado a hediondo não afasta, *de per si*, a sua compatibilidade com a infiltração policial. Tanto é verdade que o crime de organização criminosa por natureza (LCO, art. 2º), que também não é hediondo por assimilação, expressamente pode ser investigado por meio da infiltração caso existam "indícios" desta infração "e se a prova não puder ser produzida por outros meios disponíveis" (LCO, art. 10, § 2º).

Com foco nesses dispositivos, encontramos **duas condicionantes** para o deferimento da infiltração policial: pela primeira (**fragmentariedade**), exige-se a existência de indícios de quaisquer dos crimes inscritos nos arts. 33, *caput* e § 1º, 34, 35, 36 e 37 da Lei de Drogas[112];

---

[110] A Estratégia Nacional de Combate à Corrupção e Lavagem de Dinheiro (ENCCLA) recomenda "que a decisão deferitória autorize a realização de gravações em ambiente privado, nos casos em que esta medida seja possível e necessária, de sorte a evitar alegações de nulidade" (*Manual* – infiltração de agentes. Brasília: ENCCLA, 2014. p. 4).

[111] SARAIVA, Wellington Cabral. Obtenção de prova decorrente de agente infiltrado. *In:* SALGADO, Daniel de Resende; QUEIROZ, Ronaldo Pinheiro de (org.). *A prova no enfrentamento à macrocriminalidade.* Salvador: JusPodivm, 2015. p. 225.

[112] A infiltração também pode ser aplicada nos casos de **organização criminosa por natureza**, por força do art. 10, § 2º, da Lei 12.850/2006. Igualmente, em razão do art. 16 da Lei 13.260/2016, a infiltração

Cap. 3 • PERSECUÇÃO PENAL E EFEITOS DA CONDENAÇÃO | 305

pela segunda (**subsidiariedade**), impõe que a prova não possa ser produzida por outros meios disponíveis.

Por óbvio, não se faz necessária a demonstração cabal da existência do delito, mas apenas *indícios* de sua prática (*fumus commissi delicti*)[113]. Tampouco se exige a demonstração de *indícios de autoria*, bem ao contrário. A investigação pode se desenvolver exatamente para o alcance dessa informação.

Em verdade, no art. 11 da Lei 12.850/2013 (*lei geral procedimental das infiltrações*) o legislador foi expresso ao estabelecer que o pedido/representação de infiltração deverá conter os nomes ou apelidos das pessoas investigadas, "quando possível". Portanto, os *indícios suficientes de autoria*, exigidos para a decretação da prisão preventiva (CPP, art. 312), aqui são dispensados.

Tal como previsto no art. 2º, II, da Lei 9.296/1996, expresso em dizer que não será admitida a interceptação de comunicações telefônicas quando a prova puder ser feita por outros meios disponíveis, pelo disposto no § 2º do art. 10 da Lei 12.850/2013, somente será admitida a infiltração se a prova não puder ser produzida por outros meios disponíveis. O requisito da subsidiariedade, portanto, é imposto tanto para a obtenção da cautelar de interceptação telefônica quanto para a de infiltração policial.

Mas fica a **pergunta**: qual dessas medidas é subsidiária em relação a outra? Dito de outro modo, para se alcançar a infiltração de agentes a interceptação telefônica já deve ter sido (ou estar sendo) utilizada, ou seria o contrário?

Para nós, a ***ultima ratio probatoria*** haverá de ser a infiltração policial, que, além de ter potencial para vulnerar a segurança e a integridade do agente encoberto, sem dúvida, é mais invasiva aos direitos dos investigados e abstratamente mais duradoura. Basta observar que a interceptação telefônica "não poderá exceder o prazo de 15 (quinze) dias, renovável por igual tempo" (LIT, art. 5º), e que a infiltração de agentes "será autorizada pelo prazo de até 6 (seis) meses, sem prejuízo de eventuais renovações" (LCO, art. 10, § 3º).

Em função do **princípio da necessidade** (*necessità del provvedimento*), apresentado como uma das facetas[114] do princípio da proporcionalidade em sentido amplo, estabelece-se a "imposição de se utilizar o meio que menos interfira em um direito fundamental".[115] Assim, se as provas podem ser conseguidas com a interceptação das comunicações telefônicas dos investigados, por que violar mais drasticamente e, por vezes, por mais tempo, a intimidade dos sujeitos da persecução penal com a infiltração policial?

---

policial pode ser utilizada para a investigação, processo e julgamento dos crimes previstos na **Lei de Terrorismo**. Por seu turno, a Lei 13.344/2016, que dispôs sobre o tráfico de pessoas cometido no território nacional contra vítima brasileira ou estrangeira e no exterior contra vítima brasileira, estipulou em seu art. 9º a aplicação subsidiária, no que couber, do disposto na Lei 12.850/2013. Assim, é plenamente possível a infiltração policial para a persecução penal do crime de **tráfico de pessoas** (CP, art. 149-A). Por fim, a Lei 13.441/2017 previu "**a infiltração de agentes de polícia na *internet* com o fim de investigar crimes contra a dignidade sexual de criança e de adolescente**."

[113]   O *periculum libertatis* emana da consideração que se faz sobre o risco ou prejuízo que a não realização imediata da operação de infiltração pode representar para a aplicação da lei penal, para a investigação propriamente dita ou mesmo para a evitação da prática de novas infrações penais (CPP, art. 282, I).

[114]   As outras são: o princípio da adequação ou da idoneidade e o princípio da proporcionalidade em sentido estrito.

[115]   PACHECO, Denilson Feitoza. *Direito processual penal – teoria, crítica e práxis*. 3. ed. Niterói: Impetus, 2005. p. 170.

306 | LEI DE DROGAS: Aspectos Penais e Processuais – *Cleber Masson* • *Vinícius Marçal*

Destarte, acreditamos que a infiltração deve ser precedida de outros meios de prova, ainda que também invasivos, como as interceptações de comunicações telefônicas e de dados, buscas e apreensões etc.

1.8.1.7. Prazo

Na senda do disposto no art. 10, § 3º, da Lei 12.850/2013, "a infiltração será autorizada pelo prazo de até 6 (seis) meses, sem prejuízo de eventuais renovações, desde que comprovada sua necessidade".

A Lei do Crime Organizado impôs um **limite temporal** para o desenvolvimento da medida, qual seja: o período máximo inicial de **até seis meses**, nada impedindo que a infiltração seja deferida por prazo mais curto.

Ciente de que as investigações contra a criminalidade organizada e o narcotráfico, em geral, são difíceis, complexas e demoradas, por incluírem o conhecimento de variados escalões de chefia, divisão de tarefas, diversidade de *modus operandi*, o legislador previu também a possibilidade de **renovação** do prazo da infiltração de agentes, sem mencionar expressamente um patamar temporal máximo nesse caso. Entretanto, parece-nos mais razoável a interpretação no sentido de que cada renovação, como ato acessório, observe o período máximo de seis meses[116]. Diversamente, há quem entenda que, quando da prorrogação, "desde que o magistrado fundamente sua decisão, apontando as razões que o motivaram, poderá dispor sobre um prazo além dos 06 (seis) meses previsto no § 3º."[117]

Ademais, vale observar que: **(a)** a cada renovação deverá ficar "comprovada a necessidade" (por exemplo: para a identificação de outros autores; para se aprofundar na ramificação da organização criminosa em outras áreas etc.), sem a qual a medida será viciada; **(b)** poderão ser deferidas tantas renovações quantas renovações forem necessárias, e não apenas uma, valendo aqui o mesmo raciocínio (proporcionalidade) das renovações das interceptações telefônicas.[118]

No ponto, convém registrar a **posição divergente** de Pacelli, para quem "ou bem a medida se mostra útil e proveitosa no prazo de 1 (um) ano, admitindo-se a razoabilidade de uma prorrogação, ou melhor será que se desista dela e se busque outros caminhos. Até mesmo para que se evite um maior nível de aprofundamento da intimidade do agente infiltrado com os membros da organização, o que reverteria em desfavor das finalidades legais."[119]

Não se olvide, entretanto, da particular sistemática inaugurada **pela Lei 13.441/2017** – que modificou a Lei 8.069/1990 para tratar da "infiltração de agentes de polícia na internet com o fim de investigar crimes contra a dignidade sexual de criança e de adolescente" –, no âmbito da qual a **infiltração virtual** "não poderá exceder o **prazo de 90**

---

[116] Nesse sentido: BITENCOURT, Cezar Roberto; BUSATO, Paulo César. *Comentários à lei de organização criminosa*: Lei n. 12.850/2013. São Paulo: Saraiva, 2014. p. 170.

[117] FERRO, Ana Luiza Almeida; GAZZOLA, Gustavo dos Reis; PEREIRA, Flávio Cardoso. *Criminalidade organizada*: comentários à Lei 12.850/13, de 02 de agosto de 2013. Curitiba: Juruá, 2014. p. 204.

[118] "Admissível à prorrogação do prazo de autorização para a interceptação telefônica por períodos sucessivos quando a intensidade e a complexidade das condutas delitivas investigadas assim o demandarem [...]" (STF: HC 119.770/BA, rel. Min. Gilmar Mendes, 2ª Turma, j. 08.04.2014).

[119] OLIVEIRA, Eugênio Pacelli de. *Curso de processo penal*. 18. ed. São Paulo: Atlas, 2014. p. 882.

Cap. 3 • PERSECUÇÃO PENAL E EFEITOS DA CONDENAÇÃO | **307**

(noventa) dias, sem prejuízo de **eventuais renovações**, desde que o total **não exceda a 720 (setecentos e vinte) dias** e seja demonstrada sua efetiva necessidade, a critério da autoridade judicial" (ECA, art. 190-A, III).

Na Lei 13.441/2017, portanto, o limite máximo do prazo ordinário é diferente daquele previsto na Lei 12.850/2013 (*noventa dias* naquela; *seis meses* nesta). Ainda, ao contrário da LCO, a Lei 13.441/2017 estabeleceu um termo *ad quem* para a finalização da medida de infiltração pela internet, qual seja: setecentos e vinte dias. Assim, tendo em conta o limite máximo do prazo ordinário e o termo *ad quem* da providência, concluímos que a operação de infiltração virtual, uma vez autorizada, poderá ser renovada, no máximo, por sete vezes.

Esse limite máximo para o encerramento da operação de *infiltração virtual* merece ser criticado, sobretudo porque a Lei 12.850/2013 não estipulou um termo final para a *infiltração presencial*, que é bem mais arriscada e penosa para o policial encoberto. Ademais,

"[...] as redes criminosas que envolvem pedofilia na internet são extremamente fechadas e restritas. O agente policial não conseguirá se infiltrar facilmente no meio desses grupos, considerando que tais criminosos se cercam de várias cautelas e não admitem a participação de qualquer pessoa, salvo após um longo processo de aquisição de confiança, que pode sim durar anos. Logo, limitar esse prazo a 720 dias significa dizer que, em alguns casos, a infiltração terá que ser interrompida quando o agente policial estava muito próximo de ingressar na rede criminosa ou quando havia acabado de penetrar neste submundo, mas ainda não tinha conseguido identificar a real identidade dos criminosos ou dados de informática que permitam uma medida de busca e apreensão, por exemplo. Dessa forma, este prazo de 720 dias, apesar de parecer longo, mostra-se, para quem trabalha com o tema, um período insuficiente para o desmantelamento dos grandes grupos criminosos que, quanto maiores, mais se cercam de anteparos para não serem descobertos."[120]

1.8.1.8. Relatório circunstanciado

De maneira semelhante ao que prevê o art. 8º, § 4º, que impõe a elaboração de auto circunstanciado acerca da ação controlada ao fim da diligência, o art. 10, § 4º, da Lei 12.850/2013 preconiza que, "findo o prazo previsto no § 3º, o **relatório circunstanciado** será apresentado ao juiz competente, que imediatamente cientificará o Ministério Público".

Trata-se, pois, de mais um instrumento de **controle** por parte do magistrado e do membro do Ministério Público, por meio do qual a polícia investigativa especificará: (a) como se deu a apresentação do agente perante a organização criminosa investigada; (b) se foi necessária a prática de algum fato típico; (c) as provas que conseguiu amealhar etc.

O magistrado deve abrir vista do relatório circunstanciado ao Ministério Público por duas principais razões. Primeiro, por ser o *Parquet* o responsável constitucional pelo exercício do controle externo da atividade policial (art. 129, VII, CR/1988). Assim, o excesso da atuação do agente infiltrado poderá render ensejo à atuação repressiva do Ministério

---

[120] CAVALCANTE, Márcio André Lopes. *Comentários à infiltração de agentes de polícia na internet para investigar crimes contra a dignidade sexual de criança e de adolescente*. Disponível em: http://www. dizerodireito.com.br/2017/05/comentarios-infiltracao-de-agentes-de.html. Acesso em: 08.11.2017.

308 | LEI DE DROGAS: Aspectos Penais e Processuais – *Cleber Masson* • *Vinícius Marçal*

Público. Segundo, por ser o órgão Ministerial o destinatário da prova – *dominus litis* (art. 129, I, CR/1988) –, poderá ele pleitear a prorrogação da infiltração ou se manifestar pelo encerramento da medida.

Uma questão que tem causado divergência na doutrina é a seguinte: o relatório circunstanciado deve ser apresentado ao fim de cada período da infiltração de agentes, ou, ao contrário, somente ao fim de toda a operação? Duas correntes formaram-se a respeito:

1ª posição: Assevera que, "a cada final de período, aprovado pelo juiz, deve a autoridade policial, responsável pelos agentes infiltrados, elaborar relatório minucioso contendo todos os detalhes da diligência até então empreendida."[121]

2ª posição: "Não se exige que o deferimento das renovações seja sempre precedido de relatório circunstanciado da atividade de infiltração, sob pena de se frustrar a rapidez na obtenção da prova e até mesmo a própria segurança do agente infiltrado. Na verdade, este relatório deverá ser apresentado apenas ao final da infiltração policial ou a qualquer tempo, mediante determinação do Delegado de Polícia ou do Ministério Público (Lei nº 12.850/2013, art. 10, §§ 3º e 5º)."[122]

Estamos com a segunda corrente. Contudo, em nossa ótica, ao fim de cada período é de suma relevância a confecção de um relatório parcial da atividade de infiltração, até para subsidiar o deferimento – guiado pelo princípio da necessidade – do pedido de renovação.

1.8.1.9. Relatório (parcial) da atividade de infiltração

O **controle** sobre a operação de infiltração não fica adstrito à confecção do relatório circunstanciado, nem poderia. Assim é que o art. 10, § 5º, da Lei 12.850/2013 prevê que, "no curso do inquérito policial, o **delegado de polícia** poderá determinar aos seus agentes, e o **Ministério Público** poderá requisitar, a qualquer tempo, **relatório da atividade de infiltração**".

O chamado relatório da atividade de infiltração nada mais é que um **relatório parcial da operação**, no qual deverão ser externadas todas as atividades desempenhadas até então pelo agente infiltrado. Ao contrário do relatório circunstanciado, que, por imposição legal (art. 10, § 4º), deverá ser apresentado *ao fim* da operação ou de cada período em caso de prorrogação (conforme a corrente que se adote), o relatório parcial poderá ser determinado pelo delegado de polícia ou requisitado pelo membro do Ministério Público, *a qualquer tempo*.

Apesar de o § 5º do art. 10 somente se referir ao delegado de polícia e ao membro do Ministério Público, queremos crer que também o **magistrado** poderá requisitar o relatório parcial da atividade de infiltração, mesmo porque o relatório circunstanciado (completo) será a ele remetido. Não faria nenhum sentido que o magistrado, como destinatário primeiro do relatório final, não pudesse requisitar um relatório parcial com o escopo de se manter informado sobre a medida por ele mesmo deferida.

---

[121] NUCCI, Guilherme de Souza. *Leis penais e processuais penais comentadas*. 8. ed. Rio de Janeiro: Forense, 2014. v. 2, p. 753.

[122] LIMA, Renato Brasileiro de. *Legislação criminal especial comentada*. 3. ed. Salvador: JusPodivm, 2015. p. 577.

1.8.1.10. Espécies de infiltração

Na doutrina norte-americana as operações de infiltração são classificadas em dois grandes conjuntos, a saber:

a) *Light cover*: são infiltrações mais brandas que não duram mais de seis meses, "não necessitam de imersão contínua e permanente, exigem menos planejamento, não exigem mudança de identidade ou perda de contato significativo com a família e às vezes se constituem em único encontro para recolhimento de informações."[123]

b) *Deep cover*: têm duração superior a seis meses e reclamam do agente imersão profunda no seio da organização criminosa, utilização de identidade falsa, perda de contato significativo com a família. Justamente por isso são mais perigosas e penosas do ponto de vista logístico.

A título ilustrativo, uma operação de infiltração da modalidade *deep cover* foi realizada pelo Ministério Público do Estado do Rio Grande do Sul (Operação Lagarta). Para o sucesso da operação encoberta, foram executadas as seguintes ações:

"a) a fim de evitar a real identidade do policial criou-se uma empresa de consultoria[124] para a qual trabalharia o agente; b) confecção de cartões de visita; c) a locação de imóvel para reuniões sociais; d) através de autorização judicial elaboraram-se documentos falsos com o nome utilizado pelo informante, bem como *e-mail* profissional falso, sem prejuízo de destacar outros policias para monitorar a infiltração e assegurar a segurança do infiltrado quando fosse se encontrar com os integrantes da quadrilha; e) no decorrer da atuação levaram-se a efeito outros instrumentos jurídicos relevantes para o combate ao crime organizado, entre os quais: interceptação telefônica e telemática, escuta ambiental de sinais óticos e acústicos, ação controlada, quebra de sigilo fiscal, acesso a operações financeiras, busca e apreensão, sequestro de bens e, por derradeiro, prisão processual."[125]

Registre-se, por oportuno, que, segundo a doutrina especializada, as *light covers* se subdividiriam em seis modalidades (*decoy operation, pseudo-achat, pseudo-vente, flash-roll, livraison surveillée, livraison contrôlée*) e as *deep covers* em três (*sting operation, honey-pot operation* e *infiltration de réseaux ou de groupes*). Como estas subdivisões são oriundas do direito norte-americano (sistema da *common law*), nem todas são tidas como operações de infiltração em nosso ordenamento jurídico, tal como ocorre com a *livraison surveillée* (ação controlada).[126]

---

123 CONSERINO, Cassio Roberto. *Crime organizado e institutos correlatos*. São Paulo: Atlas, 2011. p. 85.

124 "Afigura-se possível, sempre que necessária, a criação de personalidade jurídica apta a facilitar a infiltração em casos de crimes cometidos em âmbito empresarial" (*Manual* – infiltração de agentes. Brasília: ENCCLA, 2014. p. 5).

125 CONSERINO, Cassio Roberto. *Crime organizado e institutos correlatos*. São Paulo: Atlas, 2011. p. 98.

126 PACHECO, Rafael. *Crime organizado* – medidas de controle e infiltração policial. Curitiba: Juruá, 2011. p. 127-128.

1.8.1.11. Demonstração da necessidade e apresentação do plano operacional da infiltração

Até aqui já falamos sobre os legitimados para o pleito, a necessidade de autorização judicial, a fragmentariedade e a subsidiariedade da medida, o prazo e o controle. Nesse embalo, o art. 11 da Lei do Crime Organizado, igualmente aplicável à sistemática da Lei de Drogas, disciplina que:

> "O requerimento do Ministério Público ou a representação do delegado de polícia para a infiltração de agentes conterão a **demonstração da necessidade** da medida, o **alcance das tarefas dos agentes** e, **quando possível, os nomes ou apelidos das pessoas investigadas** e o **local da infiltração**."

A demonstração da necessidade da providência decorre do caráter cautelar (*fumus commissi delicti* e *periculum libertatis*) da infiltração policial, e é reforçada pelo art. 282, inc. I, do Código de Processo Penal.

Tal como exposto quando tratamos da fragmentariedade, é de observar aqui o **princípio da necessidade** (*notwendigkeit oder erforderlichkeit*) – subespécie do princípio da proporcionalidade em sentido amplo –, o qual "significa que nenhum meio menos gravoso para o indivíduo revelar-se-ia igualmente eficaz na consecução dos objetivos pretendidos. Em outros termos, o meio não será necessário se o objetivo almejado puder ser alcançado com a adoção de medida que se revele a um só tempo adequada e menos onerosa".[127] Reforça-se, assim, o caráter de ***ultima ratio probatoria*** da infiltração de agentes.

Para além da necessidade, o requerimento (ou a representação) deverá conter o **alcance das tarefas dos agentes**. Ou seja, impõe a lei a apresentação pelo requerente das tarefas que o(s) agente infiltrado poderá levar a cumprimento no desempenho de seu mister. Essa exposição permitirá que o magistrado delimite o **alcance da decisão de infiltração**, como esboçamos alhures.

Assim, apesar do silêncio da lei, é de todo conveniente que o pedido seja instruído com o **plano operacional da infiltração**. Conforme os ensinamentos de Denilson Feitoza Pacheco, esse documento deverá conter a

> "situação (elementos fáticos disponíveis, alvo e ambiente operacional), missão (objetivo da infiltração, provas a serem obtidas), especificação dos recursos materiais, humanos e financeiros disponíveis, treinamentos necessários, medidas de segurança da infiltração a serem observadas, coordenação e controle precisamente definidos com pessoa de ligação, prazos a serem cumpridos, formas seguras de comunicação, restrições etc.
>
> O plano de infiltração, no processo penal, deverá conter as espécies de condutas típico-penais que eventualmente o agente infiltrado poderá praticar, dependendo das circunstâncias concretas [...]."[128]

---

[127] MENDES, Gilmar Ferreira; BRANCO, Paulo Gustavo Gonet. *Curso de direito constitucional*. 9. ed. São Paulo: Saraiva, 2014. p. 271.

[128] PACHECO, Denilson Feitoza. *Direito processual penal* – teoria, crítica e práxis. 3. ed. Niterói: Impetus, 2005. p. 971.

Cap. 3 • PERSECUÇÃO PENAL E EFEITOS DA CONDENAÇÃO | **311**

Assim sendo, o plano operacional deverá se basear em prévio estudo da situação[129] e ser suficientemente rigoroso para se possibilitar a execução e o permanente controle (judicial, ministerial e pela autoridade policial) da infiltração, bem como sua avaliação contínua e final. Em outras palavras, "o plano deve definir o que o agente pode ou não fazer".[130] O juiz, à vista desse documento, terá mais elementos para estabelecer o alcance da sua decisão.

O art. 11 indica que, *quando possível*, o pleito deve vir instruído com "os nomes ou apelidos das pessoas investigadas". A expressão "quando possível" é sumamente importante, porquanto a infiltração policial pode se prestar justamente à descoberta dos nomes, alcunhas e demais dados qualificativos de determinado(s) integrante(s) da organização criminosa investigada.

Por último, o preceptivo em estudo exige que o requerimento (ou a representação) indique o "local da infiltração", *quando possível*. Saber ao menos um dos lugares onde atua a organização criminosa ou os narcotraficantes é relevante tanto para o estabelecimento da competência jurisdicional como também para a fixação do limite espacial de atuação do agente.

1.8.1.12. Valor probatório do testemunho oportunamente prestado pelo infiltrado

Para Guilherme de Souza Nucci, a infiltração de agentes "é um meio de prova misto, envolvendo a busca e a testemunha, visto que o agente infiltrado busca provas enquanto conhece a estrutura e as atividades da organização e será ouvido, futuramente, como testemunha."[131]

Em verdade, é de suma importância o depoimento testemunhal do agente infiltrado, exatamente por haver conhecido as entranhas da organização criminosa investigada. Demais disso, o art. 202 do Código de Processo Penal é taxativo ao estabelecer que "toda pessoa poderá ser testemunha".

Calha evidenciar, ainda, que, segundo a jurisprudência do Supremo Tribunal Federal,

---

[129] "No estudo da situação, devem ser feitas análise da organização, análise do ambiente operacional, análise do agente (perfil adequado para o desempenho da missão, compreensão da missão e dos riscos dela decorrentes, entendimento das normas e das ordens a que está submetido, provas de idoneidade, credibilidade e confiança demonstradas em missões ou operações anteriores etc.) análise de risco (custo/benefício da infiltração do agente, riscos quanto à pessoa do agente infiltrado, riscos institucionais, medidas de segurança específicas e alternativas, medidas de controle especiais, ligações/comunicações de informações com oportunidade e segurança etc.)" (PACHECO, Denilson Feitoza. *Direito processual penal* – teoria, crítica e práxis. 3. ed. Niterói: Impetus, 2005. p. 970).

[130] PACHECO, Denilson Feitoza. *Direito processual penal* – teoria, crítica e práxis. 3. ed. Niterói: Impetus, 2005. p. 970-971. Há quem diga que o plano operacional também deve especificar "cada uma das fases da serem obedecidas para o êxito da infiltração, a saber, o recrutamento, a formação do agente, a imersão, a infiltração propriamente dita, o seguimento-reforço, a exfiltração ou retirada do agente e a reinserção" (FERRO, Ana Luiza Almeida; GAZZOLA, Gustavo dos Reis; PEREIRA, Flávio Cardoso. *Criminalidade organizada*: comentários à Lei 12.850/13, de 02 de agosto de 2013. Curitiba: Juruá, 2014. p. 201).

[131] NUCCI, Guilherme de Souza. *Leis penais e processuais penais comentadas*. 8. ed. Rio de Janeiro: Forense, 2014. v. 2, p. 751.

312 | LEI DE DROGAS: Aspectos Penais e Processuais – *Cleber Masson • Vinícius Marçal*

"[...] inexiste qualquer restrição a que servidores policiais sejam ouvidos como testemunhas. O valor de tais depoimentos testemunhais – especialmente quando prestados em juízo, sob a garantia do contraditório – reveste-se de inquestionável eficácia probatória, não se podendo desqualificá-los pelo só fato de emanarem de agentes estatais incumbidos, por dever de ofício, da repressão penal."[132]

De igual modo, o brilhante processualista Afrânio Silva Jardim ressalta em sua obra que "no sistema do livre convencimento motivado do juiz, descabe retirar valor probatório do depoimento testemunhal pelo simples fato de a testemunha ser um policial."[133]

Sendo assim, está superada a tendência a se recusar, apriorística e preconceituosamente, o depoimento de policiais, pelo mero fato de integrarem o sistema de segurança pública. Insensato desprezar-se o relato de agente recrutado especialmente pelo Estado para prevenir e reprimir a criminalidade, quando chamado pelo mesmo Estado-Juiz para narrar ato de ofício.[134]

Se nos processos criminais *ordinários* tem valia a oitiva em juízo dos policiais que atuaram na fase investigatória, com muito mais razão terá valor probatório o testemunho do policial infiltrado que atuou *autorizado* pelo Poder Judiciário e sendo permanentemente controlado pelo Ministério Público e pela autoridade policial.

E não poderia ser diferente, haja vista que, muito provavelmente, ninguém além do agente infiltrado encontra-se mais capacitado a apontar a composição do grupo criminoso investigado, sua estruturação, seu nicho de atuação, a forma como se concretiza a divisão de tarefas entre seus membros, o *modus operandi* etc. Por haver participado de forma encoberta da organização criminosa, está o policial devidamente habilitado a revelar detalhes que talvez jamais seriam conhecidos em sua inteireza.

1.8.1.13. Distribuição sigilosa e informações detalhadas diretamente ao juiz

O art. 12 da Lei 12.850/2013 preconiza que "o pedido de infiltração será **sigilosamente distribuído**, de forma a não conter informações que possam indicar a operação a ser efetivada ou identificar o agente que será infiltrado".

Trata-se de disposição bem semelhante à do art. 7º da LCO, que disciplina a distribuição sigilosa do pedido de homologação do acordo de colaboração premiada. Em ambos os casos, o que se almeja é evitar o vazamento da medida e, com isso, manter incólume tanto o ato a ser realizado quanto a identidade do infiltrado. Por isso o pedido de infiltração não passará ordinariamente pelo protocolo judicial, devendo ser sigilosamente distribuído (autuado, enumerado e registrado) a um magistrado, observando-se, no que forem compatíveis, as regras fixadas na Res. 59/2008-CNJ, que disciplina as rotinas do procedimento de interceptação de comunicações telefônicas e telemáticas.

Na hipótese de mais de um juízo igualmente competente já haver firmado sua competência pelo deferimento de alguma medida cautelar antes proposta, este

---

[132] HC 74.438/SP, rel. Min. Celso de Mello, 1ª Turma, j. 26.11.1996. No mesmo sentido: STJ, AgRg no AREsp 234.674/ES, rel. Min. Rogerio Schietti Cruz, 6ª Turma, j. 22.05.2014.

[133] JARDIM, Afrânio Silva. *Direito processual penal* – estudos e pareceres. 12. ed. Rio de Janeiro: Lumen Juris, 2013. p. 541.

[134] TACrim/SP, Apelação 1.229.935/2, rel. Des. Renato Nalini, 11ª Câmara, *DOJ* 23.02.2001.

haverá se tornado prevento (arts. 78, II, *c*, c/c 83, ambos do CPP) para o julgamento da própria causa, de maneira que não haverá necessidade de distribuição do pedido de infiltração.

Efetivada a distribuição ou sendo esta desnecessária em razão da prevenção, "**as informações quanto à necessidade da operação de infiltração serão dirigidas diretamente ao juiz competente**, que decidirá no prazo de **24 (vinte e quatro) horas**, após manifestação do Ministério Público na hipótese de representação do delegado de polícia, devendo-se adotar as medidas necessárias para o êxito das investigações e a segurança do agente infiltrado" (LCO, art. 12, § 1º).

Portanto, as razões da medida de infiltração, com a demonstração de sua necessidade e o detalhamento do plano operacional, deverão ser diretamente apresentadas ao magistrado. Para tanto, seguindo por analogia o disposto nos arts. 2º a 4º da Res. 59/2008-CNJ, serão encaminhados ao distribuidor o pedido e os documentos pertinentes, em envelope lacrado, de modo que em sua parte exterior conste apenas uma folha de rosto com as seguintes informações: medida cautelar sigilosa; delegacia de polícia ou órgão do Ministério Público postulante; comarca de origem. Para preservar a *distribuição sigilosa*, na mencionada folha de rosto, veda-se a indicação do nome do requerido e do policial que será infiltrado, da natureza da medida ou de qualquer outra anotação que possa indicar a operação a ser efetivada.

As medidas necessárias para o êxito das investigações a serem tomadas pelo juiz, tal como mencionado no § 1º, para nós, são traduzidas na fixação judicial dos limites espaciais, temporais e investigatórios. Não poderia mesmo ser de outro modo, haja vista que o resguardo do êxito propriamente dito das investigações é tarefa que haverá de competir ao executor da infiltração, não ao magistrado.

De igual modo, pensamos que as medidas de proteção voltadas para a segurança do agente infiltrado devem ficar a cargo do aparato da segurança pública, não sendo esta uma atribuição do juiz. Entra em cena, aqui, a figura do "**protetor do infiltrado**",

> "o qual geralmente consiste em um superior hierárquico [...]. Sua atuação consiste na função essencial de acompanhar, de forma muito próxima, as atividades do agente policial, com vistas a garantir ao mesmo, que em situações de extrema gravidade, possa o infiltrado ter acesso a um contato direto e urgente com os responsáveis pela elaboração do plano de infiltração, bem como com a autoridade responsável pela expedição da autorização para o início da operação.

> Esclarecedor, ainda, aduzir que esta figura do 'protetor' terá uma fundamental importância em termos de definir-se as melhores táticas operacionais a serem utilizadas pelo infiltrado, buscando, desse modo, permitir ao funcionário estatal a segurança para trabalhar dentro de situações de risco controláveis, evitando, assim, a exposição desnecessária de sua vida [...]. Do mesmo modo que o infiltrado, este coordenador ou protetor operacional deverá ser treinado para buscar, em curto espaço de tempo e com certa margem de razoabilidade, soluções para o bom desenvolvimento da operação encoberta."[135]

---

[135] FERRO, Ana Luiza Almeida; GAZZOLA, Gustavo dos Reis; PEREIRA, Flávio Cardoso. *Criminalidade organizada*: comentários à Lei 12.850/13, de 02 de agosto de 2013. Curitiba: Juruá, 2014. p. 212.

LEI DE DROGAS: Aspectos Penais e Processuais – *Cleber Masson* • *Vinícius Marçal*

A preocupação do legislador com a preservação do sigilo nessa seara levou-o a tipificar como crime punido com pena de reclusão, de 1 (um) a 4 (quatro) anos, e multa, a conduta consistente em descumprir determinação de sigilo das investigações que envolvam a ação controlada e a infiltração de agentes, no contexto da criminalidade organizada (LCO, art. 20). De outro modo, caso o sigilo da medida de infiltração seja quebrado por quem deveria guardá-lo numa hipótese em que se investiga a narcotraficância fora dos contornos do crime organizado, restará como soldado de reserva o crime de violação de sigilo funcional previsto no art. 325 do CP.

1.8.1.14. Denúncia instruída com os autos da operação de infiltração

Sem embargo da distribuição sigilosa do pedido de infiltração e da apresentação das informações detalhadas diretamente ao magistrado, o § 2º do art. 12 da LCO deixa expresso que "os autos contendo as informações da operação de infiltração acompanharão a denúncia do Ministério Público, quando serão disponibilizados à defesa, assegurando-se a preservação da identidade do agente".

Pela sistemática legal, e não poderia deixar de ser – sobretudo em razão do perigo de ineficácia da medida (CPP, art. 282, § 3º) –, a infiltração de agentes é uma providência cautelar que se desenvolve *inaudita altera pars*. Isso não significa, contudo, ausência de contraditório. Tem-se, isso sim, o chamado **contraditório diferido ou postergado**, a ser exercido em momento futuro, tal como ocorre nas interceptações de comunicações telefônicas.[136]

Destarte, ao fim da operação de infiltração, e em caso de oferecimento de denúncia pelo Ministério Público, os autos do pedido de infiltração deverão acompanhar a denúncia, quando serão disponibilizados à defesa, *assegurando-se a preservação da identidade do agente*.

Em outros termos, com a denúncia, abre-se à defesa a possibilidade ampla de contraditar as provas advindas da infiltração policial e a própria deflagração da operação de infiltração de agentes, podendo, por exemplo, fustigar a decisão por falta de fundamentação ou por ausência de fixação de limites.

1.8.1.15. Sustação da operação

Em seu art. 12, § 3º, a Lei 12.850/2013 dispõe que, "havendo indícios seguros de que o agente infiltrado sofre risco iminente, a operação será sustada mediante requisição do Ministério Público ou pelo delegado de polícia, dando-se imediata ciência ao Ministério Público e à autoridade judicial". Trata-se, pois, da **cessação urgente** da operação de infiltração, também chamada em sede doutrinária de **flexibilização operativa da infiltração policial**.

Não poderia mesmo ser de outro modo. Seria inconcebível cogitar que o Estado, ciente de que um (ou mais) de seus servidores públicos sofre perigo iminente – o que pode

---

[136] "As provas obtidas por meio de interceptação telefônica possuem o contraditório postergado para a ação penal porventura deflagrada, diante da incompatibilidade da medida com o prévio conhecimento de sua realização pelo agente interceptado" (STJ, AgRg no AREsp 262.655/SP, rel. Min. Marco Aurélio Bellizze, 5ª Turma, j. 06.06.2013).

Cap. 3 · PERSECUÇÃO PENAL E EFEITOS DA CONDENAÇÃO | 315

ocorrer pelo vazamento da operação (**cessação por quebra de sigilo**) –, ignorasse esta situação e continuasse progredindo com a operação que, certamente, poderia redundar no extermínio do agente infiltrado.

Dessa forma, presentes indícios seguros de que o agente infiltrado sofre risco iminente, outro caminho não haverá senão a **sustação da operação**, que poderá ocorrer (**a**) mediante requisição do Ministério Público ou (**b**) diretamente pelo delegado de polícia, dando-se imediata ciência ao *Parquet* e ao magistrado competente.

Andou bem o legislador em não exigir autorização judicial para a sustação da operação. A urgência da situação, em face do risco a que foi exposto o agente, reclama interrupção imediata da operação. Aliás, antes mesmo de haver requisição ministerial ou pela autoridade policial, poderá o agente infiltrado fazer valer seu direito e "cessar a atuação infiltrada" – **cessação voluntária** (LCO, art. 14, I). Tendo tomado esta decisão, o agente deverá comunicar o fato ao Ministério Público e ao delegado de polícia, que, por sua vez, cientificarão o magistrado acerca do ocorrido.

Outras três formas de cessação da operação são apontadas por André Carlos e Reis Friede[137], a saber: **cessação por expiração do prazo** (a infiltração tem um limite temporal e não pode continuar após o seu termo *ad quem*), **cessação por êxito operacional** (tendo alcançado seu desiderato a infiltração deixa de ser necessária) e **cessação por atuação desproporcional** (não guardando o agente a devida proporcionalidade no agir, rompendo, assim, os limites legais e os judicialmente fixados, a operação deve ser interrompida, para que outros atos ilegais não venham a ser cometidos pelo encoberto. Há, nesse caso, "uma quebra de relação de confiança da Justiça para com o agente").[138]

1.8.1.16. Proporcionalidade como regra de atuação

Como meio extraordinário de obtenção de prova, a infiltração de agentes deverá ser pautada pela observância aos princípios da legalidade, especialidade, subsidiariedade, controle (judicial, ministerial e interno) e proporcionalidade. Obedecendo a estes postulados de extração constitucional, a atuação encoberta será compatível com as bases de um processo penal garantista, tornando-se lícitas as condutas realizadas pelo infiltrado, desde que em consonância com o objeto da investigação e com os limites estabelecidos em decisão judicial.[139]

Desviando-se dessa trilha orientativa, ou seja, se "o agente que não guardar, em sua atuação, a devida **proporcionalidade com a finalidade** da investigação, **responderá pelos excessos praticados**", é o que prevê o *caput* do art. 13 da Lei 12.850/2013.

O principal para que não ocorra essa atuação excessivamente desproporcional em relação à finalidade da investigação, permitindo-se que a operação se desenvolva de forma juridicamente adequada, a nosso sentir, é que em cada caso sejam estritamente observados pelo policial infiltrado os já mencionados limites espacial, temporal e investigatórios

---

[137] CARLOS, André; FRIEDE, Reis. *Aspectos jurídico-operacionais do agente infiltrado*. Rio de Janeiro: Freitas Bastos, 2014. p. 66-67.

[138] ZANELLA, Everton Luiz. *Infiltração de agentes e o combate ao crime organizado*: análise do mecanismo probatório sob o enfoque da eficiência e do garantismo. Curitiba: Juruá, 2016. p. 206.

[139] Nesse caminho: PEREIRA, Flávio Cardoso. *Agente encubierto como medio extraordinario de investigación* – perspectivas desde el garantismo procesal penal. Bogotá: Grupo Editorial Ibañez, 2013. p. 621.

316 | LEI DE DROGAS: Aspectos Penais e Processuais – *Cleber Masson* • *Vinícius Marçal*

impostos na autorização judicial em consonância com as informações apresentadas ao magistrado por meio do plano operacional da infiltração.

Com efeito, lançando luzes sobre as normas para a infiltração policial em organizações criminosas a cargo do FBI, Marllon Sousa conclui que "caso haja a estrita obediência por parte do agente infiltrado quanto aos escopos das operações, bem como em relação aos limites de sua atuação na coleta da prova de crimes cometidos anteriormente à sua entrada no grupo e durante sua permanência, dificilmente será bem-sucedido o argumento da tese da *entrapment defense*."[140]

De forma bem didática, vejamos alguns exemplos de atuação desproporcional[141] por parte do agente infiltrado, que reclamaria responsabilização pelos excessos praticados:

Exemplo n. 1: "O agente se infiltra em organização criminosa voltada a delitos financeiros; não há cabimento em matar alguém somente para provar lealdade a um líder. Por outro lado, é perfeitamente admissível que o agente promova uma falsificação documental para auxiliar o grupo a incrementar um delito financeiro. No primeiro caso, o agente responderá por homicídio e não poderá valer-se da excludente, visto a despro-porcionalidade existente entre a sua conduta e a finalidade da investigação. No segundo, poderá invocar a inexigibilidade de conduta diversa, pois era a única atitude viável diante das circunstâncias."[142]

Exemplo n. 2: "O infiltrado, na tentativa de obter informações sobre a venda de drogas por uma organização criminosa, já estando ambientado nesse grupo delitivo, re-solve violentar sexualmente um dos membros deste, a fim de que este lhe conte detalhes sobre o *modus operandi* utilizado na empreitada criminosa."[143]

Exemplo n. 3: Devidamente autorizado por decisão judicial, o agente infiltrado ingressa num dado domicílio em busca de evidências da atuação de determinada orga-nização criminosa que corrompe servidores públicos para fraudar licitações. Concluídas as buscas, o policial encontra fortuitamente uma significativa quantidade de drogas, apropria-se dela e passa a comercializá-la com o único intuito de obter lucro.

A desproporção do agir do infiltrado nesses casos salta aos olhos. Há, por assim dizer, um verdadeiro **rompimento do nexo causal** que deveria unir a atuação do agente legitimada por decisão judicial às atividades investigadas. A quebra desse liame indica, nas palavras da lei, a falta de proporcionalidade com a finalidade da investigação[144] e a necessidade de responsabilização pelo excesso.

---

[140] SOUSA, Marllon. *Crime organizado e infiltração policial*: parâmetros para a validação da prova colhida no combate às organizações criminosas. São Paulo: Atlas, 2015. p. 75.

[141] "Não se apresenta razoável, por exemplo, admitir que o policial possa matar pessoas na busca de ele-mentos de prova para apuração de crimes praticados contra a flora e a fauna. Tal conclusão, portanto, impõe análise casuística das situações que se apresentarem" (SILVA, Eduardo Araujo da. *Organizações criminosas*: aspectos penais e processuais da Lei nº 12.850/13. São Paulo: Atlas, 2014, p. 98).

[142] NUCCI, Guilherme de Souza. *Leis penais e processuais penais comentadas*. 8. ed. Rio de Janeiro: Forense, 2014. v. 2, p. 756.

[143] FERRO, Ana Luiza Almeida; GAZZOLA, Gustavo dos Reis; PEREIRA, Flávio Cardoso. *Criminalidade organizada*: comentários à Lei 12.850/13, de 02 de agosto de 2013. Curitiba: Juruá, 2014. p. 216.

[144] "Embora tendo fixados os limites de sua atuação, haverá casos e circunstâncias em que a decisão sobre determinadas condutas lhe parecerá inerente à 'finalidade' da investigação. O termo 'finalidade' é abstrato, não delimitando ou fixando condutas – e nem poderia. Se ao agente infiltrado parecer haver um *link* da conduta com a finalidade da investigação, desde que plenamente justificável e

Cap. 3 · PERSECUÇÃO PENAL E EFEITOS DA CONDENAÇÃO | 317

Por outro prisma, é cristalino que o agente autorizado judicialmente a se infiltrar numa organização ou associação criminosa voltada para a narcotraficância não poderá ser responsabilizado por esses delitos. Afinal, "o fato de haver prévia autorização judicial para a utilização dessa técnica especial de investigação, permitindo sua infiltração no seio da organização criminosa, tem o condão de afastar a ilicitude de sua conduta, diante do **estrito cumprimento do dever legal** (CP, art. 23, III)."[145] Ademais, a fim de rechaçar a responsabilização penal do policial infiltrado que passa a integrar o grupo criminoso, também é possível invocar as teses da **inexistência do *animus* associativo** de caráter estável e permanente e da **atipicidade conglobante**.[146]

1.8.1.17. Natureza jurídica da exclusão da responsabilidade penal: inexigibilidade de conduta diversa

Ao dissertar sobre a infiltração de agentes, grande parcela da doutrina costuma defender a ideia segundo a qual o policial infiltrado poderá comprometer a finalidade do instituto caso opte por não participar ativamente das atividades criminosas levadas a cabo pelos investigados. Dito de outro modo, é forte a compreensão no sentido de ser quase impossível a execução da operação de infiltração sem ao menos a participação do agente em alguma prática delitiva em dado momento de sua atuação.

Essa concepção, entretanto, não é de todo verdadeira e precisa ser corrigida. Com efeito, "levando-se em conta que a maioria das organizações criminosas está em situação pré-mafiosa, empresarial, torna-se factível integrar-se em sua estrutura sem o cometimento obrigatório de crimes"[147]. Isso porque o cometimento de delitos como forma de comprovação de fidelidade, em regra, é prática compatível com as chamadas organizações criminosas do tipo tradicional, mafiosas, que atuam com extrema violência.

Portanto, como bem anota Rafael Pacheco, "nem sempre será necessário praticar crimes, pois pode o infiltrado atuar em diversos níveis da organização, inclusive em uma

---

considerando a situação vivenciada, nessas condições não poderá responder pelo 'excesso'" (MENDRONI, Marcelo Batlouni. *Comentários à lei de combate ao crime organizado* – Lei nº 12.850/13. São Paulo: Atlas, 2014. p. 84).

[145] LIMA, Renato Brasileiro de. *Legislação criminal especial comentada*. 3. ed. Salvador: JusPodivm, 2015. p. 587.

[146] Com esteio em Eugenio Raúl Zaffaroni, pode-se dizer que para a aferição da tipicidade reclama-se a presença da antinormatividade. Assim, ou o fato praticado pelo agente, contrário à lei penal, desrespeita todo o ordenamento normativo, e há tipicidade, ou, ainda que em desconformidade com a lei penal, esteja em consonância com a ordem normativa, e ausente estará a tipicidade. Para essa teoria, a tipicidade penal resulta da junção da tipicidade legal com a tipicidade conglobante: tipicidade penal = tipicidade legal + tipicidade conglobante. Tipicidade legal (adequação à fórmula legal do tipo) é a individualização que a lei faz da conduta, mediante o conjunto dos elementos objetivos e normativos de que se vale o tipo penal. Já a tipicidade conglobante (antinormatividade) é a comprovação de que a conduta legalmente típica está também proibida pela norma, o que se afere separando o alcance da norma proibitiva conglobada com as demais normas do sistema jurídico. Não basta, pois, a mera tipicidade legal, isto é, a contrariedade do fato à lei penal. É necessário mais. A conduta do agente, contrária à lei penal, deve violar todo o sistema normativo. Em suma, deve ser antinormativa, isto é, contrária à norma penal, e não imposta ou fomentada por ela.

[147] PACHECO, Rafael. *Crime organizado* – medidas de controle e infiltração policial. Curitiba: Juruá, 2011. p. 126.

de suas faces lícitas, pela qual poderá cumprir seu dever sem a necessidade imperiosa de delinquir. [...] Pode agir desde uma forma leve e periférica, ou de forma profunda, quando está infiltrado sob uma identidade falsa."[148]

Tanto é prescindível a prática delitiva pelo infiltrado, que o agente pode, por exemplo, infiltrar-se como cozinheiro ou motorista na residência de importante *capo* do narcotráfico e, com isso, obter relevantes informações para o desmantelamento de sua associação criminosa, sem se envolver no cometimento de crime algum.

Sem embargo disso, não é improvável que, no curso da operação de infiltração, o policial encoberto acabe sendo instado por membros do grupo criminoso a cometer ou participar de determinado delito (*v.g.*: falsificação de documentos para auxiliar a associação para o tráfico de drogas a lavar o dinheiro sujo). Em alguns casos o infiltrado levará a cabo o intento criminoso para salvaguardar o êxito da operação, em outros, para resguardar a sua própria integridade física.

Em razão disso,

> "para algumas modalidades de crime ou de organizações criminosas, a infiltração pode ser de antemão altamente desrecomendada, porque o investigador muito provavelmente seria chamado a praticar crimes graves, incompatíveis com a conduta que se espera de agente público, mesmo na condição de infiltrado. Pode ser o caso, entre outros, de grupos de extermínio e de quadrilhas dedicadas à extorsão ou a tráfico de órgãos ou seres humanos. Se, para conquistar a confiança e desempenhar seu trabalho, o agente infiltrado precisaria cometer homicídio, extorsão ou traficância de órgão humano, extraído mediante prévio homicídio ou lesão corporal gravíssima, parece certo que não poderia prosseguir na ação. Nessa circunstância, teria que recusar, o que provavelmente não só frustraria a operação como poria em sério risco o próprio agente."[149]

Nesse cenário, diverge a doutrina acerca da **natureza jurídica** da exclusão da responsabilidade penal do agente infiltrado que, guardando a devida proporcionalidade, termine por praticar ou participar de algum crime. Diversas correntes formaram-se nesse campo, a teor do que se vê:

1ª posição: Escusa absolutória. O agente infiltrado agiria sob a proteção de uma escusa absolutória, na medida em que, por razões de política criminal, não seria razoável nem lógico admitir a sua responsabilidade penal. A importância da sua atuação estaria associada à impunidade do delito perseguido. Essa corrente encontra amparo, por exemplo, nas legislações portuguesa, argentina e espanhola sobre o tema.

2ª posição: Estrito cumprimento do dever legal. Ainda por ocasião da vigência da Lei 9.034/1995, esta era a opinião de Denilson Feitoza Pacheco: "Se executar a infiltração conforme o plano de operações de infiltração, o agente infiltrado estará agindo no estrito cumprimento do dever legal de descobrir as atividades da organização criminosa

---

[148] PACHECO, Rafael. *Crime organizado* – medidas de controle e infiltração policial. Curitiba: Juruá, 2011. p. 126.

[149] SARAIVA, Wellington Cabral. Obtenção de prova decorrente de agente infiltrado. *In:* SALGADO, Daniel de Resende; QUEIROZ, Ronaldo Pinheiro de (org.). *A prova no enfrentamento à macrocriminalidade.* Salvador: JusPodivm, 2015. p. 219.

Cap. 3 • PERSECUÇÃO PENAL E EFEITOS DA CONDENAÇÃO 319

infiltrada, seus integrantes e redes de contato, seu *modus operandi*, sua área geográfica de atuação, seus objetivos de curto, médio e longo prazo, a quantidade de recursos financeiros, materiais e humanos que possui etc. Enfim, o princípio da proporcionalidade acarreta a exclusão da ilicitude, justificando legalmente as condutas típico-penais eventualmente praticadas, desde que sejam inerentes ao conceito de infiltração e instrumentalmente ligadas à infiltração concretamente realizada."[150]

3ª posição: Atipicidade penal pelo risco permitido (imputação objetiva). Nesse sentido, Damásio de Jesus pondera que o tema se inclui "no princípio do risco permitido da teoria da imputação objetiva. Na infiltração, a ação do policial é permitida pelo Estado e 'precedida de circunstanciada, motivada e sigilosa autorização' do Juiz-Estado (art. 10 da Lei n. 12.850). Ora, se a ação é permitida pela lei e autorizada pelo Juiz, como considerá-la típica? Essa corrente, excluindo a tipicidade, afasta a persecução penal do infiltrado. Se o Estado lhe permite a atividade, havendo a prática de um crime pela organização, que contou com sua execução ou participação, o correto é reconhecer a ausência de tipicidade em suas ações e não a licitude ou a inculpabilidade em fases posteriores."[151]

4ª posição: Atipicidade conglobante. Para essa corrente, "as condutas aparentemente criminosas perpetradas pelo agente infiltrado, dentro de uma proporcionalidade e, portanto, permitidas e até mesmo incentivadas pela legislação respectiva, configuram aquilo que Zaffaroni e Batista denominam de 'atipicidade conglobante', a afastar, desde logo a tipicidade da conduta [...]."[152]

5ª posição: Inexigibilidade de conduta diversa (causa de exclusão de culpabilidade). Cassio Roberto Conserino assevera que "se o agente infiltrado executar alguma conduta criminosa, estará acobertado pelo manto de causa de exclusão de culpabilidade, sob a modalidade inexigibilidade de outra conduta, vez que se não agisse, se não tivesse decidido participar do crime ou crimes da organização criminosa, o desiderato da infiltração restaria prejudicado, isto é, caberia ao agente infiltrado realizar, efetivamente, o crime ou crimes. Não lhe seria cabível optar pela não realização, sob pena de comprometimento do propósito ao qual se dispôs a infiltração."[153]

Esta última corrente foi a que encontrou eco na Lei 12.850/2013. Com efeito, o parágrafo único do art. 13 reza que **"não é punível, no âmbito da infiltração, a prática de crime pelo agente infiltrado no curso da investigação, quando inexigível conduta diversa"**.[154] Como a decisão de infiltração não constitui uma "carta branca" para a prática

---

[150] PACHECO, Denilson Feitoza. *Atividades de inteligência e processo penal.* Disponível em: http://www. advogado.adv.br/direitomilitar/ano2005/denilsonfeitozapacheco/atividadedeinteligencia.htm. Acesso em: 07.07.2015.

[151] JESUS, Damásio Evangelista de. Organização criminosa: primeiros conceitos. *Jornal Carta Forense.* Disponível em: http://www.cartaforense.com.br/conteudo/colunas/organizacao-criminosa-primeiros--conceitos/12390. Acesso em: 07.07.2015.

[152] CABETTE, Eduardo Luiz Santos. *Crime organizado*: nova Lei 12.850/13 e o problema da conduta dos agentes infiltrados no cometimento de infrações penais. Disponível em: http://www.migalhas.com. br/dePeso/16,MI188454,91041-Crime+organizado+nova+lei+1285013+e+o+problema+da+condu ta+dos+agentes. Acesso em: 07.07.2015.

[153] CONSERINO, Cassio Roberto. *Crime organizado e institutos correlatos.* São Paulo: Atlas, 2011. p. 86.

[154] Note-se, por curial, que a **Lei 13.441/2017** – que modificou a Lei 8.069/1990 para tratar da "infiltração de agentes de polícia na *internet* com o fim de investigar crimes contra a dignidade sexual de criança

320 | LEI DE DROGAS: Aspectos Penais e Processuais – *Cleber Masson • Vinícius Marçal*

de crimes, sendo, muito ao contrário, um legítimo meio especial de obtenção de prova, o legislador optou por presumir a inexigibilidade de conduta diversa a fim de excluir a culpabilidade do policial infiltrado nas situações em que ele seja envolvido por circunstâncias nas quais a prática delitiva no curso da operação apresente-se inevitável.

Rememore-se, por curial, que essa **causa de exclusão de culpabilidade** somente incidirá se o agente infiltrado guardar a devida proporcionalidade entre a sua conduta e a finalidade da investigação (art. 13, *caput*, LCO). Caso assim não o faça, responderá pelo excesso.

Conquanto seja essa a sistemática legal, Cezar Roberto Bitencourt e Paulo César Busato traçam contornos diversos sobre o ponto. Inicialmente, propõem uma verificação a fim de se definir se o crime praticado pelo agente infiltrado tem relação com a própria atividade investigada. Desse modo, "se o crime realizado encontra-se na esfera do previsto pelo projeto de infiltração, igualmente deverá estar coberto pelo dever de atuação do agente infiltrado". Assim, se sobre o delito já "paira um juízo de suspeita a respeito de sua prática que a infiltração do agente visa confirmar", estar-se-á diante de uma "situação de justificação" (exclusão de ilicitude pelo estrito cumprimento do dever legal).[155]

O mesmo não se pode dizer das ocasiões em que o crime cuja perpetração se veja o agente infiltrado compelido a praticar não se encontre relacionado à investigação em curso, o que pode surgir, por exemplo, nos chamados *testes de lealdade*. Nesse cenário quatro situações podem ocorrer:

a) Crimes praticados contando com a cumplicidade do agente infiltrado: todos os casos de cumplicidade (mera contribuição material) – *necessariamente menor em face da autoria* –, "em princípio, parecem isentar a responsabilidade do agente infiltrado", rendendo ensejo a aplicação do parágrafo único do art. 13 da Lei 12.850/2013.[156]

b) Crimes praticados em coautoria pelo agente infiltrado: nesses casos, a solução há de ser casuística. Essa situação "remete para a análise de necessidade e proporcionalidade no que diz respeito à imputação, sendo realmente impossível pretender a fixação de uma regra geral a respeito de até que ponto estará o agente infiltrado autorizado a contribuir em uma repartição de tarefas a respeito da realização de um crime."[157]

c) Crimes praticados em autoria direta ou autoria mediata pelo agente infiltrado: esses casos "parecem estar completamente fora da norma de cobertura, devendo

---

e de adolescente" – cuidou da exclusão da responsabilidade penal do infiltrado de maneira diversa, ou seja, **não no campo da *culpabilidade*** (como o fez a Lei 12.850/2013), **mas, sim, no âmbito da *ilicitude*** (estrito cumprimento do dever legal). Com efeito, o art. 190-C do ECA giza que: "**Não comete crime** o policial que oculta a sua identidade para, por meio da *internet*, colher indícios de autoria e materialidade dos crimes previstos nos arts. 240, 241, 241-A, 241-B, 241-C e 241-D desta Lei e nos arts. 154-A, 217-A, 218, 218-A e 218-B do Decreto-lei nº 2.848, de 7 de dezembro de 1940 (Código Penal)."

[155] BITENCOURT, Cezar Roberto; BUSATO, Paulo César. *Comentários à lei de organização criminosa*: Lei n. 12.850/2013. São Paulo: Saraiva, 2014. p. 179.

[156] BITENCOURT, Cezar Roberto; BUSATO, Paulo César. *Comentários à lei de organização criminosa*: Lei n. 12.850/2013. São Paulo: Saraiva, 2014. p. 180.

[157] BITENCOURT, Cezar Roberto; BUSATO, Paulo César. *Comentários à lei de organização criminosa*: Lei n. 12.850/2013. São Paulo: Saraiva, 2014. p. 181.

Cap. 3 • PERSECUÇÃO PENAL E EFEITOS DA CONDENAÇÃO | 321

ele responder completamente pelo delito, porque, obviamente, as normas que regulam a infiltração de agente jamais podem ser interpretadas como fomento à prática de delitos"[158]. Não há falar, pois, em qualquer causa de justificação ou exculpação. O infiltrado responderá criminalmente pelos crimes.

d) Crimes praticados pela organização criminosa em face de provocação ou instigação por parte do agente infiltrado: aqui o agente infiltrado atua, em verdade, como "agente provocador e ou faz nascer no autor do delito a vontade de praticar o crime, ou o incentiva a levar a cabo uma vontade criminosa que aquele já possui."[159] Essa hipótese não guarda a menor relação com a finalidade da operação de infiltração. Evidente que não estará o agente isento de responsabilidade criminal, afastando-se a incidência do parágrafo único do art. 13. Aliás, pelo regramento do CPP Espanhol (art. 282 *bis*, 5), as situações que constituam *provocação ao delito* afastam a isenção da responsabilidade penal do agente infiltrado.

1.8.1.18. Direitos do agente infiltrado

A Lei 12.850/2013 – repita-se à exaustão: lei geral procedimental na seara da infiltração policial – estabeleceu em prol do policial infiltrado o que chamamos de **estatuto de proteção da intimidade e da incolumidade,** ao arrolar em seu art. 14 os **"direitos do agente"**, de maneira semelhante ao que fez em benefício do colaborador (art. 5º). Por meio dessa carta de direitos busca-se tutelar tanto a intimidade como a integridade física do agente.

Quatro foram os direitos do agente catalogados na lei, a saber:

I – recusar ou fazer cessar a atuação infiltrada;

Esse direito deixa explícito o **caráter voluntário** da infiltração de agentes. Assim, caso não se sinta devidamente preparado para a operação, por falta de perfil adequado, por exemplo, o policial eventualmente convidado para a missão poderá *recusá-la*. Uma vez aceito o encargo, também poderá o agente fazer com que *cesse* a atuação infiltrada, sobretudo quando surgirem indícios seguros de que ele sofre risco iminente (LCO, art. 12, § 3º).

Com isso, a legislação brasileira terminou por adotar a sistemática preconizada no Código de Processo Penal espanhol, segundo a qual "nenhum funcionário da Polícia Judiciária poderá ser obrigado a atuar como agente infiltrado" (art. 282 *bis*, 2).[160]

II – ter sua identidade alterada, aplicando-se, no que couber,[161] o disposto no art. 9º da Lei nº 9.807, de 13 de julho de 1999, bem como usufruir das medidas de proteção a testemunhas;

---

[158] BITENCOURT, Cezar Roberto; BUSATO, Paulo César. *Comentários à lei de organização criminosa*: Lei n. 12.850/2013. São Paulo: Saraiva, 2014. p. 181.

[159] BITENCOURT, Cezar Roberto; BUSATO, Paulo César. *Comentários à lei de organização criminosa*: Lei n. 12.850/2013. São Paulo: Saraiva, 2014. p. 182.

[160] Na redação original: "Ningún funcionario de la Policía Judicial podrá ser obligado a actuar como agente encubierto". Disponível em: http://noticias.juridicas.com/base_datos/Penal/lecr.l2t3.html#a282b. Acesso em: 09.07.2015.

[161] "A ressalva 'no que couber' significa dizer que nem tudo que previsto naquela lei [9.807/99] terá aplicação para as hipóteses de agente infiltrado. Assim, por exemplo, não há que falar em 'conselho deliberativo', órgão típico da Lei 9.807/1999 [...]. Aqui a decisão sobre a alteração da identidade do

322 | LEI DE DROGAS: Aspectos Penais e Processuais – *Cleber Masson • Vinícius Marçal*

A possibilidade de alteração da identidade encontra ampla previsão no art. 9º da Lei 9.807/1999, e está em sintonia perfeita sintonia com a figura do agente infiltrado.

É cediço que em muitos casos a descoberta da verdadeira identidade do infiltrado poderá trazer-lhe sérios transtornos e inegável risco de morte. Em razão disso, a fim de tutelar sua integridade física e, ao mesmo tempo, criar condições para que ele possa desempenhar seu mister e alcançar os objetivos investigativos, a legislação permite a alteração da identificação do agente encoberto e, inclusive, de seus familiares com quem tenha convivência habitual (Lei 9.807/1999, art. 2º, § 1º).

Esse proceder se justifica porquanto, em muitos casos,

> "[...] o infiltrado haverá de desempenhar um papel que confunda os integrantes da organização e lhes permita supor que se trata de um deles; portanto, enquanto ostente a identidade falsa, permanece legitimamente habilitado para participar nas atividades desenvolvidas pela organização delitiva, realizando tarefas que lhe sejam encomendadas, tendo em conta que sua atuação é realizada através do uso de identidade fictícia."[162]

Dessa forma, incumbe ao magistrado determinar a criação de registros e documentos fictícios, "inclusive de histórico criminal, diplomas, certificados e de tudo o mais que se fizer necessário para o êxito da investigação. A concessão de registros fictícios vem sendo acolhida por inúmeros países como **Espanha** (art. 282 *bis* da *Ley de Enjuiciamento Criminal*), **Peru** (art. 2-H da Ley 27.934) e **Portugal** (art. 5º da Lei 101), a indicar que 'quem pode o mais (determinar a infiltração), pode o menos (permitir a construção da falsa identidade)."[163]

Cessada a operação de infiltração, será providenciado o retorno ao *status quo ante*, com a alteração para o nome original, conforme a teleologia do § 5º do art. 9º da Lei 9.807/1999.

Noutro giro, ao mencionar que o policial infiltrado tem o direito de "usufruir das medidas de proteção a testemunhas", a Lei do Crime Organizado faz remissão às demais medidas de proteção previstas na Lei 9.807/1999 (Lei de Proteção a Colaboradores, Testemunhas e Vítimas). Assim, segundo a gravidade e as circunstâncias de cada caso, poderão alcançar o infiltrado, no que couber, as medidas protetivas previstas no art. 7º, a exemplo da segurança em sua residência; da acomodação provisória em local compatível com a proteção; do apoio e assistência social, médica e psicológica etc.

III – ter seu nome, sua qualificação, sua imagem, sua voz e demais informações pessoais preservadas durante a investigação e o processo criminal, salvo se houver decisão judicial em contrário;

---

agente infiltrado cabe exclusivamente ao juiz de direito, mediante – entendemos – requerimento do Ministério Público, representação da autoridade policial e mesmo a pedido do próprio policial (ouvido, nestas últimas hipóteses, o *parquet*)" (CUNHA, Rogério Sanches; PINTO, Ronaldo Batista. *Crime organizado*: comentários à nova lei sobre o crime organizado – Lei nº 12.850/2013. 2. ed. Salvador: JusPodivm, 2014. p. 119).

[162] FERRO, Ana Luiza Almeida; GAZZOLA, Gustavo dos Reis; PEREIRA, Flávio Cardoso. *Criminalidade organizada*: comentários à Lei 12.850/13, de 02 de agosto de 2013. Curitiba: Juruá, 2014. p. 226.

[163] *Manual* – infiltração de agentes. Brasília: ENCCLA, 2014. p. 4-5.

Cap. 3 • PERSECUÇÃO PENAL E EFEITOS DA CONDENAÇÃO | **323**

No estudo desse direito surge uma grande polêmica em sede doutrinária: seria possível ou não a oitiva do agente infiltrado como **testemunha anônima** – *o que ocorre quando o réu não tem conhecimento dos dados qualificativos do depoente (nome, endereço etc.)*? Há três entendimentos sobre a questão, a saber:

1ª posição: É possível a oitiva do agente infiltrado como testemunha anônima, mas o defensor do réu tem o direito de participar da audiência. Nesse sentido, Renato Brasileiro de Lima leciona:

> "[...] se, porventura, surgir a necessidade de sua oitiva, o agente infiltrado deve ser ouvido como testemunha anônima. Afinal, não faria sentido guardar o sigilo da operação durante o curso de sua execução para, após sua conclusão, revelar aos acusados a verdadeira identidade civil e física do agente infiltrado. [...] Esse anonimato é determinado para se prevenir ou impedir a prática de eventuais ilícitos contra as testemunhas (*v.g.*, coação processual, ameaça, lesões corporais, homicídios, etc.), possibilitando, assim, que seu depoimento ocorra sem qualquer constrangimento, colaborando para o necessário acertamento do fato delituoso."[164]

Assim,

> "[...] conquanto haja restrição à presença do acusado, afigura-se obrigatória a presença do defensor quando da produção da prova testemunhal, devendo-se franquear a ele o acesso aos dados qualificativos da testemunha. Isso porque, de nada adianta assegurar ao defensor a possibilidade de fazer reperguntas às testemunhas, se o advogado não tem conhecimento de quem é a testemunha. Ora, como poderá o advogado fazer o exame cruzado, se não tem consciência de quem está prestando o depoimento? Como poderá o advogado aferir o saber testemunhal sem conhecimento de seus dados pessoais? A nosso juízo, portanto, e de modo a se assegurar o direito à ampla defesa (CF, art. LV), pensamos que a ocultação da identidade de testemunhas ou vítimas não poderá alcançar o advogado, o qual ficará responsável pela preservação desses dados."[165]

No acórdão proferido por ocasião do julgamento do HC 90.321/SP, o **Supremo Tribunal Federal** parece ter perfilhado esta orientação.[166]

---

[164] LIMA, Renato Brasileiro de. *Legislação criminal especial comentada*. 3. ed. Salvador: JusPodivm, 2015. p. 590. É de se observar que "tal anonimato testemunhal em regra é acompanhado do uso de procedimentos judiciários que impedem o acusado e seu defensor técnico de vislumbrar o semblante da testemunha, e de recurso tecnológicos que distorcem a voz dela durante o seu depoimento em juízo. Ademais disso, aqueles sistemas probatórios que permitem a produção de fontes de prova oral anônimas no julgamento também costumam impor restrições quanto às linhas de questionamento que podem ser utilizadas pelo acusado, ao ensejo da inquirição dessas fontes, a fim de evitar a identificação delas próprias ou da sua atual residência" (MALAN, Diogo Rudge. *Direito ao confronto no processo penal*. Rio de Janeiro: Lumen Juris, 2009. p. 140).

[165] LIMA, Renato Brasileiro de. *Legislação criminal especial comentada*. 3. ed. Salvador: JusPodivm, 2015. p. 594.

[166] "1. A tese de nulidade do ato do interrogatório do paciente devido ao sigilo das informações acerca da qualificação de uma das testemunhas arroladas na denúncia não deve ser acolhida. 2. No caso concreto, há indicações claras de que houve a preservação do sigilo quanto à identidade de uma das testemunhas devido ao temor de represálias, sendo que sua qualificação foi anotada fora dos autos com acesso restrito aos juízes de direito, promotores de justiça e advogados constituídos e nomeados.

324 | LEI DE DROGAS: Aspectos Penais e Processuais – *Cleber Masson* • *Vinícius Marçal*

2ª posição: É possível a oitiva do agente infiltrado como testemunha anônima, vedando-se inclusive ao defensor a participação na audiência. Com esse entendimento, Marcelo Mendroni pondera que "para absoluta e inalienável necessidade de proteção da integridade física do agente infiltrado, seus dados serão mantidos sob sigilo, sem acesso, inclusive ao advogado."[167] E prossegue:

> "A eventual argumentação de necessidade dos advogados de conhecerem a identidade do agente infiltrado não se sustenta, já que não impede o exercício da legítima defesa, pois os réus se defendem dos fatos e não das pessoas. [...] Não haverá agentes a se proporem se infiltrar se souberem, antecipadamente, que no futuro advogados poderão ter conhecimento de sua identidade. De considerar, a propósito, que os réus podem trocar inúmeras vezes de advogados durante um só processo, caso em que todos teriam direito de conhecer a identidade do agente infiltrado, descaracterizando por completo o espírito da lei."[168]

3ª posição: Não é possível a oitiva do agente infiltrado como testemunha anônima, sendo direito tanto do réu como de seu defensor a participação na audiência. Nesse passo, Guilherme de Souza Nucci assevera que "não se pode admitir uma 'testemunha sem rosto'. Ela não pode ser contraditada, nem perguntada sobre muitos pontos relevantes, visto não se saber quem é. Além disso, todos os relatórios feitos por esse agente camuflado – e nunca revelado – não podem ser contestados, tornando-se provas irrefutáveis, o que se configura um absurdo para o campo da ampla defesa. A única solução viável para que todo o material produzido por esse agente se torne válido é a sua identificação à defesa do acusado, possibilitando o uso dos recursos cabíveis. É responsabilidade do Estado garantir a segurança de seus servidores policiais, não se podendo prejudicar o direito constitucional à ampla defesa por conta disso. O agente pode e dever ficar oculto do público em geral e do acesso da imprensa, mas jamais do réu e do seu defensor."[169]

Fatos imputados ao paciente foram de formação de quadrilha armada, da prática de dois latrocínios e de porte ilegal de armas. 3. Legitimidade da providência adotada pelo magistrado com base nas medidas de proteção à testemunha (Lei nº 9.807/99). Devido ao incremento da criminalidade violenta e organizada, o legislador passou a instrumentalizar o juiz em medidas e providências tendentes a, simultaneamente, permitir a prática dos atos processuais e assegurar a integridade físico-mental e a vida das pessoas das testemunhas e de coautores ou partícipes que se oferecem para fazer a delação premiada. 4. *Habeas corpus* parcialmente conhecido e, nesta parte, denegado" (HC 90.321/SP, rel. Min. Ellen Gracie, 2.ª Turma, j. 02.09.2008).

[167] MENDRONI, Marcelo Batlouni. *Comentários à lei de combate ao crime organizado* – Lei nº 12.850/13. São Paulo: Atlas, 2014. p. 82. No mesmo sentido, Américo Bedê Jr. e Gustavo Senna (*Princípios do processo penal* – entre o garantismo e a efetividade da sanção. São Paulo: RT, 2009. p. 342-343) ponderam que "em casos extremos, quando existem provas concretas de ameaça à integridade física e à própria vida das testemunhas e vítimas e informantes" seria possível a restrição do "acesso à identidade do depoente até mesmo em relação ao advogado, com base na ponderação de interesses". Segundo os autores, "especialmente nos casos de criminalidade organizada é que a medida extrema de ocultamento da identidade da testemunha terá maior aplicação, pois é notório que uma das características marcantes dessas organizações é a intimidação, impondo a 'lei do silêncio', não raramente por meio da eliminação da testemunha."

[168] MENDRONI, Marcelo Batlouni. *Comentários à lei de combate ao crime organizado* – Lei nº 12.850/13. São Paulo: Atlas, 2014. p. 85-86.

[169] NUCCI, Guilherme de Souza. *Leis penais e processuais penais comentadas*. 8. ed. Rio de Janeiro: Forense, 2014. v. 2, p. 755.

Ao estatuir que é direito do agente infiltrado "ter seu nome, sua qualificação, sua imagem, sua voz e demais informações pessoais preservadas durante a investigação *e o processo criminal*" (LCO, art. 14, III), a Lei 12.850/2013 parece se distanciar da terceira corrente.

Calha grifar que esse direito do *infiltrado* (a) é mais amplo, por conter a expressão "durante a investigação *e o processo criminal*", do que o direito do colaborador consistente em "ter nome, qualificação, imagem e demais informações pessoais preservados" (LCO, art. 5°, II); e (b) não se limita ao direito (do colaborador) de "participar das audiências sem contato visual com os outros acusados" (LCO, art. 5°, IV), que trata da figura do **testemunho oculto**.

Demais disso, fazendo-se necessária a oitiva do agente infiltrado como testemunha anônima, entendemos razoável que esta audiência seja realizada **antecipadamente**. Assim, tomando-se por analogia o art. 19-A, parágrafo único, da Lei 9.807/1999 – vocacionado à proteção de réus colaboradores –, e com o escopo de diminuir os riscos inerentes à inquirição do policial encoberto, o juiz poderá tomar antecipadamente o seu depoimento, devendo justificar a eventual impossibilidade de fazê-lo no caso concreto ou o possível prejuízo que a oitiva antecipada traria para a instrução criminal.[170]

IV – não ter sua identidade revelada, nem ser fotografado ou filmado pelos meios de comunicação, sem sua prévia autorização por escrito.

Esse direito decorre na necessária preservação de seus dados pessoais, conforme a previsão do inc. III *supra*. Expressamente direciona-se aos "meios de comunicação" – a imprensa em geral – que, doravante, têm o dever de guardar sigilo acerca da identidade do agente infiltrado, independentemente da fonte de conhecimento.

A propósito, adiantamos nosso entendimento[171] pela compatibilidade desse preceptivo com o art. 220, § 1°, da Constituição Republicana, porquanto, se de um lado a nossa Lei Suprema garante o direito à liberdade de expressão e informação, de outro, preserva igualmente o direito de privacidade. Destarte, "a divulgação de uma informação obtida por via manifestamente ilícita torna os meios de comunicação coadjuvantes de uma prática criminosa. Parece que ninguém se deu conta disso."[172]

De outro lado, a devassa desautorizada à identidade do agente infiltrado, quando a medida for deferida no contexto investigativo do crime organizado, pode render ensejo ao art. 20 da Lei 12.850/2013. Caso a infiltração seja autorizada com o escopo de investigar o

---

[170] Além do mais, parece-nos possível a aplicação, por analogia, das disposições do Provimento CG 32/2000, da Corregedoria-Geral de Justiça do Estado de São Paulo, que prevê que os dados qualificativos e endereço da testemunha e da vítima sob ameaça não constarão dos depoimentos (constarão em impresso distinto, que ficará em poder da secretaria do Juízo e de acesso ao MP e aos defensores constituídos), nos termos do art. 3°, e o mandado de intimação também será emitido em separado, sem constar os nomes e dados qualificativos da testemunha ou vítima (art. 6°). Disponível em: http://arisp.files.wordpress.com/2011/06/cgj-provimento-32-2000.pdf. Acesso em: 24.02.2014. Esse provimento já foi considerado constitucional pelo STF. P.S.: a Corregedoria-Geral da Justiça do Estado de Goiás editou provimento semelhante (Provimento 3/2011).

[171] Igualmente: NUCCI, Guilherme de Souza. *Leis penais e processuais penais comentadas*. 8. ed. Rio de Janeiro: Forense, 2014. v. 2, p. 743.

[172] BARROSO, Luís Roberto. *País de provas ilícitas*. Disponível em: http://www.migalhas.com.br/dePeso/16,MI68735,41046-Pais+de+provas+ilicitas. Acesso em: 11.08.2016.

326 | LEI DE DROGAS: Aspectos Penais e Processuais – *Cleber Masson* • *Vinícius Marçal*

tráfico de drogas dissociado da criminalidade organizada, a revelação ilegal da identidade do agente pode configurar o art. 325 do Código Penal.

1.8.2. Introito sobre a ação controlada

Em seu art. 53, a Lei de Drogas trata, ainda, de outro meio extraordinário de obtenção da prova, qual seja: a **ação controlada**.

Por meio desse preceptivo, o legislador preconizou que, em qualquer fase da perse-cução criminal relativa aos crimes previstos na Lei 11.343/2006, será permitida, **mediante autorização judicial**[173] (já *relegada*[174] **em sede jurisprudencial**) e ouvido o Ministério Público, "a não atuação policial sobre os portadores de drogas, seus precursores químicos ou outros produtos utilizados em sua produção, que se encontrem no território brasileiro, com a finalidade de identificar e responsabilizar maior número de integrantes de opera-ções de tráfico e distribuição, sem prejuízo da ação penal cabível" (LD, art. 53, II). Nesse caso, "a autorização será concedida desde que sejam conhecidos o itinerário provável e a identificação dos agentes do delito ou de colaboradores" (parágrafo único).

É o que ocorre, por exemplo, quando policiais monitoram um porto à espera da chegada de um considerável carregamento de cocaína por parte de uma organização criminosa, até que, em determinado momento, atraca um pequeno bote com dois dos integrantes (já conhecidos) portando um saco plástico transparente contendo um pó branco, a indicar ser cocaína. Em vez de efetuarem a prisão flagrancial dos sujeitos diante do delito aparente, postergam o ato, esperando que a "grande carga" seja desembarcada em um navio que se sabe virá dentro em breve. Em suma, evita-se a prisão em flagrante na ocasião da prática do delito, a fim de que, em momento posterior, possa ser efetuada com maior eficácia a prisão de todos os participantes da organização criminosa, bem como se permita a apreensão da droga em maior quantidade[175].

---

[173] A Lei 12.850/2013, em seu art. 8º, § 1º, expressamente impôs que "o retardamento da intervenção policial ou administrativa **será previamente comunicado** ao juiz competente que, se for o caso, estabelecerá os seus limites e comunicará ao Ministério Público". Por sua vez, a revogada redação do art. 2º, II, da Lei 9.034/95 **não previa a autorização judicial** como condicionante da ação controlada, situação que era chancelada pela jurisprudência (HC 119.205/MS, rel. Min. Jorge Mussi, 5ª Turma, j. 29.09.2009) e muito criticada pela doutrina, que chegou a rotular o instituto de "**ação controlada descontrolada**" (por ficar simplesmente ao alvedrio da polícia, sem controle ministerial ou judicial).

[174] "5. Embora o art. 53, I, da Lei n. 11.343/2006 permita o procedimento investigatório relativo à ação controlada, mediante autorização judicial e após ouvido o Ministério Público, certo é que essa previsão visa a proteger o próprio trabalho investigativo, afastando eventual crime de prevaricação ou infração administrativa por parte do agente policial que aguarda, observa e monitora a atuação dos suspeitos e não realiza a prisão em flagrante assim que toma conhecimento acerca da ocorrência do delito. 6. **Ainda que, no caso, não tenha havido prévia autorização judicial para a ação controlada, não há como reputar ilegal a prisão em flagrante dos recorrentes, tampouco como considerar nulas as provas obtidas por meio da intervenção policial**. Isso porque a prisão em flagrante dos acusados não decorreu de um conjunto de circunstâncias preparadas de forma insidiosa, porquanto ausente, por parte dos policiais que efetuaram a prisão em flagrante, prática tendente a preparar o ambiente de modo a induzir os réus à prática delitiva. Pelo contrário, por ocasião da custódia, o crime a eles imputado já havia se consumado e, pelo caráter permanente do delito, protraiu-se no tempo até o flagrante" (STJ: REsp 1.655.072/MT, rel. Min. Rogerio Schietti Cruz, 6ª Turma, j. 12.12.2017).

[175] Cf. MOREIRA, Rômulo de Andrade. A nova lei de organização criminosa – Lei nº 12.850/2013. *Juris Plenum Ouro*, n. 43. Caxias do Sul: Plenum, maio/jun. 2015. 1 DVD. ISSN 1983-0297.

A ação controlada também encontra previsão na Lei do Crime Organizado (arts. 8º e 9º), na Lei de Terrorismo e na Lei do Tráfico de Pessoas – de forma remetida – (art. 16 da Lei 13.260/2016 e art. 9º da Lei 13.344/2016, respectivamente) e, para alguns, na Lei de Lavagem de Dinheiro (art. 4º-B da Lei 9.613/1998). Contudo, **apenas com a edição da Lei 12.850/2013** a ação controlada foi brindada com a **regulamentação procedimental** mais precisa, que ousou ultrapassar os vagos lindes da definição legal e o arremedo de sistematização verificado na revogada lei das organizações criminosas e na Lei de Drogas, respectivamente. Justamente por isso, parece-nos que, em qualquer caso, convém seja aplicada a sistemática (fixação de limites, sigilo, elaboração do auto circunstanciado etc.) inaugurada pela LCO.

Destarte, é forte a compreensão de que "a disciplina da *ação controlada* constante da Lei nº 12.850, de 2013, **derrogou tacitamente** a previsão da ação controlada constante da Lei de Drogas, porque, sendo mais abrangente, tratou por completo desse instituto, devendo ser aplicada também nas hipóteses de tráfico de drogas, inclusive sua forma procedimental, **sempre e quando o crime de tráfico seja praticado por organizações criminosas.**"[176]

Assim, se o tráfico de drogas é praticado por organização criminosa, as disposições da Lei do Crime Organizado devem incidir em sua completude, fazendo-se, pois, *desnecessária a autorização judicial para a ação controlada*, haja vista que a LCO se contenta com a prévia comunicação ao juízo competente. Lado outro, se o narcotráfico é investigado fora do contexto da criminalidade organizada, a ação controlada se orientará pelos regramentos da Lei 11.343/2006 e será complementada pelas prescrições da Lei 12.850/2013 naquilo em que a Lei de Drogas for omissa (*v.g.*: fixação de limites).

Esse *retardamento* da ação policial faz que a ação controlada seja igualmente chamada de **flagrante retardado (prorrogado, postergado, diferido** ou **esperado**[177]), que não se confunde com *flagrante provocado* ou *preparado*[178] disciplinado pela Súmula 145 do

---

[176] BITENCOURT, Cezar Roberto; BUSATO, Paulo César. *Comentários à lei de organização criminosa*: Lei n. 12.850/2013. São Paulo: Saraiva, 2014. p. 147.

[177] Há quem, corretamente, diferencie o *flagrante esperado* do *flagrante prorrogado*. Nesse sentido: "No *flagrante esperado* o que ocorre é que a autoridade, que detém uma informação privilegiada a respeito de algo que irá ocorrer, monitora a situação, aguardando que ocorra a situação de flagrante, em princípio, inexistente. A prisão ocorre, então, imediatamente em relação à configuração do estado de flagrância. No *flagrante prorrogado*, a situação deve ser de permanência do delito – daí o cabimento mais frequente em casos de tráfico de drogas – e a vigilância policial também se protrai no tempo, aguardando o momento mais apropriado para realizar a captura onde a comprovação delitiva esteja mais evidente. A diferença, portanto, reside em que no *flagrante esperado* a prisão se dá no momento em que se instaura a situação de flagrância; enquanto no *flagrante prorrogado*, ao contrário, instaura-se a situação de flagrante; mas dado que não é instantâneo o delito, esta se prorroga, de modo a permitir que a autoridade dilate no tempo o momento de sua intervenção" (BITENCOURT, Cezar Roberto; BUSATO, Paulo César. *Comentários à lei de organização criminosa*: Lei n. 12.850/2013. São Paulo: Saraiva, 2014. p. 146).

[178] A jurisprudência bem diferencia os flagrantes *provocado (preparado), forjado* e *esperado*: "No *flagrante preparado*, a polícia provoca o agente a praticar o delito e, ao mesmo tempo, impede a sua consumação, cuidando-se, assim, de *crime impossível*; ao passo que no *flagrante forjado* a conduta do agente é criada pela polícia, tratando-se de *fato atípico*. Hipótese totalmente diversa é a do *flagrante esperado*, em que a polícia tem notícias de que uma infração penal será cometida e aguarda o momento de sua consumação para executar a prisão" (STJ: HC 307.775/GO, rel. Min. Jorge Mussi, 5ª Turma, j. 03.03.2015).

328 | LEI DE DROGAS: Aspectos Penais e Processuais – *Cleber Masson* • *Vinícius Marçal*

Supremo Tribunal Federal ("não há crime, quando a preparação do flagrante pela polícia torna impossível a sua consumação").

De toda sorte, só há espaço para o postergamento da intervenção policial quando haja previsão legal para tanto, exatamente por constituir esse *não fazer momentâneo* uma **exceção** ao art. 301 do Código de Processo Penal. Todavia, nada obsta que, na práxis policial,

> "[...] o agente animado pela astúcia e perspicácia, eleja o momento mais adequado para agir. Ninguém afirmará, decerto, que o policial que aguardou o larápio deixar o supermercado com os bens furtados, ao invés de prendê-lo ainda no interior do estabelecimento comercial, teria praticado uma ação controlada. Tal conduta, com efeito, não se trata de uma ação controlada propriamente dita, com todos os requisitos elencados na lei em exame, senão uma mera e corriqueira diligência policial, inerente às atividades que lhe são próprias."[179]

A rigor, o descumprimento pelas autoridades policiais quanto ao dever de levar a cabo uma prisão em flagrante pode constituir o delito de prevaricação (CP, art. 319). Todavia, a partir da previsão normativa do instituto da ação controlada, abre-se uma verdadeira exceção à regra geral do *dever de prender em flagrante* que esvazia a tipicidade da postura omissiva (de retardar a intervenção), por faltar, no ponto, o especial fim de agir consistente na satisfação do "interesse ou sentimento pessoal"[180].

Solução diversa ocorrerá, por certo, "se a ação se frustrou em virtude da vontade livre e consciente dos policiais em não prender os criminosos, quando poderiam fazê-lo e não havia indicação para o retardamento do flagrante. Nesta última hipótese, [os servidores] serão apenados com as sanções criminais e administrativas cabíveis à espécie"[181].

Ademais, a ação controlada não consiste apenas no ato de deixar momentaneamente de efetuar a prisão em flagrante, englobando, também, o não cumprimento imediato das cautelares de natureza real, como giza o § 4º do art. 60 ("a ordem de apreensão ou sequestro de bens, direitos ou valores *poderá ser suspensa* pelo juiz, ouvido o Ministério Público, quando a sua execução imediata possa comprometer as investigações"), tudo "para que o investigado tenha a falsa impressão de que ele está incólume, quando na realidade o Estado está monitorando todos os seus passos, exatamente para que a ação repressiva estatal venha em bloco contra seus comparsas, fornecedores, distribuidores etc."[182]

Noutro giro, anote-se que a grande maioria da doutrina nacional denomina a ação controlada também de **entrega vigiada** ou **entrega controlada**[183], técnica esta

---

[179] CUNHA, Rogério Sanches; PINTO, Ronaldo Batista. *Crime organizado*: comentários à nova lei sobre o crime organizado – Lei nº 12.850/2013. 2. ed. Salvador: JusPodivm, 2014. p. 93.

[180] Cezar Roberto Bitencourt e Paulo César Busato (*Comentários à lei de organização criminosa*: Lei n. 12.850/2013. São Paulo: Saraiva, 2014. p. 144), com visão diversa, entendem que a ação controlada "afasta a *pretensão de ilicitude* do tipo, afinal o ordenamento determina uma ação e permite, sob condições, a realização do seu oposto, ou seja, a *omissão*. Evidentemente, ao tratar-se de um conflito de deveres, resta presente uma situação de *justificação procedimental* [...]".

[181] CUNHA, Rogério Sanches; PINTO, Ronaldo Batista. *Crime organizado*: comentários à nova lei sobre o crime organizado – Lei nº 12.850/2013. 2. ed. Salvador: JusPodivm, 2014. p. 92.

[182] GOMES, Luiz Flávio; SILVA, Marcelo Rodrigues da. *Organizações criminosas e técnicas especiais de investigação* – questões controvertidas, aspectos teóricos e práticos e análise da Lei 12.850/2013. Salvador: JusPodivm, 2015. p. 379-380.

[183] Vicente Greco Filho registra que, "no direito francês, há uma diferença entre *entrega vigiada* e *entrega controlada*. Na primeira, a mercadoria ilegal é objeto de vigilância passiva por parte das autoridades; na

Cap. 3 • PERSECUÇÃO PENAL E EFEITOS DA CONDENAÇÃO | 329

definida pela Convenção das Nações Unidas contra o Crime Organizado Transnacional (Convenção de Palermo) – promulgada internamente pelo Decreto Presidencial 5.015/2004 –, em seu art. 2º, alínea *i*, como a que "consiste em permitir que remessas ilícitas ou suspeitas saiam do território de um ou mais Estados, os atravessem ou neles entrem, com o conhecimento e sob o controle das suas autoridades competentes, com a finalidade de investigar infrações e identificar as pessoas envolvidas na sua prática".

Doutrinariamente, esta modalidade especial de ação controlada subdivide-se em três subespécies, a saber:

"a) **entrega vigiada limpa (ou com substituição):** as remessas ilícitas são trocadas antes de serem entregues ao destinatário final por outro produto qualquer, um simulacro, afastando-se o risco de extravio da mercadoria;

b) **entrega vigiada suja (ou com acompanhamento):** a encomenda segue seu itinerário sem alteração do conteúdo. Portanto, a remessa ilícita segue seu curso normal sob monitoramento, chegando ao destino sem substituição do conteúdo. À evidência, como não há substituição da mercadoria, esta espécie de entrega vigiada demanda redobrado monitoramento, exatamente para atenuar o risco de perda ou extravio de objetos ilícitos."[184]

c) **entrega vigiada interdição:** trata-se de espécie *sui generis* de entrega vigiada, porquanto nesse caso "a entrega da remessa ilícita ao seu destino é interrompida com a apreensão desta, porém, desde que atingidos seus objetivos de desmantelamento da quadrilha e identificação dos envolvidos."[185] Esta modalidade encontra previsão no art. 20, item 4, da Convenção de Palermo.[186]

1.8.2.1. Fixação de limites à ação controlada e controle ministerial

O art. 8º, § 1º, da Lei 12.850/2013, perfeitamente aplicável ao regime da Lei 11.343/2006, estabelece que, "se for o caso", o magistrado **estabelecerá limites à ação controlada** e **comunicará ao Ministério Público**[187].

Sem embargo do uso pela lei da expressão "se for o caso", entendemos de todo conveniente o **impositivo controle Ministerial** da ação controlada, por ser o *Parquet* o

---

segunda, é utilizado o recurso de agentes infiltrados que participam diretamente da operação. No direito brasileiro, pela lei comentada, os institutos estão bem separados com denominações próprias: ação controlada para a chamada entrega vigiada e a infiltração de agentes, com efeitos penais e processuais penais diferentes" (*Comentários à Lei de Organização Criminosa*: Lei n. 12.850/13. São Paulo: Saraiva, 2014. p. 35). No Brasil, uma parcela minoritária da doutrina busca diferenciar a ação controlada da entrega vigiada. Nesse rumo: RASCOVSKI, Luiz. *A entrega vigiada como meio de investigação*. 2011. Disponível em: http://www.teses.usp.br/teses/disponiveis/2/2137/tde-14062012-110431/pt-br.php. Acesso em: 19.05.2015.

[184] LIMA, Renato Brasileiro de. *Legislação criminal especial comentada*. 3. ed. Salvador: JusPodivm, 2015. p. 569-570.

[185] RASCOVSKI, Luiz. *A entrega vigiada como meio de investigação*. 2011. p. 97. Disponível em: http://www.teses.usp.br/teses/disponiveis/2/2137/tde-14062012-110431/pt-br.php. Acesso em: 19.05.2015.

[186] "As entregas vigiadas a que se tenha decidido recorrer a nível internacional poderão incluir, com o consentimento dos Estados-Parte envolvidos, *métodos como a intercepção* de mercadorias e a autorização de prosseguir o seu encaminhamento, sem alteração ou após subtração ou substituição da totalidade ou de parte dessas mercadorias."

[187] É "[...] mais compatível com a sistemática processual a colheita de parecer do Ministério Público, para, em seguida, decidir [o magistrado] nos termos da lei" (SILVA, Eduardo Araujo da. *Organizações criminosas*: aspectos penais e processuais da Lei nº 12.850/13. São Paulo: Atlas, 2014. p. 91).

330 | LEI DE DROGAS: Aspectos Penais e Processuais – *Cleber Masson* • *Vinícius Marçal*

"verdadeiro destinatário das diligências executadas"[188]. Assim, será o Ministério Público – *dominus litis* – quem "deverá ter a palavra final acerca do momento ideal para que a medida se concretize."[189]

De igual modo, cremos ser inafastável a fixação de **limites** pelo magistrado, quando da decisão judicial que autorizar a medida. Estes limites podem ser de duas ordens, a saber:

a) **Limites temporais:** parece lógico que a ação controlada não possa perdurar indefinidamente. Há de se delimitar um prazo máximo dentro do qual se possa legitimamente retardar a intervenção policial ou administrativa. Contudo, o legislador ordinário não fixou o termo *ad quem* da ação controlada. Assim, entendemos razoável a utilização, por analogia, do art. 10, § 3º, da LCO (destinado a regular a infiltração de agentes) de maneira a se estabelecer como prazo limite o lapso "de até 6 (seis) meses, sem prejuízo de eventuais renovações, desde que comprovada sua necessidade."[190]

b) **Limites funcionais (materiais):** referem-se à necessidade de pronta intervenção da autoridade policial em situações de risco a bens jurídicos de maior relevo. Assim, se expostos a risco concreto a integridade física das pessoas e até mesmo seus bens, a ação controlada deve ser suspensa impondo-se a atuação policial.

Obviamente poderá o magistrado ir além dos mencionados *limites* e **desautorizar** (antes de iniciar) ou **mandar cessar** (após iniciada) a medida, sempre que os requisitos mínimos exigidos pela lei não forem atendidos (*v.g.*, poderá ser obstada uma pretendida ação controlada quando esta não disser respeito aos delitos com ela compatíveis) ou na eventualidade de alguma ilegalidade, respectivamente.

1.8.2.2. Sigilo da medida

Outras disposições da Lei do Crime Organizado igualmente aplicáveis, por analogia, à Lei de Drogas, são as que disciplinam o sigilo da ação controlada. Nesse passo, o *requerimento* (ou *comunicação*, caso o narcotráfico seja praticado no contexto da criminalidade

---

[188] No ponto, calha abrir aspas para o saudoso Ministro Teori Zavascki: "[...] não cabe ao Supremo Tribunal Federal interferir na formação da *opinio delicti*. É de sua atribuição, na fase investigatória, controlar a legitimidade dos atos e procedimentos de coleta de provas, autorizando ou não as medidas persecutórias submetidas à reserva de jurisdição, como, por exemplo, as que importam restrição a certos direitos constitucionais fundamentais, como o da inviolabilidade de moradia (CF, art. 5º, XI) e das comunicações telefônicas (CF, art. 5º, XII). Todavia, **o modo como se desdobra a investigação e o juízo sobre a conveniência, a oportunidade ou a necessidade de diligências tendentes à convicção acusatória são atribuições exclusivas do Procurador-Geral da República** (Inq 2.913-AgR, Min. Luiz Fux, Tribunal Pleno, *DJe* de 21.6.2012), **mesmo porque o Ministério Público, na condição de titular da ação penal, é o "verdadeiro destinatário das diligências executadas"** (Rcl 17.649 MC, Min. Celso de Mello, DJe de 30/5/2014)" (STF: Pet. 5.262/DF, j. 06.03.2015).

[189] MENDRONI, Marcelo Batlouni. *Comentários à lei de combate ao crime organizado* – Lei nº 12.850/13. São Paulo: Atlas, 2014. p. 71.

[190] Nesse sentido: FERRO, Ana Luiza Almeida; GAZZOLA, Gustavo dos Reis; PEREIRA, Flávio Cardoso. *Criminalidade organizada*: comentários à Lei 12.850/13, de 02 de agosto de 2013. Curitiba: Juruá, 2014. p. 170. E ainda: SILVA, Eduardo Araujo da. *Organizações criminosas*: aspectos penais e processuais da Lei nº 12.850/13. São Paulo: Atlas, 2014. p. 91.

Cap. 3 • PERSECUÇÃO PENAL E EFEITOS DA CONDENAÇÃO | **331**

organizada) da medida deve ser sigilosamente distribuído (LCO, art. 8º, § 2º) "de forma a não conter informações que possam indicar a operação a ser efetuada". Ao juiz, por óbvio, deverão ser apresentados os dados fáticos, os fundamentos da providência e os nomes de pessoas que possam ser incluídas na vigilância postergada.

Tendo em conta a natureza sensível da medida, nada mais natural que a distribuição do pleito se dê de forma sigilosa. Seria mesmo de se estranhar que almejando-se uma intervenção (postergada) que viesse a se operar no momento mais eficaz à formação de provas e obtenção de informações, pudesse haver uma tramitação normal do expediente pelos âmbitos forenses, sem preocupação com a sigilosidade que lhe é intrínseca. Não custa dizer que qualquer vazamento de informação pode colocar em risco o sucesso da ação controlada e inviabilizar a obtenção das provas pretendidas.

Certo é que, feita distribuição e fixados os limites da ação controlada, "até o encerramento da diligência, o acesso aos autos será restrito ao juiz, ao Ministério Público e ao delegado de polícia, como forma de garantir o êxito das investigações" (LCO, art. 8º, § 3º). Portanto, funcionários de cartórios estão expressamente excluídos do acesso esses autos.

A preocupação o legislador com a manutenção do sigilo dessa técnica investigativa foi tanta que, por meio do art. 20 da Lei 12.850/2013, criminalizou-se a conduta de "descumprir determinação de sigilo das investigações que envolvam a ação controlada e a infiltração de agentes", no contexto da criminalidade organizada. Caso a ação controlada não esteja se desenvolvendo no âmbito de uma operação contra o crime organizado, mas, exclusivamente, na seara da Lei de Drogas, ainda assim o vazamento da medida configura crime, no entanto, aquele previsto no art. 325 do Código Penal.

1.8.2.3. Término da diligência e elaboração do auto circunstanciado

Ao término da diligência, o responsável pela ação controlada deverá elaborar **auto circunstanciado** acerca do retardamento da intervenção policial ou administrativa (LCO, art. 8º, § 4º).

É nesse documento que será exposto com riqueza de detalhes todas as ações levadas a cabo (*v.g.*, campana, filmagens, fotografias etc.), a fim de que se possa cotejar os ganhos advindos da ação controlada. Ademais, entendemos de bom alvitre que se faça constar do auto circunstanciado uma via do auto de prisão em flagrante (retardado) do suspeito cuja intervenção policial foi postergada em prol da eficácia da investigação.

1.8.2.4. Consequências da frustração da medida

Em razão da ação controlada é possível que a situação flagrancial existente quando da efetivação da medida se dissipe. Se isso ocorrer, remanescerá alguma responsabilização para a autoridade policial que optou por retardar a intervenção policial? E qual será a consequência para o investigado?

Tendo a ação controlada sido *requerida* ou *comunicada* ao juízo (conforme o caso esteja ou não no âmbito da criminalidade organizada); os responsáveis por sua execução seguido à risca os limites judicialmente fixados; e as ações da narcotraficância permanecido sob perenes observação e acompanhamento, nenhuma consequência penal ou administrativa poderá pesar contra a autoridade policial. A ação controlada estará,

LEI DE DROGAS: Aspectos Penais e Processuais – *Cleber Masson* • *Vinícius Marçal*

portanto, coberta pela atipicidade conglobante ou mesmo "pelo estrito cumprimento do dever legal, restando afastada a pretensão de ilicitude pela permissão forte de uma causa legal de justificação".

No que importa ao autor do crime, dissipada a situação de flagrante durante a ação controlada, a autoridade policial de forma alguma poderá realizar a *prisão em flagrante* pelo ato pretérito que foi tolerado visando à eficácia da investigação. Não forma a autoridade policial, portanto, uma "carta de crédito" a ponto de poder prender em flagrante a qualquer tempo o alvo da ação controlada.

Destarte, como em nosso sistema constitucional ninguém será preso senão em flagrante delito ou por ordem escrita e fundamentada de autoridade judiciária competente (art. 5º, LXI, CR/1988), "a prisão a ser efetuada nesse momento posterior estará condicionada à verificação de situação de flagrância (*v.g.* a localização da carga roubada com os receptadores autoriza a prisão em flagrante por se tratar, a receptação, de crime permanente), ou à decretação prévia de eventual prisão preventiva e/ou temporária."[191]

Ainda que desapareça a situação flagrancial, tendo havido a consumação do crime então mantido sob vigilância, a autoridade responsável pela ação controlada deverá proceder normalmente a coleta dos elementos de prova que futuramente darão sustentação à ação penal, devendo tudo ser registrado em auto circunstanciado.

1.8.2.5. Ação controlada conjugada com outros meios de investigação

Conquanto a ação controlada seja um meio especial de investigação autônomo, visando a obtenção de maior eficiência na formação do arcabouço probatório, não raramente outras medidas poderão a ela se somar. Assim, é possível que durante o *postergamento do flagrante* seja conveniente a adoção de outras medidas, tais como as captações ambientais, a interceptação de comunicações telefônicas, a infiltração de agentes, a quebra dos sigilos bancário e fiscal etc.

Nesses casos de conjugação de meios especiais de obtenção da prova,

> "em relação a medidas que atinjam os direitos e garantias individuais, previstas nos dispositivos do artigo 5º da CF, parece evidente que deverão ser requeridas ao juízo, separadamente ou juntamente com o próprio requerimento da ação controlada, fundamentando-se cada uma delas [...]. Já em relação às campanas, com binóculos, câmeras filmadoras ou fotográficas em locais públicos, não há necessidade de requerimento judicial, já que ninguém pode pretender se manter em situação privada (íntima), protegida pela CF, em locais públicos."[192]

---

[191] LIMA, Renato Brasileiro de. *Legislação criminal especial comentada*. 3. ed. Salvador: JusPodivm, 2015. p. 568. Com entendimento semelhante: BADARÓ, Gustavo Henrique Righi Ivahy. *Processo penal*. Rio de Janeiro: Elsevier, 2012. p. 724. Ainda: "[...] perdida a situação de flagrante que efetivamente existiu [...], somente permitirá, eventualmente, a depender da presença dos requisitos formais e materiais dos dispositivos legais correspondentes, a decretação da prisão preventiva ou temporária, desde que absolutamente necessárias" (BITENCOURT, Cezar Roberto; BUSATO, Paulo César. *Comentários à lei de organização criminosa*: Lei n. 12.850/2013. São Paulo: Saraiva, 2014. p. 153).

[192] MENDRONI, Marcelo Batlouni. *Comentários à lei de combate ao crime organizado* – Lei nº 12.850/13. São Paulo: Atlas, 2014. p. 71.

Cap. 3 • PERSECUÇÃO PENAL E EFEITOS DA CONDENAÇÃO | 333

Fundamental, portanto, é notar que o/a requerimento/comunicação ao juízo (conforme o caso) da ação controlada não dá ao investigador *carta branca* para levar adiante, de forma automática, todas as demais técnicas especiais de investigação previstas em nosso ordenamento jurídico. Quando o caso exigir decisão judicial (reserva de jurisdição),[193] esta haverá de ser legitimamente pleiteada e deferida, sob pena de ilicitude.

1.9. Do rito especial

A Seção II do Capítulo III da Lei de Drogas disciplina um rito processual especial. Inicialmente, o art. 54 giza que, recebidos em juízo os autos do inquérito policial, de Comissão Parlamentar de Inquérito ou peças de informação, dar-se-á vista ao Ministério Público para, no prazo de **10 (dez) dias**, adotar uma das seguintes providências: *a)* promoção de arquivamento; *b)* requisição de diligências complementares; *c)* oferecimento de denúncia com rol de até cinco testemunhas e requerimento, se for o caso, para a juntada aos autos de outras provas. Além disso, confere-se ao *Parquet* a possibilidade de sustentar a incompetência do juízo, por compreender, por exemplo, que o inquérito – remetido ao juízo estadual – desvelou a prática de tráfico transnacional, devendo ser remetido ao juízo federal.

Ofertada a denúncia, inaugura-se um verdadeiro **contraditório prévio ao recebimento da peça acusatória**, com a notificação do acusado para oferecer **defesa preliminar (denominada *defesa prévia* pelo legislador)**, por escrito, no prazo de 10 (dez) dias[194] (art. 55, *caput*). Nessa resposta, consistente em defesa preliminar e exceções (de suspeição, incompetência, litispendência etc.), – a serem autuadas em apartado (art. 55, § 2º) –, o acusado poderá arguir preliminares e invocar todas as razões de defesa (*v.g.*: falta de laudo de constatação), oferecer documentos e justificações,[195] especificar as provas que pretende produzir e, até o número de 5 (cinco), arrolar testemunhas (art. 55, § 1º).

Para um setor doutrinário, a **defesa preliminar** encerra uma "verdadeira **condição de procedibilidade ou condição específica da ação**, pois não deverá o magistrado receber a denúncia antes do seu oferecimento. É obrigatória, portanto, a sua existência."[196] Nesse passo, não sendo apresentada no prazo adequado a resposta preliminar, o juiz nomeará defensor para oferecê-la em 10 (dez) dias, concedendo-lhe vista dos autos no ato de nomeação (art. 55, § 3º). Lado outro, há fortíssimo entendimento jurisprudencial no sentido de que a inobservância do procedimento que prevê defesa preliminar pode configurar

---

[193] "Tanto o STF, quanto este STJ, admitem ser válida como prova a gravação ou filmagem de conversa feita por um dos interlocutores, mesmo sem autorização judicial, não havendo falar, na hipótese, em interceptação telefônica, esta sim sujeita à reserva de jurisdição" (STJ: AgRg no REsp 1.196.136/RO, rel. Min. Alderita Ramos de Oliveira, 6ª Turma, j. 06.08.2013).

[194] Acerca da contagem desse prazo, lembre-se: "Quando a intimação tiver lugar na sexta-feira, ou a publicação com efeito de intimação for feita nesse dia, o prazo judicial terá início na segunda-feira imediata, salvo se não houver expediente, caso em que começará no primeiro dia útil que se seguir" (Súmula/STF 310). "No processo penal, contam-se os prazos da data da intimação, e não da juntada aos autos do mandado ou da carta precatória ou de ordem" (Súmula/STF 710).

[195] Por essas *justificações* se entende a possibilidade de serem levantados todos argumentos de interesse da defesa e que podem enfraquecer a acusação.

[196] MENDONÇA, Andrey Borges de; CARVALHO, Paulo Roberto Galvão de. *Lei de drogas*: Lei 11.343, de 23 de agosto de 2006 – comentada artigo por artigo. 3. ed. São Paulo: Método, 2012. p. 284.

334 | LEI DE DROGAS: Aspectos Penais e Processuais – *Cleber Masson* • *Vinícius Marçal*

apenas **relativa nulidade**[197] (*pas de nullité sans grief* – CPP, art. 563), que, como tal, reclama a demonstração de prejuízo[198] e arguição em momento oportuno, sob pena de preclusão.

Do mesmo modo, havendo **crimes conexos** (*v.g.*, narcotráfico em concurso com lavagem de capitais) "ao tráfico de entorpecentes, a adoção do **procedimento comum** não implica nulidade. Isso porque o rito ordinário assegura ao acusado o acesso ao mais amplo espectro de garantias processuais penais."[199]

Dada a omissão legislativa, diverge a doutrina sobre o procedimento a ser seguido na hipótese de o denunciado não ser encontrado para notificação pessoal. Para uns,[200] deve o magistrado providenciar a *notificação editalícia* para a apresentação da defesa preliminar. Para outros,[201] a notificação por edital é providência desnecessária, bastando a nomeação de defensor. Ainda, caso se verifique que o denunciado se oculta para não ser notificado pessoalmente, abre-se espaço para a *notificação com hora certa*. Diante desta, não havendo comparecimento, nomeia-se defensor dativo (CPP, art. 362, parágrafo único – *aplicado por analogia*).

Ofertada a defesa, é *possível* que o magistrado determine a **oitiva do Ministério Público**. Conquanto essa providência não conste expressamente da Lei 11.343/2006 – ao contrário do que ocorria no regime anterior (Lei 10.409/2002, art. 38, § 4º) –, nada impede que o *Ministério Público* seja instado a se manifestar sobre a defesa preliminar (**réplica da acusação**), quando, por exemplo, for apresentado pedido de diligência antes do recebimento da exordial acusatória e, sobretudo, quando suscitadas questões que, se acolhidas, poderão impedir o prosseguimento da ação penal, em franca homenagem ao princípio do contraditório, responsável por garantir aos dois polos da ação a efetiva participação na instrução do processo. Assim, segundo a jurisprudência do STJ "e do Pretório Excelso,[202]

---

[197] "A jurisprudência desta Corte Superior de Justiça é no sentido de que a inobservância do rito procedimental previsto no art. 55 da Lei n. 11.343/2006, que prevê a apresentação de defesa preliminar antes do recebimento da denúncia, gera nulidade relativa, desde que demonstrados, concretamente, eventuais prejuízos suportados pela defesa [...]" (STJ: RHC 113.880/SP, rel. Min. Joel Ilan Paciornik, 5ª Turma, j. 26.05.2020). Em sentido idêntico: STJ: AgRg no AREsp 1341923/PB, rel. Min. Nefi Cordeiro, 6ª Turma, j. 04.12.2018.

[198] "O art. 38 da Lei nº 10.409/02, ao estabelecer um contraditório preliminar, pretendeu fornecer elementos de aferição do juízo acerca da aptidão da denúncia. É cediço na Corte que a declaração de nulidade decorrente da inobservância do procedimento de contraditório prévio previsto na Lei nº 10.409/02 depende da demonstração de prejuízo à defesa" (STF: HC 100.515/SP, rel. Min. Celso de Mello, 2ª Turma, j. 16.08.2011).

[199] STF: HC 97.126/RJ, rel. Min. Ayres Britto, 2ª Turma, j. 27.03.2012. Nesse sentido: "Havendo conexão entre o ilícito previsto no artigo 33 da Lei 11.343/2006 – imputado a todos os acusados – e o disposto no artigo 12 da Lei 10.826/2003 e no artigo 155, § 3º, do Código Penal – atribuído apenas ao corréu –, a observância do *procedimento comum ordinário* é medida que se impõe, já que o mencionado rito proporciona *maiores condições de defesa ao recorrente*" (STJ: RHC 60.415/SP, rel. Min. Leopoldo de Arruda Raposo (desembargador convocado do TJPE), 5ª Turma, j. 17.09.2015).

[200] ARRUDA, Samuel Miranda. *Drogas*: aspectos penais e processuais penais: Lei 11.343/2006. São Paulo: Método, 2007. p. 148. Idem: CUNHA, Rogério Sanches; PINTO, Ronaldo Batista; SOUZA, Renee do Ó. *Drogas – Lei n. 11.343/2006. Leis penais especiais comentadas*. 3. ed. Salvador: JusPodivm, 2020. p. 1820.

[201] GUIMARÃES, Isaac Sabbá. *Nova Lei Antidrogas comentada*: crimes e regime processual penal. 2. ed. Curitiba: Juruá, 2007. p. 221.

[202] "Apresentada defesa prévia em que são articuladas, até mesmo, preliminares, é cabível a audição do Estado-acusador, para haver definição quanto à sequência, ou não, da ação penal" (STF: HC 105.739/RJ, rel. Min. Marco Aurélio, 1ª Turma, j. 07.02.2012).

se a Defesa suscita preliminares, não ofende a ampla defesa a abertura de vista ao *Parquet*, falando a acusação, de forma excepcional, ulteriormente, em prestígio ao contraditório."[203]

Na sequência do procedimento, em cinco dias (LD, art. 55, § 4º), o juiz decidirá pela rejeição (CPP, art. 395) ou recebimento[204] da denúncia, ou, ainda, pela absolvição sumária do denunciado, o que ocorrerá, por exemplo, caso a denúncia impute um fato *evidentemente* atípico (CPP, art. 397, III), como o "tráfico" de uma substância que não é considerada droga. E, se entender imprescindível, no prazo máximo de dez dias, o juiz determinará a apresentação do preso (numa espécie de **audiência de custódia facultativa**), a realização de diligências, exames e perícias (LD, art. 55, § 5º).

No particular, ao permitir que o magistrado adote algumas providências instrutórias antes mesmo do recebimento da peça acusatória, parcela da doutrina critica o aludido § 5º, porquanto teria estabelecido uma "**mini-instrução precoce**",[205] que mais tumultuaria o feito e prejudicaria o denunciado do que, propriamente, conferiria eficácia ao devido processo penal.

Ao receber a denúncia (juízo de admissibilidade), não é lícito ao magistrado retificar a capitulação legal dos fatos vertidos na peça acusatória, o que é cabível, ordinariamente, apenas quando da prolação da sentença (CPP, art. 383). Contudo, a jurisprudência do STJ, "em hipóteses excepcionais, admite a **alteração da capitulação da conduta** em momento anterior ao previsto no dispositivo citado, são elas: nos casos em que se vislumbra benefício imediato ao réu, com a correta fixação da competência ou do procedimento a ser adotado, ou mesmo quando, diante do manifesto equívoco na indicação do tipo legal, o delito aparentemente cometido possui gravidade significativamente diversa, com reflexos jurídicos imediatos na defesa do acusado."[206] É o que se verifica, por exemplo, na hipótese em que a denúncia *imputa* um crime de consumo pessoal (de ínfimo potencial ofensivo), mas *classifica* a conduta no art. 33 da Lei de Drogas (de máximo potencial ofensivo).

1.10. Recebimento da denúncia e suspensão do exercício das funções

Dentro dos **30 dias**[207] seguintes ao recebimento da denúncia (art. 56, § 2º), o juiz designará dia e hora para a audiência de instrução e julgamento, ordenará a citação pessoal do acusado, a intimação do Ministério Público, do assistente, se for o caso, e requisitará os laudos periciais (art. 56). Ainda, é de todo conveniente que o magistrado (ou mesmo o Ministério Público, por ofício) ordene a comunicação da data do ato ao delegado de

---

[203] STJ: RHC 46.443/SP, rel. Min. Ribeiro Dantas, 5ª Turma, j. 21.09.2017.

[204] A decisão de recebimento da denúncia pode ser sucinta, não se exigindo fundamentação exauriente (STJ: HC 534.414/PR, rel. Min. Joel Ilan Paciornik, 5ª Turma, j. 22.09.2020; STJ: AgRg no RHC 131.810/PR, rel. Min. Jorge Mussi, 5ª Turma, j. 25.08.2020).

[205] LIMA JÚNIOR, Javahé. *Lei de drogas comentada*. Florianópolis: Habitus, 2017. p. 251.

[206] STJ: RHC 103.623/PR, rel. Min. Ribeiro Dantas, 5ª Turma, j. 01.09.2020. E ainda: "[...] quando se trata de beneficiar o réu, buscando-se a correta fixação da competência ou do procedimento a ser adotado, admite-se a excepcional atuação do magistrado, que pode corrigir o enquadramento típico contido na inicial antes de proferida sentença condenatória no feito" (STJ: RHC 78.111/PB, rel. Min. Jorge Mussi, 5ª Turma, j. 15.12.2016).

[207] Se tiver sido determinada a realização de avaliação para atestar dependência de drogas, o prazo para a audiência será **90 (noventa) dias** (art. 56, § 2º).

polícia, a fim de viabilizar que as diligências complementares sejam executadas e remetidas ao juízo no tríduo que antecede a audiência (art. 52, parágrafo único).

Sem embargo da previsão segundo a qual compete ao magistrado a requisição de laudos periciais faltantes, para um setor doutrinário, a juntada desse conteúdo probatório relevante à formação da culpa encontra-se intimamente ligada à atividade acusatória. Por isso, deve competir ao Ministério Público (na qualidade de *dominus litis* e de *controlador externo da atividade policial*) a tarefa de velar para que esses documentos cheguem aos autos no prazo legal de três dias antes da data prevista para a realização da audiência de instrução e julgamento.

Nesse caminho, Javahé de Lima Jr. assevera não ser

> "nada produtivo a colocação do magistrado como mero expedidor de ofícios àqueles que já conhecem de antemão seus deveres funcionais e sua responsabilidade diante da contribuição que devem dar em prol da atividade persecutória estatal.
>
> O magistrado não pode se tornar um mero carimbador oficial para ficar requisitando laudos periciais de autoridades que já o deveriam ter realizado e juntado os resultados aos respectivos autos."[208]

Sobre o ponto, há julgados do STJ no sentido de que, por expressa previsão constitucional e legal, o Ministério Público possui "a prerrogativa de conduzir diligências investigatórias, podendo requisitar diretamente documentos e informações que julgar necessários ao exercício de suas atribuições de *dominus litis*." Portanto, não há inversão tumultuária do processo, a ser corrigida por correição parcial (ou reclamação), no proceder do magistrado que indefere providências que poderiam ser obtidas diretamente pelo *Parquet*. Inversão tumultuária haverá somente nas hipóteses em que o órgão ministerial demonstrar, "de pronto, a incapacidade de realização da diligência requerida por meios próprios."[209]

Sintetizando, pois, na vala desse entendimento, "o poder requisitório conferido ao Ministério Público pelo art. 129 da Constituição Federal não impede o requerimento de diligências ao Poder Judiciário, desde que demonstre a incapacidade de sua realização por meios próprios."[210]

Além disso, o art. 56 permitiu, *se for o caso*, a intimação do "assistente da acusação" para a audiência de instrução e julgamento. Como estabelece o Código de Processo

---

[208] LIMA JÚNIOR, Javahé. *Lei de drogas comentada*. Florianópolis: Habitus, 2017. p. 254.

[209] STJ: REsp 913.041/RS, rel. Min. Jane Silva (desembargadora convocada do TJMG), 6ª Turma, j. 14.10.2008. E ainda: "Ressalte-se que o referido poder conferido ao *Parquet* não impede o requerimento de diligências ao Poder Judiciário, desde que demonstre a incapacidade de sua realização por meios próprios. [...] Na hipótese vertente, contudo, o Ministério Público requereu ao Juízo que fosse requisitado da autoridade policial o laudo de exame toxicológico das substâncias apreendidas [...], sem demonstrar existir empecilho ou dificuldade para tanto" (STJ: AgRg no REsp 938.257/RS, rel. Min. Laurita Vaz, 5ª Turma, j. 03.02.2011).

[210] STJ: RHC 34.262/RS, rel. Min. Nefi Cordeiro, 6ª Turma, j. 03.03.2016. Igualmente: "Em que pese possa o Ministério Público requerer ao juízo a realização de diligências necessárias ao exercício de suas atribuições, a jurisprudência desta Corte firmou-se no sentido de que o requerimento ao Poder Judiciário só se justifica se demonstrada a imprescindibilidade de utilização dessa via" (STJ: AgRg no RMS 37.274/RN, rel. Min. Gurgel de Faria, 5ª Turma, j. 04.12.2014).

Cap. 3 • PERSECUÇÃO PENAL E EFEITOS DA CONDENAÇÃO | 337

Penal, assistente é o ofendido ou seu representante legal, ou, na falta, o seu cônjuge/companheiro(a), ascendente, descendente ou irmão (arts. 268 c.c. 31). Esse sujeito do processo é considerado *parte adesiva, adjunta* ou *contingente*, porquanto desnecessário ao regular andamento processual.

Conquanto seja prescindível o seu comparecimento no processo, majoritariamente, tem-se entendido que o assistente pode intervir no feito tanto para a obtenção de uma sentença condenatória (título executivo), como também para que a justiça penal seja feita (*v.g.*: manejando recurso para a elevação da pena imposta), tudo nos limites do disposto no art. 271 do CPP. A questão que se coloca é: quem pode ser o *ofendido* nos crimes previstos na Lei de Drogas?

Como vimos alhures, o *sujeito passivo* dos crimes previstos na Lei 11.343/2006 – que tutela a saúde pública –, para o entendimento prevalente, é a coletividade (crime vago), ou seja, um ente destituído de personalidade jurídica. Assim sendo, de acordo com uma **1ª posição**,[211] no ponto, não teria aplicabilidade o art. 56, haja vista que os crimes previstos na Lei de Drogas não revelam um *ofendido específico*.

Por outro lado, para uma **2ª posição**, existe a possibilidade de habilitação do assistente da acusação para os casos envolvendo os delitos inscritos nos arts. 38 e 39 da LD, nos quais "o sujeito passivo do crime é, primeiramente, a coletividade, [...] mas, secundariamente, aquele que recebe dose desnecessária, excessiva ou em desacordo com determinação legal ou regulamentar (para o art. 38) e a(s) pessoa(s) que sofre(m) diretamente a probabilidade de ocorrência do dano (para o art. 39)."[212] É a orientação que perfilhamos.

Por outro prisma, acerca do **recebimento da denúncia**, há de se exigir um *mínimo de fundamentação*. Seria mesmo um contrassenso exigir-se uma resposta preliminar ao recebimento da exordial e aceitar que a acusação viesse a ser aceita por mero despacho desprovido da mais comezinha carga decisória. Por isso mesmo, tem-se entendido que o recebimento da denúncia **prescinde de fundamentação complexa (exauriente)**, em decorrência de sua natureza interlocutória,[213] mas reclama *alguma motivação*. Dessarte, "a motivação acerca das teses defensivas apresentadas por ocasião da resposta escrita deve ser **sucinta**, *limitando-se à admissibilidade* da acusação formulada pelo órgão ministerial, *evitando-se, assim, o prejulgamento da demanda.*"[214]

Não obstante já tenha o denunciado ciência do teor da acusação, porquanto fora notificado antes do recebimento da inicial acusatória para fins de defesa preliminar, a Lei de Drogas impõe a sua *citação pessoal* (sendo possível a *citação por hora certa* – CPP, arts. 394, § 5º, c.c. 362). Em caso de *citação por edital* e não havendo comparecimento em juízo por parte do denunciado e tampouco constituição de advogado, discute-se se seria

---

[211] STF: HC 105.739/RJ, rel. Min. Marco Aurélio, 1ª Turma, j. 07.02.2012. E ainda: RANGEL, Paulo; BACILA, Carlos Roberto. *Lei de drogas*: comentários penais e processuais. 3. ed. São Paulo: Atlas, 2015. p. 214.

[212] LIMA JÚNIOR, Javahé. *Lei de drogas comentada*. Florianópolis: Habitus, 2017. p. 257.

[213] STJ: HC 534.414/PR, rel. Min. Joel Ilan Paciornik, 5ª Turma, j. 22.09.2020; AgRg no HC 369.201/CE, rel. Min. Sebastião Reis Júnior, 6ª Turma, j. 15.09.2016. Ainda nesse sentido: "Na hipótese em apreço, apesar de sucinto, o Juízo singular manifestou-se acerca do preenchimento dos requisitos do art. 41 do Código de Processo Penal, bem como da inexistência de causas de rejeição referidas no art. 395 do CPP, fundamentação suficiente para o recebimento da denúncia" (STJ: HC 382.584/ES, rel. Min. Ribeiro Dantas, 5ª Turma, j. 06.06.2017).

[214] STJ: AgRg no RHC 131.810/PR, rel. Min. Jorge Mussi, 5ª Turma, j. 25.08.2020.

338 | LEI DE DROGAS: Aspectos Penais e Processuais – *Cleber Masson* • *Vinícius Marçal*

possível a *suspensão do processo e do prazo prescricional*, tal como previsto no art. 366 do Código de Processo Penal. Conforme sintetizam Mendonça e Carvalho:

> "Para Luiz Flávio Gomes dependeria do teor da procuração: 'Se o advogado foi constituído exclusivamente para o ato da defesa preliminar, o processo não terá prosseguimento. Caso esse advogado tenha sido constituído para a defesa do acusado em todo o processo, feita a citação por edital, deve o advogado ser intimado para confirmar sua constituição. Confirmada, o processo terá prosseguimento normal. Não confirmada, o processo será suspenso'. *Nada obstante o posicionamento do mestre, entendemos que se o acusado já constituiu advogado em algum momento do processo, já demonstrou ciência quanto ao seu teor e conteúdo.* O art. 366 do CPP foi instituído para assegurar o princípio da informação, assegurado na Constituição e em Tratados e Convenções Internacionais, evitando-se que o réu seja condenado sem ter conhecimento da imputação que sobre ele recai. Assim, se o acusado já constituiu advogado na fase preliminar, não precisaria o magistrado suspender o processo pela aplicação do art. 366, pois a finalidade deste artigo já foi alcançada e não haveria razões para supor que o acusado não tem conhecimento da acusação que lhe é feita. *Nesta situação, deve o magistrado decretar a revelia do réu (art. 367 do CPP) e, caso o advogado, antes constituído, não continue praticando atos, nomear um advogado dativo.* Esta solução, segundo vemos, é mais consentânea com a interpretação teleológica do art. 366 do CPP e evita medidas procrastinatórias por parte do réu."[215]

Noutro giro, de forma semelhante ao que se encontra disciplinado no art. 319, VI, do Código de Processo Penal e no § 5º do art. 2º da Lei do Crime Organizado, disciplina o art. 56, § 1º, da Lei de Drogas que, "tratando-se de condutas tipificadas como infração do disposto nos arts. 33, *caput* e § 1º, e 34 a 37 desta Lei, o juiz, ao receber a denúncia, poderá decretar o **afastamento cautelar** do denunciado de suas atividades, se for funcionário público, comunicando ao órgão respectivo".

O farol que deve nortear o magistrado para a aplicação do afastamento cautelar do servidor público (suspensão do exercício das funções públicas) deve ser o art. 282 do Código de Processo Penal, que incorpora o **princípio da proporcionalidade** em sentido amplo e reconhece a natureza **cautelar** dessa medida, resultando disso a impreterível observância aos tradicionais requisitos do *fumus commissi delicti* (*fumus boni juris*) e do *periculum in mora*.

No âmbito do afastamento cautelar, o *periculum libertatis* deve se sedimentar em fatos que revelem que a manutenção do agente no exercício do múnus público poderá *prejudicar a investigação ou instrução probatória*. Mas não é essa a única hipótese que autoriza sua decretação. Com efeito, a medida "também pode ser decretada para *neutralizar outros riscos*, desde que restritos àqueles indicados no art. 282, I, do CPP: necessidade para aplicação da lei penal e, nos casos expressamente previstos, para evitar a prática de infrações penais. Assim, *da mesma forma que a suspensão do exercício da função pode ser determinada para que o acusado não se utilize de suas funções para destruir provas, pressionar testemunhas, intimidar vítimas, ou seja, para obstruir a investigação de qualquer*

---

[215] MENDONÇA, Andrey Borges de; CARVALHO, Paulo Roberto Galvão de. *Lei de drogas*: Lei 11.343, de 23 de agosto de 2006 – comentada artigo por artigo. 3. ed. São Paulo: Método, 2012. p. 291.

forma ou prejudicar a busca da verdade, também poderá ser imposta com o objetivo de evitar novas práticas delituosas."[216]

Dessarte, *não há falar em afastamento automático* do exercício das funções. Para tanto, é curial que a medida se faça *necessária* para aplacar ao menos um dos escopos supramencionados e recaia sobre o servidor público que, de fato, tenha se utilizado de suas funções para viabilizar a narcotraficância, ainda que o fato não aconteça no recinto público, ou seja, deve existir um **nexo funcional**[217] entre a atividade pública (*fumus boni juris*) desenvolvida pelo agente e a prática de algum dos crimes mencionados no art. 56, § 1º, da Lei de Drogas (arts. 33, *caput* e § 1º, e 34 a 37).

A Lei de Drogas nada fala acerca da **remuneração** do servidor afastado. A respeito do assunto, havia divergência jurisprudencial sobre a possibilidade de diminuição do pagamento dos vencimentos quando essa medida fosse prevista na legislação respectiva. O STJ entendia pela possibilidade quando o sujeito estivesse preso (REsp 413.398). Contrariamente, o STF ponderava que a diminuição da remuneração em caso de prisão do servidor violaria os princípios da presunção da inocência e da irredutibilidade dos vencimentos (RE 482.006). Todavia, em disposições normativas que podem ser aplicadas à espécie por analogia, a Lei do Crime Organizado (art. 2º, § 5º) e a Lei de Lavagem de Dinheiro (art. 17-D) cuidaram de sepultar a divergência ao preconizarem que o afastamento cautelar se dará **sem prejuízo da remuneração**.

A Lei 11.343/2006 também não estipulou o **prazo máximo de duração da medida cautelar de afastamento**, "todavia sua duração deve **observância aos princípios da proporcionalidade e razoabilidade**, os quais são observados a partir do momento em que estabelecido o período de afastamento das funções públicas e a demonstração concreta acerca de sua necessidade por aquele período para a consecução dos objetivos almejados por sua imposição."[218]

Ademais, insta sublinhar que a Lei 13.964/2019 (**Pacote Anticrime**) acrescentou um parágrafo único ao art. 316 do Código de Processo Penal para dispor que, "*decretada a prisão preventiva*, **deverá o órgão emissor da decisão revisar a necessidade de sua manutenção a cada 90 (noventa) dias**, mediante decisão fundamentada, de ofício, sob pena de tornar a prisão ilegal."[219] Não obstante o citado preceptivo diga respeito apenas à prisão preventiva, parece-nos bem salutar a possibilidade de estender a sua literalidade também para a medida cautelar de suspensão do exercício das funções públicas (afastamento). Ademais, a mesma Lei 13.964/2019 acrescentou ao CPP o art. 3º-C, § 2º, consoante o qual "as

---

[216] LIMA, Renato Brasileiro de. *Legislação criminal especial comentada*. 3. ed. Salvador: JusPodivm, 2015. p. 500-501.

[217] "A medida cautelar de afastamento das funções públicas prevista no artigo 319, VI, do CPP, exige a demonstração cumulativa do **nexo funcional** entre o delito praticado e a atividade funcional desenvolvida pelo agente e sua imprescindibilidade para evitar a continuidade da utilização indevida do cargo/emprego/mandato pelo autor para a consecução de seus objetivos espúrios em usurpação aos interesses públicos inerentes à função" (STJ: RHC 88.804/RN, rel. Min. Reynaldo Soares da Fonseca, 5.ª Turma, j. 07.11.2017).

[218] STJ: RHC 88.804/RN, rel. Min. Reynaldo Soares da Fonseca, 5.ª Turma, j. 07.11.2017.

[219] Calha destacar que "*a inobservância do prazo nonagesimal do artigo 316 do Código de Processo Penal* **não implica automática revogação** da prisão preventiva, **devendo o juízo competente ser instado a reavaliar a legalidade e a atualidade de seus fundamentos**" (STF: SL 1.395/SP, rel. Min. Luiz Fux, Pleno, j. 15.10.2020).

decisões proferidas pelo juiz das garantias não vinculam o juiz da instrução e julgamento, que, após o recebimento[220] da denúncia ou queixa, **deverá reexaminar a necessidade das medidas cautelares em curso, no prazo máximo de 10 (dez) dias."** Assim, uma vez determinado o afastamento no curso da investigação, depois de recebida a denúncia, forçosamente haverá um reexame acerca da necessidade da manutenção da providência.

Por óbvio, sendo o servidor-réu absolvido, deverá ele ser incontinente reintegrado às suas funções, pois, consoante giza o Código de Processo Penal, na sentença absolutória, o juiz "ordenará a cessação das medidas cautelares e provisoriamente aplicadas" (art. 386, parágrafo único, II). Ao contrário, em caso de condenação, ficará o réu sujeito à perda do seu cargo, função pública ou mandato eletivo, nas hipóteses vertidas no art. 92, inc. I, do Código Penal.

1.11. Audiência de instrução e julgamento

Sobre a audiência de instrução e julgamento, assim disciplina o art. 57 da Lei de Drogas:

> "Art. 57. Na audiência de instrução e julgamento, *após o interrogatório do acusado* e a inquirição das testemunhas, será dada a palavra, sucessivamente, ao representante do Ministério Público e ao defensor do acusado, para sustentação oral, pelo prazo de 20 (vinte) minutos para cada um, prorrogável por mais 10 (dez), a critério do juiz".

Diversamente desta sistemática, que insere o interrogatório do réu como o *primeiro ato* da audiência, o Código de Processo Penal abandonou o regime vigente até 2008 e, pela reforma elucubrada por meio da Lei 11.719, consagrou o *interrogatório como a derradeira providência da audiência,*[221] exaltando, com isso, a sua natureza de meio de defesa e, ao fim e ao cabo, o próprio sistema acusatório, mais comprometido com os princípios do contraditório e da ampla defesa (CR/1988, art. 5º, LV).

No ponto, convém ressaltar que sempre preponderou na jurisprudência o entendimento segundo o qual as regras do procedimento comum não derrogam diversa previsão procedimental regulada por lei especial, em razão do princípio da especialidade. Nessa perspectiva, como a Lei 11.343/2006 previu rito próprio para o processamento de diversos crimes, com a realização do interrogatório como primeiro ato da instrução, não haveria de incidir no caso o disposto no art. 400 do CPP, ante a impossibilidade da combinação de leis processuais (CPP, art. 394, § 2º).[222]

---

[220] "As referências à competência do juiz das garantias para receber a denúncia, constantes do *caput* e dos §§ 1º e 2º, do artigo 3º-C, revelam-se inconstitucionais, atribuindo-se *interpretação conforme a Constituição* no sentido de fixar que *a competência do juiz das garantias cessa com o oferecimento da denúncia* e, por conseguinte, oferecida a denúncia ou queixa, as questões pendentes serão decididas pelo juiz da instrução e julgamento" (STF: ADI 6.298, rel. Min. Luiz Fux, Tribunal Pleno, j. 24.08.2023).

[221] CPP, art. 400. "Na audiência de instrução e julgamento, a ser realizada no prazo máximo de 60 (sessenta) dias, proceder-se-á à tomada de declarações do ofendido, à inquirição das testemunhas arroladas pela acusação e pela defesa, nesta ordem, ressalvado o disposto no art. 222 deste Código, bem como aos esclarecimentos dos peritos, às acareações e ao reconhecimento de pessoas e coisas, *interrogando-se, em seguida, o acusado.*"

[222] Cf. STJ, AgInt no HC 347.723/SC, rel. Min. Nefi Cordeiro, 6ª Turma, j. 07.06.2016. E ainda: "A jurisprudência desta Corte é pacífica no sentido de que as novas disposições do Código de Processo Penal

Cap. 3 • PERSECUÇÃO PENAL E EFEITOS DA CONDENAÇÃO | **341**

Esse panorama, contudo, foi radicalmente alterado por ocasião do julgamento do **HC 127.900/AM**, pelo **Plenário do Supremo Tribunal Federal**. Pleiteava-se, no caso, a aplicação às ações penais em trâmite na Justiça Militar da sistemática vertida no art. 400 do Código de Processo Penal – alterado pela Lei 11.719/2008 – em detrimento do rito previsto no art. 302 do Decreto-lei 1.002/1969 (Código de Processo Penal Militar). A ordem foi denegada, mas, exclusivamente, a fim de que não fosse abalado o vetor da segurança jurídica (CR/1988, art. 5º, XXXVI) na ação já sentenciada.

Nesse passo, o **Supremo Tribunal Federal** compreendeu que, nos casos subsequentes ao que estava em pauta, sob pena de **nulidade do interrogatório**, deveria sim ser observada a regra do art. 400 do CPP, porquanto mais benéfica (*lex mitior*) e harmoniosa com a Constituição. Não bastasse isso, a Corte foi além e fixou a **orientação** segundo a qual:

> "**A norma inscrita no art. 400 do Código de Processo Penal comum aplica-se**, a partir da publicação da ata do presente julgamento [*o que ocorreu em 03.08.2016*], aos processos penais militares, aos processos penais eleitorais e a **todos os procedimentos penais regidos por legislação especial** incidindo somente naquelas ações penais cuja instrução não se tenha encerrado."[223]

Essa diretriz ecoou fortemente no **Superior Tribunal de Justiça**[224] que, em obséquio ao comando normativo inscrito no art. 927, V, do CPC –, aplicável subsidiariamente ao processo penal (CPP, art. 3º) –, terminou alterando a sua própria jurisprudência (*overruling*) para reconhecer que, "**em procedimentos ligados à Lei Antitóxicos, o interrogatório, igualmente, deve ser o último ato da instrução.**"[225]

É inegável, nessa perspectiva, que a realização do interrogatório ao final da instrução processual, tal como concebido pela reforma inaugurada pela Lei 11.719/2008 (CPP, art. 400), possibilita a arguição do réu após a colheita da prova verbalizada em juízo e, por conseguinte, homenageia o *direito de audiência*. Apenas com o interrogatório sendo levado

---

sobre o interrogatório não se aplicam a casos regidos pela Lei das Drogas" (STF: RHC 129.952 AgR/MG, rel. Min. Luiz Fux, 1ª Turma, j. 26.05.2017).

[223] HC 127.900/AM, rel. Min. Dias Toffoli, Pleno, j. 03.03.2016.

[224] "2. A jurisprudência desta Corte *havia firmado o entendimento* de que 'as regras do procedimento comum não derrogam diversa previsão de procedimentos regulados por lei especial, em razão do princípio da especialidade' [...]. 3. Tendo a Lei n. 11.343/2006 estabelecido rito próprio para o processamento de crimes de tráfico de drogas, determinando o seu art. 57 que o interrogatório será o primeiro ato da instrução, não deve incidir o disposto no art. 400 do CPP, que é regra geral. 4. O Supremo Tribunal Federal, no julgamento do HC n. 127.900/AM, rel. Ministro Dias Toffoli, concluiu que 'a realização do interrogatório ao final da instrução criminal, conforme o artigo 400 do CPP, é aplicável no âmbito dos procedimentos especiais, preponderando o princípio da ampla defesa sobre o princípio interpretativo da especialidade. Assim, em procedimentos ligados à Lei Antitóxicos, o interrogatório, igualmente, deve ser o último ato da instrução, observando-se que referido entendimento será aplicável a partir da publicação da ata de julgamento às instruções não encerradas' [...]. 5. Hipótese em que a *audiência de instrução foi realizada em 2/8/2016. Seguindo a orientação da Suprema Corte, não há declarar a nulidade do feito*, uma vez que a incidência da norma prevista no art. 400 do CPP às ações penais regidas por legislação especial *somente ocorre quanto aos atos praticados após a publicação do referido julgado, qual seja, a partir de 3/8/2016*, razão por que a nova orientação não se aplica à espécie" (HC 401.272/SC, rel. Min. Ribeiro Dantas, 5ª Turma, *DJe* 12.12.2017).

[225] HC 401.272/SC, rel. Min. Ribeiro Dantas, 5ª Turma, *DJe* 12.12.2017.

a efeito ao cabo da instrução probatória é que poderá o Estado legitimamente proferir seu veredicto, em obséquio à dimensão material do *due process of law* (contraditório e ampla defesa). Interpretação diversa, ou seja, que nega ao réu o *direito de audiência* depois de apanhada toda a prova oral no ato instrutório, faz *tabula rasa* do axioma *nulla probatio sine defensione* e, portanto, é antigarantista.

É justamente no interrogatório que se manifestam e se aferem as diferenças mais profundas entre o método inquisitório, em que reina um "desamor pelo contraditório",[226] e o método acusatório, no qual o réu, como sujeito de direitos, deve ter a possibilidade de conhecer a prova contra ele edificada nos autos para, então, poder oferecer resistência e apresentar sua antítese. Como ensina Luigi Ferrajoli, ao contrário do sistema inquisitivo, no qual o interrogatório, no período pré-moderno, "representava o início da guerra forense, isto é, o primeiro ataque do Ministério Público contra o réu",[227] no modelo garantista do processo acusatório, informado pelo princípio da não culpabilidade, "o interrogatório é o principal meio de defesa, tendo a única função de dar vida materialmente ao contraditório e de permitir ao imputado contestar a acusação ou apresentar argumentos para se justificar."[228]

Por essas razões, é elogiável por todos os ângulos a orientação fixada pelo Pretório Excelso por ocasião do julgamento do HC 127.900/AM, de maneira que o imputado deve ser ouvido por último, após as declarações do ofendido (se houver), a inquirição das testemunhas e os esclarecimentos dos peritos.

O desrespeito a essa orientação pode configurar constrangimento ilegal e redundar na anulação da "ação penal a partir da audiência de instrução",[229] impondo-se a realização de novo interrogatório. Isso porque, reafirme-se, a não efetivação do interrogatório ao final do ato subtrai do réu "a possibilidade de se manifestar pessoalmente sobre a prova acusatória coligida em seu desfavor e de, no exercício do direito de audiência, influir na formação do convencimento do julgador".[230]

Portanto, o interrogatório do denunciado deve ser realizado não como o primeiro ato da audiência, mas, sim, como o último (CPP, art. 400). Se a oitiva do réu não é feita no desfecho da audiência, parece-nos haver aí um **prejuízo presumido**, por minar a autodefesa do denunciado. Com esse entendimento, aliás, a **6ª Turma do STJ** deu provimento a recurso especial para anular a condenação de um réu cujo interrogatório foi realizado antes da oitiva das testemunhas, o que ocorreu por ocasião do julgamento do REsp 1.808.389 (j. 20.10.2020). Do mesmo modo, ao apreciar o HC 121.907 (j. 30.09.2014), a **1ª Turma do STF**[231] reconheceu **nulidade absoluta** na não observância do quanto disposto no art. 400 do CPP sobre a ordem de realização do interrogatório.

---

[226] LOPES JR., Aury. *Direito processual penal*. 17. ed. São Paulo: Saraiva, 2020. Cap. I, item 3.2.

[227] FERRAJOLI, Luigi. *Direito e razão*: teoria do garantismo penal. São Paulo: RT, 2002. p. 485-486.

[228] FERRAJOLI, Luigi. *Direito e razão*: teoria do garantismo penal. São Paulo: RT, 2002. p. 485-486.

[229] "No caso, a audiência de instrução foi realizada no dia 15.9.2016, momento em que foi, primeiramente, ouvido o acusado (interrogatório) e depois as testemunhas, ou seja, em desrespeito ao que ficou decidido no HC 127.900/STF (ata de julgamento publicada em 11.3.2016), o que configura o apontado constrangimento ilegal. [...] *Ordem concedida de ofício para anular a ação penal a partir da audiência de instrução, determinando-se que o interrogatório do paciente seja o último ato da instrução*" (STJ: HC 403.730/RJ, rel. Min. Reynaldo Soares da Fonseca, 5ª Turma, j. 24.10.2017).

[230] STF: HC 121.907, rel. Min. Dias Toffoli, 1ª Turma, j. 30.09.2014.

[231] HC 121.907, rel. Min. Dias Toffoli, j. 30.09.2014.

Cap. 3 • PERSECUÇÃO PENAL E EFEITOS DA CONDENAÇÃO | 343

No entanto, esse entendimento *não é pacífico*. Com efeito, a **5ª Turma do STJ**[232] e a **2ª Turma do STF**[233] já se posicionaram no sentido de que a não realização do interrogatório como o último ato da audiência constitui **nulidade relativa**, a depender, pois, da demonstração do efetivo prejuízo (*pas de nullité sans grief*), o que não se verifica, por exemplo, quando, apesar de ter sido interrogado no início da audiência, o réu vem a ser novamente ouvido após as testemunhas.[234]

Seja como for, o Superior Tribunal de Justiça, por suas duas Turmas Criminais, vem compreendendo que, para o reconhecimento da nulidade pela inversão da ordem de interrogatório, "é necessário que o inconformismo da Defesa tenha sido manifestado tempestivamente, ou seja, na própria audiência em que realizado o ato, **sob pena de preclusão**."[235] É que, de acordo com o art. 571, II, do CPP, "as nulidades ocorridas no decorrer da ação penal devem ser arguidas até as alegações finais",[236] do contrário, a preclusão ocorrerá.

Ademais, é válido observar que "a inversão da oitiva de testemunhas ou de vítima e interrogatório **não configura nulidade** quando a inquirição é feita por meio de **carta precatória**."[237]

Após realizado o interrogatório, o juiz indagará das partes se remanesceu algum fato para ser esclarecido, formulando as perguntas correspondentes se o entender pertinente e relevante (art. 57, parágrafo único).

Em seguida, como regra, as partes apresentarão suas **alegações finais orais**. Falará primeiro o representante do Ministério Público; depois, o defensor do acusado, cada qual pelo prazo de 20 (vinte) minutos, prorrogáveis por mais 10 (dez), a critério do juiz. Nada impede, contudo, a aplicação analógica pelo magistrado do quanto disposto no art. 403, § 3º, do CPP, de modo que, considerada a complexidade do caso ou o número de

---

[232] "No que tange à pretensão de reconhecimento da nulidade da instrução processual, desde o interrogatório, por suposta violação do art. 400, do CPP, a Quinta Turma deste Superior Tribunal de Justiça consolidou o entendimento de que, para se reconhecer nulidade pela inversão da ordem de interrogatório, é [...] *necessária a comprovação do prejuízo que o réu teria sofrido com a citada inversão*" (AgRg no AREsp 1.573.424/SP, rel. Min. Reynaldo Soares da Fonseca, j. 08.09.2020).

[233] "Ainda que a inquirição das testemunhas tenha sido em data posterior à Lei 11.719/2008, ou seja, não tenha ocorrido o encerramento da instrução criminal, *não há direito líquido e certo ao réu de que seja determinado o refazimento do interrogatório*. [...] A *demonstração de prejuízo*, de acordo com o art. 563 do CPP, é *essencial à alegação de nulidade*, seja ela relativa ou absoluta, eis que '[...] o âmbito normativo do dogma fundamental da disciplina das nulidades *pas de nullité sans grief* compreende as nulidades absolutas' [...]" (HC 149.989 ED, rel. Min. Ricardo Lewandowski, j. 11.12.2018).

[234] "3. Conquanto o princípio do devido processo legal compreenda a garantia ao procedimento tipificado em lei, não se admitindo a inversão da ordem processual ou a adoção de um rito por outro, *não se pode olvidar que as regras procedimentais não possuem vida própria*, servindo ao regular desenvolvimento do processo, possibilitando a aplicação do direito ao caso concreto. 4. Assim, a eventual inversão de algum ato processual ou a adoção do procedimento ordinário em detrimento de rito especial só podem conduzir à *nulidade* do processo *se houver prejuízo às partes*. 5. *No caso dos autos, não se constata qualquer ilegalidade ou ofensa ao artigo 400 do Código de Processo Penal, pois, embora a audiência de instrução e julgamento tenha se iniciado com a inquirição do réu, este foi novamente interrogado após depoimento das testemunhas de defesa e acusação*" (STJ: AgRg no HC 580.263/MG, rel. Min. Jorge Mussi, 5ª Turma, j. 09.06.2020).

[235] STJ: AgRg no AREsp 1.573.424/SP, rel. Min. Reynaldo Soares da Fonseca, 5ª Turma, j. 08.09.2020. E ainda: AgRg no HC 542.624/SP, rel. Min. Antonio Saldanha Palheiro, 6ª Turma, j 04.08.2020.

[236] STJ: AgRg no HC 513.064/PE, rel. Min. Reynaldo Soares da Fonseca, 5ª Turma, j. 10.10.2019.

[237] STJ: AgRg no HC 615.886/SP, rel. Min. Sebastião Reis Júnior, 6ª Turma, j. 13.10.2020.

acusados, possam as partes, no prazo sucessivo de 5 (cinco) dias, apresentar suas últimas alegações em forma de memoriais, como vem entendendo a melhor jurisprudência.[238] Aliás, segundo entendemos, a conversão dos debates orais em memoriais é providência mais benéfica à defesa,[239] mas isso não significa que deva ser, imperiosamente, determinada. Por isso, se não presente alguma situação excepcional a justificar a conversão, não há falar em cerceamento de defesa no indeferimento do pleito para a apresentação de alegações finais escritas.[240]

Encerrados os debates, proferirá o juiz sentença de imediato, ou o fará em 10 (dez) dias, ordenando que os autos para isso lhe sejam conclusos (art. 58).[241] Incide aqui – por força do art. 394, § 5º, do CPP – o **princípio da identidade física do juiz**, consoante o qual o magistrado que presidiu a instrução deverá proferir a sentença (CPP, art. 399, § 2º). Mas esse princípio comporta exceções (**não é absoluto**)[242] e, caso a audiência não possa ser realizada em um único ato, ante a complexidade do feito, e havendo a participação

---

[238]   Cf. STJ: RHC 77.616/SP, rel. Min. Ribeiro Dantas, 5ª Turma, j. 13.06.2017.

[239]   "O art. 57 da Lei n. 11.343/2006 prevê que as alegações finais serão apresentadas oralmente em audiência. Sendo assim, verifica-se ter sido *mais benéfico aos acusados* a autorização dada pelo Juiz do que a apresentação de *memoriais escritos*, no prazo de 72 horas. O permissivo do art. 403, § 3º, do Código de Processo Penal constitui uma faculdade, e não uma obrigação do magistrado, a quem caberá avaliar a necessidade de sua aplicação" (STJ: REsp 1.439.866/MG, rel. Min. Sebastião Reis Júnior, 6ª Turma, j. 24.04.2014).

[240]   "[...] Alegações finais escritas. Indeferimento. Cerceamento de defesa. [...] *em regra*, as alegações finais serão orais, *exceto* os feitos complexos ou com número elevado de acusados, nos quais o magistrado poderá conceder às partes o prazo de 5 dias para apresentação de memoriais escritos" (STJ: REsp 1.840.263/SP, rel. Min. Rogerio Schietti Cruz, 6ª Turma, j. 19.05.2020).

[241]   Ao dissertar sobre a sentença exarada pelo magistrado *em audiência* ou *no gabinete*, o magistrado Javahé de Lima Jr. registra que: "A experiência forense nos revela que a prolação de sentenças em audiência deixa as partes ainda mais suscetíveis e com os ânimos ainda mais aflorados. Inevitavelmente, uma das partes (e, eventualmente, até mesmo as duas, caso a acusação não consiga sucesso integral no seu pleito) sucumbirá, o que poderá gerar reações emocionais imediatas e impensadas que podem, até mesmo, colocar em risco a integridade física dos presentes. Infelizmente, a boa educação e o respeito às instituições não são mais a regra em nosso país. Daí por que entendemos ter agido com acerto o legislador ao conferir esta discricionariedade ao magistrado" (LIMA JÚNIOR, Javahé. *Lei de drogas comentada*. Florianópolis: Habitus, 2017. p. 262). Comungamos desta percepção. Contudo, compreendemos que as argumentações acusatórias formuladas pelo membro do MP no ato da audiência (diante do réu), eventualmente, também podem expô-lo a risco (*v.g.*: Adolescente ataca promotora com tesoura durante audiência no RS. Disponível em: http://g1.globo.com/rs/rio-grande-do-sul/noticia/2012/04/adolescente-ataca-promotora-com-tesoura-durante-audiencia-no-rs.html. Acesso em: 11.07.2017), o que igualmente deve ensejar a possibilidade de apresentação de alegações finais escritas.

[242]   "[...] a Terceira Seção do Superior Tribunal de Justiça já assentou que *o princípio da identidade física do juiz*, introduzido no Processo Penal pela Lei 11.719/2008, *não é absoluto* e não impede a realização do interrogatório do réu por meio de carta precatória, porquanto sua adoção 'não pode conduzir ao raciocínio simplista de dispensar totalmente e em todas as situações a colaboração de outro juízo na realização de atos judiciais, inclusive do interrogatório do acusado, sob pena de subverter a finalidade da reforma do processo penal, criando entraves à realização da Jurisdição Penal que somente interessam aos que pretendem se furtar à aplicação da Lei' [...]" (STJ: RHC 71.470/MS, rel. Min. Nefi Cordeiro, 6ª Turma, j. 04.10.2016). E ainda: "*O princípio da identidade física do juiz não possui caráter absoluto*, uma vez que deve ser mitigado nos casos de afastamento por qualquer motivo que impeça o juiz que presidiu a instrução processual de sentenciar o feito [...]" (STJ: AgRg no REsp 1.420.855/SC, rel. Min. Jorge Mussi, 5ª Turma, j. 04.04.2017).

Cap. 3 • PERSECUÇÃO PENAL E EFEITOS DA CONDENAÇÃO | 345

de mais de um magistrado na fase instrutória, o juiz que encerrou esta etapa deve ficar responsável pelo julgamento, sendo irrelevante o fato de não ter participado de todos os atos do processo.[243]

Noutro giro, tem-se discutido se os arts. 395, 396, 396-A e 397 do Código de Processo Penal são ou não aplicáveis ao procedimento especial previsto na Lei de Drogas. Segundo giza o art. 394, § 4º, do CPP, "as disposições dos arts. 395 a 398 [revogado] deste Código aplicam-se a todos os procedimentos penais de primeiro grau, ainda que não regulados neste Código." Seriam os dispositivos do CPP conciliáveis com a sistemática da Lei 11.343/2006? Vejamos cada um deles separadamente.

- CPP, art. 395 ("A denúncia ou queixa será rejeitada quando: I – for manifestamente inepta; II – faltar pressuposto processual ou condição para o exercício da ação penal; ou III – faltar justa causa para o exercício da ação penal"): perfeitamente aplicável à Lei de Drogas.
- CPP, arts. 396[244] e 396-A:[245] incompatíveis com a Lei de Drogas. Como visto, na Lei 11.343/2006, a defesa preliminar *antecede* o recebimento da denúncia. Já na sistemática do CPP, a resposta à acusação *pressupõe* o recebimento da peça acusatória. Assim, fica a pergunta: teria o sujeito processado por narcotráfico direito às duas modalidades de defesa, uma antes e outra depois do recebimento da denúncia? A nosso aviso, a resposta é negativa. Deve, pois, ser *descartada a ideia das duas defesas*, o que seria uma evidente procrastinação. Ora, o alcance da defesa preliminar (LD) pode ser muito maior do que o da resposta à acusação (CPP), porquanto aquela pode até mesmo impedir o recebimento da denúncia, ao contrário desta. Nesse sentido: "[...] o conteúdo da resposta escrita na Lei de Drogas e no procedimento ordinário é o mesmo, de sorte que não haveria sentido em manter as duas respostas, pois do contrário haveria prática inútil de atos processuais, em desrespeito aos princípios da economia processual e da eficiência e sem qualquer benefício para a ampla defesa. Assim, como o procedimento especial já possui resposta preliminar – anterior ao recebimento da denúncia – de conteúdo igual à resposta escrita, não há necessidade de resposta após o recebimento da denúncia. Seria inútil superfetação um procedimento com duas respostas com o mesmo conteúdo, uma antes e outra depois do recebimento da denúncia."[246]

---

[243] Nesse sentido: STJ: HC 384.524/SP, rel. Min. Felix Fischer, 5ª Turma, j. 16.05.2017.

[244] "Art. 396. Nos procedimentos ordinário e sumário, oferecida a denúncia ou queixa, o juiz, se não a rejeitar liminarmente, recebê-la-á e ordenará a citação do acusado para responder à acusação, por escrito, no prazo de 10 (dez) dias. Parágrafo único. No caso de citação por edital, o prazo para a defesa começará a fluir a partir do comparecimento pessoal do acusado ou do defensor constituído."

[245] "Art. 396-A. Na resposta, o acusado poderá arguir preliminares e alegar tudo o que interesse à sua defesa, oferecer documentos e justificações, especificar as provas pretendidas e arrolar testemunhas, qualificando-as e requerendo sua intimação, quando necessário. § 1º A exceção será processada em apartado, nos termos dos arts. 95 a 112 deste Código. § 2º Não apresentada a resposta no prazo legal, ou se o acusado, citado, não constituir defensor, o juiz nomeará defensor para oferecê-la, concedendo--lhe vista dos autos por 10 (dez) dias."

[246] MENDONÇA, Andrey Borges de; CARVALHO, Paulo Roberto Galvão de. *Lei de drogas*: Lei 11.343, de 23 de agosto de 2006 – comentada artigo por artigo. 3. ed. São Paulo: Método, 2012. p. 305. Igualmente: SBARDELLOTTO, Fábio Roque. Os procedimentos e a reforma. *In*: NUCCI, Guilherme de Souza (org.). *Reformas do processo penal*. Porto Alegre: Verbo Jurídico, 2009. p. 222.

346 | LEI DE DROGAS: Aspectos Penais e Processuais – *Cleber Masson* • *Vinícius Marçal*

- CPP, art. 397: a absolvição sumária também se aplica ao rito da Lei de Drogas. Caso, por exemplo, seja imputado ao denunciado um fato *evidentemente* atípico (CPP, art. 397, III), como o "tráfico" de uma substância que não é considerada droga, a solução adequada será a absolvição, não a rejeição da exordial. Contudo, o momento processual para reconhecer a absolvição sumária será distinto: não após a *resposta à acusação*, mas, sim, após a *defesa preliminar*, ou seja, ao analisar a *defesa preliminar*, e não sendo determinada nenhuma diligência, o magistrado poderá rejeitar a denúncia (CPP, art. 395); recebê-la e absolver sumariamente o denunciado (CPP, art. 397); recebê-la e proceder conforme o art. 56 da LD.

Esquematicamente, o procedimento estudado pode ser assim visualizado:

Denúncia → notificação do denunciado para apresentação de defesa preliminar → possibilidade de apresentação do preso ao juiz, realização de diligências, exames e perícias → rejeição da denúncia ou recebimento e absolvição sumária → não sendo o caso de rejeição da peça acusatória nem de absolvição, o magistrado receberá a denúncia e designará a audiência → citação do acusado → intimação do MP e, se for o caso, do assistente → requisição dos laudos periciais faltantes → audiência de instrução e julgamento.

Não é possível apontar de forma taxativa qual é o **prazo máximo para a conclusão da instrução processual** quando o réu se encontrar encarcerado provisoriamente.[247] Com um singelo processo de adição dos prazos fixados em lei, alcança-se o patamar de 105 ou 135 dias, caso o prazo do inquérito seja duplicado (art. 51, parágrafo único), ou, ainda, 195 dias, na hipótese de haver duplicação do prazo do IP e de ser determinada a realização de avaliação para atestar dependência de drogas (art. 56, § 2º). Veja-se:

Inquérito: 30 ou 60 [em caso de duplicação] dias + denúncia: 10 dias + defesa preliminar: 10 dias + diligências: 10 dias + recebimento da denúncia: 5 dias + audiência de instrução e julgamento: 30 ou 90 [caso seja determinada a realização de avaliação para atestar dependência de drogas] dias + sentença: 10 dias.[248]

Seja como for, a razoável duração do processo "não pode ser considerada de maneira isolada e descontextualizada das peculiaridades do caso concreto."[249] Isso significa que os prazos indicados para a consecução da instrução criminal "servem apenas como

---

[247] A Lei de Drogas não seguiu, no particular, a diretriz da Lei do Crime Organizado, que, em seu art. 22, parágrafo único, assim dispôs: "A instrução criminal deverá ser encerrada em prazo razoável, o qual não poderá exceder a 120 (cento e vinte) dias quando o réu estiver preso, prorrogáveis em até igual período, por decisão fundamentada, devidamente motivada pela complexidade da causa ou por fato procrastinatório atribuível ao réu."

[248] Em regra, não se computam no prazo global os dias para a notificação e para a citação. Contudo, "mais consentâneo com a realidade é que os prazos mencionados – notificação [para defesa preliminar] e citação – sejam incluídos ao menos como um dia cada na contagem global, para não tornar a questão meramente matemática e distante da realidade de nosso Poder Judiciário" (MENDONÇA, Andrey Borges de; CARVALHO, Paulo Roberto Galvão de. *Lei de drogas*: Lei 11.343, de 23 de agosto de 2006 – comentada artigo por artigo. 3. ed. São Paulo: Método, 2012. p. 309). Nessa perspectiva, os prazos máximos, conforme a hipótese, seriam: 107, 137 ou 197 dias.

[249] STF: HC 124.804/CE, rel. Min. Rosa Weber, 1ª Turma, j. 03.03.2015.

Cap. 3 • PERSECUÇÃO PENAL E EFEITOS DA CONDENAÇÃO | 347

parâmetro geral, pois variam conforme as peculiaridades de cada processo, razão pela qual a jurisprudência uníssona os tem mitigado, à luz do **princípio da razoabilidade**."[250] Portanto, a aferição sobre o *termo final* da instrução há de ser feita *casuisticamente*, de maneira que não é o simples somatório aritmético dos prazos abstratamente previstos na lei "que servirá de balizamento para fins de delimitação do excesso de prazo na formação da culpa. Dependendo da natureza do delito e das diligências necessárias no curso do processo, é possível que eventual dilação do feito seja considerada justificada".[251]

Nesse embalo, repise-se, "**o prazo** para a conclusão da instrução criminal **não tem as características de fatalidade e de improrrogabilidade**, fazendo-se imprescindível raciocinar com o **juízo de razoabilidade** para definir o excesso de prazo, **não se ponderando a mera soma aritmética** dos prazos para os atos processuais' [...]."[252]

Assim, a complexidade da causa e a existência de fato *procrastinatório atribuível ao réu* ensejam a prorrogação do procedimento. E, de acordo com a jurisprudência pretoriana, o *número excessivo de réus* e a *necessidade de expedição de várias precatórias*[253] podem indicar a **complexidade da causa**. A propósito, veja-se:

> "3. A aferição de eventual excesso de prazo depende das condições objetivas da causa e deve ser orientada por uma análise circunstanciada do *grau de complexidade da ação penal, da quantidade de acusados* e da atuação das partes e do Estado-Juiz. 4. No caso, a ação penal é caracterizada pela *pluralidade de réus (seis)* e pela *necessidade de expedição de cartas precatórias*, não sendo possível atribuir eventual demora à atuação desidiosa do Juízo na condução da ação penal, notadamente porque o agravante foi interrogado em julho de 2014."[254]

No tocante ao **fato procrastinatório atribuível ao réu**, conquanto possa o magistrado indeferir as diligências que considere protelatórias e tomar medidas mais enérgicas para

---

[250] STJ: HC 295.991/MG, rel. Min. Regina Helena Costa, rel. p/ acórdão Min. Laurita Vaz, 5ª Turma, j. 26.08.2014.

[251] LIMA, Renato Brasileiro de. *Legislação criminal especial comentada*. 3. ed. Salvador: JusPodivm, 2015. p. 607.

[252] HC 406.213/AL, rel. Min. Ribeiro Dantas, 5ª Turma, j. 10.10.2017. Nesse sentido: "Segundo pacífico entendimento doutrinário e jurisprudencial, a configuração de excesso de prazo *não decorre da soma aritmética de prazos legais*. A questão deve ser aferida segundo os *critérios de razoabilidade*, tendo em vista as peculiaridades do caso" (STJ: HC 556.165/DF, rel. Min. Sebastião Reis Júnior, 6ª Turma, j. 26.05.2020).

[253] "Improcede a alegação de delonga excessiva para o encerramento da instrução criminal, quando a eventual demora foi ocasionada pelo *recorrente estar segregado em comarca distinta do distrito da culpa*, além das partes terem requerido a *oitiva de testemunhas residentes fora da jurisdição do Juízo processante*, o que demanda um *elevado número de cartas precatórias*, de modo que o feito segue seu curso dentro do viável, restando plausível, no momento, o não reconhecimento da ilegalidade aduzida" (STJ: RHC 41.139/MS, rel. Min. Moura Ribeiro, 5ª Turma, j. 27.03.2014).

[254] Ag. Reg. no HC 123.822/PB, rel. Min. Roberto Barroso, 1.ª Turma, j. 30.09.2014. No mesmo sentido: "[...] 2. No caso, a Primeira Turma rejeitou a alegação de excesso de prazo, tendo em vista a **pluralidade de acusados**. 3. Esse entendimento está em conformidade com jurisprudência no sentido de que *a aferição de eventual demora no encerramento da instrução criminal depende das condições objetivas da causa, notadamente da complexidade da ação penal, da quantidade de réus, da necessidade de expedição de cartas precatórias e do comportamento processual das partes* [...]" (HC 113.278/SP ED, rel. Min. Roberto Barroso, 1.ª Turma, j. 30.09.2014).

garantir a razoável propulsão da ação penal,[255] desde há muito o Superior Tribunal de Justiça possui entendimento sumulado no sentido de que "não constitui constrangimento ilegal o excesso de prazo na instrução, provocado pela defesa" (Súmula 64). De igual modo,[256] para o Supremo Tribunal Federal, a prática de atos procrastinatórios pela defesa autoriza a dilatação do prazo para a conclusão da instrução processual, a teor do julgado *infra*:

> "5. O excesso de prazo na instrução criminal não resulta de simples operação aritmética. Complexidade do processo, retardamento injustificado, *atos procrastinatórios da defesa* e número de réus envolvidos são fatores que, analisados *em conjunto ou separadamente*, indicam ser, ou não, razoável o prazo para o encerramento da instrução criminal. 6. *In casu*, as instâncias precedentes justificaram o excesso de prazo em razão da complexidade do feito e do elevado número de corréus (doze denunciados)."[257]

De forma geral, tem-se entendido, também, que os "percalços ocorridos durante a instrução processual penal que não podem ser atribuídos exclusivamente ao juízo processante – tais como *greve* [dos serventuários da justiça] de servidores da Polícia Federal, impossibilidade de escolha de réus presos para audiência etc. – não têm o condão de configurar o aventado excesso de prazo injustificado e, com isso, ensejar o relaxamento da prisão preventiva".[258]

Diante desse bosquejo, calha sublinhar que na jurisprudência do Supremo Tribunal Federal é firme o entendimento segundo o qual "a demora para conclusão da instrução criminal, como circunstância apta a ensejar constrangimento ilegal, **somente se dá em hipóteses excepcionais**, nas quais a mora seja decorrência de (**i**) evidente desídia do órgão judicial; (**ii**) exclusiva atuação da parte acusadora; ou (**iii**) situação incompatível com o princípio da razoável duração do processo, previsto no art. 5º, LXXVIII, da CF/88."[259]

---

[255] Cf. HC 295.991/MG, rel. Min. Regina Helena Costa, rel. p/ acórdão Min. Laurita Vaz, 5ª Turma, j. 26.08.2014.

[256] Segundo exemplos extraídos da jurisprudência, ocorrem atos procrastinatórios atribuíveis ao réu: "se a defesa pede a instauração de incidente de insanidade mental do acusado 1 (arts. 149 e ss. do Código), de acareação 2 ou quando a demora se deve a substituição de advogado constituído por outro [...]. Lembraríamos, ainda, o pedido de oitiva de testemunhas por carta rogatória. Ou ainda quando a demora se deu em face da dificuldade de se proceder à citação pessoal do réu 4 ou a citação por edital de corréu 5" (CUNHA, Rogério Sanches; PINTO, Ronaldo Batista. *Crime organizado*: comentários à nova lei sobre o crime organizado – Lei n.º 12.850/2013. 2. ed. Salvador: JusPodivm, 2014. p. 143).

[257] HC 122.546/RJ, rel. Min. Luiz Fux, 1.ª Turma, j. 27.05.2014. Nesse sentido: "Não há falar em excesso de prazo para formação da culpa quando se adotam as medidas possíveis para o julgamento da ação penal, observando-se o direito de defesa, comprovada a complexidade da ação penal e a **contribuição da defesa para a dilação do prazo** [...]" (HC 125.688 AgR, rel. Min. Roberto Barroso, 1ª Turma, j. 10.02.2015).

[258] TRF 5: HC 002.4359-04.2014.4.03.0000, 5.ª Turma, *DE* 10.11.2014. Nesse sentido: "Esta Corte tem construído entendimento favorável à continuidade da ordem detentiva sempre que estiverem gravitando em torno da causa circunstâncias pelas quais se supõem contribuir para a justificativa do excesso de prazo, tais como *natureza do delito*, *dificuldades de diligências*, processo com *múltiplos sujeitos*, *envio de precatórias*, *greve de servidores* etc. Além do mais, o princípio da razoabilidade nos impele a considerar tais circunstâncias impeditivas da realização normal dos atos processuais, o que justifica o excesso de prazo" (STJ: HC 38.303/SP, rel. Min. José Arnaldo da Fonseca, 5ª Turma, j. 17.05.2005).

[259] HC 137.768, rel. Min. Ricardo Lewandowski, 2ª Turma, j. 13.12.2016. Igualmente: HC 128.833, rel. Min. Teori Zavascki, 2ª Turma, j. 08.09.2015.

Já no plano internacional, com o escopo de facilitar a determinação do *prazo razoável*, a Comissão Europeia de Direitos Humanos fixou inicialmente a **regra dos sete critérios** e, num segundo momento, a **regra dos três critérios**. Nesse sentido, conforme o registro de Aury Lopes Jr.,

> "Foi no caso 'Wemhoff' (STEDH de 27.06.1968) que se deu o primeiro passo na direção da definição de certos critérios para a valoração da 'duração indevida', através do que se convencionou chamar de 'doutrina dos sete critérios'. Para valorar a situação, a Comissão sugeriu que a razoabilidade da prisão cautelar (e consequente dilação indevida do processo) fosse aferida considerando-se: a) a duração da prisão cautelar; b) a duração da prisão cautelar em relação à natureza do delito, à pena fixada e à provável pena a ser aplicada em caso de condenação; c) os efeitos pessoais que o imputado sofreu, tanto de ordem material como moral ou outros; d) a influência da conduta do imputado em relação à demora do processo; e) as dificuldades para a investigação do caso (complexidade dos fatos, quantidade de testemunhas e réus, dificuldades probatórias etc.); f) a maneira como a investigação foi conduzida; g) a conduta das autoridades judiciais.
>
> Tratava-se de critérios que deveriam ser apreciados em conjunto, com valor e importância relativos, admitindo-se, inclusive, que um deles fosse decisivo na aferição do excesso de prazo.
>
> **Mas a doutrina dos sete critérios não restou expressamente acolhida pelo TEDH [Tribunal Europeu de Direitos Humanos] como referencial decisivo, mas tampouco foi completamente descartada, tendo sido utilizada pela Comissão em diversos casos posteriores e servido de inspiração para um referencial mais enxuto: a teoria dos três critérios básicos;** a saber: a) a complexidade do caso; b) a atividade processual do interessado (imputado); c) a conduta das autoridades judiciárias".[260]

De toda sorte, ressalte-se uma vez mais, os prazos procedimentais somados representam apenas um *ilustrativo limite do razoável*. Não são peremptórios e podem ser dilatados dentro de limites razoáveis, quando a situação concreta assim exigir.[261]

1.12. Prisão para apelar

Na esteira do art. 59 da Lei de Drogas, "nos crimes previstos nos arts. 33, *caput* e § 1º, e 34 a 37 desta Lei, o réu não poderá apelar sem recolher-se à prisão, salvo se for primário e de bons antecedentes, assim reconhecido na sentença condenatória." Esse dispositivo assemelha-se ao antigo art. 594 do CPP ("o réu não poderá apelar sem recolher-se à prisão, ou prestar fiança, salvo se for primário e de bons antecedentes, assim reconhecido na sentença condenatória, ou condenado por crime de que se livre solto"), revogado em boa hora pela Lei 11.719/2008.

Sem embargo das críticas doutrinárias contra a chamada "prisão para apelar" – verdadeira ofensa ao primado do duplo grau de jurisdição (garantia prevista na Convenção

---

[260] LOPES JR., Aury. *Direito processual penal*. 11. ed. São Paulo: Saraiva, 2014. p. 191.
[261] TRF4: HC 5027988-97.2016.404.0000, 8ª Turma, j. 28.07.2016.

350 | LEI DE DROGAS: Aspectos Penais e Processuais – *Cleber Masson* • *Vinícius Marçal*

Interamericana de Direitos Humanos, cuja ratificação pelo Brasil deu-se em 1992, data posterior à promulgação do Código de Processo Penal) –, esse fato impeditivo ao conhecimento do recurso era tido por válido pelo STJ, que, em 1990, editou a Súmula 09, assim redigida: "a exigência da prisão provisória, para apelar, não ofende a garantia constitucional da presunção de inocência".

Não bastasse a já anunciada revogação do art. 594 do CPP, que indicou claramente a opção do legislativo pela extinção dessa figura, o panorama jurisprudencial a respeito do tema foi radicalmente alterado. Há mais de uma década, tem o STF entendido que a previsão de pressuposto recursal relacionado à exigência da prisão do condenado para poder apelar, na atualidade, se revela violadora dos princípios constitucionais do devido processo legal, do contraditório e da ampla defesa, pois somente se admite a prisão cautelar quando houver a presença dos pressupostos, fundamentos e condições da prisão preventiva.[262]

Demais disso, também foi sabiamente revogado pela Lei 12.403/2011 o – inconstitucional – art. 595 do Código Processual, o qual dispunha que se o réu fugisse depois de haver apelado, sua apelação seria declarada deserta. Portanto, "não há mais legitimidade na restrição à interposição de apelação criminal consistente na obrigatoriedade do recolhimento à prisão em razão de sentença condenatória e na deserção na eventualidade de fuga do condenado após a interposição da apelação."[263]

A prisão para recorrer, tida por parte da doutrina como o "último ranço legislativo da prisão provisória obrigatória diretamente instituída pelo legislador processual de 1941",[264] não tem, portanto, mais vez em nosso ordenamento jurídico, a despeito da literalidade do art. 59 da Lei de Drogas. Na vala do **enunciado sumular 347 do STJ** (que retirou a eficácia da Súmula 9), "o conhecimento de recurso de apelação do réu independe de sua prisão".

Observe-se, entretanto, que o fim da *prisão para apelar* não significa dizer que o réu não possa ser mantido ou levado à prisão quando da sentença condenatória, sempre que se fizerem presentes os pressupostos, os fundamentos e as condições de admissibilidade da custódia cautelar. Aliás, em regramento geral perfeitamente aplicável ao regime da Lei de Drogas, o Código de Processo Penal é expresso ao disciplinar que "o juiz decidirá, *fundamentadamente*, sobre a manutenção ou, se for o caso, a imposição de *prisão preventiva* ou de outra medida cautelar, *sem prejuízo do conhecimento de apelação que vier a ser interposta*" (CPP, art. 387, § 1º).

2. DA APREENSÃO, ARRECADAÇÃO E DESTINAÇÃO DE BENS DO ACUSADO

2.1. Noções sobre sequestro, arresto e especialização da hipoteca legal

Em nosso país, durante muito tempo, as medidas assecuratórias foram relegadas a um plano inferior de importância, quase esquecidas nos foros criminais. Mas isso faz parte

---

262 Cf. STF: HC 91.945/SP, rel. Min. Ellen Gracie, 2ª Turma, j. 24.06.2008.

263 STF: HC 91.945/SP, rel. Min. Ellen Gracie, 2ª Turma, j. 24.06.2008. Idem: "Independe do recolhimento à prisão o regular processamento de recurso de apelação do condenado. [...] A garantia do devido processo legal engloba o direito ao duplo grau de jurisdição, sobrepondo-se à exigência prevista no art. 594 do CPP" (HC 88.420/PR, rel. Min. Ricardo Lewandowski, 1ª Turma, j. 17.04.2007).

264 MORAES, Maurício Zanoide de. *Presunção de inocência no processo penal brasileiro*: análise de sua estrutura normativa para a elaboração legislativa e para a decisão judicial. Rio de Janeiro: Lumen Juris, 2010. p. 443.

Cap. 3 • PERSECUÇÃO PENAL E EFEITOS DA CONDENAÇÃO | **351**

do passado. Hodiernamente, com a expansão do direito penal econômico, as medidas assecuratórias ganharam um novo colorido. A repressão ao crime deixou de se operar com foco exclusivo na restrição da liberdade, na medida em que se percebeu na práxis o potencial do engessamento patrimonial para a desestabilização dos empreendimentos criminosos, os quais têm na busca pelo lucro a sua nota mais marcante.

Não por outra razão, em sua brilhante monografia sobre as organizações criminosas mundiais, a Promotora de Justiça Ana Luiza Almeida Ferro ressaltou as emblemáticas palavras do desertor mafioso Gaspare Mutolo à Comissão Parlamentar Antimáfia, quais sejam: "**o que nos aborrece mais é quando vocês tiram nosso dinheiro. Preferimos ficar na cadeia e guardar o dinheiro a ser livres sem ele – isto é a coisa mais importante.**"[265] Fica claro, pois, que "o dinheiro é a razão da existência dos grandes sindicatos do crime e, como os cabelos de Sansão, a origem de sua força. Tirá-lo é a solução. Encontrá-lo é o problema."[266]

Nessa perspectiva, e no afã de assegurar a efetividade dos efeitos (civis)[267] da condenação criminal e o pagamento das penas pecuniárias e despesas processuais, a Lei de Drogas, em seu Capítulo IV do Título IV, tratou da apreensão, arrecadação e destinação de bens do acusado, tudo dentro da lógica do adágio segundo o qual **o crime não deve compensar** porque o Estado vai recuperar o patrimônio que deita raízes no delito.

Assim, no art. 60, a Lei de Drogas cuidou da apreensão e outras medidas assecuratórias relacionadas ao *produto* (vantagem direta obtida pelo agente em decorrência da prática do crime – *v.g.*: o dinheiro obtido com o tráfico de drogas) ou *proveito* (é a vantagem indireta do crime – *v.g.*: veículos adquiridos com o dinheiro oriundo do narcotráfico) do delito;[268] no art. 61, disciplinou a apreensão dos *instrumentos* (*instrumenta sceleris*) e outros objetos utilizados para a prática do crime; no art. 63, dispôs sobre o *perdimento* de bens, o *levantamento* de valores e a *liberação* dos bens outrora acautelados aos órgãos de segurança pública; e, por fim, no art. 63-F, tratou do *confisco alargado*.

No regime do Código de Processo Penal, o legislador previu a *busca e apreensão* das coisas obtidas por meios criminosos e dos instrumentos utilizados na prática de crime (art. 240, § 1º, *b* e *c*) e dedicou um capítulo próprio ao *sequestro* (arts. 125-132), à *especialização da hipoteca legal* (arts. 134-136) e ao *arresto* (arts. 136-137).

Em linhas gerais, a cautelar de **sequestro** se volta para os bens imóveis (CPP, art. 125) e móveis (CPP, art. 132) que constituam *proveitos do crime* (*v.g.*: casas e veículos adquiridos com o dinheiro do narcotráfico). A medida reclama a ***suspeita* da proveniência ilícita** dos bens (LD, art. 60, *caput*) e tem por escopo garantir o confisco e a reparação

---

[265] FERRO, Ana Luiza Almeida. *Crime organizado e organizações criminosas mundiais*. Curitiba: Juruá, 2012. p. 577.

[266] STERLING, Claire. *A máfia globalizada*: a nova ordem mundial do crime organizado. Rio de Janeiro: Revan, 1997. p. 222.

[267] "As medidas assecuratórias, de natureza instrumental, [...] têm por fim assegurar os efeitos civis de uma decisão judicial, pois o que garante os efeitos penais é a própria prisão, isto é, são cautelares reais, pois recaem sobre bens, como a hipoteca legal, arresto e sequestro" (STJ: AgRg no REsp 1.241.961/ PR, rel. Min. Jorge Mussi, 5ª Turma, j. 27.11.2012).

[268] A Convenção de Palermo aproximou os conceitos (de *produto* e *proveito* do delito), ao conceituar "produto do crime" como "os bens de qualquer tipo, provenientes, *direta ou indiretamente*, da prática de um crime" (art. 2º, *e*).

do dano. Tratando-se, ao contrário, do *produto (v.g.: dinheiro obtido com a mercancia)*, do *objeto material* (a droga) ou do *instrumento do delito (v.g.: veículo empregado em prol do narcotráfico)*, a medida assecuratória adequada a ser tomada pelo Estado é a busca e apreensão.[269]

O **standard** necessário para a decretação das medidas assecuratórias (inclusive o sequestro) no âmbito da Lei de Drogas parece ser **menor** que o exigido pelo Código de Processo Penal para o sequestro. Com efeito, enquanto a Lei de Drogas se contenta apenas com a **suspeita** de que os bens, direitos ou valores sejam produto do crime ou constituam proveito dos delitos previstos na Lei 11.343/2006 (art. 60), o CPP reclama a **existência de indícios veementes** da proveniência ilícita dos bens (art. 126) para a efetivação do sequestro.

Na seara da narcotraficância, pois, é menos oneroso o ônus argumentativo para que se efetivem as cautelares de natureza real. Desse modo, a título de exemplo, é válido *suspeitar* que os carros e as casas ostentados pelo investigado não possuem procedência lícita e, por isso, sujeitam-se ao sequestro, se, por exemplo, ele coleciona flagrantes pela prática de tráfico de drogas; não possui trabalho lícito; não é filho de pais abastados; não ganhou na loteria; não declara patrimônio à Receita etc.

O sequestro, que pode ser manejado em qualquer fase da persecução penal (CPP, art. 127), destina-se a evitar que o agente dilapide o seu patrimônio e, com isso, frustre o perdimento e o ressarcimento dos eventuais danos. Trata-se, pois, de diligência salutar "para evitar o enriquecimento ilícito do traficante, bem como evitar a lavagem de dinheiro, possibilitando a 'transformação de dinheiro sujo em dinheiro limpo.'"[270]

Além do **sequestro ordinário**, a incidir sobre o *patrimônio ilícito* do agente, a Lei 12.694/2012 trouxe uma grande novidade para o regime das medidas cautelares de natureza real, qual seja: o **sequestro subsidiário**, incidente sobre *bens ou valores equivalentes lícitos*. Não se trata de uma cautelar inaugural, mas de uma alternativa ao sequestro ordinário e que poderá ocorrer em duas situações.

Com efeito, a citada lei inseriu no Código Penal os §§ 1º e 2º do art. 91, por meio dos quais foi estabelecida possibilidade de ser decretado o *perdimento de bens* ou de "*valores equivalentes* ao produto ou proveito do crime *quando* estes não forem encontrados ou *quando* se localizarem no exterior" (§ 1º), hipóteses nas quais "*as medidas assecuratórias* previstas na legislação processual poderão abranger *bens* ou *valores equivalentes* do investigado ou acusado para posterior decretação de perda" (§ 2º).

Doravante, tem-se por viável o **sequestro subsidiário** quando não forem encontrados o produto ou proveito do crime ou quando estes se localizarem no exterior, de sorte a se permitir o futuro perdimento de bens ou valores equivalentes **licitamente** amealhados pelo agente. Nada mais salutar, pois na era da lavagem de capitais, e na tentativa de esquivar-se das autoridades, é raro que o criminoso mantenha consigo o fruto do delito. Desse modo, tanto nos casos de sucessivas e obscuras operações de branqueamento com o escopo de esconder a proveniência ilícita do patrimônio, como nas hipóteses de mescla

---

[269] Conforme o art. 132 do CPP, "proceder-se-á ao sequestro dos bens móveis se, verificadas as condições previstas no art. 126, não for cabível a medida regulada no Capítulo XI do Título VII deste Livro", ou seja, a busca e apreensão.

[270] GONÇALVES, Matheus Kuhn. *Legislação penal especial*: tráfico de drogas, tortura e crimes hediondos. Rio de Janeiro: Lumen Juris, 2016. p. 298.

de bens, pela qual determinada coisa é adquirida com a mistura de valores sujos e limpos, terá vez o sequestro subsidiário.

Como se sabe, tem sido cada vez mais comum no mundo do crime a prática de operações em série

> "visando ocultar e dissimular a origem ilícita do bem, tornando muito difícil a prova de uma cadeia causal [que se inicia com o produto direto do crime até chegar em um determinado bem depois de uma série de operações intermediárias, para que esse possa ser considerado seu produto indireto] que ligue um determinado bem de propriedade do acusado com a sua origem criminosa.
>
> Justamente por isso, passou a ser efeito da condenação, além da perda do produto ou proveito do crime, também a 'perda de bens ou valores equivalentes ao produto ou proveito do crime quando estes não forem encontrados ou quando se localizarem no exterior' (art. 91, § 1º, do CP). *Esse, porém, é um efeito secundário ou subsidiário, somente cabível quando não for possível a efetivação do efeito principal que é a perda do próprio 'produto ou proveito da infração'* (art. 91, *caput*, II, *b*, do CP). A razão da preferência é óbvia. **O produto ou proveito da infração é** *bem ilícito que integra o patrimônio do* **acusado. Já o** *equivalente ao produto ou proveito normalmente será um bem lícito!*
>
> Em razão disso, afirma-se que a nova medida do art. 91, § 2º, do CP é um *sequestro subsidiário*, que o juiz somente poderá decretar quando não for possível determinar, em caráter primário e principal, o sequestro de bens imóveis (art. 125 do CPP) ou o sequestro de bens móveis (art. 132 do CPP), a incidir sobre o próprio produto ou proveito do crime.
>
> Somente nos casos em que se identifica que o crime gere um ganho patrimonialmente aferível, mas não é possível atingir esse bem ilícito, seja porque 'estes não foram encontrados', seja porque, mesmo encontrados, 'se localizam no exterior', será possível a decretação do *sequestro subsidiário* do art. 91, § 2º, do CP."[271]

Na mesma quadra, em rumoroso caso em que determinado parlamentar teria recebido a quantia aproximada de 26 (vinte e seis) milhões de reais por meio de sofisticado esquema de lavagem de dinheiro, envolvendo diversas pessoas físicas e empresas a ele vinculadas, o Supremo Tribunal Federal acolheu as ponderações da Procuradoria-Geral da República, para concluir como adequada a constrição que recaiu "sobre bens equivalentes aos montantes recebidos", porquanto não seria "possível encontrar – até mesmo porque o dinheiro 'não possui digital', conforme comumente se afirma – os valores recebidos."[272]

Seja de que espécie for – *ordinário* ou *subsidiário* –, o sequestro será formado em autos apartados (CPP, art. 129) e o magistrado ordenará a sua inscrição no registro de imóveis (CPP, art. 128), a fim de conferir a devida publicidade à medida para, com isso, assegurar a sua eficácia e obstar a alienação do imóvel a terceiros de boa-fé, porquanto a indisponibilidade da res ficará gravada em qualquer certidão essencial a transação.

---

[271] BADARÓ, Gustavo Henrique; BOTTINI, Pierpaolo Cruz. *Lavagem de dinheiro* – aspectos penais e processuais penais: comentários à Lei 9.613/1998, com as alterações da Lei 12.683/2012. 3. ed. São Paulo: RT, 2016. p. 347.

[272] STF: AC 3.957 AgR/DF, rel. Min. Teori Zavascki, 2ª Turma, j. 21.06.2016.

Todavia, "caso seja o imóvel objeto de compra e venda, a despeito do sequestro, o terceiro que o detiver, perderá o bem, que será vendido em hasta pública, encaminhando-se o apurado para a vítima ou para a União, ao término do processo criminal."[273] Em relação ao sequestro de bens móveis, muito embora a lei seja silente, tudo recomenda que o juiz igualmente determine o respectivo registro perante os órgãos competentes (*v.g.*: Detran, no caso de veículos automotores).

O Código de Processo Penal estabelece, também, as hipóteses em que o sequestro poderá ser **embargado** (arts. 129 e 130), pelo acusado ou por terceiro, e quando poderá ser **levantado** – art. 131 (*v.g.*: sentença absolutória transitada em julgado; prestação de caução; caso a ação penal não seja intentada em sessenta dias, contados da data em que se concluir a diligência), situação também prevista pela Lei de Drogas (art. 63, II e § 6º).

Sendo o caso de manter-se a constrição durante o processo, o juiz deverá ordenar sua cessação se vier a proferir *sentença absolutória* (CPP, art. 386, parágrafo único, II). Ao contrário, na *sentença condenatória*, o magistrado decidirá sobre a convolação da cautelar de natureza real em perdimento, sem prejuízo do conhecimento de apelação que vier a ser interposta (LD, art. 63, *I*, c.c. CPP, art. 387, § 1º). Transitada em julgado a sentença condenatória, aí sim será definitivamente providenciado o perdimento (LD, art. 63, § 4º), com as cautelas administrativas vertidas no § 4º-A do art. 63.

Noutro giro, impende gizar que a utilidade do sequestro para a reparação do dano, no âmbito da Lei de Drogas, é questionada por alguns, porquanto os "crimes nela definidos em regra não têm um ofendido no polo passivo da infração penal",[274] o que faz que a medida não tenha a vocação para indenizar alguém.

Essa visão, todavia, não é uníssona. Modernamente, respeitáveis vozes têm advogado a tese da possibilidade de, por ocasião da sentença condenatória, o magistrado estabelecer o *quantum indenizatório mínimo* (CPP, arts. 63, parágrafo único, c.c. 387, IV) para a reparação dos danos causados pela infração, sejam eles materiais, morais individuais e, para alguns, até mesmo transindividuais (coletivos ou difusos).

Esse entendimento se orienta na redação do art. 387, IV, do CPP, que determina ao magistrado a fixação do valor mínimo para a reparação dos danos causados pela infração, sem fazer nenhuma restrição quanto à espécie do dano. Exatamente por isso, em conformidade com diversos julgados do STJ[275] sobre a matéria, o Fórum Nacional dos Juízes Federais Criminais (**Fonacrim**) editou o seu **Enunciado 16** para sedimentar a tese segundo a qual "o valor mínimo para reparação dos danos causados pelo crime pode abranger danos morais."

Especificamente sobre a possibilidade de o juiz, por ocasião da sentença, fixar a reparação dos **danos transindividuais** causados pelas infrações penais cometidas contra a coletividade (crimes vagos),[276] temos que o estabelecimento do *quantum* deve ser

---

[273] NUCCI, Guilherme de Souza. *Leis penais e processuais penais comentadas*. 8. ed. Rio de Janeiro: Forense, 2014. v. 1, iBooks, "Das medidas assecuratórias", nota 11.

[274] LIMA JÚNIOR, Javahé. *Lei de drogas comentada*. Florianópolis: Habitus, 2017. p. 266.

[275] *Ad exemplum*: "Ao fixar o valor de indenização previsto no artigo 387, IV, do CPP, o juiz deverá fundamentar minimamente a opção, indicando o *quantum* que refere-se ao dano moral" (REsp 1.585.684/DF, rel. Min. Maria Thereza de Assis Moura, 6ª Turma, j. 09.08.2016).

[276] Em sentido contrário: "No delito de tráfico, descabida a condenação do réu ao pagamento de indenização por dano moral coletivo. Tal instituto não tem aplicabilidade na esfera penal, tendo em

Cap. 3 • PERSECUÇÃO PENAL E EFEITOS DA CONDENAÇÃO | **355**

feito com parcimônia e ficar reservado aos casos concretos mais graves, nos quais seja extraordinariamente elevado o grau de reprovabilidade da conduta, seja pela violência dos meios empregados; seja pela exposição de uma infinidade de pessoas a dano; seja, ainda, pelo sério abalo a pacificação social advinda da atuação delitiva.

Nessa perspectiva, exemplificativamente, a atuação delitiva de um megatraficante, responsável pelo suborno de policiais, pela estruturação de milícias, pelo vício de inúmeras crianças e adolescentes, pela imposição do medo em dada comunidade, pela criação de um estado paralelo etc., deve lhe render, ao lado da sanção penal típica, a condenação pela reparação dos danos morais difusos causados à coletividade.

Não por outro motivo, mas sob enfoque diverso, na denúncia (Inq. 4.483/DF) que o Procurador-Geral da República, Rodrigo Janot, moveu contra o então Presidente da República, Michel Temer, e um parlamentar federal, além da condenação destes pelo suposto cometimento do crime de corrupção passiva (CP, art. 317), o Ministério Público pugnou pela condenação de ambos à reparação dos **danos extrapatrimoniais** causados por suas condutas, nos termos do art. 387, IV, do CPP, "já que os prejuízos decorrentes da corrupção são difusos (lesões à ordem econômica, à administração da justiça e à administração pública, inclusive à respeitabilidade da presidência da República perante a sociedade brasileira), sendo dificilmente quantificados."[277]

Em outro vértice, e ao contrário do que ocorre com o sequestro, o **arresto** (de imóveis ou móveis)[278] e a **especialização da hipoteca legal** de imóveis (direito real sobre coisa

---

vista a impossibilidade de se mensurar, de se delimitar tal dano, devendo o dever de indenizar, na seara penal, se limitar aos prejuízos sofridos pela vítima certa e definida, quando este dano puder ser mensurado" (TJMG: APR 10338110066093001/MG, 4ª Câmara Criminal, j. 05.11.2013).

[277] Seguem alguns excertos da fundamentação do pedido lavrado pelo PGR: "Os fatos perpetrados pelos denunciados, devidamente descritos na peça acusatória, possuem significância que transportam os limites da tolerabilidade, causando frustração à comunidade. Os crimes praticados à sorrelfa, valendo-se de seus mandatos eletivos, possuem **alto grau de reprovabilidade**, causam **comoção social**, descrédito, além de serem capazes de produzir **intranquilidade social e descrença da população**, vítima mediata da prática criminosa de tal espécie. [...] Destarte, o pagamento de indenização por **dano extrapatrimonial coletivo** é passível de, no futuro, somado à sanção restritiva de liberdade, ajudar a evitar a banalização do ato criminoso perpetrado pelos denunciados e, outrossim, inibir a ocorrência de novas lesões à coletividade. [...] Assim, em uma avaliação preliminar, já que o disposto no artigo 387, IV, do CPP, determina que serão fixados 'valores mínimos' para reparação do dano, deve-se levar em consideração a dimensão da mácula causada à coletividade, à reputação do próprio Estado brasileiro, a envergadura dos atores dos atos de corrupção e o reflexo de suas condutas, em razão dos cargos que ocupam. Dessa forma, em razão de todos os malefícios sociais gerados, além da sanção de natureza criminal, é importante que as reprimendas também atinjam aquilo que é o móvel da prática dos atos de corrupção: os bens do agente público e de pessoas próximas a eles, auxiliadores da prática espúria. [...] Ressalte-se, por fim, que, atualmente, cada vez mais a doutrina aponta para a importância de constrição de valores e reparação do dano causado pelo delito. Realmente, pouco valor possui uma condenação em que o agente criminoso venha a ter lucro com a atividade delitiva, beneficiando-se do crime. Seria o reconhecimento de que *o crime compensa*" (Disponível em: http://s. conjur.com.br/dl/pgr-denuncia-temer-rocha-loures.pdf. Acesso em: 11.07.2017).

[278] O *arresto de bens imóveis,* anterior à especialização da hipoteca legal, é previsto no art. 136 do CPP; já o *arresto subsidiário de bens móveis,* no art. 137 do CPP. O primeiro "tende a ser substituído pelo registro da hipoteca legal, enquanto o segundo permanece como arresto, e, posteriormente, na fase de execução será automaticamente convertido em penhora" (BADARÓ, Gustavo Henrique. *Processo penal.* São Paulo: RT, 2015, item 18.3.3).

alheia *op lege* que não importa em perda da posse, nem da propriedade)[279] são providências acauteladoras incidentes sobre os bens de **origem lícita** adquiridos pelo sujeito, sem que haja qualquer liame com o delito, e têm por fim assegurar a indenização do ofendido pelos danos causados e o pagamento das despesas judiciais, mediante a indisponibilização de determinado(s) bem.

Entretanto, como o sujeito passivo dos crimes previstos na Lei de Drogas é a coletividade (crime vago), em regra, faltarão *ofendidos* – ressalvados os casos envolvendo os delitos inscritos nos arts. 38 e 39 – legitimados a manejar esses procedimentos na busca por bens do acusado para a garantia de pleito indenizatório. O Ministério Público, contudo, continua tendo legitimidade para requerer o arresto e a especialização da hipoteca legal com vistas a garantir o pagamento da pena pecuniária e das despesas processuais.

A cautelar de **arresto** de bens imóveis é marcada pela nota da extrema precariedade temporal, porquanto, sendo vocacionada a possibilitar outra medida também de natureza assecuratória, será *automaticamente revogada* se não for promovido o processo de inscrição da hipoteca legal, no prazo de 15 (quinze) dias (CPP, art. 136).

Com o arresto, almeja-se a indisponibilidade de determinado(s) bem, ou seja, visa-se assegurar que o imóvel não venha a ser alienado enquanto ainda inexistentes os requisitos (certeza da infração e indícios suficientes da autoria) para a especialização e o registro da hipoteca legal. Obsta-se, desse modo, a dilapidação do patrimônio pelo sujeito ativo do crime. A constrição patrimonial – que não pode ser excessiva[280] – feita pelo arresto, portanto, possibilita o avanço da investigação a fim de se demonstrar a materialidade e a autoria do crime, permitindo-se, em seguida, a denúncia e a incidência da *hipoteca penal*.[281]

Por sua vez, muito embora instituída por lei (Código Civil, art. 1.489, III), a **hipoteca legal** depende, em forte medida, "de decisão judicial do procedimento de especialização e registro, feito perante o juiz penal, em razão da prática de um crime, razão pela qual Pontes de Miranda a denomina *hipoteca penal*."[282]

A providência reclama certeza da infração (materialidade) e indícios suficientes de autoria (art. 134 do CPP). Sendo oferecida *caução* pelo réu, o juiz poderá deixar de mandar proceder ao registro da hipoteca penal (art. 135, § 6º). Por outro lado, "em caso

---

[279] "Por outro lado, caso seja oferecida caução pelo acusado, o juiz poderá deixar de mandar proceder à inscrição (*rectius*: registro) da hipoteca legal (art. 135, § 6º). Por outro lado, em caso de absolvição transitada em julgado, a hipoteca deverá ser cancelada, o mesmo valendo para as hipóteses de extinção da punibilidade (CPP, art. 141)" (BADARÓ, Gustavo Henrique. *Processo penal*. São Paulo: RT, 2015. item 18.3.2.6).

[280] Há de se fazer uma estimativa do valor da responsabilidade civil, razão pela qual entendemos aplicável à espécie o regime do art. 135 do CPP, *in verbis*: "Pedida a especialização mediante requerimento, em que *a parte estimará o valor da responsabilidade civil*, e designará e estimará o imóvel ou imóveis que terão de ficar especialmente hipotecados, o juiz mandará logo proceder ao arbitramento do valor da responsabilidade e à avaliação do imóvel ou imóveis."

[281] "Exatamente por isso, não tem sentido aplicar aos bens imóveis que tenham sido arrestados o regime de depósito do art. 139 do CPP. Se com o registro e especialização da hipoteca legal o proprietário do imóvel não perderá a posse de seu bem, não tem sentido que, durante a medida preliminar de arresto, de curta eficácia temporal, se realize o depósito" (BADARÓ, Gustavo Henrique. *Processo penal*. São Paulo: RT, 2015, item 18.3.3).

[282] BADARÓ, Gustavo Henrique. *Processo penal*. São Paulo: RT, 2015. item 18.3.2.

de absolvição transitada em julgado, a hipoteca deverá ser *cancelada*, o mesmo valendo para as hipóteses de extinção da punibilidade (CPP, art. 141).”[283]

Ainda, segundo a compreensão da melhor doutrina, somente pode ser requerida na fase judicial (e não em sede inquisitorial), apesar de o art. 134 do CPP referir-se, contraditoriamente, a “indiciado” e em postulação “em qualquer fase do processo”. Se realmente fosse desejo do legislador estabelecer que especialização da hipoteca legal pudesse também ser levada a efeito durante o inquérito policial, ter-se-ia feito previsão semelhante a do art. 127 do CPP, que, disciplinando o momento processual para se requerer o sequestro, dispõe: “em qualquer fase do processo *ou ainda antes de oferecida a denúncia ou queixa*”.

De mais a mais, a *hipoteca penal* durante o inquérito fulminaria por completo a necessidade do arresto, cuja utilização só faz sentido justamente quando ainda não estão presentes os requisitos – “certeza da infração e indícios suficientes de autoria” – para a especialização e registro da hipoteca legal.

Anote-se, em desfecho, que todas essas providências acauteladoras são perfeitamente compatíveis com o regime jurídico da Lei de Drogas, que preconizou a possibilidade de “apreensão e outras medidas assecuratórias” e, expressamente, se reportou ao disposto nos arts. 125 e seguintes do Código Processual.

Em todo caso, faz-se de rigor o *fumus boni iuris*, juízo de cognição sumária acerca da verossimilhança da prática do delito. O *periculum in mora*, consistente na probabilidade de o réu, antes do julgamento final, dissipar seu patrimônio e inviabilizar o confisco (no caso do sequestro), a nosso aviso, é **presumido** ou **implícito** pela lei, tal como o STJ vem reconhecendo em casos envolvendo o *sequestro especial do Decreto-Lei 3.240/1941*[284] e a cautelar de *indisponibilidade de bens na ação de improbidade administrativa*, dada a explícita equiparação[285] entre essas providências, todas vocacionadas ao combate ao enriquecimento ilícito.

---

[283]   BADARÓ, Gustavo Henrique. *Processo penal*. São Paulo: RT, 2015. item 18.3.2.6.

[284]   “Nesse âmbito, **não há necessidade de se evidenciar concreta e especificamente o *periculum in mora*, que já é pressuposto. Portanto, para decretação de medidas cautelares reais, basta a configuração do *fumus comissi delicti*. [...]** Em relação ao *pericum in mora*, a literal redação do art. 1º do Decreto-Lei 3.240/41 sujeita a sequestro os bens de pessoa indiciada por crime de que resulta prejuízo para a fazenda pública, não havendo previsão de se aplique somente às infrações penais tipificadas no Título XI do CP, ou a delitos prescritos em leis especiais com idêntica sujeição passiva e objetividade jurídica. A ratio da norma é a afirmação da supremacia do interesse público, na dimensão da primazia da proteção do patrimônio público” (EDcl no AgRg no AREsp 1792372/PR, rel. Min. Jesuíno Rissato [des. convocado do TJDFT], rel. p/ acórdão Joel Ilan Paciornik, 5ª Turma, j. 14.12.2021). E ainda:“A jurisprudência desta Corte é assente no sentido de que o Decreto-Lei 3.240/41 foi recepcionado pela Constituição Federal de 1.988, continua sendo aplicável e não foi revogado pelo Código de Processo Penal. [...] A 5ª Turma desta Corte também já se manifestou no sentido de que'a incidência do Decreto-Lei 3.240/41 **afasta a prévia comprovação do *periculum in mora* para a imposição do sequestro, bastando indícios da prática criminosa**, a teor do que dispõe o art. 3º desse diploma normativo. Precedentes'[...]. De mais a mais,'a jurisprudência desta Corte Superior de Justiça está fixada no sentido de que é possível a imposição de medidas constritivas visando, além de garantir o ressarcimento do prejuízo causado pelo Réu, abarcar o pagamento de eventuais multas e das custas processuais'[...]”(AgRg no RMS 67.157/MG, rel. Min. Reynaldo Soares da Fonseca, 5ª Turma, j. 13.12.2021).

[285]   Sobre uma certa **equivalência** entre as medidas cautelares de sequestro e indisponibilidade de bens, veja-se:“Em processo penal, *a medida cautelar de indisponibilidade de bens equivale ao sequestro previsto no Decreto-Lei 3.240/1941* – que traz disposições aplicáveis especificamente às 'pessoas

358 | LEI DE DROGAS: Aspectos Penais e Processuais – *Cleber Masson* • *Vinícius Marçal*

Dessarte, havendo a *suspeita* da proveniência ilícita do proveito do crime, entendemos que a cautelar de *sequestro ordinário* (*v.g.*) já poderá ser levada a efeito independentemente da demonstração de dilapidação patrimonial pelo investigado/réu, haja vista que o *periculum in mora* é **presumido ou implícito.**

Por conseguinte, sendo presumido o perigo da demora, a providência acauteladora encontra-se inserida na ressalva do § 3º do art. 282 do Código de Processo Penal, razão pela qual, dada a urgência típica da medida, impertinente será a determinação pelo magistrado de notificação do agente para impugnar o requerimento, porquanto esse proceder colocará a eficácia do sequestro em xeque. Em casos tais, o contraditório não será prévio, mas diferido ou postergado.

2.2. Medidas assecuratórias relacionadas ao produto ou proveito do crime

Conforme o art. 60 da Lei de Drogas, "o juiz, a *requerimento* do Ministério Público ou do assistente de acusação, ou mediante *representação* da autoridade de polícia judiciária, poderá decretar, *no curso do inquérito* ou *da ação penal*, a **apreensão e outras medidas assecuratórias** nos casos em que **haja suspeita** de que os bens, direitos ou valores **sejam produto** do crime ou **constituam proveito** dos crimes previstos nesta Lei, procedendo-se na forma dos arts. 125 e seguintes do Decreto-lei nº 3.689, de 3 de outubro de 1941 – Código de Processo Penal."

Desde logo, convém ressaltar o acerto da Lei 13.840/2019, reformadora do art. 60, consistente na retirada da (antes prevista) possibilidade de o magistrado autorizar medidas cautelares de natureza real por atuação *ex officio*, sem provocação legítima. Dessarte, o deferimento dessas providências depende de **provocação do legitimado**: (*a*) Ministério Público (em qualquer fase da persecução penal); (*b*) assistente de acusação, nos casos em que haja a identificação de uma vítima certa e determinada (*v.g.*: LD, arts. 38 e 39); (*c*) autoridade de polícia judiciária, apenas da fase de investigação e, conquanto a lei seja silente nesse particular, mediante oitiva prévia do Ministério Público. É que a anterior manifestação ministerial realça o papel do Ministério Público enquanto titular da ação penal (cautelar, inclusive) – CR/1988, art. 129, I. Ademais, sendo a instituição a verdadeira destinatária dos elementos de convicção colhidos na fase investigatória,[286] nada mais salutar que participe diretamente da etapa investigatória, orientando caminhos probatórios e controlando excessos (CR/1988, art. 129, VII).

A Lei de Drogas permite, como visto, tanto a apreensão como outra medida assecuratória. Em consonância com o art. 240, § 1º, *b*, *d* e *e*, do CPP, a *apreensão* pode recair sobre o *produto do narcotráfico* (dinheiro obtido com a mercancia), o seu *instrumento* (veículo utilizado para o transporte de entorpecentes) e *objeto material do crime* (a droga).

---

indiciadas por crimes de que resulta prejuízo para a Fazenda Pública'. [...]. O *periculum in mora*, nesses casos, milita em favor da sociedade, representada pelo requerente da medida de bloqueio de bens, pois em casos de indisponibilidade patrimonial por imputação de conduta ímproba lesiva ao erário, esse requisito é implícito (precedentes do STJ referentes à Ação Civil Pública por improbidade administrativa que, *mutatis mutandis*, aplicam-se ao processo penal de crimes que causam prejuízo ao erário). Deferimento da medida cautelar de sequestro, com base no Decreto-Lei 3.240/1941" (TJAL: Crimes de Responsabilidade 0802296-09.2015.8.02.0000, Pleno, j. 17.11.2015).

[286] STF: Pet. 5.262/DF, rel. Min. Teori Zavascki j. 06.03.2015.

Cap. 3 • PERSECUÇÃO PENAL E EFEITOS DA CONDENAÇÃO | **359**

Por sua vez, *sequestro* (outra medida assecuratória – CPP, art. 125) incide sobre o *proveito da infração*, ou seja, a vantagem indireta obtida com a narcotraficância, por exemplo, o imóvel ou o veículo comprado com o dinheiro oriundo da venda de drogas.

Consoante preconiza o Código de Processo Penal (arts. 128 e 129), realizado o **sequestro**, em *autos apartados* (a fim de evitar tumulto processual), o juiz ordenará a sua *inscrição* no Registro de Imóveis (quando recair sobre imóveis, é claro). A medida pode ser **embargada**: (*a*) *pelo acusado*, sob o fundamento de não terem os bens sido adquiridos com os proventos da infração (CPP, art. 130, I) ou sob a perspectiva de que a decisão foi proferida sem a exigida suspeita de que os bens, direitos ou valores constituam produto ou proveito dos crimes previstos na Lei de Drogas; (*b*) *pelo terceiro de boa-fé*, a quem houverem os bens sido transferidos a título oneroso, sob o fundamento de tê--los adquirido de boa-fé (CPP, art. 130, II);[287] e (*c*) *pelo terceiro absolutamente estranho ao objeto dos autos*, como se dá, por exemplo, com algum homônimo do investigado/réu (CPP, art. 129).[288]

Ressalvados os *embargos de terceiro estranho ao processo* (CPP, art. 129), que devem ser julgados de pronto, não poderá ser pronunciada decisão pelo juízo criminal nos *embargos do acusado* e *do terceiro de boa-fé* antes de passar em julgado a sentença condenatória (CPP, art. 130, parágrafo único). No entanto, a sentença condenatória não induz, necessariamente, a improcedência dos embargos, pois, em tese, é possível que o réu seja condenado mas consiga demonstrar que seu bem, outrora sequestrado, tem fonte lícita.

Note-se, por curial, que os §§ 1º e 2º do art. 60 da Lei de Drogas foram revogados pela Lei 13.840/2019. Esses dispositivos preconizavam que, uma vez levada a efeito a apreensão ou outra medida assecuratória, o magistrado deveria facultar ao acusado, no prazo de cinco dias, a possibilidade de comprovar a origem lícita do produto, bem ou valor objeto da decisão, na mesma linha da previsão do art. 4º, § 2º, da Lei 9.613/1998. Comprovada a origem lícita, deveria o magistrado decidir pela liberação patrimonial (LD, art. 60, § 2º).

---

[287] "Como explica Tourinho Filho, para que o terceiro de boa-fé possa se valer dos embargos, com fundamento no inciso II do art. 130 do CPP, deve estar caracterizada 'sua insciência quanto à proveniência ilícita do imóvel, isto é, seu total desconhecimento de que o pretenso culpado o adquirira com os proventos da infração e, por isso mesmo, certo da ilicitude da aquisição'. Vai além Espínola Filho, afirmando que, 'se há negligência, tornando culposos o erro ou a ignorância, não se pode escusar o ato, sob pretexto de boa-fé'. Além disso, a coisa deverá ter sido adquirida a título oneroso, como expressamente exige o art. 130, I, e ao menos a justo preço, pois quem 'pede ou aceita preço vil, não age de boa-fé'" (BADARÓ, Gustavo Henrique. *Processo penal*. São Paulo: RT, 2015. item 18.3.1.3).

[288] Na hipótese dos embargos com fundamento no art. 129 do CPP, "não havendo previsão legal específica, os embargos de terceiro seguem a disciplina dos arts. 1.046 a 1.054 do CPC. Como o procedimento aplicável aos embargos de terceiros é o procedimento do Código de Processo Civil, também quanto ao regime recursal, contra decisões tiradas nos embargos de terceiros (por exemplo, a decisão interlocutória que indefere a liminar, ou a sentença que julga os embargos), deve ser aplicado o sistema do Código de Processo Civil, sob pena de se 'misturarem' os procedimentos, criando um terceiro e inadequado rito" (BADARÓ, Gustavo Henrique. *Processo penal*. São Paulo: RT, 2015. item 18.3.1.3). Lado outro, "não há disciplina, nem no Código de Processo Penal, nem no Código de Processo Civil, dos embargos do acusado (CPP, art. 130, I) e dos embargos do terceiro de boa-fé (CPP, art. 130, II). Sobre seu procedimento há duas posições: (1) devem ser aplicados, por analogia, os procedimentos dos embargos de terceiro do CPP; (2) os embargos serão simples manifestação de inconformismo do acusado ou terceiro, até mesmo porque somente serão julgados após a sentença do processo condenatório" (Idem).

Os revogados preceptivos da Lei de Drogas, no ponto, eram mais benévolos que o Código de Processo Penal, já que, no regime codificado, a liberação do bem constrito reclama a interposição de embargos, cujo julgamento fica a depender do trânsito em julgado da sentença condenatória. Na antiga sistemática da Lei de Drogas, não havia esse óbice, de modo que a liberação poderia se operar mais rapidamente.

Mas agora, com a Lei 14.322/2022, o antigo regime da Lei de Drogas foi praticamente repristinado. Com efeito, doravante, sendo decretada a apreensão ou outra medida assecuratória, deve o juiz facultar ao acusado que, no prazo de 5 (cinco) dias, **apresente provas, ou requeira a produção delas, acerca da origem lícita do bem ou do valor objeto da decisão**, *exceto no caso de veículo empregado para o transporte de drogas.*[289] Portanto, é do réu o ônus de provar a origem lícita daquilo que foi alvo das providências cautelares reais. E, uma vez "**provada a origem lícita** do bem ou do valor, o juiz decidirá por sua **liberação**, exceto no caso de veículo apreendido em transporte de droga ilícita", cuja destinação observará o disposto nos arts. 61 e 62, ressalvado o direito de terceiro de boa-fé (LD, art. 60, §§ 5º e 6º).

É válido ressaltar uma vez mais: para a liberação da coisa outrora bloqueada com esteio na suspeita de proveniência da narcotraficância, há, por assim dizer, uma **inversão do ônus da prova**,[290] competindo ao sujeito da medida a demonstração da procedência lícita do valor ou bem acautelado, de maneira a afastar a *suspeita* (LD, art. 60, *caput*) que motivou a cautelar real.

Nessa quadra, é sobremodo importante observar que o art. 63-B da Lei de Drogas cuida da possibilidade de o magistrado determinar "**a liberação** total ou parcial dos bens, direitos e objeto de medidas assecuratórias **quando *comprovada a licitude* de sua origem**", exatamente na linha do disposto no art. 5º, item 7º, da Convenção contra o Tráfico Ilícito de Entorpecentes e Substâncias Psicotrópicas, aprovada em Viena, em 20 de dezembro de 1988, e que foi incorporado ao direito brasileiro pelo Decreto 154/1991, *in verbis*:

> "Cada Parte considerará a possibilidade de *inverter o ônus da prova com respeito à origem lícita* do suposto produto ou outros bens sujeitos a confisco, na medida em que isto seja compatível com os princípios de direito interno e com a natureza de seus procedimentos jurídicos e de outros procedimentos."[291]

---

[289] Como informa a ementa da **Lei 14.322/2022**, esse diploma **alterou a Lei Antidrogas "para excluir a possibilidade de restituição ao lesado do veículo usado para transporte de droga ilícita".**

[290] A inversão do ônus da prova para a restituição da coisa, reconhecida por parcela expressiva da doutrina, recebe críticas por um setor doutrinário, que a rotula como "odiosa" (MOREIRA, Rômulo de Andrade. Aspectos procedimentais da nova lei de tóxicos (Lei nº 11.343/06). *Revista Jus Navigandi*, Teresina, ano 11, n. 1.209, 23 out. 2006. ISSN 1518-4862. Disponível em: https://jus.com.br/artigos/9075. Acesso em: 14 jul. 2017) ou "manifestamente inconstitucional, por transferir ao acusado ou interessado o ônus que pertence, exclusivamente ao Ministério Público" (RANGEL, Paulo; BACILA, Carlos Roberto. *Lei de drogas*: comentários penais e processuais. 3. ed. São Paulo: Atlas, 2015. p. 225).

[291] No mesmo caminho, dispõe o art. 12, item 7, da Convenção das Nações Unidas contra o Crime Organizado Transnacional, conhecida também por Convenção de Palermo, promulgada internamente pelo Decreto Presidencial 5.015/2004: "Os Estados-Partes poderão considerar a possibilidade de **exigir que o autor de uma infração demonstre a proveniência lícita** do presumido produto do crime ou de outros bens que possam ser objeto de confisco, na medida em que esta exigência esteja em conformidade com os princípios do seu direito interno e com a natureza do processo ou outros procedimentos judiciais".

Cap. 3 • PERSECUÇÃO PENAL E EFEITOS DA CONDENAÇÃO | **361**

Caso o sujeito não comprove a origem lícita da res apreendida ou sequestrada, a medida assecuratória continuará em vigor até o momento da sentença, ocasião em que já deverá o Ministério Público ter demonstrado ao juiz a origem espúria da coisa para que se opere o *perdimento*. Esse ônus, no momento da condenação (se for o caso), permanece com o *Parquet*. Não logrando êxito nesse sentido, haverá a desoneração do bem ou valor.

Nem se alegue que há nessa sistemática alguma mácula à clausula constitucional da não culpabilidade (CR/1988, art. 5º, LVII). Pela *dimensão probatória* desse princípio fundamental, o constituinte inseriu entre nós o direito segundo o qual ninguém deve ser considerado culpado até o trânsito em julgado de sentença penal condenatória, impedindo, desse modo, a antecipação de medidas de caráter punitivo. Por sua vez, pela *dimensão de tratamento*, compreende-se que o Estado não pode se comportar em relação ao indivíduo como se ele já estivesse condenado. É essa *regra de tratamento* que impede prisões processuais automáticas ou obrigatórias.

Entrementes, a *regra de tratamento* do princípio da não culpabilidade não impede o deferimento de prisão cautelar, quando necessária, tampouco obsta a concessão de cautelares de natureza real, desde que presente a *suspeita* da proveniência ilícita dos bens (no caso do sequestro). Dessarte, não se deve conferir ao primado do estado de inocência uma extensão demasiadamente larga, de maneira a impedir que o legislador exija do acusado uma carga mais densa para alcançar a restituição dos bens que lhe foram motivadamente indisponibilizados.

Assim, lecionando sobre a inversão do ônus da prova na esfera patrimonial, Rogério Soares do Nascimento assevera:

> "No plano das relações econômicas é socialmente assente uma exigência de zelo, sem a qual as incalculáveis relações quotidianamente estabelecidas estariam fatalmente comprometidas. *Aquele que forma patrimônio, por mais humilde e por menos instruído que seja, tem quase intuitivamente viva a consciência da necessidade de reunir e conservar meios de prova da licitude da aquisição*. Exigir tal prova nada mais é do que invocar um dever geral de cautela perfeitamente familiar ao homem médio, que é o destinatário de toda regra legal."[292]

Ademais, não se olvide que o Supremo Tribunal Federal já reconheceu, em mais de uma oportunidade, que, para haver o **levantamento** da constrição, há de se exigir a **comprovação da licitude do bem sequestrado**. *In verbis*:

> "Tratando-se o sequestro de medida assecuratória cuja decretação não pressupõe juízo conclusivo acerca da origem ilícita dos bens, e havendo indícios suficientes que autorizam a constrição ora questionada, o seu almejado levantamento, neste momento, demandaria comprovação do esgotamento probatório acerca da *licitude* dos recursos utilizados para o ingresso do imóvel no respectivo patrimônio, *ônus do qual não se desincumbiu o embargante*, inclusive pelas limitações da seara cautelar."[293]

---

[292] NASCIMENTO, Rogério José Bento Soares do. Ônus de provar a licitude de bens suspeitos de origem criminosa. *Revista CEJ, Brasília*, v. 2, n. 5, p. 23-27, maio/ago. 1998.

[293] AC 3.957 Agr-ED/DF, rel. Min. Edson Fachin, 2ª Turma, j. 25.06.2017. Igualmente: "Penal. Pedido de cancelamento de constrição de bem. Imóvel sequestrado. Requerente processada por tráfico de

362 | LEI DE DROGAS: Aspectos Penais e Processuais – *Cleber Masson • Vinícius Marçal*

De mais a mais, a lei estabeleceu uma **condição especial** para o *conhecimento* do pedido de restituição, qual seja: **o comparecimento pessoal do acusado** (LD, art. 63-A). Obviamente, o preceptivo não alcança o terceiro eventualmente atingido pela constrição patrimonial. Assim, os embargos de terceiro (CPP, arts. 129 e 130, II) serão conhecidos independentemente de comparecimento do acusado, porque não pode a restituição patrimonial ficar vinculada a requisito inteiramente alheio à vontade do terceiro, o que seria uma notória ofensa ao devido processo legal.

Aliás, cabe indagar: qual é a razão da exigência de comparecimento pessoal do acusado para conhecimento do seu pedido de restituição? A nosso ver, nenhuma. Trata-se, por certo, de uma desproporcionalidade sem tamanho. Exigir que o sujeito protocole o pedido de restituição e *compareça pessoalmente* perante o balcão da vara criminal para ratificar – perante o escrivão ou o juiz? – o que foi dito formalmente é, sem dúvida, uma tolice. Para ser *conhecido*, pois, basta que o pedido seja formulado por procurador com poderes específicos; para ser deferido, há que se demonstrar a origem lícita (LD, art. 63-B) do que foi apreendido ou sequestrado.

Não sendo provido pedido de restituição formulado perante o magistrado que decretou a medida cautelar de natureza real, parece-nos possível que o interessado ataque a decisão por via da *apelação* (CPP, art. 593, II)[294] ou do *mandado de segurança*.[295]

No mais, e na esteira do que estabelece o art. 366 do CPP, se o acusado, citado por edital, não comparecer, nem constituir advogado, ficarão suspensos o processo e o curso do prazo prescricional, podendo o juiz determinar a produção antecipada das provas consideradas urgentes e, se for o caso, decretar prisão preventiva. Além dessas providências, o juiz poderá "determinar a prática de **atos necessários à conservação dos bens, direitos ou valores**" (LD, arts. 60, § 3º, e 63-A, *in fine*).

Na hipótese de as providências assecuratórias do art. 60 da Lei 11.343/2006 recaírem sobre moeda estrangeira, títulos, valores mobiliários ou cheques emitidos como ordem de pagamento, será determinada, imediatamente, a sua **conversão em moeda nacional**

---

entorpecentes e associação para o tráfico. Comprovação da procedência lícita do bem [...]. Ônus de comprovação que incumbe ao requerente. Improvimento do recurso. [...] Considerando-se que, *em se tratando de sequestro de bens, a regra é a de inversão do ônus da prova* [...] e que a requerente se limita a afirmar a propriedade do bem, mas não a sua origem lícita, entende-se por dever ser mantida a constrição" (TRF3: Apelação 51.145/SP, 1ª Turma, j. 24.11.2015).

[294] "[...] segundo entendimento deste Tribunal, a decisão judicial que resolve questão incidental de restituição de bem constrito tem natureza definitiva, sujeitando-se, assim, ao reexame da matéria por meio de recurso de apelação, nos termos do art. 593, inciso II, do Código de Processo Penal, mostrando-se impróprio o uso da ação mandamental" (STJ: AgRg no RMS 32.939/RJ, rel. Min. Jorge Mussi, 5ª Turma, j. 20.08.2013).

[295] "O sequestro poderá ser atacado por meio de mandado de segurança contra ato judicial. [...] Obviamente, o manejo do mandado de segurança exigirá que se trate de hipótese na qual a ilegalidade puder ser demonstrada por prova pré-constituída, sendo um meio de defesa mais eficaz e expedito. Na jurisprudência, já se admitiu o mandado de segurança no caso de sequestro 'decretado por juiz incompetente ou que se prolonga no tempo por mais de sessenta dias sem que a ação penal tenha sido proposta', bem como no caso em que o sequestro deferido sem suporte legal, ou ainda quando há 'prova cabal de que alguns dos bens foram adquiridos antes do delito', ou porque deveria ter havido o levantamento do sequestro, uma vez que o inquérito se prolonga por mais de três anos, sem que a denúncia tenha sido oferecida" (BADARÓ, Gustavo Henrique. *Processo penal*. São Paulo: RT, 2015. item 18.3.1.3).

Cap. 3 • PERSECUÇÃO PENAL E EFEITOS DA CONDENAÇÃO | 363

e/ou a **compensação dos cheques**[296] emitidos após a instrução do inquérito, com cópias autênticas dos respectivos títulos, e o depósito das correspondentes quantias em conta judicial, juntando-se aos autos o recibo. Se a moeda estrangeira for apreendida em espécie, deve-se encaminhá-la à instituição financeira para *alienação*[297] na forma prevista pelo Conselho Monetário Nacional. Se isso não for possível, a moeda estrangeira será *custodiada* pela instituição financeira até decisão sobre o seu destino. Tomada a decisão, caso seja verificada a inexistência de valor de mercado, seus espécimes poderão ser *destruídos* ou *doados* à representação diplomática do país de origem (LD, art. 60-A, §§ 1º a 3º).

O **depósito, em dinheiro**, de valores referentes a numerários apreendidos ou que tenham sido convertidos deve ser efetuado na Caixa Econômica Federal, por meio de documento de arrecadação destinado a essa finalidade. Por sua vez, no prazo de 24 horas, a Caixa deve transferir o depósito para a conta única do Tesouro Nacional, independentemente de qualquer formalidade, onde ficará à disposição do Fundo Nacional Antidrogas (Funad). Se o réu vier a ser *absolvido*, o valor do depósito será a ele *entregue* pela instituição financeira, no prazo máximo de 24 horas de sua notificação, acrescido de correção monetária por índice oficial que reflita a inflação; lado outro, sendo decretado o *perdimento* em favor da União, o valor do depósito será transformado em *pagamento definitivo*, respeitados os direitos de eventuais lesados e de terceiros de boa-fé.[298]

2.3. Retardamento da medida assecuratória (ação controlada)

O § 4º do art. 60 trata de uma modalidade especial de ação controlada, ao preconizar que "a ordem de apreensão ou sequestro de bens, direitos ou valores poderá ser suspensa pelo juiz, ouvido o Ministério Público, quando a sua execução imediata puder comprometer as investigações."

Como vimos alhures, por meio do art. 53, II, da Lei de Drogas, o legislador preconizou que, em qualquer fase da persecução criminal relativa aos crimes previstos na Lei 11.343/2006, será permitida, mediante autorização judicial[299] (já relegada[300] em sede

---

[296] Com as reformas que sofreu, a Lei de Drogas nada dispôs sobre a compensação de cheques apreendidos, o que antes era estabelecido pelos §§ 2º e 3º do art. 62, atualmente revogados. "De todo modo, as antigas previsões revogadas, que indicavam didaticamente o *iter* na atuação das autoridades persecutórias, servem para este propósito" (CUNHA, Rogério Sanches; PINTO, Ronaldo Batista; SOUZA, Renee do Ó. Drogas – Lei n. 11.343/2006. *Leis penais especiais comentadas*. 3. ed. Salvador: JusPodivm, 2020. p. 1841).

[297] Resolução 4.808/2020 do Conselho Monetário Nacional, art. 1º. "A alienação de moeda estrangeira em espécie apreendida de que trata o § 1º do art. 60-A da Lei nº 11.343, de 23 de agosto de 2006, deve ser realizada por meio de *operação de compra de moeda estrangeira por instituição autorizada a operar no mercado de câmbio pelo Banco Central do Brasil*."

[298] Lei de Drogas, art. 62-A, §§ 1º a 5º; Lei 14.973/2024, art. 37, II, parágrafo único, I.

[299] Por sua vez, a Lei 12.850/2013, em seu art. 8º, § 1º, expressamente impôs que "o retardamento da intervenção policial ou administrativa *será previamente comunicado* ao juiz competente que, se for o caso, estabelecerá os seus limites e comunicará ao Ministério Público".

[300] "5. Embora o art. 53, I, da Lei n. 11.343/2006 permita o procedimento investigatório relativo à ação controlada, mediante autorização judicial e após ouvido o Ministério Público, certo é que essa previsão visa a proteger o próprio trabalho investigativo, afastando eventual crime de prevaricação ou infração administrativa por parte do agente policial que aguarda, observa e monitora a atuação dos suspeitos e não realiza a prisão em flagrante assim que toma conhecimento acerca da ocorrência do delito. 6. **Ainda que, no caso, não tenha havido prévia autorização judicial para a ação controlada, não há**

LEI DE DROGAS: Aspectos Penais e Processuais – *Cleber Masson* • *Vinícius Marçal*

jurisprudencial) e ouvido o Ministério Público, a não atuação policial sobre os portadores de drogas, seus precursores químicos ou outros produtos utilizados em sua produção, que se encontrem no território brasileiro, com a finalidade de identificar e responsabilizar maior número de integrantes de operações de tráfico e distribuição, sem prejuízo da ação penal cabível. Nesse caso, a autorização será concedida desde que sejam conhecidos o itinerário provável e a identificação dos agentes do delito ou de colaboradores.

Em geral, esse *retardamento* da ação policial faz com que a ação controlada seja igualmente chamada de flagrante retardado (prorrogado, postergado, diferido ou esperado). Entretanto, a ação controlada não consiste apenas no ato de deixar momentaneamente de efetuar a prisão em flagrante, englobando, também, as hipóteses de "não se cumprir mandado de preventiva, não se cumprir mandado de prisão temporária, *não se cumprir ordens de sequestro e apreensão de bens*", tudo "para que o investigado tenha a falsa impressão de que ele está incólume, quando na realidade o Estado está monitorando todos os seus passos, exatamente para que a ação repressiva estatal venha em bloco contra seus comparsas, fornecedores, distribuidores etc.".[301]

Na mesma vala do que disciplina o art. 4º-B da Lei 9.613/1998,[302] o § 4º do art. 60 da Lei de Drogas trata justamente disso: da ação controlada, pela qual, com manifestação do Ministério Público e autorização judicial, posterga-se, suspende-se, a ordem de apreensão ou sequestro de bens, sempre que a sua execução imediata tenha potencial para comprometer o bom andamento das investigações.

2.4. Utilização funcional do instrumento, do produto e do proveito do narcotráfico

A Lei de Drogas, em seu art. 61, *caput* (alterado pela Lei 14.322/2022), preconiza que a apreensão de veículos, embarcações, aeronaves e quaisquer outros meios de transporte e dos maquinários, utensílios, instrumentos e objetos de qualquer natureza utilizados para a prática, *habitual ou não*, dos crimes definidos na Lei 11.343/2006 será **imediatamente comunicada** pela autoridade de polícia judiciária responsável pela investigação ao juízo competente.

Realizada a comunicação, o magistrado ordenará às secretarias de fazenda e aos órgãos de registro e controle que efetuem as averbações necessárias (LD, art. 61, § 12) e, mediante *manifestação do Ministério Público* e *avaliação* prévias, poderá submeter os bens

---

como reputar ilegal a prisão em flagrante dos recorrentes, tampouco como considerar nulas as provas obtidas por meio da intervenção policial. Isso porque a prisão em flagrante dos acusados não decorreu de um conjunto de circunstâncias preparadas de forma insidiosa, porquanto ausente, por parte dos policiais que efetuaram a prisão em flagrante, prática tendente a preparar o ambiente de modo a induzir os réus à prática delitiva. Pelo contrário, por ocasião da custódia, o crime a eles imputado já havia se consumado e, pelo caráter permanente do delito, protraiu-se no tempo até o flagrante" (STJ: REsp 1.655.072/MT, rel. Min. Rogerio Schietti Cruz, 6ª Turma, j. 12.12.2017).

[301] GOMES, Luiz Flávio; SILVA, Marcelo Rodrigues da. *Organizações criminosas e técnicas especiais de investigação* – questões controvertidas, aspectos teóricos e práticos e análise da Lei 12.850/2013. Salvador: JusPodivm, 2015. p. 379-380.

[302] "Art. 4º-B. A ordem de prisão de pessoas ou as medidas assecuratórias de bens, direitos ou valores poderão ser suspensas pelo juiz, ouvido o Ministério Público, quando a sua execução imediata puder comprometer as investigações."

que constituam *instrumentos* utilizados para a prática do narcotráfico e os que tenham sido *sequestrados, apreendidos* ou *submetidos a qualquer medida assecuratória* ao que denominamos **utilização funcional,**[303] pela qual, **constatado o interesse público,** a *res* pode ser entregue para custódia e uso (sob responsabilidade) dos órgãos de segurança pública previstos no art. 144 da Constituição Federal, do sistema prisional, do sistema socioeducativo, da Força Nacional de Segurança Pública e do Instituto Geral de Perícia, **com o objetivo de sua conservação e para o desempenho de suas atividades**[304] (LD, arts. 61 e 62, *caput*, c.c. CPP, art. 133-A, *caput*). Há na medida, portanto, **dupla finalidade.**

Trata-se de medida elogiável, haja vista que os instrumentos do crime e os bens sujeitos a providências cautelares de natureza real podem, por exemplo, incrementar a atividade policial de forma satisfatória no combate ao narcotráfico, com a utilização de veículos "descaracterizados e ainda desconhecidos de traficantes, ainda mais quando nos referimos aos pequenos centros urbanos, onde geralmente já conhecem os veículos utilizados pela polícia local, ainda que descaracterizados."[305] Dessarte, exemplificativamente, uma camionete apreendida em poder de traficantes pode ser bastante útil para a tutela da segurança pública, sobretudo tendo em mira o notório sucateamento das forças policiais em geral.

A decisão que viabiliza a *utilização funcional* do bem constrito pode ser tomada tão logo efetivada a comunicação a que se refere o art. 61, não dependendo, pois, de sentença condenatória. Ao contrário, o ideal é que, quando cabível, seja ela proferida ainda na primeira fase da persecução penal, de modo a evitar a ação corrosiva do tempo sobre esses objetos e a "sanar a incapacidade prática do Estado de adequadamente administrar os bens que ingressam em sua esfera de proteção."[306]

Para a verificação da existência do interesse público, preconiza o art. 62, § 1º-A, da Lei de Drogas, o juízo deve cientificar o órgão gestor do Funad para que, em dez dias, *avalie* a sua existência e *indique* o órgão que deve receber o bem. A nosso ver, a manifestação do Funad é meramente opinativa e, portanto, despida de força vinculante. Desse modo, na análise do caso concreto, pode o juízo criminal identificar a presença do interesse público, a despeito da opinião contrária do Funad, e, fundamentadamente, entregar o bem para conservação e uso de órgão diverso do que eventualmente foi indicado pelo Funad.

Seja como for, para a *utilização funcional* das coisas acauteladas, e como forma de estimular os organismos estatais a agirem com eficiência, **têm prioridade** os órgãos de segurança pública que participaram das ações de investigação ou repressão ao crime que deram causa à medida (LD, art. 62, § 1º-B, c.c. CPP, art. 133-A, § 1º). Contudo, não havendo interesse público na *utilização funcional* por parte dos órgãos prioritários, é possível

---

[303] Funcional: relativo a função; que se adquire em virtude de funções exercidas; algo desenvolvido ou executado para ser eficaz, para obter o máximo de próprias capacidades, para ser prático.

[304] Pode "a polícia ou outro órgão estatal, valer-se, por exemplo, de um maquinário sofisticado, apreendido de traficante, para a utilização em serviço de perícias ou equivalente" (NUCCI, Guilherme de Souza. *Leis penais e processuais penais comentadas*. 8. ed. Rio de Janeiro: Forense, 2014. v. 1, iBooks, Capítulo "Drogas", nota 229).

[305] LIMA JÚNIOR, Javahé. *Lei de drogas comentada*. Florianópolis: Habitus, 2017. p. 272.

[306] CUNHA, Rogério Sanches; PINTO, Ronaldo Batista; SOUZA, Renee do Ó. Drogas – Lei n. 11.343/2006 *Leis penais especiais comentadas*. 3. ed. Salvador: JusPodivm, 2020. p. 1846.

366 | LEI DE DROGAS: Aspectos Penais e Processuais – *Cleber Masson* • *Vinícius Marçal*

que o juízo autorize o uso do bem pelos demais órgãos públicos, ainda que não cuide o caso de persecução penal por delito previsto na Lei de Drogas (CPP, art. 133-A, § 2º).[307]

A autorização judicial que autoriza a medida deverá conter a *descrição do bem*, a respectiva *avaliação* e a *indicação do órgão* responsável por sua utilização. Por seu turno, o órgão responsável pelo uso da coisa deverá enviar ao juízo, periodicamente, ou a qualquer momento quando por este solicitado, *informações sobre seu estado de conservação* (LD, art. 62, §§ 2º e 3º).

Ademais, recaindo a autorização judicial para a *utilização funcional* sobre veículos, embarcações ou aeronaves, o magistrado ordenará à autoridade ou ao órgão de registro e controle da *expedição de certificado provisório de registro e licenciamento* em favor do órgão público beneficiário, que ficará *livre (isento) do pagamento* de multas, encargos e tributos[308] anteriores à disponibilização do bem para a sua utilização até o trânsito em julgado da decisão que decretar o seu *perdimento em favor da União* (LD, arts. 62, § 4º c.c. 63, I e § 1º).

Apesar de a Lei 11.343/2006 ter vedado a *alienação antecipada* de armamentos (LD, art. 61, § 1º), ao admitir o uso provisório de *quaisquer dos bens* de que trata o art. 61, o art. 62, *caput*, terminou por permitir a *utilização funcional* de armas de fogo e munições empregados para a prática da narcotraficância ou que tenham sido *sequestradas* ou *apreendidos* (CPP, art. 133-A), ou seja, as armas também podem ser destinadas às forças policiais para *utilização funcional*.[309]

No mais, os bens, direitos ou valores apreendidos ou que forem objeto de outras medidas assecuratórias, depois de decretado seu perdimento em favor da União, serão *revertidos diretamente ao Funad* (LD, art. 63, § 1º),[310] mas isso não significa que o órgão público beneficiado com a *utilização funcional* esteja impedido de se tornar proprietário do bem.[311] É que, transitada em julgado a sentença condenatória, o juiz, de ofício ou a requerimento do Ministério Público, remeterá ao órgão gestor do Funad a relação dos bens, direitos e valores *declarados perdidos* em favor da União, indicando, *quanto aos bens*, o local em que se encontram e a entidade ou o órgão sob cujo poder estejam, para os fins de sua *destinação* (LD, art. 63, §§ 2º e 4º).

---

[307] "É possível [...] admitir a **utilização pelos órgãos públicos de aeronave** apreendida no curso da persecução penal de **crime não previsto na Lei de Drogas**, sobretudo se presente o interesse público de evitar a deterioração do bem" (STJ: REsp 1.420.960/MG, rel. Min. Sebastião Reis Júnior, 6ª Turma, j. 24.02.2015, excertos do *Boletim Informativo* n. 556).

[308] Os quais deverão ser cobrados de seu responsável legal.

[309] Com igual entendimento: CUNHA, Rogério Sanches; PINTO, Ronaldo Batista; SOUZA, Renee do Ó. *Drogas – Lei n. 11.343/2006. Leis penais especiais comentadas.* 3. ed. Salvador: JusPodivm, 2020. p. 1847.

[310] Lei 7.560/1986, art. 4º. "Qualquer bem de valor econômico, apreendido ou sequestrado em decorrência do tráfico de drogas de abuso, ou de qualquer forma utilizado em atividades ilícitas de produção ou comercialização de drogas abusivas, ou, ainda, que haja sido adquirido com recursos provenientes do referido tráfico, e perdido em favor da União, constitui recurso do Funad, ressalvados os direitos do lesado ou de terceiro de boa-fé."

[311] Aliás, o Código de Processo Penal, reformado pelo Pacote Anticrime, foi taxativo ao dispor que: "Transitada em julgado a sentença penal condenatória com a decretação de perdimento dos bens, ressalvado o direito do lesado ou terceiro de boa-fé, *o juiz poderá determinar a transferência definitiva da propriedade ao órgão público beneficiário ao qual foi custodiado o bem*" (art. 133-A, § 4º).

Portanto, com a decisão de perdimento, competirá à Senad – órgão gestor do Funad (Lei 7.560/1986, arts. 5º-A e 5º-B) – proceder à *destinação dos bens* apreendidos e não leiloados em caráter cautelar (na forma do art. 61, §§ 1º a 15). E, entre outras possibilidades, as coisas poderão ser *doadas* a órgãos públicos e *incorporadas* ao patrimônio da administração pública (LD, art. 63-C, I, *b*, e II). Caso sejam os bens alienados, ainda assim órgãos policiais podem *receber algum percentual (de 20% a 40 %) do valor apurado*, desde que tenham contribuído para a sua apreensão ou sequestro (Lei 7.560/1986, art. 5º, §§ 1º a 4º).[312]

Da mesma forma, o Estatuto do Desarmamento (art. 25) cuida da possibilidade de as armas apreendidas, após a elaboração do laudo pericial e sua juntada aos autos, e quando não mais interessarem à persecução penal, serem encaminhadas pelo juízo competente ao Comando do Exército, para *destruição* ou *doação* aos órgãos de segurança pública ou às Forças Armadas. Em outros termos, as *armas de fogo* e *munições* apreendidas em decorrência do tráfico de drogas, ou de qualquer forma utilizadas em atividades ilícitas de produção ou comercialização de drogas abusivas, ou, ainda, que tenham sido adquiridas com recursos provenientes do narcotráfico, "*perdidas em favor da União* e encaminhadas para o Comando do Exército, devem ser, após perícia ou vistoria que atestem seu bom estado, *destinadas com prioridade para os órgãos de segurança pública e do sistema penitenciário da unidade da federação responsável pela apreensão*" (Lei 10.826/2003, art. 25, § 1º-A).

Noutro giro, caso o magistrado decida pela *liberação do bem* afetado (para *utilização funcional*) ao órgão público, seja no curso do processo (LD, art. 63-B), seja ao proferir a sentença absolutória (LD, art. 63, II), e havendo indicação de que os bens sofreram *depreciação superior* àquela esperada em razão do transcurso do tempo e do uso, poderá o interessado requerer *nova avaliação judicial*. Uma vez constatada a depreciação, o ente federado ou a entidade que utilizou o bem *indenizará* o detentor ou proprietário dos bens (LD, art. 62, §§ 5º e 6º).

Dessarte, ao fazer a *utilização funcional* das coisas apreendidas (em sentido amplo), deve o Estado observar ao menos os seguintes **vetores**: (**a**) responsabilidade pela conservação dos bens; (**b**) afetação instrumental (*v.g.*: veículos devem ser destinados ao transporte, e não ser utilizados com depósitos); (**c**) utilização finalística consentânea com o desempenho de suas atividades públicas (o uso da coisa para fins pessoais caracteriza desvio de finalidade e pode configurar ilícito penal, administrativo e ato de improbidade).

Por fim, destaque-se que, após a comunicação de que trata o *caput* do art. 61, tanto é possível o deferimento da *utilização funcional* quanto a *alienação antecipada dos bens* apreendidos (excetuadas as armas). É o que veremos a seguir.

2.5. Da alienação antecipada de bens

A apreensão de bens em decorrência de medidas assecuratórias, de veículos, embarcações, aeronaves e quaisquer outros meios de transporte e dos maquinários, utensílios, instrumentos e objetos de qualquer natureza utilizados para a prática, *habitual ou não*,[313]

---

[312] As transferências de recursos provenientes da alienação de bens objetos de apreensão e perdimento, em favor da União, oriundos da prática de crimes relacionados ao narcotráfico, foram regulamentadas pela Portaria 152/2021 do Ministério da Justiça e Segurança Pública.

[313] Como informa a ementa da **Lei 14.322/2022**, esse diploma **alterou a Lei Antidrogas "para permitir a alienação ou o uso público do veículo independentemente da habitualidade da prática criminosa"**.

dos crimes definidos na Lei 11.343/2006 deve ser *imediatamente comunicada* (LD, art. 61, *caput*, alterado pela Lei 14.322/2022) pela autoridade de polícia judiciária responsável pela investigação ao juízo competente.

Com a comunicação, o magistrado ordenará às secretarias de fazenda e aos órgãos de registro e controle que efetuem as averbações necessárias (LD, art. 61, § 12) e poderá decidir pela: (*a*) **utilização funcional** dos bens que constituam instrumentos da narcotraficância ou que tenham sido sequestrados, apreendidos ou submetidos a qualquer medida assecuratória (LD, arts. 61 e 62, *caput*, c.c. CPP, art. 133-A, *caput*); (*b*) **alienação antecipada** (por não se exigir a prévia condenação do agente) de todos os tipos de bens que se sujeitam ao confisco, sejam instrumentos do crime ou coisas apreendidas em decorrência de medidas assecuratórias, excetuadas as armas, que serão recolhidas na forma da legislação específica (LD, arts. 60, *caput*, e 61, §§ 1º e 10).

Vale consignar, todavia, que nem sempre o juiz haverá de decidir entre uma e outra medida. Em determinados casos, pode ser que nenhuma das duas medidas seja cabível ou pertinente, "como quando não for do interesse dos órgãos públicos a utilização dos bens [...] e não houver risco de perda do valor econômico. Nesses casos, valem as disposições do art. 63 e parágrafos da Lei."[314] Por isso, o § 1º do art. 61 da Lei de Drogas deve ser lido *cum grano salis*, particularmente no ponto em que dispõe que "o juiz, no prazo de 30 (trinta) dias contado da comunicação de que trata o *caput*, *determinará* a alienação dos bens apreendidos". Tal como redigido, fica a impressão de que a lei *impôs* a *alienação antecipada* em todo e qualquer caso. No entanto, essa conclusão é equivocada por várias razões, a saber:

Primeiro, porque a legislação admite a *utilização funcional* das coisas apreendidas, o que é incompatível com a venda antecipada dos bens.

Segundo, porque há um *regime de complementaridade* (**teoria do diálogo das fontes**)[315] entre as normas que regulamentam o tema e, por esse prisma, o Código de Processo Penal (art. 144-A) e a Lei de Lavagem de Capitais (art. 4º, § 1º) explicam que o *objetivo* da alienação antecipada é a preservação do valor dos bens sempre que (*hipóteses de cabimento*) estiverem sujeitos a qualquer grau de deterioração ou depreciação, ou quando houver dificuldade para sua manutenção. Assim, a *alienação antecipada* deve ser determinada para o alcance de seu *objetivo* e observadas as suas *hipóteses de cabimento*. Fora isso, a providência não se sustenta.

---

314 MENDONÇA, Andrey Borges de; CARVALHO, Paulo Roberto Galvão de. *Lei de drogas*: Lei 11.343, de 23 de agosto de 2006 – comentada artigo por artigo. 3. ed. São Paulo: Método, 2012. p. 338.

315 Incidem no âmbito da Lei de Drogas as disposições do Código de Processo Penal (art. 144-A) e da Lei de Lavagem de Dinheiro (arts. 4º, § 1º, e 4º-A) sobre alienação antecipada de bens, por força da **teoria do diálogo das fontes** (desenvolvida na Alemanha por Erik Jayme, professor da Universidade de Heidelberg), segundo a qual as normas jurídicas não se excluem, supostamente porque pertencem a ramos jurídicos distintos, mas se complementam. Isso se dá, para além de outras razões, pela justificativa da *funcionalidade*. Como se sabe, "vivemos um momento de explosão de leis, um '**Big Bang legislativo**', como simbolizou Ricardo Lorenzetti. O mundo pós-moderno e globalizado, complexo e abundante por natureza, convive com uma quantidade enorme de normas jurídicas, a deixar o aplicador do Direito até desnorteado. [...] O diálogo das fontes serve como leme nessa tempestade de complexidade". Note-se, pois, que a teoria do diálogo das fontes "surge para substituir e superar os critérios clássicos de solução das antinomias jurídicas (hierárquico, especialidade e cronológico)" (TARTUCE, Flávio. *Manual de direito civil*: volume único. 5. ed. São Paulo: Método, 2015. item 2.1.3).

Terceiro, porque, enquanto medida cautelar, a *alienação antecipada* não se opera automaticamente, de forma mecânica. Hão de se fazer presentes o *fumus boni iuris* e o *periculum in mora*.[316] Conclusão diversa "implicaria dar ao instituto da alienação antecipada de bens constritos um caráter sancionatório, que não se coaduna com sua natureza jurídica e objetivos, algo para o que não se tem amparo normativo."[317]

Dessarte, a **alienação antecipada** configura *providência cautelar* consistente na venda de bens constritos em razão de medidas assecuratórias, com o **escopo**[318] de preservar o valor das coisas sujeitas a deterioração ou depreciação em função das más condições de guarda e do (muitas vezes) longo decurso do processo, ou quando houver dificuldade para a manutenção das coisas (CPP, art. 144-A, *caput*, e Lei 9.613, art. 4º, § 1º), o que "se verifica muito claramente no caso de veículos e embarcações, pois é notória a desvalorização desses bens ao longo do tempo, além do desgaste de peças e custos com guarda e manutenção."[319]

A *alienação antecipada*, portanto, constitui meio apto a assegurar a manutenção econômica de um bem constrito, "de maneira a impedir que o decorrer do tempo ou a existência de condições fáticas específicas diminuam sensivelmente (ou mesmo eliminem) o valor efetivo de um bem objeto de medida acautelatória real. Presta-se, também, a permitir a alienação rápida de bens cuja manutenção se tornou excessivamente custosa ou difícil. Sua *razão de ser*, como instituto, é *exclusivamente instrumental* e voltada a essas finalidades. É, portanto, instrumento jurídico auxiliar e eventual com relação a medidas cautelares reais, as quais são, igualmente, de natureza instrumental."[320]

Diante desse bosquejo, calha pontuar que o *fumus boni iuris* emana da presença do **nexo etiológico ou de instrumentalidade** entre o delito e os bens apreendidos (LD, art. 61, § 2º), o que se identifica por meio de um juízo de cognição sumária, próprio das cautelares (o juízo de cognição exauriente é exigido no momento da sentença). O *periculum in mora* é representado pela **necessidade de preservação do valor dos bens** (*objetivo da medida*), precisamente (*hipóteses de cabimento*): (**a**) quando os bens estiverem sujeitos a qualquer grau de deterioração (tornar-se pior; estragar) ou depreciação (desvalorização); (**b**) quando houver dificuldade para a manutenção da coisa.[321]

---

[316] "O art. 144-A do CPP somente autoriza a venda antecipada quando o bem constrito estiver sujeito à deterioração ou depreciação, ou quando houver dificuldade para a sua manutenção [...]. Não se está a exigir que o procedimento de alienação do art. 144-A do CPP, de **índole cautelar**, ocorra mediante processo judicial com citação, contraditório e ampla defesa, mas apenas que a parte prejudicada seja pelo menos cientificada da medida, para as providências que entender cabíveis. O patrimônio dos investigados e/ou acusados, por mais graves que sejam as suspeitas ou as acusações, não pode ser tratado como uma coisa de ninguém (*res nullius*)" (TRF1: MS 1028997-44.2019.4.01.0000, 2ª Seção, j. 11.12.2019).

[317] TRF3: ApCrim 0009183-66.2014.4.03.6181, 11ª Turma, j. 07.02.2017.

[318] "Os bens foram apreendidos por serem considerados proveito dos crimes de tráfico internacional de drogas supostamente perpetrados pela Organização Criminosa. [...] há fortes indícios de que os bens em questão constituem proveito da prática criminosa. A **alienação antecipada** determinada no caso em tela **visa** *a preservar a própria efetividade da medida, por meio da manutenção do valor econômico dos veículos que, se não alienados, sofrerão deterioração e perda de valor por circunstâncias econômicas, além dos custos envolvidos em sua manutenção*" (TRF3: ApCrim 5002468-47.2020.4.03.6104, TRF3 - 11ª Turma, j. 14.09.2020).

[319] TRF2: ApCrim 0505922-97.2017.4.02.5101, 1ª Turma Especializada, j. 01.03.2018.

[320] TRF3: ApCrim 0009183-66.2014.4.03.6181, 11ª Turma, j. 07.02.2017.

[321] "Em processo recente, foi identificado, por exemplo, o caso de uma caminhonete Toyota Hillux com 1.700 quilômetros rodados, a qual, mesmo depositada com os cuidados devidos, revela sinal do

370 | LEI DE DROGAS: Aspectos Penais e Processuais – *Cleber Masson* • *Vinícius Marçal*

A primeira hipótese de cabimento gera na doutrina um intenso debate. Para uns, a *alienação antecipada* pode ocorrer, tal como literalmente previsto, sempre que os bens estiverem sujeitos a *qualquer grau de deterioração ou depreciação*, ainda que mínimo. Para outros, a interpretação literal pode fazer com que a alienação antecipada ocorra de forma automática, haja vista que, *em algum grau*, todo e qualquer bem está sujeito a se deteriorar com o tempo. Esquematicamente, veja-se:

1ª posição: Advoga a ideia da alienação antecipada como um dever, sempre que houver *risco de qualquer grau* de deterioração, depreciação ou *dificuldade* para manutenção. Assim, para a alienação cautelar, "contentam-se as novas legislações com risco, em qualquer grau, de deterioração ou depreciação ou, também, dificuldade para manutenção. Não é necessário que haja risco de deterioração ou depreciação significativa, como muitas vezes se exigia. Basta qualquer risco, segundo a nova legislação." Portanto, "sempre que houver esse risco e desde que os bens não possam ser utilizados pelos órgãos envolvidos com a repressão ao tráfico, urge que se realize a alienação cautelar."[322]

2ª posição: Considera que a expressão *a qualquer grau* de deterioração ou depreciação é amplíssima e necessita de *interpretação restritiva*, haja vista que praticamente todas as coisas da natureza, com o simples passar do tempo, deterioram-se e sujeitam-se, em maior ou menor escala, à redução de preço ou valor. Por isso, sem uma interpretação bastante restrita da previsão legal, "praticamente qualquer bem constrito poderá ser antecipadamente alienado, em uma desproporcional e injustificada restrição ao direito de propriedade de alguém que ainda é presumido inocente." Dessarte, "uma depreciação normal pelo tempo, que não leve a relevante depreciação do valor, não autoriza a alienação antecipada."[323]

Quanto à segunda hipótese de cabimento, é de ver que a dificuldade para a manutenção dos bens, por si só, não fundamenta a medida cautelar. Para tanto, há de conciliar essa circunstância com a necessidade de preservar o valor da res *(escopo da alienação antecipada)*. Não havendo risco de desvalorização ou de depreciação, não há motivo para efetivar a alienação. Nesse passo, exemplificam Badaró e Bottini: pense-se "em uma coleção de quadros ou esculturas. Ainda que haja dificuldade para a sua manutenção, pela delicadeza dos materiais, se o passar do tempo não faz diminuir o preço de tais bens, não há por que aliená-los [antecipadamente], mormente por seu caráter infungível."[324]

---

tempo, especialmente pela ação da maresia e das intempéries em geral, sendo que para ser alienada seria necessária a realização de diversos reparos. Destaque-se ainda o ninho de insetos que se instalou no motor do carro, o que deveria vir a caracterizar perda ainda maior ao bem e, consequentemente, ao patrimônio público" (GRÉGIO, Grécio Nogueira; LEMOS, Carlos Eduardo Ribeiro. A alienação antecipada de bens no processo penal e o estado-vítima. *In*: CALABRICH, Bruno; FISCHER, Douglas; PELELLA, Eduardo (org.). *Garantismo penal integral*: questões penais e processuais, criminalidade moderna e aplicação do modelo garantista no Brasil. 3. ed. Salvador: JusPodivm, 2015. p. 264).

[322] MENDONÇA, Andrey Borges de; CARVALHO, Paulo Roberto Galvão de. *Lei de drogas*: Lei 11.343, de 23 de agosto de 2006 – comentada artigo por artigo. 3. ed. São Paulo: Método, 2012. p. 333.

[323] BADARÓ, Gustavo Henrique; BOTTINI, Pierpaolo Cruz. *Lavagem de dinheiro* – aspectos penais e processuais penais: comentários à Lei 9.613/1998, com as alterações da Lei 12.683/2012. 3. ed. São Paulo: RT, 2016. p. 365.

[324] BADARÓ, Gustavo Henrique; BOTTINI, Pierpaolo Cruz. *Lavagem de dinheiro* – aspectos penais e processuais penais: comentários à Lei 9.613/1998, com as alterações da Lei 12.683/2012. 3. ed. São Paulo: RT, 2016. p. 365.

Cap. 3 • PERSECUÇÃO PENAL E EFEITOS DA CONDENAÇÃO | **371**

Entretanto, não se pode negar, por outro lado, que, no mais das vezes, o armazenamento precário de quadros e esculturas em depósitos amundiçados, esquálidos, pode desvalorizar e deteriorar (estragar) essas obras de arte, expostas à sujeira, fungos, risco de queda etc. Por essa razão, Grégio e Lemos pontuam:

> "Não se pode deixar de destacar situações relacionadas a obras de arte e adornos, geralmente suntuosos, que enfeitam as residências e escritórios de réus que adotam verdadeira condição de mecenas com dinheiro fácil e, o que é pior, alheio.
>
> Nesses casos, fica *patente o risco de perecimento*, especialmente em se tratando de obras de arte, cuja *chance de degradação é enorme*. Em alguns casos, no Brasil, tem-se registro de que a saída foi a entrega à curadoria de museus, ao menos até a realização da sua alienação antecipada, quando então a responsabilidade foi passada aos arrematantes."[325]

Observados o escopo da medida (preservação do valor), o *fumus boni iuris* (nexo de instrumentalidade), o *periculum in mora* (hipóteses de cabimento), e não sendo factível a *utilização funcional* das coisas apreendidas pelos órgãos de segurança pública previstos no art. 144 da Constituição Federal, do sistema prisional, do sistema socioeducativo, da Força Nacional de Segurança Pública e do Instituto Geral de Perícia, poderá ser efetivada a *alienação antecipada* de bens.

Nas palavras de Fausto de Sanctis,

> "[...] não dispondo o Estado de local adequado ou suficiente e não havendo previsão de verba própria que vise à administração e conservação de bens, para não inviabilizar as futuras apreensões, sequestros e arrestos, deve o magistrado, evitando que se avance a deterioração de bens ou sua depreciação, dar-lhes um destino: ou o simples uso [...] ou, então, decidir-se pela venda antecipada ou leilão judicial.
>
> Esta medida é cabível quando não se apresentar recomendável o uso do bem apreendido, quer por se tratar de produto de luxo (carros importados, iates, relógios, joias etc.), quer por se tratar de imóvel de difícil administração ou sujeito a invasões e risco (por exemplo, fazendas, sítios, hotéis, cemitérios), ou porque demanda alto custo de manutenção (condomínios, empregados, gado, peixes etc.), ou, finalmente, sujeito a rápida desvalorização diante dos avanços da tecnologia (TVs, computadores, *laptops, scanners* etc.)."[326]

Sobre o **procedimento** para se chegar à *alienação antecipada*, conquanto diga a lei que, no prazo de 30 dias a partir da comunicação policial acerca da constrição patrimonial, o juiz determinará a alienação dos bens apreendidos (LD, art. 61, § 1º), essa solução nem sempre será possível na prática. É que, ao menos em regra, a alienação

---

[325] GRÉGIO, Grécio Nogueira; LEMOS, Carlos Eduardo Ribeiro. A alienação antecipada de bens no processo penal e o estado-vítima. *In:* CALABRICH, Bruno; FISCHER, Douglas; PELELLA, Eduardo (org.). *Garantismo penal integral*: questões penais e processuais, criminalidade moderna e aplicação do modelo garantista no Brasil. 3. ed. Salvador: JusPodivm, 2015. p. 265.

[326] SANCTIS, Fausto Martin de. *Crime organizado e lavagem de dinheiro*: destinação de bens apreendidos, delação premiada e responsabilidade social. São Paulo: Saraiva, 2009. iBooks, subitem 5.2.

372 | LEI DE DROGAS: Aspectos Penais e Processuais – *Cleber Masson* • *Vinícius Marçal*

antecipada não deve ser manejada durante a investigação,[327] senão apenas **no curso da ação penal**,[328] e, como visto alhures, o inquérito policial que apura crimes relacionados à narcotraficância pode durar[329] até 60 dias, em caso de investigado preso, ou até 180, em caso de investigado solto.

Dessarte, com a propositura da ação penal, em *autos apartados* que terão tramitação distinta em relação ao processo penal condenatório, dos quais constarão a exposição sucinta do *nexo de instrumentalidade* entre o delito e os bens apreendidos, a *descrição* e *especificação* dos objetos, as *informações* sobre quem os tiver sob custódia e o *local* em que se encontrem (LD, art. 61, § 2º), a requerimento do legitimado ou *ex officio*[330] (Lei 11.343/2006, art. 61, § 1º, e Lei 9.613/1998, art. 4º-A, *caput*), o juiz poderá ordenar a alienação dos bens apreendidos.

É válido sublinhar, no ponto, que a Lei de Drogas não previu um **órgão legitimado** a *pleitear* a alienação antecipada, apenas destacou que o Ministério Público deve *fiscalizar* a medida (art. 61, § 9º). Isso não obstante, a Lei de Lavagem de Dinheiro, reformada em 2012, preconizou que, além do Ministério Público, a alienação antecipada poderá ser requerida, mediante petição autônoma, "por solicitação da parte interessada" (art. 4º-A, *caput*), que pode ser o acusado, o terceiro em nome de quem estava o bem e, até mesmo, o ofendido. Com efeito, lecionam Badaró e Bottini:

> "Não se descarta a possibilidade de o próprio titular do bem que, normalmente, será o investigado ou acusado requerer a alienação antecipada. Tal medida – que de forma alguma implicará assunção de culpa – pode ser uma forma de preservar seu patrimônio, minimizando os danos materiais que poderá sofrer, seja em caso de condenação, seja na hipótese de absolvição. Imagine-se, por exemplo, que a constrição recaia sobre um veículo relativamente novo e com poucos quilômetros rodados. Os longos anos de tramitação do processo, que normalmente se estenderá por períodos mais extensos pela natural complexidade da causa, farão com que, quando a sentença transitar em julgado, o valor do bem seja muito pequeno. Assim, tanto no caso de condenação, em que haverá o dever de reparar o dano, quanto na hipótese de absolvição, em que o acusado terá direito ao levantamento do bem, o aludido automóvel terá um baixo valor de mercado. Porém, se já tiver sido alienado antecipadamente, o valor estará preservado, tendo sido depositado em instituição financeira, e acrescido de remuneração da conta judicial.

---

[327] "Fala-se em leilão antecipado por ser anterior ao trânsito em julgado da condenação. *É prudente, porém, aguardar o oferecimento da denúncia para a tomada da medida* (TRF4, MS 20050401030935-2, 8ª T., u., 22.2.06)" (BALTAZAR JUNIOR, José Paulo. *Crimes federais*. 9. ed. São Paulo: Saraiva, 2014. iBooks, Capítulo 30, item 19.1).

[328] Seria mesmo desarrazoado que "uma medida tão gravosa e irreversível como a alienação antecipada seja levada adiante antes do início da persecução penal *in iudicio*. Ora, se ainda não há justa causa para o oferecimento da peça acusatória, como se pode admitir que os bens do acusado que foram sequestrados, arrestados, hipotecados ou apreendidos sejam alienados antecipadamente?" (LIMA, Renato Brasileiro de. *Código de Processo Penal comentado*. 2. ed. Salvador: JusPodivm, 2017. p. 440).

[329] LD, art. 51 e seu parágrafo único.

[330] "Tais medidas podem ser adotadas de ofício pelo magistrado (TRF4, MS 20050401030935-2, 8ª T., u., 22.2.06)" (BALTAZAR JUNIOR, José Paulo. *Crimes federais*. 9. ed. São Paulo: Saraiva, 2014. iBooks, Capítulo 30, item 19.1).

Cap. 3 • PERSECUÇÃO PENAL E EFEITOS DA CONDENAÇÃO | **373**

> Também poderá requerer a alienação antecipada, na condição de 'parte interessada', o terceiro em relação ao processo que tenha bem de sua titularidade constrito por alguma medida patrimonial, sob o fundamento de que se trata de bem 'existente em nome de interposta pessoa'. Ainda que o proprietário não tenha sido denunciado e não seja parte da ação penal condenatória, o será da medida cautelar patrimonial e, portanto, terá legitimidade para pleitear, em relação à medida assecuratória, o que for necessário para defesa de seu direito de propriedade.
>
> Finalmente, caso seja possível identificar um ofendido do crime [...] que tenha legitimidade e, mais do que isso, tenha requerido a própria medida cautelar, não se lhe deve negar o direito de requerer a alienação antecipada."[331]

Não basta, repise-se, que o legitimado pugne – genericamente – pela alienação cautelar *dos bens apreendidos*. Há de se descrever e individualizar cada bem a ser objeto da medida. Desse modo, no caso de imóveis, deverá o legitimado indicar a localização, o proprietário, o número da matrícula e o cartório em que está registrado. Em caso de veículo automotor, deverá ser especificado o proprietário, a marca e modelo, a placa e o ano de fabricação, o número do Renavam etc.[332] Enfim, é fundamental a observância do disposto no art. 61, § 2º.

Na sequência do procedimento, o juiz determinará a **avaliação** dos bens apreendidos, que será feita por oficial de justiça, no prazo de cinco dias a contar da autuação, ou, caso sejam necessários conhecimentos especializados, por avaliador nomeado pelo juiz, em prazo não superior a dez dias. Realizada a avaliação, e para que possam se **manifestar** no prazo de cinco dias, o juiz *intimará* o órgão gestor do Funad, o Ministério Público e o interessado, o qual poderá, por exemplo, por simples petição e dentro dos próprios autos da alienação, insurgir-se contra a avaliação do bem (que lhe servirá de indenização em caso de absolvição) ou contra a possibilidade de *alienação antecipada*, por considerar ausentes o nexo de instrumentalidade ou as hipóteses de cabimento. Dirimidas eventuais divergências, o magistrado **homologará o valor** atribuído aos bens (LD, art. 61, §§ 3º e 4º) e determinará que se opere a **alienação** (Lei 9.613/1998, art. 4º-A, § 3º).

Sem embargo, e conquanto a lei seja silente, a decisão que determina a alienação antecipada de bens desafia a **apelação** (CPP, art. 593, II), a ser recebida apenas com *efeito devolutivo* (Lei 9.613/1998, art. 4º-A, § 9º). No entanto, não há de se negar o cabimento do **mandado de segurança**, sobretudo para contornar decisões evidentemente teratológicas, injustificadas e abusivas.[333]

---

[331] BADARÓ, Gustavo Henrique; BOTTINI, Pierpaolo Cruz. *Lavagem de dinheiro* – aspectos penais e processuais penais: comentários à Lei 9.613/1998, com as alterações da Lei 12.683/2012. 3. ed. São Paulo: RT, 2016. p. 398-399.

[332] Cf. BADARÓ, Gustavo Henrique; BOTTINI, Pierpaolo Cruz. *Lavagem de dinheiro* – aspectos penais e processuais penais: comentários à Lei 9.613/1998, com as alterações da Lei 12.683/2012. 3. ed. São Paulo: RT, 2016. p. 400.

[333] "Efeito devolutivo de recurso não descrito: atribui a lei efeito devolutivo aos recursos interpostos contra as decisões proferidas no procedimento de alienação de bens apreendidos, mas não se especifica quais sejam eles. Por outro lado, qualquer que seja a situação, é preciso lembrar que pode haver algum caso verdadeiramente abusivo, ou seja, a ordem de alienação é totalmente injustificada. Parece-nos que, assim ocorrendo, a parte prejudicada pode valer-se do mandado de segurança para

LEI DE DROGAS: Aspectos Penais e Processuais – *Cleber Masson* • *Vinícius Marçal*

Os bens móveis e imóveis devem ser **vendidos** por meio de *hasta pública*, preferencialmente por meio eletrônico, assegurada a venda pelo maior lance, por *preço não inferior a 50%*[334] do valor da avaliação judicial (LD, art. 61, § 11).

Não obstante prevista na lei e defendida por importante setor doutrinário,[335] é controversa a possibilidade de se realizar a *alienação antecipada de imóveis*.[336] Dada a sua natureza, não raro, reconhece-se nos tribunais que, "em geral, não se justifica a alienação antecipada de imóveis sequestrados, à míngua de indicação do risco de deterioração acelerada ou depreciação."[337] Nessa perspectiva, tendo-se em conta que os bens imóveis não se enquadram na definição de coisas facilmente deterioráveis, considera-se que "o sequestro se mostra efetivo",[338] não se sustentando, *a priori*, a alienação antecipada. E, nesse quadro, há decisões concedendo a segurança pleiteada via mandamental para suspender a alienação antecipada de bens imóveis.[339]

A respeito da alienação de veículos, embarcações ou aeronaves, a autoridade de trânsito ou o órgão congênere competente para o registro, bem como as secretarias de fazenda, devem proceder à *regularização dos bens* – inclusive com a emissão de novos identificadores – no prazo de 30 dias, ficando o arrematante isento do pagamento de multas, encargos e tributos anteriores, sem prejuízo de execução fiscal em relação ao antigo proprietário. E mais: eventuais multas, encargos ou tributos pendentes de pagamento não podem ser cobrados do arrematante ou do órgão público alienante como condição para regularização dos bens (LD, art. 61, §§ 13 a 15).

O **produto da alienação** deve ser **depositado** na Caixa Econômica Federal e, depois, transferido ao Tesouro Nacional, onde ficará à disposição do Funad. *Se o réu for condenado,*

---

buscar a suspensão da disposição do bem" (NUCCI, Guilherme de Souza. *Leis penais e processuais penais comentadas*. 8. ed. Rio de Janeiro: Forense, 2014. v. 1, iBooks, Capítulo "Drogas", nota 233).

[334] O CPP fala em "valor não inferior a 80% (oitenta por cento) do estipulado na avaliação judicial" (art. 144-A, § 2º) e a Lei de Lavagem de Dinheiro em "valor não inferior a 75% (setenta e cinco por cento) da avaliação" (art. 4º-A, § 3º).

[335] A alienação antecipada "é cabível quando não se apresentar recomendável o uso do bem apreendido, quer por se tratar de produto de luxo (carros importados, iates, relógios, joias etc.), quer por se tratar de **imóvel** de difícil administração ou sujeito a invasões e risco (por exemplo, fazendas, sítios, hotéis, cemitérios), ou porque demanda alto custo de manutenção (condomínios, empregados, gado, peixes etc.), ou, finalmente, sujeito a rápida desvalorização diante dos avanços da tecnologia (TVs, computadores, *laptops, scanners* etc.)" (SANCTIS, Fausto Martin de. *Crime organizado e lavagem de dinheiro*: destinação de bens apreendidos, delação premiada e responsabilidade social. São Paulo: Saraiva, 2009. iBooks, subitem 5.2).

[336] "Não há razão para venda antecipada, porém, em caso de bens não sujeitos à depreciação rápida, como **imóveis** (TRF4, MS 20050401033540-5, Élcio, 8ª T., u., 14.11.05) ou **joias**" (BALTAZAR JUNIOR, José Paulo. *Crimes federais*. 9. ed. São Paulo: Saraiva, 2014. iBooks, Capítulo 30, item 19.1).

[337] TRF1: ACR 0048947-08.2014.4.01.3500, 3ª Turma, j. 08.05.2018.

[338] TRF3: MS 5017096-54.2019.4.03.0000, 5ª Turma, j. 12.09.2019. E ainda: "1. Os bens imóveis não se enquadram na definição de bem 'facilmente deteriorável', conforme preceitua o artigo 120, § 5º, do Código de Processo Penal. 2. Não há nada nos autos a indicar eventual deterioração, de modo que a alienação antecipada não se justifica. 3. Em se tratando de bens imóveis, a alienação antecipada demandaria justificação mais robusta, pois a depreciação não ocorre ou é menos pronunciada. 4. [...] A necessidade da medida não está patenteada, pois, a uma, em se tratando de imóveis o sequestro se mostra, no momento, efetivo e, a duas, como já dito, a deterioração não se revela fator determinante. 5. Recurso desprovido" (TRF3: ApCrim 0000583-12.2017.4.03.6000, 5ª Turma, j. 09.09.2019).

[339] TRF3: MS 0002967-03.2017.4.03.0000, 5ª Turma, j. 09.10.2017.

Cap. 3 · PERSECUÇÃO PENAL E EFEITOS DA CONDENAÇÃO 375

será decretado o perdimento em favor da União e o valor do depósito transformado em pagamento definitivo, respeitados os direitos de eventuais lesados e de terceiros de boa--fé (LD, arts. 62-A, *caput*, §§ 1º e 3º; 63, I, e 63-E). *Se o acusado for absolvido*, o valor do depósito será *devolvido* a ele pela instituição financeira, no prazo máximo de 24 horas, acrescido de correção monetária por índice oficial que reflita a inflação (LD, art. 63, II c.c. Lei 14.973/2024, art. 37, II, parágrafo único, I).

Fica claro, dessa maneira, que a *alienação antecipada* **não é uma sanção nem representa uma perda definitiva do patrimônio do acusado**. Mesmo assim, há na doutrina quem enxergue o instituto com maus olhos. Nesse sentido, Rafael de Souza Miranda crê que a *alienação antecipada*:

> "[...] fere o princípio da presunção de inocência, pois permite a alienação dos bens sem que haja sentença penal condenatória transitada em julgado reconhecendo a origem ilícita. E o que é ainda mais grave, traz situação irreversível ao proprietário ou possuidor dos bens, se ao final do processo for absolvido ou demonstrada a origem lícita dos bens. Nem se argumente que o valor apurado com a alienação se reverterá ao proprietário ou possuidor dos bens, posto que essa medida pode até minorar os prejuízos, mas não o afastará por completo, principalmente quando se tratar de bens de valores sentimentais ou bens infungíveis."[340]

2.6. Perdimento (confisco)[341]

A Lei de Drogas (art. 63) preconiza que, ao proferir a sentença, o juiz decidirá sobre: (*a*) o **perdimento**[342] do produto, bem, direito ou valor apreendido ou objeto de medidas assecuratórias (inc. I); (*b*) o **levantamento** dos valores depositados em conta remunerada (inc. II); (*c*) a **liberação** dos bens afetados para *utilização funcional* (inc. II).

Caso o magistrado absolva o réu, em regra, deverá ser ordenada a cessação da constrição e devolvida a *res* (LD, art. 63, II, c.c. CPP, art. 386, parágrafo único, II). Excepcionalmente, todavia, é possível que o juiz declare o perdimento apesar de ter proferido sentença absolutória. Assim, suponha-se:

> "[...] que traficantes escondam grande quantia de droga no tanque de combustível de um caminhão e, em seguida, contratem um motorista, dizendo a ele que se trata do transporte de madeira. Durante o trajeto, policiais param o caminhão e localizam o entorpecente, sendo o motorista acusado pelo tráfico. Ao final, contudo, o juiz absolve o motorista, por entender que ele fora enganado pelos traficantes – que, entretanto, não foram identificados. Apesar da absolvição, deve ser decretada a perda do caminhão (que não pertencia ao motorista)."[343]

---

[340] MIRANDA, Rafael de Souza. *Manual da Lei de Drogas*: teoria e prática. Salvador: JusPodivm, 2020. p. 227.

[341] Outras importantes considerações sobre o assunto foram feitas no **Cap. I, item 1.11** ("art. 28, § 1º, e art. 243, *caput*, da Constituição da República") e no **Cap. III, item 1.5** ("desapropriação-confisco").

[342] Crítico da medida, por considerá-la *desumana, impolítica* e *aberrante*, Bitencourt assinala que "a *liberal* Constituição Federal de 1988, na contramão da história, cria a possibilidade da pena de confisco sob a eufemística e disfarçada expressão perda de bens (art. 5º, XLVI, *b*)" (BITENCOURT, Cezar Roberto. *Tratado de direito penal*. 16. ed. São Paulo, 2011. v. 1, p. 770).

[343] GONÇALVES, Victor Eduardo Rios; BALTAZAR JUNIOR, José Paulo. *Legislação penal especial*. São Paulo: Saraiva, 2015. p. 143.

Ademais, ainda que seja promovido o arquivamento do procedimento investigatório ou "absolvido o réu por falta de provas, nem por isso lhe será devolvida a metralhadora de última geração apreendida durante as investigações. Conquanto o art. 91 do Código Penal trate dos efeitos da sentença penal condenatória, o art. 779 do Código de Processo Penal admite o confisco 'no despacho de arquivamento do inquérito, na sentença de impronúncia ou na sentença absolutória.'"[344]

De mais a mais, serão revertidos ao Funad – o que, em geral, ocorre em caso de sentença condenatória (após o perdimento) –, mesmo havendo absolvição, os bens que tenham sido objeto de medidas assecuratórias ou os valores depositados que *não forem reclamados pelo interessado*, decorridos 360 dias do seu conhecimento a respeito do trânsito em julgado (LD, art. 63, II, e § 6º). Nessa hipótese, "presume-se que o interessado dispôs, voluntariamente, de seu direito de propriedade. Diante do abandono desses objetos, opera-se efeito equiparado ao previsto no art. 1.263 do Código Civil, de modo que sua propriedade é transferida para o Funad."[345]

Lado outro, é válido destacar que a decretação do perdimento (confisco) tem assento constitucional nos arts. 5º, XLVI, *b*, e 243, parágrafo único, e pode alcançar o produto, o proveito e os instrumentos do narcotráfico (**confisco clássico** – LD, art. 63, I, c.c. CP, art. 91, II), além de, subsidiariamente, os bens ou valores licitamente amealhados pelo agente e equivalentes ao produto ou proveito do crime quando estes não forem encontrados ou quando se localizarem no exterior (**confisco subsidiário ou por equivalência** – CP, art. 91, § 1º). Na vala do **Tema 647**[346] da jurisprudência do Supremo Tribunal Federal, "**é possível o confisco de todo e qualquer bem de valor econômico apreendido em decorrência do tráfico de drogas**".[347]

Dessarte, os bens, direitos ou valores apreendidos em decorrência dos crimes tipificados na Lei de Drogas ou objeto de medidas assecuratórias, depois de decretado seu *perdimento em favor da União*, serão *revertidos diretamente ao Funad* (LD, art. 63, § 1º). Para tanto, transitada em julgado a sentença condenatória, o juiz, de ofício ou a requerimento do Ministério Público, *remeterá* ao órgão gestor do Funad a relação das coisas *declaradas perdidas* em favor da União, indicando, quanto aos bens, o local em que se encontram e a entidade ou o órgão sob cujo poder estejam, para os fins de sua *destinação* (LD, art. 63, §§ 1º, 2º e 4º).

Antes, porém, de encaminhar os bens ao órgão gestor do Funad, deve o magistrado: (*a*) ordenar às secretarias de fazenda e aos órgãos de registro e controle que efetuem as averbações necessárias, caso não tenham sido realizadas quando da apreensão (LD, art. 61,

---

[344] CUNHA, Rogério Sanches; PINTO, Ronaldo Batista; SOUZA, Renee do Ó. Drogas – Lei n. 11.343/2006. *Leis penais especiais comentadas*. 3. ed. Salvador: JusPodivm, 2020. p. 1852.

[345] CUNHA, Rogério Sanches; PINTO, Ronaldo Batista; SOUZA, Renee do Ó. Drogas – Lei n. 11.343/2006. *Leis penais especiais comentadas*. 3. ed. Salvador: JusPodivm, 2020. p. 1852.

[346] RE 638.491, rel. Min. Luiz Fux, Pleno, j. 17.05.2017.

[347] Aliás, defende-se em sede doutrinária que o perdimento pode alcançar até mesmo "os produtos indiretos, frutos ou resultados econômicos extraordinários (como por exemplo o prêmio de loteria cujo bilhete fora adquirido com o produto do crime), vez que a medida vista alcançar todo o patrimônio e riqueza que tenham sido originadas de atividade criminosa, sob pena de admitir-se a fruição de benefícios econômicos provenientes de um delito" (CUNHA, Rogério Sanches; PINTO, Ronaldo Batista; SOUZA, Renee do Ó. Drogas – Lei n. 11.343/2006. *Leis penais especiais comentadas*. 3. ed. Salvador: JusPodivm, 2020. p. 1851).

Cap. 3 • PERSECUÇÃO PENAL E EFEITOS DA CONDENAÇÃO | **377**

§ 12); e (*b*) determinar, no caso de imóveis, o registro de propriedade em favor da União no cartório de registro de imóveis competente, nos termos do *caput* e do parágrafo único do art. 243 da Constituição Federal, afastada a responsabilidade de terceiros prevista no inciso VI do *caput* do art. 134 do Código Tributário Nacional, bem como estabelecer à Secretaria de Coordenação e Governança do Patrimônio da União a incorporação e entrega do imóvel, tornando-o livre e desembaraçado de quaisquer ônus para sua destinação (LD, art. 63, § 4º-A, I e II).

Cumpridas essas providências de ordem administrativa, na esteira do disposto no art. 63-C, I a IV, a Senad, enquanto órgão gestor do Funad (Lei 7.560/1986, arts. 5º-A e 5º-B) e respeitadas as suas finalidades, providenciará a **destinação** dos bens apreendidos e não leiloados em caráter cautelar, cujo perdimento seja decretado por meio das seguintes modalidades: (*i*) **alienação**, mediante (*a*) licitação na modalidade leilão,[348] para bens móveis e imóveis, independentemente do valor de avaliação, isolado ou global, de bem ou de lotes, assegurada a venda pelo maior lance, por preço não inferior a 50% do valor da avaliação (art. 63-C, § 1º); (*b*) doação com encargo a entidades ou órgãos públicos, bem como a comunidades terapêuticas acolhedoras; ou (*c*) venda direta, observado o disposto no art. 24, II, da Lei 8.666/1993; (*ii*) **incorporação** ao patrimônio de órgão da administração pública; (*iii*) **destruição**; ou (*iv*) **inutilização**.[349]

Para viabilizar a destinação, a Senad – do Ministério da Justiça e Segurança Pública – pode celebrar *convênios* ou *instrumentos congêneres* com órgãos e entidades da União, dos Estados, do Distrito Federal ou dos Municípios, bem como com comunidades terapêuticas acolhedoras. Além disso, é possível a *contratação da iniciativa privada* para a execução das ações de avaliação, de administração e de alienação dos bens (art. 63-C, §§ 7º e 8º).

Na alienação de imóveis, o arrematante fica livre do pagamento de encargos e tributos anteriores, sem prejuízo de execução fiscal com relação ao antigo proprietário. Na alienação de veículos, embarcações ou aeronaves, deverão ser observadas as disposições dos §§ 13 e 15 do art. 61, já estudadas no item sobre a alienação antecipada de bens. Ademais, eventuais multas, encargos ou tributos pendentes de pagamento não podem ser cobrados do arrematante ou do órgão público alienante como condição para regularização dos bens (art. 63-C, §§ 4º a 6º).

Seja como for, o **produto da alienação** dos bens confiscados será **revertido integralmente ao Funad**, nos termos do parágrafo único do art. 243 da CR/1988, vedada a sub-rogação sobre o valor da arrematação para saldar eventuais multas, encargos ou tributos pendentes de pagamento (LD, art. 63-E).

Também é possível que a União, por meio da Senad, se valha dos bens e recursos por ela confiscados para implantar e executar programas relacionados à questão das drogas, mediante convênio com os Estados, com o Distrito Federal e com organismos orientados para a

---

[348] Acerca da **publicidade do edital** do leilão: "O edital do leilão a que se refere o § 1º deste artigo será *amplamente divulgado* em jornais de grande circulação e em sítios eletrônicos oficiais, principalmente no Município em que será realizado, *dispensada a publicação em diário oficial*" (art. 63-C, § 2º). "Nas alienações realizadas por meio de *sistema eletrônico da administração pública*, a publicidade dada pelo sistema *substituirá* a publicação em diário oficial e em jornais de grande circulação" (art. 63-C, § 3º).

[349] Na vala do art. 63-D da Lei de Drogas, caberá ao Ministério da Justiça e Segurança Pública estabelecer os valores abaixo dos quais se deve proceder à sua *destruição* ou *inutilização*.

378 | LEI DE DROGAS: Aspectos Penais e Processuais – *Cleber Masson* • *Vinícius Marçal*

prevenção do uso indevido de drogas, a atenção e a reinserção social de usuários ou dependentes e a atuação na repressão à produção não autorizada e ao narcotráfico (LD, arts. 64 e 67).

No mais, é importantíssimo observar que **a Lei de Drogas afasta o automatismo do perdimento**, ao preconizar que o juiz *decidirá* sobre ele ao proferir a sentença (art. 63, I). Se é assim, não se pode dizer que o confisco decorre automaticamente da sentença condenatória. Em verdade, a lei é clara ao impor ao juiz a tarefa de decidir sobre o *perdimento* (art. 63, I) ou o *levantamento* de valores e a *liberação* de bens (art. 63, II).

Em outros termos, deve o magistrado, expressamente, pronunciar-se a respeito dos bens constritos por força de medida acautelatória adotada durante a investigação criminal ou a instrução processual, de maneira que, apesar da condenação, é possível que a coisa seja restituída a terceiro de boa-fé. Com efeito, pense-se na hipótese em que *Jesse* venha a tomar de empréstimo o veículo de *Walter* com o argumento de que dele necessita para levar um parente ao hospital, quando, na verdade, *Jesse* o utiliza – à revelia de *Walter* – para transportar significativa quantidade de droga de uma cidade para outra. No caso, não obstante apreendido o veículo quando da prisão em flagrante de *Jesse*, ao fim do processo, esclarecida a situação, será imperiosa a devolução do bem a *Walter*. A hipótese ventilada, portanto, não comporta o confisco, apesar da sentença condenatória.[350] O perdimento não é, pois, efeito automático da condenação (**1ª posição**).

Na precisa síntese de Gomes, Bianchini, Cunha e Oliveira,

> "[...] não basta apenas que exista uma sentença penal condenatória para que os bens sejam considerados definitivamente perdidos. Todos os bens que sofreram qualquer tipo de constrição ao longo do processo devem ser objeto de análise pelo magistrado. [...] **Os efeitos da condenação quanto ao perdimento de bens não são automáticos**. [...] *Somente seriam automáticos os efeitos de perdimento*, dispensando-se declaração expressa na sentença, *em se tratando de instrumentos do crime que consistam em coisas cujo fabrico, alienação, uso, porte ou detenção constituam fato ilícito.*"[351]

Nesse embalo, com a precisa interpretação de Mendonça e Carvalho, temos que:

> "a) *se o bem apreendido for em si ilícito*, não será necessário o magistrado decidir fundamentadamente sobre ele, em caso de condenação, pois será **efeito automático** da decisão condenatória. Neste caso continua sendo efeito genérico da sentença penal condenatória. Não teria sentido exigir fundamentação para o perdimento da droga apreendida;
> b) *se o bem apreendido for lícito em si*, deverá o magistrado motivadamente manifestar-se sobre ele, em caso de condenação. É **efeito específico da condenação**."[352]

---

350 "Não é possível o perdimento [...] de bem pertencente a terceiro (TRF4, AC 20027104014593-2, Germano, 7ª T., u., *DJ* 4.2.04) de boa-fé [...]" (BALTAZAR JUNIOR, José Paulo. *Crimes federais*. 9. ed. São Paulo: Saraiva, 2014. iBooks, Capítulo 30, item 19).

351 GOMES, Luiz Flávio; BIANCHINI, Alice; CUNHA, Rogério Sanches; OLIVEIRA, William Terra de. Drogas: Lei 11.343, 23.08.2006. *In*: GOMES, Luiz Flávio; CUNHA, Rogério Sanches (orgs.). *Legislação criminal especial*. 2. ed. São Paulo: RT, 2010/Salvador: JusPodivm, 2015. p. 331.

352 MENDONÇA, Andrey Borges de; CARVALHO, Paulo Roberto Galvão de. *Lei de drogas*: Lei 11.343, de 23 de agosto de 2006 – comentada artigo por artigo. 3. ed. São Paulo: Método, 2012. p. 339. Igualmente: LIMA JÚNIOR, Javahé. *Lei de drogas comentada*. Florianópolis: Habitus, 2017. p. 275-276.

Cap. 3 • PERSECUÇÃO PENAL E EFEITOS DA CONDENAÇÃO | **379**

Não obstante seja essa a nossa posição, vale expor que há decisões do Superior Tribunal de Justiça compreendendo que o perdimento constitui *decorrência lógica da condenação*,[353] ou seja, **efeito automático (2ª posição)**. Nesse sentido:

> "*A expropriação de bens em favor da União pela prática de crime de tráfico ilícito de entorpecentes* tem previsão em foro constitucional, nos termos do art. 243, parágrafo único, da Constituição da República e *decorre da sentença penal condenatória*, conforme regulamentado, primeiramente e de forma geral, no art. 91, II, do Código Penal, e posteriormente, de forma específica no art. 63 da Lei 11.343/2006."[354]

Esse entendimento também já foi seguido pelo Min. Edson Fachin em decisão monocrática de cuja ementa extrai-se o seguinte: "Demonstrado que o veículo apreendido foi utilizado para a prática do narcotráfico, imperiosa é a decretação de seu perdimento em favor da União como **efeito automático da condenação**."[355]

Seja como for, para haver o perdimento no contexto da narcotraficância não interessa se o bem é lícito ou ilícito. É possível o confisco tanto dos bens utilizados para a prática do crime (*instrumentos*), ainda que não tenham sido adquiridos com os seus rendimentos, como também da vantagem direta (*v.g.*: dinheiro) obtida pelo agente em decorrência do tráfico (*produto*) e das coisas provenientes do lucro dessa atividade (*proveito*). Por isso, **podem ser alvo de perdimento**:

> "a) o veículo (TRF4, AC 19990401029701-3, Amir Sarti, 1ª T., u., 28.9.99) ou cada um dos diferentes veículos usados em cada etapa do transporte (TRF3, AC 9503066201-0, Domingos Braune, 1ª T., u., 20.8.96), ainda que não tenha sido alterado para a criação de compartimento disfarçado para acondicionamento da droga (TRF3, AC 20036181007102-4, Ramza, 1ª S., u., 20.6.07), mas com maior razão em caso de existência de compartimento dessa ordem (TRF4, RVCR 20060400035201-0, Néfi, 3ª S., u., 15.3.07);
>
> b) o valor destinado ao custeio da viagem para o transporte da droga (TRF4, AC 20037005001996-2, Élcio, 3.12.03; TRF4, AC 20067000014970-0, Néfi, 7ª T., u., 19.6.07; TRF5, AC 20008300018955-8, Ivan Lira, 1ª T., u., *DJ* 13.5.03);
>
> c) a aeronave utilizada para o transporte das drogas (TRF1, AC 9601037381, Tourinho, 3ª T., u., *DJ* 9.9.96; TRF1, AC 19980100095403-1, Vera Cruz [Conv.], 2ª T., u., 13.11.01);
>
> d) a passagem aérea do transportador (TRF3, AC 20026119003298-2, Cecília Mello, 2ª T., m., 4.10.05);
>
> e) os telefones celulares utilizados para a operacionalização do negócio (TRF4, AC 20067000014970-0, Néfi, 7ª T., u., 19.6.07);
>
> f) as ferramentas utilizadas para o acondicionamento da droga (TRF4, AC 2006 7000014970-0, Néfi, 7ª T., u., 19.6.07)."[356]

---

[353] AgInt no ARESp 1.368.211/SP, rel. Min. Sebastião Reis Júnior, 6ª Turma, j. 26.02.2019.

[354] AgRg no ARESp 1.333.058/MS, rel. Min. Reynaldo Soares da Fonseca, 5ª Turma, j. 11.12.2019.

[355] STF: ARE 1.257.205, j. 29.05.2020.

[356] BALTAZAR JUNIOR, José Paulo. *Crimes federais*. 9. ed. São Paulo: Saraiva, 2014. iBooks, Capítulo 30, item 19.

LEI DE DROGAS: Aspectos Penais e Processuais – *Cleber Masson* • *Vinícius Marçal*

Particularmente no que importa aos **instrumentos** do delito, insta sublinhar que há um distanciamento entre os regimes da Lei de Drogas e do Código Penal. Na sistemática deste, como efeito da condenação, ressalvado o direito do lesado ou de terceiro de boa-fé, são perdidos em favor da União os instrumentos do crime, *desde que consistam em coisas cujo fabrico, alienação, uso, porte ou detenção constituam fato ilícito*. Ao contrário, no regramento da Lei 11.343/2006, **todo e qualquer instrumento** – lícito ou ilícito – utilizado no cometimento do narcotráfico será objeto de perdimento, na linha do que reza o parágrafo único do art. 243 da Constituição da República.[357]

Não obstante todo e qualquer instrumento utilizado no tráfico de drogas possa ser objeto de perdimento, há muito os tribunais se ocupam da seguinte questão: é possível ou não ocorrer o confisco do instrumento do narcotráfico, *sem que se faça presente a marca da habitualidade*? Esclareça-se com um exemplo: *Pablo*, barão do tráfico, mediante significativa remuneração, contrata *Gustavo* – sujeito pacato e sem histórico criminal – para entregar alguns quilos de cocaína em determinado depósito. Levando a efeito uma ação controlada, a polícia prende *Gustavo* assim que realizada a descarga dos entorpecentes. Pergunta: a caminhonete de *Gustavo*, utilizada uma única vez em benefício do tráfico, será objeto de perdimento? Ou, por se exigir habitualidade, o perdimento do veículo não ocorrerá na hipótese?

A jurisprudência do Superior Tribunal de Justiça formada a respeito do tema havia consagrado a concepção segundo a qual "o perdimento de bens utilizados para o transporte de substância entorpecente só é possível quando demonstrado que tal objeto/veículo é utilizado habitualmente na prática criminosa, ou que seja preparado/modificado para a prática daquela atividade ilícita."[358] Não demonstrada a habitualidade delitiva ou a modificação estrutural do veículo (*v.g.*: compartimento falso), não caberia o confisco.

A questão, então sedimentada no STJ, foi levada à 1ª Turma do STF, que, ao apreciar a medida cautelar na AC 82/MG,[359] entendeu contrária à Constituição a exigência de utilização *constante* e *habitual* de bem para chegar-se ao confisco. Na ocasião, o Ministro Ayres Britto registrou em seu voto que:

> "[...] nessa matéria, a Constituição, sentando praça do seu rigor normativo, admite até a expropriação pura e simples de glebas onde tais culturas sejam implantadas. No citado parágrafo único, usou de dois pronomes radicais: 'todo e qualquer bem'. Não há dúvida de que o seu propósito é tratar com severidade incomum essa matéria, dispensando-lhe um rigor absolutamente inusitado."

Posteriormente, em 2013, uma vez mais o Supremo Tribunal Federal foi instado a se manifestar sobre a celeuma. Assim, depois de ser reconhecido que a controvérsia

---

[357] "Todo e qualquer bem de valor econômico apreendido em decorrência do tráfico ilícito de entorpecentes e drogas afins e da exploração de trabalho escravo será confiscado e reverterá a fundo especial com destinação específica, na forma da lei."

[358] AgRg no REsp 1.053.519/PR, rel. Min. Jorge Mussi, 5ª Turma, j. 21.06.2011. E ainda: AgRg no AREsp 175.758/MG, rel. Min. Marco Aurélio Bellizze, 5ª Turma, j. 06.11.2012; AgRg no REsp 1.185.761/MT, rel. Min. Nefi Cordeiro, 6ª Turma, j. 14.10.2014; RMS 50.630/RS, rel. Min. Reynaldo Soares da Fonseca, 5ª Turma, j. 28.06.2016.

[359] Rel. Min. Marco Aurélio, 1ª Turma, j. 03.02.2004.

Cap. 3 • PERSECUÇÃO PENAL E EFEITOS DA CONDENAÇÃO | **381**

configuraria hipótese de julgamento de recursos repetitivos, "uma vez que o Tribunal *a quo* afastou o perdimento do bem, veículo utilizado pelos réus condenados por tráfico de drogas, por interpretar que existe a necessidade de prévia preparação do veículo para disfarçar o transporte, ou o uso reiterado do carro na traficância para a arrecadação compulsória do bem", concluiu-se pela existência de **repercussão geral**[360] das questões constitucionais suscitadas no Recurso Extraordinário 638.491/PR e pelo encaminhamento da causa ao Plenário.

Enfim, no dia 17.05.2017, em sentido diverso ao trilhado pela jurisprudência do STJ, foi definitivamente julgado pelo **Plenário do Supremo Tribunal Federal** o RE 638.491/ **PR**, ocasião em que foi sacramentada a **tese** no sentido de ser **possível o confisco de todo e qualquer bem de valor econômico apreendido em decorrência do tráfico de drogas,** *sem a necessidade* **de perquirir a habitualidade, reiteração do uso do bem para tal finalidade, a sua modificação para dificultar a descoberta do local do acondicionamento da droga ou qualquer outro requisito além daqueles previstos expressamente no art. 243, parágrafo único, da Constituição da República.**[361]

Essa linha de raciocínio, insta sublinhar, impulsionou o legislador a redigir a **Lei 14.322/2022**, que modificou a Lei Antidrogas para os fins de excluir a possibilidade de restituição ao lesado do veículo usado para transporte de droga ilícita e para permitir a alienação ou a utilização funcional do veículo **independentemente da habitualidade da prática criminosa.**

Isso não significa que devem ser confiscados "o relógio que o traficante confere o horário da entrega do bem ilícito ou o sapato que o transporta para o local da venda do entorpecente", hipóteses cogitadas pelo Min. Ricardo Lewandowski, ao votar vencido (ao lado do Ministro Marco Aurélio) no RE 638.491/PR, com o fim de demonstrar que, levadas às últimas consequências a tese vitoriosa, exageros interpretativos podem ocorrer. Obviamente, nem o relógio nem o sapato devem ser objeto de confisco, haja vista que, para tanto, os bens devem estar direta e intencionalmente ligados à execução da narcotraficância.

---

[360] RE 638.491 RG/PR, rel. Min. Luiz Fux, Pleno, j. 02.05.2013.

[361] Excertos da ementa: "[...] 2. O confisco de bens utilizados para fins de tráfico de drogas, à semelhança das demais restrições aos direitos fundamentais expressamente previstas na Constituição Federal, deve conformar-se com a literalidade do texto constitucional, vedada a adstrição de seu alcance por requisitos outros que não os estabelecidos no artigo 243, parágrafo único, da Constituição. 3. O confisco no direito comparado é instituto de grande aplicabilidade nos delitos de repercussão econômica, sob o viés de que '**o crime não deve compensar**', perspectiva adotada não só pelo constituinte brasileiro, mas também pela República Federativa do Brasil que internalizou diversos diplomas internacionais que visam reprimir severamente o tráfico de drogas. 4. O tráfico de drogas é reprimido pelo Estado brasileiro, através de modelo jurídico-político, em consonância com os diplomas internacionais firmados. 5. Os preceitos constitucionais sobre o tráfico de drogas e o respectivo confisco de bens constituem parte dos **mandados de criminalização** previstos pelo Poder Constituinte originário a exigir uma atuação enérgica do Estado sobre o tema, sob pena de o ordenamento jurídico brasileiro incorrer em **proteção deficiente dos direitos fundamentais**. [...] 8. A habitualidade do uso do bem na prática criminosa ou sua adulteração para dificultar a descoberta do local de acondicionamento, *in casu*, da droga, não é pressuposto para o confisco de bens, nos termos do art. 243, parágrafo único, da Constituição Federal. 9. **Tese**: É possível o confisco de todo e qualquer bem de valor econômico apreendido em decorrência do tráfico de drogas, sem a necessidade de se perquirir a habitualidade, reiteração do uso do bem para tal finalidade, a sua modificação para dificultar a descoberta do local do acondicionamento da droga ou qualquer outro requisito além daqueles previstos expressamente no artigo 243, parágrafo único, da Constituição Federal" (RE 638.491/PR).

LEI DE DROGAS: Aspectos Penais e Processuais – *Cleber Masson* • *Vinícius Marçal*

Ademais, não devem ser confiscados os bens pertencentes a terceiros de boa-fé. Assim, não se decreta o perdimento de uma caminhonete adquirida mediante contrato de alienação fiduciária e utilizada pelo comprador para o narcotráfico, pois, na hipótese, a perda da *res* prejudicaria a instituição financeira, que nada tem a ver com o crime.[362]

2.7. Confisco alargado

Na tradição do Direito Penal brasileiro, o alcance do confisco sempre foi limitado aos *instrumentos do crime* e ao *produto do crime* (ou de qualquer bem ou valor que constitua *proveito* auferido pelo agente com a prática do fato crime criminoso). É o que se denomina **confisco clássico** (LD, art. 63, I, c.c. CP, art. 91, II).

Em 2012, por meio da Lei 12.694, introduziu-se em nosso ordenamento jurídico o **confisco subsidiário ou por equivalência**, a incidir sobre bens ou valores licitamente amealhados pelo agente e equivalentes ao produto ou proveito do crime quando estes não forem encontrados ou quando se localizarem no exterior (CP, art. 91, § 1º).

Esse tratamento legislativo, deveras tímido, deixava lacunas nas situações em que condenados por diversos crimes, notadamente tráfico de drogas, lavagem de capitais, corrupção e outros delitos ligados a organizações criminosas, apresentavam patrimônio elevado, com estilo de vida incompatível com seus rendimentos, mesmo com a perda dos bens comprovados como instrumentos ou produtos do crime.

Nesse contexto, para **combater o enriquecimento ilícito**, o **confisco alargado** – adotado em diversos países europeus – foi incorporado à legislação brasileira por meio das Leis 13.886/2019 e 13.964/2019 (Pacote Anticrime), as quais, respectivamente, acrescentaram à Lei de Drogas o art. 63-F e, ao Código Penal, o art. 91-A. Com o novel instituto, viabiliza-se o **perdimento** não somente dos bens diretamente jungidos ao crime pelo qual o sujeito vem a ser condenado (LD, art. 63, I, c.c. CP, art. 91, II) ou bens e valores equivalentes (CP, art. 91, § 1º), senão também **da sua fração patrimonial incompatível com seus rendimentos lícitos**. Desse modo, manda-se um recado a quem faz da criminalidade um modo de vida: a prática de crimes não compensa porque seus bens serão confiscados pelo Estado.[363]

---

[362] "[...] em caso de alienação fiduciária em favor de instituição financeira, é altamente improvável que tenha esta participação ou ciência das atividades de tráfico, de modo que deverá ser considerada terceiro de boa-fé. Recomendável, porém, que se tome contragarantia em favor do juízo ou se determine o depósito do valor relativo às parcelas já pagas, pois é possível ou provável, conforme o caso, que seja decorrente de ilícito. Já o saldo eventualmente devido em favor da instituição financeira poderá ser cobrado pela via ordinária (TRF4, AC 20077100033982-8, Élcio, 8ª T., u., 30.7.08)" (BALTAZAR JUNIOR, José Paulo. *Crimes federais*. 9. ed. São Paulo: Saraiva, 2014. iBooks, Capítulo 30, item 19).

[363] O resultado da adoção do confisco alargado pode ser observado em três frentes: "I) o crime não rende benefícios, ao se mudar este senso comum que o crime não deve compensar porque o arguido não poderá usufruir dos frutos, seria uma espécie de mensagem enviada a toda a sociedade e ao indivíduo, especificamente, que o crime não compensa [...]; II) evitar que a criminalidade passe a reinvestir o que lucrou ilicitamente em novas modalidades criminosas ou mesmo no mercado formal, dificultando a concorrência legal e o próprio sistema econômico e financeiro; III) por fim, a possibilidade de obtenção de recursos pelo Estado no intuito de proceder à indenização devida à vítima e à reestruturação do aparelhamento das instituições formais de combate à criminalidade organizada, como o Poder Judiciário, o Ministério Público e a própria Polícia" (LINHARES, Solon Cícero. *Confisco de bens* – uma medida penal, com efeitos civis contra a corrupção sistêmica. São Paulo: RT, 2016. p. 172-173).

Cap. 3 • PERSECUÇÃO PENAL E EFEITOS DA CONDENAÇÃO | **383**

Nota-se, pois, que o perdimento não está mais atrelado ao produto, ao proveito e aos instrumentos do narcotráfico (*confisco clássico*), tampouco aos bens ou valores equivalentes ao produto ou proveito do crime (*confisco subsidiário ou por equivalência*). Agora, verificada a discrepância entre os rendimentos lícitos do condenado e o seu efetivo patrimônio, é possível confiscar o que aparentava lícito, mas, em verdade, integrava um acervo patrimonial amealhado com a narcotraficância (*confisco alargado*).

A razão de ser do confisco alargado, portanto, está:

> "[...] na obtenção dos benefícios ou ativos de uma prática criminosa em sentido amplo, a qual resulta de toda uma vida passada criminosa, isto é, considerando que as medidas tradicionais ou clássicas de perda são insuficientes, na medida em que devem vincular o bem ou ativo a ser confiscado com um crime anterior con- cretamente provado em procedimento judicial, **a comunidade internacional tem visto com bons olhos o confisco alargado**, notadamente como instrumento eficaz no enfrentamento de crimes graves, como o tráfico de drogas, de armas, lavagem de dinheiro, organizações criminosas financiamento ao terrorismo e a exploração sexual infantojuvenil."[364]

Nessa perspectiva, preconiza o art. 63-F da Lei 11.343/2006 que, na hipótese de condenação por delito cuja Lei de Drogas comine pena (em abstrato) máxima superior a seis anos de reclusão, o Poder Judiciário poderá decretar a perda, como produto ou proveito do crime, dos bens correspondentes à diferença entre o valor do patrimônio do condenado e aquele que seja compatível com seu rendimento lícito. A decretação da perda alargada fica, ainda, condicionada à existência de elementos probatórios que indiquem conduta criminosa habitual, reiterada ou profissional do condenado ou sua vinculação a organização criminosa (§ 1º).[365]

Desse modo, **a Lei 11.343/2006** (art. 63-F, *caput* e seu § 1º) **reclama a presença de três requisitos cumulativos para a decretação da perda alargada**, a saber:

(***i***) condenação por delito previsto na Lei de Drogas cuja pena (cominada) em abs- trato seja superior a seis anos;

(***ii***) incongruência entre os rendimentos lícitos do condenado e o seu efetivo patrimônio.[366] Para tanto, "basta que se identifique a existência de um patrimônio em nome do condenado – [...] à luz do conceito bastante amplo que se encontra no § 1º do artigo 91-A [LD, art. 63-F, § 2º) – e que se indique que tal patrimônio é incompatível com os rendimentos lícitos do agente (que podem ser consultados, por exemplo, em sua declaração de Imposto de Renda de Pessoa Física). Essa incumbência imputada ao Ministério Público assemelha-se muito mais a uma operação comparativa (entre o patrimônio e os rendimentos lícitos) do que à efetiva produção de provas. E ainda

---

[364]   LINHARES, Solon Cícero. *Confisco de bens* – uma medida penal, com efeitos civis contra a corrupção sistêmica. São Paulo: RT, 2016. p. 173.

[365]   O art. 91-A do CP não faz a mesma exigência prevista no § 1º do art. 63-F da Lei de Drogas, o que, como veremos, influi na possibilidade ou não de inversão dos encargos probatórios.

[366]   Há quem compreenda "inconstitucional" o confisco alargado "porque cria uma presunção de que os bens do condenado são de natureza ilícita" (MIRANDA, Rafael de Souza. *Manual da Lei de Drogas*: teoria e prática. Salvador: JusPodivm, 2020. p. 227).

LEI DE DROGAS: Aspectos Penais e Processuais – *Cleber Masson • Vinícius Marçal*

que se interprete que a indicação da incongruência representa um ônus probatório do qual o Ministério Público deve se desincumbir, trata-se de um ônus significativamente mitigado e simplificado, para cuja satisfação é suficiente, como se disse, mera consulta a declarações de rendimentos";[367]

(***iii***) existência de elementos probatórios que indiquem a vinculação do condenado com organização criminosa ou sua conduta criminosa habitual, reiterada ou profissional, o que deve ser comprovado à luz de uma *preponderância de evidências, standard* probatório inferior ao critério da *prova para além da dúvida razoável*. Quanto a este último requisito, cabem algumas notas:

Primeiro, não é imprescindível que o sujeito tenha sido condenado pelo crime do art. 2º da Lei 12.850/2013, pois a lei se contenta com a existência de evidências (extraídas, por exemplo, de informações oficiais de Estado) que indiquem a sua vinculação a alguma organização criminosa.

Segundo, para verificar se o agente adota em sua vida uma postura criminosa habitual ou reiterada, em nossa leitura, é suficiente a existência de inquéritos policiais e/ou de ações penais em curso, sendo desnecessária eventual condenação criminal transitada em julgado, ou seja, uma extensa ficha criminal pode ser valorada pelo magistrado para se concluir que o sujeito trilha uma carreira delituosa.[368]

Terceiro, a expressão conduta criminosa profissional do condenado distingue-se da hipótese anterior, de maneira que, "mesmo que o agente não tenha extensa vida pregressa a indicar a habitualidade e reiteração delitiva, mas possua registro de envolvimento na prática de crime perpetrado com nítido aspecto profissional, com a utilização de meios sofisticados em sua execução que indiquem preparação específica prévia para a sua efetivação (como fabrico ou refino de determinada substância entorpecente), restará igualmente caracterizado o requisito exigido na lei."[369]

A perda alargada, advirta-se, **não configura efeito automático da condenação**. Cuida-se de instituto reservado à discricionariedade do magistrado, cabendo a ele a análise do caso concreto para avaliar a necessidade ou não da medida. O art. 63-F, *caput*, da Lei de Drogas é claro nesse sentido, ao utilizar a expressão "poderá ser decretada a perda". É também **efeito específico da condenação**, pois não se aplica a qualquer crime, mas somente àqueles em que a pena máxima em abstrato seja superior a seis anos de reclusão.[370]

---

[367] CARDOSO, Luiz Eduardo Dias. A inversão do ônus da prova na decretação da perda alargada: entre o Código Penal e a Lei n. 11.343/06. *Revista Brasileira de Direito Processual Penal*, Porto Alegre, v. 6, n. 2, p. 799-832, maio/ago. 2020. https://doi.org/10.22197/rbdpp.v6i2.362.

[368] Nessa linha: EREsp 1.431.091/SP, rel. Min. Felix Fischer, 3ª Seção, j. 01.02.2017, noticiado no *Informativo* 596.

[369] CUNHA, Rogério Sanches; PINTO, Ronaldo Batista; SOUZA, Renee do Ó. Drogas – Lei n. 11.343/2006. *Leis penais especiais comentadas*. 3. ed. Salvador: JusPodivm, 2020. p. 1857.

[370] Para sufocar financeiramente as organizações criminosas e milícias, dificultando a manutenção das suas atividades ilícitas, os instrumentos por elas utilizados para a prática de crimes deverão ser declarados perdidos em favor da União ou do Estado, dependendo da Justiça em que tramita a ação penal, ainda que não representem perigo à segurança das pessoas, à moral ou à ordem pública, nem ofereçam sério risco de ser utilizados para o cometimento de novos crimes (CP, art. 91-A, § 5.º). Nessa hipótese, **a perda dos bens é obrigatória** – "deverão ser declarados perdidos em favor da União ou do Estado" –, não podendo o magistrado deixar de decretá-la.

Cap. 3 • PERSECUÇÃO PENAL E EFEITOS DA CONDENAÇÃO | 385

O patrimônio do condenado, para fins do confisco alargado, é composto por todos os bens de sua titularidade, ou em relação aos quais ele tenha o domínio e o benefício direto ou indireto, na data da infração penal ou recebidos posteriormente, bem como pelos bens transferidos a terceiros a título gratuito ou mediante contraprestação irrisória, a partir do início da atividade criminosa (LD, art. 63-F, § 2º). Busca-se viabilizar a perda de bens do condenado nas transferências simuladas de bens a terceiros, os famosos "laranjas", como se dá em doações forjadas e "vendas" por valores simbólicos. Enfim, "há de ser efetivamente aplicado o conceito de beneficiário final ou beneficiário efetivo (*beneficial ownership*), naquilo que a doutrina costuma chamar de patrimônio real e não o patrimônio declarado pelo agente delituoso."[371] Entretanto, reserva-se ao condenado a possibilidade de demonstrar a inexistência da incompatibilidade ou a procedência lícita do patrimônio (LD, art. 63-F, § 3º).

Na sistemática do Código Penal, conquanto haja divergência sobre a questão, opera-se a **inversão do ônus da prova**[372] quando o sujeito possui patrimônio incompatível com seus rendimentos lícitos, de modo que o Estado não precisa provar a origem ilícita dos bens do condenado. Cabe a ele demonstrar a procedência legítima do seu acervo patrimonial. Exemplificativamente, será dele a tarefa de provar que ganhou na loteria, que recebeu vultosa herança de um parente distante, que contraiu matrimônio com pessoa rica etc.[373] Todavia, **o mesmo não ocorre no regime da Lei de Drogas**, pois, conquanto o § 1º do art. 63-F (terceiro requisito[374] do confisco alargado na sistemática da Lei de Drogas) não seja explícito, é inconteste que recai sobre o Ministério Público a produção da prova a respeito da "carreira criminosa anterior".

Quanto ao ônus da prova, é válido incorporar a distinção anglo-saxã entre duas categorias distintas, quais sejam: o *burden of proof* e o *burden of producing evidence*. No primeiro sentido, "a distribuição do ônus da prova supõe determinar qual das partes se verá prejudicada pela falta de prova, *i.e.*, quem perde o processo se não se cumpre o

---

[371] LIMA, Renato Brasileiro de. *Pacote anticrime*: comentários à Lei 13.964/2019 – artigo por artigo. Salvador: JusPodivm, 2020. p. 45.

[372] "[...] ressalte-se que o **Tribunal Constitucional português** se pronunciou, por três vezes (Acórdãos n. 101, 392 e 476), no ano de 2015, favoravelmente à **constitucionalidade da perda alargada**, oportunidades em que **também assentou que essa medida é efetivamente operacionalizada a partir da inversão do ônus da prova** (CARDOSO, Luiz Eduardo Dias. A inversão do ônus da prova na decretação da perda alargada: entre o Código Penal e a Lei n. 11.343/06. *Revista Brasileira de Direito Processual Penal*, Porto Alegre, v. 6, n. 2, p. 799-832, maio/ago. 2020. https://doi.org/10.22197/rbdpp. v6i2.362).

[373] *Em sentido contrário*: "[...] reputamos inviável qualquer inversão do ônus da prova quanto à incompatibilidade da evolução patrimonial do condenado, sob pena de evidente violação à regra probatória que deriva do princípio constitucional da presunção de inocência (*in dubio pro reo*). [...] É da acusação o ônus de comprovar o incremento patrimonial significativo do acusado e a incompatibilidade com suas fontes de renda [...]. Destarte, na eventualidade de o órgão ministerial não se desincumbir a contento do ônus que é seu – e não da defesa – de demonstrar a existência de patrimônio real incongruente com rendimentos legítimos, a dúvida há de ser interpretada em favor do acusado, pouco importando que este venha a ser condenado naquele processo, eis que não se pode confundir a imputação criminal com a imputação patrimonial" (LIMA, Renato Brasileiro de. *Pacote anticrime*: comentários à Lei 13.964/2019 – artigo por artigo. Salvador: JusPodivm, 2020. p. 49).

[374] Não presente no sistema do Código Penal.

standard de prova aplicável ao mesmo"; no segundo sentido, "o ônus da prova rege qual das partes deve produzir todas ou alguma prova no processo." Contudo, "é perfeitamente possível que uma parte tenha sobre si o ônus no primeiro sentido, de maneira que a falta de prova faça com que seja ela quem perde o processo e, ao mesmo tempo, que faça recair sobre a parte contrária o ônus de produzir ou trazer provas (ou algumas provas) ao processo, dado que, por exemplo, é mais fácil para ela trazê-las, ou bem, simplesmente, reconhece-se que as provas estão em seu poder."[375]

Fixados esses contornos, observa-se que, **no regime do Código Penal**, as duas categorias recaem sobre o réu, que, se não demonstrar a congruência patrimonial, perderá a parcela dos seus bens incompatíveis com seus rendimentos lícitos. **Na sistemática especial da Lei de Drogas**, o réu igualmente suporta o *burden of producing evidence*, pois atribui-se a ele o dever – ou, ao menos, a possibilidade – de demonstrar a inexistência da incompatibilidade ou a procedência lícita do patrimônio (LD, art. 63-F, § 3º). No entanto,

> "[...] também à acusação é imputado o *burden of producing evidence*, porque é necessária a produção de provas 'que indiquem conduta criminosa habitual, reiterada ou profissional do condenado ou sua vinculação a organização criminosa'.
>
> Assim, em uma primeira análise, **é ao Ministério Público que compete o *burden of proof***, porque será ele que, na hipótese de não se satisfazer o *standard* probatório subjacente ao juízo confiscatório – relacionado ao *caput* e ao § 1º do art. 63-F da Lei de Drogas –, 'perderá' o processo, porque não logrará êxito em obter a decretação perda alargada, em desfavor do condenado.
>
> Logo, **enquanto no regime geral há uma cumulação do *burden of proof* e do *burden of producing evidence* sobre a defesa, na Lei de Drogas esses ônus são imputados ao Ministério Público, muito embora também se imponha ao condenado o ônus de produzir prova quanto à licitude de seu patrimônio. De todo modo, neste regime especial, ainda que o sujeito passivo não logre comprovar a procedência lícita de seus bens, isso não implicará uma derrota processual, caso o Ministério Público também não se desincumba de seu ônus – aquele indicado no § 1º do artigo 63-F.**"[376]

Em suma, precisamente no que importa à distribuição do ônus probatório, a sistemática da Lei de Drogas é bem mais benéfica para os réus do que aquela disciplinada pelo Código Penal, "porque imputa à acusação o ônus de produzir provas adicionais que permitam satisfazer um dos requisitos do artigo 63-F, § 1º", ou seja, "há inversão do ônus da prova no Código Penal, e não há na Lei de Drogas."[377]

---

[375] FERRER BELTRÁN, Jordi. Uma concepção minimalista e garantista de presunção de inocência. *Revista Brasileira de Direito Processual Penal*, Porto Alegre, v. 4, n. 1, p. 149-182, jan./abr. 2018. https://doi.org/10.22197/rbdpp.v4i1.131.

[376] CARDOSO, Luiz Eduardo Dias. A inversão do ônus da prova na decretação da perda alargada: entre o Código Penal e a Lei n. 11.343/06. *Revista Brasileira de Direito Processual Penal*, Porto Alegre, v. 6, n. 2, p. 799-832, maio/ago. 2020. https://doi.org/10.22197/rbdpp.v6i2.362.

[377] CARDOSO, Luiz Eduardo Dias. A inversão do ônus da prova na decretação da perda alargada: entre o Código Penal e a Lei n. 11.343/06. *Revista Brasileira de Direito Processual Penal*, Porto Alegre, v. 6, n. 2, p. 799-832, maio/ago. 2020. https://doi.org/10.22197/rbdpp.v6i2.362.

Isso não obstante, caso a narcotraficância seja levada a efeito por uma organização criminosa, havendo a acusação por ambos os delitos, parece-nos possível fazer incidir, na espécie, o regime geral do confisco alargado traçado pelo Código Penal, porquanto as disposições contidas no art. 91-A do CP alcançam o crime vertido no art. 2º da Lei 12.850/2013, como, de resto, todos os demais (exceto os previstos na Lei de Drogas) que cominem pena máxima superior a seis anos de reclusão.

De mais a mais, apesar da omissão da Lei de Drogas no ponto, o confisco alargado deve ser **expressamente requerido** pelo Ministério Público **no oferecimento da denúncia**. Também cabe ao *Parquet* a **indicação da diferença** apurada entre os rendimentos lícitos do agente e o valor do seu patrimônio, por aplicação analógica do disposto no art. 91-A, § 3º, do CP.[378] Aliás, a respeito dessa questão, calha sublinhar que até mesmo a fixação de *quantum* indenizatório mínimo por ocasião da sentença condenatória (CPP, arts. 63, parágrafo único, e 387, IV), instituto bem menos oneroso para o réu que a perda alargada, reclama pedido expresso na denúncia.[379] Em outras palavras, além da **imputação criminal** – exposição do fato criminoso, com todas as suas circunstâncias, na forma exigida pelo art. 41 do CPP –, para fins de confisco alargado, a denúncia também deve conter a **imputação patrimonial**,[380] consistente na indicação dos bens correspondentes à diferença entre o valor do patrimônio do condenado e aquele que seja compatível com seus rendimentos lícitos, cuja perda se pretende seja decretada por ocasião da sentença.

Na sentença condenatória (ou acórdão condenatório), o juiz (ou Tribunal) deve declarar o montante da diferença comprovada entre os rendimentos lícitos do acusado e seu patrimônio, especificando os bens cuja perda for decretada (CP, art. 91-A, § 4.º).

Por fim, há dissenso doutrinário a respeito da (des)necessidade do trânsito em julgado para que se opere o confisco alargado:

1ª posição: Não há de se aguardar o trânsito em julgado ou mesmo *decisum* proferido por órgão colegiado, o que configuraria exigência em dissintonia com o espírito do Pacote Anticrime. Ora, "se a intenção da alteração legislativa é justamente dar maior efetividade à despatrimonialização do crime, atingindo os bens que foram auferidos pelo agente delituoso ou sobre os quais este não possa comprovar origem lícita, não seria justificável condicionar a aplicação do instituto da perda alargada ao trânsito em julgado da condenação ou sua confirmação, em caso de sentença por órgão jurisdicional monocrático, por instância superior."[381]

---

[378] *Em sentido contrário*, compreendendo que a perda alargada na Lei de Drogas configura "efeito *ex lege*" e, por isso, "independe de requerimento ou manifestação de vontade para ocorrer": CUNHA, Rogério Sanches; PINTO, Ronaldo Batista; SOUZA, Renee do Ó. Drogas – Lei n. 11.343/2006. *Leis penais especiais comentadas*. 3. ed. Salvador: JusPodivm, 2020. p. 1856.

[379] "Nos termos do entendimento desta Corte Superior a reparação dos danos sofridos pela vítima do fato criminoso, prevista no art. 387, IV, do Código de Processo Penal, inclui também os danos de natureza moral, e para que haja a fixação na sentença do valor mínimo devido a título de indenização, é necessário pedido expresso, sob pena de afronta à ampla defesa" (STJ: AgRg no REsp 1.820.918/RS, rel. Min. Antonio Saldanha Palheiro, 6ª Turma, j. 27.10.2020).

[380] Por isso, quando cabível o confisco alargado, os procedimentos investigatórios não devem ter como foco apenas a apuração da autoria e da materialidade da conduta, senão também o apontamento acerca da incongruência patrimonial.

[381] CARDOSO, Francisco de Assis Machado. Projeto de Lei "Anticrime", o confisco alargado e demais medidas para aprimorar o perdimento do produto do crime. *In*: SUXBERGER, Antônio Henrique Graciano;

2ª posição: O confisco alargado pressupõe o trânsito em julgado da condenação, o que, evidentemente, não obsta a decretação de eventuais medidas cautelares assecuratórias. Assim, "dado o caráter sancionatório e irreversível do confisco alargado, a formação da coisa julgada em torno da sentença condenatória é indispensável, notadamente diante da nova orientação firmada pelo Supremo Tribunal Federal no tocante à inconstitucionalidade da execução provisória da pena (ADC's 43, 44 e 54)."[382] Essa é a orientação que tende a prevalecer, como há muito vem preponderando.[383]

3. DA COOPERAÇÃO INTERNACIONAL

Como bem pondera José Paulo Baltazar Jr., "em razão das distâncias entre os grandes produtores e os mercados consumidores, o tráfico de drogas é, por excelência, um crime transnacional."[384] Por esse motivo, diversos instrumentos normativos internacionais sobre a matéria foram subscritos pelo Brasil, a exemplo da Convenção única de Nova Iorque sobre entorpecentes/1961 (Decreto 54.216/1964) e da Convenção de Viena contra o tráfico ilícito de entorpecentes e substâncias psicotrópicas/1988 (Decreto 154/1991). Ainda contendo medidas de cooperação em temas entrelaçados com o tráfico de drogas, há a Convenção contra o crime organizado transnacional (Convenção de Palermo)[385] e a Convenção contra a corrupção (Convenção de Mérida).[386]

Quanto à matéria, a Lei de Drogas reservou um Título específico para cuidar da cooperação internacional, demonstrando a importância do tema no que importa ao combate ao narcotráfico e à prevenção do uso indevido. Com efeito, o art. 65 preconiza que, em conformidade com os princípios da não intervenção em assuntos internos, da igualdade jurídica e do respeito à integridade territorial dos Estados e às leis e aos regulamentos nacionais em vigor, e observado o espírito das Convenções das Nações Unidas e outros instrumentos jurídicos internacionais relacionados à questão das drogas, de que o Brasil é parte, **o governo brasileiro prestará, quando solicitado, cooperação a outros países e organismos internacionais e, quando necessário, deles solicitará a colaboração**, nas áreas de:

> "I – intercâmbio de informações sobre legislações, experiências, projetos e programas voltados para atividades de prevenção do uso indevido, de atenção e de reinserção social de usuários e dependentes de drogas;
>
> II – intercâmbio de inteligência policial sobre produção e tráfico de drogas e delitos conexos, em especial o tráfico de armas, a lavagem de dinheiro e o desvio de precursores químicos;

SOUZA, Renee do Ó; CUNHA, Rogério Sanches (coord.). *Projeto de Lei Anticrime*. Salvador: JusPodivm, 2019. p. 230.

[382] LIMA, Renato Brasileiro de. *Pacote anticrime*: comentários à Lei 13.964/2019 – artigo por artigo. Salvador: JusPodivm, 2020. p. 54.

[383] Quando se aperfeiçoará o decreto de perdimento de bens em favor da União? "Após o trânsito em julgado da sentença penal condenatória" (STJ: CC 76.861/SP, rel. Min. Massami Uyeda, 2ª Seção, j. 13.05.2009).

[384] BALTAZAR JUNIOR, José Paulo. *Crimes federais*. 9. ed. São Paulo: Saraiva, 2014. iBooks, Capítulo 30, item 20.10.

[385] Decreto 5.015/2004.

[386] Decreto 5.687/2006.

Cap. 3 • PERSECUÇÃO PENAL E EFEITOS DA CONDENAÇÃO | **389**

III – intercâmbio de informações policiais e judiciais sobre produtores e traficantes de drogas e seus precursores químicos."

Vê-se, pois, que a cooperação internacional disciplinada pela Lei 11.343/2006 não se restringe à mera troca de experiências e à formulação de projetos e programas comuns. Além desse viés mais programático, o legislador expressamente preconizou a cooperação internacional, também, como instrumento legítimo para viabilizar, na prática, o intercâmbio de inteligência policial e informações judiciais sobre os narcotraficantes e autores de delitos conexos, haja vista que, no mundo globalizado, cada vez mais esses crimes têm sido praticados com a marca da internacionalidade, "mormente se considerarmos a extensa fronteira brasileira, que faz divisa com alguns dos maiores produtores de drogas do mundo, como Colômbia, Bolívia e Peru."[387]

Louvável, portanto, a promoção dessa simbiose de experiências bem-sucedidas e de informações sobre a atuação dos produtores e traficantes de drogas e seus precursores químicos, tudo no afã de diminuir os nefastos efeitos da narcotraficância para a sociedade.

Por necessário, calha ressaltar que a ausência de acordos internacionais específicos entre nações não é algo que obste a cooperação entre elas.[388] Aliás, na ausência de tratado, a cooperação jurídica internacional poderá realizar-se com base em reciprocidade, manifestada por via *diplomática* (CPC, art. 26, § 1º).

Ademais, também são viáveis os chamados *acordos de assistência judiciária em matéria penal* (MLAT – *Mutual Legal Assistance Treaty*) com vistas à tomada de depoimentos ou declarações de pessoas; fornecimento de documentos, registros e bens; localização ou identificação de pessoas (físicas ou jurídicas) ou bens; execução de pedidos de busca e apreensão; assistência em procedimentos relacionados a confisco de bens, restituição, cobrança de multas, entre outras possibilidades não vedadas pelas leis do Estado requerido (Decreto 3.810/2001). Por esse prisma, grife-se, o Superior Tribunal de Justiça julgou válido o compartilhamento, por meio de MLAT entre os Estados Unidos e o Brasil, de documentação referente ao resultado de medida invasiva, por inexistir ilegalidade na quebra do sigilo bancário levada a cabo para a obtenção de provas em investigação em curso nos EUA, tendo a providência sido implementada em obséquio ao ordenamento jurídico lá vigente.[389]

---

387   LIMA JÚNIOR, Javahé. *Lei de drogas comentada*. Florianópolis: Habitus, 2017. p. 278.

388   "A inexistência de tratado entre o país no qual situada a Justiça rogante e o Brasil não obstaculiza o cumprimento de carta rogatória, implementando-se atos a partir do critério da cooperação internacional no combate ao crime" (STF: CR 9.854 AgR, rel. Min. Marco Aurélio, Pleno, j. 28.05.2003).

389   "[...] Quebra do sigilo bancário dos pacientes nos Estados Unidos da América. Ausência de autorização da Justiça brasileira. Desnecessidade. Medida que foi implementada em investigação em curso em Nova Iorque. Compartilhamento das provas obtidas com a Justiça brasileira mediante acordo de cooperação entre os países. Constrangimento ilegal não caracterizado. [...] No caso dos autos, inexiste qualquer ilegalidade na quebra do sigilo bancário dos acusados, uma vez que a medida foi realizada para a obtenção de provas em investigação em curso nos Estados Unidos da América, tendo sido implementada de acordo com as normas do ordenamento jurídico lá vigente, sendo certo que a documentação referente ao resultado da medida invasiva foi posteriormente compartilhada com o Brasil por meio de acordo existente entre os países" (HC 231.633/PR, rel. Min. Jorge Mussi, 5ª Turma, j. 25.11.2014). *Em sentido contrário:* "[...] a nosso ver não podem ser encaminhados por autoridades estrangeiras ao Ministério Público brasileiro, por exemplo, *e-mails* de executivos de empresas multinacionais investigadas no Brasil e no exterior, se obtidos sem quebra judicial de sigilo [...]. Nesses casos,

Muito embora a ausência de acordos e tratados não seja impeditiva de cooperação, "é indiscutível que a sua existência constitui um grande facilitador, porquanto simplifica o procedimento e a comunicação entre os Estados interessados. [...] Toda vez que a possibilidade de assistência jurídica internacional for objeto de acordos bilaterais ou de tratados multilaterais, a cooperação tende a ser mais ágil. Isso porque todo entendimento verificado durante o processo de negociação dos acordos possibilita que os Estados, previamente, indiquem suas preocupações e reservas, o que, do ponto de vista da cooperação propriamente dita, acaba por tornar previsíveis as dificuldades e os meios para solucioná-las."[390]

Por derradeiro, impende sublinhar que a cooperação internacional ganhou um novo capítulo no ordenamento jurídico brasileiro com a entrada em vigor do Código de Processo Civil de 2015, o qual disciplinou a matéria nos seus arts. 26 a 41. Esta regulamentação, não se olvide, é perfeitamente aplicável no âmbito do *processo penal*, tal como autoriza o art. 3º do CPP e, mais recentemente, o 3º enunciado aprovado pela I Jornada de Direito Processual Civil coordenada pelo Conselho da Justiça Federal.[391]

---

há necessidade do Ministério Público brasileiro primeiro obter a decisão judicial de quebra desses sigilos, para que os documentos possam ser validamente introduzidos como prova nos processos que aqui se desenrolam" (DELMANTO, Roberto; DELMANTO JUNIOR, Roberto; DELMANTO, Fabio M. de Almeida. *Leis penais especiais comentadas*. 2. ed. São Paulo: Saraiva: 2014. p. 1123-1124).

[390] BECHARA, Fábio Ramazzini. *Cooperação jurídica internacional em matéria penal*: eficácia da prova produzida no exterior. São Paulo: Saraiva, 2011. p. 164-165.

[391] "As disposições do CPC aplicam-se supletiva e subsidiariamente ao Código de Processo Penal, no que não forem incompatíveis com esta Lei."

BIBLIOGRAFIA

ANDREUCCI, Ricardo Antônio. *Legislação penal especial*. 10. ed. São Paulo: Saraiva, 2015.

ARAS, Vladimir. A infiltração de agentes como meio especial de obtenção de prova. *In*: SALGADO, Daniel de Resende; QUEIROZ, Ronaldo Pinheiro de; KIRCHER, Luís Felipe Schneider (coord.). *Altos estudos sobre a prova no processo penal*. Salvador: Juspodivm, 2020.

ARAS, Vladimir. *A lavratura de TCO pela PRF e pela PM*. Disponível em: https://vladimiraras. blog/2013/07/19/a-instauracao-de-tco-pela-prf-e-pela-pm/. Acesso em: 04.01.2017.

ARRUDA, Samuel Miranda. *Drogas*: aspectos penais e processuais penais: Lei 11.343/2006. São Paulo: Método, 2007.

BADARÓ, Gustavo Henrique. *Processo penal*. São Paulo: RT, 2015.

BADARÓ, Gustavo Henrique. *Processo penal*. Rio de Janeiro: Campus/Elsevier, 2012.

BADARÓ, Gustavo Henrique; BOTTINI, Pierpaolo Cruz. *Lavagem de dinheiro* – aspectos penais e processuais penais: comentários à Lei 9.613/1998, com as alterações da Lei 12.683/2012. 3. ed. São Paulo: RT, 2016.

BALTAZAR JUNIOR, José Paulo. *Crimes federais*. 9. ed. São Paulo: Saraiva, 2014.

BARCELLOS, Bruno Lima; LEITÃO JR., Joaquim. A emblemática figura do agente policial disfarçado na Lei n. 13.964/2019. *In*: SOUZA, Renne do Ó (org.). *Lei anticrime* – comentários à Lei 13.964/2019. Belo Horizonte: D'Plácido, 2020.

BARROSO, Luís Roberto. *Interpretação e aplicação da Constituição*: fundamentos de uma dogmática constitucional transformadora. 7. ed. rev. São Paulo: Saraiva, 2009.

BARROSO, Luís Roberto. *País de provas ilícitas*. Disponível em: http://www.migalhas.com.br/dePeso/16,MI68735,41046-Pais+de+provas+ilicitas. Acesso em: 11.08.2016.

BECHARA, Fábio Ramazzini. *Cooperação jurídica internacional em matéria penal*: eficácia da prova produzida no exterior. São Paulo: Saraiva, 2011.

BEDÊ JÚNIOR, Américo; MOURA, Alexandre de Castro. Atuação do juiz no acordo de colaboração premiada e a garantia dos direitos fundamentais do acusado no processo penal brasileiro. *Revista dos Tribunais*, ano 105, v. 969, jul. 2016.

BEDÊ JÚNIOR, Américo; SENNA, Gustavo. *Princípios do processo penal* – entre o garantismo e a efetividade da sanção. São Paulo: RT, 2009.

BIFFE JR., João; LEITÃO JR., Joaquim. *O acesso pela polícia a conversas gravadas no WhatsApp e as gerações probatórias decorrentes das limitações à atuação estatal*. Disponível em: http://genjuridico.com.br/2016/08/12/o-acesso-pela-policia-a-conversas-gravadas-

-no-whatsapp-e-as-geracoes-probatorias-decorrentes-das-limitacoes-a-atuacao-estatal/. Acesso em: 05.10.2016.

BINA, Ricardo Ambrosio Fazzani. *Legislação penal especial.* Rio de Janeiro: Elsevier, 2015.

BITENCOURT, Cezar Roberto. *Tratado de direito penal.* 16. ed. São Paulo, 2011. v. 1.

BITENCOURT, Cezar Roberto; BUSATO, Paulo César. *Comentários à lei de organização criminosa*: Lei n. 12.850/2013. São Paulo: Saraiva, 2014.

BOTTINI, Pierpaolo Cruz; DELLOSSO, Ana Fernanda. *O consentimento e a situação de flagrante delito nas buscas domiciliares.* Disponível em: https://www.ibccrim.org.br/noticias/exibir/6105/. Acesso em: 14.02.2022.

CABETTE, Eduardo Luiz Santos. *Crime organizado*: nova Lei 12.850/13 e o problema da conduta dos agentes infiltrados no cometimento de infrações penais. Disponível em: http://www.migalhas.com.br/dePeso/16,MI188454,91041-Crime+organizado+nova+lei+1285013+e+o+problema+da+conduta+dos+agentes. Acesso em: 07.07.2015.

CALABRICH, Bruno. Acordos de não persecução penal: oportunidade, retroatividade e preclusão. *In*: WALMSLEY, Andréa; CIRENO, Lígia; BARBOZA, Márcia Noll Barboza (coord.). *Inovações da Lei n. 13.964, de 24 de dezembro de 2019.* Brasília: MPF, 2020.

CAPEZ, Fernando. *Legislação penal especial simplificado.* 8. ed. São Paulo: Saraiva, 2012.

CARDOSO, Luiz Eduardo Dias. A inversão do ônus da prova na decretação da perda alargada: entre o Código Penal e a Lei n. 11.343/06. *Revista Brasileira de Direito Processual Penal*, Porto Alegre, v. 6, n. 2, p. 799-832, maio/ago. 2020. https://doi.org/10.22197/rbdpp.v6i2.362.

CARDOSO, Francisco de Assis Machado. Projeto de Lei "Anticrime", o confisco alargado e demais medidas para aprimorar o perdimento do produto do crime. *In*: SUXBERGER, Antônio Henrique Graciano; SOUZA, Renee do Ó; CUNHA, Rogério Sanches (coord.). *Projeto de Lei Anticrime.* Salvador: JusPodivm, 2019.

CARLI, Carla Veríssimo de. *Lavagem de dinheiro* – ideologia da criminalização e análise do discurso. 2. ed. Porto Alegre: Verbo Jurídico, 2012.

CARLOS, André; FRIEDE, Reis. *Aspectos jurídico-operacionais do agente infiltrado.* Rio de Janeiro: Freitas Bastos, 2014.

CASTRO, Henrique Hoffmann Monteiro de. *Termo circunstanciado deve ser lavrado pelo delegado, e não pela PM ou PRF.* Disponível em: http://www.conjur.com.br/2015-set-29/academia-policia--termo-circunstanciado-lavrado-delegado#_ftnref19. Acesso em: 04.01.2017.

CARVALHO FILHO, José dos Santos. *Manual de direito administrativo.* 27. ed. São Paulo: Atlas, 2014.

CARVALHO, Rômulo Luis Veloso de. *Lei de drogas: propostas redutoras de prejuízos humanitários.* Belo Horizonte: D'Plácido, 2019.

CAVALCANTE, Márcio André Lopes. *Comentários à infiltração de agentes de polícia na internet para investigar crimes contra a dignidade sexual de criança e de adolescente.* Disponível em: http://www.dizerodireito.com.br/2017/05/comentarios-infiltracao-de-agentes-de.html. Acesso em: 08.11.2017.

CONSERINO, Cassio Roberto. *Crime organizado e institutos correlatos.* São Paulo: Atlas, 2011.

COUTINHO, Jacinto Nelson de Miranda; LOPES JR., Aury Lopes; ROSA, Alexandre Morais da. *Delação premiada no limite*: a controvertida justiça negocial *made in Brazil.* Florianópolis: EMais, 2018.

BIBLIOGRAFIA | **393**

CUNHA, Rogério Sanches; PINTO, Ronaldo Batista. *Crime organizado*: comentários à nova lei sobre o crime organizado – Lei nº 12.850/2013. 2. ed. Salvador: JusPodivm, 2014.

CUNHA, Rogério Sanches; PINTO, Ronaldo Batista; SOUZA, Renee do Ó (org.). Drogas – Lei n. 11.343/2006. *Leis penais especiais comentadas*. 3. ed. Salvador: JusPodivm, 2020.

CUNHA, Rogério Sanches; PINTO, Ronaldo Batista; SOUZA, Renee do Ó (org.). Drogas – Lei n. 11.343/2006. Leis penais especiais comentadas. 3. ed. Salvador: JusPodivm, 2020.

CUNHA, Rogério Sanches; SOUZA, Renee do Ó; LINS, Caroline de Assis e Silva Holmes. A nova figura do agente disfarçado prevista na Lei 13.964/2019. *In:* WALMSLEY, Andréa; CIRENO, Lígia; BARBOZA, Márcia Noll Barboza (coord.). *Inovações da Lei n. 13.964, de 24 de dezembro de 2019*. Brasília: MPF, 2020.

DELMANTO, Roberto; DELMANTO JUNIOR, Roberto; DELMANTO, Fabio M. de Almeida. *Leis penais especiais comentadas*. 2. ed. São Paulo: Saraiva, 2014.

ESCOBAR, Juan Pablo. *Pablo Escobar*: meu pai. 2. ed. São Paulo: Planeta, 2015.

FERNANDES, Antonio Scarance. *A reação defensiva à imputação*. São Paulo: RT, 2002.

FERNANDES, Antonio Scarance. O equilíbrio entre a eficiência e o garantismo e o crime organizado. *Revista Brasileira de Ciências Criminais*, São Paulo, ano 16, n. 70, jan./fev. 2008.

FERNANDES, Antonio Scarance. *Processo penal constitucional*. 4. ed. São Paulo: RT, 2005.

FERRAJOLI, Luigi. *Direito e razão*: teoria do garantismo penal. São Paulo: RT, 2002.

FERRAJOLI, Luigi. *Direito e razão:* teoria do garantismo penal. 3. ed. São Paulo: RT, 2010.

FERRER BELTRÁN, Jordi. Uma concepção minimalista e garantista de presunção de inocência. *Revista Brasileira de Direito Processual Penal*, Porto Alegre, v. 4, n. 1, p. 149-182, jan./abr. 2018. Disponível em: https://doi.org/10.22197/rbdpp.v4i1.131.

FERRO, Ana Luiza Almeida. *Crime organizado e organizações criminosas mundiais*. Curitiba: Juruá, 2012.

FERRO, Ana Luiza Almeida; GAZZOLA, Gustavo dos Reis; PEREIRA, Flávio Cardoso. *Criminalidade organizada*: comentários à Lei 12.850/13, de 02 de agosto de 2013. Curitiba: Juruá, 2014.

FISCHER, Douglas. *Não cabe acordo de não persecução em ações penais em curso*. Disponível em: https://meusitejuridico.editorajuspodivm.com.br/2020/07/11/nao-cabe-acordo-de-nao--persecucao-em-acoes-penais-em-curso/. Acesso em: 13.11.2020.

FONSECA, Cibele Benevides Guedes. *Colaboração premiada*. Belo Horizonte: Del Rey, 2017.

FONTELES, Samuel Sales. *Direitos fundamentais*. 4. ed. Salvador: JusPodivm, 2021.

FREITAS JUNIOR, Roberto Mendes de. *Drogas*: comentários à Lei nº 11.343, de 23.08.2006. São Paulo: Juarez de Oliveira, 2006.

GARCÍA DE PAZ, Isabel Sánchez. El coimputado que colabora con la justicia penal. *Revista Eletrónica de Ciencia Penal y Criminologia*, n. 7-5, 2005. Disponível em: http://criminet.ugr.es/recpc/07/recpc07-05.pdf. Acesso em: 05.03.2015.

GODOY, Arnaldo Sampaio de Moraes. Direito comparado. A Suprema Corte norte-americana e o julgamento do uso de huasca pelo Centro Espírita Beneficente União do Vegetal (UDV). *Revista Jus Navigandi*, ano 12, n. 1.537. Teresina, 16 set. 2007. Disponível em: https://jus.com. br/artigos/10393. Acesso em: 15.06.2016.

GOMES, Abel Fernandes; LUCAS, Flávio Oliveira; PEREIRA, Frederico Valdez. *Nova lei antidrogas*. Niterói: Impetus, 2006.

GOMES FILHO, Antonio Magalhães. Também em matéria processual provoca inquietação a Lei Anti-Crime Organizado. *Boletim do Instituto Brasileiro de Ciências Criminais*, n. 10. São Paulo, 1994.

GOMES, Luiz Flávio; BIANCHINI, Alice; CUNHA, Rogério Sanches; OLIVEIRA, William Terra de. Drogas: Lei 11.343, 23.08.2006. *In*: GOMES, Luiz Flávio; CUNHA, Rogério Sanches (org.). *Legislação criminal especial*. 2. ed. São Paulo: RT, 2010/Salvador: JusPodivm, 2015.

GOMES, Luiz Flávio; BIANCHINI, Alice; CUNHA, Rogério Sanches; OLIVEIRA, William Terra de. *Nova Lei de Drogas comentada*. São Paulo: RT, 2006.

GOMES, Luiz Flávio; SILVA, Marcelo Rodrigues da. *Organizações criminosas e técnicas especiais de investigação* – questões controvertidas, aspectos teóricos e práticos e análise da Lei 12.850/2013. Salvador: JusPodivm, 2015.

GONÇALVES, Fernando *et al. Lei e crime* – o agente infiltrado *versus* o agente provocador. Os princípios do processo penal. Coimbra: Almedina, 2001.

GONÇALVES, Matheus Kuhn. *Legislação penal especial*: tráfico de drogas, tortura e crimes hediondos. Rio de Janeiro: Lumen Juris, 2016.

GONÇALVES, Victor Eduardo Rios; BALTAZAR JUNIOR, José Paulo. *Legislação penal especial*. São Paulo: Saraiva, 2015.

GONZALEZ-CUELLAR SERRANO, Nicolas. *Proporcionalidad y derechos fundamentales en el proceso penal*. Madrid: Colex, 1990.

GRECO, Rogério. *Direito penal do equilíbrio*. 6. ed. Niterói: Impetus, 2011.

GRECO FILHO, Vicente. *Comentários à Lei de Organização Criminosa*: Lei n. 12.850/13. São Paulo: Saraiva, 2014.

GRECO FILHO, Vicente. *Lei de Drogas anotada* – Lei 11.343/2006. São Paulo: Saraiva, 2008.

GRECO FILHO, Vicente. *Manual de processo penal*. 9. ed. São Paulo: Saraiva, 2012.

GRECO FILHO, Vicente. *Tóxicos*: prevenção – repressão. 11. ed. São Paulo: Saraiva, 1996.

GRECO FILHO, Vicente; RASSI, João Daniel. *Lei de Drogas anotada*: Lei n. 11.343/2006. 3. ed. São Paulo: Saraiva, 2009.

GRECO, Luís. Posse de droga, privacidade, autonomia: reflexões a partir da decisão do Tribunal Constitucional Argentino sobre a inconstitucionalidade do tipo penal de posse de droga com a finalidade de próprio consumo. In: BADARÓ, Gustavo Henrique (org.). *Direito penal e processo penal*: leis penais especiais II. São Paulo: RT, 2015. (Coleção doutrinas essenciais, v. 5.)

GRÉGIO, Grécio Nogueira; LEMOS, Carlos Eduardo Ribeiro. A alienação antecipada de bens no processo penal e o estado-vítima. *In*: CALABRICH, Bruno; FISCHER, Douglas; PELELLA, Eduardo (org.). *Garantismo penal integral*: questões penais e processuais, criminalidade moderna e aplicação do modelo garantista no Brasil. 3. ed. Salvador: JusPodivm, 2015.

GUIMARÃES, Isaac Sabbá. *Nova Lei Antidrogas comentada*: crimes e regime processual penal. 2. ed. Curitiba: Juruá, 2007.

HABIB, Gabriel. *Leis penais especiais*. 6. ed. Salvador: JusPodivm, 2015. t. II.

HABIB, Gabriel. *Leis penais especiais*. 9. ed. Salvador: JusPodivm, 2017. volume único.

HASSEMER, Winfried. *Introdução aos fundamentos do direito penal*. Porto Alegre: Fabris, 2005.

JARDIM, Afrânio Silva. *Direito processual penal* – estudos e pareceres. 12. ed. Rio de Janeiro: Lumen Juris, 2013.

JARDIM, Afrânio Silva; AMORIM, Pierre Souto Maior de. *Direito processual penal*: estudos e pareceres. 12. ed. Rio de Janeiro: Lumen Juris, 2013.

JARDIM, Afrânio Silva; AMORIM, Pierre Souto Maior de. *Direito processual penal*: estudos e pareceres. 14. ed. Rio de Janeiro: Lumen Juris, 2016.

JESUS, Damásio E. *Lei Antitóxicos anotada*. 8. ed. São Paulo: Saraiva, 2005.

JESUS, Damásio E. *Lei Antidrogas anotada*. 9. ed. São Paulo: Saraiva, 2009.

JESUS, Damásio E. O prêmio à delação nos crimes hediondos. *Boletim IBCCRIM*, São Paulo, n. 5, 1993.

JESUS, Damásio E. Organização criminosa: primeiros conceitos. *Jornal Carta Forense*. Disponível em: http://www.cartaforense.com.br/conteudo/colunas/organizacao-criminosa-primeiros-conceitos/12390. Acesso em: 07.07.2015.

JUNQUEIRA, Gustavo Octaviano Diniz; FULLER, Paulo Henrique Aranda. *Legislação penal especial*. 6. ed. São Paulo: Saraiva, 2010.

KARAM, Maria Lúcia. A Lei 11.343/2006 e os repetidos danos do protecionismo. *Boletim IBCCRIM*, ano 14, n. 167, out. 2006.

LIMA JÚNIOR, Javahé. *Lei de drogas comentada*. Florianópolis: Habitus, 2017.

LIMA, Márcio Barra. A colaboração premiada como instrumento constitucionalmente legítimo de auxílio à efetividade estatal de persecução criminal. *Garantismo penal integral* – questões penais e processuais, criminalidade moderna e a aplicação do modelo garantista no Brasil. Salvador: JusPodivm, 2010.

LIMA, Renato Brasileiro de. *Código de Processo Penal comentado*. 2. ed. Salvador: JusPodivm, 2017.

LIMA, Renato Brasileiro de. *Legislação criminal especial comentada*. 2. ed. Salvador: JusPodivm, 2014.

LIMA, Renato Brasileiro de. *Legislação criminal especial comentada*. 3. ed. Salvador: JusPodivm, 2015.

LIMA, Renato Brasileiro de. *Legislação criminal especial comentada*. 4. ed. Salvador: JusPodivm, 2016. volume único.

LIMA, Renato Brasileiro de. *Legislação criminal especial comentada*. 8. ed. Salvador: JusPodivm, 2020. volume único.

LIMA, Renato Brasileiro de. *Pacote anticrime*: comentários à Lei 13.964/2019 – artigo por artigo. Salvador: JusPodivm, 2020.

LIMA, Renato Brasileiro de. *Manual de processo penal – volume único*. 11. ed. São Paulo: JusPodivm, 2022.

LINHARES, Solon Cícero. *Confisco de bens* – uma medida penal, com efeitos civis contra a corrupção sistêmica. São Paulo: RT, 2016.

LOBO, Reinaldo. *Cultura de plantas psicotrópicas proibidas no Brasil*: confisco de terras e debates em direitos e princípios fundamentais. Curitiba: Prismas, 2016.

LOPES JR., Aury. *Direito processual penal*. 11. ed. São Paulo: Saraiva, 2014.

LOPES JR., Aury. *Direito processual penal.* 17. ed. São Paulo: Saraiva, 2020.

MAIEROVITCH, Walter. *Apontamentos sobre política criminal e a "plea bargaining".* Disponível em: http://www2.senado.leg.br/bdsf/bitstream/handle/id/175928/000461964.pdf?sequence=1. Acesso em: 17.03.2015.

MALAN, Diogo Rudge. *Direito ao confronto no processo penal.* Rio de Janeiro: Lumen Juris, 2009.

MANUAL – infiltração de agentes. Brasília: ENCCLA, 2014.

MARCÃO, Renato. *Tóxicos:* Lei n. 11.343, de 23 de agosto de 2006: anotada e interpretada. 10. ed. São Paulo: Saraiva, 2015.

MASSON, Cleber; MARÇAL, Vinícius. *É possível conciliar a audiência de custódia e a prisão por mandado?* Disponível em: http://genjuridico.com.br/2016/02/17/e-possivel-conciliar-a--audiencia-de-custodia-e-a-prisao-por-mandado/. Acesso em: 05.01.2017.

MATOS, Mafalda. *O direito premial no combate ao crime de corrupção.* Lisboa: Faculdade de Direito da Universidade Católica Portuguesa, 2013.

MAXIMILIANO, Carlos. *Hermenêutica e aplicação do direito.* 21. ed. Rio de Janeiro: Forense, 2017.

MAZZILLI, Hugo Nigro. *A descrição do fato típico na acusação penal.* Disponível em: http://www.mazzilli.com.br. Acesso em: 01.11.2016.

MENDES, Gilmar Ferreira; BRANCO, Paulo Gustavo Gonet. *Curso de direito constitucional.* 9. ed. São Paulo: Saraiva, 2014.

MENDONÇA, Andrey Borges de. *Prisão e outras medidas cautelares pessoais.* São Paulo: Método, 2011.

MENDONÇA, Andrey Borges de; CARVALHO, Paulo Roberto Galvão de. *Lei de drogas:* Lei 11.343, de 23 de agosto de 2006 – comentada artigo por artigo. 3. ed. São Paulo: Método, 2012.

MENDRONI, Marcelo Batlouni. *Comentários à lei de combate ao crime organizado* – Lei nº 12.850/13. São Paulo: Atlas, 2014.

MENDRONI, Marcelo Batlouni. *Crime organizado:* aspectos gerais e mecanismos legais. 3. ed. São Paulo: Atlas, 2009.

MIRANDA, Rafael de Souza. *Manual da Lei de Drogas:* teoria e prática. Salvador: JusPodivm, 2020.

MORAES, Maurício Zanoide de. *Presunção de inocência no processo penal brasileiro:* análise de sua estrutura normativa para a elaboração legislativa e para a decisão judicial. Rio de Janeiro: Lumen Juris, 2010.

MORAES, Rodrigo Iennaco de. Da validade do procedimento de persecução criminal deflagrado por denúncia anônima no estado democrático de direito. *Revista Brasileira de Ciências Criminais,* n. 62, set./out. 2006. p. 250-251.

MOREIRA, Rômulo de Andrade. A nova lei de organização criminosa – Lei nº 12.850/2013. *Juris Plenum Ouro,* Caxias do Sul, n. 43, maio/jun. 2015. 1 DVD. ISSN 1983-0297.

MOREIRA, Rômulo de Andrade. Aspectos procedimentais da nova lei de tóxicos (Lei nº 11.343/06). *Revista Jus Navigandi,* Teresina, ano 11, n. 1.209, 23 out. 2006. ISSN 1518--4862. Disponível em: https://jus.com.br/artigos/9075. Acesso em: 14.07.2017.

MORO, Sergio. Colheita compulsória de material biológico para exame genético em casos criminais, *RT,* v. 95, n. 853, p. 429-441, nov. 2006.

MOSSIN, Heráclito Antônio; MOSSIN, Júlio César O. G. *Delação premiada*: aspectos jurídicos. 2. ed. Leme: J. H. Mizuno, 2016.

NASCIMENTO. Márcio Godim do. *A transação penal em crimes conexos em face da Lei Federal nº 11.313 de 2006*. Disponível em: http://www.direitonet.com.br/artigos/exibir/2894/A-transacao--penal-em-crimes-conexos-em-face-da-Lei-Federal-n-11313-de-2006. Acesso em: 04.01.2017.

NASCIMENTO, Rogério José Bento Soares do. Ônus de provar a licitude de bens suspeitos de origem criminosa. *Revista CEJ*, Brasília, v. 2, n. 5, p. 23-27, maio/ago. 1998.

NOGUEIRA, Carlos Frederico Coelho. *Comentários ao Código de Processo Penal*. São Paulo: Edipro, 2002. v. 1.

NOGUEIRA, Paulo Lúcio. *Leis especiais*: aspectos penais. 5. ed. São Paulo: Leud, 1996.

NUCCI, Guilherme de Souza. *Leis penais e processuais penais comentadas*. 8. ed. Rio de Janeiro: Forense, 2014. v. 1.

NUCCI, Guilherme de Souza. *Leis penais e processuais penais comentadas*. 8. ed. Rio de Janeiro: Forense, 2014. v. 2.

OLIVEIRA, Eugênio Pacelli de. *Curso de processo penal*. 18. ed. São Paulo: Atlas, 2014.

PACHECO, Denilson Feitoza. *Atividades de inteligência e processo penal*. Disponível em: http://www.advogado.adv.br/direitomilitar/ano2005/denilsonfeitozapacheco/atividadedeinteligencia.htm. Acesso em: 07.07.2015.

PACHECO, Denilson Feitoza. *Direito processual penal*: teoria, crítica e práxis. 3. ed. Niterói: Impetus, 2005.

PACHECO, Rafael. *Crime organizado* – medidas de controle e infiltração policial. Curitiba: Juruá, 2011.

PEREIRA, Flávio Cardoso. A moderna investigação criminal: infiltrações policiais, entregas controladas e vigiadas, equipes conjuntas de investigação e provas periciais de inteligência. *In*: CUNHA, Rogério Sanches; TAQUES, Pedro; GOMES, Luiz Flávio (coord.). *Limites constitucionais da investigação*. São Paulo: RT, 2009.

PEREIRA, Flávio Cardoso. *Agente encubierto como medio extraordinario de investigación* – perspectivas desde el garantismo procesal penal. Bogotá: Grupo Editorial Ibañez, 2013.

PEREIRA, Flávio Cardoso. Meios extraordinários de investigação criminal: infiltrações policiais e entregas vigiadas (controladas). *Revista da Associação Brasileira dos Professores de Ciências Penais*, São Paulo, v. 6, jan./jul. 2007.

PEREIRA, Flávio Cardoso. *A investigação criminal realizada por agentes infiltrados*. Disponível em: http://flaviocardosopereira.com.br/pdf/Artigo%20infiltra%C3%A7%C3%A3o%20criminal%20-%20Revista%20do%20MP-MT.pdf. Acesso em: 24.06.2015.

PEREIRA, Frederico Valdez. *Delação premiada*: legitimidade e procedimento. 3. ed. Curitiba: Juruá, 2016.

PITOMBO, Cleunice A. Valentim Bastos. *Da busca e apreensão no processo penal*. 2. ed. São Paulo: RT, 2005.

PORTOCARRERO, Claudia Barros. *Leis penais especiais para concursos*. Niterói: Impetus, 2010.

PRADO, Geraldo. *A conformidade constitucional das leis processuais penais*. 3. ed. Rio de Janeiro: Lumen Juris, 2005.

QUEIROZ, Paulo. *A propósito do bem jurídico protegido no tráfico de droga e afins.* Disponível em: http://www.pauloqueiroz.net/a-proposito-do-bem-juridico-protegido-no-trafico-de-droga--e-afins/. Acesso em: 07.07.2016.

RANGEL, Paulo; BACILA, Carlos Roberto. *Lei de drogas:* comentários penais e processuais. 3. ed. São Paulo: Atlas, 2015.

RASCOVSKI, Luiz. *A entrega vigiada como meio de investigação.* 2011. Disponível em: http://www.teses.usp.br/teses/disponiveis/2/2137/tde-14062012-110431/pt-br.php. Acesso em: 19.05.2015.

ROQUE, Fábio; TÁVORA, Nestor; ALENCAR, Rosmar Rodrigues. *Legislação criminal para concursos.* Salvador: JusPodivm, 2016.

ROSA, Alexandre Morais da. *Limites para evitar o fishing expedition: análise da decisão do Min. Celso de Mello no Inq. 4.831/DF.* Disponível em: <https://canalcienciascriminais.com.br/limites-para-evitar-o-fishing-expedition-analise-da-decisao/>. Acesso em 25.01.2024.

ROTH, Ronaldo João; FARNESI, Ana Paula; BARCELLOS, Eduardo Rodrigues Barcellos. *O olfato do cachorro permite ao policial militar ingressar no domicílio sem autorização judicial ou sem consentimento do morador?* Disponível em <https://aopp.org.br/pdf/O_olfato_do_cachorro_permite_ao_policial_militar_ingressar_no_domicilio_sem_autorizacao_%20judicial_ou_sem_consentimento_do_morador.pdf>. Acesso em 04.02.2024.

SANCTIS, Fausto Martin de. *Crime organizado e lavagem de dinheiro:* destinação de bens apreendidos, delação premiada e responsabilidade social. São Paulo: Saraiva, 2009.

SANGUINÉ, Lívia de Maman. O direito de não produzir prova contra si mesmo no direito comparado: *nemo tenetur se detegere* (1). *Boletim IBCCRIM,* n. 221, São Paulo: IBCCRIM, 2011.

SANTOS, Juarez Cirino dos. Crime organizado. *Revista Brasileira de Ciências Criminais,* Rio de Janeiro, n. 42. jan./mar. 2003.

SANTOS, Marcos Paulo Dutra. *Colaboração (delação) premiada.* Salvador: JusPodivm, 2016.

SANTOS, Marcos Paulo Dutra. Colaboração unilateral premiada como consectário lógico das balizas constitucionais do devido processo legal brasileiro. *Revista Brasileira de Direito Processual Penal,* Porto Alegre, v. 3, n. 1. jan./abr. 2017. Disponível em: https://doi.org/10.22197/rbdpp.v3i1.49.

SARAIVA, Wellington Cabral. *Colaboração premiada (delação premiada).* Disponível em: https://wsaraiva.com/2014/09/20/colaboracao-premiada-ou-delacao-premiada/. Acesso em: 30.09.2016.

SARAIVA, Wellington Cabral. Obtenção de prova decorrente de agente infiltrado. *In*: SALGADO, Daniel de Resende; QUEIROZ, Ronaldo Pinheiro de (org.). *A prova no enfrentamento à macrocriminalidade.* Salvador: JusPodivm, 2015.

SARLET, Ingo W. *Posição do Supremo sobre violação de domicílio é prudencial.* Disponível em: https://www.conjur.com.br/2015-dez-04/direitos-fundamentais-posicao-supremo-violacao--domicilio-prudencial. Acesso em: 14.02.2022.

SBARDELLOTTO, Fábio Roque. Os procedimentos e a reforma. *In*: NUCCI, Guilherme de Souza (org.). *Reformas do processo penal.* Porto Alegre: Verbo Jurídico, 2009.

SICA, Leonardo. Infiltração de agentes: posição contrária. *Jornal Carta Forense,* set. 2013. Disponível em: http://www.cartaforense.com.br/conteudo/artigos/infiltracao-policial-posicao--contraria/11949. Acesso em: 23.06.2015.

SILVA, Eduardo Araujo da. *Organizações criminosas*: aspectos penais e processuais da Lei nº 12.850/13. São Paulo: Atlas, 2014.

SILVA JÚNIOR, Walter Nunes da. *Curso de direito processual penal*: teoria (constitucional) do processo penal. 2. ed. Natal: OWL Editora Jurídica, 2015.

SOLER, Sebastian. *Derecho penal argentino*. Buenos Aires: La Ley, 1945. t. II.

SOUSA, Marllon. *Crime organizado e infiltração policial*: parâmetros para a validação da prova colhida no combate às organizações criminosas. São Paulo: Atlas, 2015.

SOUZA, Sérgio Ricardo de. *A nova Lei Antidrogas*: comentários e jurisprudência. 2. ed. Niterói: Impetus, 2007.

STERLING, Claire. *A máfia globalizada*: a nova ordem mundial do crime organizado. Rio de Janeiro: Revan, 1997.

TARTUCE, Flávio. *Manual de direito civil*. 5. ed. São Paulo: Método, 2015. volume único.

TÁVORA, Nestor; ALENCAR, Rosmar Rodrigues. *Curso de direito processual penal*. 8. ed. Salvador: JusPodivm, 2013.

THUMS, Gilberto; PACHECO, Vilmar. *Nova lei de drogas*: crimes, investigação e processo. Porto Alegre: Verbo Jurídico, 2007.

TOLEDO, Francisco de Assis. *Princípios básicos de direito penal*. 5. ed. São Paulo: Saraiva, 1994.

VAY, Giancarlo Silkunas; SILVA, Pedro José Rocha. A identificação criminal mediante coleta de material biológico que implique intervenção corporal e o princípio do *nemo tenetur se detegere*. *Boletim IBCCRIM*, n. 239, São Paulo: IBCCRIM, 2012.

WALMSLEY, Andréa; CIRENO, Lígia; BARBOZA, Márcia Noll Barboza (coord.). *Inovações da Lei n. 13.964, de 24 de dezembro de 2019*. Brasília: MPF, 2020.

WANDERLEY, Gisela Aguiar. *Liberdade e suspeição no Estado de Direito*: o poder policial de abordar e revistar e o controle judicial de validade da busca pessoal. Disponível em: https://repositorio. unb.br/bitstream/10482/24089/3/2017_GiselaAguiarWanderley.pdf. Acesso em: 14.02.2022.

ZAFFARONI, Eugenio Raúl. *Crime organizado*: uma categoria frustrada. *Discursos Sediciosos. Crime, Direito e Sociedade*, Rio de Janeiro, ano 1, v. 1, 1996.

ZAFFARONI, Eugenio Raúl. *Estructura basica del derecho penal*. Buenos Aires: Ediar, 2009.

ZAFFARONI, Eugenio Raúl. *Manual de derecho penal*. Buenos Aires: Ediar, 1999.

ZANELLA, Everton Luiz. *Infiltração de agentes e o combate ao crime organizado*: análise do mecanismo probatório sob o enfoque da eficiência e do garantismo. Curitiba: Juruá, 2016.